2011

中国税务稽查年鉴

国家税务总局稽查局　编

中国税务出版社

图书在版编目(CIP)数据

中国税务稽查年鉴.2011/国家税务总局稽查局编.
--北京:中国税务出版社,2011.12(2016.3重印)
ISBN 978-7-80235-390-9

Ⅰ.①中… Ⅱ.①国… Ⅲ.①税收管理-中国-2011-年鉴
Ⅳ.①F812.423-54

中国版本图书馆CIP数据核字(2012)第002405号

书　　名: 中国税务稽查年鉴(2011)
作　　者: 国家税务总局稽查局　编
责任编辑: 陈金艳
责任校对: 于　玲
技术设计: 刘冬珂
出版发行: 中国税务出版社
北京市西城区木樨地北里甲11号(国宏大厦B座)
邮编:100038
http://www.taxation.cn
E-mail:swcb@taxation.cn
发行中心电话:(010)63908889/90/91
邮购直销电话:(010)63908837　传真:(010)63908835
经　　销: 各地新华书店
印　　刷: 北京联兴盛业印刷有限公司
规　　格: 787×1092毫米　1/16
印　　张: 28　　彩插:3
字　　数: 859000字
版　　次: 2012年3月第1版　2016年3月北京第2次印刷
书　　号: ISBN 978-7-80235-390-9
定　　价: 280.00元

编 辑 说 明

《中国税务稽查年鉴》是由国家税务总局稽查局组织编写，中国税务出版社出版的文献资料刊物，是记录全国税务稽查工作的工具书。

《中国税务稽查年鉴》（2011）系统、全面、准确、完整地记录了2010年度中国税务稽查工作的总体情况、稽查重要统计数据、政策法规、机构人员、大案要案的查处、稽查文选等主要内容，为全面了解税务稽查工作的发展与改革以及为深入研究税务稽查理论与实践提供真实、详尽的史料。

《中国税务稽查年鉴》（2011）共分九个篇章：

第一篇　重要文献。本篇收录国家税务总局领导、总局稽查局局长关于税务稽查工作的重要讲话和其他重要文件。

第二篇　全国税务稽查工作。本篇综述全国税务稽查各项业务工作开展的基本情况。

第三篇　各地税务稽查工作。主要内容包括各省（自治区、直辖市、计划单列市）国税、地税稽查工作情况。

第四篇　大事记。本篇按照时间顺序收录全国税务稽查工作重大举措及其背景、总局稽查局及系统重大事件和总局稽查局领导的重要活动等。

第五篇　案件辑要。本篇主要收录总局稽查局督办、查处的重大案件以及各省、自治区、直辖市和计划单列市直接查处的大要案件。

第六篇　税务稽查文件。本篇收录2010年度发布的税务稽查相关税收法律、法规、规章及规范性文件。包括国家税务总局发布的文件以及各省级税务机关根据本地情况制定的文件目录等。

第七篇　统计资料。主要内容包括：全国税务稽查机构查处税收违法案件情况统计资料、各省级国家税务局稽查综合统计资料、各省级地方税务局稽查综合统计资料、专项检查情况统计资料和协查工作统计资料等。

第八篇　机构和人员。主要内容包括：总局稽查局机构设置、副处级以上领导班子配备情况以及各省、自治区、直辖市和计划单列市国家税务局稽查局、地方税务局稽查局机构设置和副处级以上领导班子配备情况，税务稽查系统表彰情况。统计时间截至2010年12月31日。

第九篇　税务稽查文选。本篇精选了2010年度稽查理论研究及调研的重要成果以及优秀论文选编。

本期年鉴收集的资料不包括台湾、香港和澳门地区。

本期年鉴在编辑出版过程中得到各方面的大力支持，在此表示衷心感谢！同时，为进一步提高质量，希望读者提出意见和建议。

《中国税务稽查年鉴》（2011）

编辑委员会

《中国税务稽查年鉴》(2011)

撰　稿

(按姓氏笔画排序)

一、国家税务总局稽查局

孔向荣　王　军　艾　玥　刘　森　张宝江　李明磊
赵琦峰　郭六武　黄　鑫　曾静蓉

二、各省、自治区、直辖市、计划单列市国家税务局稽查局、地方税务局稽查局

王伟域　王　悦　王莉慧　王雪松　王德顺　卢国涛
史晓泳　白　洁　龙　泉　全　红　刘元元　刘心宁
刘志岩　刘秀英　刘建宏　刘　炜　刘晓敏　向　涛
孙起翔　孙锦秀　江永珍　江师见　牟胜利　吴　婷
张正国　张国伟　张　勇　张洪利　张海峰　张　萍
张景玲　张　翼　李　伟　李辰钰　李佳懋　李昭婕
李　盈　李雪梅　杨　东　杨昕颜　杨若婷　杨英群
杨　柳　肖　磊　苏翔天　苏福刚　辛茹奕　迟嵩沅
邹敏敏　陆生彬　陈　霞　姜　波　胡　萍　赵圣伟
桂文智　班　烨　袁　淮　郭振宇　高　楠　康　勇
梁　丁　梁俊杰　黄小璇　黄文化　黄建军　黄信伟
彭文霞　彭　亮　温　博　董庆健　蒋巧巧　蒋志荣
谢宏志　韩　艳　蔡　春　德　吉　潘　英　魏冠媛

《中国税务稽查年鉴》(2011)

特约审稿

(按姓氏笔画排序)

一、国家税务总局稽查局

尹　雁　宋　杰　张宝江　李亚兵　沈甫明　邹秀芹
陈居奇　金　鑫　徐　平

二、各省、自治区、直辖市、计划单列市国家税务局稽查局、地方税务局稽查局

于德智　卫广江　仇应广　王占河　王发升　王财兴
王树江　王黎明　边宏庆　任希巍　刘建成　刘绪东
向垣树　孙庆禄　孙建东　孙建敏　朱国兴　朱祥胜
朱　蕾　达娃云丹　邢汝霖　阮余农　何学信　余振荣
吴　鸿　宋承彦　张甲虎　张全生　张有斌　张　宏
张运鹏　张楼辉　李天星　李　刚　李　韧　李垂福
李　杰　李茹宝　李海鹰　李　楫　李腾蛟　李增源
杜红兵　杨晓东　汪丽萍　邱继富　陈友辉　周进新
孟来茂　庞荣胜　郑先海　赵金友　唐岱君　唐啟壮
徐江元　徐志云　徐谷明　高万军　高永杰　崔玉清
常恒峰　符祥光　黄吉林　黄坚儿　富世亨　曾洪波
蒋建国　韩焕章　蔡木卿

《中国税务稽查年鉴》（2011）
编辑出版人员

总　　编　　辑：马毅民　张铁勋

副 总 编 辑：刘建国　于海春　黄　琳　朱承斌

文 字 编 辑：张宝江　孔向荣　马连庆　陈金艳

彩 页 编 辑：张　雷

校　　　　对：于　玲

印　　　　制：刘冬珂

发　　　　行：王　锋　张　雷

2010年1月21日，全国税务稽查工作会议在湖南省长沙市召开。国家税务总局副局长解学智出席会议并讲话。

2010年1月21日，全国税务稽查工作会议在湖南省长沙市召开。国家税务总局副局长解学智在会议上作了题为《围绕中心 服务大局 提高税务稽查工作整体水平 确保完成2010年税务稽查工作任务》的报告。

2010年1月21日，全国税务稽查工作会议在湖南省长沙市召开。国家税务总局稽查局局长马毅民出席会议并讲话。

2010年1月21日，全国税务稽查工作会议在湖南省长沙市召开。国家税务总局稽查局副局长李亚民主持经验交流会。

2010年5月6日，国家税务总局稽查局召开全国税务系统深入开展打击发票违法犯罪活动工作视频会议。国家税务总局稽查局副局长刘建国在会上介绍全国打击发票违法犯罪活动工作情况。

2010年11月24日，国家税务总局稽查局在深圳市召开全国税务稽查系统打击虚开黄金销售发票会议。国家税务总局稽查局副局长于海春在会上讲话。

天津市国家税务局稽查局

天津国税稽查局局长张全生在国家税务总局华北地区稽查工作会议上汇报工作

“十一五”期间，在国家税务总局稽查局和天津市国家税务局党组的领导下，天津市国家税务局稽查局带领全市各级稽查部门紧密联系工作实际，坚持服从服务于税收中心工作的宗旨，始终牢记为国聚财、为民收税的神圣使命，始终遵从严格执法、规范行政的工作要求，始终保持锐意改革、开拓创新的工作精神，为税收秩序的规范和征管质量的提高作出了贡献，为实现天津国税事业的新发展付出了辛勤的努力，取得了辉煌的成绩。

稽查执法取得显著成效

“十一五”期间，全市各级国税稽查部门较好地抑制了涉税违法活动的蔓延，促进了税收秩序的不断规范，对营造公平竞争的税收环境，提升依法治税水平起到了积极的推动作用。全市各级稽查部门共检查纳税人2.81万户次，查补税款、滞纳金和罚款共计45.80亿元。

稽查长效工作机制逐步形成

“十一五”期间，该局与天津市公安局经侦总

天津国税局副局长郭凤鸣听取天津国税稽查局工作汇报

队共同制定了《预防打击涉税违法犯罪协作联动机制》，建立了协作办案机制；与地方税务局联合制定了《税务稽查工作协作试行办法》，规范和加强了国税、地税稽查部门间的联合办案机制。全市各级稽查部门充分发挥“四位一体”良性互动机制，把稽查工作嵌入一个多方位、立体式的“大征管”格局中运作和执行，推动了评估、管理和稽查的横向互动。坚持了重大涉税案件集体审议、举报案件综合管理、协查案件监控督办的工作原则，稽查执法风险得以有效防范，稽查执法水平和工作效能得到大幅提升。

天津国税稽查局各区县稽查人员查办涉外企业偷税案

稽查工作方式不断创新

全市各级稽查部门积极探索和创新稽查工作方式，针对不同行业、不同类型企业实施不同的稽查方法，取得良好效果。在税收专项检查中，采取“解剖典型，模板检查、复核复审、统一处理”的检查模式，不仅大大提高了检查效率，还确保了检查力度、处理尺度的统一，确保全市范围内同一行业检查的公平和公正。在重点税源企业检查中，实施查前约谈、统一自查和重点检查相结合的新模式，强化了对主要税源企业的管理与监控，为防范税收流失提供了较好的保障，稽查工作方式方法不断创新。

稽查办案经费规范保障

“十一五”期间，天津国税局先后投入大量资金，为全市各级稽查部门配备了查办案件所需的照相机、复印机、摄像机、录音笔等硬件装备，建立了电子监控室，进一步提升了全市各级稽查部门硬件装备水平。按照国家税务总局的要求，2010年天津国税局制定了全市税务稽查经费开支管理办法、大要案件标准及补助经费管理办法，稽查办案经费的规范管理和有效利用为基层稽查部门查办重大涉税违法案件提供了有力的资金保障，有效地促进了稽查工作开展的主动性和积极性。

稽查队伍素质明显增强

“十一五”期间，全市稽查部门累计举办各类稽查培训班20余期，培训人数1600余人次。通过开展多层次、多类别、形式多样的稽查业务培训，促进了稽查人员知识结构更加合理，业务素质和综合能力进一步提高。通过积极推进人才库建设，形成一支门类齐全、素质优良、有较强战斗力的稽查专业人才队伍。

天津国税稽查局组织歌咏比赛

吉林省国家税务局稽查局

“十一五”时期，吉林省国家税务局稽查局认真贯彻落实国家税务总局稽查局和吉林省国家税务局党组的工作部署，以整顿和规范税收秩序为目标，以查处和打击税收违法活动为中心，以组织税收专项检查和区域税收专项整治为重点，夯实稽查工作基础，规范稽查机构设置，完善稽查工作目标管理考核体系，努力提高税务稽查工作质量和效率，开拓进取，扎实工作，充分发挥税务稽查的职能作用，圆满地完成了各项工作任务，为全省国税收入持续平稳较快增长作出了积极的贡献。

吉林省国家税务局总会计师周柏柯在2010年全省国税稽查工作会议上作《如何当好稽查局长》专题报告

税务稽查职能作用得到有效发挥

一是稽查收入大幅增长。全省稽查部门共对2.1万户纳税人进行了检查，有1.8万户存在税收违法问题，选案准确率为88.5%，比“十五”时期提高45.7个百分点，查补收入36.6亿元，比“十五”时期增加18.1亿元，增长了98.1%。二是行业税收秩序得到了进一步好转。开展了房地产、CPU骗税等105项税收专项检查和专项整治，查补收入21.9亿元，查处大案要案308件，向司法机关移送132件，打击震慑了涉税违法活动。三是打击涉票违法犯罪活动取得阶段性成果。查处“3·24”、“5·15”等涉票违法案件184件，打掉涉票犯罪团伙13个，抓获犯罪嫌疑人47名，查获涉案发票1.9万份，查补收入3648万元，涉票违法活动在一定程度上得到了有效遏制。四是“以查促管”进程进一步加快。普遍实施《税务稽查建议制度》，向各级税务机关及职能部门发出《税务稽查建议书》612份，及时堵塞了税收征管漏洞。

稽查体制模式得以创新完善

全省普遍实施一级稽查体制，完成了市、县级稽查局机构规范设置，有效地整合了稽查资源，提

2010年吉林省国税稽查工作会议在长春召开

高了稽查工作质量和效率，降低了税务稽查成本。

稽查制度建设有效加强

制定了《大案要案管理办法》、《分级分类稽查管理办法》、《税务稽查人才库管理办法》、《税务稽查工作目标管理考核办法》、《税务稽查工作指标与稽查办案专项经费挂钩办法》等制度，为税务稽查工作的有效开展和全面提升稽查系统管理水平提供了保障。联合地税部门共同制定了《吉林省国家税务局、吉林省地方税务局税务稽查工作协作制度》，对合作的组织领导、联席制度、联合办案、信息交换等内容进行了明确，为双方合作奠定了良好的基础。

稽查执法行为日趋规范

按照以人为本，执法为民的要求，坚持依法稽查，积极倡导文明稽查，进一步明确稽查岗位职责和稽查工作流程，严格落实“选案、检查、审理、执行”四环节分工制约、协调配合机制，建立健全制度完备、流程规范、责任明晰、监督到位的内控监督制约机制，逐一排查稽查执法风险，切实维护纳税人的合法权益。

吉林省国家税务局稽查局党支部资助吉林财贸大学贫困学生祝淑玲（右三）

吉林省国家税务局稽查局汽车4S店税收专项检查培训工作会议现场

吉林省国家税务局总会计师周柏柯、稽查局局长张运鹏巡视全省稽查业务考试考场

案件检举、协查、选案等日常工作有序开展

对检举案件实行分类管理，对检举内容翔实、线索清晰的案件及时组织查处；共查处举报案件1156件，查补收入2.4亿元；协查系统运行平稳正常，共受托协查案件3721起，协查发票1.4万份，查补税款1809万元；选案辅助软件的开发与应用，促进了选案准确率不断提升，加快了稽查信息化应用进程。

稽查队伍素质有效提升

组织开展市、县级稽查局局长、稽查骨干培训班，对科学领导、财务管理软件、信息化管理企业稽查实务、资本运作、党风廉政建设和执法风险防范等知识进行培训。同时，积极输送稽查骨干参加国家税务总局组织的各类培训班，不定期地组织稽查干部到外省市学习稽查工作经验，多次组织开展稽查业务知识竞赛活动。

海南省国家税务局稽查局

“十一五”期间，海南国税稽查系统在国家税务总局稽查局及海南省国家税务局党组的正确指导下，有计划、分步骤地开展了稽查体制改革，实现了以“选案大集中”、稽查工作环节外“四分离”为特色的全省跨行政区域垂直管理的省级一级稽查，税务稽查效率进一步提高，稽查威慑力和战斗力明显增强。

海南国税局党组书记、局长林明鹊在海南省稽查工作会议上讲话

“十一五”期间，海南国税稽查局通过坚持不懈地开展“素质工程”建设，在行政能力建设、拒腐防变能力建设、文明机关创建及干部队伍作风建设上都取得了骄人的成绩，干部队伍整体素质有了质的飞跃，初步建立起一支政治坚定、业务娴熟、作风优良、廉洁高效的高素质专业化稽查队伍。

海南国税局党组成员、纪检组长蒋焕民在海南省稽查工作会议上讲话

海南国税稽查局全体人员

海南国税稽查工作总结会与会人员合影

稽查体制改革促进了税收秩序的整顿与规范，为海南省经济健康、良性发展提供了保障，有力地推动了海南国际旅游岛的经济建设。“十一五”期间，海南省国税稽查局在全省范围内开展了房地产及建筑安装业、旅店业、餐饮业、农副产品收购企业、烟草行业、银行业、保险业、发电业、通信业、石油化工业、药品生产及经销等行业检查，共检查企业1951户，实现查补收入8.1亿元，并按照国务院有关精神，成立了打击发票违法犯罪活动工作协调小组办公室，实现了对发票违法犯罪活动从源头、销售到终端的整体打击效果，共破获发票违法犯罪案件38起，打掉犯罪团伙27个，刑事拘留82人，批准逮捕47人，缴获各类假发票409万余份。

海南国税稽查局局长张楼辉
部署全省专项检查工作

展望“十二五”，海南国税稽查系统把税务稽查工作置于全面推行税收风险管理的大背景下，重新审视和调整税务稽查工作思路。提出了以提高纳税人税法遵从度和海南国税公信力为目标，以风险为导向，以风险分析为核心，以规范税收执法为着力点，以信息化为支撑，以提升队伍素质和完善体制机制为保障，全面推行税收风险管理，努力实现税收管理科学化、规范化、现代化的“十二五”时期海南国税跨越式发展的新思路。

安徽省国家税务局稽查局

安徽国税局及各市分管领导、稽查局局长参加安徽国税系统稽查业务提高班

2010年，安徽省国家税务局稽查局按照国家税务总局稽查局和安徽省国家税务局的工作部署，立足服从和服务税收工作全局，围绕“转变方式、突出重点、夯实基础、提升素质”的思路，强化工作措施，狠抓工作落实，各项工作取得全面进展。全省共查补收入11.4亿元，入库收入11.9亿元，入库率104.4%，选案准确率94.3%，案件结案率95.5%，圆满完成各项工作任务。

安徽国税局党组成员、副局长徐光伟调研稽查工作

专项检查工作取得新突破。全省国税稽查部门继续推进分级分类检查，实行项目化、预案制、交叉式检查，先后对房地产业、药品经销业、交通运输业、非金属矿物制品业、汽车经销业和金融保险业等行业和重点税源企业开展税收专项检查，共实现查补收入5.37亿元，占查补收入总量的47%。

打击发票违法犯罪活动取得新进展。全省国税稽查部门共查处各类发票违法犯罪案件2252起，查获各类虚假发票6260万份，打掉犯罪团伙62个，捣毁犯罪窝点220处，抓获涉案人员453人，为国家挽回税收损失2.3亿元。国家税务总局和公安部领导先后三次对此工作作出批示，并予以肯定。

专项整治工作取得新起色。全省国税稽查部门对外来纺织服装出口供货和医药经销行业开展集中专项整治，共查补税款2.8亿元，查处涉嫌虚开发票企业54户，抓获犯罪嫌疑人31人，严厉打击了虚开发票犯罪行为，有力整顿了当地税收秩序。

重大税收违法案件查处取得新成效。全省国税稽查部门查处了国家税务总局督办的怀远县嘉源农贸有限公司等3户企业虚开发票案件，抓获犯罪嫌疑人6名，定性虚开发票1168份，涉及金额6942万元，税额1180万元。全年共受理举报案件194起，查处187起，结案163起，查补收入6452.79万元。

安徽国税稽查局局长朱祥胜主持召开安徽省国税稽查工作推进会

安徽省地方税务局稽查局

“十一五”时期，安徽省地税稽查部门以科学发展观为统领，服务税收中心工作，围绕“一个确保、两个提高”的总体要求，统筹做好组织收入和服务发展“两篇文章”，砥砺奋进，扎实工作，有力地促进了安徽地税事业的科学发展。

安徽地税局副局长倪三立在安徽省稽查工作会议上讲话

稽查查补收入连创新高。“十一五”时期，全省地税稽查部门累计查补地方税收入34.91亿元，是“十五”时期的2.1倍。在“十一五”收官之年的2010年，全省稽查部门查补收入13.28亿元，占全省地方税收入的2.04%，为圆满完成税收组织收入工作任务作出重要贡献。

税收专项检查和专项整治工作成绩显著。五年来，全省地税稽查部门先后对29个行业和2.3万户企业开展了税收专项检查，组织力量对5个重点地区开展税收专项整治，查补收入20.3亿元。开展对全国部分大型企业集团在安徽省分支机构的专项检查，查补收入3.5亿元。

打击发票违法犯罪活动成效明显。2008年以来，全省地税稽查部门联合公安、国税部门查处发票违法案件3393起，查获各类虚假发票7285万份，捣毁犯罪窝点300个，打掉作案团伙138个，抓获犯罪嫌疑人798人。打击发票违法犯罪活动工作先后5次受到国家税务总局和公安部的通报表彰。

稽查基础管理不断夯实。“十一五”时期，全省地税稽查部门先后制定和完善了涵盖案件管理、执法服务、队伍建设、协作办案等方面共25项稽查工作制度和管理办法，为稽查执法工作有效开展和系统管理水平全面提升提供了有力保障。

稽查工作方式持续创新。全省地税稽查部门实行分级分类稽查，先后4次组织全省范围内的交叉稽查，共抽调稽查人才库人员160多人次，对134户企业开展检查，查补税款1.7亿元。

稽查服务成效日益凸显。“十一五”时期，全省地税稽查部门制定并实施了稽查业务公开、服务承诺、协查、回访、稽查建议、限时办结等一系列服务制度，并以召开稽查成果通报会、传递《稽查建议书》等多种形式，发挥稽查以查促管职能作用。

安徽地税稽查局局长仇应广在安徽省专项检查视频培训班上讲话

稽查队伍素质稳步提升。全省地税稽查部门大力开展稽查业务知识培训、稽查能手竞赛和稽查人才库选拔考试等活动，培养造就了一支高素质人才队伍。截至2010年年底，全省地税稽查部门共有稽查人员1174人，其中党员占78%，各类职业资格专业人才占23%，稽查人才库现有稽查人才100名，其中40名稽查骨干入选国家级稽查人才库。

安徽地税稽查工作会议

广东省地方税务局稽查局

开拓进取的广东地税稽查局领导班子

在祖国改革开放的前沿阵地有一支威震南粤的税务稽查尖兵队伍，他们就是广东省地方税务局稽查局。“十一五”期间，该局在广东省地方税务局党组的正确领导下，带领全省地税稽查部门围绕税收中心工作，坚持依法稽查，整顿和规范税收秩序，各项工作取得显著成绩。

广东地税局党组成员、副局长宋爱勤对广东省地税稽查工作作重要指示

“十一五”期间，全省稽查部门实现各项查补收入超百亿元，累计达145.62亿元，其中查处超过100万元的重大案件353宗，查补税款17.54亿元，有力地打击了各种涉税违法行为，维护了国家税法的严肃性。在全国率先建立省、市、县三级公安税务联合执法办公室，成功缴获各类假发票1.1亿份，抓获犯罪嫌疑人2674名，捣毁制假窝点444个，查处发票违法案件1369宗，打击假发票工作成绩突出，受到省级领导的充分肯定和国家税务总局的表扬。

加强基础工作，稽查工作水平明显提升。该局积极开展重点税源分级分类检查，扎实推进电子稽查建设，大胆进行稽查能级管理试点，逐步试行稽查岗位准入，工作方法不断创新；大力开展分类型干部培训，严格选拔、管理全省稽查专业队，逐步建立一支精干、专业的稽查队伍；以《防范税务稽查执法风险工作制度》为核心，建立“四位一体”立体化监督机制，确保稽查执法廉洁、高效。

“十二五”时期是我国加快建设小康社会，广东加快转变经济发展方式的关键时刻。该局经过深入分析，提出“十二五”时期的工作思路是：围绕税收中心任务，以提升核心能力为目标，以提高办案质量和效率为重点，坚持依法稽查，加强现代稽查手段应用，深入推进制度建设，加大教育培训力度，建设稽查特色文化，促进全省地税稽查事业科学发展。根据这一工作思路，该局正带领全省地税稽查部门，与时俱进，开拓进取，努力提高稽查核心能力，深入推进依法治税，全面开展稽查文化建设，扎实做好各项工作，为广东建设法治地税、数字地税、和谐地税、幸福地税作出新的更大贡献！

狠抓办案质量和效率，积极开展税收专项检查和区域专项整治。图为广东地税稽查局稽查人员在研究案件。

充分发挥税警联合执法办公室平台作用，加大打击发票违法犯罪活动力度。图为税警联合查处某发票制假窝点现场。

重庆市国家税务局稽查局

重庆市国家税务局稽查局于1998年6月18日正式成立，是重庆市国家税务局的直属机构，2010年在职人员25人，内设科室6个。全市共有国税稽查机构45个，稽查人员562人。

2010年，全市国税稽查系统共对9857户纳税人实施了以自查为先导的税收专项检查和税收违法案件的查处，其中，涉税案件查处1639户，发现有税收问题的1364户，案件选案准确率为83%。查补各项税收收入8.46亿元，超额完成了国家税务总局稽查局的工作任务。

2010年重庆市国税稽查工作会议

2010年打击发票违法犯罪工作电视电话会议

创新工作方式，“以查促管、以查促查”收到实效。在对药品经销行业中从事药品零售的单位和个人实施自查辅导时，鉴于该部分纳税人小规模户所占比例大，账务不健全，该局深入调查研究，创新方法，积极与重庆市人力资源和社会保障局联系，通过纳税人申报收入与医保划款收入比对，动员定点医保药店认真开展税收自查工作，共计入库税款及滞纳金2956.03万元，效果显著。

深挖案件线索，整治虚假发票“买方市场”成效显著。2010年，该局严格按照国家税务总局稽查局的工作要求，针对虚假发票“买方市场”需求屡禁不止，严重侵蚀税基的问题，以“4•21”专案、俞昌龙案、“11•2”和“11•9”等案件为支点，始终保持对“买方市场”整治的高压态势。同时，通过追踪发票违法线索，拓宽稽查案源，提高稽查效果，形成了全方位、立体化、经常性的虚假发票整治网络，取得了显著成效。

强化国税局、地税局协作，进一步增强工作合力。按照“重庆国税局、地税局稽查协作要走在全国税务稽查部门前列”的要求，各级稽查部门遵循依法、规范、共享、高效的原则，在日常稽查管理和执法工作中，全方位、多层次、宽领域开展协作，逐步形成了工作方案共商、重点案件共查、情报线索共用、工作经验共享的良好局面，进一步降低了执法成本，优化了执法服务，形成了执法合力，提高了执法质量和效率。

坚持以人为本，大力加强稽查队伍建设。一是认真开展创先争优活动，围绕“五个好”和“五带头”的标准，切实加强重庆国税局稽查部门党组织的建设。二是抓好先进典型的学习宣传，组织开展向重庆万州区国税局稽查局副局长、“全国先进工作者”马云霄同志学习的活动，在全市稽查系统形成了学习先进、崇尚先进、争当先进的良好风气。三是注重班子建设，促使各级国税稽查领导班子以创建学习型组织为基础，努力培养学习思考的作风、创新奋进的作风、扎实细致的作风、实事求是的作风和民主集中的作风。四是健全内控机制，多措并举，提高稽查干部对党风廉政建设工作重要性、紧迫性和艰巨性的认识，树立正确的权力观、地位观和利益观。

“十一五”期间，全市稽查系统涌现出一批先进人物。其中，荣获“全国先进工作者”的同志1名，荣获国家税务总局表彰的一等功同志2名、二等功同志2名、三等功同志3名、嘉奖的同志3名，树立了重庆国税稽查干部的良好形象。

重庆国税稽查局“创先争优”活动展示台

陕西省地方税务局稽查局

陕西地税局局长姚炬等领导巡视陕西地税系统“稽查能手”综合测试考场

陕西地税稽查局局长张甲虎在2010年全国税务稽查工作会议上作典型经验发言，这是陕西地税稽查局首次在全国税务稽查工作会上作典型经验发言

在国家税务总局稽查局和陕西省地方税务局党组的正确领导下，陕西省地方税务局稽查局以建设“依法、科学、文明、廉洁”税务稽查为目标，深化稽查体制改革，推进科学管理，加强队伍建设，充分发挥了稽查职能作用。

“十一五”期间，全省各级地税稽查部门共检查各类纳税人2.27万户，查补各项地方税收31.97亿元。2010年全省查补收入10.03亿元，首次突破10亿元大关。该局局长张甲虎在2010年的全国税务稽查工作会议上作典型经验发言，实现了全省地税稽查工作的新突破。2008年该局连续三年被省直机关授予“文明单位”称号，2009年被国家税务总局评为“全国打击发票违法犯罪工作成绩突出单位”。

团结和畅、开拓奋进的陕西地税稽查领导班子

坚持依法稽查，切实履行职能。陕西地税稽查部门坚持以稽查业务工作为重点，特别是自2009年以来，共组织3424户企业开展了纳税自查，自查地方各税13.34亿元，减少了税收流失，提高了税法遵从；加大大要案件查处力度，“十一五”期间，共查处50万元以上大要案件336起；该局先后组织了以“5·20建筑业发票专项整治行动”为代表的打击发票违法犯罪行动，破获“6·27西安百亿元特大虚假发票案”等1523起危害巨大的发票违法案件，共收缴违法发票969万份，抓获犯罪嫌疑人399人，捣毁窝点97个，打掉团伙42个，缴获假印章2022枚。全省地税稽查工作受到全国打击发票违法活动领导小组、国家税务总局稽查局的通报表彰，《中国税务报》、《陕西日报》、陕西电视台《今日点击》栏目等媒体相继报道。

规范稽查管理，提升稽查质量。以加强制度建设为前提，以质量考核体系为抓手，以稽查信息化建设为依托，以稽查调研工作为推手，稽查规范化管理水平迈上了新台阶；制定了《稽查分级分类管理制度》等制度，编印了《稽查制度汇编》；全面推行了税务稽查管理信息系统和查账软件，提高了稽查管理质量和效率；积极构建全省稽查业务交流平台，有力推动了全省地税稽查工作。

以人为本建队伍，人才兴税塑铁军。按照“加强省级、充实市级、调整县级”的稽查机构改革指导意见，省、市、县稽查机构规格提升，内设机构设置规范；狠抓稽查干部培训工作，加强稽查人才库建设，建立起了立体式、多元化的培训体系；“十一五”期间，全省1290名稽查人员中，大学本科以上学历1216人，占全体稽查人员的94%，注册税务师52人，注册会计师5人，律师1人，取得计算机一级证书以上人员812人。

宁夏回族自治区地方税务局稽查局

团结奋进的宁夏地税稽查局领导班子

宁夏回族自治区地方税务局稽查局组建于1997年8月，是宁夏地税局主管税务稽查工作的直属行政机构。近年来，该局在国家税务总局稽查局和宁夏地税局党组的正确领导下，紧紧围绕税收中心工作，大力整顿和规范税收秩序，加强稽查队伍建设，抓重点，攻难点，强要点，创亮点，强基点，求突破，树标杆，谋创新，圆满地完成了各项工作任务。

查补收入实现了新跨越。2010年，全区地税系统稽查部门共检查纳税人330户，查出有问题户309户，选案准确率93.64%，已结案309户，结案率99%，查补收入总额17636万元，比上年同期增长了30%，入库税款17673万元，入库率105.19%，比上年同期增长了16%，占全区地税计划任务的1.8%，提前5个月完成了稽查全年目标任务1.2亿元，超额完成 2354万元。

宁夏地税局领导为稽查局配发查账软件

税收检查闯出了新路子。税务检查以纳税人自查为先导，慎用处罚，通过优质的税务稽查服务来提高纳税人的纳税遵从度。

稽查管理实现了新突破。全面实施分级分类稽查办法，紧密结合税收违法案件查处、税收专项检查、税收专项整治等工作，构建了上下一体、信息畅通、反应灵敏、指挥有力的稽查运行机制。

信息管理跃上了新台阶。全系统精诚团结、全力以赴、上下齐动，圆满完成了稽查模块上线任务，全面加强了业务与技术的融合，加快了稽查科技建设的步伐。

巩固深化推出了新举措。按照宁夏地税局巩固深化的总体要求，做了大量、认真、细致的工作，达到了在巩固中发展，在巩固中深化，在巩固中提升，在巩固中创新的效果。

协作配合得到了新进展。建立健全了与征管、法规、税政等部门的纵向联动机制，强化了与国税稽查部门的执法协作配合，巩固和完善税警协作办案机制和信息交换制度，加强了与银行、工商、财政以及监察、法院、检察等部门的协调配合。

“亮点”工作获得了新好评。为创新“亮点”工作，班子组织大家探讨研究，协调由宁夏地税局稽查局、征管与科技发展处、信息中心联合组成的考察组远赴重庆、无锡市，考察学习稽查查账软件的应用情况，并与无锡奇星软件开发公司合作开发出了适应宁夏地税税收征管现状的宁夏地税稽查查账软件，并在“亮点”观摩中进行了汇报演示，受到了各级观摩领导的一致好评。

创先争优呈现了新气象。2010年，该局再次获得“全国打击发票违法犯罪活动先进单位”荣誉称号。姜波同志被中国文明网推举为“爱岗奉献好人”候选人。陈健同志在全区“小金库”专项治理工作中被评为先进个人。全局呈现出团结和谐、开拓创新、争先进位、勇争一流的精神面貌。

宁夏地税稽查局在光明广场进行税法宣传活动

宁夏地税稽查局全体干部合影

深圳市国家税务局稽查局

“十一五”时期是深圳国税事业发展不平凡的5年。“十一五”时期，全市国税收入累计入库7841.1亿元，比“十五”时期增加1.8倍，年均增长21.5%。该局稽查查补收入入库达45.39亿元，比“十五”时期增加了25.03亿元。特别是在2009年和2010年，面对国际金融危机所带来的严峻冲击，全市国税稽查部门分别实现稽查查补收入入库18.69亿元和14.44亿元，为促进税收收入任务圆满完成作出了重要贡献。

深圳国税稽查局召开2010年深圳市国税稽查工作会议

稽查执法办案取得突出成效。“十一五”时期，全市国税稽查部门共查处各类税收违法案件11695起，特别是查办了“雷霆一号”等重大涉税违法案件，有力地打击了税收违法犯罪行为。其中，在2010年开展的查处虚开黄金票案件中，该局配合公安部门抓获犯罪嫌疑人48名，涉及税款10多亿元，得到了总局肖捷局长、解学智副局长以及国家税务总局稽查局马毅民局长的高度评价。

稽查体制改革深入推进。在国家税务总局的统一部署下，该局2009年适时进行了稽查机构改革，成立了6个区级稽查局，实现了稽查组织体系的重新整合，并继续强化市、区两级稽查部门的纵向联动，完善市局稽查局的业务指导和工作督导职能，增强全市国税稽查工作的整体性、协调性和计划性。

稽查基础建设有效加强。“十一五”时期，该局遵循征管三年规划思路，开展稽查管理和业务优化两大基础建设，初步理顺了稽查与其他业务部门间以及市、区两级稽查部门之间的工作关系，有效减少了职能交叉和衔接不畅的情况。

稽查工作方法不断创新。通过完善案源管理系统，充分利用征管数据和第三方信息科学选案，切实提高稽查案源的有效性和可查性，2010年选案准确率达到96.3%，创历史新高；加大稽查查账软件的应用，积极开展信息化稽查，提高稽查质量。

稽查执法行为日趋规范。“十一五”期间，全市国税稽查部门不断优化案源管理，规范取证标准和处理处罚尺度，依法采取税收保全措施和公告送达，认真开展各类协查，按期回复率100%，保持金税协查全国排头兵地位。

稽查队伍素质不断增强。五年来，该局累计组织2842人次稽查干部进行稽查技能培训，并积极组织稽查人员参加稽查业务考试和各类专业考试，有效提高稽查人员专业素质，促进了稽查系统干部勤学精业。

稽查干部队伍党风廉政建设持续深化。该局不断强化“两权监督”，认真落实“一岗两责”，确保稽查廉政责任落实到岗、到人，逐步推进稽查系统内控机制建设，加大对稽查执法全过程的监督制约，有效防范稽查执法风险。

在“8·27”税警联合打击发票违法犯罪行动中缴获的假发票

在“8·27”税警联合打击发票违法犯罪活动中查获的发票制假机器

目　　录

第一篇　重要文献

第二篇　全国税务稽查工作

第三篇　各地税务稽查工作

第四篇　大事记

第五篇　案件辑要

偷税案件

骗取出口退税案件

发票违法案件

第六篇　税务稽查文件

第七篇　统计资料

第八篇　机构和人员

第九篇 税务稽查文选

第一篇

重要文献

围绕中心　服务大局　提高税务稽查工作整体水平　确保完成2010年税务稽查工作任务

——在全国税务稽查工作会议上的讲话

解学智

（2010年1月21日）

同志们：

全国税务稽查工作会议今天召开。会议的主要任务是：贯彻落实全国税务工作会议精神，总结2009年稽查工作情况，部署2010年稽查工作任务。总局党组对于税务稽查工作非常重视，肖捷局长亲自审阅了本次会议的主报告。1月15日，肖局长在总局稽查局《关于继续围绕税收中心任务做好2010年稽查工作的请示》上专门批示：“2009年的工作非常有成效。今年的工作要抓紧安排部署，力争全面提高稽查工作整体水平”。同日，在总局稽查局《关于2009年税收专项检查工作的总结报告》上，肖局长批示：“在总结经验、分析问题的同时，要注意学习借鉴国际成功做法，完善稽查工作机制，促进纳税人自觉提高税法遵从度”。肖局长的批示对2009年的稽查工作给予了充分肯定，指出了今年的稽查工作方向。希望同志们认真领会，深入贯彻落实。下面，我讲四点意见：

一、2009年税务稽查工作回顾

2009年是21世纪以来我国经济社会发展最为困难的一年。面对极其严峻复杂的形势，全国税务系统在党中央、国务院的正确领导下，深入学习实践科学发展观，全面落实中央重大宏观决策部署，圆满完成了税收收入任务。全年共组织税收收入63104亿元，同比增长9.1%，增收5241亿元。2009年也是税务稽查工作历史上最不平凡的一年。各级税务稽查部门认真落实总局党组确定的稽查工作奋斗目标，上下一心，迎难而上，实现了稽查工作的历史性突破，为整顿和规范税收秩序，完成税收收入预算任务作出了突出贡献。

（一）稽查查补收入创历史新高

全年共检查纳税人31.3万户，查补收入1192.6亿元，入库1176.1亿元，入库收入超过2006年至2008年三年入库稽查查补收入的总和（1150亿元），比1985年全年税收收入总额（1097亿元）还多。稽查选案准确率和查补收入入库率分别达到90.9%和98.6%，均创历史最高水平。北京、山东省（市）地税局率先实现全年工作目标，打消了部分地区的疑虑，起到了良好的示范和表率作用。青岛部分省市稽查工作座谈会和全国稽查工作视频会议的召开，增加了各地税务机关实现稽查工作目标的信心和动力。北京、上海、广东、江苏、浙江、山东等重点收入地区相继提前实现稽查工作目标，为全面完成年度稽查工作任务奠定了坚实的基础。上海市国、地税局采取多种措施全面整顿税收秩序，工作成效尤为显著，稽查查补收入比往年成倍增加。各地税务机关加强领导，克服困难，为完成稽查工作任务付出了艰苦的努力。全年共有 33 个国税局和 32 个地税局实现了稽查工作目标，其中宁夏、山西、河南省国税局和河北、山东、湖北省地税局的稽查查补收入占当地税收收入的比例位居全国国、地税前三名。

（二）重点税源企业检查成效空前

通过组织重点税源企业自查和全面检查，查补收入 688.4 亿元，占全年查补收入总额的 57.7%，挽回了流失的税款，促进并加强了重点税源企业的税收征管工作。其中，总局直接组织有关地区国、地税稽查局统一对 63 户大型企业集团开展了自查和全面检查，查补收入 229.5 亿元，占税务稽查部门重点税源查补收入的 33.3%。浙江、湖南、广西、深圳市（省、区）国税局和山东、湖北、广西、贵州省（区）地税局在税收自查中周密组织、创新方法，成效显著。安徽省国税局在大企业抽查和重点检查中思路清晰、方法得当，为总局统一组织的检查工作提供了很好的借鉴。

（三）税收专项检查工作实现新的飞跃

在税收专项检查工作中，各级税务稽查部门共检查纳税人 19.8 万户，发现存在各类问题的纳税人 11.3 万户；组织 31.4 万户企业开展了税收自查工作，共计查补收入 513.7 亿元，比上年增加 287 亿元，增长 126%，创历史最高水平。河北、黑龙江、江苏、浙江、安徽、江西、广西和宁夏区（省）国、地税局启动早，进展快，效果突出。深圳市地税第一稽查局和江苏省地税局先后开展了对限售股投资收益纳税情况的检查，不仅开创了资本交易项目检查的先河，而且带动了全国范围内的专项检查工作，推进了个人减持限售股税收政策的完善。此外，共有 27 个国家税务局和 20 个地方税务局开展了区域税收专项整治工作，总局直接督办了黑龙江省黑河市、湖北省荆州市虚开交通运输发票和内蒙古自治区乌海市违法代开增值税专用发票专项整治工作，规范了行业和地区的税收秩序。

（四）大要案件查处工作取得历史性突破

全年共立案查处税收违法案件 22.6 万起；查处百万元以上税款案件 5263 起，查补收入 229.9 亿元，分别比上年增加 36 起和 49.2 亿元，取得历史性突破。各地税务机关共受理涉税举报 5.1 万件，立案查处 4.6 万件；通过协查系统委托协查增值税专用发票 15.2 万份，收到协查回复发票 13.8 万份，查实有问题发票 3 万份。按照国务院领导批示精神，我们在全国范围部署了查处利用 CPU 骗取出口退税案件工作，共检查纳税人 401 户，追回违规或涉嫌骗税的已退税款 1.65 亿元，不予退税 3269 万元；依法查处了上海昂虹商贸有限公司、浙江杭州通威电子有限公司、北京诚信安隆科技发展有限公司、福建泉州汇升发展有限公司、贵州商洋贸易有限公司和贵州远际外贸发展有限公司、山东烟台圣奇电子有限公司利用 CPU 业务骗取出口退税案件；对部分违规企业停止办理出口退税业务。江苏省国税局和苏州市国税局在重点案件检查和处理过程中，顶住压力，顾全大局，妥善协调，依法处理，维护了税法尊严。北京市国税局和地税局采取抽调区县稽查业务骨干集中办案的做法，承办了大量的总局督办案件，保证了督办案件的质量和进度。

（五）打击发票违法犯罪活动工作完成阶段性目标

我们抓住当前引起全社会普遍关注的违法制造、销售和使用假发票问题，推动建立了政府牵头，各部门齐抓共管的打击发票违法犯罪活动工作机制。各地国、地税局认真做好本地区打击发票违法犯罪活动协调小组办公室的日常工作，会同有关部门积极开展打击发票违法犯罪活动工作。据不完全统计，各地税务机关共出动执法人员28.3万人次，检查企业9.4万户，查处违法受票企业2.8万户，直接查补收入17亿元；配合公安机关查处制售假发票和非法代开发票案件近2.2万起，查获各类非法发票9163万份，捣毁犯罪窝点1498个，打掉作案团伙844个，关停登载发票违法信息网站和板块3443个；协调工信部门封堵发票违法短消息7082万条，实现了阶段性预期目标。广东、安徽、河南和浙江省国税、地税局工作扎实，协调顺畅，措施得力，成效尤其突出。

（六）稽查基础工作水平显著提升

修订印发了新的《税务稽查工作规程》，协同立法机关起草论证《刑法》第201条关于偷税罪条款的修正草案，会同财政部印发《税务稽查办案专项经费管理办法》，重新修订和论证了《税收违法案件检举管理办法》，使稽查工作制度更加完善。各级国家税务局基本完成了市、县两级稽查机构和人员调整工作，为全面完成稽查工作目标任务提供了组织保障。首次组织了全国范围内的稽查人员业务培训和考试，在一定程度上提高了稽查干部的业务素质，促进了稽查工作更好的开展；通过组织信息化稽查业务骨干培训和实地演练，推动了信息化稽查方式在全系统的推广应用。

2009年，各级税务稽查部门在承受巨大压力、面临严峻挑战的情况下，以高度的责任感和使命感，忘我的工作热情和前所未有的工作力度，谱写了稽查工作新的历史篇章。实践证明，稽查队伍是一支听指挥、顾大局、能战斗、讲奉献，在关键时刻可以委以重任的队伍。在此，我代表总局党组向各级税务稽查部门和全体稽查人员，向所有关心和支持税务稽查工作的领导和同志们表示崇高的敬意和衷心的感谢！

2009年稽查工作成绩的取得，得益于总局党组和各级税务机关领导对稽查工作的高度重视，得益于各级地方党委政府对税务稽查工作的关心支持，得益于广大纳税人的理解和配合，得益于全体稽查干部的奋力拼搏。实践证明，在服务科学发展，共建和谐税收的过程中，提高税收征管水平，完成税收中心任务，应当始终坚持把稽查队伍作为服务经济健康发展，大力组织税收收入的重要保障力量，把提高稽查执法水平作为提高税收征管质量和效率的重要途径，充分发挥稽查工作以查促查、以查促管、以查促收、以查促改的职能作用；应当始终坚持和谐税收理念，在严格规范执法的前提下，进一步优化稽查执法服务，取得广大纳税人及社会各界的理解和配合；应当始终坚持稽查工作创新和制度创新，不断总结历史经验、归纳和提炼工作重点、落实目标责任、完善自查和重点检查相结合的方式方法，提高稽查工作整体水平；应当始终坚持把稽查队伍建设放在重要地位，提高稽查人员的政治和业务素质，加强作风纪律养成和党风廉政建设，强化稽查执法保障能力。

在肯定成绩的同时，我们也要清醒地认识到当前稽查工作中存在的问题。主要有：稽查工作良性长效机制有待完善；稽查方式变化后对全面工作兼顾不够；税收自查工作的程序和内容有待规范；稽查技术手段滞后影响执法质效；个别地区工作主动性不够，业务能力不强；稽查队伍建设有待加强，廉政作风建设存在薄弱环节等。这些问题必须在今后的工作中认真加以解决。

二、努力提高税务稽查工作整体水平

上个月召开的全国税务工作会议明确了今年的税收工作任务，要求税务稽查部门继续整顿和规范税收秩序，落实目标责任制。这是总局审时度势做出的正确决策，对提高税收征管水平，完成全年税收收入任务将起到至关重要的作用。税务稽查部门要围绕中心，服务大局，切实发挥职能作用，适应经济全球化和社会信息化发展趋势，在提高稽查工作整体水平上下工夫。为此，各级税务机关必须采取有效措施，加强对稽查工作的组织领导，在更新稽查理念、完善稽查工作制度、创新稽查方式方法、强化稽查队伍素质方面大胆探索，促进税收征管水平的提高。希望各地在具体工作中注意把握以下几个要点：

（一）严格稽查执法，妥善处理执法与服务关系

稽查执法是税收强制力的体现，税务稽查部门一方面必须以整顿和规范税收秩序维护税收法律法规的尊严，以严格、规范、公平、公正和文明执法服务于最广大的纳税人，以提高整体工作水平确保税收收入预算的完成，另一方面也要妥善处理执法与服务的关系，为构建和谐社会贡献力量。当前，美国、日本等OECD国家的税收收入水平、税收征收率、稽查查补收入占税收收入的比例均高于我国。我们的税收征收率偏低，稽查查补收入的比例理应更高些。但考虑到当前我国税收环境与稽查工作的实际情况，稽查工作目标还不宜定得过高，目前的要求是比较适宜的。制定稽查工作目标，就是为税务稽查部门明确努力的方向，促进稽查部门继续加大执法力度，推动整顿和规范税收秩序工作不断走向深入。妥善处理执法与服务的关系，就是要把和谐执法的理念贯穿稽查执法活动的全过程，树立和培养征纳双方法律地位平等意识，坚持公平、规范、文明执法；合理使用自由裁量权，统一执法尺度，避免畸重畸轻；认真听取并及时向有关部门反映纳税人正当的税收诉求，化解征纳双方的矛盾冲突，切实维护纳税人合法权益；在保证质量的前提下，尽可能缩短检查和处理时间，减少对纳税人正常经营的影响。

（二）明确职责分工，凝聚稽查执法合力

提高稽查执法效率的关键在于形成内外部执法合力。各级税务机关要准确把握税务稽查部门查处税收违法行为、组织实施税收专项检查和专项整治、进行系统审计式检查的主要职责定位，合理划分与征管部门的业务边界，依法依规明确各部门的职权范围，坚决制止超越法律授权的行政行为，避免出现职责交叉。要理顺各部门之间的业务衔接，在税收专项检查中统一安排和部署企业的税收自查、检查工作，有关部门要按照各自的职权范围各负其责，避免出现掣肘稽查执法现象，保证信息沟通顺畅。要加强国、地税稽查工作配合，对总局统一部署的税收专项检查、大型企业集团的审计式检查、重大督办案件，国、地税稽查局要联合组织，共同开展，协调一致。要加强与公安、海关等部门的合作，畅通信息沟通渠道，明确各自职责义务，共同打击各类税收违法犯罪活动。

（三）强化稽查核心业务能力，提高稽查工作整体水平

税务稽查的核心业务能力就是发现并依法处理纳税人存在的各类税收违法违规问题的能力。随着经济全球化和我国社会主义市场经济的发展，跨国、跨地区、跨行业的大型企业集团相继涌现，纳税人的组织管理形式不断创新，经营方式不断变化，业务范围不断拓展，使得征纳双方信息不对称的现象越来越突出，传统的稽查组织形式、工作方式和业务能力已经难以适应经济社会发展的变化。强化稽查核心业务能力，就是要通过改进稽查组织形式，创新稽查工作方式方法，增强稽查人员业务素质，提高依法查处税收违法行为的能力。各级税务机关要按照全国税务稽查工作要点的安排，大力推进地市级一级稽查模式和分级分类稽查方式，积极探索适合稽查工作发展的新的体制模式，加快稽查组织机构扁平化的研究和实践，以适应当前税收集中度不断提高的变化趋势。充分利用征管信息和第三方信息开展案源分析工作，探索案源管理科学方法，不断提高选案准确率，及时发现重大税收流失问题。积极开展对信息化管理企业的稽查工作，积累经验，摸索规律，扩大成果。开展稽查全员培训和分类稽查业务知识培训，提高稽查人员基本业务素质，有计划地培养分行业专家型稽查人才，走专业化稽查的发展道路，探索稳定稽查骨干队伍的方式和途径，提高一线检查人员比例。

（四）夯实稽查工作基础，研究探索新的工作方式方法

以落实新修订的《税务稽查工作规程》为契机，进一步建立健全稽查工作制度，形成程序完备、流程顺畅、责任明确、监控有效的稽查执法分工制约机制；开展相关法律研究，推进稽查立法和司法工作。提高稽查系统管理水平，建立和完善以稽查工作质量效率为核心的稽查工作考评指标体系，强化上级稽查局对下级稽查局的业务指导能力和案件查处指挥权。不断提高经费和装备保障能力，制订中长期稽查装备规划，强化稽查执法保障。

要善于发现和研究当前稽查工作中出现的新问题，及时归纳总结基层执法实践中好的做法，并使之上升到制度层面。比如，重点税源企业自查工作是2009年稽查工作的一大特色，但是现有的法律法规和规章制度对于这项工作还缺乏必要的规范和约束，如何使自查工作走向规范，是各级税务机关今后一段时期面临的新课题。希望各地积极探索，勇于实践，及时向总局汇报工作中出现的新问题，成效明显的新方式、新方法；总局稽查局要及时开展相关的对策和制度研究，做到以工作创新推动制度创新，以制度创新推动税务稽查事业发展，不断提升稽查工作整体水平。

三、确保完成2010年税务稽查工作任务

今年将是我国新世纪以来经济形势最为复杂的一年，经济发展中的不确定、不可预料因素增多，收入形势依然严峻。面对错综复杂的形势，完成全年稽查工作目标，可能会遇到许多意想不到的问题，难度要大于2009年。各级税务机关一定要准确把握形势，尽早谋划，坚定信心，鼓足干劲，确保全面完成今年的稽查工作各项任务。根据全国税务工作会议精神，今年税务稽查工作的总体要求是：**坚持服务科学发展、共建和谐税收主题，围绕税收中心工作，突出重点税源检查和大要案件查处两个重点，落实税收专项检查和专项整治工作计划，深入开展打击发票违法犯罪活动工作，全面整顿和规范税收秩序，确保实现稽查工作既定目标**。概括起来就是：围绕一个中心，抓住两个重点，完成三项目标任务。

（一）围绕税收中心任务，服从服务税收工作全局

确保税收收入与国民经济保持合理比例持续稳定增长，组织完成年度预算规定的税收收入是税务部门的中心任务，对于我国经济社会又好又快发展，夺取应对国际金融危机的全面胜利具有十分重要的意义。税务稽查工作与税收征管其他各项工作一样，都要围绕着这一中心来展开。各级税务机关要按照肖局长提出的“大力组织税收收入，整顿规范税收

秩序，提高稽查整体水平”的工作要求，充分发挥税务稽查职能作用，通过深入持久地整顿和规范税收秩序，发挥以查促管、以查促收、以查促改的职能作用，全面提高税法遵从度。各级税务稽查部门要服从、服务税收工作全局，更新工作理念，完善管理机制，创新方式方法，规范执法行为，提高整体水平，为完成税收中心任务和落实税收宏观调控政策提供坚强保障。

（二）抓住两个工作重点，提高稽查工作质量效益

一是组织重点税源企业税收检查工作。各级税务机关要坚持公平原则，统一安排对重点税源企业的审计式检查和以企业自查为先导的税收检查工作；要总结经验，改进不足，规范方法，控制检查频率，提高抽查比例，确保检查质量。通过有目的、有计划地开展各行业的税收检查工作，引导重点税源企业依法规范纳税行为，控制重大税收流失，提高征管水平，完善税收政策。

二是坚决查处一批重大税收违法案件。重点查处虚开和接受虚开增值税专用发票等各类可抵扣凭证的违法案件；继续依法严厉打击骗取出口退税违法犯罪活动，建立和完善各部门防范和打击骗取出口退税联合工作机制；高度关注各类税收违法活动的新动向、新方法、新手段，依法查处各类逃避纳税义务的税收违法案件，降低纳税人税收违法活动的收益预期，提高税收遵从。要高度重视涉税举报工作，拓展案件来源，构建全社会的协税护税体系。在案件查处过程中，要充分利用协查信息管理系统，加强协查系统管理，提高办案效率。国、地税稽查部门要加强协调配合，及时办理案件移交，足额查补税款，依法提高处罚比例。继续做好重大税收违法案件的新闻曝光工作，震慑不法分子。

（三）完成三项目标任务，推动稽查工作全面开展

一是确保实现全年稽查工作各项目标。将稽查查补收入目标确定为当地税收收入总额（扣除海关代征“两税”）的一定比例、选案准确率80%、入库率90%和查处案件结案率95%作为考核各地稽查工作的主要指标，落实激励机制，强化督促指导，确保实现上述目标。

二是认真落实税收专项检查和专项整治工作计划。2010年，我们将药品经销行业、房地产及建筑安装行业和交通运输行业作为指令性检查项目，将营利性医疗和教育机构、年所得额12万元以上个人所得税自行申报以及其他各地认为需要开展税收专项检查的项目列为指导性检查项目；同时要配合涉外税务部门开展非居民企业税收专项检查；对部分大型企业检查的自查和全面检查也将在专项检查中一并布置。希望各地在专项检查中积极推进分级分类稽查办法，合理确定不同层级的检查范围；改进专项检查方式方法，充分利用税收自查、抽查和重点检查相结合的方式，全面完成指令性检查项目和重点税源企业的税收自查与检查工作。选定重点区域组织实施税收专项整治工作，整顿规范重点行业和重点地区的税收秩序。

三是继续深入开展打击发票违法犯罪活动工作。会同公安等有关部门继续对发票违法犯罪活动保持严打态势；严厉查处虚构业务虚开交通运输发票违法行为，依法打击以交通运输发票为重点的虚假发票“买方市场”；积极协调有关部门加快解决相关法律问题，提升打击力度和效果；努力建立和完善打击发票违法犯罪活动工作机制，将此项工作长效化、常态化；通过多方配合与努力，提升打击发票违法犯罪活动工作的保障水平，推动工作持续深入开展。

（四）严格各项工作要求，促进稽查事业健康发展

注重开展调查研究。在确定税收专项检查项目、组织重点税源企业开展税收自查和重大案件检查前，必须认真开展调查研究工作。要在充分了解行业经营特点、各类相关数据统计结果、行业税负等相关数据的基础上，通过解剖式检查，发现行业及同类企业存在的共性问题，归纳检查方法，研究检查对象可能采取的反检查手段和应对措施，预先制定准确翔实的自查提纲和检查预案，统一执法尺度和处理处罚原则，做到检查一个企业，规范一个行业。

加大工作督导力度。上级稽查局要加大对下级稽查局的指导力度，特别要关注重点收入地区的工作进度，及时表彰先进，鞭策落后。在对重点税源企业的全面检查和以税收自查为先导的税收检查中，各级税务机关要加强对企业的政策辅导工作，及时约谈企业负责人，指出存在问题及其不利后果，督促企业按要求落实检查中的各项工作。

强化稽查执法保障。在现有体制模式下，要采取多种方式充实省、市两级稽查力量。省级稽查局编制不足的，可以采取从市、区、县抽调业务骨干的做法，保障稽查重点工作的落实；各地税务机关要发扬全国一盘棋的精神，听从指挥，服从安排，统一行动。以落实《税务稽查办案专项经费管理暂行办法》为契机，加强办案经费管理。要根据形势变化调整经费预算管理方式，使稽查经费向工作最得力、成绩最突出、效果最明显、办案最需要的地区倾斜。切实加大对一线稽查办案和基层稽查办案的经费投入，保证经费预算执行进度。在地税系统经费拨付渠道变化后，总局稽查局要积极与财政部有关部门沟通协调，将地税稽查工作实绩与经费来源挂钩，最大限度地保障地税系统办案经费来源。各级财务部门要切实负起责任，将办案经费纳入正常财务管理范围，严格开支范围和标准。适时开展稽查办案经费审计工作，保证专款专用，杜绝超范围超标准支出等违规问题。各地税务机关要制定切实可行的稽查装备发展规划，逐步提高稽查装备水平。

四、大力改进工作作风，推进党风廉政建设

改进工作作风，推进党风廉政建设是做好稽查工作的重要保证。刚刚闭幕的中纪委十七届五次全会指出，2010 年，全党要继续加强以完善惩治和预防腐败体系为重点的反腐倡廉制度建设，抓紧解决反腐倡廉建设中人民群众反映强烈的突出问题，不断取得党风廉政建设和反腐败斗争新成效。各级税务机关一定要认真学习贯彻落实会议精神，高度重视稽查队伍作风建设和党风廉政建设，大力弘扬“秉公执法、令行禁止、尽职尽责、廉洁自律”的稽查职业操守，狠抓税务稽查反腐倡廉各项工作落实。

（一）坚持求真务实，改进工作作风

把提高工作效率作为改进稽查队伍工作作风的切入点，提高结案率尤其是总局督办案件的结案率；按要求做好总局部署的专项检查等各项指令性工作，抓紧抓早，抓出实效；认真答复基层的请示和反映的问题，改进会风文风，研究解决实际问题。

（二）落实工作规程，强化监督制约

结合贯彻新颁布的《税务稽查工作规程》，认真梳理稽查工作岗责体系，明确任务流程中各个岗位的职责划分、业务衔接、工作标准和责任追究，形成有效的稽查执法监督制约机制，通过有效的监督制约机制，规范稽查执法行为，从源头上控制稽查执法不廉行为

的发生。

（三）坚持多手并举，推进廉政建设

结合实际，以推进稽查执法全过程内控机制为载体，建立预防和惩治稽查执法腐败工作体系；利用正反两方面典型，开展社会主义核心价值观教育、稽查人员职业道德教育，落实反腐倡廉各项工作；推进税务稽查部门“一岗双责”和责任追究制度，加强对稽查局领导班子和成员的教育、监督力度，提高稽查局领导干部廉洁自律意识；依法、依纪严肃处理滥用稽查执法各项职权、以权谋私等违法违纪行为，坚决查处和纠正在稽查执法过程中损害纳税人利益的不正之风，维护税务机关形象。

（四）提高风险意识，化解执法风险

教育广大稽查干部和税务稽查部门的领导提高风险防范意识。一方面要通过严格规范执法从根本上杜绝执法风险的产生，另一方面认真分析各项业务工作、环节和岗位可能存在的稽查执法风险点，通过定期轮岗、业务公开等切实可行的应对措施加强内外部监督制约，控制和化解稽查执法风险。

同志们，新一年的稽查工作任务将更加艰巨，形势已经把我们推到新的历史起点，让我们以更加昂扬的斗志，更加饱满的工作热情和更加积极的工作态度迎接新的挑战，为确保完成税收工作各项任务作出新的贡献。

在 2010 年全国税务稽查工作会议结束时的讲话

马毅民

（2010 年 1 月 22 日）

同志们：

这次全国税务稽查工作会议，是 2010 年总局安排的第一个全国性专业工作会议，是全面贯彻落实全国税务工作会议精神，坚定围绕税收中心任务、服从服务税收工作大局的一次重要会议，也是充分调动稽查干部工作积极性的动员会，鼓舞稽查干部士气的鼓劲会，全面启动 2010 年稽查各项工作的誓师会。总局领导对这次会议非常重视，肖捷局长多次对稽查工作做出重要批示，充分肯定了 2009 年稽查工作取得的显著成绩，指明了当前和今后一段时期稽查工作的方向。

解学智副局长代表总局党组作了大会讲话，总结了 2009 年的税务稽查工作，部署了 2010 年的税务稽查工作任务，即围绕一个中心、抓住两个重点和完成三项任务。会议代表在分组学习、讨论解局长的讲话时，一致认为解局长的讲话以党的十七大和十七届三中、四中全会精神为指导，全面客观、实事求是地反映了去年税务稽查工作情况，部署任务思路清晰、重点突出、措施具体，体现了为税收中心工作服务的高度责任感。会议传达了全国税务工作会议精神和肖局长对税务稽查工作的具体指示，对于做好当前税务稽查工作具有十分重要的指导意义。大家纷纷表态，尽管完成 2010 年稽查各项工作目标难度很大，但是一定会坚持依法稽查，想方设法确保完成全年各项工作指标。

2010 年的全国税务稽查工作要点已经下发各地。希望各地结合本地实际，认真抓好落实。为了把这次会议精神贯彻落实好，根据会议讨论情况和大家所提意见，下面我再强调两个方面意见：

一、认真做好此次会议的贯彻落实工作

（一）抓紧汇报、传达会议精神

稽查工作会议作为一个专业性会议，连续三年由省（市）税务局分管稽查工作的领导参加，说明了总局党组对稽查工作的重视和关心。各级税务稽查部门要以全国税收工作会议对当前经济税收形势的分析判断为依据，积极应对困难和挑战；以此次会议为动力，切实增强责任感和荣誉感；以总局领导对稽查工作的明确要求为目标，继续稳固稽查事业良好的局面，不辜负总局领导的殷切期望。

落实好这次会议精神，圆满完成今年的各项稽查工作任务，关键在领导。各级税务机

关的领导要进一步提高做好新形势下稽查工作重要性的认识，切实重视和加强稽查工作，及时研究并解决好带有全局性的稽查工作问题，为稽查工作排忧解难。会议代表回去后要做的工作主要有两项：一是要迅速向当地局党组认真汇报，积极争取局党组对稽查工作的高度重视和有力支持。汇报不是简单地复述会议情况，仅仅把总局领导下达给稽查部门的工作目标和我们将要采取的措施汇报清楚是不够的，必须要根据总局的总体工作部署，结合本地实际提出具体的、可操作的工作方案。二是要尽快将总局的精神传达到各市、县税务局，尽快召开本地区的稽查工作会议，抓早、抓紧、抓好全年的稽查工作，并将贯彻落实情况尽快报告总局稽查局。

（二）统一思想、坚定信心

这是做好今年税务稽查工作的重要前提。要把思想认识统一到深入贯彻落实科学发展观的要求上来，统一到中央经济工作会议对今年经济工作的决策部署上来，统一到全国税务工作会议对稽查工作的重要指示上来，统一到全国税务稽查工作会议对稽查工作的具体部署上来。2010 年将是经济形势十分复杂的一年，完成稽查工作目标还将面临十分的困难。各级税务稽查部门要进一步坚定信心、开拓进取，千方百计发扬稽查队伍连续作战的优良传统，继续毫不松懈、理直气壮地履行稽查职能：一手抓整顿规范秩序，一手抓组织税收收入，确保实现全年稽查各项工作目标。

第一，要增强服务大局意识。只有找准稽查在税收工作全局中的位置，不断增强服务税收大局意识，才能牢牢把握稽查工作的正确方向。稽查工作担负着税收征管最后一道环节防偷堵漏、整顿规范税收秩序的重任，必须把紧紧围绕税收中心、服从服务税收大局作为稽查工作的首要准则。任何情况下开展税务稽查工作，都要在所属税务局的领导下，找准为税收大局服务的切入点和结合点，一刻也不能偏离大局轨道。

第二，要增强持续作战意识。面对 2010 年复杂的经济税收环境，稽查工作不能停留在过去的成绩里沾沾自喜、盲目乐观，更不能放松懈怠。稽查工作必须要增强持续作战意识，打起精神、勇挑重担、深挖潜力、再接再厉，更加周密地做好应对复杂形势的准备，把应对措施考虑得更周密一些，把各项工作做得更扎实一些。

第三，要增强团结协作意识。解局长在讲话中指出，稽查工作必须要在凝聚稽查执法合力上下工夫。提高稽查执法效率的关键在于形成内外部执法合力。团结就是力量，协作才有合力。稽查工作涉及税收工作中的诸多重点和难点问题，要实现全年稽查工作各项目标，单靠总局稽查局、省、市稽查局单兵作战是远远不够的，必须要全国各级稽查部门上下之间、不同地区之间、国地税稽查之间加强团结协作，发挥全国稽查系统的整体优势。必须要主动与其他部门加强沟通协调，做到各司其职、各负其责，通力协作。

第四，要增强不断创新意识。创新是当今时代的潮流，推动事业进步的源动力。2009 年稽查查补收入创历史新高、重点税源企业检查成效空前、打击发票违法犯罪成绩斐然、限售股投资收益纳税情况专项检查开创资本性税收检查先河这“四大亮点”充分证明，正是因为我们抓住了重点税收地区、重点税源和重点项目，稽查工作才取得了前所未有的成绩。今年，面对稽查工作的新形势和新情况，稽查工作更要以深刻钻研的精神把握稽查工作发展规律，以改革的思路创新稽查工作理念和工作方法，以创新的理念健全和完善稽查工作制度机制。总局稽查局非常希望并真诚地欢迎各地认真研究当前税收违法行为的动向，积极关注社会热点中蕴含的税收问题，超前考虑和谋划稽查工作发展的思路和措施，为总局和全国稽查工作积极献言献策。对一些一时之间还不太适宜在全国推广的改革和创新工作，各省要率先进行试点工作，认真总结经验，成熟之后再行推广。

二、关于需要明确和强调的几个问题

（一）抓住重点，奋力拼搏

2010年，总局领导明确指出，税务稽查部门要继续落实稽查工作目标责任制：稽查查补收入不低于税收收入总额的1.5%，选案准确率达到80%以上，查补入库率达到90%以上，查处案件结案率达到95%以上。各级税务稽查部门必须“抓住两个重点”，确保完成总局党组交给我们的任务。第一个重点是组织做好重点税源企业的税收检查工作。总局稽查局成立重点税源企业检查工作协调小组，加大统一指挥力度，统一协调检查实施和定性处理工作。一是总局稽查局继续统一部署对银行、保险、石油石化、通信和航空运输等行业重点税源企业的税收自查、抽查和审计式检查工作。二是总局稽查局选择部分重点税源企业组织开展审计式检查。三是总局稽查局规划对全国500强企业组织开展审计式检查。第二个重点是坚决查处一批重大税收违法案件。重点地区必须保持对虚开发票和骗取出口退税违法活动的高度警惕，及时将案件查处情况的违法动向、手段和方法报告总局稽查局，以便在全国范围内最大限度地打击和遏制上述违法活动。查处虚开发票行为重点放在伪造真票套打、虚开增值税专用发票和虚开“四小票”问题上，打击骗取出口退税活动的重点放在查处利用有关电子类等产品假报出口业务上。要坚定树立协查地就是案发地思想，切实提高案件协查质量。在确保案件质量的前提下，要依法加快案件查办进度，提高案件结案率和税款入库率。

（二）树立全国稽查“一盘棋”思想

总局稽查局将继续加大对重点收入地区和税收秩序较为混乱地区的稽查工作指导力度。继续按照分管大区成立督导组，分赴各地进行检查督导，宣传、贯彻、落实2010年稽查工作考核指标。但是，完成各项稽查考核指标单靠总局稽查局的组织、督导是远远不够的，必须要发挥全国各级税务稽查部门的积极性和主动性。特别是省级稽查局既要对总局和省局担负起责任，又要对市、县稽查局加强工作指导和督促。各地要在总局稽查局的统一指挥下开展工作，选择当地重点税源行业和企业开展税收自查和检查工作，加大对重点税源企业税收自查的指导力度，在检查实施、政策适用、定性处理等方面要坚持全国一盘棋思想，做到令行禁止、指挥得力。要特别强调两点：一是不管是重点收入地区，还是税源结构单一的地区、收入规模不大的地区，都不能拖全国稽查工作的后腿。二是各地在向总局统计、报送各种数据、指标时，决不能弄虚作假。在此，对部分省市国、地税局2009年的辛苦工作、努力奉献表示感谢，并提出表扬。一是北京国、地税，上海国、地税，广东国、地税，山东国、地税，浙江国、地税，江苏国、地税等几个地区，无论是收入规模、收入比例、案件数量等各项指标都名列前茅，为实现千亿元收入指标作出了重要贡献。二是安徽国、地税和深圳、江苏地税积极为总局出谋划策，为××电网公司税收检查和大小非税收专项检查带了好头。三是其他一些税源结构较为单一或者经济和收入规模不大的地区像重庆国、地税，贵州国、地税，云南国、地税，黑龙江国、地税，青海国税，宁夏地税，西藏国税等也都交出了很好的答卷。

（三）继续积极稳妥地推进一级稽查体制和全面实施分级分类稽查办法

体制机制合理了，稽查工作要取得成效就事半功倍。根据税收征管体制改革方向和我国税源情况，参鉴国外经验，合理调配稽查组织机构与人力分配，实现稽查组织机构扁平化，是稽查体制改革的方向和目标。从近几年稽查实践来看，地市级一级稽查体制已经被越来越多的地区所认可，实行一级稽查体制的地区已占到70%。总局对一级稽查体制的态度是很明确的。大家要认真学习肖局长在2009年全国税务工作会议上的讲话，继续因地制宜、积极稳妥地推进一级稽查体制，适当提高一级稽查体制比例。一级稽查体制的模式可以根据当地实际选择，总局将在适当时候总结一级稽查体制的几种模式，供各地参考和选择。《税务稽查工作规程》对分级分类稽查办法规定了具体标准，各地要紧密结合税收违法案件查处、税收专项检查、税收专项整治等相关工作，全面实施分级分类稽查办法，合理确定省、市、县三级稽查局直接检查的企业。

（四）抓好稽查基础制度的建设和执行

今年要贯彻落实的稽查工作制度相当重要。新修订、印发的《税务稽查工作规程》（国税发〔2009〕157号，以下简称《规程》）对整个税务稽查工作的长远发展起着至关重要的影响。《规程》共8章80条，各地务必要认真组织学习，确保每位稽查干部不论是稽查一线还是行政人员，都要做到充分熟悉、灵活应用，将《规程》作为稽查工作的行动指南。各地也要以贯彻执行《规程》为契机，逐步建立健全制度完备、流程规范、责任明晰、监督到位的部门内控机制。即将出台的其他几项制度也很重要，如《税收违法案件检举管理办法》、《税务稽查组织纳税人自查管理办法（暂定）》等，我们将争取尽快下发这几个文件。

（五）严格稽查办案专项经费的管理使用

财政部、国家税务总局已经印发了《税务稽查办案专项经费管理暂行办法》（财行〔2009〕557号，以下简称《办法》）。《办法》对规范税务稽查办案专项经费管理、提高财政资金使用效益具有重要意义。目前总局稽查局正积极协调财政部相关司拓宽地税系统经费渠道，积极协商总局财务司下发加强办案专项经费管理的具体意见，进一步明确办案专项经费的支出范围和标准等有关问题。各级国税机关要认真贯彻落实《办法》规定，管好用好办案专项经费：一是坚持专款专用。办案专项经费要纳入本单位财务专项管理，专门用于查办涉税案件和税务稽查工作需要，不得超范围、超标准列支。二是坚持厉行节约。国税机关要严格按照《办法》规定的支出范围、标准、审批程序、审批权限使用办案专项经费，不得铺张浪费。三是坚持规范管理。稽查部门要加强与财务、采购、督察内审、监察等部门的协调配合，建立健全办案专项经费分配、管理、使用、监督等方面的具体实施办法。

（六）大兴调查研究之风

各级税务稽查部门要深入实际、深入企业、深入基层，了解和排查稽查工作中存在的难点、热点问题，开展行业及同类企业税收调研式检查。调研式检查要有效转化为税收检查成果，注重摸索作案新手段、违法新情况，及时总结行业共性问题，归纳有效检查方法，研究检查对象可能采取的反检查手段和应对措施，预先统一税收政策执法尺度和处理处罚标准，为重点、全面、深入检查做好充分准备。今年，总局将对部分出售不良资产涉税事项和营利性教育、培训机构开展案源调查，对部分传媒企业开展调研性检查。总局稽查局希望各地在稽查案源上有新的突破，对当前一些社会热点、新型产业、传统征管监管盲点行业有针对性地开展对其经营模式、收入形式、纳税情况、资金运作等方面的深入调研，提供素材和案例，作为总局稽查局选案的源头，以便为全国范围内开展全面检查打下良好基础。

（七）加强稽查信息化建设

树立“信息管税”理念，以解决征纳双方信息不对称问题为重点，以对涉税信息的采集、分析、利用为主线，坚持以信息管理稽查。充分利用征管信息和第三方信息开展选案、深度检查，强化对协查委托发起及受托检查质量的跟踪和监控力度，重点关注纳税零申报、负申报、低税负企业，切实提高对信息化管理企业的稽查办案能力。今年总局稽查局拟开始建立全国税务稽查案例库，供各级税务稽查干部上网适时查询，有效共享全国税务稽查案例资源，请各地有选择地准备有代表性的典型案例5～10篇上报总局稽查局。

（八）依法稽查，防范执法风险

产生执法风险最主要和最根本的原因就是没有牢固树立征纳双方法律地位平等的理念，没有坚持依法稽查和文明执法。各地必须坚持依法稽查，推进文明执法，不得为了完成稽查收入而超越法律程序、权限使用稽查手段；要注意工作方法和社会稳定，减少对企业正常生产经营的干扰，有效防范、规避、化解执法风险；要围绕稽查执法重点环节，重点监督选案、回避、检查时限、案件撤案、调查取证、税收保全、税收强制、结案等环节，有效避免自由裁量权使用不当、执法随意性和办人情案等不良现象的发生。

（九）切实加强稽查干部队伍建设

保持稽查人员的稳定乃至逐步提高稽查人员占税务人员的比例，是保证税务稽查部门在关键时期承担重任的重要基础。要加强充实省、市两级稽查力量，使有限的稽查人力、物力、财力等稽查资源与重点税源的分布相对应。明年的稽查干部培训工作，总局稽查局将制定培训纲要，抓好以下几个重点：一是切实加大对副处以上稽查干部的培训力度，确保其成为稽查队伍的中坚力量。二是加强对稽查系统“小教员”的培训，确保培训一个“教师”教会一群“学生”。三是针对专项检查和重点税源审计式检查开展查前培训。四是针对法律、会计电算化、税收政策加强专题性培训。各地也要加强行业人才的培养，加强与重点税源企业检查和税收专项检查的结合，开展有针对性的培训工作；要加强稽查干部的税收政策水平、法律素质、查账技能和计算机运用水平，打造一支高层次、高素质、技能强的专业化稽查骨干队伍。

（十）加强稽查干部廉政建设和作风建设

党的十七届四中全会通过的《中共中央关于加强和改进新形势下党的建设若干重大问题的决定》以及中纪委十七届五次会议对反腐倡廉建设提出了新的要求，要继续加强以完善惩治和预防腐败体系为重点的反腐倡廉制度建设。对税务稽查工作来说，稽查人员在承受着巨大工作压力的同时，也时刻面临着金钱的诱惑，经受着腐蚀与反腐蚀的严峻考验，反腐倡廉建设尤其要放在更加突出的位置。每一位稽查人员特别是领导干部都要带头执行廉洁自律的各项规定，时刻提醒自己要做到“常在河边走就是不能湿鞋”，努力以优良作风带动广大干部共同营造清正廉洁的良好风气，严格落实党风廉政建设责任制，落实“一岗双责”，加强稽查内控机制建设。

同志们，今年税务稽查工作的任务已经明确，让我们在各级税务局的领导下，统一思想，脚踏实地，真抓实干，全面完成2010年稽查各项工作任务，为保障税收平稳较快增长贡献更大的力量。

2010 年全国税务稽查工作要点

2010 年全国税务稽查工作的总体要求是：坚持服务科学发展、共建和谐税收主题，围绕税收中心任务，以大力组织税收收入和整顿规范税收秩序为目标，以重点税源企业审计式检查和税收违法案件查处为重点，科学组织税收专项检查和区域税收专项整治，严厉打击发票违法犯罪活动，建设税务稽查良性长效机制。

2010 年全国税务稽查工作继续落实稽查指标考核机制：稽查查补收入不低于税务部门组织征收的各项税收收入总额（不含海关代征的进口货物增值税、消费税）1.5%，稽查选案准确率达到80%以上，稽查查补收入入库率达到90%以上，稽查案件结案率达到95%以上。

一、大力组织税收收入和整顿规范税收秩序

1. 组织开展重点税源企业税收检查。总局继续统一部署对银行、保险、石油石化、通信和航空运输等行业重点税源企业的税收自查、抽查和审计式检查工作。总局选择部分重点税源企业组织开展审计式检查。总局成立重点税源检查工作协调小组，加大统一指挥力度，统一协调检查实施和定性处理。各省（市）稽查局要选择当地重点税源行业和企业开展税收自查和检查工作，规范稽查部门指导行为，加大对重点税源企业税收自查的指导力度，提高税收自查质量。

2. 大力查处税收违法案件。重点查处利用仿造真票套打、虚开增值税专用发票，利用虚开“四小票”骗抵税款的违法行为。继续保持打击骗取出口退税违法行为的高压态势，严肃查处假报出口、以少报多、低价高报、以次充好、“配票”出口、“改单”出口，以及利用小规模纳税人货物、未缴税或缴税不足货物骗取出口退税的行为。继续查处利用虚假凭证、做假账、账外经营等手段偷逃税款行为。各地要及时报告税收违法活动的新手段和新方式，总局及时将案件查处情况的违法动向、手段和方法通报各地。

3. 科学组织税收专项检查和区域税收专项整治。指令性税收专项检查项目是：药品经销行业；房地产行业与建筑安装行业；交通运输行业。指导性税收专项检查项目是：营利性医疗与教育、培训机构；配合国际税务司开展非居民企业税收专项检查；年所得额 12 万元以上个人所得税自行申报税收专项检查；以及其他各地认为需要开展的税收专项检查项目。继续开展对限售股减持税收专项检查，重点做好对非正常状态企业的检查工作，确保逐户、逐笔准确落实。对税收秩序相对混乱地区组织开展区域税收专项整治，重点关注虚开运输发票和骗取出口退税违法活动。总局选择问题较多、影响较广、整治难度较大的地区直接组织专项整治。

4. 严厉打击发票违法犯罪活动。根据国务院总体部署，在全国打击发票违法犯罪活动

工作协调小组的领导下，充分发挥部门职能和合力，完善打击发票违法犯罪活动长效机制。坚持标本兼治、综合治理、打防并举，打击“卖方市场”，整治“买方市场”。加大手机、网络发票违法信息的治理力度，协调公安部、工业和信息化部开展手机停号试点、违法信息技术阻截和网站关停工作。协同公安部继续开展打击发票违法犯罪专项行动，严厉打击印制、贩卖假发票的犯罪团伙，捣毁制假贩假窝点。加大假发票曝光力度，提高打击发票违法犯罪的社会效应。

二、完善稽查管理机制

5. 加强稽查基础制度建设。以法治、公平、效率为目标，贯彻执行新《税务稽查工作规程》，严格落实稽查内部选案、检查、审理、执行四环节分工制约、协调配合机制，逐步建立健全制度完备、流程规范、责任明晰、监督到位的部门内控机制。完善督办、组织查办大要案件相关制度，健全查办案件中的监督制约机制。依照财政部、国家税务总局《税务稽查办案专项经费管理暂行办法》制定具体实施意见。印发《税收违法行为检举管理办法》。调研起草《税务稽查查前纳税人自查办法》。认真研究《税收征收管理法》相关稽查规定的完善问题。补充修订税务稽查文书。积极协同有关部门调研刑法涉税规定，协同有关部门研究司法解释涉税规定。

6. 加强稽查系统管理工作。以规范化、科学化、精细化为目标，建设上下一体、信息畅通、反应灵敏、指挥有力的稽查案件指挥机制。加大对重点收入地区和税收秩序较为混乱地区的稽查工作指导力度，确保上级稽查局案件指挥权，做到令行禁止、奖惩并举。加大督办、组织查办大要案件力度，落实大要案件报告制度。完善稽查系统信息、报表报告制度，畅通信息传递渠道。发挥国、地税稽查合力优势，始终树立协查地就是案发地的理念。积极探索稽查工作绩效考评激励机制，细化考评内容和方式。

7. 稳步推进一级稽查体制和全面实践分级分类稽查办法。深化税务稽查体制改革，积极巩固一级稽查成果，实现执法权的适当集中，统一执法标准和处罚尺度。继续因地制宜、积极稳妥推进一级稽查体制在地（市）级以上城市的实施，适当提高一级稽查体制比例。依照《税务稽查工作规程》规定的标准全面实施分级分类稽查办法，紧密结合税收违法案件查处、税收专项检查、税收专项整治等相关工作统筹确定。各地要细化分级分类标准，合理确定省、市、县三级稽查局直接检查的企业。逐步建立重点税源企业和行业税务稽查信息资源库，提高重点税源企业和行业检查质量。

8. 严格稽查办案专项经费管理。认真执行《税务稽查办案专项经费管理暂行办法》，遵循专款专用、厉行节约原则，严格稽查专项办案经费管理，提高稽查办案专项经费使用效益，杜绝超权限审批、超范围使用、超标准支出办案专项经费。逐步加大与现代信息技术发展相适应的税务稽查办案设备投入。坚持大要案件查办质量等工作实绩与稽查办案经费挂钩。加大对一线稽查办案和基层稽查办案的经费投入。

三、依法稽查文明执法

9. 依法规范稽查执法行为。严格依照法定职责、法定权限和法定程序，做到依法稽查文明执法，有效体现税法公平公正。依法稽查理念要贯穿到选案、检查、审理、执行各个环节，重点加强对检查环节监督考核，确保权限合法、程序无误、事实清楚、证据确凿、定性准确、处理得当。

10. 有效提高大要案件查办质量。探索建立有效的稽查案件质量监督管理机制，切实提高选案准确率、按期结案率和税款入库率。充分利用税收管理数据信息细化整合选案指标，实施科学选案。坚持重大税收违法案件集体审议制度，严格审核证据和适用法律，提高按期结案率和税款入库率。公开典型案件，发挥税务稽查的教育、惩治和警示效应。

11. 加强税收违法行为检举工作。实施检举案件分类处理，明确分类权限和程序。提高稽查案源管理质量效率，积极探索案源管理方法。强化举报服务意识，提高检举服务质量，引导检举人实事求是检举税收违法行为。严格为检举人保守秘密，依法确认、计算和兑付奖金，积极为检举人兑奖提供优质服务和方便。做好检举案件检举人和被检举人矛盾化解、疏导、说服工作。

12. 有效防范化解稽查执法风险。牢固树立征纳双方法律地位平等的理念、纳税人正当需求应予以满足的理念。围绕稽查执法重点环节，实施事前警示、过程监控和事后监督，重点监督选案、回避、检查时限、案件撤案、调查取证、税收保全、税收强制、结案等环节。着力避免因检查、执行等执法行为失误、不当、粗暴引起纳税人不满和抱怨的问题，妥善化解矛盾冲突。完善稽查内部监督制约机制，虚心接受外部监督。落实执法责任制，严格过错责任追究，有效避免自由裁量权使用不当、执法随意性和办人情案等不良现象的发生。对涉嫌税收犯罪案件，依法及时移送公安机关。

四、创新稽查工作方法

13. 积极优化稽查服务。坚持公平、公正、公开原则，依法尊重并维护纳税人合法权益，牢固树立稽查服务意识和公平公正执法是稽查最佳服务理念。优化稽查服务形式和内容，扩大稽查正面影响力和作用力。创新研究科学合理的审计式检查模式，审计式检查可以推行查前告知、约谈，查中宣传税收政策、文明执法，充分听取纳税人陈述申辩意见，查后提出建议、跟踪回访等稽查服务新形式。

14. 建设信息稽查平台。树立“信息管税”理念，坚持以信息管理稽查。充分利用征管信息和第三方信息开展选案、深度检查，重点关注纳税零申报、负申报、低税负企业。切实提高对信息化管理企业的稽查办案能力，有效应对企业利用电子账簿虚假记账、隐匿或销毁电子账簿以及利用互联网和手机通信等新型支付手段逃避税收。依照《增值税抵扣凭证协查管理办法》强化对委托发起及受托检查质量的跟踪和监控力度，凡是能够通过协查系统发起的协查一律通过协查系统发起。地税稽查系统推广应用协查信息管理系统 3.1 版，货物运输发票纳入协查系统。建立全国税务稽查案例库，各地通过稽查信息报告优秀案例 5 ~ 10 篇，有效共享全国税务稽查案例资源。

15. 注重开展调研式税收检查。紧密结合审计式检查、案件查处和税收专项检查，开展行业及同类企业税收调研式检查。各地要排查税务稽查难点、热点问题开展对部分行业的调研式检查。调研式检查要注重摸索作案新手段、违法新情况，及时总结行业共性问题，归纳有效检查方法，研究检查对象可能采取的反检查手段和应对措施，预先统一税收政策执法尺度和处理处罚标准，为重点、全面、深入检查做好充分准备，有效转化为税收检查成果。

16. 积极探索部门协作良性互动机制。国、地税稽查继续建立健全协作机制，推进双方多层次多领域的稽查协作，在信息交换、税收专项检查、区域税收专项整治和大要案件查处上切实提高协作水平。继续建立健全与征管、法规、税政等部门的良性互动机制。巩固完善税警协作办案机制和情报交换制度，发挥打击税收违法犯罪的合力优势。总局与公安部选择一批重点案件进行督办。各地要明确分工、落实责任、通力合作，力求两部、局共同督办的重点案件查处好、准、快。切实加强与海关、银行、工商、财政以及监察、检察、法院等部门的协调配合，拓宽交流渠道，制定协作办法，完善协作机制。

五、全面加强税务稽查队伍勤政廉政建设

17. 切实提高稽查干部素质和技能。总局加强对处级以上稽查干部培训力度，造就一支高层次、高素质、技能强的专业化稽查骨干队伍。继续会同总局教育中心举办税收法律高级研修班。不断充实省、市两级稽查骨干力量。积极探索稽查人员业务能级管理办法，调动稽查人员工作积极性和凝聚力。继续调整充实稽查人才库，细化分类行业分类检查、信息化检查、案件应诉法律专业人才。继续有针对性地编写行业税收检查指南。省级税务局要针对机构升格、人员岗位调整所带来的教育培训需求差别，统筹安排、完善各层次、各岗位的知识能力培训，重点开展针对提高稽查干部的税收政策水平、法律素质、查账技能等实用型培训，注意加大电子税务稽查培训力度。鼓励稽查干部参加在职学历教育和注册税务师、注册会计师、司法资格等考试。

18. 加强稽查队伍廉政建设。时刻谨记腐败是稽查执法风险的最大危害。以完善惩治和预防腐败体系为重点，抓好队伍的廉政建设、法制教育和风险教育，牢固筑起反腐倡廉思想防线。落实《关于加强稽查执法监督制约工作的意见》，加大对稽查执法过程全程的廉政监督制约，积极防范稽查执法风险。强化“两权监督”，有效避免滥用自由裁量权、随意执法、办人情案等不良现象的发生。不断加强稽查领导班子建设，认真落实“一岗两责”，确保稽查工作的廉政责任落实到岗位、到个人，落实到思想政治、业务工作、作风建设的各个方面。

19. 加强稽查队伍作风建设。围绕深入学习实践科学发展观主题，贯彻落实十七届三中、四中全会精神。恪守聚财为国、执法为民的税务工作宗旨，切实改进稽查队伍作风。切实强化干部责任意识教育，加强对稽查人员的政治思想教育、职业道德教育和爱岗敬业教育，促进广大稽查干部爱岗敬业、勤奋工作，树立稽查执法威信和良好形象。

第二篇

全国税务稽查工作

全国税务稽查工作综述

［总体情况］　2010年，全国各级稽查局在国家税务总局党组和肖捷局长的正确领导下，在解学智副局长的直接指挥下，依靠稽查局全体干部的共同努力，圆满地完成了稽查工作各项任务，严厉打击了虚开发票、骗税、偷逃税等税收违法行为，整顿规范了税收秩序，挽回了巨额税收损失，提高了纳税人税法遵从度，为推动税收事业的不断发展进步提供了有力保障。2010年全国税务稽查部门共检查纳税人23.52万户，其中有问题户22.05万户，选案准确率93.75%，查补收入1160.45亿元，实际入库1139.53亿元，入库率98.2%。

［案件查处］　全国各级稽查局克服人手少、时间紧、任务重等各种困难和压力，积极指导并督促各地稽查部门认真落实查大案、严执法的工作要求，努力排除案件查处过程中的各种干扰，一批重大税收违法案件得到了严厉查处。2010年，全国共查处税收违法案件21.62万起，结案21.83万起（含2009年结转案件）；总局稽查局立案督办重大税收违法案件270起，结案169起，查补税款40.11亿元。

［税收专项检查］　2010年，国家税务总局稽查局统一部署了房地产及建筑安装业、药品经销业、交通运输业、非居民企业纳税情况等4个指令性检查项目以及营利性医疗及教育培训机构、年所得额12万元以上个人所得税自行申报纳税情况等2个指导性检查项目。各地税务机关检查纳税人48.3万户（含自查35.9万户），查补收入595.7亿元，与上年同期（513.73亿元）相比，查补收入增加81.97亿元，增幅15.96%。

［税收专项整治］　全国共有20个省级国税局和19个省级地税局，针对接受虚开增值税专用发票、运输发票，医疗器械营销以及旅游业等项目部署开展了区域税收专项整治工作，共检查纳税人1.72万户，查补收入17.35亿元。

［重点税源检查］　国家税务总局稽查局从房地产、建筑安装、金融、能源、医药、钢铁和航空等重点税源行业中选择了61户营业收入在同行业中居前列的企业集团作为2010年重点税源企业的自查和抽查对象，统一部署、统一组织、统一协调，加强督导跟踪，全国各级国、地税稽查部门上下联动、紧密配合，确保了重点税源企业工作扎实深入开展，共计查补收入85.8亿元。部分省市还结合当地实际情况，自行部署开展了省市级重点税源企业的税收检查，查补收入31.9亿元，进一步规范了企业纳税行为，提高了税法遵从度。

［打击发票违法犯罪活动］　2010年，各级税务与公安等相关部门通力合作，扎实推进打击发票违法犯罪活动工作，成效显著。共查处制售假发票和非法代开发票案件44362起，查获各类非法发票7.8亿份，查补税款及罚款31亿元，比上年同期分别增长123.5%、681.6%和102.5%。捣毁发票犯罪窝点5945个，打掉作案团伙1615个；关停、整顿登载发票违法信息网站2079个，封堵发票违法短信息3188万条。

［税收违法行为举报］　2010年，全国各级稽查局共受理举报案件42411起，其中：总局稽查局共受理举报案件2346起，比上年增加614起，增幅为35%。

［案件协查工作］　协查系统平稳运行，协查管理机制进一步得到完善，促进了协查工作整体水平的提高。2010年，各地稽查局通过协查系统发起委托协查发票62.8万份，涉及企业2.4万户（次），金额1283亿元，税额217亿元，分别比上年增加315%、97%、654%、703%；受托收到协查发票61.4万份，涉及企业7.8万户（次），金额1234亿元，税额208亿元，分别比上年增加304%、221%、624%、667%。2010年，通过协查系统的实时监控和跟踪功能，协查系统在虚开套开黄金销售专用增值税发票专项检查工作中发挥了积极作用，有效提高了总局督办案件的查处质量和效率。

［系统建设］　根据国家税务总局领导2010年以来关于稽查工作的一系列重要指示，在充分开展稽查管理体制调整改革的调研工作基础上，经总局人事司同意，总局稽查局草拟了《关于税务稽查管理方式调整改革工作调研情况的报告》，并推动湖南、河南、安徽、河北、青岛等四省一市试点

改革，优化省、市、县三级国税稽查资源的有效配置，充实加强省、市两级国税稽查局力量，以适应税源结构特征变化及涉税案件案发特点，从而达到提高税收征管质效的目的。

［制度建设］ 为提高重大税收违法案件的查处质量和效率，加强上级稽查局对下级稽查局的案件查办指导、督办力度，进一步规范举报案件管理工作，总局稽查局经多次征求各地意见、反复论证修改并会签相关司局后，先后制定了《重大税收违法案件督办管理暂行办法》和《税收违法行为检举管理办法》。就刑法第205条、第206条发票犯罪废止死刑问题，以及增设虚开普通发票罪和非法持有伪造发票罪等刑法修正问题，经多次征求总局相关司局意见后，积极协同全国人大常委会法工委将上述修订内容写入《刑法修正案（八）（草案)》。

［队伍建设］ 国家税务总局稽查局认真开展了税务稽查干部教育培训活动，会同总局教育中心举办了全国省级国税局、地税局稽查局局长培训班和全国税务稽查人员高级法律研修班，举办了分层次、分类别的出口货物退（免）税稽查实务培训班、信息化管理企业税务稽查实务培训班和资本收益项目税务稽查培训班，有效提升了稽查人员税收政策水平、法律素质、检查技能。

［工作会议］ 2010年1月21～22日，全国税务稽查工作会议在湖南省长沙市召开。国家税务总局领导，国家税务总局稽查局领导，各省、自治区、直辖市和计划单列市国家税务局、地方税务局分管稽查工作的局领导和稽查局（处）长参加了会议。公安部经济犯罪侦查局和国家税务总局相关司局的有关人员应邀参加会议。湖南省委常委、常务副省长于来山到会并讲话。会议传达了国家税务总局党组书记、局长肖捷近期对税务稽查工作作出的重要批示和指示精神。会上，国家税务总局副局长解学智作了《围绕中心　服务大局　提高税务稽查工作整体水平　确保完成2010年税务稽查工作任务》的讲话。7个省（市）国税、地税稽查局代表介绍了本地区税务稽查整体工作、专项检查和打击发票违法犯罪活动工作等方面的工作经验。与会代表围绕如何贯彻落实肖捷局长的重要批示精神，如何正确认识和处理稽查工作面临的形势和主要问题，如何落实好2010年的税务稽查工作任务等议题展开了认真讨论。代表们普遍感到，肖局长的重要批示对2009年的稽查工作给予了充分肯定，为稽查工作指明了方向，充分体现了总局党组对稽查工作的高度重视，是对税务稽查干部的巨大鼓舞，是做好稽查工作的重要保障；解学智副局长的讲话认真总结了稽查工作所取得的成绩，明确了2010年的工作任务，并指出了今后一段时期提高稽查工作整体水平需要把握的要点。会议代表普遍表示，2010年经济形势复杂，税收收入形势严峻，稽查工作任务更加艰巨，但在总局的正确领导下，各级税务稽查干部将以更加饱满的工作热情和更加积极的工作态度迎接新的挑战，紧紧围绕税收中心工作，抓住重点税源检查和大要案件查处两个重点，落实税收专项检查和专项整治工作计划，深入开展打击发票违法犯罪活动工作，全面整顿和规范税收秩序，努力提高税务稽查工作整体水平，为确保完成2010年税收工作各项任务努力奋斗。国家税务总局稽查局局长马毅民主持会议并作了总结讲话，对各地税务稽查部门贯彻落实会议精神提出了具体要求。

（孔向荣）

稽查系统管理

［总体情况］ 2010年，稽查部门直接查补收入有所增加。全国税务稽查部门累计直接查补收入总额463.6亿元，比上年同期增加4.8亿元；实际入库总额448.8亿元，比上年同期减少0.8亿元。其中，国税稽查部门直接查补收入总额286.6亿元，比上年下降2.8%。列在前六名的单位分别为：青海、内蒙古、宁夏、湖南、广东、江西国税局；地税稽查部门直接查补收入总额177亿元，比上年增长8.1%。列在前六名的单位分别为：宁夏、江西、广西、四川、江苏、宁波地税局。

［税收专项检查］ 2010年，国家税务总局统一部署了房地产及建筑安装业、药品经销行业、交通运输业、非居民企业纳税情况等4个指令性检查项目以及营利性医疗及教育培训机构、年所得额12万元以上个人所得税自行申报纳税情况等2个指导性检查项目。截至2010年10月，各地税

务机关在税收专项检查中共完成查补收入595.7亿元，与上年同期（513.73亿元）相比，查补收入增加81.97亿元，增幅为15.96%；入库查补收入530.86亿元，入库率为89.12%。其中，税务机关直接检查纳税人12.43万户，查结10.17万户，发现有问题户8.72万户，移送司法机关户数344户，查补收入233.78亿元，入库192.29亿元；税务机关组织纳税人开展税收自查35.9万户，自查有问题户14.42万户，自查补税361.88亿元，入库338.52亿元。此外，各地税务机关通过开展专项检查，冲减增值税留抵税金1.57亿元，调减亏损企业申报亏损额31.74亿元。

在税收专项检查中，各地税务机关结合本地征管实际，深入开展区域税收专项整治工作。全国共有20个省级国税局和19个省级地税局部署开展了区域税收专项整治工作。天津、上海、江苏、浙江、福建、山东、河南、云南等国税局针对接受虚开增值税专用发票、运输发票开展了专项整治，山西、安徽等国税局针对医疗器械营销开展了区域整治，天津、福建、厦门、海南等地税局对旅游业开展了专项整治。截至11月底，各地共检查纳税人1.72万户，查补收入17.35亿元。持续不断的税收专项检查和专项整治工作，整顿和规范了税收秩序，促进了纳税遵从度的进一步提高。

2010年8月，根据《国家税务总局稽查局关于开展虚开及接受虚开黄金销售增值税专用发票专项检查工作的通知》（稽便函〔2010〕52号）的要求，组织开展了黄金销售增值税专用发票的专项检查工作。

［税收自查］　组织企业开展税收自查工作成效显著。全国税务稽查部门组织企业自查696.9亿元，占税务稽查查补收入的60.05%。其中，国税稽查部门组织企业自查查补收入351.3亿元，占国税稽查查处总收入的55.07%。列在前六名的单位分别为：上海、江苏、广东、浙江、四川、云南国税局；地税稽查部门组织企业自查查补收入345.6亿元，占地税稽查查处总收入的66.1%。列在前六名的单位分别为：江苏、广东、河北、山东、浙江、四川地税局。

［大要案查处］　大案要案查处力度进一步加大。全国税务稽查部门共查处税款超过100万元的案件6425起，比上年同期增加1162起；查补税款216亿元，比上年同期减少13.4亿元。其中，国税稽查部门查处税款超过100万元的案件3306起，比上年同期增加223起，查补税款137.8亿元，比上年同期减少20.9亿元；地税稽查部门查处税款超过100万元的案件3119起，比上年同期增加939起，查补税款78.2亿元，比上年同期增加7.5亿元。

［稽查质效］　一是选案准确率大幅提高。全国税务稽查部门共检查纳税人23.5万户，查出存在各类税收问题的纳税人22.1万户，选案准确率为93.7%，比上年同期提高了2.8个百分点。其中，国税稽查部门选案准确率为93.9%，比上年同期提高2个百分点。列在前六名的单位分别为：西藏、辽宁、广西、青海、新疆、福建国税局；地税稽查部门选案准确率为93.4%，比上年同期提高4.3个百分点。列在前六名的单位分别为：福建、云南、江西、广西、内蒙古、江苏地税局。二是查补收入入库率略有下降。全国税务稽查部门查补收入入库率为96.8%。其中，国税稽查部门查补收入入库率为96.6%，比上年同期下降1.4个百分点。列在前六名的单位分别为：厦门、青岛、浙江、安徽、河南、大连国税局；地税稽查部门查补收入入库率为97.1%，比上年同期下降0.9个百分点。列在前六名的单位分别为：天津、深圳、福建、内蒙古、宁夏、吉林地税局。三是偷税处罚率有所下降。全国税务稽查部门查处偷税案件处罚率52.1%，比上年同期下降5.1个百分点。其中，国税稽查部门查处偷税案件处罚率50.9%，比上年同期下降5.2个百分点。偷税处罚率列在前六名的单位分别为：青海、海南、辽宁、厦门、广西、重庆国税局；地税稽查部门查处偷税案件处罚率58.1%，比上年同期下降1.9个百分点。偷税处罚率列在前六名的单位分别为：大连、内蒙古、福建、厦门、广西、陕西地税局。

［整顿和规范税收秩序］　根据《国务院办公厅关于贯彻落实全国知识产权保护与执法工作电视电话会议精神任务分工的通知》精神，结合税务稽查工作提出具体工作要求，积极配合有关部门开展全国打击侵犯知识产权和制售假冒伪劣商品专项行动。同时，建议由办公厅和电子税务管理中心结合计算机安全保密检查工作，适时在总局机关开展盗版软件清理工作。

［稽查数据统计分析］　一是完成2010年税务稽查报表汇审工作。汇审了《2010年全国税务稽查工作总体情况统计表》、《2010年各地税务稽查机构查处税务违法案件情况统计表》、《2010年各地税务稽查机构人员基本情况统计表》、《2010年各地税务稽查机构装备情况统计表》。对

全国税务稽查机构查处税收违法案件情况和全国税务稽查机构、人员、装备情况以及各地税务稽查机构工作情况进行系统分析。二是规范报表口径、明确报送要求。规范了税务稽查统计报表编报口径，印发了《国家税务总局稽查局关于税务稽查报表统计口径问题的通知》（稽便函〔2010〕81号）。明确报送要求，印发《国家税务总局稽查局关于报送2010年《税务稽查统计报表》的通知》（稽便函〔2010〕73号）。三是进行查补收入分析。撰写“税务稽查查补收入情况说明”，对稽查查补收入变动情况进行分析，及时反映各项稽查重点工作的进展情况和工作计划，为领导掌握情况、制定决策提供了参考。

［业务培训］ 举办出口货物退（免）税稽查实务培训班；信息化管理企业税务稽查实务培训班；一期资本收益项目税务稽查培训班；全国国税局、地税局稽查局局长培训班；一期为期两个月的全国税务稽查人员高级法律研修班。

［稽查信息化］ 一是完成金税三期工程稽查业务需求的修改完善工作，提出总体修改意见，并与金税三期业务组人员进行业务交流和沟通，进一步明确下一步工作的要求和步骤。二是完成金税三期工程稽查报表的修改确认。

（刘　森）

稽查制度建设

［总体情况］ 2010年，国家税务总局稽查局根据制定《中华人民共和国税收征收管理法》及其实施细则配套制度的总体安排，参与论证修订《税收征收管理法》；在充分征求各方面意见、广泛讨论的基础上，起草论证、印发了一些税务稽查相关工作制度；与总局其他司局沟通协商相关业务问题，研究有关规章和规范性文件的出台、落实工作；开展相关法律、法规及政策的研究，并参与分析税收违法案件的查处和定性处理工作；认真解答各地稽查局提出的有关制度建设与政策适用等方面的问题；加强与全国人大常委会法工委、国务院法制办、最高人民法院、最高人民检察院、公安部、财政部、商务部、工业和信息化部、中国人民银行、审计署、国家工商行政管理总局、海关总署等其他部门的工作联系和协调配合。

［稽查规章制度］ 一是印发《重大税收违法案件督办管理暂行办法》及其相关税务文书式样。起草办法初稿和18份相关税务文书式样后，经反复论证修改并多次征求各地意见，会签政策法规司、征管科技司、监察局，报局领导审批后印发，于2011年1月1日起执行。二是整理修改税务稽查文书式样。根据《税务稽查工作规程》，划分为规程列明名称的、需要增加和修订的、与CTAIS操作衔接的、其他规定需要设定和修改的税务稽查文书式样及修订说明，将进一步论证修改。三是参与研究《国家税务总局重大税务案件审理工作规程》，对涉及税务稽查的重要问题提出具体建议。

［政策法律问题］ 针对税收执法相关的政策法律问题进行研究分析解答。

对十一届全国人大三次会议第7400号“关于严厉打击药品经营过程中‘倒买倒卖税票’等违法行为的建议”、十一届全国人大三次会议第7138号“关于创造更公平和公义社会，加大打击偷骗税行为力度的建议”认真研究，征询相关部门意见后答复人大代表。根据税务稽查执法和打击发票违法犯罪活动工作遇到的问题，多次对《发票管理办法》和《发票管理办法实施细则》修改草案提出修改建议。对虚假发票不予抵扣税款、出口退税、税前扣除相关问题签报国家税务总局领导。

对总局领导调研时部分地区提出的相关税务稽查问题向办公厅反馈了处理和研究意见。根据总局办公厅《2009年第四季度〈中国税收季度报告〉约稿单》要求，起草《国家税务总局修订〈税务稽查工作规程〉》宣传稿，介绍了2009年12月24日修订、印发《税务稽查工作规程》的背景和意义、主要内容及变化等。协助《中国税务报》等报刊媒体对规程进行宣传。对总局办公厅提出的中央国家机关业务数据交换需求认真研究，并提交《需求分析业务范围提交表》；对《关于请相关司局就人民网反映的问题给予答复的通知》认真研究，提出答复意见；根据清理司发文件的工作要求，征求稽查局各处意见后，签报总局领导，根据批示转政策法规司提出相关意见后答复。

对总局政策法规司《关于征求对〈全面推进依法行政实施纲要的意见〉和〈建立和实行法治政府建设指标体系的指导意见〉意见的函》、《关于征求税务行政执法文书有关情况的函》、《关于就“十二五”税收规划依法行政专题征求意见的函》、《关于请提供全国税务系统依法行政工作视频会议相关材料的函》、《关于征求〈注册税务师管理暂行办法〉（修订送审稿）的意见》、《关于征求转来的国务院法制办公室〈征集2011年立法工作计划项目建议〉意见的函》、《〈税务系统推进依法行政工作五年规划〉制定实施方案》和《关于“加强法治政府建设”工作分工安排的意见》、《关于提供拟列入2011年税务部门规章立法计划项目的函》、《关于提请填报税务行政许可和审批项目的函》认真研究，提出具体意见；对转来的《中华人民共和国城市房地产管理法（修订草案送审稿）》、《关于加强和改进行政执法与刑事司法衔接工作的意见（征求意见稿）》先后两稿、《国务院关于加快推进法治政府建设的意见（讨论稿）》、《中华人民共和国社会救助法（草案）》、《中华人民共和国民兵工作条例（征求意见稿）》、《中华人民共和国标准化管理法（草案）》认真研究，提出回复意见。建议争取将《税务稽查条例》列入国务院行政立法计划项目。协助总局政策法规司进行规章和规范性文件清理工作，对总局稽查局起草的税务部门规章和规范性文件认真清理，先后13次复函提出具体意见，查找有关文件；对转来的财政部牵头起草、国家粮食局牵头起草的有关税务部门参与的规范性文件提出清理意见。对推进依法行政避免滥用税收自由裁量权相关税务行政处罚、改进和规范税务检查、增强稽查执法监控机制等问题向总局纳税服务司、政策法规司提出具体意见。对总局征管科技司《税收减免管理办法》、《纳税评估管理办法（试行）（征求意见稿）》认真研究，提出回复意见。对查实虚假发票是否允许所得税税前扣除，提出具体意见。

对总局督查内审司《关于国税系统治理小金库有关稽查工作的建议》认真研究，提出具体意见。

参加总局纳税服务司牵头组织的在线访谈活动，反复研究准备相关材料，认真答复纳税人在线提出的有关税务稽查问题；对转来的国家税务总局网站纳税咨询问题认真研究，提出具体意见；对纳税服务司《关于请提供纳税服务有关工作进展情况的函》、《“十二五”时期纳税服务工作发展规划（征求意见稿）》认真研究，提出回复意见；对《〈纳税人权利与义务公告〉解读》认真研究，先后两次提出回复意见。

此外，对《企业所得税汇算清缴纳税申报业务鉴证准则（稿）》等文稿研提了修改意见。对一些涉税案件适用法律、行政法规问题，会同相关方面认真研究了具体意见，提供给相关地区和相关部门参考。对中国注册税务师协会准则规范相关文稿研提修改意见。向来访的日本国税厅介绍中国税务稽查和涉税刑事制度，并回答了相关立法、执法问题。

[部门协调与合作]　与各大部委协调研究合作与稽查相关法律实务问题。

积极协同全国人大常委会法律工作委员会研究完善刑法相关规定，就修改刑法相关发票规定提出建议。其中，就刑法第205条、第206条发票犯罪废止死刑问题，会同政策法规司、征管科技司、货物劳务司研究意见报批总局领导后，函复具体意见。就增设虚开普通发票罪和非法持有伪造的发票罪等刑法修正问题，反复商议，并征求相关司局意见。上述修订内容写入《刑法修正案（八）（草案）》，全国人大常委会已经两次审议。

与最高人民法院研究涉税司法解释问题。参与全国集中清理执行积案活动的相关工作，就相关税款追缴问题提出了处理意见。

与最高人民检察院研究涉税司法解释问题。

与公安部经侦局联合召开联席会议，印发《2009年警税协作工作通报和2010年加强警税协作工作建议》，并督促落实会议纪要具体工作。参加打击经济犯罪活动协调机制相关工作。对公安部经济犯罪侦查局《关于对交通工具意外伤害保险单是否属于发票问题征求意见的函》（公经财税〔2010〕14号）、《关于对航空运输代理机构销售虚假航空行程单的行为如何定性征求意见的函》（公经财税〔2010〕116号）、《关于对两种完税证是否属于发票及属于何种发票问题征求意见的函》（公经财税〔2010〕102号）提出函复意见。

参与中国银行业监督管理委员会处置非法集资部际联席会议机制的相关工作。对处置非法集资部际联席会议办公室《处置非法集资部际联席会议关于商请你单位为部际联席会议成员单位的函》（处非联函〔2010〕46号）提出函复意见。

参与中国人民银行反洗钱工作部际联席会议机

制的相关工作。对《跨境资金异常流动预案(稿)》相关税收问题会同政策法规司函复意见。对税务犯罪是否或如何列入洗钱罪上游犯罪及相关问题函复意见。对《现金管理条例（征求意见稿)》就税务机关查询涉税案件现金交易情况、达到一定数额交易不通过银行转账不予抵扣税款、税前列支等问题提出了具体意见。参与打击非法集资相关工作及研究。

参与国家外汇管理局异常外汇资金流动监管协调机制相关工作。

参与工业和信息化部打击非法 VoIP 互联网协议电话业务部际协调机制及专项行动相关工作，并协同深入部分地区调研。

参与财政部整治行政事业单位使用虚假发票问题相关工作。

对国家工商行政管理总局转来的全国人大代表关于对我国啤酒市场违法经营问题急需解决政府部门执行力的建议涉及的税收问题函复意见。

参与商务部起草并会签商务部、国家知识产权局关于报请国务院办公厅转发《打击制售假冒伪劣商品和侵犯知识产权行为专项行动方案》。

[打击发票违法犯罪活动] 2010年，根据国务院有关精神和部署，各地税务机关精心组织，迅速行动，扎实推进，积极会同相关部门认真开展打击发票违法犯罪活动工作，并取得积极成效。据统计，2010 年全国税务机关配合公安机关共查处各类发票违法案件44362 起，捣毁印制假发票窝点 3291 个、摧毁犯罪团伙 1593 个，抓获犯罪嫌疑人 9319 名，收缴各类假发票 6.6 亿余份；在重点行业使用虚假发票的整治工作中，各地税务机关共查处违法受票企业 74833 户，查处非法发票 901 万余份，查补税款33.7 亿余元，罚款8.9 亿余元，加收滞纳金 3.3 亿余元。各地税务机关将打击发票违法犯罪活动工作与开展税收专项检查、区域税收专项整治、重点税源企业检查、税收违法案件查处工作相结合，切实做到“查税必查票”、“查账必查票”、“查案必查票”，促进了打击发票违法犯罪活动工作的全面、有序开展。

做好组织协调工作。按照国务院及国家税务总局领导的工作要求，切实承担起协调小组办公室的工作职能，积极做好组织协调、情报沟通、上传下达、督办落实等工作。全面收集各地区、各部门工作材料，及时了解打击发票违法犯罪活动工作开展情况。2010 年，向各地区、各成员单位发出协办函25 件；编发工作简报 100 期；每月定期汇总整理各省市协调小组报送的工作报表，及时做好数据统计及分析工作，拟写签报和工作情况通报。做好协调小组第三次会议筹备工作，并拟写报告、讲话稿等相关会议材料。会后迅速按照会议精神，草拟《全国打击发票违法犯罪活动工作协调小组第三次会议工作任务分解表》，征求各成员单位意见并报国务院汪永清副秘书长批准后印发实施。落实协调小组第三次会议精神，迅速印发《国家税务总局关于深入开展打击发票违法犯罪活动工作的通知》(国税发〔2010〕46 号)，筹备 2010 年 5 月 12 日召开的全国税务系统深入开展打击发票违法犯罪活动工作视频会议，并准备相关会议材料。根据协调小组第三次会议精神，代拟《全国整治虚假发票“买方市场”工作方案》(协发〔2010〕1 号)，经国务院汪永清副秘书长批准后印发各相关部门实施。印发《国家税务总局关于贯彻落实〈整治虚假发票“买方市场”工作方案〉相关问题的通知》(国税发〔2010〕92 号)。研究协调小组第四次会议议程议题，研究起草《打击发票违法犯罪活动制度建设和根本性措施的意见》，起草国务院汪永清副秘书长讲话稿和国家税务总局解学智副局长讲话稿，参与起草会议纪要。

会同财政部对行政、事业单位使用虚假发票问题进行初步研究，并草拟《行政事业单位使用虚假发票问题的分析及有关建议》上报国务院汪永清副秘书长。根据温家宝总理 2009 年在中财办《全球财经》第 701 期《国际社会关注中国假发票泛滥现象》上的批示，会同财政部、国家工商行政管理总局向国务院呈报《关于深入开展打击发票违法犯罪活动意见的请示》。为落实国务院领导批示，给财政部发了《关于打击发票违法犯罪活动工作情况下一步工作安排的复函》。

多次参加公安部召开的深入打击发票犯罪活动工作会议，总局稽查局马毅民局长出席并讲话。以全国打击发票违法犯罪活动工作协调小组名义向公安部发出贺电。会同公安部经济犯罪侦查局赴山东、青岛等地开展整治虚假发票“买方市场”的调研工作，推动、指导重点地区迅速、扎实、有序开展工作。加强警税合作。为配合公安部开展深入打击整治发票犯罪专项行动，印发《国家税务总局关于积极配合公安机关开展 2010 年深入打击整治发票犯罪专项行动的通知》(国税发〔2010〕15 号)；5 月又与公安部联合印发了《公安部、国家税务总局关于进一步加强协作配合做好打击发票违法犯罪活动工作的通知》(公通字〔2010〕25 号)。

组织相关地区税务机关对审计署转来的虚假发票线索和问题进行核查。布置协查陕西省渭南市“3·03”发票专案相关线索、检查审计署办公厅转来的发票违法案件、核查发票违法信息。

协调中央综治委自2010年起将打击发票违法犯罪活动工作纳入全国社会治安综合治理工作，并起草《打击发票违法犯罪活动工作考评实施细则（草拟建议稿）》。会同中央综治办、公安部、工信部等部门研究2010年考评工作和2011年考评实施细则。

参加国家工商行政管理总局召开的开展整治生产销售短信群发设备联合专项行动会议，会签《关于联合开展短信群发设备专项整治行动的通知》；参加工业和信息化部召开的治理发票违法信息方案讨论会议。

督办各类发票违法案件。配合监察局布置对全国打黑办转办函件涉及发票案件进行检查、对相关发票案件涉及北京市单位进行核查、移送相关部门两起发票违法犯罪案件线索。起草《关于研究建立发票管理长效机制的专题报告》。对税务系统2009年开展打击发票违法犯罪活动工作成绩突出的单位和个人进行通报表彰。

做好宣传报道工作。收集整理发票违法犯罪典型案例及相关材料，向相关媒体提供；配合总局办公厅制作整治发票违法犯罪宣传片以及《法制日报》专版；起草整治发票违法犯罪公益广告相关文字内容；筹备全国打击发票违法犯罪活动新闻发布会，协调各有关成员单位、总局办公厅起草领导讲话、新闻通稿、曝光案例、答记者问材料以及其他会议材料，承担会务相关工作。为“两会”新闻发布会提供了相关材料。为总局肖捷局长在全国税务工作会议上讲话和解学智副局长在全国税务稽查工作会议上讲话准备相关材料。

（赵琦峰）

税收违法案件检举

［总体情况］　2010年全国各级税务机关共受理税收违法检举案件42411件，查处29607件，查补税款31.43亿元，罚款8.32亿元，加收滞纳金4.40亿元，合计44.15亿元。2010年各级国、地税税务机关共支付检举奖金371.08万元。

［检举受理］　2010年，全国各级国、地税税务机关共受理税收违法检举案件42411件，与2009年同期的50683件相比下降了16%，其中国家税务总局稽查局举报中心直接受理1897件，较2009年的1825件相比增加了4%。

［检举案件查处］　2010年受理的42411件涉税违法检举案件中，查处29607件，查补税款31.43亿元，罚款8.32亿元，加收滞纳金4.40亿元，合计44.15亿元，比2009年下降了5%。

［统计分析］　一是从案发地上看，受理的检举案件主要集中在地（市）级城市。2010年全国共受理检举案件42411件，其中地（市）级城市24795件，占总数的58%。二是从被检举企业的所有制性质看，以有限责任制企业、个体经营和私营企业居多。在检举各种类型企业的偷税案件中，有限责任制企业检举案件10782件，占受理总数的25%；其次为个体经营户8498件、私营企业6422件，分别占受理总数的20%、15%。具体情况如图1所示。三是从行业上看，受理的案件最多为批发和零售贸易、餐饮业，共有10749件，占总数的25%；其次为制造业检举案件，共有6207件，占总数的15%。具体情况如图2所示。四是从税种上看，主要以营业税、增值税为主。全国共查结检举案件23935件，其中以营业税为主的案件6957件，占总数的29%；其次是以增值税为主的案件5191件，占总数的22%。五是从违法类型看，被检举人涉及偷税的所占比重最大，占被查处总数的33%；其次是发票违法，占总数的26%。六是从检举人类型分析，检举人是被检举单位内部人员的占很大比重。单位内部人员，尤其是任财务、经理等职务的检举人，往往能够掌握第一手资料，提供翔实可靠的证据及线索，在案件查处过程中起到重要作用。2010年，此类举报案件有5306件，占举报案件的13%。

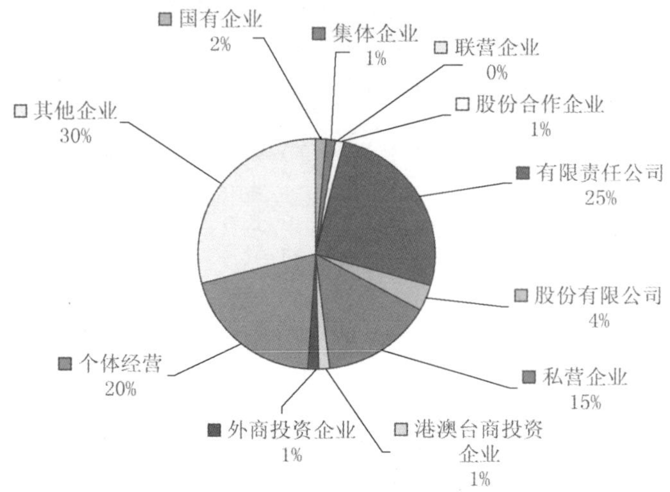

图1　所有制分析图

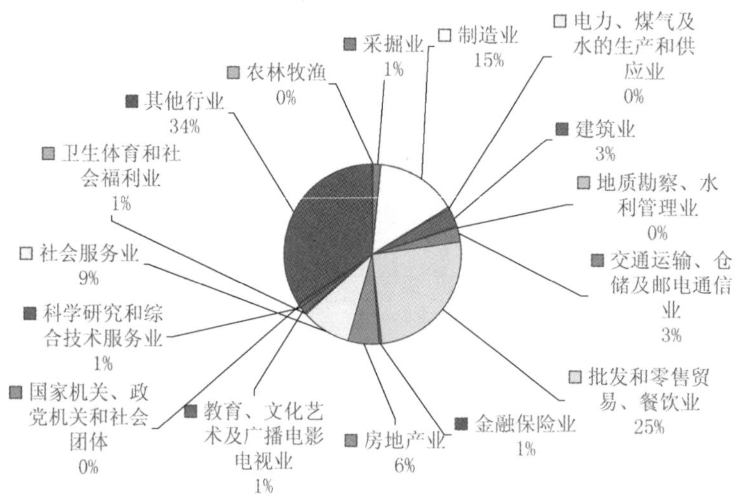

图2　行业分析图

［检举奖励］　2010年全国查处的检举案件中，应计奖案件3998件，占检举案件查处件数总数的14%；应计奖案件入库税款金额为5.81亿元，入库罚款金额为0.95亿元，总计为6.76亿元。全国各级税务机关共支付检举奖金371.08万元。

［案源管理］　开展调研性检查是案源管理的一项重要工作。2010年，为了解影视娱乐业、资产管理公司处置不良资产业务的特点、运作模式，摸清其存在的涉税问题，同时为2011年度专项检查对象的确定提供参考，国家税务总局稽查局选择以上行业的部分企业开展了调研性检查。经对部分影视娱乐业企业检查发现，其涉税问题主要存在于对现行税收政策的规避、对已有优惠政策的利用和成本费用列支等方面，可以通过加强管理进行规范。经对部分资产管理公司检查，初步掌握了资产管理公司处置不良资产及其后续产权转让过程中的资产处置现状及问题、财务核算状况、税收征管现状及问题、税收政策以及其他法律法规存在的问题等。根据调研情况，以上两行业没有纳入2011年度专项检查计划。调研情况上报国家税务总局领导，得到总局领导的高度重视和肯定，提出的部分建议已转给相关司局参考。

（李明磊）

稽查一处工作情况

［总体情况］　2010年，稽查一处在国家税务总局稽查局领导的正确领导下，认真贯彻落实全国税务稽查工作会议精神，主要开展了以下几个方面的工作：组织查处和督办中南地区重大税收违法案件；组织、协调和指导中南地区税收专项检查工作和区域税收专项整治工作，牵头组织总部在中南地区的大型企业集团的重点税源企业税收检查工作；继续做好中南地区打击发票违法犯罪活动的督导工作；继续加强打击骗取出口退税方面的政策研究、分析以及案件查办工作；组织完成了股权转让税收问题调研式检查任务；完成稽查局领导交办的其他工作。

［案件查办概况］　2010年，稽查一处共组织查处和督办案件68起，68起案件中，国家税务总局领导批办的举报案件23件，稽查局领导批办的举报案件18件，公安部、审计署等其他部门转办7件，各地申请督办案件20件。其中去年结转43起，本年新增25起。截至2010年年底，已结案42起，结案率为62%；转下级继续办理3起；其余23起结转2011年继续查处。已结案件的查补总额约为8.29亿元，其中查补税款6亿元、加收滞纳金0.53亿元、罚款1.76亿元，已入库约5亿元。

68起案件主要涉及的税收违法行为类型是：偷税或少缴税款案件，虚开增值税专用发票案件，制售假发票案件等。其中，偷税或少缴税款案件51起，占案件总数的75%；制售假普通发票案件2起，占案件总数的3%；变造、虚开增值税发票案件4起，占案件总数的6%；虚开增值税发票骗税案件3起，占案件总数的4%；虚开运输发票案件1起，占案件总数的1%；无问题结案2起，占案件总数的3%；尚未定性案件5起，占案件总数的7%。

68起案件中，涉及建筑业、房地产业21起，占案件总数的31%；商贸业18起，占案件总数的26%；制造业8起，占案件总数的12%；服务业7件，占案件总数的10%；金融业1件，占案件总数的1%；餐饮业1件，占案件总数的1%；其他12件，占案件总数的18%。

［重大涉税违法案件查处和督办］　2010年，稽查一处继续将重大涉税违法案件的组织查处和督办工作作为处室核心业务工作，着力加强组织指挥和督导协调力度，取得明显成效：一是成功组织、指挥和协调中南地区国、地税稽查部门查处了××铁路客运专线发票案、广州“7·30”虚开增值税专用发票案、湖南岳阳“5·06”虚开增值税专用发票案、湖南湘乡新龙工贸公司税案、河南洛阳“3·18”案和深圳“9·17”黄金票专案等一批大案要案。这些案件的深入查处对打击虚开增值税专用发票和骗取出口退税等违法行为起到了有力的震慑作用；二是有针对性地加强了对资本交易项目涉税问题的查处力度，指导和协调北京、大连和深圳等三地国、地税稽查局成功查处了深圳××集团有限公司股权转让交易涉税案，追缴税款9392万元；部署深圳市国、地税局对美国××投资公司重大股权交易事项的涉税问题进行调研式检查，已促使企业申报缴纳企业所得税4.60亿元，涉及的营业税税款高达6.90亿元。因该案涉及税额巨大，为慎重妥善进行处理，积极与国家税务总局有关业务司局沟通协调，力求政策明确、处理到位，确保国家税收不受损失。

在上述案件的查处过程中，国家税务总局稽查局领导高度重视，局长马毅民和副局长刘建国多次主持召开案件检查工作会议，并作出重要讲话，对案件的查处工作进行部署，明确检查工作的具体要求。局领导还带领稽查一处同志多次赶赴案发地听取案件进展情况汇报，对各地反映的检查中遇到的困难和阻力高度重视，积极协调公安部和海关总署等部门给予支持和配合，及时组织各地稽查部门对涉案企业进行全国协查取证，有力推进了案件的检查进度。

［税收专项检查］　结合区域税收专项整治工作，积极组织、推动“变造、虚开黄金销售增值税专用发票”税收专项检查工作。近年来，全国部分省市陆续发生不法分子利用增值税专用发票防伪税控系统无汉字识别功能的缺陷，套取认证密文信息后，再利用伪造、虚开的黄金企业增值税专用发票篡改汉字信息、骗抵税款的恶性案件。中

南地区的广东、河南两省国税稽查部门率先查处了两起此类典型案件：一是2009~2010年，广州市国税稽查局与市公安经侦支队联合破获了“7·30”特大虚开、伪造黄金销售增值税专用发票案件。6个涉嫌虚开的犯罪团伙操控44户企业，虚开发票金额高达13亿元，受票企业涉及全国30多个省、自治区、直辖市。截至2010年11月，该案通过全国协查已查补税款合计4031万元。公安部门刑拘犯罪嫌疑人74名，涉案主犯黄有运等17名犯罪嫌疑人已被移送检察院提起公诉；二是2010年3~11月，河南省国税局和公安部门联合查处了“3·18”特大虚开、伪造黄金销售增值税专用发票案件。以河南洛阳××金银有限公司为代表的多家不法企业共计虚开、伪造增值税专用发票1296次，票面金额185亿元，税额31亿元，受票单位涉及全国31个省（市、自治区），获取非法所得约4亿元。截至2010年8月，河南省共查出有虚开虚抵问题的企业111户，利用1338份伪造的增值税专用发票虚抵税款1.23亿元，已追缴入库税收5652万元。

以上案件金额巨大，作案手法典型，引起了国家税务总局领导和稽查局领导高度重视。为堵塞税收漏洞，防范此类案件进一步蔓延，根据国家税务总局领导的指示精神，国家税务总局稽查局于2010年8月召开全国国税系统视频会议，在各国范围内部署开展查处变造、虚开黄金销售增值税专用发票税收专项检查工作。为推动此项检查工作深入开展，2010年9月，国家税务总局稽查局召开部分省市国税稽查局专题座谈会，就前期检查情况进行汇报交流，并将河南省国家税务局在“3·18”案件检查工作中的成功做法转发给各地，供工作借鉴。此后，广东、河南、上海、深圳、辽宁、陕西等地税务机关与公安机关紧密配合，迅速查处了一批利用“黄金票”实施虚开犯罪的重大案件。各地国税稽查部门根据总局稽查局统一部署，对上海黄金交易所、上海期货交易所及其会员单位和代理客户开具的244万份增值税专用发票进行了逐票核实和业务真实性检查，初步发现涉案企业利用7万份变造的黄金票发票虚抵税款37亿元。

深圳市作为不法分子的主要活动地点和实施虚开、接受虚开以及骗税活动的主要终点站，是黄金销售增值税专用发票骗税案的重灾区。国家税务总局稽查局和公安部经侦局将深圳市作为重点地区。深圳市国税稽查局与公安部门成立了“9·17”联合专案组，市区两级稽查部门全员出动，上下联动。在高度保密的情况下，深入研究涉嫌虚开的100多个对象、400多个联系电话和200多个IP地址，多角度进行排查、新思路进行分析，从黄金交易所到接受虚开企业剖析虚开流程，把握虚开行为的关键环节，详细了解变造发票的犯罪分子与开票企业、受票企业之间的关系及业务联系方式；远赴上海、洛阳等地，从发票流、货物流、资金流和企业产权变更等各个方面调查取证。2010年11月，国家税务总局稽查局在深圳组织召开了打击虚开黄金销售增值税专用发票税警联席会议。根据会议有关精神，“9·17”专案组于2010年12月1日开展专项行动，公安部门出动警力200多人，深圳国税稽查局出动稽查人员60多人，一举打掉虚开增值税专用发票犯罪团伙7个，捣毁窝点36个，抓获犯罪嫌疑人48名，团伙主犯全部落网，缴获大量税控机、增值税发票、公司印章等物品、资料，初步查证涉案金额达100亿余元，涉及税款10多亿元。为进一步加大该案的查办力度，国家税务总局稽查局和公安部经侦局将该案列为两部局联合督办案件。国家税务总局稽查局要求深圳市国税部门深入检查重点企业，加快对虚开企业进行定性和移送公安的工作。

此外，根据2010年稽查工作安排，稽查一处负责××航空集团税收检查的督导工作。2010年4~5月，布置××航空集团进行自查，共计补税7184万元，其中数额较大的问题为：一是向员工发放的工资性福利、以报销发票形式支付的收入应补个人所得税4383万元；二是个别合同未贴印花应补印花税1583万元；三是超标准列支费用等应补企业所得税748万元。2010年6月，部署各省国、地税稽查局统一对本省内××航空集团下属公司进行抽查，共计查补税款约1.37亿元，其中增值税248万元，营业税1405万元，企业所得税3490万元，个人所得税8557万元，已入库税款3206万元。另外检查中发现的税收政策问题，已提交总局政策司进行研究明确，待政策司明确意见后再进行处理。

[重点税源企业检查] 根据国家税务总局2010年重点税源企业税收检查总体部署，稽查一处按照职责分工，对广州××集团等13家企业的税收自查和重点检查工作开展了督导工作。上述13户重点税源企业中，总部在广东的8户、深圳3户、湖北2户。在企业自查阶段，为加大工作力度，稽查局领导和一处同志赴广东，向总部在广东的8户企业集团布置了自查工作并提出自查要求。

通过自查，13户企业共计补缴税款16亿元，涉及的主要税种有企业所得税、营业税、增值税、个人所得税和土地增值税等。在税务机关抽查阶段，中南地区各国、地税稽查局针对58户重点税源企业在当地的346户分支机构进行抽查，截至2010年11月底，中南地区抽查查补收入共计4.30亿元。

[税收专项检查] 根据《国家税务总局关于开展2010年税收专项检查工作的通知》（国税发〔2010〕35号）的要求，稽查一处采取了实地督导、听取汇报等形式加强对中南地区税收专项检查工作的指导和督促。考虑到房地产行业税收专项检查作为指令性检查项目，是整个专项检查工作的重中之重，是各地完成专项检查任务的关键，稽查一处将税收专项检查督导工作的重点放在了房地产行业。据统计，2010年中南地区六省一市的14个稽查部门共组织10936户房地产企业开展自查，其中自查有问题企业4629户，自查应补税款47亿元，已入库43亿元；稽查部门共计检查房地产企业3835户，其中存在涉税问题2938户，涉嫌犯罪移送公安机关6户，查补税款24亿元（其中企业所得税17亿元，营业税4亿元，土地增值税3亿元），加收滞纳金、罚款2亿元，查补收入合计26亿元，已入库23亿元。

[打击发票违法犯罪活动] 根据国家税务总局领导在税务系统深入开展打击发票违法犯罪活动工作视频会议上的讲话精神，按照《国家税务总局关于深入开展打击发票违法犯罪活动工作的通知》（国税发〔2010〕46号）有关要求，稽查一处对中南地区打击发票违法犯罪活动进行了积极有效的督导工作。与制度处一同听取中南地区的工作汇报，及时将各地查处的重大发票案件列为督办案件，按照“点面结合，重点突破”的工作思路，指导各地加大检查力度。例如指导湖南等地国税部门成功查处了××铁路客运专线发票案。2009年11月，国家税务总局稽查局收到湖南国税的情况汇报，反映××铁路客运专线在湘项目使用大量假发票入账，涉税金额1.78亿元，另外部分生产单位未按规定缴纳增值税。经国家税务总局领导批准，稽查一处对案件的检查工作进行了部署，首先要求××铁路的承包方4家集团公司及其下属各单位就发票问题进行自查检查。4家集团公司自查发现使用假发票、白条等2.63万份，金额9.80亿元。自查后，布置河南、湖南、湖北、广东等4省国税稽查局抽取17家项目施工单位进行核查，发现使用假发票400余份，金额130余万元。同时，要求4省国税稽查局对本省内开具假发票的供货商进行检查，共检查企业164户，查补税款816万元，并处罚款405万元，共计1221万元。截至2010年11月，××铁路客运专线发票案的检查两项工作已全部结束完成，追缴相关供货商应补增值税税款2146万元。

2010年12月初，根据国家税务总局稽查局对部分房地产企业税前列支发票复查工作的统一安排，稽查一处带领工作小组对涉及广东和深圳的26户企业开具发票情况进行逐票实地复查，共核查26户企业开具的各类发票122份，涉及金额约5亿元。经核查发现有问题企业2户，涉及发票5份，金额423万元，这两户企业取得的收入未申报缴纳税款。工作小组已将此情况移交当地税务机关处理，并责成受票企业所在地税务局对受票方进行处理。

[打击骗取出口退税] 一是建立打击骗取出口退（免）税工作的部际协调机制。为加强打击骗取出口退税方面工作力度，2010年上半年，国家税务总局稽查局与公安部经侦局、海关总署缉私局共同建立了国家三部局联合打击骗取出口退税工作际协调工作机制。在此过程中，稽查一处配合系统处起草了《国家税务总局、公安部和海关总署打击骗取出口退税工作部际协调机制》（国税发〔2010〕50号）等相关文件。二是为进一步做好打击骗取出口退税工作，国家税务总局、公安部、海关总署三部局拟将部际协调机制中有关具体要求下发通知。稽查一处草拟了《国家税务总局、公安部、海关总署关于进一步做好打击骗取出口退税工作有关问题的通知》。三是开展打击利用手机骗取出口退（免）税问题研究。三部局将利用手机出口骗税的研究分析和查处工作确定为2010年三部局工作的一项重要内容。稽查局对2008年1月～2009年6月海关出口手机“出口货物报关单”信息进行认真分析，特别针对以香港为出口地的信息分析，从中筛选出26家疑点较大的企业，提供给公安部经济犯罪侦查局，由公安部门先行经营并随时跟踪公安工作进展情况，并拟列入2011年税收专项检查计划进行重点检查。四是配合系统处参加了《出口货物退（免）税稽查实务》培训教材的编写工作。

[调研式税收检查] 根据国家税务总局领导的指示精神和2010年总局稽查局的工作安排，稽查一处于2010年3月布置广东省和深圳市国、地税稽查局就股权转让中的涉税问题开展调研式检

查。广东省和深圳市国、地税稽查局根据工商部门提供的材料精心筛选出130户典型企业确定为调研检查对象，其中上市公司47户、非上市公司83户。为推动工作顺利开展，稽查一处指定专人负责督导，并在2010年7月组织相关地区召开了专题研讨会。经过调研检查，共发现7户企业存在少缴税款的问题，有问题和疑点的企业户数占总选户企业的5%，查补税款共计1.37亿元，其中预提所得税8949万元、企业所得税3436万元、个人所得税1342万元和印花税18万元。针对调研成果和股权转让中存在的涉税问题，稽查一处撰写了签报上报稽查局领导，并提供给案源管理处。同时还配合案源管理处进行了影视行业调研式检查工作。

［案件特点分析］ 当前打击骗取出口退税工作形势严峻。2008年全球金融危机爆发以来，为遏止不断下滑的出口，国家在积极采取促进出口的财政、金融和贸易投资等政策措施的同时，连续多次调高涉及多个行业上万种商品的出口退税率，平均退税率已经超过了13%。高额的退税成为骗税分子铤而走险、卷土重来的重要利益诱因，骗取出口退税违法犯罪活动又大有抬头之势。

2. 电子、服装和家具类产品是不法分子实施骗税所利用的高发产品。CPU、显示器、手机等体积小、价值高的电子产品，家具、服装、木制品等常规出口产品以及电脑软件等高科技产品，均成为不法分子实施骗税所利用的高发产品。2009年打击利用CPU骗取出口退税专项检查，各地查处了一批重大案件（如上海查处的昂虹商贸有限公司骗税案、浙江杭州通威电子有限公司骗税案等），反映出该领域存在较为严重的骗税活动。2010年，湖南、广东等地公安、国税部门又陆续查处了一批骗税案件，如湖南岳阳“5·06”虚开骗税案件是犯罪分子以软件产品为媒介、湖南新龙工贸有限公司骗税案是利用服装、皮革制品为媒介来实施骗税。

骗取出口退税违法犯罪行为已出现一些新动向、新特征和新手段。主要表现在：一是作案团伙化、专业化。犯罪团伙成员有的负责虚开增值税专用发票或想办法“配票”取得增值税专用发票，有的负责提供外汇收汇单证，有的负责办理报关出口手续，专业分工明确；二是作案异地化，网络化；三是骗税手法不断升级，更加具有隐蔽性和欺骗性。犯罪分子从购货、出口到结汇的所有环节手续齐备，以单证“合法”化的形式掩盖其“票、货、款”严重分离的实际内容。由于骗税案件的作案链条长、环节多、涉及地区广以及作案手段呈现团伙化、网络化、专业化、智能化等特点，更加增添了骗税案件的查处难度。面对骗取出口货物退（免）税违法犯罪行为新的特点，海关监管和退税管理部门“就单审单、就票审票”的工作模式在防范骗税问题的发生上作用体现有限。

［工作建议］ 进一步加大重大涉税违法案件督办和查处力度。一是要在涉税法律、法规和税收政策上对涉案地稽查部门加强指导，并监督落实各环节法定程序和手续，做到实体与程序并重，力争使每一起督办案件都能够查深查透，证据确凿，定性准确，办成铁案。二是要进一步发挥上级机关在查处案件中的组织、协调等各方面的优势，促进各地稽查部门之间的信息沟通、情报交换和经验交流，提高督办案件查处的质量和效率。三是要进一步促进重点地区加强稽查工作力度。中南地区里广东、深圳等沿海经济发达地区，企业的资本运作项目活跃，交易数额巨大，存在的涉税问题不容忽视，同时广东、深圳也是虚开增值税发票骗税案件的高发区，要切实采取有效措施加强对重点地区稽查工作的领导和监督，有效遏制涉税违法行为的蔓延。

继续严厉打击利用发票违法犯罪行为。近年来，打击发票违法犯罪活动的工作已取得显著成效，但是发票违法犯罪行为的高发势头尚未得到根本遏制，打击发票违法犯罪活动的工作仍然十分艰巨。稽查一处拟要求中南地区税务稽查部门结合本地实际情况，一方面继续配合公安部门开展假发票卖方市场整治工作；另一方面将发票检查工作深入贯穿于税收专项检查、区域税收专项整治及重点税源检查等工作中。

加强骗取出口退（免）税案件的打击力度。针对近年来出口骗税违法活动呈现的高发态势，稽查一处拟重点加大此类案件的督办力度。一方面对已查办的广东清远恒润织造公司骗税案、广州“7·30”案、湖南的湘乡新龙公司税案、岳阳“5·06”案、郴州吉源宏基骗税案等典型案例，进行深入的案例剖析，积累查处骗税案件经验，提供给各地参考；另一方面拟对手机、数码相机、太阳能电池等电子类产品及家具、服装等不法分子实施骗税所利用的高发产品的出口报关信息进行分析筛选，确定重点检查对象，要求各地严厉查处一批涉嫌骗取出口退税案件。

加强与其他部门的工作配合。进一步完善总局稽查局与公安部经侦局、海关总署缉私局共同建立的三部局联合打击骗取出口退税工作际协调工作机制。对各地检查中发现的征管问题、税收政策问题及时向总局有关司进行反馈，以促进征管制度和税收政策的不断完善，及时堵塞征管漏洞，减少国家税收流失。

（黄 鑫）

稽查二处工作情况

［总体情况］ 2010年，稽查二处及时分析全年稽查工作形势，认真组织年度重点税源企业检查、专项检查、打击假发票和总局督办案件检查工作，要求各地围绕发挥稽查职能，服务税收全局，一手抓整顿和规范税收秩序，一手抓稽查收入，统一思想认识，增强信心，创新思路，积极开展工作，确保完成全年各项稽查工作任务。

［大要案查处］ 2010年，稽查二处共督办案件50起，涉及东北、西北9省（市）。其中：以往年度结转24起（占48%），2010年列入督办26起（占52%）；已经结案并且退出督办31起（占62%），结转2011年检查19起；国税案件28起，地税案件20起，国地税联合2起。这些案件中，虚开发票案件23起，偷税案件25起，伪造倒卖发票2起。特别重大案件5起，重大案件45起。

此外，配合审计署检查5户企业涉税问题。根据审计署提供的线索，稽查二处布置陕西、吉林、辽宁等省，对陕西天润科技公司等5户企业进行全面检查。

［重点税源企业检查］ 为贯彻落实好全国稽查工作会议精神，加强对重点行业的专项整治力度，依法查处税收违法行为，提高纳税人依法纳税的自觉性；发现征管薄弱环节和税收政策缺陷，提出强化征管和堵塞漏洞的有效措施，建立“以查促管、以查促查”的长效机制；逐步创建公平和谐的纳税环境，保障和促进税收收入稳定增长，根据《关于开展部分重点税源企业检查工作的通知》及领导指示，主要负责统一部署“黑龙江××集团有限公司、辽宁××钢铁集团公司、新疆××实业集团有限公司、陕西××石油集团有限责任公司”等4户企业的税收自查和随后的税务机关的检查工作。通过企业自查和税务机关检查，共查补税款、滞纳金、罚款14.78亿元。

［房地产企业检查］ 根据统一安排，东北三省、西北五省和大连国地税共18个省级稽查局组织房地产行业企业自查和税务机关检查，查补税款合计35321.7万元，查补收入（滞补罚合计）39004.87万元。检查50万元（及以上）发票总数3296张，票面金额合计829985万元，共有8个局查出问题发票共52张，共涉及金额4338.71万元，从票面金额比较有问题发票约占总额的5‰。

考虑到东北、西北两个大区涉及4个省，并且跨度比较大，稽查二处抽调部分地区税务局稽查局业务骨干若干人，组成三个检查组，于2010年12月1~9日，对抽取的157份企业大额发票进行了核查，涉及甘肃、黑龙江、辽宁、大连四个省（市），除中国××工程有限公司大连分公司开具的29份发票（大连分公司即将撤销，所有发票已经全部集中在北京的总公司）没有核查外，此次实际核查了128份。结果为：正常发票共115份，占核查总票数的89.8%；有问题发票13份，占核查总票数的10.2%，其中黑龙江存疑发票1份、大连问题发票4份（金额333万元）判断为笔误所致。90%的票没有问题，排除了行业性大规模存在问题的可能性。

［工作调研］ 2010年3月，根据领导指示，我们委托陕西省地方税务局稽查局对该省部分非上市企业股权转让涉税问题进行了调研，及时向案源管理处提供了《调研分析报告》，提出了检查建议。

［案件特点］ 从2010年重大涉税案件的性质看，东北和西北地区偷税案件数量有所上升，已经超过虚开发票案件。虚开发票案件中，利用金税工程不比对文字信息，套打发票比较严重，虚开交通运输发票和加油票比较普遍。

［案件分析］ 2010年东北、西北地区重大涉税案件违法手段分析如下：

多列支出或少列收入偷税占较大比重，具体表现为：虚构进项，冲抵销项；虚列成本，乱摊费用；销售不开具发票，不列或少列销售收入。80%的案件都涉及此问题。

设置三种类型账，查处偷税案件尚存难度。一是虚构业务，制作假凭证、假账簿、假报表，进行偷税；二是设置两套账，销售货物必须开具发票的设一套账，进行申报纳税，应付税务机关的检查；无须开具发票的另设一套账，不申报纳税；三是不按规定开具发票，使用自制收据等非法凭证收取货款，将销货款存在个人银行卡上，账外循环隐瞒销售收入。由于税务机关执法权限有限，很难独立查获纳税人做假账、两套账和账外经营的证据；《刑法修正案》又规定了逃避缴纳税款罪的司法豁免，税警协作查处“三账”类问题面临新课题。由于上述原因，税务机关充分查处“三账”类偷税案件还存在一定难度。

虚开增值税专用发票屡禁不止。由于现行税收政策不尽完善，抵扣制度与征管程序上的不相适应，一般纳税人认定标准掌控不严等原因，造成虚开增值税发票犯罪屡禁不止，大案要案不断发生，四分之三的大要案件都涉嫌虚开增值税专用发票。虚开增值税专用发票犯罪主要有以下四种手段：一是人为调节进项税。根据销项税确定进项税，接受虚开的进项税票，造成零申报或负申报；二是票货不一致。销货方在购货方不需要发票的情况下，将发票开具给他方，非法牟利；三是以“开票”为牟利手段，骗购增值税专用发票，大肆向外虚开，收取开票费。虚开增值税专用发票企业呈现的主要特征：企业法定代表人和实际经营者不是一个人，倒票中间人与买票人互不认识；短期内业务突增、大量购买发票；没有固定经营场所，没有库存和运输工具，没有银行往来；没有账簿或设置两套账；税负偏低，有的企业税负甚至是0；进销项品名、数量不匹配。近期在对全省成品油购销企业专用发票专项整治工作中发现，大量涉嫌虚开企业的进项一般为成品油、钢材等税率为17%的商品，而销项一般为煤炭、矿石等税率为13%的商品。

利用“四小票”和普通发票涉税案件呈现新的特点。随着增值税专用发票管理的不断完善、手工版专用发票的取消，特别是取消“废旧物资回收经营单位销售其收购的废旧物资免征增值税”政策后，“四小票”和普通发票涉税案件呈现出新的特点，运输发票和普通发票成为涉票违法案件的重点。虚开运输发票主要表现为：直接对外虚开运输发票，非法牟利；利用运输发票虚构进项，洗出增值税专用发票，进行虚开犯罪；到地税机关大量开具虚构的运输发票，进行偷税。普通发票案件主要表现为：对外虚开商业零售普通发票或假商业零售普通发票，非法牟利；购买普通发票或购买假普通发票虚增成本。

恶意注销、走逃以逃避税务检查情况增多。一些不法分子听说稽查部门要对其进行检查或自感问题将暴露时，即迅速将原经济实体注销，转到其他地区重新登记；或者更换法定代表人或企业名称继续经营，“打一枪换一个地方”；有的甚至直接关门走逃，以掩盖其违法事实。总局督办的辽阳市弓长岭区奥源铁矿一案，涉案企业6户，走逃3户；沈阳市局查处的“3·31”重大虚开案中涉案企业20户，恶意注销的就有11户。

偷税手段趋于智能化。一是利用现有税收政策，虚构经营项目上的逻辑关系；二是利用信息技术偷税，通过使用超级密码和用户名双重保护、利用财务软件设置多个账套、销毁数据等手段来掩盖涉税违法信息；三是利用网络虚拟空间实现商业交易，不缴税款。电子商务具有主体模糊、无纸化操作、无固定经营地点、交易便捷等特点，成为许多不法企业涉税违法的避风港。沈阳荣海贸易有限公司利用财务软件设置两套账，将真实业务数据隐匿在暗室内。稽查人员根据举报对其实施检查时，又恶意销毁电子数据。

[征管存在问题] 一是税务机关代开发票问题突出。从虚开案件外围取证过程中发现，许多发票都是税务部门代开的，尤其是地税代开的运输发票居多，有的企业都注销几年了，或根本没有登记的企业还给代开发票。2009年小规模纳税人征收率由6%和4%调到3%，预计代开发票进行偷逃增值税和企业所得税会更普遍，也会涉及到税务干部的违法违纪问题。二是政府招商引资企业涉税问题突出。个别地方政府为了完成经济指标，频繁出台优惠政策和条件，过多地考虑投资环境，税务监管不到位，一定程度上助长了部分企业涉税违法案件的发生。目前数据一半以上的大要案都涉及各级政府招商引资的企业。三是现金交易问题突出。现金交易是进行偷逃税款、虚开犯罪的最大“黑洞”，也是稽查人员难以取得证据和无法认定违法犯罪事实的重要原因。纳税人购入货物大量采取现金交易，导致提供假票的个人（单位）难以查找和确定，在稽查过程中常使检查线索中断，造成查处虚开专用发票行为缺乏有效证据，只能定性为非恶意（善意）接受虚开增值税专用发票行为，使出售假票、虚开专用发票的违法犯罪分子和恶意接受虚开专用发票的纳税人得不到应有的惩处，严重削弱了对虚开增值税专用发票违法犯罪行为的打

击力度。现金交易的做法已成为不法分子实施偷漏税违法犯罪行为的“退路”，不仅给税收的日常管理带来困难，而且造成对接受虚开增值税专用发票纳税人的违法行为定性带来困难，一些专项检查、协查案件查出问题率较低。

（郭六武）

稽查三处工作情况

［总体情况］ 2010年，国家税务总局稽查局三处共督办、组织查处华北地区以及所得税和其他税种案件32件，其中2009年结转17件，当年新受理15件。同时组织了对华北地区18户重点税源企业的自查、抽查工作。在查处的32件案件中，已结案14件，涉及税款4余亿元。截至2010年年底，税务机关已追缴入库1.8亿元。

［重点税源企业］ 2010年3月底开始，组织了对1家总部在北京的大型企业的全国性税收检查，查补税款2亿多元。2010年4月底开始，组织了对华北地区18户重点税源企业的自查、抽查工作，针对总部在京的企业，协调北京市国、地税机关相继与12户重点企业的负责人进行了较深入的沟通，使税企双方彼此相互理解和支持，保证自查和检查工作能够平稳、有序、深入开展。通过税企双方的共同努力，经过近一年的时间，稽查工作收到了良好的效果。据统计，18户企业经自查应补缴入库税款6亿多元，通过检查补缴入库税款10亿多元。同时通过此次自查和检查，也发现了税收管理工作中，税收规章制度等方面存在的问题，经过及时与有关税政部门进行沟通，明确了部分税收政策，为纳税人解除了疑惑，并进一步加强了税收管理、完善了税制。

［大要案件查办］ 督办、组织查处华北地区重大涉税案件，并组织、协调各地税务稽查部门对涉及所得税和其他税种的重大涉税违法案件进行深入检查。加强各地税务稽查部门的信息沟通交流，积极与公安机关、海关、金融等部门的沟通和配合，查处了一批大案要案，特别是中纪委、国务院新闻办、审计署交办和转办的大要案件，如国际某非常知名网络公司涉税案等。

［案件类型分析］ 一是案件分布相对集中。北京16件，占案件总数50%；天津3件，占案件总数9%；河北5件，占案件总数16%；山西4件，占案件总数13%；内蒙古2件，占案件总数6%；辽宁1件，占案件总数3%；江西1件，占案件总数3%。案件相对集中在京津冀，占督办案件总数的75%。二是案件来源多渠道。总局领导批办17件，其他案件15件。其中，公民举报20件，公安部、审计署等部门交办7件，中纪委、政法委等部门批办5件。举报案件占63%，仍占案件来源的多数。三是案件查处难度提高。部分交办案件线索较少，查处对象背景相对复杂，时间上要求紧，工作量较大，增加了查处难度。

［案件特点］ 近年来，随着税务机关征管水平的提高，以及税务稽查部门连续开展的税收专项检查和区域税收专项整治取得的较好效果，使用以往的作案手段有所减少，但出现了新的作案手段，并且是跨地区作案，数额巨大。一是犯罪分子呈网络化、团伙化，具有跨地区、跨行业的犯罪特点，分工明确、组织严密。二是大量企业利用假发票或真发票虚开的方法虚列支出，逃避缴纳企业所得税。三是企业利用虚开的油品进项税专用发票抵扣增值税，逃避缴纳增值税。

［工作建议］ 一是在组织协调案件查处中，根据不同情况，采取集中式的检查方式，力求实现统一组织实施、资源合理配置、及时沟通信息、定案处理一致、有效查处，充分发挥了税务稽查打击、震慑的职能作用。二是根据国家所得税及其他税种税收政策的变化，分析研究涉税违法犯罪手段的变化趋势，有针对性地提出工作对策。三是加强国税、地税之间的信息交流和工作配合，协调好案发地与协查地税务机关的工作关系，提高工作质量和效率。四是加强与公安、海关、金融等管理部门的工作协作，密切配合，严厉打击涉税犯罪活动。五是继续做好打击假发票工作。

（艾　玥）

稽查四处工作情况

［基本情况］ 稽查四处按照2010年稽查工作要点的要求和国家税务总局稽查局的统一部署，安排了华东地区重点税源检查、专项检查工作，组织实施了江苏省物联盐阜物资回收有限公司虚开发票案的检查工作，做好重大涉税案件督办、查办工作。

［工作特点］ 一是案件多。2010年督办、组织查办案件55件，比上年增加9件，增长20%。组织查办案件是稽查四处成立以来第一次。二是案情复杂。部分石化企业消费税检查，石化行业利用消费税政策、征管的漏洞偷逃消费税，使检查定性难，也缺少处理的法规依据。废旧物资企业深入研究税收法规，故意钻政策空子，通过假入库单、假合同、假购货资金流造成业务表面上符合文件规定的假象，大大增加了稽查取证难度。三是大要案多。上海、江苏等地先后查处变造黄金票的大案4起，涉案税额近6亿元。安徽查处1起服装企业虚开增值税专用发票案，受票企业涉及5个省市的61户企业，涉案税额1.82亿元。

［案件查办情况］ 2010年，稽查四处共督办案件54件，组织查办案件1件。另转各地税务部门办理案件6件。督办案件中，上年度未结今年继续查办案件15件，本年度新增38件。从督办案件来源看，举报案件39件，占总案件的72%，中纪委、审计署等部门交办、转办案件6件，占11%，各地上报案件9件，占17%。按地区划分，上海12件，江苏13件，浙江7件，福建7件，江西4件，山东3件，安徽3件，青岛2件，宁波2件，厦门1件。截至2010年12月，督办案件已结案37件，未结16件，结案率70%。截至2010年12月20日，四处督办案件共查补收入4.13亿元。

［重点税源检查］ 华东区2010年共安排了21户重点企业开展自查和抽查工作。其中上海9户、江苏5户、浙江3户、山东1户、宁波1户、福建1户、厦门1户。21户中房地产企业9户，外商银行4户。截至11月30日，重点税源检查已经全部结束。据各省市上报的数据统计，21户重点企业自查补缴税款20亿元；抽查补缴税款2亿元。

［房地产企业检查］ 根据国家税务总局稽查局统一安排和部署，稽查四处组织华东区各局有步骤、有重点地开展了2010年房地产行业的专项检查和部分企业解剖式检查，取得了良好成效。截至12月，华东区共组织房地产企业自查13290户，自查补税、滞纳金合计42.4亿元；检查3779户，补税、滞纳金、罚款合计15.14亿元。

［航空公司检查］ 组织对东方航空公司2006～2008年度纳税情况的检查。东方航空公司自查补缴各类税款7420万元。全国各地税务部门对东方航空公司所属60户成员企业进行了抽查，共查补税款2471万元，调减亏损2332万元。

［重大案件检查］ 江苏省物联盐阜再生资源有限公司检查情况。根据国家税务总局肖捷局长、解学智副局长、冯惠敏纪检组长在中纪委简报上的批示，总局稽查局牵头，总局稽查局、监察局、督察内审司组成联合调查组，对江苏省阜宁县物联盐阜再生资源有限公司涉嫌虚开增值税专用发票和地方政府、税务部门存在的渎职等问题进行调查。稽查四处负责具体组织了对物联盐阜公司涉税问题的检查工作，抽调20余名税务人员组成专案组开展检查工作，对物联盐阜公司和涉及江苏省8个地市的82户受票企业进行了检查。截至2010年年底，检查工作正进一步展开，已查实物联盐阜公司存在虚开增值税专用发票的违法行为。盐城市检察院已批捕了物联盐阜公司的3名主管。

［督办工作］ 督办了浙江、宁波、山东三地国税部门对石化生产企业消费税的检查，摸清了石化行业商贸企业通过改变发票货物品名帮助生产企业偷逃消费税的操作手段，查清了部分石化产品征收消费税存在的问题，提出处理建议，签报总局领导。

［“黄金票”检查］ 调研了上海黄金交易所黄金交易及增值税专用发票开具情况，汇总整理了上海黄金交易所2008年、2009年黄金销售增值税专用发票，为全国开展“黄金票”检查打下了基础。在“黄金票”专项检查中，上海市国税局积极配合各地税务部门开展协查，为“黄金票”专项检查作出积极贡献。上海市国税局查处的上海黄金公司案、上海大有黄金有限公司案、上海金译城实业有限公司案和江苏省国税局查处的江苏富世

伟业投资有限公司案，在“黄金票”专项检查中具有代表性。

［工作建议］　一是清理规范税收优惠政策。取消临时性、个案性、政策导向不明确的减免项目，防止增值税“链条”断裂，尽可能避免先征后返、即征即退、免税开票的优惠方式。二是完善农产品加工增值税政策，调整废旧物资回收企业税收政策。调整现行农产品加工企业增值税计算办法，实行按核定的扣除率计算抵扣增值税额，规范农产品进项税额抵扣，减少虚开发票案件发生。取消现行废旧物资回收企业增值税先征后返政策。三是改进消费税抵扣政策。明确现行消费税应税产品技术指标；明确商贸企业开出的发票不得用于抵扣消费税，只能是消费税应税产品生产企业开出的发票才能在下一环节生产企业抵扣消费税；加强消费税抵扣的管理。四是降低货物运输业发票增值税抵扣率，消除货物运输业营业税和货物运输发票抵扣率之间的征扣差额。五是完善防伪税控系统功能，尽快推广具有汉字加密识别功能的防伪税控系统。六是加强黄金经销企业、成品油经销企业和货物运输业自开票纳税人的管理。

（王　军）

稽查五处工作情况

［总体情况］　2010年西南地区国、地税稽查局共查补收入116.79亿元，其中稽查机构组织企业自查收入84.46亿元，占全部收入72.32%；共检查1.65万户，其中有问题1.55万户，选案准确率93.81%，结案率100%，入库率96.95%。

2010年西南地区各省、市国、地税稽查局按照总局稽查局统一部署和要求，完成了税收专项检查、重点税源企业和二级单位重点检查、大小非减持检查、打击发票违法犯罪活动工作以及重大案件查处等工作。其中：云南国、地税稽查局开展了股权转让企业涉税问题调研；云南和四川两省开展了对房地产业大额发票开具和使用情况进行复查和调研；重庆在对重点税源企业重庆××集团及其二级单位的检查工作中，通过对企业自查督导及抽查，共查补入库税款2710.22万元。

［房地产企业检查］　按照国家税务总局稽查局的部署，西南地区四省市（云南、贵州、四川、重庆）国、地税稽查局共选取40户企业开展了解剖式检查。检查中各局组织了业务骨干组成检查组，针对房地产开发企业的“常见病、多发病”制定检查方案，特别是贯彻“查案必查票”的方针，对40户企业展开细致深入的检查。共查补税款1.99亿万元，滞纳金823.61万元，罚款2148.45万元，合计2.28亿元。40户企业共核查票据1.22万份，涉及金额141.01亿元，其中：真实合法票据8035份（占65.60%），涉及金额93.14亿元；假票81份（占0.66%），涉及金额1997.08万元；虚开发票23份（占0.19%），涉及金额178万元；从第三方取得票据6份（占0.05%），涉及金额179万元；大头小尾票据30份（占0.24%），涉及金额1208万元；白条列支票据131份（占0.17%），涉及金额8485.42万元；其他票据1份（占0.01%），涉及金额250万元。

［大要案查处］　2010年稽查五处共督办案件19起，其中上年结转案件5起。查结13起，在查6起。其中比较有特点的重大案件有：贵州“5·11”骗取出口退税案（利用电脑主板和CPU骗取出口退税案件）、重庆润江置业公司涉税案（取得虚假发票计入费用或开发成本涉税案件）、重庆“4·21”假发票案件（公安、税务部门联合查处的特大发票违法案件）、“12·28”涉税案（自然人购买信托投资公司发行的理财产品受益后补征个人所得税涉税案件）、云南国际信托投资公司涉税案（信托投资公司经营信托理财产品涉税案件）。

［协查工作情况］　2010年协查系统内的协查发票工作主要有三方面：黄金票协查，委托发函的发票，占总量的53.30%；各地国税局稽查局在专项检查、举报案件检查、打击假发票专项行动等工作中需要委托发函的发票，占总量的43.73%；总局督办案件及各地国税稽查局查办的大要案件委托发函的发票，占总量的2.97%。

2010年通过协查系统发起的协查，无论是协查发票数量、查补收入，还是移送司法机关案件数较2009年均有大幅度提高，而且，2010年下半年的数量较上半年也有大幅度提高（详见统计表）。

委托发起协查统计表

年　度	委托发票份数（万份）	涉及企业户（次）	选票准确率（%）	查补收入（万元）	移送司法案件（起）
2009年	151522	12258	21.65	1965.12	34
2010年	627613	24221	18.45	6706.01	149
2010年上半年	81076	7515	29.98	2150.91	11
2010年下半年	546537	16706	16.18	4555.10	138

受托协查情况统计表

年　度	受托发票份数（万份）	涉及企业户（次）	协查回复发票份数（万份）	查补收入（万元）	移送司法案件（起）
2009年	152046	24299	137756	17618.51	144
2010年	614001	78252	478580	38872.82	312
2010年上半年	80842	14464	80011	7773.85	58
2010年下半年	533159	63788	398569	31098.97	254

统一组织黄金票协查，促进了虚开黄金票检查工作的有序开展。2010年下半年，国家税务总局稽查局适时在全国范围内开展了对上海黄金交易所向其会员单位及代理客户开具的品名为黄金的增值税专用发票（简称“黄金票”）专项检查。根据工作安排，对上海黄金交易所1589户会员单位和代理客户在对外开具的237万份中以下三种类型的发票进行了协查：一是变造发票购货方纳税人名称的发票；二是注销或走逃企业的发票；三是货物品名是“黄金”或“黄金饰品”的发票。由于上述工作安排，反映在协查系统上，全国委托和受托发票量明显上升。截至2010年12月31日，协查系统发出“总局督办黄金票检查”类函件5053个，协查发票33.45万份，涉及金额766.25亿元，涉及税额130.04亿元（还有个别省市因发票量巨大尚未完全完成发函工作）。已回函发票23.99万份，占总数的71.70%。从回函的情况看：协查结果为“正常”的，共计17.98万份，占总数的74.94%，涉及税额64.32亿元，占总数的49.46%；协查结果为“无法核实”的，共计3.74万份，占总数的15.58%，涉及税额19.59亿元，占总数的15.06%；协查结果为有问题（不包括“虚开”）的，共计2.26万份，占总数的9.43%，涉及税额12.28亿元，占总数的9.44%；协查结果为虚开的，共计99份，占总数的0.01%，涉及税额1357.47万元，占总数的0.10%。全国共查补税款3962.53万元、罚款319.56万元、滞纳金155.41万元，合计4437.50万元。

在全国黄金票协查工作中：委托发起协查票量和受托检查票量最多的均是深圳、广东、江苏、上海、北京5省市（具体票量如下表），其中委托发票量占全国的74.47%，受托检查发票量占全国的53.05%。

强化日常管理，协查基础工作得到了加强。各地通过加强对协查系统的监控，及时解决协查系统运行中出现的问题，特别把握好累计按期回复率、按期分拣率、选票准确率、委托信息完整率和受托信息完整率这五项考核指标，确保了系统正常稳定运行。部分地区还做到了利用协查案件信息资源，开展案件分析，剖析作案手段，发现违法动向，提出应对策略，并根据协查案件中发现的行业性问题、地区性问题适时开展专项检查和专项整治。江苏省国税局稽查局对四年选票准确率进行了全面分析，特别将由上级组织或总局督办协查函的选票准确率与全部函件的选票准确率进行了比较，要求全省各级稽查局树立“协查地就是案发地”的思想，重视协查线索，尤其对总局督办案件以及委托方明确定性的协查，受托方要作为案源进行认真检查，务必查清事实真相，从而保证委托方案件的查处和受托方案件的延伸。江西、福建两省国税局稽查局对黄金票核查和协查工作情况以及相关问题进行了认真总结分析，工作思路清晰，问题分析透彻。

五省市协查发票统计表

单位名称	委托协查发票（份）	受托检查发票（份）
深圳市国税局稽查局	84376	40626
广东省国税局稽查局	66010	45029
江苏省国税局稽查局	54168	36500
上海市国税局稽查局	23225	25683
北京市国税局稽查局	21353	29646
合　计	249132	177484

2010年协查工作也存在如下问题：一是协查系统内发票协查的数量多但质量不高。特别是在黄金票协查和各专项检查的委托发函中，较普遍地存在“撒大网”式的发函，委托方不定性，协查要求提得大而全，笼统含糊，大大降低了协查工作效率。二是不按规定要求录入造成系统内查补收入不准确。绝大部分受托方没有按规定在协查系统内录入查补收入，即使是检查出问题发票的地区，也没有及时录入查补收入。三是不按管理规定操作影响了协查工作质量。有些地区不仅没有严格按照《增值税抵扣凭证协查管理办法》的规定组织协查，发票信息填写不完整，协查要求不明确，有的操作人员违规操作，造成系统数据错误，给受托检查造成极大的不便，降低了发票协查工作的质量。四是委托方和受托方协查信息缺乏沟通。在协查函件运转的整个过程中，双方没有就案件信息和特点、协查要求等进行必要的沟通；委托方不先定性后协查，甚至于对已经被变造了纳税人登记号的发票的协查，也仍按“涉嫌虚开”协查，而且不说明相关情况，使得受托检查没有针对性，对协查结果也一味地抱怨回函“正常”或“无法核实”的多，影响办案质量。

（曾静蓉）

北京市国家税务局稽查局

近年来，北京国税局逐步建立打击发票违法犯罪的联动机制，加强与公安、地税等部门的互动联系，并通过“税收宣传月”活动进一步宣传发票常识。图为国家税务总局稽查局和北京市公安局、国税局、地税局有关领导参加发票宣传活动。

2011年对于北京市国家税务局稽查局来说是创新中谋发展，转变中筑规范的一年。北京市国税稽查部门以一级稽查管理系统上线运行为契机，贯彻落实国家税务总局“服务科学发展，共建和谐税收”的工作主题和北京市国家税务局“一线两翼”的格局，在税收专项检查、税收违法案件、打击发票违法犯罪、涉税检举等方面成效显著。截至2011年7月底，该局共组织收入107749万元。

2011年，该局将完善各项工作标准，规范工作流程列为重点工作之一，按照一级稽查管理的思路，该局率先将发票检查和完善工作标准结合起来，以深入打击发票违法犯罪为目标，以统一发票检查执法尺度为切入点，围绕发票检查规范性这一课题，研究制定了多项工作标准，其中以推广使用《发票检查工作底稿》（以下简称《底稿》）规范发票检查工作成为该局2011年的工作亮点之一。根据国家税务总局部署的九大集团企业发票检查工作，该局首次在九大集团企业发票检查中对《底稿》进行实地测试，并按照电信业、石油石化业、保险业、建筑安装业、银行业5个行业，对《发票取得情况必查科目目录》进行补充，形成了《九大集团发票检查必查科目指导目录》，并在全市发票检查中进行全面推广。

该局针对发票检查工作，先后制定了涉及发票检查的工作指导意见，供全市稽查人员参考使用，这些指导意见对具体发票检查起到指引作用，可操作性强，同时也规范检查环节的操作，化解稽查风险。

2011年，该局积极整顿“买方市场”，以餐饮企业发票使用情况的检查为突破口，对800余户餐饮企业实施检查，并开展了对建筑、金融、保险、通信、石油石化、房地产6大行业发票使用情况检查，共对1730余户企业开展发票检查，查处虚假发票48300余份，涉税金额约61900万元，查补税款及滞纳金约12552万元。

该局积极配合公安部门开展假发票“卖方市场”的打击整治工作，严厉打击印制、贩卖假发票的犯罪团伙、捣毁制假贩假窝点。2011年上半年，该局成功捣毁2个制售假发票团伙，同时还在北京《法制晚报》曝光了5起发票违法典型案例。

北京国税稽查局为配合一级稽查管理系统上线，全面打造一支高素质稽查队伍，围绕电子查账能力开展培训工作。图为2011年7月，北京国税局首次组织全市700名50岁以下稽查人员参加会计电算化培训。

北京国税稽查局完善发票检查工作标准，力求统一执法尺度，规范发票检查流程。图为2011年8月，北京国税局为参加九大集团企业发票检查的稽查人员讲解《发票检查底稿》。

山西省地方税务局稽查局

山西地税局党组书记、局长卢晓中，党组成员、副局长刘建光参加山西地税系统稽查工作会议

山西省地方税务局稽查局在山西省地方税务局党组和国家税务总局稽查局的正确领导下，以邓小平理论和“三个代表”重要思想为指导，深入贯彻落实科学发展观，有效发挥税务稽查职能作用，为促进山西经济社会又好又快发展作出了积极贡献。该局先后获得“省直文明和谐单位”、“山西省整顿和规范市场经济秩序先进集体”、“党风廉政建设先进集体”、“十佳文明窗口”等荣誉称号。

以服务税收中心工作为出发点，严格执法，促进组织收入任务稳步增长。2010年，该局共完成查补收入11.25亿元，实际入库11.21亿元。查补收入比例为1.88%、选案准确率为97.08%、入库率为99.65%、结案率为100%，均达到国家税务总局的目标要求。

山西省地方税务局稽查局挂牌之际山西地税局领导与全体干部合影留念

以整顿和规范税收秩序为己任，重拳出击，为全省经济社会健康发展保驾护航。一是以税收专项检查为突破口，狠抓行业税收秩序的治理整顿。2010年对交通运输业、大型房屋租赁业等6个行业进行了专项检查，查补收入6.39亿元，实际入库6.14亿元。二是以税收专项整治为手段，整顿和规范重点领域的税收秩序。该局对煤炭生产行业及房地产行业进行了税收专项整治。三是以税务举报为线索，加强大案要案的查处力度。全省共查结举报涉税案件715起，查补各项收入近4000万元，立案查处税款在100万元以上的重大违法案件28起，查补税收1.05亿元。四是以发票打假行动为切入点，维护正常的经济秩序。联合省公安厅、国税局开展了打击制售假发票和非法代开发票专项整治行动，共破获假发票犯罪案件27起，抓获涉案人员38人，查获假发票700多万份，捣毁假发票储藏窝点57个。

山西地税稽查局干部深入一线服务纳税人

以和谐税收建设为宗旨，规范执法抓服务，树立良好的社会形象。该局在工作中践行“聚财为国，执法为民”的工作宗旨，树立“大税收，大服务”的工作理念，把规范执法和优化服务紧密结合起来。一是建立了选案、检查、审理、执行“四分离”工作机制；二是在全省稽查系统开展了“规范稽查执法活动”；三是制定下发了《加强稽查执法监督制约工作的意见》；四是认真落实 “首办负责制”和“限时办结制”，强化税收服务。

以争创一流业绩为目标，勇于改革创新，不断谋求工作的新发展。一是在全省范围内全面推行“分级分类稽查”，进一步理顺了稽查渠道；二是进行“一级稽查”改革，优化了稽查资源配置，规范了稽查执法活动；三是实施税收自查工作，降低了检查成本，提高了工作效率。

以干部队伍建设为根本，多管齐下，打造人民满意的公务员团队。该局大力加强干部队伍建设，深入开展科学发展观，贯彻落实党的十七届三中、四中全会精神和五个意识教育，不断提高稽查干部的政治思想素质和道德修养。在党风廉政建设上，认真落实“一岗双责”和“一案双查双报告”制度，大力推行“阳光稽查”，保持了违法违纪“零记录”，党风廉政工作风清气正。

山西地税稽查干部业务培训现场

内蒙古自治区国家税务局稽查局

内蒙古自治区国家税务局稽查局组建于1994年8月，担负着全区范围内增值税、消费税、企业所得税、车辆购置税等中央税收的稽查检查工作。截至2010年年底，全区稽查人员1271名，95%以上人员具有大专以上学历，注册会计师、注册税务师、法律、计算机等各类型专业人员187人。

团结奋进的内蒙古国税稽查局领导班子

该局自成立以来，认真贯彻新时期治税思想，按照“调查研究—规范管理—创新发展”的工作思路，持续推进稽查体制创新、制度创新和方法创新，统一执法尺度和标准，规范执法程序和权限，不断提高稽查现代化、信息化、专业化水平，实现稽查资源和其他税收管理资源的优化配置，并积极推行分级分类稽查检查方式，稽查工作整体水平不断提高。

召开全区稽查局长工作会议

回顾“十一五”，该局切实将公平、公正执法作为稽查工作的灵魂，把维护有利于公平竞争的税收秩序作为对纳税人最根本的服务，把执政为民作为稽查工作最根本的落脚点，纳税服务不断优化，法治水平明显提高，队伍建设不断加强，学习实践活动成效显著，党风廉政建设深入推进，精神文明建设成果丰硕，各项工作都取得了新的进展和突破。

“十一五”期间，内蒙古国税稽查系统共立案查处税收违法案件5362起，累计查补收入29.62亿元。成功查办“6·13”偷税案、鄂尔多斯市“8·24”、“4·09”虚开增值税专用发票案等一批有影响力的大要案件，涉及金额4.74亿元；在国家税务总局的统一安排下查处了“雷霆一号”、“利剑二号”、“边城税案”以及“黄金票案”等涉及内蒙古自治区的200多户企业，查补税款2.8亿多元。特别是2010年，面对国际金融危机带来的严重冲击，全区各级国税稽查部门科学组织专项检查和重点税源检查，进一步规范举报和协查工作，加大案件督办力度，全年共查补税款13.83亿元，查补收入创历史新高。

全区各级国税稽查部门大力查处虚假发票“买方市场”，检查非法受票企业776户，查处虚假发票9907份，查补税额1826.6万元，配合公安机关查获各类非法印制发票2826.3万份，捣毁发票犯罪窝点149个，打掉作案团伙31个，抓获涉案人员478名，避免了数亿元的经济损失。有力打击和震慑了违法犯罪分子的嚣张气焰，被评为全国打击发票违法犯罪活动工作先进集体。

内蒙古国税稽查局全体稽查干部研讨重大案件

辽宁省国家税务局稽查局

辽宁省国家税务局稽查局内设7个科室、人员25人，履行系统业务指导和案件查办双重职能。“十一五”期间，该局在辽宁省国家税务局党组的正确领导下，树立现代稽查理念，锐意进取，奋力拼搏，为保障税收收入、维护税收秩序、促进依法纳税作出了积极贡献。2008～2011年，该局连续四年在全国税务稽查工作会议上介绍经验，并荣立集体二等功一次。

辽宁国税局总经济师　何力

坚持服务大局，切实履行职责。准确把握稽查工作在税收工作大局中的位置，一手抓整顿规范税收秩序，一手抓组织稽查收入，积极发挥最后一道防线作用。5年间，全省共检查纳税人56326户次，发现31456户存在问题，实现查补收入61亿元，占五年全省国税收入的1.3%。

坚持改革创新，不断增强稽查工作的活力和动力。创新检查机制，针对“重大违法案件查处、税收专项检查、重点税源企业检查”三项主要任务，实施打击型、常规型、审计型三种检查方式。5年间，查处偷税案件13867宗，挽回税收损失7.7亿元；开展了27个行业税收专项检查，查补总额27亿元；对73户重点税源企业实施风险导向审计型检查，查补税款21亿元。创新管理方式，以服从服务于全省重点稽查工作为宗旨，以提升工作执行力为目的，建立实施任务、考核、奖惩“三位一体”稽查质效考核机制；以数据监控为依托，以质效通报和末位质询为手段，积极实施稽查系列“扁平化”管理模式；创新工作内涵，开展稽查案例分析，促进“以查促管”；创新工作手段，开发“稽查管理信息系统”，提升信息化水平；创新协作机制，与省级公安厅、地税局联合制定《辽宁省税警协作办案制度》，首次将“影响税务机关依法执行公务”涉税治安事项列为协作条款。

坚持依法行政，积极推进规范、公正、文明执法。加强制度建设，制定了《分类检查工作规程》、《稽查案例分析制度》、《重大税收违法案件督办制度》等一系列规章制度；构建内控机制，明确岗位职责，理顺流程，加强制约，从源头预防和杜绝违纪违法行为发生；强化执法监督，开展案件复查，做到有错必纠。

坚持以人为本，全面加强稽查队伍建设。经过严格程序，组建省、市两级首席稽查专家队伍，发挥高端稽查人才领军作用；突出实战背景，有针对性地开展财务、税收、法律、计算机等专业知识培训，提高核心稽查能力；结合实际，深入持久学习弘扬雷锋精神，提升干部思想境界，激发工作积极性和创造力。

召开辽宁省国税稽查工作会议

辽宁省地方税务局稽查局

“十一五”期间，辽宁地税稽查系统按照国家税务总局总体要求，改革稽查管理体制，调整稽查工作思路，创新稽查工作方式，强化稽查系统管理，加大稽查执法力度，发挥稽查职能作用，大力整顿和规范税收秩序，稽查实现税费收入82亿元，为确保税收中心任务完成，构建和谐税收环境作出了积极贡献。

稽查体制机制更加完善

全省实施一级稽查管理体制改革，通过建立信息沟通与反馈机制、稽查案件指挥机制、稽查绩效考核机制、稽查信息共享机制等，使稽查打击作用更强、工作更加高效、执法更加规范。

稽查基础建设更加牢固

一是制度建设。辽宁地税局制定了稽查工作规程、稽查调查取证办法、涉税大案要案报告制度、举报案件管理办法、稽查人才库管理办法等一系列制度办法，强化了系统管理。二是稽查信息化建设。根据辽宁省地税系统金税三期征管系统开发的总体部署，成功开发应用稽查软件。三是文化建设。通过在《辽宁地税》杂志上开辟稽查专栏、组建先进人物宣讲队等方式，在稽查系统形成人人争先，有为有位的良好氛围。

稽查打击效能更加彰显

通过“点”、“线”，“面”紧密结合，实现对涉税违法行为的全方位打击。“点”，就是对重点企业的稽查。全省共对504户重点税源企业开展检查，查补收入22亿元；“线”，就是税收专项检查。对房地产业、建筑安装业等22个行业实施了检查，共查补53亿元；“面”，就是开展区域税收整治和打击发票违法行为。全省共查处各类发票违法案件436起，打掉犯罪团伙58个，捣毁大型印制窝点15个，缴获涉案发票3000万份。

稽查队伍更加专业精良

一是配备高素质的稽查人员，特别注意增加一线稽查人员数量。二是制定中长期稽查人才培养战略规划，根据分级分类培训原则，广泛开展培训。三是加强廉政建设，防范稽查执法风险。

稽查执法环境更加和谐

积极做好稽查的前置服务，科学选案，规范稽查的次数；做好查中服务，限时稽查，尊重纳税人权益；做好查后服务，对纳税人提出问题分析与改进，接受社会监督；建立稽查透视征管和稽查反馈制度。同时，及时向各级党委、政府汇报税务稽查工作，取得支持和理解。

吉林省地方税务局稽查局

团结进取的吉林地税稽查局领导班子

2009年，吉林省地方税务局稽查局在国家税务总局稽查局和吉林省地方税务局党组的正确领导下，顾全大局，勇挑重担，围绕中心，突出重点，强化措施，狠抓落实，圆满地完成了各项工作任务，为整顿和规范税收秩序，促进依法纳税作出了积极贡献。被吉林省委、省政府授予“文明单位”称号，被吉林地税局评为“稽查先进单位”。

扎实推进重点工作，严厉打击涉税违法犯罪行为。有效发挥稽查职能作用，大力查处涉税违法案件，全面组织实施税收专项检查和打击涉票违法犯罪工作，有力地打击和震慑了涉税违法犯罪，促进了税收环境的改善。2009年，全省共查处涉税案件301件、涉票案件505件、重点检查企业4765户，稽查查补收入9.8亿元，入库7亿元，完成国家税务总局考核指标的149%，实现了历史性的新突破。

切实加强系统管理，不断强化科技手段。树立全省地税稽查工作“一盘棋”思想，统筹组织安排全省稽查工作，确保政令畅通。构建稽查“一体化”工作格局，加强案件指挥和稽查业务管理，统一工作步调，协调共进，有序管理。深化市“一级稽查体制”，全省各市（州）、县（市）稽查局整体升格，市（州）稽查局局长为上级主管地税局党组成员。整合稽查资源，积极探索实践“市（州）大稽查”模式，增强了稽查执法刚性，提高了办案质量。推广应用稽查管理软件和查账软件，强化了稽查办案科技手段。

加强班子和干部队伍建设，树立良好的稽查形象。坚持以人为本，努力建设“四型”班子。注重风气建设，营造心顺气正、共谋发展的良好氛围。实施“人才兴税”战略，制定干部教育培训和高素质人才发展规划；采取“请进来、走出去”的办法，开展分级分类培训；健全以考促学、以用促学激励机制，全面提高干部素质和稽查实践能力。积极构建“惩防体系”，落实“一岗双责”，扎实推进党风廉政建设和反腐败工作，促进干部公平、公正、廉洁执法。

吉林地税稽查局开展稽查信息化建设

吉林地税稽查局召开纳税人座谈会

湖北省国家税务局稽查局

“十一五”时期，湖北国税稽查部门牢记“为国聚财、为民收税”的工作宗旨，围绕中心，服务大局，依法稽查，取得了显著成绩，为推进依法治税和构建和谐税收作出了积极贡献。

2011年湖北省国税稽查工作会议

有力服务了税收工作大局。全面履行好“以查促收、以查促管、以查促查”的税务稽查职能，不断加大稽查工作力度，强化税收执法监管。“十一五”时期，全省各级国税稽查部门累计查补入库税款69.3亿元，占同期国税收入的1.73%，比“十五”时期增加了18.5亿元，增幅达36.4%。稽查选案准确率、处罚率和入库率等指标比“十五”期末分别提高了1.5%、3%和2.7%，促进了税收经济的协调发展。

积极改善了税收经济环境。“十一五”期间，全省国税稽查部门共查处各类违法案件7.71万起，查补税收30.1亿元。按照湖北国税局的统一部署和安排，共对41个重点行业、5个重点地区的44.07万户企业开展税收专项检查或区域税收专项整治，共查补税款24.67亿元。自2008年年末以来，全省各级国税稽查部门联合公安、地税等相关职能部门共查处各类非法发票2727万份，捣毁发票犯罪窝点143个，打掉作案团伙73个，抓获涉案人员598名。

基本形成了适应和促进税收征管发展的稽查管理机制体制。与“十五”期末相比，全省国税稽查机构压缩了14.8%，稽查力量增加了18.4%。武汉市国税局率先在全省推行了真正意义上的一级稽查体制改革，为全省国税部门创新稽查体制树立了典范。

明显提高了稽查质量和效率。五年来，全省国税稽查部门以信息管税为方向，不断推进稽查信息化建设，全面推行和应用了综合税收征管软件稽查模块、金税协查信息系统和案件检举管理信息系统等主体应用系统。“十一五”时期，全省国税稽查部门共协查各类发票78457份，查补税款6079.19万元，协查案件按期回复率达到100%、督办案件到期结案率达到98%、案件抽查合格率达到81%。

大大优化了稽查干部的综合素质。深入推进稽查局领导班子建设，提高领导干部带队治税能力；重视和加强稽查部门党建和思想政治工作，积极开展创先争优和作风建设等活动；以专业化人才培养为重点，开展了大规模、多层次、全方位的稽查干部业务培训和考试活动；建立和健全稽查部门风险预警机制和内控机制，促进稽查干部廉洁执法，筑牢拒腐防变的思想道德防线，维护了稽查部门的良好社会形象。

重点企业发票使用情况检查约谈会

大型企业税收自查座谈会

黑龙江省国家税务局稽查局

近年来，黑龙江省国家税务局稽查局在国家税务总局稽查局和黑龙江省国家税务局党组的正确领导下，以科学发展观为出发点，坚决服从、服务于税收中心任务，以重点税源企业审计式检查和税收违法案件查处为着力点，科学组织税收专项检查和区域税收专项整治，严厉打击发票违法犯罪活动，不断强化依法稽查、文明稽查，进一步加强稽查管理，创新工作方法，加强队伍建设，增进内外协调，较好地完成了各项稽查工作任务。

黑龙江国税局总经济师 赵石岚

强化职能作用，深入整顿和规范税收秩序。在税收专项检查工作上，按照“分级分类稽查”要求，科学部署、果断实施，努力做到检查一个行业，规范一个行业；在查处大要案件上，集中优势力量，全力攻坚，尤其对上级交办案件进行全程监控、重点查处；在打击发票违法犯罪活动中，与区域税收专项整治工作有机结合，扩大专项整治范围，有效遏制了涉税违法犯罪势头。

丰富稽查手段，努力提高稽查工作效能。一是大胆尝试、勇于创新，采取督促企业自查与重点检查相结合的方式，以点带面，全面提升稽查效能。二是夯实法制基础，认真贯彻执行《税务稽查工作规程》，并以此为契机进一步建立健全稽查工作制度。三是增进内外协调，不断加强与征管、税政等内部部门、地税以及公安、海关等外部各部门之间的协调配合，确保案源渠道畅通。四是积极构建信息化稽查，充分利用税收管理数据信息细化整合选案指标，并将征管信息和第三方信息作为突破口开展深度检查。五是依法稽查、文明执法，对内规范稽查执法行为，对外优化稽查服务形式和内容，不断扩大稽查正面影响力和作用力。

强化队伍建设，做到“两结合、两提高”。一是考评与监督相结合，提高干部积极主动性。二是培训与办案相结合，提高干部业务水平。该局以“针对稽查需要，突出业务能力”为目标，分阶段、分内容、分层次开展了税收政策、重点行业、电子查账技能等应用型培训，全面提升稽查队伍的整体水平。

几年来，该局连续被黑龙江国税局评为“黑龙江省国税局先进党支部”、“黑龙江省国税局综合绩效考核先进单位”等荣誉称号，并连续六年在全国税务稽查工作会议上进行书面经验交流。

召开市、地国税稽查局长工作会议

举办黑龙江国税稽查岗位兼职教师培训班

黑龙江省地方税务局稽查局

“十一五”时期，黑龙江地税稽查部门坚持以科学发展观为指导，认真贯彻落实国家税务总局和黑龙江省地方税务局的工作部署，以组织收入为中心，以税收专项检查和查处大要案为重点，进一步加大稽查力度，不断规范执法行为，加大重点税源检查力度，严厉打击涉税违法行为和发票违法犯罪，较好地发挥了稽查部门的职能作用，圆满地完成了各项工作任务。

黑龙江地税局副局长　娄云世

黑龙江地税稽查局局长　唐岱君

“十一五”期间，黑龙江地税稽查部门共查办案件36069件，查补入库收入总额32.1亿元，其中，2006年查补入库收入2.3亿元；2007年查补入库收入3.8亿元；2008年查补入库收入8.1亿元；2009年查补入库收入8.1亿元；2010年查补入库收入9.8亿元。查补收入连年增长，为营造公平竞争的社会环境、构建和谐社会作出了贡献。

认真开展税收专项检查和重点税源企业检查工作。五年来共计查补入库税收收入21.5亿元。并制定了税收专项检查“七项预期目标”，对专项检查的查前准备、查中督导和查后考评提出了明确要求，改进和规范了税收专项检查工作。

认真开展打击假发票专项整治工作。2007～2010年，共查处各类假发票案件857起，发现违法发票份数7685份，查补收入6761万元；协助追缴税款3390万元，查获制假设备8台，收缴各类假发票277万份，涉案金额360亿元，捣毁制假窝点21个，抓获作案成员149人，移送起诉案件32起，公开曝光案件8起。

认真开展税负测算工作。通过对测算数据分析比对，掌握了测算行业和税种的税收负担现状。根据测算结果，合理确定了税负预警值，为摸清税源底数，查找征管漏洞，明确稽查重点，增加地方财政收入提供了科学、有效的数据支持。

不断创新，实施信息稽查工作方式。通过开展信息稽查，稽查工作质量和效率明显提高，工作成效充分显现，为维护地方税收秩序，促进地方财政收入稳定增长作出了积极贡献。

黑龙江省地税稽查工作视频会议

江西省国家税务局稽查局

江西国税系统现有稽查人员1259人，占全省国税人员10.7%，共设稽查机构97个，其中1个省级稽查局，11个市级稽查局，85个县级稽查局。“十一五”期间，全省国税稽查工作大力弘扬井冈山精神，围绕税收中心任务，坚持依法稽查，推进文明执法，实现了跨越式发展，累计查补收入33亿元，同比增加32.5%。2006年荣获集体二等功。

江西省国税系统稽查工作会议

税收违法案件查处成绩斐然

该局采取积极有效措施，依法打击各类税收违法行为，查处税收违法案件16134件，其中“12·06”、“江西金盛”、“7·16”等重大案件184件，查获虚开增值税专用发票19018份、“四小票”28615份，有力打击了税收违法行为，维护了国家税法尊严。

税收专项检查工作成效显著

该局先后组织对铜业、房地产、金融、医药、钢铁及大型连锁超市等30多个重点行业实施了税收专项检查，对部分税收秩序比较混乱的区域实施了税收专项整治，检查纳税人2.6万户，查补收入28亿元，使重点行业和重点区域税收秩序不断规范，税法遵从度不断提高。

打击发票违法犯罪成果突出

该局认真组织全省打击发票违法犯罪活动工作，与公安、地税等部门联合开展打击发票违法犯罪专项行动，共查获假发票、非法代开发票845万份，发票最大填开金额121亿元，缴获电脑、打印机等作案工具190台，抓捕犯罪嫌疑人215人，监测拦截发票违法手机短信160万余条，关停违法群发手机号400余个。

税务稽查队伍素质明显提升

该局按照“带好队、查好税”的要求，全面加强稽查队伍建设，先后举办7期全省复合型稽查人才培训班和3期稽查人员会计电算化培训班。其中“税务稽查人员法律培训项目”被国家税务总局评为全国税务系统9个特色培训项目之一。组织全省稽查能手竞赛，挑选100名组建全省百名稽查人才库，实行动态管理，促进了稽查队伍素质稳步提升。

江西省打击假发票联席会议

江西稽查干部使用电子查账软件获取企业销售信息

江西省地方税务局稽查局

江西地税稽查工作会议

江西省地方税务局稽查局在江西省地方税务局和国家税务总局稽查局的正确领导下，深入贯彻落实科学发展观，坚持服务科学发展、共建和谐税收主题，深入开展发展提升年活动，坚持服务大局、依法稽查、和谐执法和不断创新的理念，开拓稽查思路，完善稽查机制，创新稽查方法，优化稽查服务，整顿规范税收秩序，切实提高稽查队伍整体素质和执法水平，为促进江西经济又好又快发展作出积极贡献。

评审优秀典型稽查案例

举办稽查业务能手竞赛

突出重点，持续规范税收秩序

以整顿规范税收秩序为目标，以税收违法案件查处和税收专项检查为重点，科学组织税收专项检查和区域税收专项整治，依法严厉打击发票违法犯罪活动，及时组织力量查处大案要案，充分发挥税务稽查的威慑力。2011年1～9月，全省地税稽查部门共检查纳税人1442户，组织企业自查1378户，查补收入6.05亿元。

创新方法，检查质效提升显著

面对稽查工作的新形势和新情况，稽查工作需以改革的思路创新稽查工作理念和工作方法。该局认真研究当前税收违法行为的动向，关注社会热点中蕴涵的税收问题，超前考虑和谋划稽查工作发展的思路和措施，注重开展调研式税收检查，归纳有效检查方法，指导促进全省检查工作质效提升。

增强能力，不断提高整体素质

组织典型稽查案例评审，促进全省稽查案例进一步规范、严谨和办案质量的提高。开展岗位练兵和争创稽查能手活动，强化一线稽查人员刻苦钻研、争先创优的意识。搞好培训需求调查，有计划性地开展分层次、多领域、高质量的教育培训，有针对性地培养复合型和专业型的税务稽查人才。

强化管理，提升效能促发展

全省地税稽查部门，按照中央加快经济发展方式转变和江西省委、省政府推进鄱阳湖生态经济区建设的决策部署，大力营造有利于加快转变经济发展方式的服务环境，把科学发展的理念贯穿于税务稽查管理的实践和创新中，把促进经济发展方式转变的要求落实到税务稽查改革的各项工作中。该局深入开展风险岗位廉能管理，进一步规范工作程序、防范廉政风险、提升工作效能，并按照江西省委、省政府关于开展发展提升年活动的方案，树立依法、和谐的税务稽查理念。

稽查人员辅导企业自查

广西壮族自治区国家税务局稽查局

税务稽查扁平化管理现场会

“十一五”以来，广西壮族自治区国家税务局稽查局在国家税务总局稽查局和广西壮族自治区国家税务局党组的正确领导下，以科学发展观为指导，围绕“带好队，抓整治，建铁队，办铁案”总体要求，积极开展税收专项检查和专项整治，狠抓涉税大要案的查处，大力打击发票违法犯罪活动，全面整顿和规范税收秩序，稽查工作成效显著。

查补收入总额逐年递增。五年来，共检查各类纳税人31163户（次），立案检查19417户（次），检查有问题户16391户（次），移送司法机关立案查处639起，查补收入总额31.83亿元，入库总额为31.88亿元。“十一五”时期查补入库总额比“十五”增加16.4亿元，增长1.06倍。

举行稽查选案软件试运行启动仪式

查处一批涉税大要案。狠抓涉税大要案件的查办工作，查处税款超过百万元的案件共218件，查补税额5.04亿元。其中较为典型的有“雷霆一号”广西专案、东兴市昌隆贸易有限公司虚开增值税专用发票案、梧州市桂新钢铁厂利用账外账偷税案等。

专项检查成效显著。采取企业自查、税务机关抽查、重点检查相结合的方式，先后对金融保险、房地产、烟草、电力行业及重点税源企业进行专项检查，成效显著。5年税收专项共检查纳税户9062户，查补总额13.57亿元，取得了“查处一个、震慑一片，整治一行、警醒一方”的综合效果。

打击发票违法犯罪活动取得新成果。深入开展打击发票违法犯罪活动，两年来，广西国税系统查处非法代开、虚开和非法取得发票案件1024起，涉及非法发票份数39790份，涉及金额84109.8万元，查补收入总额6316.2万元。

实施稽查扁平化管理新模式成效大。在全面实施一级稽查基础上，狠抓管理创新，在梧州市和河池市部分县推行实施“统一选案、交叉检查、集中审理、分级执行”的稽查扁平化管理新模式，稽查效能不断提高，执法行为不断规范，廉政建设不断强化。

稽查信息化建设有新突破。开发稽查选案软件并推广，选案准确率有了极大提高；广泛应用税务稽查查账软件，丰富稽查办案手段，提高检查效率。

获得多项集体荣誉。“十一五”期间，该局连续4年获得广西国税局“先进处室”称号，该局党支部连续3年获得广西国税局“先进党支部”称号，2010年稽查局组织开展的“榜样和卫士”主题实践活动被广西壮族自治区直属机关工作委员会评为基层党组织生活创新“最佳主题目实践活动”。

与南宁海关召开打击骗取出口退（免）税工作业务协调会

广西国税稽查局举办“创先争优，争当榜样和卫士”主题实践活动演讲比赛，图为广西国税局领导与获奖同志合影

广西壮族自治区地方税务局稽查局

2010年广西壮族自治区稽查局始终坚持服务科学发展这一主题，精心组织税收专项检查和专项整治工作，严厉打击发票违法犯罪活动，全面整顿和规范税收秩序，建立完善制度，加强队伍建设，规范管理，狠抓落实，各项工作均取得了明显成效。

广西地税稽查局局长唐啓壮在总结会上讲话

深入开展专项检查，查补收入创历史新高。全区各级地税稽查部门共组织2494户企业开展自查，检查1583户，发现有问题企业1562户，立案查处1562户，查补合计14.65亿元，入库14.52亿元（其中企业自查入库11.26亿元），完成年度奋斗目标任务（按照2%计算）的156.13%。

创新检查方式，交叉检查成效显著。充分整合广西地税稽查系统资源，首次选择重点行业实施异地交叉检查。这次异地交叉检查共组织193户企业开展自查，企业自查税款5893.22万元，查补税款21731.52万元，合计27624.74万元。

重拳出击，打击发票违法犯罪取得新突破。一是对假发票“卖方市场”保持严打态势。2010年广西地税机关与公安机关、国税机关密切配合，共破获制售假发票和非法出售发票案件共366起，捣毁犯罪窝点115个，打掉犯罪团伙49个，收缴各类印刷机器76台，抓获犯罪嫌疑人304名，缴获各类假发票2609万份，票面合计超500亿元。二是大力打击整治“买方市场”。2010年广西地税各级稽查部门共对3558户重点行业企业进行了检查，查处593户，共查获虚假发票183298份，涉及金额9956.01万元，涉及税款1482.65万元，查补税款1188.09万元。

建立完善机制，绩效考评推动稽查工作上正轨。该局着力在建立完善工作机制、管理制度上下工夫。根据新的稽查工作规程要求，制定出台了《广西壮族自治区地税系统稽查工作绩效考评细则》，推动地税稽查工作全面走上正规化道路。

狠抓典型评比，以典型案例推进公正规范执法。2010年该局以办好典型案件、编好典型案例为切入口，加大工作力度。要求各市在依法查办涉税违法案件的基础上，对涉案问题进行深入剖析和研究，并上报精品典型案例，并编印成册在全区稽查系统内学习交流。

创新培训方式，打造稽查人才小高地。该局积极创新稽查业务培训模式，在培训的目标上努力达到“三全”，即全员，要求稽查系统一人不漏；全面，要求培训内容结合实务，重点突出，兼顾全面；全方位，要求在不同时候采取不同的培训形式，随时随地全方位培训。

稽查业务培训

交叉检查小组成员在讨论案件

与公安机关联手打击涉税违法犯罪行为

四川省国家税务局稽查局

“十一五”时期，四川省国家税务局稽查局在国家税务总局稽查局和四川省国家税务局的正确领导下，攻坚克难，奋力拼搏，圆满完成了各项工作任务，为促进全省国税事业的加快发展作出了积极贡献。

四川国税局副局长祝培洪部署稽查工作

职能作用有效发挥。“十一五”时期，四川国税系统稽查工作以整顿规范税收秩序为目标，严厉查处重大税收违法案件，认真组织税收专项检查和打击发票违法犯罪活动。共检查纳税人44588户，查补税款总额50多亿元；与公安、地税等相关部门紧密配合协作，捣毁制售假发票窝点408个，打掉职业犯罪团伙90个，查获各类假发票4157.4万份；坚持查案必查票、查账必查票、查税必查票，仅2010年，检查处理发票违法企业1669户，涉及发票40231份，查补税款7196万元。

管理改革深入推进。按照国家税务总局关于规范稽查机构，明确职能职责的要求，规范了稽查机构设置。成都、南充等6个市国税局设置了跨区稽查机构，其他市、州国税局也因地制宜，调整规范了稽查机构；积极探索实践一级稽查体制和分级分类稽查管理，整合了稽查资源，统一了执法尺度，降低了执法风险，提升了执法效能。南充、自贡等国税局加强市局稽查局和跨区稽查局之间业务工作的统筹，创新了一级稽查体制在市区的管理模式。

四川省国税稽查工作会议

稽查制度不断完善。建立完善各项稽查工作制度，对规范稽查执法行为，践行公平、公正、文明稽查，优化纳税服务，提高稽查工作质量和效率起到了重要的促进和保障作用。四川国税局先后制定印发了《四川省国税系统稽查取证业务规范》、《四川省国税系统稽查预警管理办法》、《四川省国税系统稽查风险管理手册》、《四川省国税系统优质案例评选办法》等工作制度，明确规范了稽查取证、案件预警、稽查执法风险提示、案件质量评比等工作程序、工作标准及工作要求。

工作环境持续优化。各级稽查部门自觉把稽查工作融入税收征管服务大局，注重加强内外关系协调，主动争取对稽查工作的理解、关心、支持，稽查工作的内外部环境得到了明显优化。到2010年底，全省稽查系统人均拥有计算机1台，市、州稽查局都配备了笔记本电脑、摄像机、照相机、移动硬盘、查账软件等办案设备设施，稽查办公经费和办案专项经费基本满足了工作需要。

队伍建设切实加强。坚持以人为本，德能并重原则，狠抓稽查干部的教育培训和岗位练兵，积极参与各种稽查实战锻炼。大力开展精神文明创建活动，“十一五”时期，全省稽查系统新创建文明单位35个，文明单位总数达到118个，涌现出一大批标兵模范，如“全国抗震救灾模范”原北川县国税局稽查局局长蒋海泉，8名稽查干部在抗震救灾中表现突出受到国家税务总局记功表彰，5名稽查干部被评为四川国税系统优秀共产党员，6名稽查干部荣获四川国税系统“三八红旗手”称号，60余名稽查干部获得四川国税系统第六届、第七届征管稽查能手称号，25名稽查干部获得四川国税系统稽查标兵荣誉。

四川国税稽查局局长何学信（主席台左四）指导案例分析研讨会

专案组查办“临江税案”

贵州省国家税务局稽查局

贵州国税局总经济师 付巧晨

"十一五"时期贵州国税稽查工作紧紧围绕"服务科学发展、共建和谐税收"的要求，坚持"发掘优势抓创新，科学发展促转型"的工作基调，为整顿规范税收秩序、维护公平正义的税收环境作出了积极的贡献。

服务税收工作全局，以查促收成效显著。该局始终坚持把贯彻上级决策部署、服务税收工作大局作为出发点，围绕税收中心任务开展工作。5年共组织检查纳税人13920户，查补收入28.3亿元，比"十五"（7.1亿元）翻了两番，年均增长31.48%；入库查补收入27.9亿元，占同期全省国税收入的1.64%，入库率为98%，较"十五"提高了7个百分点。特别是2009年和2010年，面对严峻的经济形势和税收收入形势，全省各级稽查部门坚决贯彻上级的工作部署，讲政治、顾大局、勇担重任、精心组织，分别实现查补收入7.44亿元和8.88亿元，为全省国税收入任务的完成作出了积极的贡献。

打击涉税违法行为，以查促治力度彰显。该局始终坚持把打击涉税违法行为、维护正常税收秩序作为治理纳税环境的重要手段常抓不懈。全省各级稽查部门上下联动，克服困难，依法稽查，成功查处了"威宁煤炭公司虚开增值税专用发票案"、六盘水"8·24"收受假发票案、贵阳"5·11"骗取出口退税案、黔西南"5·25"虚开增值税专用发票案等国家税务总局督办的重大案件。五年来，共查处偷税案件3986件，与其他部门共同查处了发票违法犯罪案件511件，查获假发票910万份，整治了税收秩序，纳税环境得到进一步优化。

基础管理不断加强，以查促查持续推进。该局始终坚持把依法行政作为做好稽查工作的基本原则，把依法治税作为立身之本，强化法治意识，增强法治观念。一是以制度建设为基础，制定了《全省稽查工作流程》、《稽查案件档案管理办法》、《举报管理分类处理意见》等制度办法。二是以稽查工作考核为重点，持续改进考核办法，形成自上而下、目标明确的考核体系。三是以信息技术为依托，将信息化手段作为提高稽查工作质量和效率的有效载体，积极探索"人机结合"的管理和检查方法。

围绕征管质量建设，以查促管成效凸显。该局始终坚持把提高税收征管水平作为发挥稽查职能作用的重要内容，正确处理和统筹协调好稽查工作与税收征管全局的关系。通过强化管理措施，税收秩序明显好转，纳税遵从明显提高，行业管理进一步完善，稽查促管作用得到充分体现。

加强稽查队伍建设，以查促学常抓不懈。该局始终坚持把加强稽查队伍建设、提高稽查人员综合素质和能力作为做好稽查工作的基本保障，强化组织培训、有效配置资源。5年共组织稽查综合业务、法律知识、会计知识、技术性稽查等实用知识培训19期，有效提升了稽查人员的能力素质，并有许多优秀稽查干部走上各级领导岗位，3名同志先后被评为"贵州省十大青年卫士"，37名稽查干部取得"三师"资格，一批稽查局获得"文明单位"等集体表彰。

贵州省国税稽查工作会议

云南省地方税务局稽查局

2010年，云南省地方税务局稽查局在国家税务总局稽查局的指导下，在云南省地方税务局党组的正确领导和各州、市、县地税局党组的亲自带领下，全省各级稽查部门把深入贯彻落实科学发展观与抓好稽查各项工作任务紧密结合起来，以科学发展为主题，加强党的创新理论和政策法规学习，坚持以查促管、以查促收、以查促查的稽查工作原则，突出税收检查和整顿规范税收秩序两个重点，促进队伍建设、稽查业务建设和制度建设的工作思路，加强协调配合，完善工作措施，在服从服务于税收中心工作中出色地完成了各项工作任务。

云南地税稽查局向国家税务总局稽查局调研组汇报云南省稽查工作情况

对查处的玉溪“3·28”特大制售假发票案件100余万份假发票进行分类统计

2010年全省各级稽查部门查办案件累计查结3740户，共计查补收入13.11亿元，累计入库12.82亿元，取得新的历史性突破。通过一级抓一级、层层抓落实的责任管理机制，全省稽查查处率、选案准确率、入库率、结案率分别达到2.02%、100%、97.79%、100%，均超过考核要求。其中，国家税务总局督办的“12·28”、“4·16”专案已结案，“4·16”专案受到了国家税务总局的表彰通报。

云南地税局领导与云南地税稽查局全体干部合影

该局深入开展打击发票违法犯罪“两个市场”工作，与公安、国税、财政、监察、审计等12个部门联合开展了全省整治虚假发票“买方市场”专项行动，认真组织房地产及建筑安装、交通运输两个重点行业及行政事业单位发票专项检查和重点区域发票专项整治，共查处违法企业1105户，查处非法发票200余万份，查补收入713万余元，各项指标均超过近3年总和，成功查处“3·28”、“9·02”和“4·14”特大制售和贩卖假发票案件，配合公安机关打击发票“卖方市场”，查获假发票940余万份，形成了打击工作同步推进的工作格局，其做法得到了国家税务总局稽查局的肯定。

该局始终把稽查队伍、查账手段和档案资料、工作痕迹等工作，作为稽查全面建设和内部管理一项基础性、长期性的工作来抓，扎实开展了以新的《税务稽查工作规程》和《奇星查账软件》为重点内容的稽查业务培训，人员参训率达95%，自筹经费180多万元推广使用查账软件160套，提高了干部的综合素质和业务水平，为稽查全面发展上台阶奠定了坚实的基础。

西藏自治区国家税务局稽查局

西藏自治区国家税务局稽查局于1997年11月成立，现全区共设8个稽查机构，共有稽查人员80人，占全区税务干部总数6%，具有大学本科以上学历的占96%。“十一五”期间，该局不负各级领导的关心和厚望，充分发扬“特别能吃苦、特别能战斗、特别能忍耐、特别能团结、特别能奉献”的老西藏精神，认真地创造了属于自己的辉煌。

西藏国税稽查局局长　达娃云丹

创新工作方式方法，加大税务稽查力度。“十一五”期间，全区各级税务稽查部门共检查纳税户1157户，查出有问题的纳税户834户，结案户数834户，查补税款、罚款及滞纳金33264万元，占西藏国税稽查部门成立以来实现稽查总收入的56%。

深入开展税收专项检查工作。按照“促规范、保收入”的工作要求，认真落实国家税务总局工作部署，在全区税收专项检查工作中共检查纳税户2213户，发现有问题户数931户，查补各项收入24277万元。

严厉打击制售假发票和非法代开发票活动。积极加强与公安部门的配合，充分发挥税务稽查的打击职能，2008～2010年，全区税务部门共查处发票有问题户数919户，涉及违规发票9426份，查补税款、罚款及滞纳金610万元。特别是2009年，与公安联合行动查处“2•14”虚开增值税专用发票案件和全区首起制售假发票“9•05”案件，涉案发票1601份，查获交通运输假发票1455份，查补收入217万元，抓获犯罪嫌疑人10人，检察机关起诉3人。

稽查队伍素质得到全面提高。牢固树立“以人为本”的理念，着力提高稽查人员的综合素质和稽查执法能力。一是深入学习党的十七大和全区党员领导干部会议内容，深化对科学发展观内涵的理解，增强自身的党性修养；二是高度重视廉政建设工作，把廉政建设与稽查检查工作紧密结合起来，树立以廉为荣、以贪为耻的廉洁从税良好风尚；三是加强业务培训，提高业务水平，开展多层次、多形式的学习培训和岗位练兵，营造良好的学习氛围。

不断完善稽查制度建设和内部管理。“十一五”期间，该局根据工作需要，着重加强了稽查制度建设工作，相继出台了《西藏自治区国家税务局稽查局突发事件应急实施方案》、《西藏自治区稽查案件复查办法(暂行)》、《西藏自治区国家税务局税务案件移送管理办法》等，并与公安部门联合出台了《西藏自治区公安经侦和税务稽查部门联络协作工作办法》。通过建立和完善稽查工作各项制度，增强了稽查与内外部有关职能部门的衔接与配合，促进了公正执法和文明办案。

召开日常稽查工作会议

打击发票违法犯罪活动宣传

甘肃省国家税务局稽查局

“十一五”期间，甘肃省国家税务局稽查局坚持科学发展观，大力弘扬以“敬业、效率、荣誉”为核心的甘肃国税精神，围绕税收中心工作，突出稽查职能履行，各项工作在务实创新中规范提高。

2010年6月4日，在全省深入推进打击发票违法犯罪活动工作会议上，甘肃国税局党组成员、副局长梁云才（左二）发言

稽查查补收入大幅增长。“十一五”时期，该局稽查查补收入从2006年的0.93亿元上升到2010年的5.87亿元，增长5.31倍。五年间全省共检查纳税人29891户（次），查办各类税收违法案件15650件，查补收入15.1亿元。

整顿和规范税收秩序取得新成效。该局依法加大偷骗税和虚开增值税专用发票案件查处力度，共向公安部门移送涉税案件75件，配合公安机关抓获犯罪嫌疑人46人；组织对全省29个行业11875户（次）纳税人及1162户（次）省、市级重点税源企业开展税收专项检查，查补收入9.13亿元；参加了国家税务总局部署的“利剑二号”专案和甘肃省纪委主办的涉税案等大要案检查；切实履行全省打击发票违法犯罪活动工作协调小组办公室工作职责和对各市（州）协调小组办公室的工作指导，共查处各类假发票1406万份，打掉作案团伙31个，捣毁犯罪窝点49个。

稽查执法质量和效率明显提升。该局要求各级稽查部门把选案准确率作为提高稽查效率的核心环节来抓，选案准确率由2006年的37.6%上升到2010年的96.14%；坚持实行查前预告制，广泛动员企业开展自查自纠，全省组织企业自查补税6.44亿元；坚持实行重大案件集体审理，依法加大检查和执行力度，全省结案率和入库率分别达98%和99%以上；坚持落实稽查案件回访制度和案件复查办法，加强执法监督。

稽查机制和工作方式不断创新。全面实施分级分类稽查管理办法，加大省和市（州）稽查局直接

召开全省国税稽查工作会议，安排部署稽查工作（左起：甘肃国税稽查局副局长房全喜，甘肃国税局党组成员、副局长梁云才，甘肃国税稽查局局长李楫，甘肃国税稽查局副局长徐长瑛）

检查力度；指导全省加大电子稽查培训力度和应用水平；充分发挥金税协查在稽查选案和案件查处中的作用；部门互动协作机制日趋完善；建立内控机制，加强考核激励。

干部队伍建设进一步加强。倡导干部树立终

甘肃省公安厅向甘肃国税局送来锦旗，感谢国税部门多年来在加强税警协作维护财税秩序方面所做的贡献

身学习理念，鼓励干部在岗自学；开展创先争优活动，加强党风廉政建设和精神文明建设，增强干部廉洁从政意识。全省国税稽查部门先后有8个单位和11名个人受到国家税务总局、甘肃省政府和省纪委的表彰奖励，甘肃国税稽查局多次被评选为“先进党支部”、“先进集体”，先后荣获“全省巾帼文明岗”、“全国巾帼文明岗”称号。

青海省地方税务局稽查局

青海地税稽查局局长　孙庆禄

青海省地方税务局稽查局在国家税务总局稽查局和青海省地方税务局党组的正确领导下，深入学习实践科学发展观，狠抓稽查执法，加强队伍建设，强化系统管理，“十一五”期间，累计检查2055户，查补总额4.06亿元，为实现青海地税事业的新发展付出了辛勤的努力，取得了来之不易的成绩。

重大案件的查处力度进一步加强，打击发票违法犯罪活动工作成效显著

“十一五”期间，青海省各级稽查部门采取有效措施，提高大要案件查处质量和效率，立案查处涉税违法案件1033件，查补收入1.97亿元；在公安机关及各成员单位紧密合作下，联合查办发票违法犯罪案件6起，打掉犯罪团伙5个，抓获犯罪嫌疑人17人；共检查各类发票案件105起，追缴税款、滞纳金、罚款共计1737.1万元，收缴问题发票37056份；西宁市地税局稽查局荣获“全国打击发票违法犯罪活动先进单位”荣誉称号，稽查干部高庆忠荣获“全国打击发票违法犯罪活动先进个人”荣誉称号。

税收专项检查和重点税源检查力度不断提升

“十一五”期间，青海省各级稽查部门在完成国家税务总局指令性检查项目的基础上，结合本地区产业重点及企业情况，有针对性地选择指导性检查项目开展专项检查，共组织专项检查纳税户1602户，查补收入19524.81万元。

稽查干部队伍素质全面提高

“十一五”期间，在国家税务总局“智力援西”项目的支持下，累计选派了350多人（次）稽查干部参加各类岗位技能培训，择优选拔了15名稽查干部为省级稽查人才库人员，10名稽查干部进入全国稽查人才库，10名稽查干部通过考试被青海地税局授予“稽查能手”称号。

稽查制度建设日趋完善，党风廉政建设和纠风工作扎实有效

该局统筹兼顾各项工作需求，在归类完善现有稽查工作制度的基础上，制定了《打击发票违法犯罪活动长效机制》、《青海省地方税务局稽查人员廉洁自律暂行规定》等多项制度，不断规范稽查管理工作。为了充分发挥税务稽查内部监督制约作用，建立和完善廉政执法的长效机制，有效地避免了自由裁量权使用不当、执法随意性和办人情案等不良现象的发生。

青海省稽查工作汇报会

青海省地税系统稽查业务技能竞赛

宁夏回族自治区国家税务局稽查局

宁夏回族自治区国家税务局稽查局现有正式干部31人，平均年龄36岁，党员占93%。除负责全区国税系统稽查管理外，还承担纳税额在500万元以上重点税源企业、宁东能源化工基地国税局管辖企业以及其他重大涉税违法案件的税务稽查工作。

宁夏国税局分管稽查工作的领导深入企业调研

“十一五”期间，宁夏国税各级稽查部门紧紧围绕税收中心工作，突出查处涉税违法案件，充分发挥稽查以查促查、以查促管、以查促收的职能作用。五年来累计检查纳税人5969户，查补收入10.5亿元，入库9.93亿元，为“十五”期间的3.7倍，2009年以来，查补收入连续两年迈上3亿元新台阶，实现了稽查工作的跨越式发展。

科学部署宁夏国税稽查工作

整顿规范职能充分发挥。开展了对房地产、建筑安装等29个行业的税收专项检查，检查纳税人3364户（次），查补收入4.09亿元；持续开展打击发票违法犯罪活动，成功侦破“7·26”、河南周口等900多起发票违法案件，抓获犯罪嫌疑人130人，收缴假发票近800万份，查补收入1.1亿元；开展了废旧物资经销、煤炭经销等行业的专项整治，查补收入近亿元。

涉税案件查处成效显著。积极创新稽查手段，研究稽查方法，总结发案规律，探索大案要案查办经验。共查处查补收入10万元以上案件1152起，100万元以上案件149起、千万元以上案件5起，成功查处了“12·26”、蓝泉工贸、红梁煤业、鑫远、“12·21”等一批重大涉税违法案件，有力打击和震慑了涉税违法行为。

科学管理水平不断提升。在全区国税各级稽查部门大力开展“抓好五个规范、搞好五个创新、实现五项目标”和“稽查规范年”等活动，制定了30多项业务管理制度，组织编写了工业企业、商业企业等22个行业的检查提示，编印了40多万字的《税务稽查工作规范》，形成覆盖区、市、县三级和稽查工作各环节的规范操作手册。

稽查信息化建设深入推进。积极组织开发稽查辅助平台，建立集通告发布、稽查信息库、稽查案源库、稽查案例库、政策法规库、稽查综合分析、报表总结等功能完备的信息管理平台；组织信息化管理企业税收检查实地示范培训，大力推广应用稽查查账软件，提高了稽查信息化应用水平。

推行稽查局领导带队下户查账制度

开展“重走红军长征路，争当税收忠诚卫士”主题实践活动

新疆维吾尔自治区国家税务局稽查局

国家税务总局局长肖捷参观乌鲁木齐市打击假发票成果展览

新疆国税稽查局党支部开展党日活动

哈密地区税警联合查处特大非法制售假发票案

2010年，新疆各级国税稽查部门始终坚持服从、服务于税收中心工作，突出整顿和规范税收秩序的工作目标，依法查处税收违法案件，认真开展税收专项检查和税收专项整治工作，严厉打击发票违法犯罪行为，充分发挥税务稽查以查促查、以查促管、以查促收和以查促改的职能作用。

新疆国税局总会计师　李恒

该局全年共查补收入5.19亿元，实际入库4.98亿元。其中，稽查部门检查企业1840户，查结1711户，查补税款3.50亿元，入库3.40亿元；组织企业自查1430户，查补税款1.69亿元，入库1.58亿元。平均选案准确率98.75%，入库率96.00%，结案率94.43%。

该局查处涉税金额百万元以上的重大案件40起，查补收入7610万元。其中查处税款在1000万元以上的案件有4起，查处虚开发票金额在1000万元以上的案件有9起，涉及开票企业12户。

该局大力开展房地产及建筑安装业、药品经销业、交通运输业、非居民企业、重点税源企业、航空公司、油气田企业等行业（企业）税收专项检查，初查收入3.78亿元，已入库2.10亿元。其中，稽查部门检查企业2157户，发现有问题企业1359户，移送司法机关5户，初查收入3.04亿元，入库1.51亿元；组织企业自查4822户，应补缴税款7397万元，已入库5936万元。开展区域税收专项整治工作，确定库尔勒市为重点整治区域。全区有7个地（州）开展专项整治工作，稽查部门检查621户，组织企业自查734户，查补税收入4459万元，入库3355万元。

该局充分发挥国税稽查部门打击发票违法犯罪活动工作协调小组办公室的职能作用，组织、联合相关部门共查处各类假发票案件928起，查获各类发票698万份。其中，制售假发票633万份，非法出售发票63万份，非法代开发票1万份，非法取得发票2万份。收缴电脑、打印机、手机等作案设备296台，缴获各类发票印章7624枚，捣毁窝点106个，打掉团伙35个。公安机关立案96起，抓获犯罪嫌疑人224人。同时，加强管理部门日常检查中的发票检查，共检查纳税人21358户，检查发票114万份，查出有问题纳税人2213户，涉及有问题发票4万份。查补收入合计5435万元。

新疆国税稽查工作会议

南京市国家税务局稽查局

南京国税稽查局局长朱安海走访被查企业

南京市2009年度发票违法案件通报会

2010年，江苏省南京市国家税务局稽查局以“科学管理”贯穿全年稽查工作，建立健全与一级稽查相匹配的稽查工作机制，全面完成了上级部门下达的稽查查补任务，为南京国税和谐发展作出了贡献。

稽查查补收入稳中有升。2010年，该局检查各类纳税户2880户，查补收入74404万元，与2009年同期相比，增幅达32.1%。查处大要案件50件：1000万元以上的案件8件；100万～1000万元案件29件；50万～100万元案件13件。为进一步规范税收秩序，提高纳税遵从度作出了贡献。

“深入行动　百日决战”整治发票买方市场动员会

进一步实行案件查处规范化管理。该局编发《税务违法行为取证要求及处理适用依据索引》一书，梳理出233种税务违法行为，对案件取证规范及适用依据进行了明确；落实审理提前介入机制，加强对重大案件的指导，确保案件取证工作一步到位；落实陈述申辩制度，维护纳税人知情权、陈述权、申辩权，全年共组织了9场税务稽查案件陈述申辩会；成立稽查选案、案件检查、财务会计、涉税法律稽查信息化建设等5个专家组，负责对工作中遇到难题进行分析、答疑解惑。

举办“阳光执法　服务同行”签名接力活动

积极推进内控机制建设。梳理岗责体系，组织稽查业务流程可行性评估会，认真查找风险点和风险等级，确定74项稽查执法权力控制事项，制定和完善相关监控措施，提高应对稽查执法风险的能力。

“阳光税线”服务品牌创建。积极打造、深化稽查服务品牌——“阳光税线”，通过对“阳光税线”内涵的保障线、公平线、服务线、清廉线的大力宣传，将稽查人员的行为规范融入到日常的执法工作和服务中去，让广大纳税人对稽查工作有全方位的认识。

多年来，南京市国税局稽查局始终保持执法环节“零过错”、党风廉政“零举报”、税收服务“零投诉”，赢得了广大纳税人及社会各界的赞誉。2010年，该局荣膺“法治南京建设示范单位”、“南京市争创无职务犯罪示范单位”、“南京市文明单位”等多项殊荣，多人在打击发票违法犯罪和重大案件查处中，受到国家税务总局、江苏省国家税务局和南京市国家税务局的嘉奖表彰。

举办“阳光税线”牵手女童爱心慰问活动

武汉市地方税务局稽查局

2010年，武汉市地方税务局稽查局坚持“三型三化”建设和“五税”战略目标，以“治内治权”为职能要求，以稽查质效考核为抓手，积极探索稽查理念和制度创新，深入推进稽查规范化管理，认真开展专项检查和专案稽查，严厉打击发票违法犯罪活动，全年取得良好的社会效应和经济效应。

武汉市地税稽查局局长　徐海林

武汉市地税稽查局领导和稽查干部分析案情

该局组织全市地税稽查部门开展约谈自查1821户，累计检查498户，自查、查补税费共计12.75亿元，入库税款11.15亿元。并按照“打窝点、挖线索、查买方”的工作思路，查出并收缴违法发票3088份，涉及发票金额6455万余元，查补税费1212万余元。2010年4月，被国家税务总局表彰为“全国打击发票违法犯罪活动工作成绩突出单位”。

该局强化内部规范管理，制定了《武汉市地方税务局稽查局税务稽查工作管理办法》和《武汉市地方税务局稽查局岗位职责体系》两个纲领性文件及一系列配套制度，研发和推广稽查管理软件运用，积极推行稽查绩效管理，建立起较为完善的规范化管理体系。2010年10月18日，《中国税务报》刊发《寻找标准，让稽查有据可依》，对武汉市地税局稽查局工作进行全面报道。

该局积极开展全员素质达标培训考试工作，编撰了《房地产业专项检查工作手册》、《武汉市地方税务局稽查管理系统操作手册》、《稽查工作规程培训手册》等培训资料，大力开展查前业务培训，组织开展了房地产、中介机构查前培训；认真开展党风廉政建设，建立健全《稽查人员执法与廉政情况反馈表管理试行办法》，认真查找廉政风险点、严格落实“一书一表”和查后回访等制度，加强对全局稽查案件查处的工作流程、案件时限和处罚权限等监督，做到稽查事前、事中、事后全过程监督。

召开全市地税稽查局局长会议

北京市地方税务局第二稽查局

北京市地方税务局第二稽查局负责北京市区域范围内外商投资企业、外国企业和个人税务检查工作，以及本市涉税大要案及市地税局交办案件的查处工作。全局共有干部职工117名，其中硕士研究生5人，本科生95人。

北京地税局督导组到北京地税第二稽查局开展政风行风检查

发挥稽查职能作用，稽查办案工作取得较好成绩。2010年，该局共查办案件251件，查补税款、滞纳金、罚款合计2.64亿元，查处千万元以上大案5件，定性为偷税案件13件，移送司法机关案件1件，有力震慑了涉税违法行为。

重大案件审理委员会审理案件

深入开展“做国家利益的忠诚卫士”反腐倡廉专题教育活动，思想建设和作风建设得到加强。2010年该局深入贯彻落实科学发展观，自觉强化“五种意识”，以“五抓”为重点，以“双十六字”为要求，深入开展专题教育活动，有效推动了税务稽查中心工作，各级领导和广大干部的思想认识显著提高。

优化业务流程，科学化、规范化、专业化、精细化水平不断提升。该局成立税收业务流程推广工作领导小组，认真开展优化业务流程工作，修订了《重大案件审议会制度》等十余项业务制度，完善了SOP（“税务稽查执法程序关键点控制”软件）运行管理，健全了《考核管理办法》，建立了《特约监察员工作办法》，并升级改造了“第二稽查局综合办公平台”，确保信息传递顺畅，行政管理效能得到提升。结合该局建局十周年，编印了《税务稽查案例2》一书，总结回顾稽查工作成果。

落实“双十六字”工作要求，队伍建设得到全面加强。该局发挥基层党组织的战斗堡垒作用和党员的先锋模范作用，以“爱岗敬业、忠于职守、依法行政、以德服人”的要求，狠抓班子建设，以“爱岗敬业、忠于职守、廉洁奉公、顾全大局”的要求，狠抓干部队伍建设。广大纳税人对该局稽查工作、检查工作、服务态度和廉洁自律等给予了充分肯定。

由社会特约监察员主持召开的纳税人座谈会，真诚接受纳税人提出的意见建议

深入开展“做国家利益的忠诚卫士”反腐倡廉专题教育活动

天津市国家税务局第一稽查局

与时俱进的天津国税第一稽查局领导班子

天津市国家税务局第一稽查局组建于2009年6月，承担着天津市经济技术开发区、保税区、滨海高新技术产业开发区国家税务局和海洋石油税务分局所辖19000余户纳税人的税务稽查工作，这是一级稽查模式在天津国税系统的首次尝试。全局现有稽查干部40人，其中37人具有大学本科以上学历。

建局以来，在天津市国家税务局党组的正确领导和天津市国家税务局稽查局的业务指导下，第一稽查局将科学创新摆在突出位置，在稽查思路、机制、方法、手段、成果运用等方面进行了一系列的探索实践。2010年共检查各类纳税人637户，查补收入3.46亿元。一线稽查干部人均稽查收入达到1529万元。各项稽查指标均达到国家税务总局和天津市国家税务局的要求，主要指标在全市国税系统名列前茅。

不断创新稽查工作思路，规范稽查执法行为。该局以新《稽查工作规程》和全市岗位职责调整为契机，规范稽查岗责体系，完善业务流程；以税收专项检查为载体，针对辖区内大型企业和超大型企业众多，会计电算化水平高的状况，充分利用现代化手段，大力推行电子查账软件的应用，逐步探索审计式检查模式；以考核机制为助力，推行《稽查目标执行责任考核监督办法》，大力提升稽查工作质效。

认真落实税收分析、纳税评估、征收管理、税务稽查“四位一体”良性互动机制。该局联合辖区内征管部门，共同制定了《征管、稽查工作衔接制度》，对查前、查中和查后环节征管和稽查联动机制进行逐步规范，形成典型案例评析、稽查建议反馈、查补情况通报等信息交流机制。

2010年税收专项检查推动会

上海市国家(地方)税务局第六稽查局

上海市国家（地方）税务局第六稽查局隶属于上海市国家税务局、上海市地方税务局，机构设置为9个科室、7个所，在职人员160人，其中一线稽查人员108人，工作职责主要负责徐汇、虹口、闸北3个区的税务稽查工作。

“世博会”期间上海市国家(地方)税务局局长顾炬慰问稽查六局在地铁口值班的同志

2010年，该局共实施各类稽查596户，查补税款、滞纳金、罚款总额约2.61亿元，圆满完成了国家税务总局下达的“1•14”、“2•06”、“7•05”、“黄金税案”等大要案和“世博会”接待任务，被评为2010年上海市税务系统行政信用A等单位。

积极探索建立“四型稽查模式”

在选案方面，试点推出“条块结合型稽查”，采取自主选案、先行检查和票税并查方式，辅以计算机分析选案，实现专项检查总量平衡、举报案件滚动平衡、协查等日常检查调剂平衡，科学管理稽查案源。

稽查六局局长谢惠康看望离休干部吴汝青

在稽查方面，巩固完善“规范执法型稽查”，用好税收政策汇编、违法事实依据、稽查典型案例和税务稽查软件“四法宝”，搭建政策沟通会和证据分析会“两平台”，案件审理严把“政策、程序、证据”三关，依法稽查营造公平纳税环境。

在执行方面，严格实施“跟踪管理型稽查”，通过分段下达任务、审理关口前移，业务沟通例会和“以查促管”机制等有效措施，形成上下联动、内外互动的良性沟通机制。

上海市国家(地方)税务局领导张永祥参加2010年稽查六局务虚会

在队伍建设方面，全力打造“执法服务型稽查”，加强业务型、复合型人才培养，通过需求培训和业务考试，以学促政；实行“查前程序告知、查中政策公开、查后意见征询”的稽查服务模式和“借日常检查送政策、借调研回访送咨询、借稽查平台送服务”的“三借三送”税宣平台，做到检查一户、宣传一户，以勤廉促政，主动真诚服务企业。

温州市国家税务局稽查局

“十一五”期间，浙江省温州市国家税务局稽查局以整顿和规范税收秩序为主线，各项稽查工作都取得了新的成绩，全市共检查9527户，查补总额13.67亿元，入库总额14.29亿元。

2011年温州市国税稽查工作座谈会

大要案检查取得重大突破

“十一五”期间，该局共查处偷税金额在百万元以上大案70件，在浙江省，乃至全国引起了一定的影响。其中“2·23”专案，涉及企业672户，增值税专用发票2825份，销售金额13.02亿元，税额2.21亿元，使该案成为全国当时最大的单户企业虚开增值税专用发票案。

加强专项检查

“十一五”期间，该局实施专项检查共计41项，针对重点行业、税案多发行业进行了“地毯式”检查，极大地增强了税务稽查的威慑力，使纳税人能够自觉自发地遵守税法相关规定，做到依法诚信纳税。

做好金税协查工作

“十一五”期间，该局以提高金税工程协查系统的运行质量、拓展协查功能为重点，认真做好金税协查工作，顺利完成协查任务，确保回复率达到100%。

整治发票违法犯罪活动

“十一五”期间，该局鼓励举报发票犯罪线索，设立举报奖励及打假专项经费，严厉打击制售假发票和非法代开发票犯罪活动，并成功破获一系列重大制假案件，多次受到国家税务总局和浙江省国家税务局的表彰。

稽查业务知识考试

推进稽查队伍建设

“十一五”期间，该局大力推进队伍建设，广泛开展职业道德教育，进一步增强稽查干部的服务意识和自律意识，促进依法稽查、文明执法，营造和谐的征纳关系。

拉萨市国家税务局稽查局

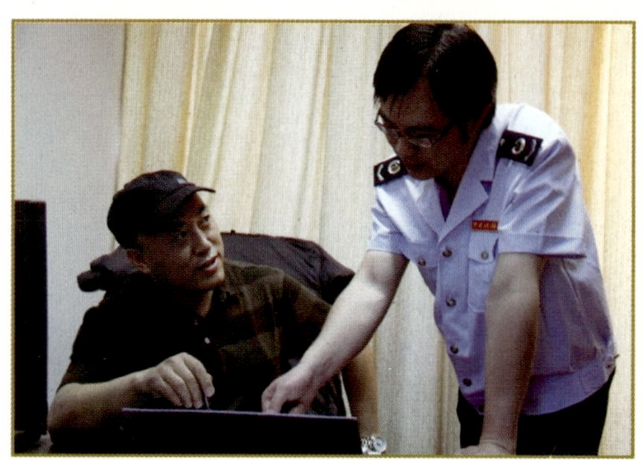
稽查案件探讨

开展稽查业务工作

针对业务问题与纳税人交流

在有“日光城”之称的西藏自治区首府拉萨，活跃着一支既年轻朝气又富有开拓进取精神的国税稽查队伍——拉萨市国家税务局稽查局。他们为拉萨市税收环境的正义与公平挥洒着自己的青春和热血，为高原市场经济保驾护航。该局有16名藏族干部和9名汉族干部，平均年龄33岁，全部具有大专以上文凭，其中共产党员11名，占总人数的44%。

多年来，该局在不断推进依法治税的基础上，锐意改革创新，狠抓内部管理，努力提高素质，不断探索和完善稽查体制以适应新形势下税务稽查工作的新要求，在整顿和规范拉萨市税收秩序方面作出了自己应有的贡献。该局多次被拉萨市政府、西藏国税局和拉萨市国税局等上级部门授予“先进集体”、“先进单位”、“文明单位”、“精神文明示范点”等荣誉称号，2005～2007年连续三年荣获“全区稽查工作目标考核一等奖”。2006年被西藏自治区团委命名为“自治区级青年文明号”单位。

近年来，拉萨市国税稽查局以科学发展观作为工作理念，认真规范内部管理。制定和完善各项稽查工作制度，实施科学化、精细化管理，夯实稽查工作基础，不断加强稽查职业道德和能力建设，坚持对案件进行集体会审制度，定期针对检查完毕的案件召开审理会议，集体讨论分析涉税案件的定案事实、证据、税款计算，运用法律和补税罚款依据等原则对案件进行会审，杜绝个人主观片面性，做到案件清楚、定性准确、处理恰当。2006～2010年该局累计查补各项税收收入19000余万元，有力地维护了国家税收秩序。为营造良好公平税收环境，促进拉萨经济持续健康发展作出了应有的贡献！

稽查人员对案件进行讨论

乌鲁木齐市国家税务局稽查局

2011年，乌鲁木齐市国家税务局稽查局认真贯彻落实新疆维吾尔自治区国家税务局和乌鲁木齐市国家税务局对税务稽查工作要求和各项部署，深入开展整顿和规范税收秩序工作，集中力量开展税收专项检查，狠抓大要案查处，严厉打击涉税违法犯罪活动，为进一步优化乌鲁木齐市税收环境作出了积极贡献。

整顿和规范税收秩序。2011年，乌鲁木齐市国家税务局稽查局大力推进依法治税，在专项检查、打击假发票违法犯罪活动、重大涉税违法案件等方面取得了显著成效。截至2011年年末，该局立案287户，查补款项合计3.91亿元；以资本交易项目、房地产和金融行业为检查重点行业，资本交易项目查补税款近2亿元，受到区局及市局领导的肯定；对制售假发票违法犯罪行为进行打击，重点打击"买方市场"，同时加强与公安、地税、电信等部门协作，整治违法短信，借助各类媒体，宣传发票知识并曝光案件。

大要案查处。2011年，大要案查处成效显著，年内查结百万元以上案件22起，涉及税款2.48亿元，有力地打击和震慑了涉税违法犯罪分子的嚣张气焰。

税务违法案件举报。2011年，认真落实举报案件管理规定，注重举报案件查处，严格保密制度。年内共受理各类举报线索88起，查补款项总额2008.66万元，入库率达到93.37%。

稽查现代化建设。2011年，该局充分发挥稽查查账软件的作用，扩大稽查软件应用范围。强化对举报案件管理软件系统的使用，对各类税收违法举报案件从立案、查处到结案全过程在稽查系统内部实现信息化管理。充分应用现代信息技术强化对稽查案件的控管和督办，实时监控案件"四环节"的运转情况。依托税收执法管理信息系统，监控稽查各环节执法行为，取得了较好的成效。

干部队伍建设。2011年，该局班子成员积极转观念理思路，在工作创新上下工夫，注重人性化管理，加强与干部的沟通和交流。本着公开、平等、竞争、择优的原则，开展了股级干部竞争上岗和人员双聘工作。依托党、团、工、妇组织建设，发挥职能，开展形式多样的文体活动。

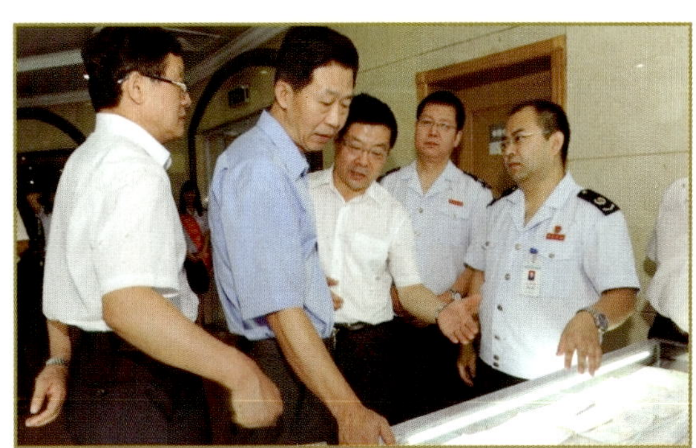

国家税务总局局长肖捷一行在新疆国税局局长佟伟、地税局局长弯海川、乌鲁木齐市国税局局长方健超的陪同下，来到乌鲁木齐市国税局稽查局参观了乌鲁木齐市打击假发票成果展，听取了乌鲁木齐市国税局稽查局局长罗志伟关于打击假发票工作情况的汇报，并对取得的成果给予了高度肯定

乌鲁木齐市国家税务局、地方税务局联合召开新闻发布会，曝光重大税务违法案件

稽查业务培训。2011年，该局以干部能力建设为主线，首次尝试干部分类培训。以确保培训实效为着眼点，以"双试点"为契机，结合审计型试点工作和调研式检查工作，拓展岗位练兵。同时引导干部利用多种方式加强学习培训，确保培训实效。全局共有29名干部取得"三师"（注册税务师、注册会计师、律师）资格，占全局总人数的24%。

专项检查

税收宣传

税务稽查人员在企业查税

福建省地方税务局稽查局

2010年，福建省地方税务局稽查局认真贯彻落实科学发展观，紧紧围绕税收中心工作，强化稽查职能作用，以整顿和规范税收秩序为目标，以提升稽查执法水平为主线，以查处税收违法案件为重点，以规范稽查管理为抓手，各项工作卓有成效，为完成“十一五”规划、促进地税事业发展作出积极贡献。

2010年该局共组织稽查收入12.8亿元，超额完成国家税务总局提出的稽查收入占税收收入1.5%的目标任务。与2009年同期相比，选案率102.94%，增长6.47个百分点；结案率93.15%，增长0.89个百分点；处罚率19.17%，提高7.2个百分点；入库率103.31%，增长16.89个百分点。

2010年福建省税收专项检查专题汇报会

开展打击发票违法犯罪活动取得历史性突破。该局配合公安机关破获发票犯罪案件319起，打掉犯罪团伙29个，捣毁各类犯罪窝点137个，缴获各种假发票2175.8万份，可开具票面金额1450多亿元。

完善落实工作制度，强化系统规范管理。坚持工作通报制度、稽查建议制度、案例分析会制度等，加强信息安全保密工作，提高信息化运用水平；加强业务学习培训和稽查人才库骨干培养，保持稽查队伍整体战斗力；强化内外部监督制约，控制和化解稽查执法风险；积极开展创先争优活动，引导全体稽查干部投身到稽查工作中。

大连市国家税务局稽查局

大连国税局局长丁永安在2010年全市国税稽查工作会议上讲话

大连市国家税务局稽查局紧紧围绕税收中心工作，开拓进取，与时俱进，致力于全市税收秩序的整顿和规范，在加大执法力度、提高执法水平、规范执法行为的同时，突出思路创新，优化业务流程，注重建立健全内部监督制约机制，强化税收信息建设和系统管理，完善和改进稽查手段，拓宽能力建设途径，努力建设一支高效、廉洁、文明的国税稽查队伍，把税务稽查当做促进税收征管、树立国税形象的一项重要工作来抓，为全面完成大连市各项税收任务作出了积极贡献，并在工作中取得了骄人的战绩。

“十一五”时期共计检查各类纳税人29597户，有问题户数14585户，罚款6214户，查获收入164239万元。其中，查补税额137264万元，滞纳金13173万元，罚款13802万元。

2010年大连市国税稽查工作会议

主席台左起大连国税局副局长王义平、大连国税局局长丁永安、大连国税局副局长徐成义、大连国税稽查局局长宋承彦

厦门市国家税务局稽查局

2010年，厦门市国家税务局稽查局认真贯彻全国税务稽查工作会议和福建国税工作会议精神，坚持“服务科学发展、共建和谐税收”主题，围绕组织税收收入中心工作，狠抓重点税源检查和大要案件查处，落实税收专项检查和专项整治工作，深入开展打击发票违法犯罪活动，顺利地完成了全年各项稽查工作任务。累计检查企业188户，其中有问题企业151户，结案144户。组织企业自查658户，查补税款、罚款、滞纳金合计38209万元，同比增长22.62%，实际入库39228万元，同比增长27.15%。

团结奋进的厦门国税稽查局领导班子

在抓好税收中心工作的同时，该局着力加强党风廉政建设、干部队伍建设、制度建设和精神文明建设，文明创建成果得到进一步巩固，干部素质不断提高。2010年10月，该局被授予2008～2009年度厦门市“文明单位标兵”和“军民共建先进单位”的荣誉称号。

厦门市打击发票违法犯罪活动工作会议

葫芦岛市国家税务局稽查局

2010年10月，葫芦岛市国家税务局实行一级稽查体制，撤销县（市）稽查局组建跨区稽查局，目前，全地区设立1个市局稽查局和3个专业稽查局，共有稽查人员187人，平均年龄42.91岁，全部为大专以上学历。

与时俱进的葫芦岛市国税稽查局领导班子

葫芦岛市国家税务局稽查局负责全市稽查工作的组织、协调、指导、监督和实施，内设办公室、综合科、审理科、执行科和3个检查科以及税警协作办公室。

近年来，全市国税稽查部门在以“守责、法治、创新、学习、协作”为核心内涵的现代稽查理念引领下，全面实施税收分类检查，实现了“集中选案、分类检查、分级审理、刚性执行”的稽查运行机制，稽查执法效能大幅提升，现代税务稽查初具雏形；2010年共实施稽查106户，发现有问题户106户，查补总额2158万元，选案准确率、案件结案率、查补入库率均为100%；查处偷税案件82件，偷税案件率77%，偷税处罚率85%；该局荣立集体二等功一次，2007～2010年连续四年获得“全省国税系统稽查质效考评第一名”。

研究案情

宁波市国家税务局第三稽查局

宁波市国家税务局第三稽查局是宁波国税系统进行稽查体制改革设立的首个跨区的市局直属稽查局，于2008年12月正式设立，负责整个北仑区域32000余户纳税人的国税稽查工作。

一级稽查模式赋予了第三稽查局更加高效的工作平台，但客观上也因机构职能的丰富与人力资源局限造成一线稽查人员较体制改革前减少了近1/3。如何通过管理挖潜消除稽查资源的数量局限，是该局领导班子时常挂在心上的问题。

该局提出了在稽查工作中运用“嵌入式系统”管理法，以稽查为核心构建管理系统性，以流程为基础做快做准信息流，以业务为依托同步预防和教育，以队伍为根本融人文聚人心。

在主辅查制度中嵌入“辅查问案制”，主要是解决双人上岗的问题；在大要案管理中嵌入“大要案即时报告制”，主要是解决稽查信息滞后、灭失的问题；在大要案集体审理制度中嵌入“检查人员列席制”，目的是解决以往大要案以面上审理为主的问题；在规范化稽查中嵌入“稽查报告标准制”、“处理处罚标准制”。主要是解决法律事实分类、归纳、准确恰当表述及法律适用的问题，以及合法基础上更合理行使自由裁量权的问题。

该局“嵌入式系统”管理内容还包括：目标考核中嵌入“查补通报制”、“分类管理制”、稽查业务管理中嵌入“稽查例会制”、“案件评比制”等，并将不断充实和调整。

“嵌入式系统”管理有力地提高了稽查工作效率。2009～2010年，该局在一线稽查人员减少1/3 的情况下，查补收入、大要案数量大幅提升。两年合计查补收入19134.85万元，比2008年分别增长266.26%和286.9%。查处税款50万元以上的大案50起（机构调整前每年不超过8起），2010年，促进管辖区域一般纳税人增值税税负率提升0.18%。

“嵌入式系统”管理也带来了队伍总体稽查水平的提高。在全市稽查案件评比中，该局获得1个一等奖、2个二等奖、2个三等奖，获奖比例在全市位于前列。

“嵌入式系统”管理使“阳光稽查”理念深入人心。该局多次荣获市局级、区级“文明单位”、“区廉政文化进机关示范点”、“市青年文明号”等荣誉。

大冶市地方税务局稽查局

近年来，湖北省大冶市地方税务局稽查局紧紧围绕黄石市地方税务局提出的“构建八大体系，争创三个一流”的工作要求，以工作理念创新和管理机制创新为先导，以“做精管理、做强稽查”为核心，认真做好稽查效力发挥、稽查规范管理、干部队伍执行力建设三篇文章，着力打造“执法型、质量型、重点型、素质型、廉洁型、权威型”税务稽查。不断创新稽查方式方法，坚持重点稽查和查前约谈自查相结合，狠抓税收违法案件查处，全面落实“三考一评”绩效考核制度，深入推进稽查规范化建设，依托稽查管理软件应用，不断强化信息化技术应用，形成了具有稽查职能特征和自我创新机制的工作平台，进一步提升了地税稽查工作质效，实现了治税与治队的和谐发展。

参观反腐倡廉宣传教育基地

检查人员在探讨案情

2010年，该局对43户纳税人进行了检查，查补地方收入1935.24万元，为整顿规范本市税收秩序、促进税收任务完成作出了积极贡献。该局被评为市级“文明单位”、全省地税系统“打击发票违法先进单位”，有2人次被纳入国家级、省级税务稽查人才库。

第三篇

各地税务稽查工作

北京市国家税务局稽查局

[概述]　2010年是“十一五”规划的收官之年，这一年，中央提出了“保发展、调结构、惠民生”的宏观调控目标。围绕这一宏观调控目标，北京国税稽查系统深入学习贯彻科学发展观，按照北京国税“规范征管基础主线，发展纳税评估与税务稽查两个侧翼”的工作思路，强化稽查“五个意识”：一是强化大局意识。形成目标明确、上下团结、齐心协力、通力合作的稽查工作局面；二是强化创新意识。创造性地开展工作，不断解决新问题、开拓新局面；三是强化责任意识。建立办案责任监控制度，确立良性的责任导向，培养责任感；四是强化服务意识。依法稽查、严格执法、文明服务，保证稽查工作的顺利开展，营造公平、正义、和谐的税收环境；五是强化风险意识。强化执法监督制约机制的建设，促进稽查工作规范化、程序化和制度化。较好地完成了各项工作任务，稽查查补收入达到22.70亿元，涉税举报一级管理模式顺利运行，一级稽查管理思路初步形成。

[稽查查补收入及分析]　2010年面对国内外整体经济形势不确定、税源潜力未知、可检查重点税源数量减少等不利情况，北京国税稽查系统围绕税收中心任务，多项措施并举，全力组织稽查收入。通过重点税源企业检查、大要案检查、税收专项检查、打击发票违法犯罪专项整治、金税协查等方面卓有成效的工作，全年实现稽查收入22.70亿元。其中自查收入12.24亿元，占收入的54%；检查收入10.46亿元，占收入的46%。检查收入中，税款7.75亿元，占检查收入的74%；滞纳金2.07亿元，占检查收入的20%；罚款6399万元，占检查收入的6%。检查入库税款中，增值税4.23亿元，占入库税款的54.58%；企业所得税3.50亿元，占入库税款的45.22%；消费税、营业税、其他税种分别为10万元、88万元、52万元，三项合计150万元，占入库税款的0.2%。

[整顿和规范税收秩序]　在坚持以组织收入为中心，积极落实国家各项税收政策的基础上，积极开展整顿规范税收秩序工作。一是按照国家税务总局部署，结合北京地区实际情况，积极稳妥地开展重点税源检查、税收专项检查和黄金专案检查并取得预期的效果；二是通过建立专案组、委托检查、国地税联合办案和区县稽查局自行查办等方式，查处了一批大案要案，起到了教育、警示和震慑作用；三是重拳出击，开展严厉打击制售假发票和非法代开发票的专项整治行动，进一步净化了首都的经济环境，取得了很好的社会效果；四是做好金税协查和案件协查工作；五是做好举报案件的受理、查处和督办工作。2010年实施检查和组织自查2594户，曝光违法企业6户，采取强制执行措施1户；移送司法机关处理案件13件。为首都经济健康发展，提供了公平竞争的税收环境。

[案件查处]　继续加大对偷税、骗税和虚开增值税专用发票等类型案件的查处力度，不断总结和归纳各类税收违法案件的作案手段与规律，积极研究应对措施，改进案件检查工作的方式方法，进一步提高了案件查处质量。市、区县（地区）两级稽查局，克服人手少、时间紧、任务重等各种困难和压力，进一步加大了办案力度。特别是承接国家税务总局、市局督办案件的区县（地区）稽查局，成立专案组，稽查局主要领导任组长，认真研究、精心部署、依法取证、把握时机、迅速破案，一批涉税大案要案得到了有力查处。2010年共检查1774户，有问题1603户，查补收入10.46亿元。仅查补税款100万元以上的大要案件就有61件，查补税款7.13亿元。其中，查补税款100万～500万元42户，税款7095万元；500万～1000万元6户，查补税款3870万元；1000万～5000万元12户，查补税款3.23亿元；亿元以上1户，查补税款2.81亿元。

[重点税源检查及税收专项检查]　2010年按照国家税务总局统一部署，结合北京地区实际情况，采取辅导企业先行自查，根据自查结果，确定检查重点进行抽查、委托式检查、分析式检查等方式：一是对“中国医药”等12个重点税源企业集团进行检查。首先将12户重点税源企业集团的下属分支机构，以及总部在外省但分支机构在北京的453户企业，作为自查对象，自查补税7395.66万元。其次按照每个集团公司在京成员企业不低于30%的抽查比例，确定139户抽查对象，截至2010

年年底，重点抽查125户，查补税款5313.05万元，罚款17.35万元，调减企业申报亏损额4069.48万元；二是对神华集团、中海油、航空集团、国家电网等重点税源企业进行检查。神华集团补缴企业所得税433.02万元；中海石油炼化有限责任公司补缴企业所得税51.22万元；航空集团在京成员单位补税1.69亿元，调整应纳税所得额2.72亿元，对未按规定取得发票行为处以2.2万元罚款；国家电网公司及下属企业共21户查补合计15.5亿元（其中13.31亿元接受用户无偿捐赠资产征税问题，待国家税务总局确定）；三是对房地产、建筑安装、医药、家具生产及销售等四个行业进行自查和检查，查补收入1.57亿元，调减亏损额284.16万元。

[打击发票违法犯罪活动] 积极开展“端窝点、打团伙”的发票专项治理，2010年北京国税稽查系统共打掉发票犯罪团伙7个，抓捕犯罪嫌疑人74人，捣毁制售发票窝点25处；收缴各类发票465万份，印刷设备28台，假印章971枚；曝光违法企业6户，移送司法机关2户。坚持“查账必查票、查案必查票、查税必查票”的原则，积极开展重点行业使用虚假发票整治工作。特别是对房地产企业取得的票面金额在50万元以上的发票进行全面协查，取得了突出成效。共检查重点行业企业1138户，有发票违规问题1138户，问题率为100%。查处违法发票21073份，涉及金额6.81亿元，涉及税额1.25亿元。查补税款1.02亿元，加收滞纳金1313万元，罚款1465万元。

[税收违法行为举报] 2010年在全国率先实现了税务举报一级管理，成立了省级举报中心，开通了666－12366全市受理热线。税务举报一级管理，统一了举报受理与查处程序，回复与考核标准；整合了稽查人力资源，规避了基层分散管理的风险，大幅度提高了税务电话举报的查处效率。至2010年年底，举报电话话务量达3702次，接待来访举报194人次。通过规范举报工作制度、明确职责划分、集中受理举报信息、对举报案件的查办开展督导、协调、监控等具体措施，不仅实现了税务举报集约化、专业化工作模式，优化了管理机制、节约了工作成本，提高了工作效益。同时，也为今后深化与地税、工商、审计、公安等各执法机关之间的办案协作、提升合作水平、共享线索信息、提高举报案件查办质量等奠定了良好的基础。

[案件协查工作] 2010年收到公安部经济犯罪侦查局、国家税务总局稽查局部署的协查案件共5件，涉及企业110户，全部办结并将结果及时上报。收到各省和计划单列市稽查局的协查函17件，其中14件已按期查结并回复。此外，转办处理省级以下税务局要求协查的增值税专用发票293件。接待外省、市税务机关或公检法机关来人协查75人次。完成国家税务总局部署的黄金专案协查工作。此项工作涉及18个区、县局，共115户企业，接受上海黄金交易所涉案增值税专用发票6937份，涉及金额360亿元，税款61亿元。按照工作要求，18个区县稽查局将涉案企业开出的涉及黄金交易的104500份发票复印件及信息采集上传。同时，对103户受票企业开具的187818份增值税专用发票的开票信息和原始发票信息进行比对，确认是否存在汉字不符情况。截至2010年年底，已实际比对发票169405份，其中比对不符发票380份，涉及北京开票企业19户，金额1.72亿元，税额2920万元。对需委托协查52400份发票全部发出委托协查。

[稽查队伍建设] 一是通过竞争上岗，21个区县（地区）国税局稽查局长到位，使稽查工作从体制、机制上更加完善。在此基础上对新任职的稽查局长进行包括《税务稽查工作规程》、防范执法风险、廉政勤政等方面内容的培训，使之尽快进入角色、胜任职责。二是将有一定税收工作经验且有注册税务师、注册会计师和律师资格的税务干部调到稽查岗位，同时鼓励稽查一线人员报考注册税务师、注册会计师和律师，从报考费用和复习时间上适当安排。三是加强对稽查干部的培训，特别是一线稽查业务骨干连续三年的递进式培训，使稽查干部队伍更加专业化和可持续发展。四是市、区县两级稽查部门领导以身作则，带头遵纪守法、带头廉洁自律，同时利用多种形式对稽查干部进行廉政、勤政教育，使广大稽查干部做到自尊、自爱、自省、自重，切实肩负起了“一岗双责”的职责。

[稽查业务培训] 2010年全面强化稽查干部的培训工作，提升了稽查队伍的整体素质和实战能力。一是2010年3月2～3日，聘请国家税务总局相关负责人员围绕《税务稽查工作规程》修改背景及主要变化情况，分三批组织全市900余名稽查干部集中培训学习。3月6日全市参加培训的50岁以下的稽查干部进行统一闭卷考试，普遍取得了较好的成绩。二是配合教育处组织全市102名稽查业务骨干分两批在长沙税院开始连续三年的递进式培训。这些业务骨干经过培训，在大要案查

处、税收专项检查等工作中切实起到了骨干和中坚作用。三是采取以会代训的方式在重点税源检查、行业税收专项检查前，聘请相关人员对一线稽查业务骨干进行有针对性的短期培训，对检查工作高效开展起到了事半功倍的作用。

［稽查宣传］　一是在市局统一安排部署下，积极开展以“依法使用发票，维护合法权益”为主题的全市第四个发票宣传月活动，各区县稽查局采取制作展板、在繁华商业区设置咨询台进行发票知识咨询宣讲，将典型发票违法行为制作成光盘和其他宣传材料免费发放、典型案件曝光等形式，引导、教育纳税人和社会公众正确开具、取得和使用发票。二是推行涉税举报一级管理模式，开通了666－12366全市受理热线，并向社会公布。涉税举报一级管理从服务基层和纳税人出发，实现集约化和专业化，提高工作效率，特别是发票违法快速处理，受到了社会的广泛认可和好评。三是倾听被查企业诉求，合理、合法地为企业解决实际困难。对纳税人存在疑义的处罚案件，慎重对待，在充分研究税收政策的基础上，提出既合法又合理的处罚意见和建议，得到了企业的理解和支持。

［稽查调研］　一是由北京国税主管稽查工作的副局长饶立新作为课题组组长，完成了《“大小非”减持税收问题研究》调研报告。该报告利用回归分析方法，通过分析“大小非”问题的由来和实质、“大小非”减持收入的实质，探讨对“大小非”减持收入课税的思路。通过样本分析“大小非”征税的现状，包括政策现状、收入现状、主要影响因素和不足，分析现行税制下“大小非”减持税收收入变动趋势，从而进一步提出完善“大小非”减持税收政策的建议。该报告得到了市局的高度重视，并作为重点课题材料拟上报北京市政府办公厅调研处和国家税务总局税收科学研究所。二是以家具行业作为调研式检查主攻方向，经过前期分析，对2户家具零售企业和1户家具城开展调研式检查。通过检查，理清了家具行业整体状况、管理模式、管理流程、构成情况及经营模式，并在认真分析归纳纳税人分布、纳税方式、征收方式、企业采取的违法手段等要素的基础上形成了具有指导意义的调研报告。

［工作会议］　2010年2月5日，北京国税召开了全市稽查工作会议。各区、县（地区）国税主管稽查工作的副局长，稽查局长、市局稽查局相关人员共60余人参加了会议。北京国税副局长饶立新出席会议并传达了全国税务稽查工作会议精神，对2009年全市稽查工作进行了回顾，提出了2010年稽查工作的总体思路和要求：即全面贯彻全国税务稽查工作会议和市局税务工作会议精神，坚持服务科学发展、共建和谐税收的方针，继续以组织收入为中心，以重点税源检查和大要案件查处为突破口，有效展开税收专项检查、发票专项整治工作。统筹规划，创新方法，构建良性稽查运行机制，着力推进队伍建设和党风廉政建设，提高干部综合素质，全面完成稽查工作任务，为首都经济平稳较快发展作出贡献。会议进行了经验交流和分组讨论，市局稽查局局长和各位副局长就2011年稽查工作进行了安排。

（李雪梅）

北京市地方税务局税务稽查处

［概述］　2010年，北京地税稽查系统继续全面推广分级分类稽查。将全市不同规模的纳税人由不同级别的稽查局实施检查。突出稽查重点，实现组收目标。通过税务稽查的手段积极配合市局实现抓大、管中、不放小的管理思路。规范重点纳税户的纳税行为，提高纳税遵从度，妥善处理好稽查与服务的关系。实行阳光稽查，建立评估、稽查互动协作机制。主动加强与纳税评估部门的协作，统一部署，统一要求，共同实施，避免多头部署和实施核查，以税务机关辅导企业自查为主要方式，自行纠正，补缴税款，实现政府的承诺，营造和谐发展环境，促进北京税收可持续发展。按照北京地税党组提出的“以党的十七大、十七届四中全会精神为指引，在国家税务总局和市委、市政府的领导下，深入贯彻落实科学发展观，以依法治税、组织收入为中心，抓源头，抓根本，抓基础，强化征管，优化服务，以‘五个着力’为支撑，牢固树立‘五种意识’，继续推进‘五型机关’建设，打

造一支爱岗敬业、忠于职守的税务干部队伍，圆满完成全年各项工作任务，努力做到让‘上级机关满意、纳税人满意、税务工作者满意’，为建设人文北京、科技北京、绿色北京贡献力量”的指导思想、主要任务和总体要求，在总局稽查局和市局党组的正确领导下，北京市地方税务稽查工作全面开展，圆满地完成了年度稽查工作任务。

［稽查查补收入］ 2010 年，全市稽查系统共对各类纳税人检查立案 3108 户，实施检查 2887 户，结案 2786 户；在立案实施稽查的案件中，有问题 2472 户，有问题率 86%，查补收入合计 17.95 亿元（其中：查补税款 15.59 亿元，加收滞纳金 1.64 亿元，罚款 7201 万元）；合计入库金额 15.48 亿元（其中：税款 13.78 亿元，滞纳金 1.21 亿元，罚款 4799 万元），入库率 86%。

［重大案件查处］ 2010 年，全市各级稽查局查处了一批有影响的重大涉税违法案件，取得了较大的工作成绩，对涉税违法行为形成了强有力的震慑作用。全年共受理督办案件 23 件，涉及 46 户企业和 29 名自然人。共上报《重大案件情况报告表》42 份，查补税款 1.08 亿元，加收滞纳金 2451 万元、罚款 422 万元，合计 1.37 亿元，其中：查补税款额度在 1000 万元以上的案件 5 件，100 万元以上的案件 11 件，50 万元以上及特殊性质案件 9 件。

［税收专项检查］ 根据《国家税务总局关于开展 2010 年税收专项检查工作的通知》要求，制定下发了《北京市地方税务局关于开展 2010 年税收专项检查工作的通知》，全面开展了对房地产行业、建筑安装业、交通运输业、教育培训机构的税收专项检查，共立案实施检查 1533 户（含各稽查局自行确定的专项检查），发现有问题企业 777 户，检查有问题率 51%，已检查结案 798 户，共计查补税款 2.21 亿元、加收滞纳金 4690 万元、处以罚款 844 万元，合计组织税收收入 2.76 亿元，已组织入库 2.32 亿元。组织企业开展自查 820 户，企业自查有问题 250 户，企业自查补税额 1.86 亿元，企业自查补税入库额 1.71 亿元。同时，继续开展对股改限售股（“大小非”）和首次公开发行股票（IPO）限售股的持有企业税收专项检查。根据《国家税务总局关于 2009 年税收专项检查工作的补充通知》要求，从 2009 年 9 月份起，开展了对股改限售股（“大小非”）和首次公开发行股票（IPO）限售股的持有企业的税收专项检查。通过组织企业进行自查和稽查局查前调查核实，在总局提供的名单和国税部门转入的名单中有 276 户属地税系统管辖，列入检查名单。在 276 户中，未查到的企业有 26 户，涉及股数 12322 万股；未减持 21 户，未减持股数 5130 万股；已减持 246 户，已减持股数 93567 万股；其中正常申报纳税 78 户，减持股数 29854 万股，减持金额 77 亿元，已纳税款 22 亿元；未纳税或未足额纳税 157 户，减持股数 62770 万股，减持金额 116 亿元。截至 2010 年 10 月底，已检查处理 163 户，涉及减持股数 35093 万股，减持金额 41.31 亿元。查补税款 3.97 亿元，加收滞纳金 2840.2 万元，罚款 3100 元，合计 4.25 亿元，组织入库 4.07 亿元。有 55 户因税收政策等方面原因未结案，涉及减持股数 51663 万股，减持金额 69 亿元，税款 2.6 亿元。

［重点税源检查］ 根据国家税务总局通知要求，北京地税稽查系统组织开展了对部分重点税源企业税收自查和检查工作。一是自查情况：总部在京的 12 户企业共发散出自查企业 502 户，与总部不在京的 65 户企业两项合计组织企业自查 567 户，共计查补税款 3.33 亿元，入库 1.90 亿元；滞纳金 576.85 万元，入库 379.59 万元；三家航空集团在京的成员单位及下属企业 38 家共计补缴税款及滞纳金 7949.49 万元全部入库。合计自查查补税款及滞纳金 4.18 亿元，入库 2.73 亿元。二是抽查检查情况：对 567 户重点税源企业进行了分类筛选，选定 171 户企业进行抽查检查，共计组织收入 1246.7 万元，其中查补税款 1038.9 万元，滞纳金 151.8 万元，罚款 56 万元，入库收入 301.9 万元，其中税款 238.2 万元，滞纳金 47.8 万元，罚款 15.9 万元，未结案 90 户；确定 10 户国航成员单位及下属企业和 2 户东航成员单位及下属企业合计 12 户企业为检查对象。国航 10 户中 4 户已检查结束，6 户检查实施中。东航 2 户，1 户检查实施结束，1 户检查实施中。共计查补税款及罚款 16.52 万元。合计检查查补税款及滞纳金 241.25 万元，入库 80.8 万元，罚款 37.3 万元，入库 8.10 万元。

［区域性税收专项整治］ 为贯彻落实《国务院关于坚决遏制部分城市房价过快上涨的通知》（国发〔2010〕10 号）和市政府（京政发〔2010〕13 号）精神，根据北京市住房和城乡建设委员和北京市地方税局联合印发的《为贯彻落实国发〔2010〕10 号文件精神开展房地产开发企业经营行为联合执法检查工作的通知》（京建发〔2010〕232 号），以及十委局联合印发的《关于印发〈北京市房地产开发企业经营行为专项检查实

施方案〉的通知》的要求，北京地税联合北京市住房和城乡建设委员等单位从2010年4月下旬至6月中旬对该市房屋销售出现的哄抬房价、捂盘惜售及开工不预售等严重影响房地产市场的健康发展的房地产企业开展专项执法检查，坚决遏制房价过快上涨，规范房地产市场秩序。此次联合执法检查安排18户房地产企业进行了税务稽查。共计查补税款3276.7万元、加收滞纳金897.6万元、处以罚款126.8万元，合计组织税收收入4301.1万元，已组织入库12万元。

[打击发票违法犯罪活动]　一是高度重视，精心部署。市政府各级领导高度重视、精心组织，共抽调了15个委办局成立了北京市打击发票违法犯罪活动协调小组，并由北京地税牵头成立了北京市打击发票违法犯罪活动协调小组办公室。制定并下发《北京市2010年打击发票违法犯罪活动工作实施方案》。为积极、稳妥地开展好此项工作，于2010年2月26日召开了北京市打击发票违法犯罪活动工作布置会。二是方法多样，措施得力。为进一步加大北京市打击发票违法犯罪活动的打击和宣传力度，在相关媒体上刊登北京市2010年开展打击假发票工作计划、工作要求、工作目标以及打击的重点。2010年4月27日、5月15日，市地税局、市国税局、市公安局三部门联手出动，两次在全市各个区县繁华地带联合组织开展了“北京市打击发票违法犯罪宣传日”活动。及时向社会公布了举报电话和电子信箱，专门受理、收集有关发票违法犯罪线索。自2010年3月正式向社会公布以来，广大群众通过电话、传真方式反映有关发票违法、犯罪线索激增，从接到的线索来源看，大多来源于手机短信。针对这一情况，打击办积极组织、协调公安、通信等部门，运用科技和信息手段，对通过手机短信方式传播发票违法短信息进行了有效的阻截，并对收到的手机短信、举报电话、传真资料和举报信件逐一进行了筛选和甄别。同时，在2010年的税收专项检查中，重点强调了对房地产、建筑安装、交通运输、教育培训、餐饮、娱乐、商业零售、生产制造等重点行业违法、违规使用、开具发票的行为进行了专项检查。为帮助广大群众，尤其是各企事业单位的领导和财务人员更好地认识该市现行发票种类及鉴别方法，合法取得正规发票，打击办专门制作了《北京市打击发票违法犯罪知识普及专题片》，发放给部分党政机关和事业单位共3000余张，取得了很好的教育效果，这在全国尚属先例。召开片区会议，听取各区县打假办阶段性工作汇报，并及时传达全国打击办和总局最新的指示精神。召开31次打击发票案件沟通协调会，具体部署案件查办工作。2010年，共制作了47期工作简报，向各级领导、各成员单位及时通报打击发票违法犯罪工作进展情况及工作成果，取得了良好的效果。三是精准打击，成效显著。共立案发票案件2434件，抓获犯罪嫌疑人344名，移送起诉案件197件，打掉作案团伙25个，捣毁窝点80个，收缴作案设备447台，缴获印章4543枚，查获各类发票830万余份，封堵治理发票违法短信息401万条，依法对发送发票违法信息存活手机号码250个进行了停机处理，处置信息网站登载的发票违法信息5187条，宣传曝光案件7件；市检察院起诉案件179件，涉及起诉人员217人；市高级人民法院审判案件206件，涉及人员232人，其中：管制拘役51人，判处有期徒刑181人；税务机关立案查处非法代开、虚开以及非法取得发票案件2263件，实现查补收入4.38亿元（其中：查补税款3.54亿元、加收滞纳金6434万元、罚款2035万元）。全国打击办领导多次对北京市打击发票违法犯罪活动所取得的成绩给予肯定和表扬，并在全国的工作简报上通报了该市的工作经验、取得的成果和先进做法；市政府领导也对市打击办的工作多次作出重要批示；中央电视台、北京电视台、北京日报、京华时报等20余家新闻媒体先后宣传报道了北京市打击发票违法犯罪活动工作情况。

[稽查工作会议]　2010年北京地税稽查工作会议认真总结了2009年全系统稽查工作情况，以部署2010年税务稽查工作任务为重点，确定全市稽查工作的指导思想和总体要求是：围绕“优化地税发展环境年”的总体思路和要求，以科学发展观为统领，坚定落实“三大理念”，牢牢把握“服务科学发展、共建和谐税收”主题，始终不移地贯彻“法治公平、规范高效、文明和谐、勤政廉洁”十六字方针，积极探索税务稽查发展规律，不断创新税务稽查发展理念，继续以“阳光稽查”为载体、进一步完善“局级执法”工作机制，通过强化管理、健全机制、优化手段、严格执法、加大震慑、提高素质等项工作，充分发挥税务稽查职能作用，创造公平正义的税收环境，为实现首都地方税收事业又好又快发展、构建社会主义和谐社会作出新的贡献。

[稽查制度建设]　为进一步贯彻落实国家税务总局新下发的《税务稽查工作规程》和市

局党组“抓源头、抓根本、抓基础、促转变、保增长”的工作要求，按照市局优化业务流程工作安排，北京地税稽查系统从源头上规范系统稽查工作。确定以法治、公平、效率为目标，建立完善的税务稽查制度体系，组织有关人员，拟定13个新的税务稽查工作制度，共征求征管处、法制处和各区、县、分局稽查局修改意见395条，采纳261条，于2010年8月份制定出11项税务稽查工作制度并印发执行。先后分两期对全系统23个区、县地税局、直属分局386名稽查干部，进行了新制定的税务稽查工作制度和梳理后的稽查业务流程培训；编写印发《北京市地方税务局税务稽查业务手册》和《稽查业务培训光盘》，有效提高地税系统全体稽查干部业务工作能力和综合素质。

[税务违法行为举报] 2010年，北京地税稽查系统积极探索举报工作与稽查案源相结合的有效形式和方法，通过实施举报案件分类管理，提高案件受理、处理的质量和效率，特别是加强对处理历年积压的举报案件的处理，全面提高涉税举报案件的管理水平和查办工作质量。制定《北京市地方税务局举报中心工作规程》，进一步规范受理、分办、查处、答复、奖励等工作环节，严格落实各项管理制度，加大案件查办力度。充分发挥“税务案件信息管理系统举报模块”作用，提高举报工作效率。加强领导批办案件的督查督办，缠诉案件的处理，减少举报人反复举报、向上级机关举报。2010年，全市各级税务违法案件举报中心共受理涉税举报案件4889件，处理涉税举报案件4940件，其中：立案检查291件（包括征管、评估转立案件35件）；转评估约谈处理案件214件、转征管处理的有1509件；存查处理2706件；并案处理97件；转外单位处理123件。转办督办案件52件次（包括重复举报案件），当年结案8件次。全市地税系统共对2014件进行了立案检查、评估约谈和征管核查，检查结案2227件（含以前年度结案数）。检查有问题件969件，有问题率为44%。应补税款1.57亿元，滞纳金3586万元，罚款2152万元，合计2.15亿元。入库收入9258万元。该市各级举报中心认真按照《财政部、国家税务总局检举纳税人税收违法行为奖励暂行办法》要求，2010年1~11月份共答复具名举报人8909件次，按照规定奖励实名举报人11人，支付举报奖励0.81万元。

[案件协查] 2010年，市局共接收国家税务总局、公安机关和外省市税务机关要求开展案件协查的来函（来人）121件次，按照来函（来人）要求组织开展了对411户纳税人进行涉税调查，完成93件并将协查结果回复来函单位；向外省市税务机关发出协查函56件，要求对83户企业进行协查。在开展交通运输业发票核查工作中，市局共转办32户次纳税人、对1736张发票的核查。在开展契税协查工作中，共接收地方税处转来契税协查案件20件，已查结16件。

[国际税收情报交换及反避税] 2010年共接到国家税务总局转来专项情报核查任务13件，已查结11件（含上年结转2件自发情报核查），其余2件正在调查处理过程中。已结11件情报核查均未涉及我方补税事项，主要为外方协助调查取证。根据国家税务总局《国际税收情报交换工作规程》，制定了《国际税收情报交换工作操作办法》，并组织了相关培训。按照总局来函安排，安排相关区县局对该局管辖范围内康师傅集团的子公司就某涉税事项进行调查，形成调查报告上报总局。根据总局工作部署，参加了市国税局牵头开展的对航运业的反避税调研。

[稽查人才库建设] 按照国家税务总局稽查局《关于补充调整税务稽查人才库的通知》（稽便函〔2009〕87号）的要求，对北京市地税稽查系统人才库进步了补充、调整和完善，选拔系统内税收专业知识和业务能力强、在2009年全国税务稽查人员考试中成绩优良，并且在总局组织的重大税收违法案件中表现突出的人员共40人，归入税务稽查人才库管理，同时向总局稽查局进行推荐。

[稽查业务培训] 为进一步加强税务稽查专业队伍业务建设和人才队伍建设，检验税务稽查培训工作质量和效果，积极推进公务员分类管理，并作为选拔稽查人才、建立稽查等级制度的重要依据，加强对稽查人员的培训，强化稽查队伍能力建设，北京地税稽查系统分层次、分阶段在全系统开展稽查培训辅导工作，各稽查局认真组织全员培训，把稽查人员业务培训与专家型人才培养有机结合起来。

[稽查调研] 2010年，北京地税稽查系统共完成上报三篇调研报告：一、构建税务稽查长效工作机制的思考。二、关于对税务行政执法与刑事司法衔接问题的思考。三、涉税举报工作存在问题及对策。

（白　洁）

天津市国家税务局稽查局

［概述］　2010年，天津国税稽查系统紧密围绕组织税收收入中心任务，以整顿和规范税收秩序为目标，以重点行业（税源）企业检查和税务违法案件查处为重点，科学组织税收专项检查和区域税收专项整治、严厉打击发票违法犯罪活动，圆满完成了全年各项工作任务。按照分步推进、重点突出、成效明显的整顿和规范税收秩序的工作要求，市局稽查局一是集中部署重点行业（税源）企业税收专项检查，组织开展对建筑、安装、修缮、装饰装潢以及混凝土等各类建筑安装企业的税收秩序的专项整治，深入开展打击发票违法犯罪活动；二是加强稽查工作基础制度建设，强化稽查系统工作质量考核，严格稽查办案专项经费管理，推行一级稽查体制和分级分类稽查办法；三是勇于创新稽查工作方法，开展调研式税务检查，积极尝试集中选案工作模式，完善部门间协作良性互动机制；四是加强稽查队伍勤政廉政建设，大力组织岗位业务培训，提高稽查干部业务素质和技能，不断加强稽查队伍作风建设和廉政建设。

［稽查查补收入及分析］　2010年，该市检查和组织纳税人自查12462户，累计完成查补收入14.55亿元，入库收入14.24亿元。其中，检查各类纳税人3600户，检查查补收入5.92亿元，入库收入5.85亿元。组织各类纳税人自查8862户，自查查补收入8.63亿元，入库收入8.39亿元。稽查案件选案准确率达到89.69%，案件结案率达到100%，查补收入入库率达到97.84%，超额完成总局稽查局下达的13.54亿元的稽查查补收入指导性指标和三率达标任务。

［案件查处］　2010年，全市先后查办了“天津扬威商贸有限公司”接受虚开发票案件、“中国航油集团天津石油有限公司”虚开增值税发票案、“天津市东亚工业有限公司”接受虚开增值税发票案、“天津露宝实业有限公司”偷税案等案件。全年共查办大要案件62件，其中达到总局备案标准的2件，共计查补税额、滞纳金、罚款3.47亿元。年内，市局稽查局组织部分稽查力量开展了“宁夏石嘴山市鑫远商贸有限公司”虚开增值税专用发票案件（409案件）、“黄金票”案涉案企业、李欠彬等人出售非法制造发票案件的查办工作，其中，“黄金票”案3户涉案企业移送公安机关立案查处、犯罪嫌疑人彭树佳被东丽区人民法院以虚开增值税专用发票罪判处有期徒刑11年。

［税收专项检查］　全面落实总局税收专项检查指令性检查任务，有重点地组织了对药品经销行业、房地产及建筑安装业、交通运输业、非居民企业、营利性医疗及教育培训机构等行业的税收专项检查工作。市局稽查局按照总局稽查局的要求对“中国航空集团公司”等2户企业进行了税收专项检查、对总局稽查局部署的80户重点税源企业进行了纳税自查辅导及重点检查；根据总局稽查局工作部署，结合全市税源结构情况，市局稽查局组织全市对两年以上未实施稽查的重点税源企业进行了全面检查，并要求各级稽查部门有针对性地对税负低的批发业、零售业、金属制品业、通用设备制造业等其他行业进行了税收专项检查。2010年，共检查各类纳税人1513户，查有问题的1268户，移送公安机关7户，查补收入3.51亿元。

［区域性税收专项整治］　2010年，市局稽查局在区域税收专项整治工作安排部署中，为配合打击发票违法犯罪行动和对房地产企业的税收专项检查，与天津地税稽查处、天津公安局经侦总队联合下发了《关于开展建筑安装企业税收专项整治工作的通知》（津国税稽〔2010〕22号），3～10月在全市范围内组织开展对建筑、安装、修缮、装饰装潢以及混凝土等各类建筑安装企业税收秩序的专项整治工作。全市共组织企业自查1314户，自查有问题的140户，自查补税入库1521.02万元。检查各类纳税人1339户，查有问题的337户，查补收入3956.58万元。在开展税收专项整治期间，市局稽查局在市地税局的协助下，提取了所得税国税管辖企业在地税局窗口代开发票信息，开展了地税窗口代开发票的建安企业的专项检查，涉及相关企业4372户、发票8.84万份；检查2901户，发现293户企业未做收入，涉及发票2393份、金额9.66亿元；查补收入合计1.2亿元。

［重点税源检查］　2010年，按照总局稽查局的工作要求，从2010年5月份开始，市局稽

查局与地税局稽查处联合成立重点税源企业检查督导组，并召开工作协调会议，确定对总局稽查局部署的80户重点税源企业以及本市部分重点税源企业，实施国、地税稽查部门共同入户、联合检查的工作实施方案，并对总局稽查局部署的80户重点税源企业统一部署、统一组织税务自查工作。市局稽查局还集中全市主要力量，对两年以上未检查过的重点税源企业开展了重点税源税收专项检查。全市共确定检查两年以上未检查过的重点税源企业267户，检查有问题的187户，查补收入1.19亿元。企业自查查补收入3.22亿元。合计查补收入4.41亿元。

［打击发票违法犯罪活动］ 认真贯彻落实总局关于深入打击发票犯罪专项行动的各项工作部署，确定将房地产、建筑安装和煤炭经销企业作为重点检查行业，并将建筑安装、混凝土企业比较集中的塘沽、汉沽地区作为重点区域开展发票专项整治工作，要求全市各区、县局稽查部门检查处理违法受票企业不少于50户。全市各级稽查部门配合公安机关收缴各类假发票近541万份，打掉犯罪团伙41个，抓获犯罪嫌疑人217人，其中国税各单位在企业使用虚假发票专项整治工作中，查处违法受票企业745户，发现假票9049份、涉及金额9.58亿元、补税6850.6万元。为做好舆论宣传、制造打击发票违法犯罪行为的浓厚氛围，国、地税及公安部门充分利用《天津日报》、《今晚报》、天津电视台《都市报道》和各区县有线电视台等市、区两级新闻媒体，对发票违法犯罪行为的社会危害、对打击发票违法犯罪所取得的成效进行了广泛的宣传报道。

［税收违法行为举报］ 2010年，天津国税稽查系统共受理举报案件334件，查结221件，查补收入合计2761.16万元。一是实行分类管理，把举报案件划分为督办案件、跟踪案件、暂存案件三个等级进行管理。二是将举报案件纳入《税收违法检举案件管理系统》管理，及时录入举报信息，提升了举报案件的信息化管理水平。三是严格落实了举报案件管理办法，做到件件有着落。四是加大了督办、催办的力度。一年来先后对162起案件进行了跟踪管理，通过梳理举报线索，发现并查处大要案件3起，查补税款、罚款、滞纳金1158.38万元。五是落实了延期结案申请审批制度。对14个单位的134件次案件进行了审批，促进了查结率的提高。六是认真做好举报人的思想疏导工作。对待缠访举报积极宣传政策，耐心细致地做好解释工作。把问题解决在萌芽状态，重复举报和越级上访案件较2009年同期减少20%。七是认真落实了举报案件奖励办法，及时发放举报奖励。

［案件协查工作］ 协查信息管理系统运行平稳，各项工作开展顺利。2010年，全市委托发出协查483起，涉及发票6893份、金额6.37亿元，税额1.05亿元；委托收到协查发票6043份，涉嫌违规发票860份（含“无法核实”发票，下同），选票准确率14.23%，查补税款117.69万元，滞纳金及罚款17.22万元。全市受托收到协查函1159起，涉及发票17494份，涉及金额27.45亿元、税额4.64亿元。累计回复发票11883份，回复率达到100%。经查实确定为正常发票10390份，涉嫌违规发票1465份，查补税款165.98万元，滞纳金及罚款83.44万元。按照国家税务总局稽查局关于“黄金销售增值税专用发票”专项检查的工作部署要求，全市各级稽查部门与公安部门密切配合，对相关纳税人取得及开出的发票做到“逐票核查，循线落实”，2010年共委托发起发票5692份，受托收到发票4785份。通过协查信息管理系统受托协查信息发现4户企业存在接受篡改企业或货物名称的违法事实，移送公安机关立案查处涉案企业2户。共收到纸质协查函83起，涉及企业199户，各类发票1075份，涉及金额2.6亿元、税额4065.25万元，查补税款600.48万元，罚款357.17万元，滞纳金98.52万元。

［稽查制度建设］ 2010年，市局稽查局与市局财务部门多次研究、商讨，制定了《天津市税务稽查经费开支管理办法》、《天津市税务稽查大要案件标准及补助经费管理办法》。稽查办案经费的规范管理和有效利用为基层稽查部门查办重大涉税违法案件提供了有力的资金保障，提高了稽查执法效能、促进了稽查工作开展的主动性和积极性。

［稽查系统建设］ 2010年，根据不同时期的工作重点，市局稽查局在组织集中指导、推动工作的基础上，充分利用《稽查工作简讯》等媒介，客观地把重点工作开展情况、工作指标落实情况、各单位即时工作动态以及工作经验、存在问题等情况及时向上级领导汇报，并向全市稽查部门印发，为领导决策提供依据、为基层单位提供工作交流信息。全年共编发《稽查工作简讯》36期，按月对全市各单位稽查工作指标完成情况进行了通报。还选取了一批具有代表性、典型性的税务违法

案例，编印成《稽查案例选编》一书发放到各级稽查部门，对规范稽查执法行为、统一全市税务处理、行政处罚标准起到积极的规范作用。

［稽查业务培训］ 2010年，市局稽查局通过开展多层次、多类别，形式多样的电子查账软件、企业资产重组、稽查执法程序等多项业务培训工作，促进了全市稽查人员知识结构更加合理，税收业务素质和案件查办能力的进一步提高。全年稽查业务培训工作覆盖面达到270余人次，培训次数达到历史最高水平。

［稽查工作会议］ 2010年3月4～5日，天津国税稽查工作会议在西青宾馆召开，这是一次非常重要的专业会议，也是国税系统规模最大的一次稽查工作会议。市局党组成员、副局长郭凤鸣结合全市2010年稽查工作的主要任务，对确保全年稽查工作任务和工作指标的落实提出七项具体意见。一是围绕税收中心任务，服从服务于税收工作大局。二是抓住稽查重点，全面推进税收专项检查工作。三是抓好组织领导，强化系统工作管理。四是提高案件查办质量和效率，有效防范稽查执法风险。五是增强创新意识，创新工作方法。六是加强稽查工作基础制度建设。七是切实抓好稽查队伍建设水平。市局纪检组长韩春对如何加强稽查队伍廉政建设与参会人员进行了深入交流。特别是用自身查办案件的经历和典型案例告诫税务人员面临种种诱惑要时刻保持头脑清醒，战胜自我，要严格执行党的四项纪律，坚决不碰四个“高压线”。

会议还组织了2009年稽查工作成效显著的10个单位分别从落实互动机制、处理“信访”举报案件、查前告知制度等方面作了经验介绍。各参会人员在认真听取领导重要讲话及经验介绍基础上，就全面贯彻落实2010年税务稽查工作要点、加强稽查队伍廉政监督制约机制建设等问题进行了深入研讨。

（张洪利）

天津市地方税务局税务稽查处

［概述］ 2010年，天津地税稽查系统按照全国税务稽查工作会议和市财政工作会议总体部署，深入贯彻落实科学发展观，服从和服务于税收中心工作，以大力组织税收收入为中心，以整顿和规范税收秩序为目标，以打击发票违法犯罪活动和税收专项检查工作为重点，在稽查查补收入、大要案件查处、稽查制度建设和稽查信息化建设等方面都得到进一步发展和完善，超额完成国家税务总局各项考核指标，充分发挥了税务稽查“以查促管、以查促收、以查促查”职能作用。

［稽查查补收入及分析］ 2010年，共检查各类企业12786户，查补收入10.9亿元，同比增长32.2%。对1601户企业开展了重点检查，查补收入3.5亿元，其中，税款3.0亿元，滞纳金2000万元，罚款3000万元。共有11185户企业开展了自查，查补收入7.4亿元。全市稽查选案率达91.3%，入库率和结案率均达100%。

［整顿和规范税收秩序］ 按照国务院、天津市政府整顿和规范市场经济秩序的统一部署，以及国家税务总局开展税收专项检查的总体要求，结合天津实际，全市各级稽查部门，突出重点抓成效，认真制订了工作方案。在工作中，注重内外协作沟通，以点代面，把税收专项检查、打击发票违法犯罪、大要案件查办、举报协查处理四项主要工作统筹安排，同部署、同实施、同督导，在成效影响上下工夫。其间，开展了药品经销、房地产、建筑安装、交通运输、营利性医疗与教育、培训机构、大型连锁餐饮、旅店、供热等行业的指令性和指导性检查，共查补收入9.97亿元。对上述行业检查中发现的主要问题，加强了整改，有效规范了这些行业的税收秩序。

［案件查处］ 2010年，共查处税收违法案件1386起，结案1271起，选案准确率达到91.34%。其中，百万元以上大要案件45起，查补税款1.67亿元。在对重大税收违法案件查办工作中，严格落实督办制度、报告制度以及大要案件集体审议制度，充分做好案头分析，确定稽查问题疑点，制订检查方案提纲，严格程序，把握政策，准确定性，同时进一步加强与国税稽查部门的协调配合，信息共享，联合办案，确保了涉税大要案件的查处质量和效率。对上级交办的“海润国际货运

代理有限公司案”、“艾威公司不良资产转让案”、“麦迪逊投资公司案”等案件进行了认真查处，效果明显，达到了打击涉税违法行为，净化税收秩序的目的。

[税收专项检查] 按照国家税务总局关于开展税收专项检查有关部署，研究制定了《天津市地方税务局2010年打击发票违法犯罪活动和税收专项检查工作方案》。重点组织开展了药品经销、房地产、建筑安装、交通运输、营利性医疗与教育、培训机构、大型连锁餐饮、旅店、供热等行业的指令性和指导性检查。按照国家税务总局的统一部署，与国税部门一同组织开展了对中国国际航空股份有限公司天津分公司、东方通用航空有限责任公司以及天津市医药集团有限公司的企业自查、抽查和联合检查。同时，还自行安排了对企业股权、二手房转让和关联交易等重点涉税问题的调研式检查。共检查纳税人12489户，查补收入9.97亿元。专门成立了税收专项检查工作督导组，加强对企业自查与专项检查工作的日常督导。一是严格落实四个必查项目，即对个人股权变动问题、年收入12万元以上纳税人纳税申报情况、“大小非”及IPO减持后的纳税申报情况以及对企业开具和接受的大额发票的随机抽查。二是全面推行稽查预案工作模式，指导稽查人员逐一落实检查项目，稽查科随时跟踪、督导检查进程。三是积极开展调研式检查，探索重点税源企业的审计式检查。四是以稽查案例分析、交流评比的形式，推广各单位专项检查中积累的办案经验。五是加强与国税部门的协调配合。特别是在国家税务总局部署的航空业和医药生产经销行业的检查中，与国税部门联合制定了检查方案，召开企业外部会议，共同对检查工作进行部署。并在信息确认、政策把握等环节协调配合、联查互助，确保了检查工作效果。

[打击发票违法犯罪活动] 2010年，按照国务院和天津市政府的统一部署，该市打击发票违法犯罪活动工作协调小组各成员单位，提高认识，多措并举，积极行动，严厉打击查处发票违法犯罪活动。配合公安机关开展了“端点二号”、“百日行动”等打击发票违法犯罪活动集中整治行动，先后破获“112”特大出售非法制造发票案、李建权非法出售发票案等125起发票犯罪案件，打掉团伙45个，捣毁窝点129处，抓获犯罪嫌疑人217名，依法缴获各类假发票552万余份、假印章1031枚。配合电信、公安技侦等部门甄别涉税、涉票手机短信近15000条，关停整顿违法信息网站3个，处置信息网站登载的发票违法信息2700条。同时，大力整治虚假发票“买方市场”。全年累计查处“受票”企业789户，查补收入6121万元。全年共编发了《工作简讯》17期，及时印送有关领导和各成员单位，通报工作进展情况，提出具体工作要求，有效促进了各部门行动的协调统一和打击活动的深入开展。

[税务违法行为举报] 2010年，共受理查处税收违法举报案件208件，查结153件，查补收入3803万元。共接到国家税务总局、天津市政府及有关部门督办、交办举报案件21件，目前已查结10起，查补收入83.7万元。为加强涉税举报管理，制定下发了《关于进一步做好税收违法案件举报受理和答复工作的通知》，从受理、答复两个环节加强举报案件管理，严格受理工作流程，实行专人负责。继续落实分类、分级管理，对上级交办案件以及举报内容详细、税收违法证据线索清晰、案情重大的举报案件，列为督办案件，采取日常督导与重点督导相结合的方式，督促指导案件查办情况，限期查办，保证了举报案件的查结质量。开展了未结涉税举报案件的集中清理工作，对办案周期较长，案件查办难度较大的案件逐笔分析落实，使一些历史遗留案件得以顺利解决。对实名举报、多头举报、缠诉缠访、群诉群访案件，指定专人负责，认真做好政策宣传工作，稳定举报人情绪，坚决避免各类矛盾激化、缠访缠诉现象发生。

[案件协查工作] 本着“受托协查地也是案发地”的工作思路，进一步加强了协查管理。充分利用BO查询系统及征管工作平台，加强对该市、外埠协查案件的查处和回复工作。2010年共发出协查案件126件，受理协查案件161件，其中本市109件，外埠52件，回复率达87%。对受托协查案源，及时做好案件登记，及时下达稽查任务，及时实施案件协查，及时反馈检查结果，确保案件协查时效。坚持“协查地就是案发地”的工作原则，对每一起协查案件认真分析梳理线索，找准案件突破口，为稽查工作案源管理提供选案依据。

[稽查制度建设] 2010年，修订和完善了《关于进一步做好税收违法案件举报受理和答复工作的通知》、《关于进一步做好12366受理涉税举报事项查办工作的通知》、《天津市地方税务局涉税举报须知》、《天津市地方税务局税务稽查案件协查管理暂行办法》等一系列制度规定，使税务稽查工作在坚持“制度管事”的原则下，制

度建设有效加强，基础管理不断夯实，稽查执法行为日趋规范。

［稽查信息化建设］　按照2010年度信息化建设规划，组织成立了“税务稽查管理系统”项目需求小组，在参考辽宁、大连、青岛等地税务稽查管理类信息系统，借鉴国家税务总局“金税三期”中税务稽查管理工作开发思路与需求基础上，编写了“税务稽查管理系统”项目需求，为系统开发奠定了扎实基础。目前，正在加快“税务稽查管理系统”项目建设进度，力争尽早实现集稽查管理、发票比对、举报协查、文书使用、税票打印等功能于一体的稽查管理系统，为稽查办案效率的不断提高提供强大的信息技术支撑。在以往稽查与征管互动的基础上，依托信息化搭建起了“稽查与征管互动平台”，稽查案件每案必有反馈。征管部门经纳税评估等手段发现涉嫌偷、逃税款行为的，及时向稽查部门反馈线索。同时，各级稽查部门认真落实“一案一析”、“每案必转稽查建议”的要求，通过与征管部门查前了解、查中沟通、查后反馈《稽查建议书》等方式，向征管部门就加强发票监管、规范税种管理等有价值信息提出稽查建议，有效促进了征管部门对重点行业、重点税源的税收监管，达到了管查互动、外查内促的工作目的。

［稽查业务培训］　坚持以稽查干部队伍能力建设为主线，积极推进学习型稽查队伍建设，按照年度稽查业务培训安排和“重点培训、培训重点、以点带面”的培训原则，2010年先后组织开展了涉税举报管理、稽查征管互动平台应用、财务软件和“奇星”查账软件应用、稽查执法风险防范、《稽查工作规程》解读等多次培训，参训人员达400余人次。培训工作在总结以往培训经验，听取基层意见和建议基础上，在培训师资、培训内容和培训对象等方面有了较大提高，更加突出了针对性和实用性，收到了较好效果，及时更新了天津地税稽查干部的知识观念，逐步培养出了一批高素质的稽查专业人才。

［稽查调研］　2010年，结合税务检查重点工作及日常管理，采取工作调研和税务学会组织相结合的形式，先后组织开展了“透过稽查谈如何提高税收征收率”、“关于加强税务与公安配合加大发票违法案件惩处力度的思考”、“信息管税在稽查中的实践与探索”的调研工作。通过深入细致的调研，充分掌握了一手材料，客观分析了工作现状，积极提出了合理化建议，为各级领导决策提供了依据。注重在深入实际调查研究中发现典型，推广经验，为各稽查局提供借鉴。同时，及时发现并协调解决了稽查工作中存在的突出问题，剖析原因，以点代面，加强对稽查工作的管理和指导，促进了稽查工作水平的不断提高。

［稽查工作会议］　2010年3月，天津地税召开了税务稽查工作会议。传达了国家税务总局副局长解学智的工作报告和国家税务总局稽查局局长马毅民在会议结束时的讲话。天津地税副局长张家林作了《围绕中心　服务大局　更好地发挥税务稽查“以查促管、以查促收”职能作用》的工作报告，要求全体稽查人员必须认真落实稽查目标责任制，强化工作督导、考核与通报。必须认真落实四项重点工作，大力整顿和规范税收秩序。必须认真落实“以查促管”工作要求，健全完善查管互动机制建设。必须认真落实稽查资源优化配置，积极探索稽查管理改革。必须认真落实稽查规程，坚持依法文明执法。必须认真落实“信息管税”要求，加快推进稽查信息化建设。必须认真落实教育培训计划，强化干部队伍素质建设。

7月28日，天津地税召开了税务稽查工作暨案例交流会议。会议全面传达了国家税务总局华北地区稽查工作会议精神和天津地税党组对稽查工作的要求，总结了上半年的税务稽查工作情况，部署了下半年重点工作任务。天津地税副局长张家林对下半年的稽查工作，提出“抓落实、抓重点、抓实效、抓总结”的“四抓”要求。全市24个稽查局结合自身实际，选取了查办的典型性案例，以课件形式进行了演示交流，形式新颖，各具特色，达到了相互交流、典型引路的效果。

（魏冠媛）

河北省国家税务局稽查局

[概述] 2010年，河北国税稽查系统紧紧围绕税收中心工作，抓住稽查工作重点，不断开拓思路、创新工作方法，精心安排部署税收专项检查、区域专项整治和打击发票违法犯罪专项活动，全力以赴组织重点税源企业检查工作，充分发挥了稽查职能作用，全面提升稽查工作质量和效率。

[稽查查补收入及分析] 累计检查各类纳税人5365户、有问题的5234户，组织稽查查补收入23.6亿元，入库23.2亿元；选案准确率97.6%，比2009年超出9%；查补入库率98.3%，案件结案率99.6%。稽查查补呈现出“四个增长”的态势：一是查补收入明显增长，按国家税务总局年初考核目标1.5%计算，计划组织查补收入18.7亿元，最终实现查补收入23.6亿元，超出4.9亿元，增长26.2%；二是直接检查查补明显增长，直接检查查补13.3亿元，占查补收入总额的56.4%，比2009年增加4亿元，增长43%；三是专项检查收入明显增长，专项检查查补额10.04亿元，占直接查补总额75.5%，比2009年增加4亿元、增长66.2%；四是人均查补额明显增长，2010年人均查补43万元，比2009年人均查补30万元增加了13万元，增长43%。

[税收专项检查及区域性税收专项整治] 结合河北省经济结构和税源结构特点，统一安排部署了对房地产与建筑安装业、药品经销行业、电力生产行业、煤炭经销企业等4个行业性专项检查。同时，指导各市以钢铁、成品油批发、农副产品加工、铁矿采选、医药制造、煤炭开采、丝网、玻璃制品及五金生产与销售等9个行业、16个区域为重点，开展税收专项整治。全省税收专项检查和税收区域性税收专项整治累计检查各类纳税人2340户，组织查补收入15.6亿元，占到全省稽查查补收入总额的66%，进一步整顿和规范了全省税收秩序。

[重点税源检查] 2010年，河北国税稽查系统把组织重点税源企业检查作为全年稽查工作的主要任务，以年纳税500万元以上的重点税源企业为检查对象，全力以赴组织开展重点检查工作。统一安排部署了国家税务总局下达的26户重点税源企业检查，以及省内11户上市公司和486户三年未查的重点税源企业的检查工作，确保重点税源企业检查工作能抓住大户、抓住重点。检查企业523户，比2009年增加13户，增长2.5%；查补收入8.1亿元，比2009年增加了3.3亿元，增长68.8%。查补5000万元以上的企业比2009年增加了8户，1000万元以上的企业增加了10户，100万元以上的企业增加了23户。省局稽查局直接组织了对2户重点税源企业的检查，为全省重点税源企业检查起到了带头示范作用。

[打击发票违法犯罪活动] 根据国务院、河北省政府、国家税务总局打击发票违法活动的工作部署，河北国税稽查系统制定了打击发票违法犯罪专项活动实施方案，将国家税务总局下达查处1000户违法使用发票企业的任务分配到各市，分别对房地产、药品经销、电力生产、钢材、黄金、铁粉、煤炭经销等7个行业发票使用情况进行专项整治，全省累计查处涉票违法企业3247户，涉及发票4.1万份，查补收入2.6亿元。其中：核查“黄金票”涉案企业401户，查处虚抵企业74户，查处伪造增值税专用发票1443份、税额1.4亿元；查处发票“买方市场”涉票违法企业1446户，超额完成国家税务总局下达检查任务446户，与公安部门联合打掉涉票犯罪团伙21个，捣毁窝点13个，收缴作案机器20台，缴获非法印章379枚，查获假发票近30万份，抓获犯罪嫌疑人14名，有效遏制了发票违法犯罪势头。

[税收违法行为举报] 指定专门科室和检查人员负责国家税务总局和省局交办案件的查处工作，对重点督办案件实行专人负责、专岗管理，定期通报督办案件查处进展情况，督促督办案件查处进度，提高信访举报案件的查处效率和质量。全年受理涉税信访举报案件383件，查结351件，结案率91.6%，组织查补收入5217万元，向公安机关移送涉税案件3件，其中总局、省局督办的11起案件实现年内全部结案。

[案件协查] 河北国税稽查系统主动发挥协查案源信息作用，对协查动态数据进行全面分

析，查找涉票涉税案件的高发行业和区域，按照分析的疑点指向对涉票涉税违法重点区域开展整治，就全省协查工作运行情况撰写了两次《协查动态分析报告》，引起了国家税务总局稽查局和省局领导的高度重视和肯定，并及时在全省通报协查工作运行情况，督促各市稽查局认真组织好各项协查工作。

[稽查制度建设]　按照《税务稽查工作规程》内容要求，编写印发《税务稽查档案管理办法》，促进了稽查档案管理的科学化、标准化。同时，在电力生产企业专项检查的基础上，组织编写了《电力企业税收检查达标模块》，为今后开展电力企业检查提供可借鉴和参考的依据。在借鉴2008年省局编写第一辑《税务稽查案例选编》经验的基础上，组织人员编写了《税务稽查案例选编》第二辑，交流检查经验、开拓检查思路。

[稽查业务培训]　以信息化企业电子稽查方法为主要内容，结合药品经销企业专项检查工作，举办了4期信息化企业稽查和电子查账专业培训。从全省抽调33名稽查业务骨干，采取固定学员、轮换实践企业，先培训后实践，再分析再实践的做法，使参训学员都掌握了电子查账技术，建立一支电子查账精英队伍。在稽查机构改革基本到位后，分2期对全省215名稽查科、局长进行了知识更新专题培训，通过培训更新稽查工作理念、开拓稽查工作思路、明确稽查目标、强化稽查执法风险意识，实现了岗位角色的迅速转换。

[稽查宣传]　2010年4月，结合税收宣传月活动，河北国税稽查系统与省地税稽查局和省公安厅经侦总队联合开展了打击发票违法犯罪专项活动宣传工作，印发宣传手册，制作公益广告进行广泛宣传，营造打击发票违法犯罪行为的良好社会氛围。全年编发《稽查工作动态》12期、《打击发票违法犯罪专项活动简报》5期，上报稽查专报信息21期，其中：《沧州市国税局稽查局对混凝土生产行业进行全面整顿和规范》的稽查动态信息被省局全文刊发，河北国税党组书记、局长李亚民作出重要批示："此举甚好，望举一反三，令其他各市也学习沧州做法"；国家税务总局《税务简报》第94期刊发了《沧州市国税局积极创新税务稽查工作》的信息；在2010年全国税务稽查工作会议上，作了《创新组织形式、整合稽查资源，全面提升税务稽查专业化管理水平》的书面交流。

[稽查工作会议]　2010年3月4～5日，河北国税稽查工作会议在廊坊燕郊召开。会议传达贯彻了全国税务稽查工作会议精神，安排部署2010年稽查工作任务，交流了2009年稽查工作经验和做法。省局党组成员、纪检组长耿金跃作了《服务大局、开拓创新，推进全省国税稽查工作再上新台阶》的讲话，并强调完成好2010年稽查工作任务应着重抓好三个方面：一是努力提高各级稽查局的预防、监测、监控能力，牢牢把握稽查工作主动权，提高稽查工作质量和效率。二是坚决完成好2010年4项稽查工作考核目标，建立和完善打击发票违法犯罪活动的长效工作机制，保持对发票违法行为的严打态势。三是着力抓好稽查队伍建设，充实稽查人员，提高稽查人员素质能力。规范稽查管理工作，理顺稽查工作关系。

（卢国涛）

河北省地方税务局稽查局

[概述]　2010年，全省共检查纳税人10611户，查出有问题户9565户，实现稽查收入37.31亿元，四环节查补收入10.85亿元，分别比2009年增长21.02%和39.16%。一是税收专项检查工作取得较大突破。先后在全省开展了房地产及建筑安装业等8项指令性专项检查和建行、农行省分支机构专项检查。此外，各地还有选择地开展了营利性医疗及教育培训机构等7项指导性专项检查。全年共组织自查税款10.34亿元，检查查补收入8.02亿元，占全部四环节查补收入的73.92%。二是大案要案查处工作取得显著成效。将重点税源企业检查作为查办大要案的突破口，严厉打击各种涉税违法行为。三是打击发票违法犯罪活动取得突出成绩。采取确定重点行业、划定重点区域、制定具体目标等措施，深入整治虚假发票"买方市场"。四是以科学选案为切入点，在提升稽查质效

上谋创新。充分利用决策支持系统及第三方信息，努力做到科学选案，全省选案准确率达到90.14%，同比提高了4.91个百分点，省局稽查局选案准确率达到100%。实行四环节限时工作制和审理环节提前介入制，有效地缩短了稽查办案时间，全省案件查结率达102.36%。把好查后分析关，促进稽查质效和征管质量的双提高。一年来，全省共提出各类征管建议330余条。五是以建章立制为发力点，在规范稽查执法上谋创新。制定了《全省地税系统稽查工作管理办法》和《一案双查实施意见》，明确岗位职责，规范稽查服务，促进成果转化，强化责任追究，加强部门监督。六是以修炼内功为根本点，在提升整体素质上谋创新。以提升稽查业务技能为根本点，引导各市重点围绕电子查账、新稽查工作规程等内容开展了形式多样的业务培训，全面提高了稽查干部的实战技能。

［稽查查补收入及分析］ 2010年，全省地税稽查系统紧紧围绕税收中心工作，充分发挥稽查职能作用，严格依法治税，稽查收入保持持续稳定增长。2010年，全省地税稽查系统实现收入（大口径查补收入）37.31亿元，增加6.48亿元，同比增长21.02%。稽查查补收入入库率100.17%，罚款率3.80%，选案准确率90.14%。其中：查补税款34.64亿元，滞纳金1.36亿元，罚款1.32亿元。自查入库等非查补收入26.46亿元。全省稽查查补总额（四环节查补收入）10.85亿元，增加3.05亿元，同比增长39.16%。稽查查补收入入库率100.05%，罚款率14.84%，选案准确率90.14%，四环节查补总额占稽查收入的比例29.08%。其中：查补税款8.85亿元，滞纳金6904万元，罚款1.31亿元。稽查选案准确率为90.14%，同比增长14.20%。增长的主要原因是，通过全方位的比对分析，科学筛选案源，使选案工作更加具有科学性、针对性、准确性；同时，严把检查关，规避了只注重大税种的检查，而忽视了小税种及边缘问题的检查现象，于细微工作之处查处企业办税工作漏洞。稽查查补收入比例为4.47%，同比减少0.24%。稽查查补收入比例的增加主要是由于省局加大专项检查的力度，市局开展房地产建筑业专项整治工作，以及税法宣传工作力度加大和查前辅导工作的不断深入，是2010年稽查查补税款大幅度增加的重要原因。稽查查补入库率为100.17%（大口径），同比增加0.77%。各市稽查局积极帮助部分重点税源企业开展查前辅导，向企业宣讲税收政策，自觉提高税法遵从度，有效促进了征纳双方和谐共进，使各市查补入库再创新高。稽查案件结案率为103.23%，同比增加18.08%。由于部分市局稽查局实行多部门联合选案机制，邀请征管、税政等部门参与制定年度稽查计划，充分利用纳税评估、信用等级评定等对税源进行历史分析，对重点行业、重点企业，特别是长亏不倒和优惠期满由盈转亏等可能存在税收漏洞的企业，集中兵力优先实施重点稽查，并及时根据基层反馈的意见适时调配案源、均衡办案力量，最大限度地调度和利用了有限的稽查力量。

2010年，全省地税稽查查补总收入保持稳步快速增长，主要因素有：一是结合工作实际，进一步明确了四环节工作职责和工作标准，做到分工明确、标准量化，制定了《稽查“四环节”运行机制管理办法》，规范了稽查流程管理，并及时进行稽查四环节各科室对账，随时掌握计划下达户的运行情况，将工作中存在的问题及时反馈、解决，实现了四环节良性互动，进一步促进了稽查工作效率的提高。二是大力加强查前告知工作。认真组织辖区企业查前告知大会，宣讲税收政策，明确处理处罚标准；对查前告知企业实行分包到户，由各地局领导分别带队进户督导调度，要求企业认真自查，并及时入库。三是认真开展专项检查工作。按照省局要求，结合各市行业分布状况，进一步明确重点检查对象，有效地开展了专项检查。同时加强后续管理，巩固稽查成果。四是加大发票专项整治工作力度，严厉打击了涉票违法行为，有效治理了行业税收秩序，同时注重加强后续管理，巩固稽查成果。通过以上有效措施，进一步增强了广大纳税人依法纳税和主动纳税的意识，使得查补收入大幅增长。

［整顿和规范税收秩序］ 2010年，河北地税稽查系统在全省范围内开展了房地产业、建筑安装业、制造业（钢铁行业，石化行业）、采掘业、批发和零售业（烟酒行业，汽车行业，医药、医疗器材经销行业）、重点减免税企业、“长亏不倒”企业、外资企业、非营利组织企业所得税、保险机构代扣代缴车船税以及年所得12万元以上高收入个人所得税等项目的税收专项检查工作，积极开展打击制售假发票和非法代开发票专项整治活动，严厉查处各类涉税违法案件，打击各种涉税违法犯罪行为。截至12月底，累计检查纳税户10611户，发现有问题户9557户，查补总额10.91亿元；曝光案件19件。通过强有力的税务稽查工作，全省征管质量得到了进一步提升，依法纳税、诚信纳

税的税收环境得到进一步改善。

［案件查处］　将重点税源企业检查作为查办大要案的突破口，严厉打击各种涉税违法行为。一是组织部分市开展了对中国大唐、中国石油天然气、东方航空公司河北省分支机构和河北钢铁、河北敬业集团等重点税源企业的税收检查，进一步增强了对重点税源企业的税收监控力度。二是省局稽查局选派骨干力量到部分市开展案件直查，共查处税案11起，查补税款4393万元。三是加大检举案件查处力度。全省共查处检举案件441起，查补收入7243万元。四是向各市局稽查局拨付600万元的稽查办案补助经费，有力地调动了稽查部门的办案积极性。2010年，全省共立案查处案件6819起，其中，大案要案452起，查补税额5.11亿元，百万元以上案件122起，千万元以上案件5起，分别比2009年增长62.67%和150%，移送司法机关4起。

［税收专项检查］　2010年，在全省范围内认真组织开展了房地产及建筑安装业（查补收入5.68亿元）、非居民企业、“长亏不倒”5年以上企业、连续减免地方税收3年以上企业和长期未实施稽查的中小税源企业（共查补收入9400万元）、药品经销行业、交通运输业、外资企业等8个指令性项目的专项检查，同时还指导各市有选择地开展了对7个指导性项目的专项检查（共查补收入8870万元）；根据省长陈全国提出的“努力增加省级税收收入”要求，又在全省组织开展了对建行、农行省分支机构的专项检查（查补收入545万元）。确立了企业自查与重点检查相结合的工作思路，于1月29日召开全省查前告知工作视频会议，首次专门对列入专项检查计划的10289名企业代表进行查前告知，全年共自查税款10.34亿元；并以省局直查形式，从3个市抽取4户房地产企业和2户金融企业，组织骨干力量进行解剖式检查，共查补收入4794万元。截至11月底，全省共检查纳税人5861户，查补收入8.02亿元，占全部四环节查补收入（9.72亿元）的82.55%，与2009年相比增长了113.2%。

［重点税源检查］　统一部署和督导相关稽查单位对河北钢铁集团和河北敬业集团的部分企业以及河北上京房地产开发公司3家企业进行了重点检查。企业前期共自查税款6647.25万元。企业自查结束后由稽查部门查补税费4.22亿元。其中：营业税1200.13万元，城市维护建设税及教育费附加192.71万元，城镇土地使用税1212.77万元，房产税314.81万元，印花税1528.36万元，企业所得税1.74亿元，个人所得税2.03亿元。同时，各地市地税局稽查局结合本地实际情况选取辖区内重点税源企业进行了检查。主要检查项目主要有房地产及建筑安装业、金融、钢铁制造业和医药化工等行业。全年共检查466户，共查出税款、滞纳金和罚款2.59亿元，其中：税款2.42亿元、滞纳金430.12万元、罚款1270.99万元。

［打击发票违法犯罪活动］　2010年，全省地税稽查系统联合相关部门以发票违法犯罪问题突出的地区为重点，打源头、端窝点，深入开展打击发票违法犯罪活动，大力整治虚假发票“买方市场”。共查处发票案件2317起，打掉发票犯罪团伙48个，捣毁窝点174个，治理违法短信息84.75万条，收缴违法广告1万份，查获各类假发票4688.84万份，实现查补收入6103.99万元；同时，查处违法受票企业1650户，查获非法发票4.47万份，实现查补收入3420.04万元。2011年3月17日，国家税务总局下发《关于2010年税务系统开展打击发票违法犯罪活动工作情况的通报》（国税发〔2011〕36号），对该省打击发票违法犯罪活动大案要案查处及组织整治虚假发票“买方市场”等工作进行了充分肯定和通报表彰。

［税收违法行为举报］　2010年，全省共受理举报案件473件，其中：总局督、交办34件，省局受理48件，市级受理190件，县级受理235件；共查处473件，查补税款5536.04万元、滞纳金604.53万元、罚款1108.66万元，合计7249.12万元；实际入库5843.36万元。严格落实检举奖励办法，全年共支付举报奖金5.87万元。严格落实《河北省地方税务局重大税收违法案件督办制度》，全年省局稽查局共批办到各市局稽查局举报案件162起，其中督办案件1起。各市局稽查局多措并举，全力做好举报管理工作。承德市以高度责任感受理、登记、转办、督办群众举报案件。唐山、保定市将举报工作重点放在细化管理、抓规范、抓落实上，利用查前告知服务会、行风评议、税法宣传月等时机，加大税法宣传，拓宽群众举报渠道，保证举报渠道畅通无阻。沧州市坚持“举报畅通，有案必查”的原则，将发票举报案件交由12366受理转征收单位查处，减少了稽查立案、四环节传递等手续，提高了办案效率。

［案件协查］　2010年全省地税稽查系统共受理来人来函协查案件608件，涉及发票2360多份，涉票金额近3.7亿元，委托协查78件。对外地税务、公安机关要求协查的涉税案件，当作自

己分内的事情，抽调人力、物力、财力，全力以赴地予以配合，按要求认真进行调查，保质保量及时回函。对北京市地税局稽查局转来的“北京亚光装饰工程有限责任公司货运拿票协查取证”、“北京‘佳硕物流有限公司’运输发票案”、“福建‘九牧集团有限公司’广告业发票案”、“河南‘羚锐制药股份有限公司’发票协查案”、“重庆市国税局稽查局‘重庆天源盛置业发展有限公司’发票案”等5个协查案件，省局稽查局积极组织协调各市局进行查处，并及时形成报告回复发函地税务机关。

［稽查制度建设］ 全省地税稽查系统将制度建设作为工作重点和增效着力点，从夯实稽查制度建设、创新稽查方式入手，积极探索新形势下稽查有效手段，逐步构建完善地税稽查管理制度体系，不断提升稽查工作效能。在巩固和落实查前告知、分级分类稽查、大案要案补助经费及选案等现有制度和办法的同时，进一步加强调查研究，积极探索建立科学规范的稽查管理体系和激励竞争机制，对稽查各项工作进行绩效管理，印发了《全省地税系统稽查工作管理办法（试行）》（冀地税发〔2010〕31号），和该省地税业务工作规程规定的稽查工作相关内容互为补充，在稽查机构岗位划分及职责、岗位设置及职责、税务稽查服务、稽查成果转化、过错责任追究和问责等方面就加强税务稽查管理进行了明确规定，以不断提升稽查执法综合效能。同时，倡导和激励全系统大力推进制度和方法创新，针对关键部位和薄弱环节，开拓思路，推陈出新，及时拿出解决问题的对策和办法，在稽查执法服务、稽查成果转化及提高稽查选案准确率等领域进行了积极有益的尝试，不断提高全系统稽查执法能力和工作管理水平。

［稽查系统建设］ 一是完善稽查制度体系。省局下发了《全省地税系统稽查工作管理办法（试行）》。各地也制定了许多切实可行的制度。例如，廊坊市先后下发了9个制度性文件，从稽查业务、工作考核、人员管理等多个方面加强稽查系统管理。二是规范稽查执法行为。在全省组织开展了案件复查工作，各市局共复查案件1597起，查出有问题案件731起，涉及四大类16项问题。各市在对发现问题限期整改过程中，全面落实执法责任追究制、大要案集体审理制和首查责任制等相关规定，进一步强化了对稽查执法过程的监督制约。例如，衡水市统一规范了稽查操作程序和案卷文书内容，使执法规范化水平得到明显提高。三是以稽查信息、调研工作为纽带，充分利用省局稽查网页，发表全省稽查干部撰写的各类文章400余篇，畅通了信息和业务交流渠道，增进了系统上下工作联系，促进了稽查干部整体素质的提升。

［稽查信息化建设］ 全省地税稽查系统认真贯彻落实国家税务总局《税务稽查工作规程》，结合各市稽查软件运行情况，不断加大培训力度，加强日常维护工作，确保了全系统的正常应用。同时，进一步提高稽查执法的科技含量，积极利用科技手段为大案要案查处、税收专项检查以及税收专项整治等工作的开展提供信息支持。充分利用征管、稽查软件和决策支持系统进行查前分析，充分借助征管数据实施深度检查，有效应对企业利用电子账簿虚假记账、隐匿或销毁电子账簿以及利用互联网和手机通讯等新型支付手段逃避税收的违法行为。

［稽查队伍建设］ 以深入开展创先争优活动为契机，切实加强了学习型党支部建设。坚持个人学习与集体学习相结合，以干部轮流主讲的形式，每季度开展一次全员集中学习；坚持日常交流与专题讨论相结合，紧密联系省局组织的党课学习等活动，多次组织专题研讨会；坚持政治学习与业务学习相结合，在网页设立文化建设专栏，提高干部的综合素质。还通过开展党员认责承诺等活动，明确了每位干部的岗位职责和承诺事项，发挥了共产党员的带头作用，大大激发了全体党员干部的工作活力和工作热情。

［稽查业务培训］ 2010年，按照省局《五员培训实施方案》要求，举办了系统80余名业务骨干参加的稽查技能培训班，对企业财务软件操作、企业财务信息系统分析、数据库的备份恢复及分析等会计电算化相关内容，资本市场与税收等相关内容进行了培训。

组织了全省地税稽查业务规程考试。省局稽查局统一部署，精心组织，始终坚持严格保密的原则，确保了考试的公正性和严肃性。各市局稽查局针对此次考试都成立了专门的领导小组，认真组织全体稽查干部备考、积极落实各项考务工作、严格执行考场纪律，确保了考试的圆满成功。该省地税稽查系统市级及以下在册人员2880人，按照各市25%～30%（每市不低于50人）的比例，选定790人参加考试，实际参加考试784人，参考率99.24%。通过这次考试，全面检查了该省地税稽查队伍的业务技能，推动广大地税干部强化税务稽查业务知识和技能学习，进一步提高执法水平和能力。

［稽查人才库建设］　2010年省局稽查局对省级稽查人才库人员进行了更新，对省局及11个市局稽查局337名符合条件人员，按七个专业特长进行了分类，并经集体审定，确定120人入选2010年度省级稽查人才库，其中选案5人、检查74人、审理13人、执行2人、文秘7人、微机8人、师资11人。省局稽查局将每年对稽查人才库人员实行动态管理，定期培训和考核。督促入选人员再接再厉，不断进行知识更新，适应形势发展需要；未入选人员加强学习，提高政治素养和业务水平，争取入选省级稽查人才库。省局以稽查人才库人员为主要对象，重点培养全省业务骨干和各地师资力量。各市也积极采取人才激励措施，鼓励稽查干部报考"三师"，采取多种形式组织一些起点高、专业性强的培训项目，特别加强电子查账、稽查取证等稽查重点、难点和税收前沿理论知识等方面的培训。

［案件公告］　积极落实总局的有关规定，对经省、市（县、区）稽查局或其主管税务局查处的税务违法案件，在做出税务处理决定后在办公场所设立的专栏内张贴案件公告。此外，按照规定，各市地税局稽查局还向省局报送了144期案件公告，省局从中选取部分典型案件公告，及时向总局报送了21期。同时，各级通过新闻媒体对41起重大或其他具有典型意义的税务违法案件进行了曝光。其中，省局稽查局分别在省局互联网站涉税案件曝光栏目和《河北工人日报》对22起涉税案件进行了曝光。各级地税稽查部门积极利用案件公告这一行之有效的形式，广泛地接受社会监督，进一步规范了税务稽查执法行为，有力地震慑了涉税违法分子。

［稽查宣传］　2010年，河北地税稽查系统多渠道、全方位地开展了宣传报道工作：一是抓好日常宣传。在日常检查工作中，从查前告知、查前辅导，到查中政策解析、审批事项提醒，再到查后调账建议，各级地税稽查部门抓住一切可以宣传的机会，大力宣传税收政策法规、警示税收违法后果，取得很好成效；二是开展集中宣传。在4、9、10三个月，充分利用全国第19个税收宣传月、诚信兴商宣传月和第13个个人所得税宣传月活动，紧紧围绕"税收·发展·民生"这一主题，将传统宣传方式与现代手段紧密结合，不断创新宣传形式，丰富宣传载体，拓展活动平台，开展了一系列有声有色的活动，有效提高了稽查宣传的针对性和实效性；三是及时报送信息。注意收集整理各地在稽查系统管理、稽查队伍建设等方面的信息，提高向总局和省局报送信息的数量与质量，多篇信息被国家税务总局、省委和省政府选用；四是加大曝光力度。充分利用广播、电视等各种新闻媒体来推动整顿和规范税收秩序工作的开展，对重大案件进行公开曝光，加大对涉税违法行为的打击力度和社会舆论监督力度。2010年，全省共计曝光涉税案件41起。

［稽查调研］　围绕税务中心工作和领导要求，积极开展稽查调研，一方面，及时反映基层稽查工作中存在的问题和经验，为领导决策提供素材；另一方面，通过调研来发现、培养、总结、树立稽查工作典型，并通过会议交流、媒体刊载等形式，使这些经验和典型得到推广或交流，以促进全省稽查工作整体水平的进一步提高。

［稽查工作会议］　2010年1月29日召开全省地税稽查系统查前告知工作视频会议，2010年3月19日召开全省地税稽查工作经验交流视频会议。

（全　红）

山西省国家税务局稽查局

［概述］　山西国税稽查系统积极落实总局规定的稽查工作既定目标任务，科学整合稽查资源，全力做好税收专项检查和区域专项整治工作；加大对重点税源企业和大要案件查处的查处力度；继续开展打击发票违法犯罪活动；不断创新工作方法，完善稽查制度体系；加强稽查工作管理基础，保证工作正常运行；加快稽查队伍建设步伐，努力提高稽查干部队伍整体业务素质；充分发挥稽查职能作用，为该省税收事业又好又快发展作出了积极的贡献。2010年，全省国税系统税收收入共完成

1005.4亿元。稽查查补收入总额25.12亿元，占全省收入的2.5%。

[稽查查补收入及分析] 继续深化整顿和规范税收秩序工作，通过税收专项检查、重点区域税收专项整治、“黄金案件”查处、打击制售假发票以及重点税源企业轮查等工作的全面开展，有力地打击了各种涉税违法行为，较好地规范了税收秩序。2010年检查各类纳税人共计5103户，发现有问题企业4544户，组织2779户企业开展自查，实现查补总额25.12亿元（自查查补15.24亿元，检查查补9.88亿元），其中：通过开展税收专项检查查补6.39亿元（含重点地区、重点行业专项整治行动查补4592.25万元）；通过“黄金案件”查处查补1.2亿元；通过重点税源企业轮查查补5.29亿元；通过协查系统查补6218.51万元；通过查处举报案件查补562.69万元；通过稽查选案查补11.56亿元。已全部入库，入库率100%，综合处罚率9.69%。

[整顿和规范税收秩序] 一是按照国家税务总局开展整顿规范税收秩序工作的要求，继续配合省整规办做好整顿规范市场税收秩序工作；二是在全省范围内组织开展了房地产及建筑安装业、药品经销行业、交通运输业、非居民企业纳税情况、营利性医疗及教育培训机构、煤炭运销行业的税收专项检查；三是通过税收数据筛选分析、行业税负比对、专人实地调查，确定太原市医药医疗器械经销企业作为省局区域专项整治重点，开展区域税收专项整治工作；四是以数据分析为基础，积极做好“黄金案”查处工作；五是从发票源头入手，坚持打防并举、标本兼治、综合治理工作方针，严厉打击制假、售假和非法代开发票等涉税违法犯罪行为；六是按照总局对重点税源企业进行轮查工作的指导要求，结合该省实际，做好省级重点税源企业的自查和重点抽查工作。

[案件查处] 深挖细查，“黄金案”取得实质性进展。2010年8月份总局稽查视频会后，该省及时召开专题会议研究部署，成立了专项行动领导组，在全省范围内组织开展了对黄金销售企业和接受黄金销售企业开具的增值税专用发票的非黄金销售企业的专项检查工作。按照总局部署，采取有效措施，以数据分析为基础，积极查找检查突破口，先后对总局提供的该省涉案企业以及该省受票单位下游企业的发票信息进行全面分析比对，确定了64户涉案重点单位，与公安机关税警联合进行了突击调账检查，查证了40户企业存在接受变造虚开发票行为，实现查补1.07亿元。随后，组织全省11个市对涉案的7835份增值税专用发票全部进行了网上协查，查证3386份问题发票，同时对总局杭州会议部署的16户接受黄金票的企业进行了重点检查，实现查补1296.5万元。

[税收专项检查] 一是开展调查研究，充分收集、分析、利用多方面相关信息，不断探索稽查选案的科学方法，提高稽查选案准确率；二是执法与服务并重，推行阳光稽查工作制度，通过税收政策宣传辅导、查前告知以及约谈等工作，组织落实好税收自查工作，有效提高纳税人的税法遵从度；三是按照统一执法尺度和统一处理处罚原则，努力做到依法行政、执法透明、公平公正、宽严相济；四是将税收自查、抽查和重点检查有机结合，充分发挥有限的税务稽查资源力量，提高检查工作质量；五是全面实施分级分类稽查办法，合理设定纳税人分类标准，加大了稽查执法力度。据统计，2010年，全省税收专项检查共检查企业2212户，发现有问题企业1571户，案件查实率71.02%，查补总额5.93亿元，其中：税款5.37亿元，罚款3581.77万元，滞纳金2044.2万元。房地产及建筑安装业的专项检查，检查企业247户，发现有问题企业94户，查补总额2863.31万元；药品经销行业的专项检查，检查企业426户，发现有问题企业240户，查补总额1421.8万元；交通运输业的专项检查，检查企业84户，发现有问题企业29户，查补总额572.71万元；非居民企业纳税情况的专项检查，检查企业6户；营利性医疗及教育培训机构的专项检查，检查企业3户，发现有问题企业2户，查补总额0.11万元；煤炭运销行业的专项检查，检查企业184户，发现有问题企业120户，查补总额8849.83万元；各地根据本地区实际情况，也安排了各自的专项检查行业，共检查企业1262户，发现有问题企业1086户，查补总额4.56亿元。

[区域性税收专项整治] 一是根据总局开展专项整治工作的要求，该省结合实际，确定了太原市医药医疗器械经销企业作为省级的区域专项整治重点，明确了“以惩处与教育相结合，规范企业依法纳税行为，有力促进和提高企业纳税遵从度，维护正常的税收秩序”的整治目的。要求通过整治发现税收征管存在的问题以及管理薄弱环节，提出切实可行的征管建议，采取必要措施，着力改善税收征管质量。经过省局两次自查工作的安排部署和省局重点整治检查组的重点剖析检查工

作，共检查纳税人58户，实现查补总额1623.19万元，在一定程度上规范了该区域医药医疗器械经销企业的税收秩序，为促进该地区税收征收管理工作的进一步提高奠定了良好的基础，达到了整治目的，整治工作成效明显。二是各地根据省局在全省范围内以煤炭行业为重点，开展区域税收专项整治的工作要求，部分地市根据本地实际情况开展了重点区域税收专项整治工作，共检查企业142户，实现查补总额2969.06万元。

［重点税源检查］　一是按照国家税务总局统一部署，开展对山西焦煤集团有限责任公司、山西煤炭运销集团有限公司等2户集团公司和其39户分支机构的自查工作，并组织全省各市对两大集团的21户二级成员单位和249户三级成员单位进行了重点抽查，实现查补9125.57万元。二是根据总局《关于开展中国航空集团公司等三户企业税收检查的通知》（稽便函〔2010〕25号）要求，与地税部门成立了国地税联合检查组，及时安排部署了检查工作。先后检查了涉及国税部门的3户企业，实现查补收入1227.75万元。三是全面做好省级重点税源企业的检查工作。4月份，按照全省稽查工作总体安排和该省分级分类稽查办法的要求，部署了545户省级重点税源企业的自查工作和重点检查工作。到6月底企业自查工作基本结束，实现查补3.07亿元。企业自查后，各地都根据企业自查情况确定了重点检查企业并进行了上报，省局按照各地上报企业名单，结合企业自查情况，通过CTAIS系统相关数据综合比对分析和行业税负有关数据指标，最终确定了83户重点企业，部署了重点检查工作，实现查补1.19亿元。

［打击发票违法犯罪活动］　根据全国打击发票违法犯罪活动工作协调小组和国家税务总局的工作部署，积极协调配合公安、地税、通信等有关部门，在全省范围内安排部署了打击发票违法犯罪专项行动。经过一年虚假发票的整治行动，共检查了重点企业2753户，发现1410户企业存在取得违法发票问题，涉及发票22877份，一定程度上整治了虚假发票的“买方市场”。同时，各级国税稽查部门协同公安、地税等单位查处各类发票违法案件333件，打掉犯罪团伙9个，捣毁制售假发票窝点15个，收缴172台作案机器等作案工具，查获假印章1334枚，抓获制售假发票的犯罪嫌疑人113人，查获涉案发票1616.61万份（可开发票金额达6.51亿元）；查处的典型案件有“5·14”案、“5·20”案、“5·29”案、“9·17”案、“10·5”案、“10·11”案、“10·27”案等7起案件。使该省发票违法信息的传播得到遏制，兜售假发票的高发区域得到清理，利用虚假发票进行财务核算、报销的问题得到治理，依法使用发票、自觉抵制虚假发票的守法诚信意识得以加强，治理工作成果明显。

［税务违法行为举报］　认真贯彻落实国家税务总局对税务违法案件举报工作的各项指示精神，对举报案件及时转办、不拖不压，坚持督办、认真查处、及时反馈查处结果，逐步将举报工作步入系统化、规范化运行轨道。对总局和省局重点督办的举报案件，稽查局专门指派专人全程跟踪督办督导，保证了案件的快查快结、查深查透。全省各市也都严格按照省局的工作要求，对举报案件做到了迅速查处、及时上报。全年全省共受理举报涉税案件89件，其中总局转办35件，省局直接受理30件；查处举报案件68件，查结68件，实现查补收入562.69万元

［案件协查］　2010年，山西国税稽查系统按照“认识到位、管理到位、职责到位、处罚到位”四到位工作要求，不断加大对全省各地协查工作的管理和督导力度，积极采取适时监控、紧急排障、定量分析、及时通报等各项有效措施，确保了协查工作顺畅运行。全年全省协查系统共委托发出协查发票10904份，委托收到协查结果发票9718份，委托收到有问题发票2486份；受托协查发票12519份，受托回复发票9291份，其中回复有问题发票1481份，受托协查累计按期回复率连续114个月达到了100%；协查系统共实现查补收入6218.51万元。另外，该省还接受总局安排的以及外省发来的“广州7·30”、“宁夏1·21案”、“陕西铜川”等12起手工协查案件，全部按规定进行了及时回复，保证了协查案件查处工作的顺利进行。

［稽查制度建设］　制度建设是做好稽查工作的基础和保证。一是严格贯彻落实各项稽查工作制度。2010年是新的《税务稽查工作规程》执行的第一年，该省按照规程的相关规定，从稽查职责、稽查的工作管辖、稽查选案、检查、审理、执行以及稽查案卷管理等各个环节严格加以贯彻执行，做到了稽查内部分工制约、协同配合，有效提高了案件的查办质量。二是进一步完善稽查工作考核制度。全省国税稽查工作考核办法执行以来，部分考核指标已经不适应具体工作需要，为此，省局多次进行讨论研究，并深入基层积极调研，对该省

的稽查工作考核办法进行了修改完善。

[稽查系统建设] 加强对全省国税稽查的管理是更好地完成各项稽查工作的基础和保障。2010年，山西国税稽查局不断强化稽查系统建设，加大对稽查系统的管理。一是加强稽查指标考核体系建设，要求各地稽查查补收入达到各项税收收入总额的1.5%，稽查选案准确率达到80%以上，稽查查补收入入库率达到90%以上，稽查案件结案率达到95%以上。二是加大对涉税案件的督办和组织查办工作力度，加强对税收秩序较为混乱地区稽查工作的指导，确保上级稽查局案件指挥权，做到了令行禁止、奖惩分明。三是严格落实各项稽查规章制度，努力建设上下一体、政令畅通、信息共享、反应迅速、指挥有力的稽查管理指挥体系。

[稽查业务培训] 2010年该省国税系统进行了机构改革，全省国税稽查干部涉及大面积调整。针对这一现状，为使新调人的稽查干部尽快适应工作角色，满足稽查工作需要，努力培养一批稽查业务查账骨干，分别于7月份和8月份，分两批组织全省100名稽查干部参加了为期30天的全省稽查业务骨干培训班，主要针对增值税、企业所得税新旧税收政策变化，财会与税收政策差异，新的税务稽查工作规程，以及系统知识更新培训等四大方面进行了较为系统的培训教育学习。同时要求参训人员回到自己工作岗位后，要通过采取“传、帮、带”的方式，做好本地区稽查干部的业务素质教育，努力为今后更好地适应稽查工作奠定基础。

[案件公告] 税务稽查案件公告是稽查部门展示稽查成果、发挥稽查震慑涉税违法行为职能的有效途径，同时也是接受社会群众监督所采取的积极方式。2010年，全省各级稽查部门都非常重视案件公告工作，及时将具有典型意义的涉税案件通过案件公告的形式进行社会曝光，从而实现教育纳税人、引导纳税人、震慑涉税违法行为的作用。全年全省各地共上报公告案件132则，省局按要求向总局上报12则。

[稽查宣传] 全省国税稽查系统紧紧围绕“税收·发展·民生”主题，以维护纳税人权利和义务、税收法律法规以及涉税违法典型案件的曝光为宣传重点，采取多种形式和手段，加大宣传工作力度，增强全民依法诚信纳税意识，营造了良好的税收法治环境。一是在税务检查工作的整个过程中，要求告知纳税人的权利和义务，积极构建和谐税企关系，争取纳税人对稽查工作的支持。二是围绕新的增值税暂行条例、企业所得税法和新的税收政策，在全省广泛开展“送税法进学校、进厂矿、进企业”活动和宣讲培训教育工作。三是利用“12366”、报纸、杂志、电视、广播电台等传媒，积极宣传税收稽查的职能作用。四是通过税收公告等形式对涉税违法典型案件进行曝光，震慑涉税违法犯罪行为，引导广大纳税人依法诚信纳税。

[稽查调研] 2010年年初，山西国税稽查局在安排组织全年的税收专项检查时就下发通知进行了安排部署，要求各地在检查中注意归纳总结被查行业的经营特点及涉税方面容易发生的问题，对行业检查指南素材及时进行整理归纳。9月份又对当年的税收专项检查指南的撰写工作进行了再部署，并组织各地稽查工作经验丰富的人员进行了讨论整理，汇总编辑出了山西省行业检查指南(2010年)，及时总结了房地产开发企业、建筑安装企业的办案经验和查账技巧，为今后深入开展税收专项检查工作奠定了基础。

[稽查工作会议] 全国税务稽查工作会议结束后，根据会议精神，结合实际，提出了具体的贯彻意见，并将会议的内容、会议精神和贯彻意见向省局局长办公会议进行了专题汇报。按照局长办公会议的安排，于3月16日全省国税稽查工作会议，对贯彻落实全国稽查工作会议精神进行了部署，并对2010年省国税系统稽查工作的主要任务作了具体安排：一是扎实做好2010年税收专项检查工作和重点区域税收专项整治；二是协同有关部门继续做好打击发票违法犯罪活动，采取有力措施，严厉打击利用发票进行的各种涉税违法行为；三是努力抓好税收自查检查工作，重点组织和督导好各市重点税源企业的自查和检查轮查工作；四是结合全省国税机构改革，逐步充实省市两级稽查力量；五是加强稽查内部管理，健全稽查相关制度，努力提高稽查工作质量和效率；六是通过多渠道开展培训教育工作，提升稽查干部队伍整体业务素质。

（张国伟）

山西省地方税务局稽查局

［**概述**］　2010年，山西地税稽查系统认真贯彻全国税务稽查工作会议和全省地方税务工作会议精神，紧紧围绕省局制定的“保收入、强管理、重服务、优作风、促发展”总体思路，以大力组织税收收入和整顿规范税收秩序为目标，积极开展重点税源企业检查和税收违法案件查处，科学组织税收专项检查和专项整治，严厉打击发票违法犯罪活动，继续加强制度建设，规范稽查执法，进一步完善稽查工作体制，有效发挥税务稽查职能作用，稽查各项工作取得了较好成绩。

［**稽查查补收入及分析**］　2010年，山西省稽查部门按照总局稽查工作部署和省局的工作中心，继续坚持一手抓整顿规范税收秩序，一手抓稽查查补收入，为全年该省地税收入超额完成起到了重要的促进作用。2010年全省地税稽查部门共完成查补收入11.25亿元，实际入库11.21亿元，稽查查补收入占当期税收收入（597.17亿元）的比例为1.88%，稽查查补收入入库率99.65%。其中，稽查部门直接检查纳税户2463户，有问题户2391户，结案2391户，稽查选案准确率为97.08%，稽查案件结案率达100%；直接查补收入为3.46亿元，查补税款2.22亿元（偷税4597万元），加收滞纳金3605万元，罚款8807万元（偷税2319万元），偷税处罚率为50.45%。实际入库为3.42亿元，入库税款2.22亿元，滞纳金3606万元，罚款8427万元。组织企业自查收入7.79亿元，实际入库7.79亿元。查补收入比例、选案准确率、入库率、结案率均达到国家税务总局的目标要求（1.5%、80%、90%、95%），稽查目标任务全部超额完成。

［**案件查处**］　各级地税稽查局围绕地税中心工作，加强税务稽查，抓住大要案查处这个重点，严厉打击涉税违法行为，净化税收环境，发挥税务稽查的威慑力。2010年，共立案涉税案件2291件，其中，立案查处税款在100万元以上500万元以下的涉税违法案件21起，涉案金额3323万元，立案查处税款在500万元以上1000万元以下的涉税违法案件4起，涉案金额2778万元，立案查处税款在1000万元以上5000万元以下的涉税违法案件3起，涉案金额4415万元，比2009年有较大幅度增长。

［**税收专项检查**］　按照国家税务总局2010年税收专项检查工作的安排，结合山西产业结构、行业特点，确定房地产及建筑安装业、药品经销行业、交通运输业、非居民企业纳税情况、煤炭资源整合涉税企业、大型房屋租赁业等六个行业为2010年税收专项检查的重点内容。同时确定煤炭资源整合涉税企业为税收专项整治行业。在检查中，继续推行自查、抽查和专项检查相结合的办法，确保税收专项检查工作取得成效。这次专项检查共组织查补收入6.39亿元，实际入库6.14亿元，入库率为96.09%。稽查部门直接检查企业1337户，发现有问题1250户，查补收入2.21亿元，实际入库2.14亿元；稽查部门组织企业开展自查2496户，自查有问题1238户，自查补税金额4.19亿元，实际入库4.01亿元。

［**重点税源检查**］　一是根据总局稽查局《关于开展部分企业税收重点检查工作的通知》（稽便函〔2010〕11号），该省国、地税稽查局联合对中国网通（集团）有限公司运城分公司和山西中化寰达实业有限责任公司两户企业进行了重点检查。其中地税共查补税款31.18万元，罚款20.43万元，加收滞纳金9.46万元，入库51.38万元。二是根据总局稽查局《关于开展中国航空集团公司等三户企业税收检查的通知》（稽便函〔2010〕25号），及时组织民航快递有限责任公司山西分公司、太原航空摄影有限公司等6户企业开展了自查，共自查收入（地税）222.21万元。在自查基础上，进行了重点检查，发现有问题3户，查补个人所得税225.98万元，处以罚款112.99万元。三是根据总局稽查局《关于开展部分重点税源企业税收检查工作的通知》（稽便函〔2010〕26号），向涉及的73户企业下发了自查通知和自查提纲，企业自查收入1801.49万元，实际入库751.10万元。自查结束后，对选取的26户成员企业进行重点检查，查补收入2066.12万元，实际入库1140.88万元。四是结合重点税源、重点行业和税收预警等相关信息，对列入检查计划的重点企业和房地产行业进行了重点

检查。如省局稽查局组织全省稽查人才库人员46人，组织7个检查小组，对重点检查计划中的7户企业实施检查，查补收入达9000多万元。

[打击发票违法犯罪活动] 2010年，我省地税稽查系统积极与公安、国税等部门通力协作，严厉打击制售假发票和违法代开发票行为，取得了阶段性效果。4月，与公安机关联合开展了打击发票犯罪“天网”集中清查行动，共收缴假发票189万份，破获假发票案件7起，抓获涉案人员12人，打掉发票犯罪团伙1个，假发票储藏窝点45个。5月，太原地税与市公安局、国税局等部门紧密配合，破获了“5·14”朱雨舟、程立军特大非法制造、出售发票案，抓获10名主要犯罪嫌疑人，查获涵盖太原市各个行业领域的发票种类154种，1000万份；8月，运城地税与公安机关联手开展了代号“利剑”的发票突击检查统一行动，查出违法使用发票纳税户168户，收缴假发票等各类票据14198份，涉税97余万元。一年来全省各级地税机关在“打击发票违法犯罪”活动中，共计出动执法人员31900人（次），邀请新闻媒体人员参与检查260人（次），检查重点用票企业37457户，查处发票违法企业16975户，涉及发票违法份数758万份，曝光案件151起，向公安机关移送案件11起，移交案件线索67条。联合公安部门破获案件27起，打掉团伙8个，抓获涉案人员38人，捣毁假发票储藏窝点57个。

[税收违法行为举报] 山西地税稽查系统继续把税务违法举报案件的管理和查处作为稽查工作的重点内容，认真落实税收违法案件举报的各项管理制度，努力提高举报案件的受理、处理、转办和督办工作质量和效率，加大对重大举报案件的查处力度，有效打击了涉税违法行为。2010年共受理举报案件745起，其中：总局转办8起，省局领导交办12起，省局直接受理82起，市级直接受理122起，县级直接受理521起，结案715起，结案率为95%，涉嫌犯罪移送公安机关1起，共计查补税款2096.68万元，加收滞纳金606.39万元，处以罚款1110.81万元，入库合计3413.15万元。

[案件协查] 为保证案件及发票协查工作的顺利进行，山西地税稽查系统高度重视，周密安排，合理部署，认真查证落实，使案件及发票协查做到了及时、准确、完整。截至2010年12月底，省局接受北京地税、陕西地税等5个省市协查发票157份，全部按时进行了回复。

[稽查制度建设] 一是结合山西地税实际，省局制定下发了《山西省地方税务局分级分类管理办法》（修订稿）、《规范稽查执法活动工作方案》，为更好地发挥稽查职能作用，推动全省地税事业科学发展奠定了良好基础；二是各地在认真执行已有稽查工作制度的同时，结合实际，不断加强制度建设。如：长治、忻州等市根据新的《稽查工作规程》，编写出稽查工作操作样本。进一步规范了稽查执法，有效推动了该省地税稽查工作。

[一级稽查改革] 大力改革创新，积极完善稽查机制。各地积极完善选案、稽查、审理、执行“四分离”工作机制，并积极努力推进稽查改革，改进完善分级分类稽查，稳妥推进“一级稽查”体制在地（市）级城市的实施，在考察调研的基础上，省局稽查局拟订了“一级稽查”试点方案，确定晋中市、晋城市、朔州市、吕梁市进行“一级稽查”试点工作。

[稽查系统建设] 2010年该省地税稽查工作目标任务是：稽查查补收入不低于税收收入总额的1.5%，稽查查补煤炭可持续发展基金不低于煤炭可持续发展基金收入总额的1%，选案准确率达到80%以上，查补收入入库率达到90%以上，案件结案率达到95%以上。年初，省局稽查局组织4个小组，对2009年各市地税稽查工作进行了集中考核检查，对部分稽查案卷进行了认真复查，根据考核和复查情况，下发了《关于2009年度全省稽查工作考核情况的通报》（晋地税函〔2010〕42号）。结合发现的不足和2010年稽查工作目标任务，及时修订、完善了2010年稽查工作考核指标，并印发了《关于进一步做好2010年度稽查工作考核的通知》（晋地税函〔2010〕43号）。各市稽查局对照省局考核通报，认真解决存在问题，同时采取多种方式方法，加强对县级稽查局的考核，通过持续多年的逐级考核，促进了全系统稽查工作效率和质量的提高。

[案件公告] 全省各级地税稽查局不断加大对税务违法案件的公告和曝光力度，2010年省、市两级地税稽查局共公告税务违法案件156件，通过报纸、电视等新闻媒体开辟税案曝光专栏，公开曝光84户。通过对涉税案件的查处和曝光，严厉打击了涉税违法犯罪分子，有效地提高了税务稽查的震慑力。

[稽查人才库建设] 按照稽查人才库管理办法，充实调整稽查人才库人员，努力造就一支

精干的稽查快速反应队伍。省局组建了由100名业务能手组成的稽查人才库，各市地税稽查局也组建了市级稽查人才库。通过强化稽查人才库建设，并在各项检查中大胆使用，充分调动了稽查骨干的积极性。

[稽查工作会议]　2010年3月18日，山西地税稽查工作座谈会在阳泉市召开。省局党组成员、副局长刘建光出席会议并作了重要讲话，阳泉市地税局党组书记、局长翟振华到会致辞。各市局分管稽查工作的局领导、稽查局局长和省局法规处、稽查局有关人员共三十余人参加了会议。会议传达了全国税务稽查工作会议精神，总结了2009年全省地税稽查工作，部署了2010年稽查工作任务，讨论了试行“一级稽查”工作方案、“规范稽查执法活动”工作方案等，通报了2009年各市地税稽查工作考核情况。

[稽查队伍建设]　一是坚持认真学习邓小平理论和“三个代表”重要思想，重点学习胡锦涛总书记在党的十七届四中、五中全会作的重要报告，通过学习，着重培养稽查干部正确的人生观和价值观。二是根据稽查工作发展的需要，引深大教育活动，结合实际，采取多种形式和方法，扎实推进稽查业务学习和培训。三是各级地税稽查局狠抓党风廉政建设和反腐败工作，贯彻落实《建立健全教育、制度、监督并重的惩治和预防腐败体系实施纲要》等法规，认真学习《廉政准则》，不断建立健全监督制约机制，进一步提高稽查干部反腐能力。四是建立健全抵御执法风险的有效机制。在全省地税系统实行“廉政建设监督卡”制度，把稽查人员置于纳税户和社会的双重监督之下，长治市地税稽查局制定并认真执行《执法风险内控机制预防手册》，进一步增强稽查干部防范执法风险的意识，提高防范执法风险的能力。

[稽查业务培训]　为切实提高稽查人员的业务素质，各级稽查局结合实际，采取多种形式和方法，扎实推进稽查业务学习和培训。省局举办了房地产业税务稽查技能与实务培训班，达到了学用结合、学以致用、巩固深化培训效果之目的；阳泉市、朔州市地税稽查局组织稽查业务骨干“走出去”，参加高层次业务培训，更新知识，开阔眼界；晋中市、运城市地税稽查局举办了全员稽查干部业务培训，切实提高稽查干部在税务、财会、法律等方面的知识和能力；长治市、吕梁市地税稽查局加强岗位练兵、学历教育、全员读书活动，提高了大家的整体业务素质，拓宽了视野，创新了工作理念。

（杨英群）

内蒙古自治区国家税务局稽查局

[概述]　2010年以来，内蒙古自治区国税稽查系统紧紧围绕“服务科学发展、共建和谐税收”的主题，围绕税收中心任务，坚持服务大局、依法稽查、和谐执法和不断创新的理念，以大力整顿规范税收秩序为目标，严厉查处税收违法案件，科学组织税收专项检查和区域税收专项整治，依法严厉打击发票违法犯罪活动，圆满完成稽查各项工作任务。一是统一思想，明确目标；及时统一了全区国税稽查干部的思想，认清了形势、明确了任务，总结了2009年的稽查工作，分析了当前该区稽查工作存在的一些亟待解决的问题，提出了解决措施。二是科学组织，加强督导；面对工作任务重、压力大的实际情况，自治区国税稽查局克服了人员少、基层稽查机构没有完全到位等实际困难，针对性地做到了稽查工作早安排、早部署、早实施，常督促，提前完成了全年稽查收入任务，稽查工作其他各项指标也圆满完成。三是确定重点抓落实，充分发挥稽查执法效力；紧扣稽查检查中心工作，着力查办税收违法大要案，严厉打击涉税违法行为，大力整顿规范税收秩序，稽查执法效力稳步增强，稽查工作成果不断扩大。

[稽查查补收入及分析]　2010年，共检查纳税户1342户，其中有问题户数1296户，选案准确率96.57%；结案户数1297户，查处案件结案率100%；查补税款3.13亿元、加收滞纳金2787万元、罚款4449万元，综合处罚率14.23%；组织企业自查收入9.98亿元；查补和自查合计13.83亿元，入库税款13.77亿元，入库率99.57%，查

补收入创历史新高，分别比2009年同期增加了3.68亿元和3.77亿元。完成全区下达的年度稽查检查计划11.52亿元的119.53%。2010年全区国税系统完成各项税收收入805.66亿元（不含海关代征的进口货物增值税、消费税），稽查收入占全区税收收入的1.71%。

［案件查处］ 2010年以来，重点督办了鄂尔多斯战友煤炭运销有限公司虚开增值税发票案、内蒙古顺达矿产品有限公司涉嫌虚开增值税发票案、吉龙宝商贸有限公司涉嫌虚开增值税发票案、武川蒙悦商贸公司涉嫌虚开增值税发票案、内蒙古金泉贸易有限公司涉嫌虚开增值税发票案。同时，督办了内蒙古鑫欣羊绒有限公司偷税案、内蒙古天地煤业有限公司偷税案、内蒙古辰光煤炭运销有限责任公司偷税案、内蒙古东泰矿业有限公司偷税案、内蒙古鑫旺煤炭有限责任公司偷税案。区局案件审理委员审理了全区上报的神化准能矸石电厂等七起重大税务案件，涉及税款2亿多元。这些案件的查处，有力地打击和震慑了犯罪分子的嚣张气焰，为国家挽回了经济损失。

［税收专项检查］ 在国家税务总局确定的专项检查指令性和指导性检查计划的基础上，将药品经销行业、电讯行业、房地产及建筑安装行业、交通运输业、非居民企业纳税情况作为指令性检查项目，把大型连锁超市及品牌专卖店、营利性医疗及教育培训机构、三年以上未实施检查的重点企业作为指导性检查项目。同时，部分盟市国税稽查局根据本地区的实际情况确定对辖区内的大型连锁超市及品牌专卖店、商贸企业、矿产品生产及运销企业、电力系统供发电企业、金融等行业开展专项检查。截至2010年年底，全区税收专项检查共检查企业862户，已查结721户，有问题户640户，查补收入合计1.85亿元，已入库1.48亿元。全区共开展企业自查729户，自查查补收入3.85亿元，已入库3.85亿元。

［重点税源检查］ 2010年国家税务总局布置的涉及该区重点企业检查主要有满洲里中石油国际事业有限公司、包头宁鹿石油有限公司、国航下属4家驻内蒙古公司、鄂尔多斯羊绒集团涉及内蒙古区内企业、中石油呼和浩特石化分公司。区局稽查局直接组织了对国航内蒙古分公司和国航大厦和鄂尔多斯羊绒集团的重点检查，同时还组成检查组对中国电信内蒙古公司2008年企业所得税纳税情况进行检查。这三次大规模的稽查检查行动共计抽调稽查业务骨干60多人，涉及企业15户，经初步统计查补税款8000多万元。另外，按照全区国税稽查工作重点的要求，由区局稽查局牵头，征管、法规、货劳税、所得税等处室共同参与对通辽地区开展了再生资源回收经营企业专项整治工作，取得了较好效果。

［打击发票违法犯罪活动］ 按照国家税务总局要求，将该区处理违法使用发票企业不少于700户的检查任务进行分解落实，并组成工作组开展调研和督导检查。2010年，全区公安、税务部门共计立案发票违法犯罪案件611起，抓获犯罪嫌疑人478人，检察机关起诉案件37起、105人，审判机关审理案件28起、涉案犯罪嫌疑人55人。其中公安机关立案侦办发票案件165起、告破107起。收缴各类假发票2826.3万份，捣毁了一大批犯罪窝点，打掉了一大批犯罪团伙，抓获了一大批不法分子。全区国税稽查系统在配合公安部门开展专项行动的同时也积极开展重点行业使用虚假发票整治工作，共检查企业1518户，查处发票违法企业776户，涉及非法发票9907份，涉及金额1.12亿元，查补税额、滞纳金、罚款合计1958.58万元，曝光案件2件。完成了对全区2009年打击发票违法犯罪活动表彰和奖励工作，并积极协调自治区政府和财政部门争取资金支持。

［税收违法行为举报］ 2010年，内蒙古自治区国税稽查系统共受理举报案件42件，结案12件，查补总额480.5万元。认真落实税收违法案件举报的各项管理制度，严格执行案件受理程序，提高案件受理水平，依法查处举报案件，优化举报案件管理工作。尤其重视对缠诉案件的处理，做好疏导与排查工作，防止矛盾激化，为维护社会稳定作出了贡献。一是积极引导举报人合理合法举报，同时明确告知其所要承担的法律责任，减少虚假举报、恶意举报的数量，提高举报案件质量。二是注重对举报内容的分析、梳理、鉴定，做好案件检查前的准备工作。降低了稽查检查成本，提高了举报案件的查处力度及效率。三是在检查中，一方面注重和举报人进行沟通和联系，以核实举报内容的真伪，同时取得更有价值的或者新的线索，另一方面积极争取公安机关、地税等部门的支持和配合，加大案件打击力度。四是耐心做好对举报人的解释答复工作，坚持做到受理一件，解决一件。五是重视对缠诉案件的处理，做好疏导与排查工作，防止矛盾激化。

［案件协查］ 2010年，全区通过协查系统发出增值税专用发票协查函293起，涉及企业

299户，发票3543份，金额5.9亿元，税额7600万元，收到回复3424份，已证实有问题发票472份；收到全国各地受托协查函573起，涉及发票7032份，企业706户，金额15.9亿元，税额2.4亿元，已回复6614份，其中经查证有问题发票为1456份。通过协查系统共补税809.49万元，滞纳金64.05万元，罚款10.08万元，移送司法机关4起。为加强和规范协查工作，提高其质量和效率，将协查工作有关指标加入了《内蒙古自治区国家税务局税务稽查工作管理考评办法》中，对受托协查累计按期回复率、受托协查累计按期分拣率、委托协查信息完整率、受托协查信息完整率和选案准确率等内容进行考核。

[稽查制度建设]　进一步细化了财政部、国家税务总局印发的《税务稽查办案专项经费管理暂行办法》，加强系统管理；逐步建立全区稽查执法监督制度，与区局监察室共同制定落实“一案双查”工作制度。同时对现有制度加大执行力度。严格执行大要案报告制度，重大案件通报制度，规定重大税收违法案件查结时限，提高大要案查结率；落实督办制度，强化了上级稽查部门对下级稽查部门的案件指挥和业务指导，提高了案件查办质量；落实稽查工作通报制度，对稽查各项工作进行不定期的通报，促进全区稽查工作整体水平的提高。进一步落实和完善国、地税协作制度、税警协作制度，积极探索联合办案的途径，加大共同查处各类涉税违法犯罪活动的工作力度。

[稽查系统建设]　根据国家税务总局稽查局对稽查工作的指导意见，为了构建和谐征纳关系，内蒙古自治区国税稽查系统组织制定下发了《税务稽查预告制度》，用于指导全区稽查工作；以贯彻执行新《税务稽查工作规程》为契机，认真组织学习，逐步建立健全制度完备、流程规范、责任明晰、监督到位的部门内控机制。组织区局稽查局人员着手稽查局岗位职责以及权力事项流程的撰写工作和查找稽查风险点及防控措施制定等内控建设方面的工作；制定下发了《税务稽查工作管理考评办法》，加强系统的绩效考核。

[稽查信息化建设]　加强税收征收管理系统的应用，加强与地税、工商、银行、城建、招标、规划、房管等部门的有效沟通与配合，建立涉税信息传递和协作机制，确定监管重点，全面掌握企业的第一手基础信息资料，便于税务部门控制税源，实现对企业的全过程监控，全环节动态管理。充分发挥协查系统的作用，不放过任何可疑发票。对于案件多发地区开出的发票，无论是增值税专用票，还是普通发票，全部通过协查系统发出协查得到证实，从而更多发现案件线索。

[稽查队伍建设]　以推进稽查执法全过程内控机制为载体，逐步建立预防和惩治稽查执法腐败工作体系，不断加强党风廉政建设。加强对检查人员教育、监督力度，不断提高稽查局领导干部和稽查人员廉洁自律意识。充分利用已逐步建立的稽查执法内控机制，在规范执法的同时通过采取业务公开、集体审理等切实可行的应对措施加强内外部监督制约，控制和化解稽查执法风险。

[稽查业务培训]　针对内蒙古自治区国税稽查系统的实际情况，加大对稽查人员尤其是新调整人员的培训力度。各地通过开办初任培训班、以会代训、以查代训、老稽查人员的传帮带等形式进行的新《税务稽查工作规程》的培训、稽查检查程序、稽查基本业务等基础性培训，据不完全统计全区共计举办各类培训班十几期，培训稽查人员480余人次。其中自治区国税稽查局利用国家税务总局为该区举办智力援西培训班的机会，申请在长沙税院举办了一期60人为期30天的全区稽查业务骨干培训班，与区局教育处在扬州税院联合举办了一期60人为期10天的全区稽查业务骨干培训班，均取得了良好的效果。

[稽查人才库建设]　内蒙古自治区国税稽查局一直高度重视加强国税稽查的人才库建设，针对稽查人才库人员的知识需求进行各类培训，使他们不仅熟练掌握各种税收政策、法律知识，还掌握各种行业的业务知识和电子查账等综合能力。分别在长沙税务学院举办了为期一个月的“智力援西”培训班；在扬州税务学院举办为期10天的稽查业务培训班；在内蒙古通辽市国税局举办了为期10天的稽查业务培训班。同时，从自治区国税系统稽查人才库中先后抽调43人次集中参与对全区的重点税源企业进行税收专项检查，取得了显著成果。

[稽查工作会议]　2010年3月16～17日，内蒙古自治区国税稽查工作会议在呼伦贝尔市召开。会议传达了全国税务稽查工作会议精神，总结了2009年的稽查工作，分析了当前该区稽查工作存在的一些亟待解决的问题，提出了解决措施；安排部署了2010年的稽查工作，下达了2010年国税稽查收入计划和考核指标。自治区国税局副局长刘培平作了《提高稽查工作水平　服务国税工作大

局　为自治区和谐税收作出积极贡献》的重要讲话。会议要求各级税务机关要高度重视税务稽查工作，进一步加强对稽查工作的领导，大力支持稽查工作，为稽查执法提供必要的人力物力保证。各级稽查部门一定要树立大局意识，服务国税中心工作，全力以赴，为完成税收收入任务提供坚强保障。

（辛茹奕　迟嵩沅）

内蒙古自治区地方税务局稽查局

［概述］　2010年，内蒙古地税稽查系统通过开展稽查检查，共检查纳税户472户，累计查补总额7.40亿元，其中稽查查补总额4.21亿元，稽查机构组织企业自查收入3.18亿元。已入库总额7.37亿元，其中稽查查补入库4.46亿元，稽查机构组织企业自查入库2.90亿元。通过开展税收专项检查等，共检查纳税户5868户，查补收入总额7.03亿元，其中税务部门查补总额5.32亿元，组织企业自查收入1.70亿元。已入库总额5.30亿元，其中税务部门查补入库4.35亿元，组织企业自查入库9449万元。

［稽查查补收入及分析］　2010年，通过采取实地检查、调账检查、企业自查等灵活多样的检查方式，切实加大涉税案件查处力度，共稽查检查纳税人472户（包括稽查机构组织企业自查181户），其中有问题户287户，占检查户数的98.6%。累计查补总额7.40亿元（包括稽查机构组织企业自查收入3.18亿元）。稽查查补总额4.21亿元，其中查补税款3.93亿元，加收滞纳金1048万元，罚款1779万元。实际入库总额7.37亿元（包括稽查机构组织企业自查入库2.90亿元）。稽查查补入库4.46亿元，其中税款入库4.25亿元，滞纳金入库755万元，罚款入库1348万元，总体入库率达100%。稽查收入创造了历史最好水平，为自治区的经济建设和税收收入的稳步增长作出了积极贡献。

［整顿和规范税收秩序］　2010年，内蒙古地税稽查系统重点对房地产业及建筑安装业、药品经销行业、交通运输业及非居民企业纳税情况4个指令性检查项目和营利性医疗及教育培训机构、年所得额12万元以上个人所得税自行申报纳税情况2个指导性检查项目开展了专项检查。同时，对利用“四小票”进行偷、骗税及制售假发票、非法代开发票等税收违法行为比较集中的地区开展区域税收专项整治。在开展行业性税收专项检查以及区域税收专项整治等重点工作中，按照总局要求，本着检查一个行业（区域），就要整顿和规范一个行业（区域）的目标，严厉查处了重点行业和地区存在的税收违法行为。并且积极配合自治区公安、国税等相关部门在全区范围内联合开展打击制售假发票和非法代开发票专项整治活动，有力地打击了不法分子的涉税违法犯罪行为，共查出违纪发票431万份，违纪金额1260万元，查补税款177万元，罚款金额158万元，取得了较好成效。

［税收专项检查］　2010年，根据国家税务总局要求，在全区范围内组织开展地方税收专项检查工作，重点对指令性检查项目和指导性检查项目开展了专项检查。一是自治区地税局专门成立了由“一把手”亲自任组长、分管局长任副组长的专项检查领导小组，由区局稽查局、征管处共同组成专项检查办公室，负责全区专项检查的组织、指导、实施、分析上报工作。各盟市地税局也相应成立由局长任组长的税收专项检查领导小组和办公室，统一组织、领导税收专项检查工作。二是抽调精干力量组成检查小组实施检查，稽查局组成重点检查组，对重点纳税户实施稽查检查，确保检查质量和效果。三是充分利用税收分析、纳税评估、税收检查的成果以及各种税收征管资料开展查前培训。四是通过电视、报刊、网络等新闻媒体广泛开展地方税收专项检查宣传发动工作，提高纳税人的认知度和依法纳税的自觉性，减少检查的困难和阻力。五是积极推行分级分类检查方法，按照生产规模及纳税额大小对辖区内企业进行科学分类，合理安排检查任务。六是密切加强与相关部门的配合，赢得支持，增强合力，确保调查取证工作顺利进行。七是在依法查处税收违法案件的同时，及时总结发案规律、特点和新的涉税违法动向、趋势，分析税收征管薄弱环节和税收政策缺陷，提出了切实有效的整改措施和完善建议，确保了专项检查工作的顺利进行。通过专项检查，全区地税系统查补收

入合计7.03亿元，其中税务部门查补收入5.32亿元，企业自查补税1.70亿元；组织入库收入合计5.30亿元，其中税务部门查补入库4.35亿元，企业自查入库9449万元。

［重点税源检查］　2010年，按照国家税务总局和自治区地税局的统一安排，对全区中石油、中国航空集团公司内蒙古地区成员单位及其分支机构、房地产企业以及90户重点税源企业及其分支机构等实施税收检查。一是对该区满洲里中石油国际事业有限公司、包头宁鹿石油有限公司等2户企业2006～2008年3个年度的纳税情况进行重点检查。满洲里中石油国际事业有限公司自查出税款8.66万元、滞纳金4.46万元已全部缴纳入库，税务机关复查未发现新问题。包头宁鹿石油有限公司查补个人所得税12.04万元、契税4.23万元，已全部缴纳入库。二是对中国航空集团公司内蒙古地区成员单位和分支机构2006～2009年的税款缴纳情况开展了税收检查。该局专门邀请成员单位的相关负责人召开税企座谈会，要求企业及辖区内成员单位开展为期2个月的税收自查工作，自查收入1051万元。随后，又组成检查组对自查不深不细的纳税户实施重点检查，查补收入509万元。三是对涉及该区境内的重点税源及分支机构共计90户企业实施税收检查。此项工作正在汇总和总结过程中。四是结合专项检查工作，认真做好房地产行业的税收自查及重点检查工作。截至2010年10月底共组织428户房地产企业开展自查，自查有问题的118户，自查查补各项税款1.45亿元，自查税款入库6952万元。共检查房地产企业1374户，其中结案1265户，在已结案的房地产企业中，存在涉税问题的511户，共计查补收入2.54亿元，入库收入2.06亿元。五是根据各地经济发展态势和税收征管现状，部署各级地税稽查分局对重点行业和重点纳税户开展了税收自查和抽查工作。如乌兰察布市地税稽查分局选定乌兰察布电业局、内蒙古乌兰察布电力工程有限公司等8户企业开展了税收自查工作，自查出应缴未缴税款1520多万元，经确认后全部按照预算级次清缴入库。

［案件查处］　坚持把查大户、办要案、攻难点、堵漏洞作为稽查工作的重点，结合全区经济发展和地税征管实际，将一些与重大案件密切关联、案件发案率明显偏高、税收违法问题比较突出和集中的地区列为重点，切实采取有效措施和灵活多样的检查方法，充分运用各种稽查手段，有力地查处了一批重大涉税违法案件，严惩一批偷逃税分子。2010年，全区共查处涉税违法案件291件，其中有问题287件，结案282件。查处涉税案件涉税金额3.93亿元，其中100万元以下的大要案件218件，查补税额3663万元，占查补税额的9.3%；100万～500万元以下的大要案件39件，查补税额8349元，占查补税额的21.2%；500万～1000万元以下的大要案件20件，查补税额1.50亿元，占查补税额的38.3%；1000万～5000万元以下的大要案件5件，查补税额1.22亿元；占查补税额的31.2%。有力地打击震慑了涉税违法行为，提高了纳税遵从度，促进了税收秩序持续好转，为强化税收执法、促进依法治税、保证税收收入持续稳定增长作出重要贡献。

［打击发票违法犯罪活动］　2010年，按照公安部、国家税务总局的统一部署，自治区地税局与自治区公安厅、国税局在全区范围内联合开展了“打击制售假发票和非法代开发票”专项整治行动，经过精心组织，通力合作，有力地打击了不法分子的涉税违法犯罪行为，共查出违纪发票431万份，违纪金额1260万元，查补税款177万元，罚款金额158万元。

［稽查选案］　一是针对近年来稽查选案环节存在的选案随机性、信息渠道不畅通等问题，充分运用全区数据大集中系统，扩大稽查纳税户征管信息来源渠道，加强选案前的调查筛选分析工作，加强与煤炭局、房管局、发改委、工商局、公证处等其他经济管理部门的信息沟通和联系，广泛搜集案源资料，对案源资料进行分类整理，提高了稽查选案的准确性和科学性。二是根据各稽查分局确定的重点行业，统筹考虑，统一研究，分别定期确定各稽查分局的重点稽查对象，批复下达各稽查分局实施稽查检查，进一步增强了稽查选案工作的科学性、针对性、计划性和实效性。2010年，全区共批复稽查检查纳税户291户，有问题282户，选案准确率为97%。

［稽查审理］　2010年，内蒙古地税稽查系统认真执行《稽查案件审理办法》，确保稽查执法的公平性、公正性、规范性和严肃性，进一步强化了稽查执法力度。一是要求各级稽查分局加快稽查案件的审理速度，对达到标准的涉税违法案件必须上报区局审核把关。二是把好案件规范关。对涉税违法事实和认定问题进行严格审核把关，同时对其稽查执法程序和稽查文书逐项审核。三是对税收政策问题反复核对研究，如遇有疑义问题请相关处室协助审核把关，确保定案的准确性和规范性。四

是加大稽查审核把关结果的执行监督力度。凡审核后处理的案件，要求各稽查分局上报处理决定书、处罚决定书备案等。2010 年，区地税稽查局共审核把关涉税案件 85 件，在税收政策、征收管理、发票管理等方面的纠偏率达 95%。同时，各级地税稽查机关还将审理中发现的税收征管问题等及时抄报各级地税局，进一步改进和完善全区地方税收征管质量，确保了稽查执法的准确性和严肃性。

[稽查业务培训] 2010 年全区地税稽查系统高度重视并加大稽查培训工作力度，不断提高稽查人员的综合素质。一是经积极争取国家税务总局 2010 年度“智力援西”项目，全区地税系统稽查检查业务培训班于 2010 年 7 月 11 ~20 日在鄂尔多斯市和呼伦贝尔市分别举办，来自全区地税系统的 240 名稽查和检查干部参加了培训学习。培训内容涵盖了税收征管法执法规范、新稽查规程及文书使用规范、电子查账技巧及稽查检查工作创新抗险解压等实用知识。通过情景模拟、电子演示、重点讲授、上下互动、案例剖析、讨论答疑等方式对企业财务软件检查及电子取证技巧、稽查新规程变化及税务行政执法风险防范、稽查文书使用规范、稽查干部创新思维及执行力建设、稽查干部心理调适等内容进行了详尽的讲解，充分调动了参训学员参与教学的积极性、主动性，受到了参训学员的广泛好评，取得了较好的教学和培训效果，达到了预期目的。二是各稽查分局充分利用“小黑板”、“每日一题”、案例分析等灵活有效的学习方式，努力培养稽查干部的学习意识，提高干部业务素质。同时，始终将稽查干部的学历教育与业务培训并重，积极鼓励稽查人员参加各类学历和专业资格考试，并建立了相应的奖惩机制，充分调动了稽查人员的学习积极性。三是根据重点检查及专项检查工作需要，及时组织税务稽查检查业务巡回培训及专题培训，使稽查人员的业务技能和综合素质得到提高，知识结构得到改善。

[税收违法行为举报] 2010 年，全区地税稽查系统在认真查处税收违法举报案件的同时，狠抓了违法案件举报工作管理，严格按照“加强领导，强化考核，提高稽查深度，加大处罚力度，优化治税环境”的工作思路，不断规范涉税举报案件工作程序，加强涉税举报案件管理工作。一是均设立了税收违法案件举报中心，确定了专人负责举报中心工作。二是定期向社会公布举报中心的联系方式及受理举报事项的范围、处理程序和有关法律、法规、规章；设立了举报箱和接待室。三是对于举报内容不明确、线索不清晰、没有举报证据的来人或实名举报案件，尽量让举报人补充内容，确保案源质量。四是建立案件分类管理制度。分为重大、重点、一般三个等级进行案件管理。制定了大要案件立案备案报批制度，细化了大要案件立案查处报告等内容。确定为大要案件的，要求由局领导挂牌督办并经过自治区地税稽查局集体审理。五是明确各环节工作职责。六是重大举报案件实行督办制度。七是对转办的举报案件实行催办制度。八是对不能按期查结的举报案件实行申请延期检查制度。九是建立档案管理办法。2010 年，全区地税稽查系统共受理举报案件 54 件，查处举报案件 46 件，其中：市级稽查部门受理并查处举报案件 39 件，县级稽查部门受理并查处 7 件。2010 年举报案件查补金额共计 1082 万元，其中：查补税款 834 万元，加收滞纳金 101 万元，罚款 147 万元。组织入库合计 526 万元，其中：入库税款 479 万元，入库滞纳金 10 万元，入库罚款 37 万元。

[稽查队伍建设] 一是强化培训工作。结合该区稽查队伍的结构特点和现实需求，争取国家税务总局智力援西项目，于 7 月 11 ~22 日举办了 2 期 240 人参加的全区地税系统稽查检查业务培训班，进一步提升了稽查人员的专业技能和电子查账水平。二是深入开展了“创先争优”活动。深入开展了创先争优活动，力求在解放思想转变观念上、发挥税收职能作用上、优化纳税服务上、领导班子和队伍建设上、地税稽查事业发展上实现新突破。三是加强了党风廉政建设。不断完善内外部监督机制，加强对干部的监督管理力度，对外通过政务公开、举报电话、参加电台的“行风热线”节目、推行稽查办结案件回访制、聘请廉政监督员、开展行风测评和“阳光稽查”等多种形式，广泛接受社会各界和纳税户监督；对内推行执法责任追究制，加强内部监督制约。印发了全区地税稽查系统深入开展“小金库”专项治理的工作通知，进一步从提高认识、明确责任、加强管理、严肃处理等方面加以强调，确保稽查队伍的清正廉洁。

[稽查宣传] 一是认真抓好涉税大要案件的查处，在严厉打击各种涉税违法行为的同时，通过自身严格执法和文明执法，深入宣传税法，树立税务稽查形象。二是充分发挥新闻舆论作用，在新闻媒体曝光涉税案件的同时进行稽查宣传，形成强大的舆论声势，扩大社会影响，取得社会各界对税收专项检查工作的理解与支持，提高纳税人对税收专项检查的认知度和依法纳税的自觉性。三是努力

争取地方党政对稽查工作的支持，使地方政府充分认识到稽查工作的重要性并得到大力支持。四是加强与财政、金融、国税、工商、公安等部门的协调与合作，扩大信息来源渠道，增强打击税收违法犯罪行为的力度，改善外部执法环境，确保查补收入的及时足额入库。五是编报内蒙古地税《稽查信息》，将稽查工作中好的经验、做法、取得的成绩及业务探讨及时加以宣传，确保了稽查信息的及时性和有效性，交流了经验。六是通过印制宣传品、公布举报电话、电台"行风热线"、稽查网上答疑、聘请廉政监督员、开展行风测评及利用稽查执法明白卡、查后回访制、查前函告制及约谈制等多种形式，向纳税人广泛宣传税收政策，取得了较好的社会效果。

（潘　英）

辽宁省国家税务局稽查局

［概述］　2010年，辽宁省国税系统在国家税务总局和省局党组正确领导下，坚持依法行政，以组织收入为中心，认真落实结构性减税政策，突出抓好税收征管和纳税服务核心业务，深入推进干部队伍和党风廉政建设，圆满完成了全年各项税收工作任务。全年共实现税收收入2157.3亿元，增长30.5%，增收503.9亿元，其中，国税部门组织税收收入1630.7亿元，增长25%，增收326.3亿元，完成国家税务总局计划的113.3%，收入总量在全国排名第七位。全省地方一般预算收入完成310.2亿元，增长22.4%，增收56.9亿元，圆满完成省政府收入目标任务。

该省国税稽查系统围绕中心，服务大局，坚决贯彻总局、省局各项稽查工作决策部署，出色完成了年度稽查工作。全面完成总局、省局考核目标。选案准确率100%，超考核目标10个百分点；案件结案率100%，超考核目标5个百分点；同比口径（不含总局定点监控企业税收收入）的稽查查补率为2%，超考核目标0.5个百分点；查补入库率96%，超考核目标6个百分点；偷税案件率53%，超考核目标33个百分点。

［稽查查补收入及分析］　全年共检查纳税人7683户，发现有问题户7683户；查补总额16.7亿元，同比增长22%；查补入库收入16.1亿元，同比增长21%。按税款属性分类，2010年查补入库税款14.3亿元，课征滞纳金1.1亿元，罚款0.7亿元。按税种分类，2010年查补增值税6.1亿元，所得税7.7亿元，消费税0.5亿元。按违法手段分类，2010年查处偷税案件4579户，查补税款1.1亿元，课征滞纳金0.3亿元，罚款0.7亿元；查处编造虚假计税依据案件89户，罚款27万元；查处不进行纳税申报案件80户，查补税款237万元，课征滞纳金80万元，罚款145万元；查处发票违法案件810户，罚款253万元，没收违法所得32万元；查处其他违法案件2996户，查补税款13.2亿元，课征滞纳金0.8亿元，罚款496万元。

［税收专项检查］　根据总局指令性检查项目，考虑产业关联关系，2010年该省税收专项检查项目包括房地产及建筑安装业、药品经销行业、交通运输业、非居民企业纳税情况、建筑材料及装饰材料的生产及销售类企业等指令性检查行业（项目）。各市在完成上述检查项目基础上，还结合本地实际，自选1~3个项目开展检查。全省共检查纳税人3645户，查补总额7.4亿元，其中：税款6.9亿元，滞纳金0.3亿元，罚款0.2亿元。入库稽查收入7.2亿元。

［区域性税收专项整治］　2010年，辽宁国税稽查系统组织开展了辽阳市矿产品采选业、沈阳市三好街电子市场、抚顺市榆林地区钢材市场、锦州市黑山县八道壕地区煤炭开采和经销行业等13个区域的税收专项整治，查补税款4500余万元。一是进一步加强组织领导。省局和各市局成立主要领导任组长、分管领导任副组长、各相关处室负责人为成员的税收专项检查工作领导小组；对各市局税收专项检查工作进行目标管理考核；聘请相关专家对各地税收专项检查骨干进行分行业的查前培训；按月通报全省及各地税收专项检查工作情况，适时组织召开税收专项检查工作调度会。二是继续坚持和不断深化"省局依据总局规定确定项目、市局集中评估确定对象、稽查人员实地检查确定问题"的运行机制。三是继续全面推进税收分类检查。对行业性税收专项检查对象实施"先评

后查”的管理型检查，对重点税源企业检查对象实施风险导向审计型检查，对有税收违法犯罪嫌疑或逃避、拒绝、阻挠检查的实施打击型检查。四是全面自查与重点检查相结合。省局在省级主流媒体发布相关行业（项目）税收自查通告，市局在组织纳税人进行自查的同时，有针对性地开展重点检查。

［重点税源检查］ 全省共对30户重点税源企业实施了审计型检查。省局直接组织了鞍钢所属7户等13户重点税源企业的审计型检查，抽调7个市的44名稽查专家和业务骨干组成7个检查组，抽调和聘请若干稽查专家、中介机构注册会计师组成综合业务指导组，历时4个月，共发现4项50余个涉税问题，查补税款10亿元。按照国家税务总局部署，对中国南方航空集团公司和中国航空集团公司所属驻辽机构进行了纳税检查，查补税款54万元，由总公司进行纳税调整5亿元。

2010年，该省结合重点税源企业检查实际，认真修改完善审计型检查专用工作底稿，进一步提高审计型检查专用工作底稿的科学性和实用性。组织稽查专家、社会中介机构等相关人员，借鉴审计技术，科学设计专用工作底稿，形成了计划类5个、分析类37个、指导类462个、总结类5个共四大类509个底稿，通过底稿的指导、规范、约束、监督作用实现了检查过程的科学化、痕迹化、信息化，保证了检查质效。南京审计学院对此做出如下评价：“辽宁省国家税务局组织设计的切合我国税务检查需要的一整套税务检查工作底稿，填补了国内空白，代表了我国税务检查的发展方向，对于规范税务检查的程序和内容、有效地防范税务检查风险必将起到积极的促进作用。”2010年11月，国家税务总局通报肯定了该省审计型检查工作底稿的做法并决定在全国逐步推广。

［案件查处］ 在2008年出台全国第一个省级税警协作办案制度基础上，及时适应新刑法涉税条款修改给稽查工作带来的新变化，2010年与省公安厅、省地税局联合制定了新的《辽宁省税警协作办案制度》，对税警协作条件、组织架构、工作程序等进行细化。并将“影响税务机关依法执行公务”的涉税治安事项列入协作范畴，为国内首创。全省先后挂牌成立“税警协作办公室”，建立税警协作基金，全省税警协作办案机制进入新阶段。全省查处偷税案件4579件，补税1.09亿元，罚款9261万元。税警协作查处案件267起，抓捕涉案人员111人，追究刑事责任36人。全省受理举报案件452件，结案321件，查补总额5573万元。查处了沈阳容海服装、鞍山时尚物业、营口盛海盐业4起超千万元偷税案件，补税罚款合计超亿元。4起案件的共同特点是设置账外账，隐瞒收入是申报收入的1倍以上。辽宁金银销售中心涉嫌虚开和接受虚开增值税专用发票案的查处，为全国查处黄金销售虚开和接受虚开增值税专用发票案掀开“冰山一角”，得到总局稽查局的充分肯定。

［打击发票违法犯罪活动］ 该省税警密切协作，成功捣毁一个特大非法制售发票窝点，查获各类假发票2787万份，是目前全国查处假发票份数最多的案件。全省查处使用虚假发票企业1340户，超出总局稽查局下达任务的30%以上，涉及非法发票12758份，涉及金额7.3亿元，涉及税额7709万元，查补收入9003万元。

开展了房地产、药品经销、交通运输、金融保险、商业销售、建筑安装等十余个行业的发票专项检查。查办发票违法案件736件，打掉团伙22个，捣毁窝点37个，收缴机器604台，缴获印章8970枚，抓获犯罪嫌疑人186人，查获非法发票3508万份。

［稽查工作考核］ 一是完善指标体系明确任务。坚持统筹兼顾、重点拉动，按稽查工作主要节点设置定量指标，加大权重重点指标。根据任务指向和系统管理需要，遵循过程控制与目标实现相结合设置定性指标，涵盖案件查处、专项检查、重点税源企业检查、规范执法等各方面，全面突出考核导向功能。二是分解任务实施考核。稽查局根据职责分工，将考核任务分解落实到内设各职能部门。依托CTAIS系统开发数据采集软件。在研制开发的《稽查管理信息系统》中嵌入稽查考核模块，及时主动地与省局收入规划核算处进行数据对接，使考核结果自动生成、动态管理。各地建立了以主管领导为第一责任人的目标管理考核责任制，将工作任务分解到稽查部门和稽查干部，做到逐级负责、各负其责。三是激励和约束并用奖惩分明。制定实施《辽宁省国家税务局稽查局稽查绩效质询制度（试行）》，对市局稽查局、专业稽查局、县区稽查局三个同业务系列进行动态监控，对质效排名靠后单位进行质询，督促整改。将考核结果与40%稽查办案专项经费挂钩分配，激励各地稽查工作创先争优。

［税务违法案件举报］ 一是注重日常受理。坚持按原则、按程序处理举报信息，注意与举报人沟通，悉心听取反映的情况，耐心细致解答有

关税收政策、法规；二是重点对查处不力的举报案件加强督导，并有针对性地提出指导性建议；三是将日常受理工作与案件查处工作结合起来。对重点案件，采取多种方式及时将举报补充信息或举报人动态反馈到查处单位，并对案件的查处进展适时监控，提高了举报案件查处质量和效率。2010年，辽宁国税稽查系统共办理税收违法举报案件530件，比2009年减少166件。其中，总局交办37件，省局直接受理193件，市、县级受理300件。立案查处举报案件465件，结案389件。全年查补金额合计9135万元，比2009年增加5258万元，增长135%。其中，查补税款7.66亿元，增长198%；滞纳金651万元，增长99%；罚款823万元，下降16%。移送公安机关案件4件。从受理及查处情况看，举报案件呈以下特点：一是举报虚开、倒买倒卖发票违法案件有增多趋势；二是举报案件涉及的企业所得税增多，查补税额增速较大；三是无价值案件和小案件所占比例仍然较高；四是举报销售不开发票的案件占举报案件的比例居高不下，反映对商业企业因经济纠纷或购物不开具发票的案件有快速上升趋势；五是应用现代技术手段的网络举报案件增多；六是举报人为追求举报查处效果直接向省局乃至总局举报的案件增多；七是举报案件数量呈下降趋势，但查补额度呈上升态势。

［案件协查］　通过协查系统发起委托协查267起，涉及企业272户、发票10072份、税额20921.34万元；共收到回函涉及发票9158份，其中正常6606份、有问题发票1038份、无法核实发票1514份，查补入库收入198.4万元，选票准确率11.33%，委托协查信息完整率为93.97%。特别是通过协查系统，及时发现并查处了不法分子利用“辽宁金银销售中心”（纳税人识别号21010211779051X）开具的增值税专用发票信息变造、伪造增值税专用发票抵扣联和发票联，用于无真实货物交易的其他纳税人虚假抵扣进项增值税税款的典型案件，即“5·04”案件。经请示总局稽查局，向全国18个省（市）的145户涉案企业，共计发出1289组已确定虚开增值税专用发票的纸质协查函，涉及金额11.73亿元，涉及税额1.99亿元；又对有重大虚开嫌疑的2110组增值税专用发票向全国13个省（市）发出纸质协查函，涉及118户企业、金额18.47亿元，税额3.14亿元。现已全部回复，为国家挽回税收损失6000余万元。受托协查方面，受托收到协查926起，涉及企业1960户、发票14158份，税额3.81亿元，累计回复发票9860份，其中正常8168份、有问题发票1005份、无法核实发票687份，查补入库收入189.9万元，累计按期回复率100%，受托协查信息完整率98.65%。纸质协查方面，受托纸质协查函件共计647件，涉及发票8412份、金额18亿元、税额1.80亿元；委托发出纸质协查函件共计215件，涉及发票5253份、金额5.24亿元、税额7880万元。上述合计查补收入3232万元，其中税款2311万元、滞纳金136万元、罚款785万元。

［稽查工作会议］　2010年3月5日，全省国税稽查工作会议在省局召开。会议主要议题是：系统回顾推行分类检查3年实践情况，全面部署2010年稽查工作。各市局分管领导、市局稽查局局长参加会议。省局总经济师何力作了《总结分类检查　部署今年工作　不断提高全省稽查工作质量和效率》的工作报告。各市局分管领导就如何开展年度稽查工作作了表态性发言。会议强调，全省各级稽查部门要紧紧围绕重大税收违法案件查处、税收专项检查、重点税源企业检查“三项主要任务”开展分类检查，提高稽查能力，强化激励约束，确保完成各项稽查工作目标和任务。

（刘志岩）

辽宁省地方税务局稽查局

［概述］　2010年，辽宁地税稽查系统积极稳妥地推进一级稽查管理体制改革，及时调整稽查工作总体思路，创新稽查工作方式方法，强化稽查系统管理，加大稽查执法力度，围绕税收中心任务，以大力组织税收收入和整顿规范税收秩序为目标，以重点税源企业检查和税收违法案件查处为重点，科学组织税收专项检查和区域税收专项整治，严厉打击发票违法犯罪活动，充分发挥稽查作用，

全面提高稽查工作效能，圆满完成各项工作任务，为整顿和规范地方税收秩序、净化经济环境、构建和谐辽宁作出了应有的贡献。

[稽查查补收入及分析] 全年全省各级地税稽查机构共对7436户企业开展税收检查，对税收区域开展整治，对举报案件进行查处，查补地方税费收入11.3亿元（其中：税款及滞纳金、罚款9.02亿元）；全省共组织43854户企业开展自查，补查税费11.5亿元。

[税收专项检查] 2010年，按照国家税务总局要求，结合该省行业税源分布状况，省局部署对房地产业、建筑安装业、医药经销行业、交通运输业，营利性医疗及教育培训机构、娱乐业、广告业、通信业等重点行业开展了税收检查；对近三年未实施税务检查的重点税源企业、非居民企业、限售股减持涉税企业、港口、驾校等重点企业及中国移动、联通、电信三大运营商涉及的假发票问题开展税收检查；对国家税务总局部署的全国大型集团在辽宁的近200户重点分支企业开展税收检查。一是创新工作方式，实现企业自查与税收检查的有机结合。二是科学选案，提高检查工作针对性。三是突出重点，实施分级分类检查、交叉检查和剖析检查。确定了省局重点监控300户企业自查情况，分别由省、市稽查局对其中186户企业开展重点检查，同时抽调稽查骨干对8户企业开展交叉检查，查补税费收入3011万元。四是规范执法，统一执法依据。五是加大对重大案件的督导力度。省局及时掌握查处情况，将重点案件列为省局督办案件。省局稽查局查处的辽宁恒泰房地产开发有限公司偷税案件，受到国家税务总局的充分肯定并在全国表彰。

[区域性税收专项整治] 全省从省局、市局两个层面开展地区税收秩序整治工作。省局抽调20名稽查骨干对鞍山立山区的重点行业及27户重点税源户的纳税、发票管理、税收减免管理等情况实施整治。按照检查与自查相结合的原则，检查组部署该区所有企业开展了自查，自查收入1354万元；经过检查，发现了营业税、企业所得税等纳税问题，查补收入421多万元，同时配合立山区地税局对耕地占用税缴纳情况进行全面清理，清缴税款2342万多元。各市按照省局要求也分别选取一个地区开展了区域整治。

[打击发票违法犯罪活动] 积极发挥打击假发票专项活动牵头单位的职能作用，与公安、国税等部门下发了《税警联合协作办案制度》，召开了辽宁地税系统打击假发票专项活动视频会议，起草了向辽宁省政府汇报的《关于贯彻落实全国打击发票违法犯罪协调小组会议精神，做好辽宁省2010年发票打假工作有关意见的报告》，制定了《辽宁省2010年打击发票违法犯罪活动工作方案》，印发了《辽宁省地方税务局整治虚假发票“买方市场”工作方案的通知》，将发票检查与行业税收专项检查、区域税收专项整治、重点税源检查、专案检查工作结合起来一同部署，做到“查账必查票”、“查案必查票”。确定将房地产、建筑、医药经销及开具货物运输发票环节等作为2010年整治的重点行业，严格要求全省处理的违法受票企业不少于1000户，并将任务分解落实到各市局。2010年，共查处各类发票违法案件138起，抓获犯罪嫌疑人319名，打掉犯罪团伙30个，缴获涉案发票5741万份。

[稽查工作会议] 2010年4月22日，省局在沈阳市召开了辽宁省地方税务稽查工作会议。会议传达了全国税务稽查工作会议精神，总结了全省2009年地方税务稽查工作，对2010年地方税务稽查工作进行了部署。由于2010年是该省实施一级稽查体制的第一年，是“十一五”规划的收官之年，也是经济发展形势最为复杂的一年，因此2010年该省稽查工作的总体要求是：坚持服务科学发展、共建和谐税收主题，围绕税收中心工作，以大力组织税收收入和整顿规范税收秩序为目标，以重点税源企业检查和税收违法案件查处为重点，科学组织税收专项检查和区域税收专项整治，严厉打击发票违法犯罪，改革稽查管理体制，建立顺畅的工作运行机制，创新工作方式，强化系统管理，提高稽查效能，为构建和谐辽宁作出更大贡献。

[税收违法行为举报] 高度重视涉税举报案件的受理和查处工作，将此工作视为树立地税机关形象、提高纳税服务质量的窗口，坚持“涉税检举无小事”原则，加强管理。2010年全省受理税收违法检举334件，立案查处305件，查补收入1024.48万元，其中，税（费）及附加818.57万元，滞纳金57.64万元，罚款148.27万元。同时，牢固树立全国“一盘棋”和“协查地就是案发地”的观念，认真做好协查工作。全年完成全国各省市发票协查1740组。

[稽查队伍建设] 一是充实壮大稽查专业队伍。2010年稽查体制改革中，特别注意增加了一线稽查人员数量。广泛开展电子稽查能手、行

业税收稽查骨干、稽查师资等培训，调整充实了省、市局稽查人才库，修订了人才库管理办法。二是加强廉政建设，防范稽查执法风险。深入贯彻落实国家税务总局《关于加强稽查执法监督制约工作的意见》，制定下发《辽宁省地税局税收违法案件一案双查办法（试行）》，加大了对稽查执法过程全程的廉政监督制约，强化干部责任意识教育。三是加强政治思想教育，通过召开支部民主生活会、办宣传展板以及参观革命历史纪念馆等多种形式，不断地提升了广大党员稽查干部的政治思想觉悟和理论素养。四是转变作风，求真务实。各级税务稽查部门能够把上级要求和本地实际有机结合，创造性地开展工作，取得实效。

[稽查制度建设]　为进一步规范全省地税稽查执法行为，提高稽查执法质量，根据稽查改革和稽查体制的实际情况，按照总局《税务稽查工作规程》的要求，制定了《辽宁省地方税务局税务稽查工作规程》；为充分发挥一级稽查执法打击力度，提高查办案件质量与效率，加强了部门联合的组织机构与制度建设，与省公安厅、省国税局联合下发《辽宁省税警协作办案制度》，成立了税警协作办公室，全省13市也建立了相应的组织机构并在工作中顺畅运行，进一步规范了税警协作办案工作。

[稽查调研]　为确保一级稽查管理体制改革顺利实施与有效运行，在广泛调研基础上，起草了《关于实施一级稽查体制的有关意见》，从稽查执法的权限、程序、效能等角度提出机构设置、队伍组建、基础建设、运行管理、执法效能等方面的建议，为领导决策提供参考；2010年8月该省改革调整后，辽宁地税稽查系统深入全省各市对一级稽查体制运行情况进行调研，了解改革后稽查机构设置情况变化、稽查执法运行情况等，分析了稽查机构、稽查干部、稽查手段与稽查工作任务的配备情况，总结了基层稽查工作运行中遇到的矛盾，形成了《关于一级稽查管理体制运行情况的调研报告》，提出了进一步明确征收局与稽查局的工作职责划分、县级稽查局设置、稽查经费、稽查工作运行机制建设等方面的意见和建议，得到省局党组的充分肯定。

[稽查宣传]　为提高稽查队伍素质和稽查工作质量，宣传稽查工作的先进经验，交流稽查工作方法，研究涉税违法犯罪规律，建立了稽查工作宣传制度，组建稽查宣传队伍，选拔稽查研究干部，设置工作研究平台，在《辽宁地税》杂志开辟了稽查专栏；编发了《稽查专报》，其中辽阳市交通运输业专项整治工作方法与工作成果、全省税收自查工作情况及工作建议受到广泛好评，省局党组书记、局长张玉文对此进行了重要批示，并在省局《情况通报》上进行了转发。

（孙锦秀）

吉林省国家税务局稽查局

[概述]　吉林国税稽查系统围绕“服务科学发展，共建和谐税收”主题，深入开展整顿规范税收秩序工作，积极开展税收专项检查，认真组织企业开展自查，加大重大涉税案件查处力度和省局稽查局直接查办案件的力度，加强警税合作，加强制度建设，加强稽查队伍建设，各项工作取得了很大进展。一是税务稽查职能作用得到有效发挥。案件查处收入大幅增长，行业税收秩序得到了进一步好转，打击涉票违法犯罪活动取得阶段性成果，“以查促管”进程进一步加快；二是稽查体制模式得以创新完善；三是稽查制度建设有效加强；四是稽查执法行为日趋；五是案件检举、协查、选案等日常工作有序开展；六是稽查队伍素质有效提升。2010年，查补收入11.80亿元，再创历史新高，为全省国税收入持续平稳较快增长作出了积极贡献。

[稽查查补收入及分析]　围绕“围绕一个中心，突出两个重点，强化三个落实，实现四项指标”的稽查工作思路，吉林国税稽查系统加大税务稽查和税款执行入库力度，稽查查补收入等指标明显提升。全省共检查纳税人3340户，查出有问题3261户，查实率为97.63%；查处总额3.91亿元，其中税款3.40亿元，滞纳金2696万元，罚款2416万元；入库总额3.91亿元，其中税款3.40

亿元，滞纳金2692万元，罚款2400万元。入库率99.81%，处罚率7.09%。组织企业自查631户，自查查补税款、滞纳金合计7.89亿元。检查、自查共查补税款、滞纳金、罚款合计11.80亿元。入库查补税款、滞纳金、罚款合计11.80亿元。2010年，查处收入总额、查实率、入库率继2009年再创新高。查处收入占全省国税收入的比例、查实率、入库率在全国处于很好的位次。

[整顿和规范税收秩序] 全省国税系统2010年共出动执法人员3.58万人次，出动执法车辆1.59万台次，查处各类涉税违法案件和其他税务违法违章案件4578户，有问题4150件，查补税款、滞纳金合计6.19亿元。在整顿和规范税收秩序工作中，全省各级国税稽查部门与公安部门密切配合，建立警税合作办案机制，相互保持信息通畅，充分发挥部门优势，与公安部门合作办案125件，拘捕犯罪嫌疑人17名，形成了打击涉税违法活动的合力，在社会上引起了很大反响。

[案件查处] 省局稽查局进一步完善《重大案件管理办法》，加大对大要案督导力度，及时调度案件进展情况，协调解决案件查处中遇到的疑难问题，使重大案件得到及时有效查处。同省局法规处沟通，稽查局查办的案件由稽查局审理并做出决定，提高了稽查工作效率，减少了稽查执法隐患。全省各级国税稽查部门积极拓展稽查案源，充分利用举报、协查、专项检查、专项整治中发现的重大线索和“案中案”，集中力量开展了重点稽查。全省共查处大案要案65起，查补税款3.80亿元，滞纳金1263万元，罚款1776万元，合计4.11亿元。

[税收专项检查] 制定下发了《吉林省国家税务局税收专项检查实施方案》，由稽查局牵头成立了由主管局长担任组长，稽查局、征管处、法规处、信息中心等部门参加的税收专项检查领导小组，多次召开专题会议对专项检查工作进行研究部署，确保了税收专项检查的质量和效果。一是按照总局部署开展了药品经销行业、房地产行业的税收专项检查。二是结合该省实际开展了4S店和医疗器械经销行业的税收专项检查。三是按照总局部署对全国500强公司涉及该省企业开展了税收自查。2010年，全省共对839户企业开展了税收专项检查，组织550户企业开展自查，检查、自查补税合计8.24亿元，滞纳金1008万元，罚款909万元，合计8.43亿元，入库8.36亿元。每项检查结束后，省局稽查局组织人员对行业存在的问题进行汇总分析，并形成行业稽查建议，向相关税收管理部门进行反馈，建立管理部门要加强税收宣传，加强日常监管，完善税负预警机制，进一步提高税收管理质量。

[重点税源检查] 按照总局稽查局关于开展分级分类检查工作要求和省局稽查局年初工作安排，对省、市、县三级重点税源企业实施了分级分类检查或组织自查。一是省局集中稽查力量，对总局部署的重点税源企业直接组织开展检查（自查）；二是有针对性地结合本地实际情况组织开展自查。省局稽查局统一组织各地，对跨地区经营和在本省经营规模较大或有影响的企业开展检查（自查）；三是各地区结合本地实际对易发生问题、税负偏低、历次检查都有问题的行业或企业组织开展了检查（自查）。全省各级国税稽查部门共对631户自查企业开展了复查，自查查补收入合计7.89亿元，占全省查补收入总额的66.8%，通过自查纠正了企业沉积多年的隐蔽性问题，及时堵塞了税收管理漏洞。

[打击发票违法犯罪活动] 2010年，吉林国税稽查系统同公安、地税部门联合对制售假发票、非法代开、虚开发票、非法取得发票等涉票违法案件进行了专项整治。全省共查处涉票违法案件144起，打掉涉票犯罪团伙2个，捣毁窝点2个，涉案发票7106份，查补税款、滞纳金合计1523万元，罚款772万元。涉票违法活动在一定程度上得到了有效遏制。由于打击发票违法犯罪工作组织部署查处得力，该省长春、辽源市国税稽查局被评为打击发票违法犯罪活动先进单位，刘飞朋、冯一彤同志被总局评为打击涉票违法活动先进个人。为探索打击发票违法犯罪长效机制，调动各出谋献策，省局稽查局开展了建立打击发票违法犯罪长效机制征文活动，省局对征文进行了整理，优秀征文被省国税局《税务工作调研》予以采用，并报送总局稽查局供借鉴参考。

[税收违法行为举报] 2010年，全省各级国税稽查部门贯彻落实《税收违法案件检举办法》，加大举报宣传力度，对外畅通举报途径，认真受理群众举报案件；对内不断强化举报工作管理，严格履行工作制度和工作程序，认真实施案头排查，分类组织查处，加大案件督办力度，切实保证了举报案件的查处质量。同时，认真向举报人讲解税法，平和举报人情绪，重复举报、多头举报现象明显减少。全省共受理举报案件109件。其中：总局转办15件，省局举报中心受理47件。全省共

查处举报案件117件（含上年结转），查补税款1201万元，滞纳金161万元，罚款148万元，合计1510万元，有力地打击了涉税违法行为。

[案件协查] 2010年，全省协查系统运行平稳正常。贯彻“协查地就是案发地”的思想，认真做好委托协查和受托协查工作，并抓住协查线索，积极拓展稽查案源，查处案中案。全省共受托协查案件121件，协查发票534份，通过发票协查直接查补税款68.49万元。受托按期回复率100%；委托发出协查74起，协查发票577份。接受纸质协查328起，查补税款976万元。向总局报送的《协查动态》质量高、协查报表资料统计报送及时，受到总局稽查局通报表扬。

[稽查制度建设] 一是探索与地税稽查部门合作机制。同地税部门合作，联合制定下发了《吉林省国家税务局、吉林省地方税务局税务稽查工作协作》制度，对合作的组织领导、联合办案、信息交换等内容进行了明确，为双方合作奠定了良好的基础。如“5·15涉票案”案发后，省地税在第一时间，将相关信息移交省国税稽查局，省国税稽查局对相关信息进行分类归集，组织开展检查。二是制定工作制度办法。省局制定了《稽查人才库管理办法》、《分级分类稽查管理办法（试行）》。三是修改完善原有的工作制度办法。修订完善了《税务稽查建议制度》、《吉林省国家税务局税务稽查考核办法》、《吉林省国家税务局税务违法案件举报管理办法（试行）》、《税务稽查办案专项经费使用和管理办法》、《税务稽查复查工作制度》等工作制度和办法，实行稽查案件复查制度和等级稽查员制度，保证了各项稽查工作的顺利开展。

[稽查系统建设] 2010年，该省设置省、市、县三级稽查机构，全省普遍实施一级稽查体制。2009年下半年至2010年上半年，完成了市、县级稽查局机构规范设置。截至2010年年底，全省共有稽查干部1261名，占全省国税干部的11%，市级稽查人员占全省国税稽查人员总数的60%，实现省、市、县稽查机构的“扁平化”管理，有效地整合了稽查资源。同时，加强省局稽查局统一指挥、部署和领导作用，加强地区间的互动和联动，形成了全省“一盘棋”的稽查工作格局。省局稽查局组织抽调人才库人员，集中对重点税源企业和重大涉税违法案件进行检查，形成了案件查处合力。加强系统培训、以案代训，通过召开稽查工作现场会、稽查工作经验交流会等方式，提高案件查办能力，规范稽查执法行为。还加强对下考核，制定《吉林省税务稽查工作目标管理考核办法》，对查实率、入库率、结案率等工作指标进行考核，并通过案件复查的方式，对稽查案件查处质量进行考核。

[稽查信息化建设] 自金税工程协查系统开通以来，全省各级国税稽查部门按总局要求设立协查机构。设置了协查领导岗位、协查综合管理岗位、组织协查岗位、协查监控管理岗位。全省共设置金税工程协查工作节点53个，配备微机128台，打印机79台，传真机30台，扫描机12台，确保协查系统工作的正常运行。同时，将稽查信息化建设与稽查选案工作有机结合，同省局信息中心联合开发了《税务稽查选案辅助软件》，软件主要包括“稽查选案查询分析”和“案件实时跟踪”两大模块，将散布在CTAIS中的各种数据进行归集、整合、分类，选案人员可以方便调取纳税人基本情况、行业信息和区域纳税人情况，可以进行模糊查询，实现稽查案源动态管理和稽查案件跟踪管理，提高了选案的准确性和科学性，选案准确率达到了97.63%。

[稽查队伍建设] 2010年，以规范化、科学化、精细化管理为目标，加强惩防体系建设，实施稽查内控机制，防范稽查执法风险，明确稽查局内设机构和各岗位工作职责，对稽查相关法律制律、法规、工作制度进行梳理，明确稽查工作和相关权力事项流程，研究分析各部门和各工作环节存在的执法风险，制定风险防范措施，并逐一对各岗位的执法风险进行了排查，重大案件和重要事项经集体研究决定，形成了制度完备、流程规范、责任明晰、监督到位的内控监督制约机制。同时，加强干部思想教育、职业道德教育和勤政、廉政教育，教育干部要爱岗敬业，忠于职守，为税清廉。全省国税稽查工作会议上，省局党组成员、纪检组长刘树奇以《学习廉政准则，严格要求自己，做一名合格的稽查干部》为题，对参会人员开展廉政教育。

[稽查业务培训] 2010年，按照科技兴税，以人为本的方针，加大了教育投入力度，实行“分类、分层次”培训。一是对稽查局长进行培训。着重对领导学、管理学、队伍廉政建设等内容进行培训，对做好当前稽查工作提出明确要求，教育稽查局局长要带好队、查好税。二是加强省局稽查局强化自身素质。省局稽查局开展了“每周一课，每季一考”学习活动。活动以“抓学习，强素质，促和谐，创一流”为宗旨，全面提高省局

稽查干部的综合素质和岗位技能。三是组织专门业务人员和稽查骨干进行培训。举办了全省国税稽查信息化管理稽查实务培训班，全省国税稽查举报软件培训班，并组织各地审理科长，到扬州税务学院进行“税务稽查与司法协调”专题培训。为方便基层学习，省局稽查局组织人员编写了《税务稽查》培训教材等。同时，省局稽查局利用年初、岁尾的时间组织各地集中开展培训。全省各级国税稽查部门共举办各类培训班86期，召开稽查工作经验交流会、案例分析会32次，累计培训学员4625人次。为检验培训成果，12月初省局组织开展了全省国税稽查业务知识竞赛活动，对成绩前3名的地区和前20名的个人进行了奖励和通报表扬，调动了稽查人员学习的积极性。

［稽查人才库建设］ 2010年，为进一步规范稽查人才库管理，省局制定并下发了《吉林省国家税务局税务稽查人才库管理办法》（吉国税发〔2010〕109号），下发了《关于聘任税务稽查人才库人员的通知》（吉国税函〔2010〕220号），并按照此办法和总局要求，对省级和国家级税务人才库人员进行了调整，调整后省局稽查人才库人员58名，上报国家级稽查人才库人员30名。人才库人员在总局抽调和省局抽调工作中表现突出，出色地完成了各项工作任务。

［案件公告］ 2010年年初，省局稽查局根据国家税务总局《税务违法案件公告办法》（国税发〔1998〕156号）和《关于报送税务违法案件公告材料的通知》（国税函〔1999〕57号）的有关要求，下发文件进一步规范各地区稽查局税务违法案件公告内容以及向省局报送的相关要求。全省各级国税稽查部门加大了公告力度，充分利用公告的形式宣传依法治税和税务稽查工作，打击震慑涉税违法活动，扩大社会影响。2010年，全省共报送税务违法案件公告108篇，省局稽查局将各地上报的公告认真分析核实后将社会影响较大的涉税案件上报总局稽查局，全年共向总局稽查局报送违法案件12篇，其中吉林省北星脊柱梳理有限公司涉税案、延边百利建筑有限公司涉税案比较有代表性，对纳税人起到了很好的震慑作用。

［稽查宣传］ 一是在报纸、杂志上刊发稿件；二是在广播、电视上做宣传节目；三是积极参加各级国家税务局组织的税法宣传月活动，采取散发宣传单，深入企业、学校讲解税法、上街设立税法咨询台、设立税法咨询电话等多种宣传方式，大力宣传税收法律知识。全省各级稽查部门共在国家级宣传媒体上发稿19篇，省级宣传媒体上发稿301篇，市级宣传媒体上发稿105篇，通过互联网和新闻媒体上曝光涉税违法案件21件。税法宣传月期间，全省各级国税稽查部门上街宣传税法810人次，设置宣传板20多块，税法咨询台10个，散发宣传单6110份，接待咨询400多人次。同时，深入重点企业进行纳税辅导300余次。并与学校联合设立“少年业余税校”、深入军营讲解税法，收到了很好的宣传效果。

［稽查调研］ 2010年，为适应形势发展的需要，进一步加大税务稽查力度，年初由省局稽查局副局长宫伟带队，省局稽查局各科科长和部分地区稽查局长到山东国税稽查局、青岛、烟台市国税稽查局等地进行学习考察，主要学习选案工作成功做法和工作制度办法。在学习信息化建设平台的基础上，由省局稽查局选案科提出方案，同省局信息中心共同开发了《税务稽查选案辅助软件》，软件于2010年11月份试运行后推广。同时，省局稽查局高度重视对基层工作的调查研究。省局分管稽查工作的领导、省局稽查局领导和省局稽查局的同志深入长春、吉林、白山、通化、辽源、延边等地区进行调研，掌握基层工作情况。通过座谈、征求意见等方式，与基层同志共同研究新形势下税务稽查工作的思路，切实解决税务稽查工作中遇到的具体问题。

［稽查工作会议］ 2010年6月10～11日，全省国税稽查工作会议在长春召开。会议得到了省局党组的高度重视。会前，省局党组书记、局长孙云志对稽查工作做出了重要批示，对稽查工作提出了要求和希望。会上省局党组成员、纪检组长刘树奇作了《学习廉政准则，严格要求自己，做一名合格的稽查干部》的报告。省局党组成员、总会计师周柏柯就《如何当好稽查局长》，结合稽查工作给参会人员上了生动的一课。省局稽查局局长张运鹏作了《依法稽查，规范管理，充分发挥税务稽查职能作用》的工作报告，回顾了2009年稽查工作取得的成绩，剖析了稽查工作中存在的问题和不足，明确了稽查工作思路，并对稽查工作进行了总体部署。省局稽查局副局长宫伟以新《税务稽查工作规程》为内容对参会人员进行了培训。部分地区作了稽查工作经验介绍。参会同志对会议内容进行了认真讨论，并结合各地情况就年初以来稽查工作开展和下一步工作安排、部署情况进行了座谈，提出了很好的意见和建议。会议由张运鹏局长进行总结，就稽查重点工作和稽查工作量、稽查

办案专项经费、一级稽查体制、分级分类检查等大家关注、关心和会上提出的问题进行了进一步强调和明确。

[勘误说明]　2009 年年鉴内容作以下调整：

[综述]　2008 年，全省各级国税稽查部门围绕“主业”，突出重点，规范管理，扎实推进各项稽查工作。一年来，全省各级稽查部门共检查纳税人 4131 户，经查有问题纳税人 3703 户，查实率为 88.3%；查处总收入 47223 万元，户均查补收入 12.75 万元；入库收入 46508 万元，入库率为 98.49%；罚款 4029 元，处罚率 10.03%。依法向公安机关移送案件 188 件，抓捕犯罪嫌疑人 36 名，极大地发挥了税务稽查的打击和震慑作用。

[稽查工作会议]　2008 年 3 月 28 日，省局稽查局在长春市召开了全省国税稽查工作会议。省局党组成员、总会计师周柏柯到会并作了《夯实基础，规范管理，扎实推进全省国税稽查工作》的讲话。提出 2008 年全省国税稽查工作的总体思路是：认真贯彻全国税务稽查工作会议和全省国税工作会议精神，以整顿和规范税收秩序为目标，以查处和打击税收违法活动为中心，以组织税收专项检查和区域税收专项整治为重点，进一步理顺稽查机构，夯实稽查工作基础，完善稽查工作目标管理考核体系，努力提高税务稽查工作质量和效率，为圆满完成全省国税工作任务作出新贡献。要围绕“主业”，突出重点，全面完成稽查工作任务；要夯实基础，强化管理，不断提高稽查规范化管理水平；要转变作风，加强督办，认真抓好工作落实。会议指出，全省各级国税稽查部门要认真学习，深刻领会总局关于税务稽查事业发展进程的科学定位和推进“六个转变”的新要求，准确把握稽查工作面临的新形势、新机遇和新任务。要按照稽查工作总体思路，把案件查处、组织税收专项检查和开展区域专项整治作为中心任务，一以贯之地抓紧、抓实、抓好。同时，要进一步巩固和加强税务稽查管理基础。立足基础抓管理，强化管理促发展，努力实现新时期税务稽查工作的新跨越。8 月 23 日，在白山市召开了全省国税稽查局长工作会议，会上，各地区汇报了年初以来稽查工作的开展情况，剖析了稽查工作中存在的问题，明确了年底前要完成的工作任务。

（刘秀英）

吉林省地方税务局稽查局

[概述]　2010 年吉林地税认真开展“双提高”主题实践活动，抓学习、强素质；抓服务、促征管，圆满完成了各项工作任务。全省共组织各项税收 393.2 亿元，增收 76 亿元，同比增长 24%。全省地税稽查系统组织稽查查补收入 10.61 亿元，完成国家税务总局考核指标的 184%，创历史最高水平。全省各级稽查部门按照“围绕一个中心、突出两个重点、完成三项目标任务、做好四方面工作、发挥好五个作用”的总体工作思路，健全机制，创新方法，强化措施，狠抓落实，专案检查、专项检查、专项整治、队伍建设和系统管理等工作都取得了明显成效。

[稽查查补收入及分析]　2010 年全省稽查系统重点检查 4799 户企业，有问题 4269 户，有问题户占检查户数的 89%；结案户数 4598 户，结案率为 96%，选案准确率为 93%，立案 3578 户，在有问题户数之中有 84% 的案件进行立案检查，对 14451 户企业部署了自查。全年查补收入合计 10.61 亿元，是该省稽查系统首次超过 10 亿元的历史性突破，其中：重点检查查补 5.96 亿元；组织企业自查查补 4.65 亿元。全年累计入库 10.46 亿元，入库率为 99%。

[整顿和规范税收秩序]　全省以房地产、建筑安装、交通运输、广告旅游业、餐饮服务业为重点整治行业，以长春市、吉林市为重点整治区域，以“5·15 涉票案”侦办查处为突破口，全年共完成了查处违法受票纳税人 1249 户、查处购买使用虚假发票份数 4971 份、查补收入总额 3778 万元的工作任务，有力地整治了假发票“买方市场”，圆满完成了既定工作目标。一是高度重视，加强领导。为保证《整治虚假发票“买方市场”工作方案》通知精神的贯彻落实，下发了《吉林省地方税务局关于转发国家税务总局贯彻落实整治虚假发票“买方市场”工作方案相关问题的通知》

（吉地税发〔2010〕204号），将此项工作在全省地税系统进行了全面部署，要求各单位积极行动起来，深入开展本地区的发票整治工作；注重与当地公安、国税等部门的协调、沟通与配合；及时总结和汇总本地区稽查、征管、发票等部门的工作开展情况，及时向省局领导小组办公室报送工作简报、统计报表、大要案查处情况。大要案要第一时间上报。二是目标明确，落实到位。突出重点，量化任务，进一步完善了稽查、征管与发票管理部门互动运行机制。三是注重协调，形成合力。建立了有效打击发票违法犯罪活动的工作协调机制，强化部门协作，发挥整体作战优势。以省打击发票违法犯罪活动工作协调小组办公室的名义向省国税局、公安厅、财政厅、省委宣传部等16个部门下发了《吉林省打击发票违法犯罪活动工作协调小组办公室关于填报〈打击发票违法犯罪活动工作情况统计表〉的通知》（协办函〔2010〕1号）。极配合公安机关开展“端窝点、打团伙、打跨省作案”专项行动。积极协同当地通信管理部门，进一步推进发票违法信息治理工作。四是扩大宣传，提高影响。开展了形式多样，内容贴近生产生活实际的宣传活动。营造良好的社会氛围。公布举报电话，鼓励广大群众检举揭发印制、兜售、购买、使用假发票等涉税违法行为。大力宣传打击发票违法犯罪活动工作开展情况及成效，加大对发票违法犯罪案件的曝光力度，扩大社会影响。

［案件查处］ 全省各级举报中心共受理各类举报案件212件，立案查处各类举报案件203件。全年共查补税款4577.01万元，入库4165.66万元，查补税款入库率为91%；依法加征滞纳金968.36万元，入库877.55万元，滞纳金入库率为91%；共处罚款525.73万元，入库517.60万元，罚款入库率为98%。

全省税务违法举报案件中符合大案、要案标准的案件有11件，总局稽查局对其中8起涉税案件进行了督办。每一起案件的处理和处罚都通过审理委员会集体讨论，共同决议，将每一件涉税违法案件都办成“铁案”。大案、要案的查处，打出了地税稽查的声威，提高了地税稽查的知名度，在社会上震动很大，收到了较好的效果。

［税收专项检查］ 全省地税稽查系统共检查2914户，查补收入合计5.42亿元，入库收入4.68亿元。全省开展自查查补收入合计4.12亿元，入库收入4.04亿元。以总局指令性、指导性检查项目为重点，结合全省税收征管实际，把房地产及建筑安装业、药品经销业、交通运输业、非居民企业纳税情况、营利性医疗及教育培训机构、年所得12万元以上个人所得税自行纳税申报涉及的单位和个人、各地自选行业确定为全省税收专项检查项目，制定了《吉林省地方税务局2010年税收专项检查实施方案》。在方案的指导下，形成了统筹组织、统一计划，分级分类、分项实施、整体推进的全省税收专项检查工作格局。在具体实施过程中，通过“强化四个管理”，即：强化自选项目管理、强化检查计划管理、强化目标任务管理、强化检查内容管理，促进了工作计划和任务的落实。

［区域性税收专项整治］ 结合辽源地区破获的非法制造、出售假发票案件，集中开展了打击发票违法犯罪区域专项整治行动，此项工作引起省委、省政府领导的高度重视，在省打击发票协调小组的领导下，成立由省地税局、省国税局、省公安厅、省通信管理局等相关部门组成的“5·15涉票案”专案组，省局稽查局负责具体的组织协调和地税发票的追查工作，经过各部门近三个月的共同努力，案件查处取得明显成效，有力地打击了涉票违法犯罪行为，整顿规范了税收秩序，净化了市场经济环境。此案共追查涉案发票2223张，扩展查出非本案假发票454张，检查涉案企业1482户，查补税款1418万元，加收滞纳金80万元，罚款951万元，查补收入合计2449万元。向23个省发出协查函21份、线索函16份，共收到19个省反馈协查结果33份，查实假发票69张，查补税款23万元、罚款10万元，查补收入合计33万元。公安机关打掉团伙5个，端掉窝点20个，共抓获犯罪嫌疑人27人，缴获伪造印章706枚、宣传卡片10000余份、作案手机140余部、作案电脑10台、打印机1台、短信群发器3台，缴获各类假发票52万份。通信管理部门积极配合专案查处工作，采取有效措施治理发票违法信息1172682条。

［重点税源检查］ 2010年，国家税务总局部署的重点税源企业涉及吉林省8个集团29户企业，其中：长春地区19户；延边州3户；四平、通化各2户；吉林、白城、松原各1户。年初省地税局稽查局分期分批组织召开约谈辅导会，并将总局的《通用自查提纲》和《分行业自查提纲》下发各企业，要求在7月12日前上报自查情况。29户企业在规定的时限内报送了自查情况总结报告及相关统计表。企业自查共查补税款45.27万元，已全部入库。通过对重点税源企业检查，应补征各税费合计479.3万元，滞纳金40.7万元，拟处罚款

102.8万元。总局关于开展中国航空集团公司等三户企业（稽便函〔2010〕25号）和部分重点税源企业（稽便函〔2010〕26号）税收检查通知下达后，省地税稽查局及时研究和部署了企业自查工作。中国航空集团公司等三户企业涉及吉林省的分支机构有3家，自查查补税款合计222.39万元，已全部入库。继续开展了对省级重点税源企业的税收专项检查，全年重点税源企业查补收入1.46亿元，入库1.44亿元。按照总局分级分类稽查的要求，3月10日~4月20日，组织省级重点税源企业开展自查工作。全省重点税源企业1086户（因企业注销、多处登记等原因未能自查的除外）全部开展自查工作，自查面达到100%。全省自查查补税款、滞纳金1.27亿元，入库7737万元。

［打击发票违法犯罪活动］　一是组织开展了发票使用情况专项整治。各级稽查部门会同发票、征管等部门，对交通运输、建筑安装等重点行业的发票使用情况进行了集中整治；长春、吉林积极开展了区域整治。长春市局采取市局、发票所、稽查局、基层征收局四条线联动的办法集中开展了发票专项整治活动，效果显著，净化了“买方市场”。二是组织开展了“5·15涉票案”侦办查处工作。根据省政府领导同志的批示，省地税稽查局牵头，以全省打击发票违法犯罪协调小组办公室的名义，组织公安、国税、通信等部门，采取统一抽调人员、集中检查，上下联动、属地检查，省际互动、同步协查的办法，大力开展了“5·15涉票案”侦办查处工作。三是协调全省16个成员单位共同开展了打击发票违法犯罪活动工作。经过各部门的共同努力，全省共查处发票案件232件，曝光案件8件。打掉团伙61个，捣毁窝点189个，收缴作案机器5214台，缴获印章1.2万枚，治理发票违法信息296万条。税务机关检查涉票企业13485户，查处违法企业1746户，查处非法发票9128份，查补收入合计7516万元。通过整治，遏制了发票违法犯罪的猖獗势头，打击了犯罪分子的嚣张气焰，维护了经济税收秩序。

［税收违法行为举报］　全省地税稽查系统举报中心进一步加强了案件管理工作，制定了案件受理、管理、督办以及反馈的工作流程，规范了各项文书、建立了档案管理模式，同时要求责任落实到人，工作效果显著。2010年，全省税务违法举报案件较2009年有很大变化，举报案件数量有所减少。在受理的212件税务违法举报案件中，发案地在中心城市级以上的举报案件186件，占受理举报案件的88%；县及县级以下举报案件26件，占受理举报案件的12%。从被举报企业的所有制性质来看，有限责任公司、股份有限公司、个体经营企业占比重较大，非公有制经济税收违法现象比较严重，因此，稽查部门应在保护其发展的同时，加大税法宣传和打击涉税违法的力度；从行业特点看，制造业，建筑业，批发和零售贸易、餐饮业，房地产业等所占比重较大；从查补的税种看，营业税、企业所得税和个人所得税所占的比重很大，并且营业税和个人所得税有上升的趋势；从举报人结构上看，同行业之间的举报占年举报案件的13%，企业内部举报案件占年举报案件的24%。另外，专门从事税务违法举报的人员有所增加，出现了举报专业户，这对税务机关，尤其是稽查举报机构提出了新的课题，对受理举报的工作人员也提出了新的挑战，要求税务干部要有更高的理论水平和业务技能。

［案件协查］　全年接到13个省发来协查函18份，涉及货运发票、租赁发票、施工发票等118张，涉及企业30余户，都分别按户组卷予以回复，协查按期回复率达到100%，协查信息完整率达到95%以上。在“5·15涉票案”侦破过程中，向全国23个省地税稽查部门发出协查函21份、线索函16份，涉票企业147户，查出假发票387张，涉票金额7559万元，查实假发票69张，查补收入33万元。

［稽查制度建设］　以贯彻落实《税务稽查工作规程》为契机，加强了制度、机制建设，完善管理制度20余项。具体包括：《吉林省地方税务局稽查局工作规则》、《吉林省地方税务局稽查局业务流程》等工作业务流程；《吉林省地方税务局稽查局税务稽查查前约谈暂行办法》、《吉林省地方税务局稽查局税务稽查组织纳税人自查管理暂行办法》、《吉林省地方税务局稽查局税务案件审理暂行办法》、《吉林省地方税务局稽查局税务稽查案卷制作要求》、《吉林省地方税务局稽查局稽查报表编报方法》等具体工作规范；《吉林省地方税务局稽查局党组议事决策规则》、《吉林省地方税务局稽查局领导班子成员双重民主生活会制度》、《吉林省地方税务局稽查局局务会议制度》、《吉林省地方税务局稽查局局长办公会议制度》等会议议事制度；《吉林省地税系统稽查干部培训规划》、《吉林省地方税务局稽查局加强税务稽查队伍建设实施意见》、《吉林省地方税务局稽查局廉政风险防范工作实施方案》等干部队伍建设制度；《吉林省地方税务局稽查局工作人员出勤管理制

度》、《吉林省地方税务局稽查局2010年度稽查工作目标管理考核方案》、《吉林省地方税务局稽查局绩效考核方案》等考核评比制度，基本实现了用制度管权、管人、管事。

［稽查系统建设］ 以建立健全稽查系统上下互动机制为重点，全面加强系统管理。建立健全案件协调指挥机制、信息互通和重大案件报告机制、稽查人才资源统筹使用机制、干部上挂下派机制、绩效考核评估机制等，增强系统工作合力。各级稽查部门大力加强信息宣传，推广工作经验，扩大稽查影响。树立全省地税稽查工作“一盘棋”思想，形成政令畅通、运转有序、协调配合、规范高效的工作格局，不断提高整体工作水平。省地税局稽查局努力为基层服务，加强对市、县稽查局的业务管理和指导、案件查办指挥和协调，开展全省稽查干部队伍岗位建设和业务培训，切实为基层解决实际困难，促进系统稽查工作全面开展。多次派出工作组指导工作，帮助基层解决实际问题。在省局的支持下，为基层稽查部门配备计算机300台，办案用车3辆，改善了基层办案条件。

［稽查信息化建设］ 为了提高稽查工作效率，理顺工作流程，改善工作条件，全省地税稽查系统加大了信息化建设的步伐。一是在硬件配备方面，投入了大量资金，配备了台式计算机和笔记本电脑，并依托省地税局的网络，接入全省地税网，办公计算机全部联网。截至目前，全局共有计算机服务器3台，台式计算机69台，笔记本电脑40台，人均拥有计算机1.7台，实现了硬件配备情况完全满足现有的稽查工作需要。二是在软件应用方面，推广应用了公文处理系统；开发应用了稽查管理系统，省地税稽查局在吉林市地税稽查局使用的稽查一体化管理系统的基础上，升级改造为能适应省级稽查工作的稽查管理系统。该系统中，稽查检查案件严格按照选案、检查、审理、执行四个环节输入管理系统，各环节均有查询、统计、分析功能，数据高度共享，既方便了使用者的工作，又能为领导决策实时提供数据支持。全面应用稽查电子查账软件。先后购买了“奇星”电子查账软件10套，“中普”电子查账软件6套，并且将电子稽查工作列入工作职责。在2010年开展的专项检查工作中，检查人员对实行电子记账的企业全面使用查账软件进行稽查。三是在人员培训方面，大力开展计算机知识培训，共举办了4期各类计算机培训班，培训300多人次。通过培训，优化了人员素质结构，使全局干部整体素质有了一定的提高。

［稽查队伍建设］ 按照省地税局“提高服务水平，提高业务素质”主题实践活动要求，全省地税稽查系统不断加强领导班子建设、干部队伍思想作风和业务能力等方面建设。一是加强领导班子建设，发挥正面引领带头作用。二是加强思想政治建设，促进队伍整体素质提高。三是加强业务能力建设，增强税务稽查执法水平。四是加强廉洁自律建设，提高执法风险防范意识。五是加强纪律作风建设，树立税务稽查良好形象。六是加强岗位练兵，不断增强干部执法技能和正确运用法律开展稽查工作能力。

［稽查业务培训］ 省地税稽查局根据省局教育培训规划的整体部署，结合全省地税稽查系统实际，制定了《全省地税稽查系统干部培训规划》。规划确定了长、中、短期培训目标和培训内容。按照规划的要求，全年主要开展了以下几项培训：一是开办税务稽查业务骨干扬州培训班，共计50人参加培训。培训注重了所学知识的专业性、针对性和实践性。在内容设计、授课安排、教学管理等方面突出了科学性和计划性，达到了预期目的。二是开展查前培训。为了保证专项检查的实际效果，每次查前都组织专门培训。2010年上半年先后组织了系统稽查干部参加的大集中查前培训、营业税培训和全局业务干部参加的专项检查培训。三是组织了《新会计准则》培训。聘请院校专家授课，采取理论和实际相结合的方式，组织了一次《新会计准则》培训班，收到实际效果。四是组织开展了系统信息化管理企业税务稽查实务培训班，共计140余人参加培训，效果良好，提高了电子查账的应用技能。五是组织参加其他培训20人次。

［稽查人才库建设］ 进一步完善了稽查人才库管理办法，规范了稽查人才库入库人员选拔、培训、管理、使用等工作。选拔了25人入选国家税务稽查人才库，并向各地进行了通报。对省级稽查人才库入库人员进行了调整、充实，入库人员104人。各市（州）稽查局也相应充实了本级稽查人才库人员。为发挥人才作用，加强实践锻炼，省稽查局积极组织、抽调人才库人员参与重点行业、重点税源企业的税收专项检查和重大涉税违法案件查处工作，促进了检查、办案质量效率的提升。继续加大人才培养和培训工作力度，一些市（州）局将入选省级人才库人员列为后备干部进行重点培养或给予相应待遇，对取得“三师”资格人员给予相应的鼓励政策，省地税稽查局举办了省稽查人才库人员、业务骨干和兼职教师培训班，提

高人才素质。

［稽查宣传］　全省各级稽查部门积极开展稽查宣传活动，普及税法知识，宣传稽查成果，曝光典型案件，努力营造良好的舆论氛围，不断扩大稽查工作的社会影响。利用广播、电视、报纸、网络等新闻媒体和散发宣传单、宣传册等形式，大力宣传、报道税收专项检查、案件查处、打击发票违法犯罪工作情况。省稽查局利用信息简报、机关网站等载体宣传稽查成果、反映工作动态。各地稽查局也采取多种形式积极开展宣传活动，普及税收知识。

［稽查调研］　2010年，为全面、高效、优质地完成各项稽查工作任务，进一步加强了调查研究工作。针对稽查体制、人力配备、职能定位、协调机制、经费保障等方面仍存在的问题，主要研究课题有8个：以履行和发挥稽查职能作用为核心，构建执法型稽查；以更新稽查执法理念、优化执法服务为途径，构建和谐稽查；以建立省、市两级"大稽查"为举措，构建集约化稽查；以推进信息化技术应用为支撑，构建科技稽查；以加强干部培训和专业化分工为基础，构建专业化稽查；以制度管理和机制创新为保障，构建规范化稽查；以"以查促管"为重点，构建互动型稽查；以加强管理为手段，促进税收专项检查工作规范化、科学化。实施以下措施：一是领导要带头搞调研。省、市（州）稽查局局长每年至少安排10个工作日到基层开展调查研究工作，每年至少亲自撰写1篇调研报告，通过主要领导实地调研和撰写报告，掌握稽查工作第一手资料，为有针对性地加强稽查工作指导提供依据。二是在全省地税稽查系统建立理论研究骨干队伍。各市（州）稽查局和省稽查局各科分别推荐1名稽查理论研究骨干，建立全省稽查系统理论研究人才库，由省稽查局负责人才库管理。每名理论研究骨干每年至少撰写1篇调研报告上报省稽查局。省稽查局将创造条件加强理论研究人才的选拔、培养和提高工作。三是认真抓好调研课题的部署、上报、评价和成果运用等工作。省地税稽查局年初布置一批指令性或指导性调研课题，各市（州）稽查局和省稽查局各科室结合工作实际，自选调研课题，确定专人，确定时限，落实责任。调研报告，由省稽查局组织评审小组统一评审。对调研报告实行署名制度和奖励办法。省稽查局对不同等次的调研报告予以相应的奖励。同时将调研成果汇编文集，刊发在省稽查局网站、省局网站，并筛选出了优秀调研报告提供有关领导审阅，向省税收研究会、《中国税务报》等国家级报纸、刊物推荐。调研成果作为考核稽查干部工作业绩、评先创优的重要参考内容。

［稽查工作会议］　全省地税稽查工作会议于2010年3月2日在长春召开。省局党组成员、副局长王立东作了题为《发挥职能，服务大局，全面提高稽查工作整体水平》的工作报告，对2009年全省地税稽查工作进行了简要回顾，明确了2010年全省地税稽查工作的主要任务。会议要求全省各级稽查部门按照"围绕一个中心、突出两个重点、完成三项目标任务、做好四方面工作、发挥好五个作用"的总体工作思路，创新方法，健全机制，强化措施，狠抓落实，加强专案检查、专项检查、专项整治、队伍建设和系统管理等工作，构建和谐稽查、规范化稽查、科技稽查和合力稽查。会上省稽查局副局长张雅军传达了全国税务稽查工作会议精神；与会代表围绕《报告》要点、税收专项检查计划任务、稽查办案经费等问题进行了讨论。省稽查局局长李茹宝主持会议，并在会议结束时进行了总结。省局涉税案件举报中心主任翟原、各市州稽查局局长、省稽查局全体干部参加会议。

（牟胜利）

黑龙江省国家税务局稽查局

［概述］　2010年，在国家税务总局稽查局和省局党组的正确领导下，黑龙江国税稽查系统以科学发展观为出发点，坚决服从、服务于税收中心任务，以重点税源企业审计式检查和税收违法案件查处为着力点，科学组织税收专项检查和区域税收专项整治，严厉打击发票违法犯罪活动，不断强化依法稽查、文明稽查，进一步加强稽查管理，创新工作方法，加强队伍建设，增进内外协调，较好地

完成了全年各项稽查工作任务。

［稽查查补收入及分析］ 2010年，全省共检查纳税户15939户（其中：开展检查2167户，重点税源企业自查13772户），查补金额合计6.91亿元（其中：组织检查收入2.29亿元，组织自查收入4.61亿元），入库金额合计6.77亿元（其中：组织检查收入2.16亿元，组织自查收入4.61亿元）。稽查罚款率31.7%，入库率98.1%（含自查），选案准确率：95.6%，结案率100%，全部超过国家税务总局规定指标。

［整顿和规范税收秩序］ 2010年，该省国税稽查系统认真贯彻落实国家税务总局稽查工作会议精神和全省国税工作会议精神，牢牢把握新时期税收工作的指导思想，深入整顿和规范税收秩序。在专项检查和大要案查处中，把握关键、突出重点，一方面按照分级分类的检查要求，明确检查级次、细分检查对象，整合稽查资源，进一步提高稽查工作效能。一方面集中优势力量，全力攻坚，对大案、要案、上级交办案件进行重点查处；在重点企业自查中，拓展思路、以点带面，继续将重点税源企业自查工作作为稽查工作重中之重，牢牢抓住重点龙头企业不放松；在打击发票违法犯罪活动中，双管齐下、通力协作，与区域税收专项整治有机结合，扩大专项整治范围，努力实现税收秩序的根本好转。

［案件查处］ 将大要案的查处作为稽查工作的“重中之重”，集中精力、严加查处，保证了涉税案件的查办质量和效率。2010年，省局稽查局与省公安厅经侦总队采取联合督办的方式，共同督办了黑龙江某服装加工有限责任公司等企业涉嫌虚开增值税专用发票案。经查，其涉案的15户企业共虚开增值税专用发票1857份，金额1.38亿元，税额2076万元。截至2010年年底，共查实虚抵增值税专用发票188份，查补入库655.8万元（其中：增值税286.7万元，罚款286.7万元，滞纳金82.4万元），共抓获犯罪嫌疑人10人；2010年5月，根据黑龙江省公安厅（黑公函〔2010〕73号）和省公安厅经侦总队（黑公经〔2010〕110号）协查函的请求，该局组成税收专案检查组对七台河市某煤炭有限公司进行立案检查，共查补税款7911.8万元，罚款7912.8万元，并移送司法机关。另外，还查结了包括总局稽查局督办案件2件，配合省公安厅、政法委共同查办案件2件，督办省政府省长信箱案件2件等共计13户企业，查补税款133.44万元，罚款134.44万元，滞纳金52.34万元。

［税收专项检查］ 2010年全省共组织税收专项检查和企业自查15243户。其中，专项检查1471户，合计查补收入1.38亿元，入库1.24亿元，与2009年同期相比，增收4083万元，增长42%，有效地规范了各行业的税收管理，打击了税收违法行为。

一是行业性税收专项检查工作。按照工作部署，结合该省实际，确定了2010年该省税收专项检查指令性项目为：药品生产及销售行业、房地产行业、煤炭生产及销售行业、非居民企业等四个行业；指导性检查行业为：营利性医疗及教育培训机构、航空、机场行业以及各地根据本地区实际情况开展的其他专项检查项目等。全省各级税务稽查部门成立了相应的专项检查领导机构，分解任务、量化指标，真正做到分工明确、责任到人。同时，积极采用分级分类检查方式，进一步提高稽查工作效能。2010年，共检查药品生产及销售行业企业201户，查补金额合计414万元；检查房地产企业50户，查补金额合计4628万元；检查煤炭生产及销售企业186户，查补金额合计1087万元；检查其他企业1034户，查补金额合计7769万元。二是重点税源企业自查工作。2010年3月17日下发了《黑龙江省国家税务局关于开展2010年重点税源企业税收自查工作的通知》（黑国税发〔2010〕62号），对占该省国税税收收入80%的重点税源企业全面开展税收自查工作。开展自查前，各市（地）收集整理了大量的税收政策、法律、法规和诚信纳税的宣传材料，向纳税人进行宣传，强调税收自查目的在于让企业自行纠正纳税中的问题，规范纳税行为，提高纳税意识，督促企业重视自查。自查过程中，各地结合本地实际，采取集中约谈、会议宣传、发放简报，上门辅导等多种形式，监督、帮助企业提高自查质量，对阶段性成果及时进行汇总、分析、交流和推广，对自查工作中碰到的疑难问题进行研讨和剖析。2010年共组织重点税源企业自查13772户，查补收入4.615亿元，入库4.614亿元，有效地带动了稽查效能的提高，掌握了稽查工作主动权。

［区域性税收专项整治］ 2010年，该省继续将区域税收专项整治工作与打击发票违法犯罪活动有机结合，扩大专项整治范围，在全省范围内对利用“四小票”进行偷、骗税及制售假发票、非法代开发票等税收违法行为进行集中专项整治工作。要求各市（地）根据本地区重点行业分布情

况选取一区或一县作为打击发票违法专项整治区域。2010年，全省区域专项整治结合打击发票违法犯罪活动共检查企业130户，发现有问题企业44户，查补增值税53万元、所得税2276万元、加收滞纳金524万元，罚款222万元，查补金额合计3074万元。

［重点税源检查］　按照国家税务总局先后下达的对东方航空公司等3户企业检查、哈药集团有限公司等13家行业500强企业集团分支机构检查的有关要求，黑龙江国税稽查系统结合工作实际，制定下发了《黑龙江省国家税务局稽查局关于开展哈药集团有限公司等企业集团抽查的通知》(黑国税稽函〔2010〕15号)，成立专门督导检查组，对纳入自查、检查范围的14家企业集团共140户分、子公司进行自查。经自查，合计应补缴国税税款及滞纳金522万元。按照国家税务总局文件抽查面不得低于50%的要求，自查工作结束后，由省局稽查局统一指挥、协调，选取了60户企业进行抽查和重点检查工作，共查补税款81万元，加收滞纳金3万元，罚款27万元，合计111万元。

［打击发票违法犯罪活动］　2010年，黑龙江国税稽查系统在充分发挥自身职能和合力作用的同时，积极协调公安、地税、工信等部门全面加大手机、网络发票违法信息的治理力度，开展手机停号试点、违法信息技术阻截和网站关停工作，并协同公安、地税部门继续开展打击发票违法犯罪专项行动。另外，在工作中注重加强典型案例的分析工作，要求各市（地）稽查部门主抓一两个大案要案，对典型案件进行认真调研，重点分析，提出地区征管建议，并将查处的结果公开曝光，以案说法、以案析理、以案为鉴。2010年，共破获各类发票案件1054余起，查获各类假发票21303950份，非法代开或虚开发票64份，非法取得发票1517份，打掉犯罪团伙21个，捣毁窝点388个，抓获犯罪嫌疑人735人。查补税款4146.44万元，加收滞纳金38.86万元，罚款2307.32万元。

［税收违法行为举报］　按照《举报案件管理办法》及《检举纳税人税收违法行为奖励暂行办法》的工作要求，严格相关工作流程，认真审阅检举信件，按照要求发放举报奖励，做好举报案件档案管理。同时，认真做好案件的查办、转办、督办和反馈工作。2010年，全省共受理举报案件55件，查处税款26.9万元、滞纳金2.68万元、罚款20.49万元，合计50.7万元。其中总局交办21件，省局直接受理21件，领导交办13件。举报中心督办16件，交办25件，省局直接查处案件10件，转省地税稽查局1件。

［案件协查］　依照《增值税抵扣凭证协查管理办法》继续强化了对委托发起及受托检查质量的跟踪和监控力度，凡是能够通过协查系统发起的协查一律通过协查系统发起，同时确保协查系统的正常运行和协查函的按期回复。2010年，该省通过协查系统共发起委托协查168起，委托方户次178户，发票3188份，金额5.30亿元，税额8467.84万元，委托收到发票份数3181份，有问题发票份数166份；受托收到协查324起，发票5866份，金额14.91亿元，税额2.49亿元。受托回复发票3571份，查处有问题发票397份，协查按期回复率为100%。

［稽查制度建设］　2010年，黑龙江国税稽查系统继续把规范稽查执法、提高办案质量作为工作中的重中之重，全面强化稽查基础制度建设。根据国家税务总局下发的新《税务稽查工作规程》，拟定了《黑龙江省国税稽查局案件审理规程（征求意见稿）》，规程中明确和规范了省局自行检查案件的审理机构，审理程序及内容，对省局稽查局今后审理工作的实施打下了坚实的基础；建立健全省局稽查局内部风险控制机制，排除了税收执法风险点存在的隐患；为进一步提高案件审理水平，规范审理行为，自行设计了《税务稽查审理底稿》，并在实际工作中予以应用，使案件审理工作迈上了程序化，规范化，清晰化，标准化的新台阶。

［稽查系统建设］　一是进一步理顺机构设置，按照分级分类检查的原则，不断整合、规范各级稽查部门工作职责；二是以规范化、科学化、精细化为目标，建设上下一体、信息畅通、反应灵敏、指挥有力的稽查案件指挥机制；三是加大对重点收入地区和税收秩序较为混乱地区的稽查工作指导力度，确保上级稽查局案件指挥权，做到令行禁止、奖惩并举；四是加大督办、组织查办大要案件力度，落实大要案件报告制度；五是完善稽查系统信息、报表报告制度，畅通信息传递渠道。

［稽查信息化建设］　2010年，黑龙江国税稽查系统更加注重树立“信息管税”理念，坚持以信息管理稽查。一是通过税收管理数据信息细化整合选案指标，建立了更加科学完善的稽查选案体系，使稽查工作逐步迈上了“信息化”轨道；二是充分利用征管信息和第三方信息开展选案、深

度检查，重点关注纳税零申报、负申报、低税负及虚亏企业。切实提高对信息化管理企业的稽查办案能力，有效应对企业利用电子账簿虚假记账、隐匿或销毁电子账簿以及利用互联网和手机通讯等新型支付手段逃避税收。

［稽查队伍建设］ 一是继续建立和完善“对内规范管理，对外规范税收秩序，促进依法纳税等全面反映稽查成效”的科学考核评价体系，按照日常考核和年度考核相结合的办法，在国家税务总局“四率”考核的基础上，细化考核内容和方式，更好地评价和促进税务稽查成效；二是全面加强队伍廉政建设。时刻谨记腐败是稽查执法风险的最大危害，坚决落实《关于加强稽查执法监督制约工作的意见》，加大对稽查执法过程全程的廉政监督制约，积极防范稽查执法风险。强化“两权监督”，有效避免滥用自由裁量权、随意执法、办人情案等不良现象的发生。不断加强稽查领导班子建设，认真落实“一岗两责”，确保稽查工作的廉政责任落实到岗位、到个人，落实到思想政治、业务工作、作风建设的各个方面；三是不断加强队伍作风建设。恪守聚财为国、执法为民的税务工作宗旨，深入加强对稽查人员的政治思想教育、责任意识教育、职业道德教育和爱岗敬业教育，进一步完善各项管理制度，严格执行工作纪律，保证严格执法、公正执法、文明执法。

［稽查业务培训］ 以提高稽查干部素质和技能为目标，开展不同职级、不同层次、不同岗位，全方位、多角度的需求型培训，更好地适应新时期税务稽查工作需要。一是于2010年3月23～31日在省税务干部学校举办了税务稽查电算化业务培训班。对全省各市（地）稽查局业务骨干及省局稽查人才库成员等共计120余人进行了关于《税务稽查工作规程》、电算化税务稽查的原理和方法、会计核算软件在税务稽查中的应用等方面的业务培训，为2010年全省稽查工作的顺利开展奠定了坚实的理论基础；二是组织全省稽查部门50名兼职教师专程赶赴国家税务总局扬州进修学院进行稽查岗位兼职教师业务培训。培训内容主要以深入学习稽查业务重点、难点，以拓展业务知识的广度和深度为目标来设定。同时要求参训人员回局后全力协助组织好本局的培训工作，真正发挥兼职教师的“传、帮、带”作用，带动整个稽查队伍综合素质的全面提升。

［稽查人才库建设］ 按照《国家税务总局稽查局关于进一步调整完善全国税务稽查人才库的通知》的要求，黑龙江国税稽查系统本着“考试成绩与工作实绩相结合，以工作实绩为主”的原则，对全省各市（地）国税稽查人员进行选拔补充，要求各市、地在选拔补充全国税务稽查人才库时，要树立大局观念，认真负责，真正做到推荐选拔一流人才，为打击涉税违法犯罪活动提供了坚实有力的保障。经过严格的推荐和选拔，确定了160名稽查干部为省级稽查人才库成员，在此基础上进行优中选优，选拔其中的30名稽查干部进入国家税务总局稽查人才库，统一接受总局稽查人才库的管理。在对省级稽查人才库的管理中，按照业务特长将稽查干部分为：检查型、法律法规和计算机等专业类型。在检查工作中，按照实际需要组织相应成员参与省局组织的全省性重大案件的稽查、协查、复查以及专项检查工作等工作。

［案件公告］ 按照《国家税务总局关于税务违法案件公告办法》的相关规定，对税务违法案件在办公场所设立的专栏内张贴公告，对重大或者其他具有典型意义的税务违法案件，通过新闻通稿或者召开新闻发布会进行公告，自觉接受社会监督。2010年，省局案件公告共计12件，案例分析12份，各市（地）局公告共计156件。通过对税务违法案件进行公告，加大了对税务违法犯罪行为的社会舆论监督力度，震慑了犯罪，教育了广大纳税人，促进了税收秩序的好转。

［稽查宣传］ 2010年，黑龙江国税稽查系统全面加大了对涉税违法案件尤其是发票违法大要案件的打击曝光力度，努力营造全社会共同打击发票违法犯罪的整体氛围，有效提升了打击涉税违法犯罪行为的社会效应。在打击发票违法犯罪宣传活动中，会同省地税局、省公安厅采取向广大市民发放《拒绝使用假发票倡议书》的方式向全省人民发出倡议：“拒绝假发票，从我做起。举报假发票，从我做起。加强税法学习，从我做起。宣传假发票危害性，从我做起。”另外，还在税法宣传月期间，通过在黑龙江省广播电台新闻联播节目中插播打击发票违法犯罪宣传语，在哈尔滨火车站出站口及候车大厅播出打击发票违法犯罪宣传语等方式，进一步加大打击发票违法犯罪的宣传力度，提高广大市民拒假、防假意识。

［稽查调研］ 2010年，黑龙江国税稽查系统更加注重在更新稽查理念、完善稽查工作制度、创新稽查方式方法、强化稽查队伍素质、提高稽查工作整体水平、大力组织税收收入和整顿规范税收秩序、确保实现稽查工作既定目标等方面深入

思考，认真研究，提出合理化建议和可操作性的具体措施。同时，组成了由省局稽查局局长带队的工作调研组深入到哈尔滨、齐齐哈尔、佳木斯、大庆、双鸭山、伊春、鹤岗等多个市（地）进行调研，对有关全国及全省稽查工作会议精神的落实情况进行督导，听取汇报、解决问题，督导和指导各市地采取多种有效措施，全面推进各项检查工作协调有序开展。

[稽查工作会议] 2010年3月4日，黑龙江省国税局在哈尔滨召开了全省国税稽查工作会议。省局党组成员、总会计师佟俊海到会并作了题为《发挥职能作用 服务税收大局 为税收长期稳定地最大化提供有力保障》的重要讲话。会议传达了全国税务稽查工作会议精神，深入分析了全省稽查工作面临的形势，认真总结了2009年稽查工作，全面部署了2010年工作任务。各市（地）稽查局进行了经验交流，并对2010年工作提出了很多好的建议和意见。省局稽查局局长韩焕章作了总结讲话，对确保完成工作目标的各项措施提出了具体要求。会议主题突出，方向明确，极大地鼓舞了广大稽查干部的干劲，坚定了全面完成稽查工作任务的信心和决心。

（高 楠）

黑龙江省地方税务局稽查局

[概述] 2010年，黑龙江地税稽查系统在国家税务总局和省局党组的正确领导下，坚持以科学发展观为指导，认真贯彻落实国家税务总局和省局的工作部署，以组织收入为中心，以税收专项检查和查处大要案为重点，进一步加大稽查力度，不断规范执法行为，加大重点税源检查力度，严厉打击涉税违法行为和发票违法犯罪，坚持以查促查、以查促管、以查促收、以查促改，较好地发挥了稽查部门的职能作用，圆满地完成了国家税务总局和省局部署的各项工作任务，稽查收入创黑龙江地税稽查历史最好水平，为促进全省财政收入稳定增长作出了积极贡献。

[稽查查补收入及分析] 全省各级稽查部门共检查企业3902户，有问题企业3549户，选案准确率达到91%。全年稽查查补收入10亿元，同比增长29%，入库稽查查补收入9.8亿元，入库率达到98%，其中：入库税款8.6亿元，与2009年同比增长21%；入库滞纳金、罚款1.2亿元，与2009年同比增长27.4%。全省人均检查企业3.4户，人均入库稽查查补收入85.5万元，稽查查补入库收入创历史最好水平。

[整顿和规范税收秩序] 按照国家税务总局和省委、省政府关于整顿和规范市场经济秩序工作的总体安排，结合稽查工作实际，成立了领导小组，省局党组书记任组长，各位副局长任副组长，成员由征管、法规、税政、监察等部门负责人组成，办公室设在稽查局，负责具体组织综合。各市（地）局也成立了相应的组织机构，制定了工作方案，明确了整治目标，确定了具体措施。以税收专项检查为依托，以查处税收违法案件为重点，严厉打击涉税违法行为，取得了显著成效，进一步整顿和规范了地方税收秩序。

[案件查处] 加大对大要案的查处力度，深入研究税收政策，积极与征管部门配合，成功查办了一系列典型案件。检查的哈市国土资源局案件，从国土局签订的土地出让（转让）合同入手，核对出让土地的金额，查补入库印花税658万元，加收滞纳金115万元，对规范全省国土资源部门土地出让一级市场印花税征缴工作具有示范作用。查办的哈达农副产品股份有限公司案件，查补个人所得税及印花税1072万元，为加强非上市类一般有限责任公司股东变更涉税管理提供了经验。查办的黑龙江省第一建筑工程公司涉税案件，查补税款2900万元，该案进一步证明了充分利用外部合法有效证据确定计税依据，是破解企业账目不健全不真实难题，确保重大案件查深查透的有效途径和方法。检查纳税评估转来的哈尔滨汽轮机厂有限责任公司案件和哈尔滨锅炉厂有限责任公司案件，以及联动机制预警的黑龙江省龙兴国际资源开发集团案件，共查补入库税款5101万元，进一步加大了征管力度，提高了稽查工作效率。

[税收专项检查] 2010年，共组织检查企业3194户，检查发现有问题企业2500户，查补

税款百万元以上企业59户；查补税收收入6.08亿元，其中查补税款5.3亿元，加收滞纳金0.51亿元，罚款0.27亿元；查补入库税收收入5.2亿元，其中入库税款合计4.55亿元，加收滞纳金0.4亿元，罚款0.25亿元。组织开展自查的企业11013户，企业自查有问题694户，企业自查应补缴税收收入1.87亿元，入库税收收入1.57亿元。将房地产及建筑安装业、药品经销行业、交通运输业、非居民企业作为指令性检查项目；将营利性医疗及教育培训机构、金融保险业、森工企业、煤炭企业、年所得额12万元以上个人所得税自行申报专项检查作为指导性检查项目。完成了对限售股减持企业纳税检查收尾工作，共检查“大小非”和IPO限售股减持纳税申报企业116户，发现有问题户38个，涉及减持15934万股，减持金额23.5亿元，查补税款3.3亿元。完成了对国家电网公司的检查，通过组织企业自查和税务机关检查，查补税款6015万元，入库税款4991万元。组织开展了对南航、国航、东航三家航空集团公司及其成员单位的检查。

［区域性税收专项整治］ 加大对收入落后地区的征管力度。在全省范围内开展了区域税收专项整治工作。各地稽查部门把辖区内税收秩序相对混乱、税收违法行为比较集中、税收征管相对薄弱、涉税案件频发、完成收入有困难的县（市、区），特别是主观原因造成工作滞后，不积极改进的，作为区域税收专项整治的重点，开展覆盖式稽查，检查面达到10%以上。各市（地）局整合稽查力量，包片负责，采取重点企业抽查、稽查案件复查、欠税核查和规范执法检查“四合一”工作方法，对零申报、负申报、持续亏损企业及纳税异常企业开展重点检查，对地税收入持续高幅增长起到重要作用。

［重点税源检查］ 按照国家税务总局统一部署，组织了对哈药集团等13户大型企业集团的137户企业进行自查和税务机关重点检查，补缴税款5376万元、滞纳金520万元、罚款15万元。结合实际，组织对年纳税额500万元以上的近三年未检查过的重点税源企业实施自查和税务机关检查，共查补税款4.95亿元。大庆市局综合利用信息比对，协同管理，延伸检查，房地产、建安两个行业查补税款占稽查查补收入的80%。伊春市全年检查重点税源企业55户，查补入库收入650万元，占全年稽查查补收入目标的49%。大兴安岭地区地税局对全区矿产业重点税源企业开展专项检查，共查补入库税费122万元。

［打击发票违法犯罪活动］ 根据国家税务总局打击发票犯罪专项行动工作部署，将税收专项检查工作与打击假发票违法行为专项行动相结合，工作效果明显。一是加大与公安等部门的协作力度，积极与公安部门配合，精心准备、确定重点打击范围。二是坚持专项检查与发票整治相结合，把发票检查作为各类检查的必查内容，落实“查税必查票”的要求。三是确定发票专项整治重点，将交通运输业、饮食业、旅店业、服务业发票作为打击整治的重点对象。全省共组织企业自查和税务机关检查企业4369户，查处发票违法企业717户，涉及非法发票5774份，涉及金额2.8亿元，查补税款4237.62万元，加收滞纳金470.34万元，罚款1831.57万元。曝光涉税违法案件1户，在工作中积极搜集50条假发票线索提供给公安机关，向公安机关移送企业5户，协助公安机关破获制售假发票窝点3起，缴获假发票31万份，查获电脑、打印机、切纸机、晒版机等制假设备若干。

［税务违法案件举报］ 进一步加大举报案件查处力度，努力排除案件查处过程中的各种干扰，提高转办、督办举报案件的办案质量和效率，特别重视举报缠诉案件的处理，避免和减少重复举报和上访案件的发生，不断提高举报工作水平，对举报案件接访认真，查处及时、有力，答复明确，有效打击了涉税违法行为。全省各级稽查部门共受理举报案件530件，查处490件，查补税款4789万元、滞纳金205万元、罚款690万元，滞补罚合计入库2554万元。

［案件协查工作］ 继续加大案件协查工作力度，牢固树立协查地就是案发地思想，对收到的协查函都根据协查请求，依照法定权限和程序调查取证，认真复函，及时进行处理，同时加大对协查发票线索的追查，对协查过程中发现的涉税问题及时进行处理，积极追缴流失税款。共收到来自北京、上海、福建、广东、江苏、河南、吉林等省内外协查函261件，涉及协查企业440户，协查发票824份。

［稽查制度建设］ 为加大稽查力度，严厉打击涉税违法行为，堵塞征管漏洞，该省年初制定了稽查工作目标，即稽查查补税款占2009年地税实际税收收入比重达到2.5%；入库滞纳金、罚款占查补入库税款比重达到12%；典型案件上报数量要与地方税收收入挂钩。要求各地以“三项

指标”为牵引，达到“三个比率”：稽查选案准确率达到80%以上；稽查查补收入入库率达到90%以上；稽查结案率达到95%以上，进一步提高稽查效率。为进一步提高检查效率，强化稽查职能作用，提出了规范专项检查的“七项预期目标”，对专项检查的查前准备、查中分析和查后总结等环节提出了明确要求。一是做好查前准备，注重收集信息。二是加强查中分析，解决疑难问题。三是做好查后总结，建立信息档案。实行税收专项检查规范化管理后，稽查选案准确率和案源查实率明显提高，行业税收秩序进一步规范。

［稽查系统建设］　一是严格工作考评机制。省局将制订考核方案，细化考核指标，对稽查“三项指标”完成情况、税收专项检查“七项预期目标”完成情况和总局要求的选案准确率、案件结案率、稽查查补入库率、督办案件协查按期回复率、协查信息完整率等指标进行全面考核。二是建立部门协作机制。加强联动机制建设，建立健全税务稽查与征管、法规、税政和信息中心等部门的良性互动机制。加强与国税部门合作，提高对共管户的信息交换、税收专项检查、区域税收专项整治和大要案件查处协作水平。巩固完善与公安部门的协作办案机制和情报交换制度，发挥打击税收违法犯罪的合力作用。同时，继续加强与银行、工商、财政以及监察、法院、检察等部门的协调配合。三是完善稽查经费保障机制。严格稽查办案专项经费管理，认真贯彻《税务稽查办案专项经费管理暂行办法》，按照专款专用、厉行节约的原则，管理和使用稽查办案专项经费。加大了对一线稽查办案和基层稽查办案的经费投入，提高了稽查办案专项经费使用效益。

［稽查信息化建设］　为提高稽查检查质量，有效解决征纳双方信息不对称问题，在总结各单位利用信息稽查做法基础上，选择6个市（地）局开展了银行保险业、装备制造业等7个行业和1个税种的信息稽查探索，召开了由国家税务总局业务处室人员、知名税务专家参加的专家论证会和相关税政处室座谈会，举办了信息稽查论坛，对信息稽查的必要性和可行性进行了交流，初步形成了《信息稽查指南》，在实际应用中取得了好的效果。这种工作方法，在全国稽查工作会议上做了介绍，得到了国家税务总局肯定。

［稽查队伍建设］　一是加强稽查局领导班子建设。把政治觉悟高、业务素质好、协调能力强的同志选拔到稽查局主要领导岗位上来。二是切实提高稽查人员素质。提高了一线检查人员占全体稽查人员的比例，提高了具备独立查账能力人员和电子查账能力人员占一线检查人员的比例。继续加强对科级以上稽查领导和稽查骨干培训力度，从实际需要出发，设计税收法律和各类专项检查项目培训班的教学内容，最大化地提高培训质量，促进实际检查能力的提高。重点开展税收政策、查账技能等实用型培训，重视稽查人员调查取证、电子税务稽查和执法办案策略的训练。鼓励稽查干部参加注册税务师、注册会计师、注册审计师、司法资格等考试。三是加强廉政建设。认真抓好稽查队伍的党风廉政建设，加强廉政教育和管理监督。

［稽查业务培训］　为进一步提高稽查人员素质，培养高层次稽查人才，黑龙江地税稽查系统加大了对全省稽查人员培训力度。2010年4月，对全省50名稽查兼职教师在扬州税务学院进行了全封闭培训，聘请扬州税务学院专家教授系统讲授新旧《税务稽查工作规程》知识对比，加深对新规程的理解，全面提高稽查人员掌握新规程、新准则、新税法的水平，为顺利完成稽查任务奠定了坚实的基础。7月，在牡丹江对各地选派的业务骨干进行了重点税源企业检查培训，由基层检查能手讲解对大型企业集团、信息化管理企业、医药等行业的检查方法与技巧，互相交流检查经验做法，提高了实战能力。

［稽查人才库建设］　继续深入开展岗位练兵和业务竞赛活动，加强稽查人才库建设。全省地税系统深入实施新时期治局思想，坚持实用、实际、实效的原则，按照“4＋1”模式，采取统一组织与分散自学相结合、依托教材课件与兼职教师辅导相结合、打牢税收业务基础与提高岗位技能相结合、学习与应用相结合的方式，大力开展统编教材学习、教育、培训，取得显著效果。通过稽查业务抽查竞赛考试，评出27位省级稽查能手，进入省级稽查人才库。

［稽查宣传］　在稽查工作过程中，广泛宣传税收法规、政策，向纳税人认真讲解税收知识，并通过设立举报箱、公布举报电话的方式，发动群众积极举报涉税违法行为，震慑涉税违法犯罪分子。在打击发票违法犯罪活动中，利用“税收宣传月”等时机，开展以“发票使用、查询和辨伪”为主题的宣传教育活动，通过电视、广播、办税服务厅电子屏幕、移动公司、联通公司和中国电信的网络平台等途径广泛宣传与发票相关的政策法规，打击发票违法犯罪工作的意义、内容，教育纳税人

和社会公众依法取得和正确使用发票，鼓励并要求受票企业或消费者积极索要发票，扩大了社会影响，形成了良好舆论氛围。对举报制售及纳税人购买、使用虚假发票的按照规定给予奖励，积极鼓励群众检举、揭发制售、购买、使用虚假发票行为。

［稽查调研］ 省局稽查局组成四个调研小组，分别对哈尔滨、齐齐哈尔、牡丹江、佳木斯、大庆、鸡西、伊春、绥化8个市（地），进行了稽查工作调研，深入了解了8个市级稽查局、19个区分局、11个县局的稽查工作开展情况。对稽查收入进展情况、税收专项检查开展情况、专项检查“七项预期目标”落实情况、重点行业税负测算情况、举报案件查处情况、打击发票涉税违法犯罪工作情况等方面进行全面调查研究，分析梳理当前稽查工作存在的问题，总结推广各市（地）局好的经验做法，确定下一步工作重点，帮助基层稽查部门解决问题，推进稽查重点工作落实。

［稽查工作会议］ 2010年3月，召开了全省地方税务稽查工作会议，对2009年的工作情况进行了总结，明确了工作重点，落实了具体责任。8月初，召开了稽查重点工作推进会，听取了部分市（地）局稽查工作经验介绍，并对如何完成2010年稽查工作目标提出了明确要求，要求各市（地）局抓住薄弱环节，加大稽查查处力度，保持查补税款均衡入库，保证全年稽查任务圆满完成。

（康　勇）

上海市国家（地方）税务局稽查处

［概述］ 2010年是上海税务稽查体制改革后的开局之年。上海税务稽查系统在市局党组的正确领导下，全面贯彻全国税务稽查工作会议和全市税务工作会议精神，按照国家税务总局稽查局的统一工作部署及《2010年全国税务稽查工作要点》的工作要求，紧紧围绕服务税收中心工作、服务世博的主题，始终牢记为国聚财、为民收税的神圣使命，切实将以人为本、执政为民的要求贯穿于税务稽查工作的全过程，以大力推进稽查信息化建设、完善稽查体制为举措，提升稽查整体工作水平，突出重点税源检查、重大涉税案件查处两个重点，科学组织税收专项检查和专项整治，深入开展打击发票违法犯罪活动，依法稽查，规范行政，锐意改革、开拓创新，各项稽查工作运转顺畅高效，稽查体制更加完善，工作效率大幅提高，稽查打击的精准度迅速提升，全面整顿和规范了税收秩序，充分发挥了税收稽查职能作用，为“十二五”时期上海税务稽查事业发展打下了坚实的基础。

［稽查查补收入及分析］ 2010年共检查各类纳税人7165户（次），查有各类税收违法行为6634户，有问题户数占检查户数的92.59%，追缴各类税款17.96亿元、滞纳金1.27亿元、罚款2.03亿元，共计实现查补收入21.26亿元，同比增长16.43%；同期税务稽查机构组织40948户企业开展税收自查工作，自查补缴收入70.01亿元；上述合计查补收入91.27亿元，入库91.26亿元，入库率99.99%，完成年初计划指标78亿元的117%。选案准确率和人均查补收入分别达到92.59%和171.9万元，分别比2009年增长了7.34%和24.14%，有效地打击了各类税收违法行为，纠正了纳税人存在的涉税问题，及时追缴了流失的税款，为全面完成全市税收收入任务发挥了重要作用。

［整顿和规范税收秩序］ 将打击发票违法犯罪活动与税收专项检查、重点税源企业检查、重大涉税案件查处工作相结合，形成了查案必查票，查账必查票的联动机制；加大对企业发票使用情况的检查力度，重点检查房地产及建筑安装业、药品经销行业、交通运输业、营利性医疗及教育培训机构等4个行业的发票使用情况。开展对纳税人违法购买、使用虚假发票和重点税源户发票使用情况的税收检查，严厉查处购买、使用虚假发票和非法代开发票偷骗税款等违法犯罪行为。全市税务机关共对1586户企业开展发票使用情况检查，出动执法人员2277名，查处违法企业1268户，查处非法发票29018份，涉及非法开票金额9.65亿元，查补税款、滞纳金、罚款等合计1.76亿元。对房地产行业重点税源企业全面开展发票协查，对12户房地产企业进行解剖式检查，50万元以上用于列支成本的发票共计584份全部发函协查，其中真

实合法票据416份，约占71.23%，假票2份，尚未收到对方税务机关回复的有166份。

［案件查处］ 2010年列入重大案件的共35件（其中国家税务总局督办、交办的25件），已查结24件（其中国家税务总局督办、交办的19件），查补各类税款、滞纳金、罚款3.70亿元。上述案件中，既有涉及单个涉税金额较大的“可口可乐”案件和“2·06”发票虚开案，又有波及面广、危害性大的“1·29”、“7·05”虚开增值税专用发票、变造黄金销售发票等重大案件。在国家税务总局部署的黄金销售发票专项检查中，通过数据分析初步发现，上海黄金公司、上海大有黄金有限公司、上海金译城实业有限公司3户企业开具的黄金销售发票，涉嫌被不法分子变造后虚开，涉及发票8303份，涉及受票企业221户、开票金额26.79亿元、税额4.55亿元。部分稽查局立即进行了立案检查，在锁定相关嫌疑人后，警税紧密合作，成立“搜狐行动”联合专案组，开展侦查抓捕行动。专案组成员奔赴深圳、汕头、西安、无锡等地，成功抓获部分犯罪嫌疑人4人，案情取得重大突破，证实在深圳存在一个利用黄金交易套取增值税专用发票进行变造供各地企业非法抵扣，进而对外虚开的犯罪网络。

［税收专项检查］ 按照《国家税务总局关于开展2010年税收专项检查工作的通知》（国税发〔2010〕35号）的要求，结合上海实际，部署开展了2010年税收专项检查工作。制订《2010年税收专项检查工作方案》，确定行业性税收专项检查项目为：房地产及建筑安装业、药品经销行业、交通运输业、非居民企业纳税情况、营利性医疗及教育培训机构和混凝土行业及相关企业，并对上述行业中符合年所得额12万元以上个人所得税自行申报纳税条件的纳税人同步进行核查。全市税收专项检查工作共完成自查和检查23058户（次），稽查查补收入总额35.85亿元，入库29.70亿元，入库率82.84%。其中，组织企业自查19411户，自查补税28.90亿元，入库25.16亿元；各级稽查部门直接检查3647户，查结2966户，有问题2740户，选案准确率为75.13%，查补各类税款6.34亿元，滞纳金2704万元，罚款3416万元，查补收入合计6.95亿元，冲减增值税留抵税金4276万元，调减亏损企业申报亏损额8175万元。

［区域性税收专项整治］ 以闸北区上海火车站地区作为专项整治的重点区域，确定区域内制售、贩卖假发票等违法行为作为整治对象。税务和公安联合行动，本着标本兼治、务求长效的工作方针，以抓幕后、端窝点为重点，与上海火车站、站区管委会和闸北区综治办等部门紧密协作，对公开兜售假发票和散布发票违法信息的高发区域进行排查监控，坚决遏制公开倒卖、兜售发票的行为。在世博会召开前期，连续开展打击重点区域发票违法犯罪活动的专项整治行动。上海火车站所在地上海市闸北区各执法部门共查处发票违法案件70件，打掉犯罪团伙47个，捣毁犯罪窝点49个，缴获印章158枚，抓获犯罪嫌疑人240名，查获假发票146.24万份，有效净化了重点区域的税收秩序，有力遏制了发票违法犯罪在集中行动后反弹和蔓延扩散。

［重点税源检查］ 按照国家税务总局稽查局统一部署，先后分两批组织上海部分重点税源企业及其成员单位开展税收自查和抽查工作。一是加强组织领导，明确重点税源企业的税收自查、检查工作由各直属稽查局具体组织实施自查督导和检查工作，相关征管分局配合。二是加强与企业沟通联系、政策辅导和解释工作，督促其对照自查提纲及税法的有关规定全面布置落实自查工作。三是明确自查和抽查环节的时间进度要求，包括集团总部汇总自查时间节点，自查报告报送市局和总局稽查局时间节点，稽查部门实施抽查时间节点。四是科学确定抽查对象。有重点地对自查无问题企业进行了分析评估，科学确定抽查对象。五是加强政策研究，及时与有关业务处室研究行业性税收问题，听取各方面意见，妥善解决税收争议。2011年重点税源企业专项检查工作成效显著。10户重点税源企业及其成员单位，实现自查补缴各类税款19.93亿元，调减可税前弥补亏损额8.3亿元；重点抽查在沪成员企业共计138户，已完成120户企业的检查工作，实现查补收入9945.87万元。

［打击发票违法犯罪活动］ 在全国打击发票违法犯罪活动工作协调小组的领导下，坚持标本兼治、综合治理、打防并举的方针，充分发挥部门合力，打击“卖方市场”，整治“买方市场”，内部互动与部门联动相结合，完善打击发票违法犯罪活动长效机制。加大对制售假发票重点行业、重点地区、重大疑难犯罪案件的打击力度。共查处发票违法犯罪案件1506件，打掉犯罪团伙194个，捣毁犯罪窝点823个，收缴作案设备77台，缴获印章529枚，抓获犯罪嫌疑人957名，查获各类非法发票4971.72万份，共监测到“涉税”类违法短信息529.79万余条，对群发1000条以上的违法短

信息予以封堵，封堵相关违法信息8.5万余条，有效打压了发票违法犯罪的多发势头。在打击“买方市场”方面，税务机关共检查1586户企业，出动执法人员2277名，查处违法企业1268户，非法发票2.90万份，涉及非法开票金额9.65亿元，查补税款、滞纳金、罚款等各类收入1.76亿元，依法使用发票、自觉抵制虚假发票的守法诚信意识得到显著加强。警税联合对假发票印制窝点进行摸底调查，实施“鹰眼七号”严打航空运输电子客票行程单等攻坚战，有针对性地开展“端点”行动，破获“5·30”和“7·30”两个特大制售航空运输电子客票行程单案件，破获奉贤区“6·19”非法制售假公路通行费发票等案件。上海在打击整治发票犯罪专项行动工作中成效显著，多次得到国务院打击发票违法犯罪专项行动工作协调领导小组的表扬和肯定。

[税收违法行为举报] 上海税务稽查体制改革后，各稽查局内设综合选案科（举报中心）或综合科（举报中心），配备专职人员负责税收违法案件的举报受理等相关工作。2010年共受理税收违法举报案件3151件，已查结处理3146件，查实应补缴税款9911.22万元、滞纳金1200.73万元、罚款2601.59万元，合计1.37亿元，本期入库金额1.47亿元（含以前查处本期入库金额）。其中市局接受举报件受理登记1054件，网上来电咨询4起，局长信箱63件，投诉996件，提问11件，均按规定予以办理。另外，各级税务机关共核发举报奖励金额105.64万元。从查结案件的案发地分析，中心城区远低于边远城区，仅占总数的20.53%。从所有制情况分析，私营企业涉税违法行为的比例最高，共计1289件，占总数的40.52%；国有企业和集体企业涉税违法行为的比例相对较低，仅占总数的1.79%。从行业情况分析，批发和零售贸易、餐饮业的比例仍然高居首位，占总数的36.78%，主要反映不开发票及隐匿收入的问题较多。从查补税款中涉及税种分析，增值税和个人所得税占了较高比重，达52.76%，其次是营业税，占17.38%，主要是部分业主通过不开发票来隐匿销售或营业收入进行偷税，造成不缴或少缴增值税、营业税。

[案件协查] 根据国家税务总局稽查局案发地和协查地密切配合，促进总局督办案件及时查处的有关工作要求，该市结合稽查机构改革调整到位后协查工作及系统运行的实际情况，制发了《增值税抵扣凭证案件协查转办单》、《增值税抵扣凭证案件核查回复单》、《增值税抵扣凭证案件协查移送单》等相关文书，进一步明确工作要求，规范相关工作流程，加大对跨地区、有组织的涉税违法犯罪行为的查处力度，确保稽查局与征管局协查工作的有序衔接，不断提高协查工作效率。2010年受托收到协查4119起，涉及企业7398户，发票共计62906份，增值税税额19.63亿元，受托累计回复53965份，回复结果有问题发票16930份，检查后补税1979万元，加收滞纳金183万元，罚款484万元；委托发出协查1467起，涉及企业1557户，发票共计51284份，增值税税额15.14亿元，收到回复结果（含上年度未查结票）50054份，有问题发票19123份。

[稽查制度建设] 在2009年税务稽查体制改革的基础上，积极开展调研，建立稽查局与征管局、直属稽查局与区县稽查局之间的沟通协调机制。依照《税务稽查工作规程》规定的标准全面实施分级分类稽查办法，逐步实现稽查扁平化管理。以贯彻执行《税务稽查工作规程》为契机，深入开展培训学习活动，逐步建立健全制度完备、流程规范、责任明晰、监督到位的部门内控机制。严格稽查办案专项经费管理，认真执行《税务稽查办案专项经费管理暂行办法》，提高稽查办案专项经费使用效益。逐步加大与现代信息技术发展相适应的税务稽查办案设备投入。完善督办、组织查办大要案件相关制度，加大督办、组织查办大要案件力度，落实大要案件报告制度。完善稽查系统信息、案例报告制度，畅通信息传递渠道。

[稽查系统建设] 2009年财税分设以来，稽查体制改革得到有力推进：一是成立9个远郊区县税务局稽查局，取消9个中心城区税务局和直属税务二、三分局的稽查职能，由四个直属税务稽查局负责对口稽查。通过稽查体制改革，稽查力量集中于13个稽查局，提高了稽查局的工作地位和威慑力，便于统筹合理安排各项稽查工作。二是稽查部门与征管部门分工更加合理清晰，形成了分工明确、职能互补又相互制约的格局。三是突出保障重大税务案件的查处，从源头上确保了集中优势兵力办大案，有效保证了重大税务案件的查处。通过各稽查局积极探索、务实创新，稽查体制改革初见成效，稽查机构和人员基本到位，稽查各项工作运转顺畅高效，为“十二五”时期本市稽查事业发展打下了坚实的基础。

[稽查信息化建设] 按照上海国税、上海地税《2010年信息化稽查工作方案》要求，稽

查部门试点运用查账软件等稽查工具，深入开展信息化管理企业税务稽查。一是加大培训力度，培养了一批信息化稽查骨干，同时通过实战演练，积累了一批优秀案例，编写了《信息化稽查“骨干班”交流案例汇编》；各稽查局也自行组织开展培训，提高稽查人员的电子查账能力。二是大胆创新，探索建立信息化稽查操作规范，草拟了《上海市电子信息化管理企业税务稽查操作规范（试行）》，降低执法风险。三是通过开展实地调查和召开专项工作推进会形式，了解各单位推进计划及工作中遇到的难点，通过经验介绍和案例学习，各稽查局互相学习借鉴、取长补短，有力推动信息化稽查工作的开展。四是召开案例评比交流会，评选出十篇优秀案例和 4 家优秀组织单位，并发文予以表彰。2010 年，全市各级稽查部门共对 189 户企业开展了信息化稽查，采集 172 户企业的财务账套数据，57 户企业的业务数据，51 户企业的文档性文件。实现了查补税款 1.06 亿元，加收滞纳金 557 万元，罚款 475 万元，合计查补 1.17 亿元。在查账软件推广方面，共有 100 套查账软件投入使用，达到年初制定的推广面 30% 的总目标。

［稽查队伍建设］　以完善惩治和预防腐败体系为重点，抓好队伍的廉政建设、法制教育和风险教育，牢固筑起反腐倡廉思想防线。落实《关于加强稽查执法监督制约工作的意见》，加大对稽查执法全过程的廉政监督制约，积极防范稽查执法风险。细化“一案双查”和“两权监督”工作要求，巩固和维护税务系统清正廉洁、务实高效的工作局面，有效避免滥用自由裁量权、随意执法、办人情案等不良现象的发生。恪守聚财为国、执法为民的税务工作宗旨，切实改进稽查队伍作风，切实强化干部责任意识教育，加强对稽查人员的政治思想教育、职业道德教育和爱岗敬业教育，促进广大稽查干部爱岗敬业、勤奋工作，树立稽查执法威信和良好形象。

［稽查业务培训］　积极选派优秀税务稽查干部参加国家税务总局稽查局开办的各类税务稽查培训班，以及税务稽查与司法协调、法律等研修班，学习兄弟单位的先进工作经验，及时将学习成果转化为实际工作方法，促进本市稽查工作不断进步。面向基层税务稽查人员组织开办税收专项检查、3.1 协查系统、税收违法案件举报管理、稽查风险防范等业务培训。鼓励稽查干部参加在职学历教育和注册税务师、注册会计师、司法资格等考试，造就一支高层次、高素质、技能强的专业化稽查骨干队伍。积极探索稽查人员业务能级管理办法，调动稽查人员工作积极性和凝聚力。继续调整充实稽查人才库，设置行业分类检查、信息化检查、案件应诉等专业人才库。稽查专业人才队伍逐步壮大，培养了各类专业稽查人才 50 名以及信息化稽查骨干 50 多名，并分别纳入全国和该市稽查专业人才库管理。

［稽查宣传］　联合公安部门，多次举办打击发票违法犯罪活动新闻发布会、全市集中销毁假发票等大型活动，集中曝光购买使用虚假发票的典型案件，大力宣传打击发票违法犯罪活动工作开展情况及成效，鼓励群众向执法机关检举制售假发票和非法代开发票违法犯罪线索，扩大打击发票违法犯罪行动的社会影响，对不法行为形成震慑，营造良好的维护税收经济秩序的社会氛围。2010 年 3 月 24 日，结合本市“迎世博”的工作主题和第十九个税收宣传月活动，上海税务局和上海公安局联合上海铁路分局、上海火车站所属的闸北区人民政府各相关单位及 10 多家新闻媒体，开展了“保平安、迎世博、打假票”专题宣传活动。通过记者采访、介绍战果、解答问题、现场销毁、广场宣传、营造氛围等方式，显示税务、公安等政府机关严厉打击制售假发票违法犯罪行为的决心和力度，唤起社会公众深刻认清假发票的严重危害。5 月下旬，警税联合在浦东新区、黄浦区、徐汇区、闸北区等四个重点区域，召开了主题为“打击和防范经济犯罪——你我共同的责任”的宣传活动，安排刑法和税法等内容的法律咨询点、现场受理涉税举报，制作安放宣传横幅、彩旗、宣传展板，散发宣传资料，滚动播放宣传片。8 月上旬，上海税务局会同上海公安局在上海市国际印刷包装城开展了“依法纳税、守法经营”为宣传主题的严打发票犯罪宣传活动，从发票的印刷设备、专用纸张的来源、专用油墨等相关源头进行管控，对上海市国际印刷包装城内商户（企业）的违法行为进行专项整治。

［稽查工作会议］　2010 年上海市税务稽查工作会议于 3 月 2 日召开，市局党组书记庄晓玖、副巡视员张永祥、市局稽查处、征管与科技发展处、政策法规处、办公室、信息中心部门领导、各稽查局局长、征管局分管局长、相关职能科室负责人参加了会议。会议传达了全国税务稽查工作会议精神，总结了 2009 年的稽查工作，指明了今后稽查工作的改进方向，明确了 2010 年稽查工作任务和总体要求。庄晓玖书记作出重要指示：全体稽查

干部要坚定信心，抓住重点工作，想方设法完成稽查任务；要更新观念，创新工作方法，提高稽查整体水平；要严格执法、文明执法，妥善处理执法与服务的关系；要注重管理，加强制度建设，完善稽查管理体制；要加强队伍建设、作风建设和廉政建设。此次会议的成功召开，对全面开展2010年稽查工作具有举足轻重的意义，为全市税务稽查体制改革后第一年稽查工作的顺利开展提供了重要指引。

（梁　丁）

江苏省国家税务局稽查局

［概述］　2010年是“十一五”最后一年，江苏国税稽查系统在省局党组和各级国税局党组的正确领导下，按照国家税务总局、省局各项工作部署，坚持依法稽查，强化科学管理，进一步更新理念、创新方法，各项工作取得了明显成效，为完成全省税收收入任务作出了突出贡献。

［稽查查补收入］　该省2010年国税总收入4784亿元，同比增长22.1%。国税部门直接组织收入3873亿元，同比增长20.1%。江苏国税稽查系统共检查纳税人4.96万余户，查补入库收入59.72亿元，入库率96.06%，选案准确率95.85%，入库收入占直接组织收入比例1.54%，全面完成了总局下达的目标任务。

［税收专项检查］　2010年，该省开展了制药企业和药品经销行业、房地产及建筑安装业、交通运输业、非居民企业纳税情况、商品混凝土生产业、汽车销售业、电子设备制造和销售业、总代理和总经销商等8个行业专项检查项目。共检查纳税人2万余户，查补收入22.36亿元。此外，开展了“黄金票”专项检查。共计核查专用发票21万余份，查实了260户企业虚开发票违法事实，查补收入2399.91万元，移送公安机关158户。

［重点税源检查］　以风险为导向，合理配置稽查资源，突出对重点税源企业风险应对，探索省局集中选案的方式，选择了风险等级较高的260户重点税源企业先行布置进行自查，自查查补5618.52万元，并认真分析评估自查结果，选择115户企业进行重点检查，查补5625.49万元。加强对大型企业集团在该省境内设立的分支机构的税收检查，联合省地税稽查局对中国华能集团、中石油、三大航空集团在江苏设立的分支机构进行了税收检查，查补收入1439.77万元，调减亏损18.03万元。

［区域税收专项整治］　根据该省案件发生特点，重点对宿迁、徐州、淮安地区部分纺织服装出口供货企业接受虚开和虚开增值税专业发票情况开展了区域税收专项整治活动。省局重点组织对盐城、宿迁、连云港等地区部分废旧物资企业和宿迁、徐州、淮安等地区部分服装生产企业进行了税收专项整治。其中，盐城“8·24”专案已查实29户企业虚开602份增值税专用发票，金额1.55亿元，“4·21”专案查实50户企业虚开增值税专用发票10982份，金额9.97亿元，有力打击了虚开增值税专用发票势头，进一步规范了当地税收经济秩序。

［案件查处］　全年共立案检查7859件，查处超过百万元以上大要案243件，查补税款8.75亿元，移送司法机关1465件，依法惩处犯罪分子32人，有力地打击和震慑了各类涉税违法犯罪行为。重点查处“4·21”、常州“1·14”以及江苏富世伟业投资有限公司涉嫌虚开增值税专用发票案件。其中，“4·21”专案已定性接受虚开增值税专用发票975份，金额6680万元，对外虚开增值税专用发票10982份，金额11.67亿元，已追缴收入9476万元。移交公安50户，控制嫌疑人14人。批准逮捕8人，刑事拘留10人，取保候审30人，网上追逃19人。

［打击发票违法犯罪活动］　针对虚开、倒卖发票和制售假发票的违法犯罪活动日益猖獗的情况，与公安、地税、通信部门紧密协作，严厉打击发票卖方市场、惩处发票买方市场、整治重点地区和行业。2010年选择房地产与建筑安装业、商业销售（含超市）、药品经销行业（包括制药企业）、金融保险业等4个行业作为全省打击发票违法犯罪活动的重点行业，国税部门查处使用虚假发票违法企业2289户，查补收入4.2亿元。配合公安部门捣毁窝点773个，查处发票违法案件6023件，查获涉案发票6402万余份，治理发票违法短

信572万条，关停手机号码878个。

[稽查选案]　适应税收风险管理要求，继续实施省局集中选案，根据2010年省局相关业务处室行业风险指向和涉税案件的特点，进一步细化稽查选案指标，制定了2010年省局选案工作方案，同时，为加强部门之间的协作和联动，提高稽查选案的质量，成立了由省局政策业务、风险管理、税源分析、跨国税源监控、税收信息化应用等专门人才和基层稽查业务骨干组成的稽查选案专家组，参与选案方案的制定和选案过程中的业务和技术指导，切实提高选案指标的准确性和有效性，有效发挥稽查在税收风险管理和促进纳税遵从方面的作用。

[稽查情报工作]　为进一步强化稽查干部情报意识，提高情报运用水平，提升稽查选案准确率，组织人员研究构建了包括纳税人涉税情报、情报交换与协作、情报分析与利用以及稽查案例学习和交流的全省稽查信息交互平台，切实强化稽查情报在案件查处中的支撑作用，促进办案质量和效率的提升。如在江苏阳光东升案件检查中，在省局国际处大力支持下，利用国际税收情报交换平台进行国际情报交换，并通过银行对其开设离岸账户情况进行了调查，有效拓宽了稽查情报信息收集的手段和渠道，迅速掌握了关键证据，取得了案件突破，有效发挥了情报在稽查案件查处中的作用。

[稽查制度建设]　为适应分级分类稽查模式推行的需要，研究起草了《省局直办案件管理办法》；为加强督办案件的管理，规范督办案件的结案程序和结案标准，研究起草了《省局督办案件管理办法》；为规范纳税人的税收自查工作，提高纳税人税收自查质量，研究起草了《规范纳税人税收自查管理通知》；为加强稽查案件的专项情报交换工作，与国际处联合起草了《稽查案件专项情报交换工作指导意见》；为规范省局直办案件工作程序，起草了《省局直接办理涉税案件管理办法》。

[稽查信息化建设]　根据新时期税务稽查工作要求及新《税务稽查工作规程》的规定，对CTAIS系统中稽查模块的业务功能进行了优化，提出了CTAIS2.0稽查模块修改建议及业务需求，共增加和修改稽查工作流18条；针对全省各级稽查管理层及广大稽查干部管理和使用需求，对监控决策系统稽查功能进行了完善，增加涉及稽查业务的查询、统计、分析及稽查选案分析平台业务需求。

[税务违法案件举报]　2010年，共受理各类举报案件2938件，查处案件2360件，查补收入4.29亿元，入库收入2.86亿元。其中，省局直接受理584件。对一些重大案件，为提高检查质量，减少查处阻力，省局进行了督办，共督办案件33件，查补入库收入326.82万元。同时，严格落实涉税违法案件举报各项工作规定，树立举报窗口良好形象，把举报工作作为完善纳税服务、建设和谐社会的重要内容抓紧抓好。在受理日常举报工作的过程中，针对一些屡次举报、重复举报的案件，做好对缠诉人的解释疏导工作，及时化解矛盾，积极维护举报人合法权益，促进社会和谐稳定。

[案件协查]　严格执行《增值税抵扣凭证协查管理办法》，不断加强协查系统运行管理，深化协查系统应用，通过专案线索挖掘案源，积极开展扩线检查，充分发挥了协查在服务案件检查方面的作用。据统计，受托协查累计按期回复率保持100%，通过协查系统发出委托协查发票8.54万余份，受托协查发票5.99万余份，其中，有问题的发票2.14万余份，查补收入7761.24万元，累计按期回复率为100%。接受征管部门转来的第三类案件163户，协查各类发票503份，查结第三类案件117户，检查各类发票332份，查补总收入845.46万元，移送司法机关14起。转发的纸质专案12起，查补收入645.98万元，为案件查处和定性发挥了重要的作用。

[项目化检查]　按照效率与惩戒并重，效率优先的原则，实施项目化检查。对2009年选案的594户重点税源企业进行分析，从中选择了32户企业，列明选案疑点和检查项目，有针对性地进行重点检查，共查补收入5000余万元，促进了纳税人合作遵从；关注非居民企业税收风险，延伸稽查触角，积极探索对非居民企业涉税业务的稽查，共组织全省检查纳税人137户，查补收入1.18亿元，进一步拓展了稽查执法能力。

[稽查业务培训]　为进一步提高稽查干部业务素质，提高专业化水平，组织开展了全省稽查骨干业务培训。落实“2010～2014年五年全省稽查人员专门业务骨干轮训计划”，启动了全省稽查业务骨干五年轮训工作。2010年在省税务干部学校举办了3期稽查业务培训班，全省270名业务骨干参加了培训。在培训过程中引入实训教学，注重实战练兵，进一步提升了稽查人员实战能力和查

账办案能力。

[稽查队伍建设] 为加强稽查权力运行的监督，加强内控机制建设。梳理省局稽查局权力事项、排查稽查风险点，围绕加强稽查重点环节、重点岗位的监督和制约，研究起草了省局稽查局内控制度。根据省局的统一安排，结合稽查执法特点，认真组织开展稽查干部廉政教育，积极防范执法风险。始终保持廉政教育常抓不懈，定期组织人员学习廉政各项规定，提高廉政意识，强化遵纪守法和廉洁自律意识，筑牢拒腐防变的思想防线。

[稽查系统管理] 一是加强稽查工作考核。根据2010年稽查工作目标，按照“选案突出重点税源、检查快进快出、执行坚决有力”的工作原则，将全年稽查任务目标纳入省局年度“千分制”考核和机考目标，制定了具体考核方法和标准，落实工作责任，强化业务指导，加大督促力度。省局与评先创优挂钩，与办案经费分配挂钩，充分调动全省国税稽查系统工作主动性、积极性，确保完成2010年工作目标。二是规范办案经费管理。认真贯彻财政部、国家税务总局下发的《税务稽查办案专项经费管理办法》，严格稽查办案专项经费管理，确保专款专用。在2011年全省稽查办案经费的分配上，充分体现了稽查人员数量和质量、稽查工作绩效以及承办省局工作任务、落实省局工作质量等工作要求，并在此基础上考虑大要案件查办、督办、协查等因素，切实保证了稽查经费分配的公平和效率，引导全省各级稽查部门进一步充实稽查人员、强化人员素质，提高工作质量落实工作要求。

[稽查宣传] 2010年，江苏国税稽查系统联合省公安厅、省地税局等部门，以省政府名义在南京召开全省打击发票违法犯罪集中销毁虚假发票活动，江苏教育电视台等新闻媒体进行了报道，进一步营造声势，震慑发票违法犯罪分子，提高公民、纳税人依法取得、使用发票意识，促进税法遵从。紧紧围绕稽查工作成效，切实加强稽查工作宣传，全年向省委、省政府、总局上报各类工作信息39条，采用15条，总局4条、省委7条、省政府4条。全面完成了省局下达的信息工作任务。其中，“省局加强稽查选案工作”被总局采用；“普通发票违法现象严重”被省委采用；“江苏省查获多个假发票犯罪团伙”被省政府采用，既宣传了江苏国税稽查成绩，也为各级领导了解支持稽查工作打下了基础。

[稽查工作会议] 2011年3月23～24日，省局在无锡召开了全省国税稽查工作会议，认真学习了总局解局长的工作报告，传达了总局会议精神。省局党组成员、副局长葛元力作了题为《深化改革　提升能力　创新方法　努力开创全省国税稽查工作新局面》的主题报告。总结了“十一五”时期全省国税稽查工作取得的成绩和经验，分析了当前存在的问题，提出了“十二五”时期稽查工作的总体思路、主要目标和基本要求。要求全省各级稽查部门在工作中必须牢牢把握三个重要方面，即更新理念，把握好新时期税务稽查工作主题；创新方法，推进稽查现代化建设；提升能力，加强稽查干部队伍建设，在此基础上部署了2010年六项工作任务。

（黄建军）

江苏省地方税务局稽查局

[概述] 2010年，江苏地税稽查系统深入学习实践科学发展观，积极投入“三个一流”工程建设，紧紧围绕税收中心工作，以清晰的工作思路、扎实的工作举措、过硬的工作作风推进税务稽查工作，各类税收检查成绩显著，稽查基础工作持续加强，稽查创新力度不断加大，稽查执法质量明显提高，多方面工作得到国家税务总局的肯定和表扬。面对2010年繁重的稽查工作任务，创新压力传导机制。省、市、县三级稽查局局长层层签订了目标责任状，确保目标分解到位，责任落实到位。针对经济形势及收入形势的变化，下半年，总局和省局先后明确稽查收入单项指标不再进行考核，省局稽查局立即采取措施，合理安排好考核指标调整后的稽查工作。从全局出发，充分理解上级有关决策，及时转换工作理念，树立稽查收入质量观，从“用数字说话”转换到“用质量说话”，同时转变

工作重点，把注重增加查补收入转变到加大依法治税的力度上，通过大案要案的有力查处，震慑不法纳税人，带动整个地区税收秩序的好转，树立地税稽查部门的威信和形象。

［稽查查补收入及分析］　2010 年，共检查纳税人 7048 户，组织 20557 户纳税人开展自查，实现查补收入 16.65 亿元，自查收入 43.30 亿元，合计 59.95 亿元，比 2009 年增收 20.26 亿元，增长 51.06%。在全省稽查部门检查的 7048 户纳税人中，有问题户数 6942 户，结案户数 6874 户；在 16.65 亿元查补收入中，税款 11.74 亿元，罚款 3.07 亿元，加收滞纳金 1.75 亿元，没收违法所得 858 万元；入库收入 15.66 亿元中，税款 11.06 亿元。检查认定偷税户数 2527 户，应补税额 1.93 亿元，罚款 1.15 亿元，滞纳金 6485 万元，合计 3.73 亿元；入库 3.43 亿元，其中税款 1.80 亿元。编造虚假计税依据户数 301 户，应补税额 609 万元，罚款 359 万元，滞纳金 566 万元，合计 1534 万元；入库 1472 万元，其中税款 587 万元。不进行纳税申报户数 3987 户，应补税额 3.94 亿元，罚款 1.05 亿元，滞纳金 5242 万元，合计 5.52 亿元；入库 5.22 亿元，其中税款 3.76 亿元。发票违法户数 1281 户，应补税额 831 万元，罚款 1194 万元，滞纳金 155 万元，没收违法所得 106 万元，合计 2286 万元；入库 2258 万元，其中税款 821 万元。其他违法户数 3765 户，应补税额 5.72 亿元，罚款 7126 万元，滞纳金 5091 万元，没收违法所得 752 万元，合计 7.02 亿元；入库 6.64 亿元，其中税款 5.36 亿元。

［案件查处］　树立稽查收入质量观，2010 年全省选案率 98.5%、入库率 94.05%、处罚率 26.1%、偷税处罚率 59.22%，查处 1000 万～5000 万元案件 4 起，查补税款 6118 万元，查处 500 万～1000 万元案件 17 起，查补税款 1.22 亿元，查处 100 万～500 万元案件 197 起，查补税款 4.02 亿元。移送司法机关处理案件 32 起。

［税收专项检查］　2010 年，安排的税收专项检查项目包括房地产及建筑安装业、药品经销行业、交通运输业等。共安排检查企业 1296 户，查补收入 4.13 亿元；组织 9964 户企业进行自查自纠，实现自查收入 8.38 亿元，合计实现稽查收入 12.51 亿元。省局稽查局在全国率先提出以相关税种为抓手开展专项检查、提高工作质量的检查思路。此举得到国家税务总局稽查局的肯定并在全国税务稽查部门推广。通过找准抓手实施检查，使 2010 年的专项检查工作取得显著成果。如在房地产业专项检查中，认真落实以土地增值税清算为抓手开展专项检查的要求，对 259 户符合土地增值税清算条件的房地产企业实施清算，实现清算收入 3.02 亿元，其中盐城市对 49 户房地产企业进行了清算，苏州市对 27 户房地产企业进行了清算。此外，及时将园林绿化及市政建设工程纳入全省税收专项检查工作计划，制定科学、详细的专项检查工作方案，将工程涉及的所有应税单位纳入检查范围，广泛发动自查并进行重点检查，取得较大成效。多措并举做好限售股减持申报纳税情况税收检查。一是采用实地调查方式，加强对正常户的核查。二是利用税收征管信息系统登记信息，对失踪户、走逃户加强稽查与征管的协查力度，努力避免失踪户、走逃户的税款流失。三是对涉及减持单位较多的重点集团企业，由稽查局领导亲自挂帅，分工负责，做到第一时间发现难点，第一时间进行有效沟通，确保攻坚克难。四是对被查纳税人实行分户建档，做到无一遗漏。全省共核查相关纳税人 2952 户，查明减持近 18 亿股，减持金额 246.90 亿元，查补税款 9.56 亿元，加收滞纳金 1775.77 万元，罚款 422.39 万元，查补收入合计 9.74 亿元。

［重点税源检查］　加强重点税源企业税收检查。一是全面收集信息，准确筛选自查户。对国家税务总局下达的自查户，省局稽查局通过电子信息系统从机构名称相关性上筛选具体企业，对不确定的企业通报各地进行确认，力争不漏查一户、不错查一户。二是认真开展自查约谈工作。省局稽查局派人专程到南京、泰州等地，对总部在江苏的 5 户企业进行自查约谈，提高企业对税收自查和检查工作的认识，调动其自查积极性。三是加强对企业自查的辅导。南京、泰州市地税部门成立重点税源企业自查辅导小组，分工挂钩辅导各重点企业，把握自查进度，指导企业把问题查深查透。此次自查工作涉及该省成员企业共 260 户（总部在该省有 5 户），自查补缴地方税款和滞纳金 1.54 亿元。自查工作结束后，认真开展了重点抽查，巩固了自查成果，扩大了检查成效。

［打击发票违法犯罪活动］　积极与国税、公安、通信管理等部门协作配合，充分发挥各自优势，按照“捣窝点、打团伙、破网络”的要求，采取“查案必查票、查账必查票”等一系列举措，打击发票违法犯罪活动取得显著成效。全省共检查纳税户 2319 户，发现违法使用发票纳税户 753 户，查获非法使用发票 341 万余份，查补收入

4237万元，打掉犯罪团伙100个，捣毁窝点259个，抓获犯罪嫌疑人955人，收缴作案设备216台、假印章3423枚、假发票1598万多份，收集、封堵涉票违法短信3879万余条。连云港、徐州市地税部门争取政府支持，强化部门协作，初步形成打、管、防并举的综合整治发票违法犯罪活动长效机制。

[税务违法行为举报] 不断完善有关举报管理制度，加大对重大举报案件的查处力度，着力提高举报案件的受理、办理、督办以及回复的质量和效率。2010年，受理举报案件2714件，比2009年增加75件，查处举报案件1797件，比2009年减少124件。全年实现查补收入近2亿元，其中查处涉税举报大案要案19件，实现查补收入7723万元。同时，各级稽查部门及举报中心认真执行举报案件督办制度、保密制度、回复反馈制度及举报奖励制度，着力提高举报案件受理、办理、督办以及回复质量，深化稽查服务，促进社会和谐。

[案件协查] 牢固树立全国“一盘棋”思想，把协查工作作为日常检查的重要内容，克服人手少、任务重的困难，不折不扣做好发票协查等案件协查工作。专人认真进行分类整理，对案情重大并且属于省局稽查局管辖的，马上安排人员进行检查，按时查结并回复；属于省辖市级稽查局管辖的，及时将查证资料转给相关省辖市级稽查局，并督促他们按照国家税务总局稽查局的总体要求与协查地税务机关的具体要求，认真进行检查核实并及时做好协查函的回复工作。2010年，共收到外省（市）协查函35份，涉及北京、上海、天津、重庆等直辖市和浙江、福建、河南、广东、吉林、安徽、江苏（国税）等省份共11个省级税务稽查部门，共转发至各省辖市地税稽查系统协查函100余份，共协查发票千余张。

[稽查制度建设] 新《税务稽查工作规程》制定实施后，结合实际，对纳税人分类标准进行调整和完善，把纳税总额占该地区税收收入70%部分的纳税人作为A类纳税人；超过70%～85%的部分作为B类纳税人；其余作为C类纳税人。纳税人分类标准优化以后，扩大了重点税源户监控范围，各地A类纳税人数量显著增加，全省重点税源户的监控范围和监控数量处于全国前列。2010年全省通过分级分类稽查方式，发动3510户A类纳税人进行自查，自查面达26.62%，实现自查收入21.22亿元；对1349户A类纳税人实施了重点检查，重点检查面达38.43%，实现查补收入7.31亿元。各地不断深化分级分类稽查工作，南通市局稽查局提出“风险排序、科学分类；一级稽查、两级联动；指定管辖、集约检查”的分类分级稽查工作思路，进一步创新了分级分类稽查的工作机制和组织形式。

[稽查信息化建设] 优化升级，大力推进稽查信息化建设。一是优化省级大集中系统税务稽查模块功能。组织人员对稽查模块的功能设置和业务流程进行深入分析，结合新《税务稽查工作规程》和国家税务总局相关文件要求，分别按照调整类业务和新增类业务编写业务需求，对现有税务稽查模块功能进行补充、调整和优化，使系统更加贴近稽查工作实际，对税务稽查工作的支撑力度进一步提升。二是开发江苏地税稽查查账软件与省级大集中系统的接口软件。以省级大集中系统为依托，构建稽查查账软件与大集中系统的数据交换平台，一方面在稽查实施环节将大集中系统相关信息导入稽查查账软件，减少数据手工录入；另一方面在检查结束后将案件查处信息回传入大集中系统，丰富大集中系统的数据来源，实现了查账软件与大集中系统的全面对接，形成整个税务稽查执法过程的工作闭环。三是圆满完成了江苏地税税务稽查查账软件升级项目的开发推广工作。该项目是全系统完成的首个委托开发信息化建设项目，得到了省局领导的充分认可。

[稽查队伍建设] 一是提升稽查人员素质能力。从“人才兴税”的战略高度认识稽查人员素质能力建设的重要性，按照“规模、质量、效益”相结合的原则积极组织开展分专业、分层次的稽查业务培训，以一线稽查人员的税收政策、查账技能、法律素质以及电子税务稽查为重点，加强实用性培训，提高稽查人员的实战能力。二是加强稽查人才库建设。以省局稽查能手选拔为契机，有计划地培养分行业专家型稽查人才，为推进专业化稽查奠定基础。建立省稽查专家库和人才库，形成稽查人才梯次培养机制。坚持工作优先、学习优先、培训优先的“三优先”原则，做好稽查人才库管理使用，注重发挥稽查人才带动效应。合理提高一线检查人员比例，鼓励稽查干部参加在职学历教育和注册税务师、注册会计师、司法资格等考试。三是树立稽查队伍廉洁勤政形象。深入开展反腐倡廉教育，自觉履行“聚财为国、执法为民”的税收工作宗旨，加强对一线稽查人员的管理和监督，提高预警防范能力，化解稽查执法风险。以人

为本，努力营造鼓励、支持和保护稽查干部钻研业务、干事创业的工作氛围，促进广大稽查干部爱岗敬业、勤奋工作。

［稽查业务培训］　2010 年 4 月 28 ~ 29 日，在常州组织了全省房地产税收检查业务培训班，培训内容为房地产开发企业财务核算概要、房地产开发企业工程造价分析、房地产开发企业土地增值税清算审核操作介绍、房地产开发企业查账技巧，全省 56 名稽查人员参加了培训。2010 年 11 月 24 ~ 27 日，在苏州举办了全省地税系统第一期《江苏地税税务稽查查账软件》升级项目培训班，重点介绍查账软件的分析评估和税种检查功能，全省 72 名稽查人员参加了培训。以上这些培训切合了检查工作重点，注重理论联系实际，取得了较好的效果。

［案件公告］　江苏地税稽查局十分重视案件公告工作，严格执行有关案件公告报送时间、数量、内容、格式等要求，并且每半年通报 1 次各地案件公告报送情况。全年各地向省局稽查局报送案件公告 43 件，省局稽查局除在省局网站等媒体上进行了发布外，还从中选择案值较高、违法手段比较典型、影响较大的 19 件案件上报国家税务总局稽查局进行公告。上报国家税务总局稽查局公告的案件有：中国药科大学制药有限公司涉税案、镇江银翔房地产开发有限公司涉税案、镇江市地产开发总公司涉税案、无锡苏南异型钢管有限公司涉税案、扬州扬城水业有限责任公司涉税案、南京交通工程有限公司涉税案、南京寅雄船舶技术服务有限公司涉税案、淮安飞耀房地产开发有限公司涉税案、无锡市宏泰起重电机股份有限公司涉税案、常州海豹船用电缆有限公司涉税案、徐州市贾汪区农村信用合作联社涉税案。

［稽查宣传］　为切实做好 2010 年税法宣传月工作，配合国家对房地产业的宏观调控，借助省政府举办的新闻发布会，曝光苏州市三元房产咨询有限公司、南京民生房地产开发有限公司等 10 大房地产企业涉税案件。依法追缴税款并加收滞纳金和罚款，共计 1.10 亿元。同时，做好稽查信息工作。《江苏省地税局开展限售股减持收益纳税申报情况专项检查》、《切实加强限售股转让所得应纳个人所得税征收管理》等多篇信息被省委、省政府、总局、省局等简报或网站采用。此外，《新华日报》报道了《维护税收秩序，营造良好环境，我省严厉打击发票违法犯罪活动》等宣传材料。2010 年，江苏地税稽查系统在省局内外网共发布 207 条稽查信息，同时择优选择了 15 条信息上报国家税务总局稽查局。2010 年省局稽查局被省局评为全省地税系统政务信息工作先进单位。

［稽查调研］　根据国家税务总局部署，开展了上市公司资本运作相关收益纳税情况调研。调研涉及 11 户上市公司发生的 35 起资本运作，涉及交易金额 129.71 亿元，资产增值 42.85 亿元，交易类型比较集中，增值明显，但相当部分纳税人未就该收益申报纳税。在 35 起资本运作交易行为中，不符合免税条件的为 32 起，涉及企业纳税人 26 户，自然人 6 人，其中 11 户企业、3 人未申报纳税，占应申报数的 43.75%；在 42.85 亿元的增值收益中，有 37.43 亿元未进行纳税申报，占应申报收益的 90%；应缴税款（企业所得税、个人所得税）10.99 亿元，已缴 1.46 亿元，应补缴 9.53 亿元，占应缴税款的 86.75%。通过调研，发现上市公司资本运作相关收益税收流失严重，潜力巨大。省局稽查局对此撰写了专题报告上报国家税务总局，总局肖局长等领导在专题报告上作出重要批示，给予充分肯定。

［稽查工作会议］　2010 年 4 月 7 ~ 8 日，全省地税系统稽查工作会议在连云港召开，会议传达了全国税务稽查工作会议精神，总结了 2009 年全省地税稽查工作情况，部署了 2010 年稽查工作任务，南京、常州、连云港等 6 家单位交流了稽查工作经验，组织讨论了 2010 年全省稽查工作要点，会议还签订了稽查工作目标责任状、颁发了江苏省地方税务局稽查专家组成员聘书。省局局长李小平在会上作了重要讲话，对 2010 年稽查工作提出了三点要求，即牢固树立大局意识、服务意识和创新意识。省局副局长何声贵回顾总结了 2009 年全省稽查工作在分级分类稽查、税收专项检查、打击整治制售假发票、优化稽查服务、健全稽查工作机制等方面取得的成绩，并对 2010 年的稽查工作提出具体要求。

（董庆健　李　盈）

浙江省国家税务局稽查局

[概述] 2010年，浙江国税稽查系统坚持服务科学发展、共建和谐税收主题，围绕国税税收中心工作，以组织重点税源企业检查和大要案件查处为重点，认真组织税收专项检查和专项整治，深入开展打击发票违法犯罪专项行动，有效推进稽查队伍建设，充分发挥稽查的职能作用，为完成税收收入任务和规范税收秩序作出了新贡献。

[稽查查补收入及分析] 2010年，全省国税稽查系统共检查各类纳税人12854户（不含宁波，下同），其中税务机关实施立案检查企业户数4915户，有问题户数4511户，查实率为91.78%，结案户数4447户，结案率为98.58%，累计查补收入36.02亿元，实际入库36.54亿元，入库率101.44%。

[整顿和规范税收秩序] 认真制订了整顿和规范税收秩序方案，组织开展了以税收专项检查、税收专项整治和税警联合打击发票违法犯罪活动为重点的整顿和规范税收秩序工作。其中，2010年在全省范围内开展了房地产及建筑安装业、药品经销行业、交通运输业、非居民企业和家具制造经销行业等5个行业税收专项检查，共检查企业6903户，查补收入16.63亿元；组织开展了针对虚开和接受虚开增值税专用发票的税收专项整治活动，促进区域税收秩序好转；与公安、地税部门密切配合，协同作战，深入开展打击发票违法犯罪活动的专项治理行动，在2010年的打击制售假发票专项整治行动中，全省公安、税务部门共查获案件3322余起，缴获各类发票近8183.67万份，抓捕犯罪嫌疑人4276人，在打击“买方市场”的行动中，共查处违法企业2427户，查处非法发票份数10.03万份，查补收入4.54亿元。

[案件查处] 2010年，共立案查处税收违法案件4915起，结案4447起；查处百万元以上税款案件139起，查补收入3.43亿元；查处了如台州三门“3·23虚开增值税专用发票案件”、温州乐清“4·29倒卖虚开增值税专用发票案件”、绍兴县“8·11出口骗税专案”等一批金额巨大、性质严重的重大涉税违法案件。此外，为加大对涉税违法案件的检查力度，提高稽查的威慑力，继续大力推进举报案件“下查一级”工作。全省共受理涉税举报案件2273件，查处1995件，共查补收入3.41亿元，入库3.11亿元，全省实施“下查一级”案件共206件，查补收入1.33亿元。

[税收专项检查] 按照国家税务总局2010年税收专项检查工作计划，结合浙江实际，对房地产及建筑安装业、药品经销行业、交通运输业、非居民企业和家具制造经销行业等5个指令性项目开展专项检查。各地市结合本地实际有针对性地选择了部分行业开展税收专项检查。各级国税稽查部门不断创新和改进工作方法，在检查中实施以“下查一级”为主要形式的分级检查工作方法；对具有一定规模、账证较为齐全的企业进行电子查账以提高工作效率；设计并使用案件进度流转表以加快办案进度；根据企业不同的纳税信用等级推行分类检查法以提高稽查绩效等。全省共检查企业6903户，发现有问题的4834户，共查补收入16.63亿元，同比增长7.99%，入库16.31亿元，同比增长6.93%，调减亏损1.76亿元。

[区域性税收专项整治] 省局稽查局结合总局区域专项整治工作要求，针对虚开增值税专用发票违法犯罪猖獗的态势，将温州乐清、台州三门和绍兴诸暨等三地列为省局重点整治区域，省局分管领导亲自到重点整治地开展调查和督办工作，切实加大对虚开和接受虚开增值税专用发票的税收专项整治力度。全省国税稽查系统共查处虚开和接受虚开增值税专用发票企业506户，查补收入6739万元，有力地推进了区域税收秩序的好转。各级国税稽查部门也针对本区域税收秩序特征开展有针对性的专项整治工作，如绍兴市局积极开展出口退税专项整治工作，通过专项整治，有效促进该市出口企业进一步树立依法纳税观念。

[重点税源检查] 2010年，省局认真组织并及时完成国家税务总局统一部署的涉及总部在该省的3家房地产集团公司共55户企业及总部在外省而该省有其分支机构的20家集团公司共59户企业的自查和重点检查工作，共查补税款2.71亿元。在此基础上，省局从2009年入库税额总量在

全省或市、县属前列的重点税源企业中，筛选出税负异常且长期未实施税务检查的100户企业开展检查，共查补税款1.45亿元。重点税源企业检查实施过程中，各级国税稽查部门充分做好宣传动员工作，提高了企业自查自纠工作的自觉性和主动性；通过采取自查、辅导自查、重点抽查相结合的方法，有效地缓和了征纳矛盾；通过成立督导组的形式落实内部工作责任，保证了对重点税源企业稽查的工作质效。通过检查，不仅有效地提高重点税源企业的纳税遵从度，促进税务部门加强对重点税源企业的税收征管工作，而且挽回大量流失的税款。

[打击发票违法犯罪活动]　通过各级国税部门积极主动向公安机关提供涉票犯罪线索（省局提出向公安部门移送涉票案件线索每个地市局5起以上、县（市）局3起以上的量化指标）和及时协助开展发票鉴定和调查取证工作等途径全力配合公安机关重拳打击假发票制造窝点和职业犯罪团伙。经过税警部门的共同努力，2010年全省共破获、查处制售假发票和非法代开发票案件3322件，捣毁1132个制售假发票窝点、团伙，抓捕犯罪嫌疑人4276人，缴获各类发票8183.67万份。在打击"买方市场"行动中，省局及时落实总局下达的1000户违法受票企业的任务，并强化要求制定了查处发票4万份、查补收入2亿元的目标，通过系统上下全力配合，全省国税稽查部门共查处接受假发票和代开发票企业2427户，查处非法发票份数10.03万份，查补收入4.54亿元。

[税收违法行为举报]　严格执行国家税务总局《税务违法案件举报管理办法》的有关规定，努力打造一个既能受理群众举报又能为纳税人提供税法咨询服务的窗口，搭建一个宣传打击惩处各类税收违法犯罪行为的平台。全年全省国税举报中心受理举报案件2273件、查处1995件，查补收入3.41亿元，入库3.11亿元。全省税务违法举报案件中查处大要案43件，查补收入1.43亿元。查处了如杭州科灵斯壮空调有限公司偷税案、浙江维涅装饰材料有限公司偷税案、上虞市华康加工有限公司收受虚开增值税专用发票案等数额巨大、性质严重的举报案件。此外，全省国税稽查部门还注重及时分析举报案件的动态变化和特点、及时进行举报奖金的支付、做好重点举报人的疏导工作等。

[案件协查]　2010年，全省国税稽查系统继续坚持以实现协查精细化管理为目标，切实提高协查工作质量和效率，积极开展了黄金票协查等一系列协查工作。全省通过金税协查系统发起委托协查774起，涉及企业833户、发票8640份、税额3.30亿元。全省受理委托协查1790起，涉及企业3313户、发票20111份、税额6.97亿元，按期回复率始终保持100%。全省收到确定虚开的委托协查144起，涉及企业943户、发票5372份、税额7070.9万元。全省共接收征管部门转来的第三类案件涉及企业114户，发票1139份，查结76户，发票843份，通过查处有问题企业共查补收入1211.07万元。

[稽查制度建设]　新《税务稽查工作规程》实施后，该省原先制定的一些配套工作制度出现与现行法规不相符的问题，同时随着经济形势的发展变化，有一部分制度已不能完全适应现行稽查工作的需要。为此，采用"省局组织、市地参与、分解修改、集中论证、限时完成"的方法，统筹安排对省局以前制定的各项国税稽查工作制度进行一次全面修订，以进一步加强浙江省国税稽查工作的规范化、制度化建设。此次制度修订涉及综合管理类、选案、实施、审理、执行等方面共17项制度。与此同时，为推进规范执法，省局组织编撰了《国税稽查工作手册》，分执法依据篇和工作制度篇，分别将与国税稽查工作相关的现行法律法规和规章制度集结成册，便于稽查干部日常学习和工作的准确运用。

[稽查系统建设]　2010年，全省各级国税机关继续加强对稽查工作的领导，统筹安排好稽查工作必需的各类保障，主要领导经常听取稽查工作及重大案件查处情况的汇报，协调解决出现的问题和矛盾，为稽查工作提供坚强后盾。上级稽查局继续加强对下级稽查局的业务指导和工作考核，完善稽查体制机制建设，提升稽查系统各项工作质量，一是在全省国税稽查系统实施稽查创新项目提前备案制度，通过备案加强省局对各地稽查创新项目的掌握和指导，使创新与当前稽查工作任务、存在的热点难点问题衔接，使创新内容更符合现实的工作需要。全年各地上报稽查创新43项，其中衢州市局《案件质量全程监控管理制度》定为推广项目，以解决稽查案件程序方面长期存在的问题，促进办案质量的进一步提高。二是认真开展案件复查工作，对复查结果进行总结分析，制定整改措施，监督整改成效，推进案件查处质量的提高。

[稽查信息化建设]　2010年，为进一步提高选案的科学性和工作效率，积极推进管理创新成果转化。组织力量整合优化绍兴县局、丽水市局和嘉善市局的稽查选案软件，并在部分市地开展试

点工作，成效逐渐显现。省局下发专门文件要求各地加强对信息化管理企业的税务稽查工作并提出考核性要求，以提高信息化稽查的水平。组织信息化稽查业务培训，促进信息化稽查方式在该省国税稽查系统的推广应用，通过大力推进，实现该省信息化稽查的进程进一步加快。严格按照总局要求部署查询工具的推广应用工作，要求各地在办案过程中，特别是在开展案源分析、选案工作、发票协查、案件查处等工作时，要充分利用查询工具获取海关完税凭证、货物运输发票、废旧物资发票“三小票”信息，做好分析和比对工作，以提高办案效率，降低办案成本。加强信息化稽查装备配备工作，为推进信息化稽查提供基础。

［稽查队伍建设］ 牢固树立“以人为本”理念，着力提高稽查干部思想政治素质和业务技能，全面推进稽查队伍建设。一是通过一年一度的稽查干部队伍建设会议，对稽查队伍建设进行专门部署，大力推进稽查系统反腐倡廉工作。引导干部树立“征纳双方法律地位平等、公平执法是最佳服务、纳税人的正当要求应当满足”三大理念，树立稽查队伍的良好社会形象。二是乘“深化作风建设年”之东风，广泛征集纳税人意见，对征集来的意见进行认真分析，确定整改工作的意见和要求，详细制定整改措施，切实提高服务意识，有效推进了稽查队伍文明执法。三是通过开展稽查队伍的业务培训，努力提高稽查队伍的业务技能和执法能力。四是调整充实省级稽查人才库，以人才库建设为先导，构建高素质的稽查队伍，逐步形成全省国税稽查骨干人才的梯次结构。

［稽查业务培训］ 先后组织了全省范围内的稽查业务骨干培训班和稽查局长培训班，安排新《税务稽查工作规程》、信息化稽查、稽查取证、出口退税、政策法规等方面培训内容，取得了良好的培训效果；为拓展各级稽查局领导干部的视野，提高把握工作大局的能力，稽查局长培训班还特别邀请国家税务总局稽查局领导就当前税务稽查工作面临的形势和任务进行了专题讲座；此外，还邀请税务系统、公安系统、银行系统、法律系统等方面的专家对相关内容开展培训，一定程度上满足了稽查干部对业务学习和知识更新的要求。此外，各市地也多形式、多渠道积极开展稽查干部培训工作，使广大国税稽查干部能适应经济形势发展的需要。如绍兴市局通过“请进来、走出去、传帮带、横向看、交流会”等多方位、立体化的培训学习，推进稽查人员实战能力的提高。

［稽查人才库建设］ 2010 年，省局以“优化结构、精减人员、注重质量”为原则认真抓好省级稽查人才库的调整工作。省级稽查人才库人员缩减至 200 名，建立检查专业、案审专业、信息化稽查专业、综合文秘专业四个人才子库。人才库成员的选拔采取“各地推荐、市地审核、省局确定”的办法，保证进入人才库成员的质量。人才库管理采用一定的激励制度，包括发放全省检查证、颁发入库证书、提供省内外培训和学习交流机会等，以调动人才库人员的工作积极性，真正发挥这支稽查人才库在查办重大涉税违法案件中的中坚作用。人才库还安排专人负责管理，对入库成员进行跟踪管理，定期报告人才库成员的岗位变动、技能水平变动等信息，规范人才库的日常管理工作。此外，各地结合实际，调整充实本级的稽查人才库，以人才库建设为先导，构建高素质的稽查队伍，逐步形成全省税务稽查骨干人才的梯次结构。

［案件公告］ 省局稽查局为将案件公告工作落到实处，组织人员修订《浙江省国税涉税大案要案报告制度》，建立健全大要案报告制度。全年全省各地向省局稽查局报送大要案件 139 件，省局稽查局从其中选择案值较高、违法手段比较典型、影响较大的若干案件上报总局稽查局。上报总局稽查局公告的案件有：台州三门县超越金属材料有限公司等 3 家企业涉嫌虚开增值税专用发票案、温州乐清“4·29”特大倒卖虚开增值税专用发票案件，杭州新世复合管道公司涉税案，浙江电力成套控股集团公司涉税案，绍兴县出口骗税案，黄益辉、黄兆涨涉嫌逃避缴纳税款案等。

［稽查宣传］ 把握 2010 年税收宣传月契机，广泛开展稽查职能的宣传，提高税务稽查的透明度，增进社会各界和纳税人对税务稽查工作的了解，取得他们对稽查工作的理解、支持和配合。通过查处过程中的税法辅导和宣传，提高纳税人的税法遵从度和依法纳税能力，有效化解纳税人对稽查工作的抵触情绪，和谐税企关系。在相关媒体上对偷骗税大案要案进行“曝光”，加强稽查工作的打击威慑力宣传，打消少数不法纳税人企图偷逃国家税款的侥幸心理，增强了纳税人守法意识，推进了税收秩序的不断好转。积极向总局、省局报送信息，反映全省稽查系统在专项检查、打击发票违法犯罪活动、大要案件查处等方面取得的成绩。浙江省公安厅、国税局、地税局联合召开电视电话会议，分析当前发票犯罪形势，部署开展深入打击整

治发票犯罪专项行动，十余家新闻媒体受邀参加主会场会议。

[稽查调研] 省局稽查局深入基层，围绕稽查工作中存在的问题和稽查业务需求进行了多次调研，并对调研成果进行整理分析，提高了稽查业务培训工作的针对性，同时为稽查基础工作的建设提供了内容。省局稽查局根据总局稽查局布置“全面实施‘分级分类’稽查办法”工作要求，结合浙江稽查工作实际，多方调研撰写《实施“分级分类”稽查的几点思考》，文章结合“分级分类”稽查在浙江国税稽查工作中的实践，分析实施真正意义上的“分级分类”稽查在当前形势下存在的问题和难点，同时提出进一步完善“分级分类”稽查的措施和建议。该论文获得2010年浙江省国税系统税收科研调研优秀成果二等奖。此外，省局稽查局在深入开展房地产行业解剖式检查基础上，对检查情况进行了详细总结，完成《关于房地产企业解剖式检查情况的报告》，就该省房地产企业检查发现的主要问题及相关意见建议等内容向总局进行了报告；省局稽查局组织专门人员针对建立防范和打击制售假发票长效机制开展了深入的调查研究工作，撰写了《关于开展建立防范和打击发票违法犯罪长效机制的调研报告》上报总局稽查局，以期为构建打击发票犯罪活动长效机制作出贡献。

[稽查工作会议] 2010年2月25～26日，全省国税稽查工作会议在杭州召开，参加会议的有各市国家税务局及义乌市国家税务局分管稽查的局领导和稽查局局长。省局稽查局局长王黎明在会上作了《围绕中心　服务大局　提升水平　全面完成2010年国税稽查工作任务》的主题报告。会议传达贯彻了全国税务稽查工作会议精神，在全面总结和回顾2009年全省国税稽查工作开展情况的基础上，交流稽查工作经验和做法，全面落实2010年稽查工作重点和各项任务。省局总经济师金星到会并作了重要讲话。会后各地也及时召开了会议，将上级精神贯彻落实到位。省局于8月份组织召开了全省地市国税稽查局长会议，会议传达了总局“郑州会议”精神，部署2010年下半年工作重点从侧重以自查为主的重点税源企业检查转向侧重以依法规范查处涉税违法案件为主的案件检查。此外，省局还多次组织召开稽查工作例会及座谈会，及时了解各地稽查工作情况，不断分析、研究存在问题，改进和完善稽查工作。

（江永珍）

浙江省地方税务局稽查局

[概述] 2010年，浙江地税稽查系统认真贯彻落实全国税务稽查工作会议和全省地税工作会议精神，认清形势、服务大局，坚持“依法治税、为民理财、务实创新、廉洁高效”的工作理念，以贯彻新《税务稽查工作规程》为契机，继续以组织地税收入为中心，以税收专项检查和查处各类税收违法案件为重点，更新稽查工作理念，创新稽查工作方法，把握稽查工作力度，规范稽查执法行为，加强作风建设，全面提升稽查干部队伍整体素质，充分发挥稽查职能，为营造持续改善、公平有序的税收环境作出了新的贡献。

[稽查查补收入及分析] 2010年共对17874户纳税人组织实施了检查，占全省纳税总户数的4.9%，已查结17244户，检查有问题户数11743户，全省稽查查补收入创历年新高，圆满完成了国家税务总局查补收入任务，总金额达29.44亿元，其中：查补税款25.65亿元，查补费（基金）6839万元，罚款1.37亿元，滞纳金1.73亿元。全年实际入库29.10亿元，入库率为98.9%。共查处大要案176件，移送司法机关处理案件34件。

[案件查处] 2010年，浙江地税稽查系统围绕地税中心工作，紧紧抓住大要案查处这个工作重点，严厉打击涉税违法行为，充分发挥稽查威慑力。全年共检查大要案176件，同比增加23件，增幅达15.0%。其中，查补税款在1000万元以上的有3件，查补税款在500万元以上1000万元以下的有4件，查补税款在100万元以上500万元以下的有11件。重点查处了一批案情重大、影响面广的大要案，如涉案金额特别巨大的绍兴市浙江中成建工集团有限公司、金华晟元集团有限公司、台州富尔达集团有限公司偷税案，案情复杂查处难度

较大的绍兴市金昌房地产集团有限公司，浙江省纪委交办的新昌、嘉兴等地多家单位涉税案件，以及根据国家税务总局和浙江省委610办公室统一布置的对有关机构的专门查处。税收违法大要案件的成功查处，进一步提升了地税稽查的威慑力。

［税收专项检查］ 按照国家税务总局和省局关于2010年税收专项检查工作的工作安排，浙江地税稽查系统根据省局制定的指令性和指导性检查工作计划，开展了对房地产开发业（含房产中介）、建筑安装业、交通运输业、营利性医疗和教育机构、娱乐业、旅游业、广告业和股权转让所得、金融性机构高收入行业及年所得额12万元以上个人所得税自行申报纳税情况的检查。同时，各市县局还结合本地工作实际，自行确定并开展了若干自选项目的税收专项检查。2010年全省地税稽查系统在专项检查中共检查纳税户13304户，查补税款、滞纳金、罚款、费基金共计20.84亿元。通过税收专项检查工作的开展，有力打击了各类涉税违法行为，促进行业税收秩序的不断好转和规范。

［打击发票违法犯罪活动］ 根据国家税务总局相关文件精神，省地税局联合省公安厅、省国税局下发了《全省深入打击整治发票犯罪专项行动实施方案》、《浙江省国家税务局、浙江省地方税务局关于印发〈整治虚假发票“买方市场”工作方案〉的通知》（浙国税发〔2010〕106号）等文件，切实加强组织领导，明确部门职责和分工，对整治工作任务指标进行了分解落实，坚持“两手抓”：一手抓打击“卖方市场”，在发票鉴定、线索移送、案件查处、后勤保障等多个方面，积极配合公安部门开展“打团伙、端窝点、捣网络”的专项治理行动，共参与破获、查处制售假发票和非法代开发票案件1536件，捣毁1269个制售假发票窝点、团伙，抓捕犯罪嫌疑人4799人，收缴作案机器439台，缴获各类印章16758个，缴获各类发票8125万份，为2009年同期的16倍；一手抓整治“买方市场”，结合行业税收专项检查、区域税收专项整治、重点税源检查和专案检查工作的开展，对房地产及建筑安装、交通运输、餐饮娱乐、金融保险、营利性医疗机构与教育培训机构等重点行业的发票使用情况进行重点检查，做到查账必查票、查案必查票。在打击“买方市场”的行动中，共查处接受假发票和非法代开发票企业1369户，查处非法发票份数31.01万份，查补收入1.19亿元，顺利完成国家税务总局下达的各项任务指标，查处了温州市苍南县“8・01”特大非法制造假发票案（该案也是浙江省有史以来破获的最大的发票违法犯罪案件）、温州市“5・05”专案、绍兴市“3・09”特大案件、上虞市“5・23”特大发票案件等一大批发票违法犯罪案件。并联合公安、国税、城管、交管等部门，相继在各地组织开展了对街面兜售假发票的猖獗行为开展集中拉网行动，对一些重点区域，特别是车站、码头和广场等假发票集散地进行多次清查，挤压发票犯罪人员活动空间，有效制止街面公开兜售、倒卖发票的现象。因工作成效突出，浙江地税稽查局、绍兴地税稽查局、安吉地税稽查局三家单位和徐辉、徐世颖、华维水、李军四名同志受到国家税务总局的表彰。

［重点税源检查］ 根据国家税务总局稽查局的统一部署，浙江国、地税稽查局联合开展并完成了对全国500强企业中在浙的23家114户重点税源企业及其分支机构的税收检查，以及国航、东航和南航三家航空集团公司在浙所属企业的税收检查工作。通过自查和重点检查，在浙重点税源企业及其分支机构共补缴地方税款2.49亿元，三家航空集团公司共补缴税款635.7万元。完成了对总局大企业管理司布置的10户外资企业自查工作，查补税款1050万元。积极探索市级重点税源企业税收检查的有效方式，组织各市稽查局开展从本辖区2008年和2009年主营业务收入或地方税收纳税总额排名前50位的重点税源企业中，选择至少2～3户（杭州市至少4～6户）企业开展分级分类税收检查。通过开展对重点税源企业的税收检查，进一步强化了对大型重点税源企业的税收监管。

［整顿和规范税收秩序］ 始终坚持把整顿和规范税收秩序工作作为稽查工作的一个主要目标，根据国务院、浙江省政府和国家税务总局关于整规工作的总体部署，结合浙江省实际情况组织开展各类专项检查。2010年，共开展了对房地产等行业和个人的税收专项检查，有效规范了行业税收秩序；深入开展打击发票违法犯罪活动，在配合公安机关开展打击虚假发票“卖方市场”的同时，着重加大对虚假发票“买方市场”的整治力度，直接查补收入上亿元，从源头上有力打击了虚假发票违法犯罪的嚣张气焰，受到国家税务总局点名表扬。稳步推进重点税源企业检查，与国税部门联合查处了全国500强企业在浙总部及分支机构的税收检查，积极开展市级重点税源企业检查，强化了对重点税源企业的税收监管力度。

［税收违法行为举报］ 深入落实举报案

件分类管理办法，明确分类权限和程序，对线索清楚、证据确凿的案件加强督办和查处力度，切实提高举报案件查办质量。2010年，全省各级地税税务违法案件举报中心直接受理举报案件1469件；各级稽查局直接查处1018件，已查结950件，查结率93.3%；查处大要案46件，移送司法机关3件；举报案件查补税费、滞纳金、罚款共计1.46亿元，同比增加20.2%，入库1.45亿元，入库率为99.2%；举报案件平均罚款率30.4%；90件举报案件发放了举报奖励，发放举报奖励金额8.39万元。

[稽查制度建设]　浙江地税稽查局及时转发并认真贯彻落实新《税务稽查工作规程》，编印下发了《新旧税务稽查工作规程对照及释义读本》等资料，配合省局制定出台《浙江省地税系统规范税务行政处罚裁量权实施办法》，进一步缩减自由裁量空间，规范稽查执法行为。组织起草《税务稽查案件初诊管理办法（试行）》、《浙江省地方税务局重大税收违法案件督办管理暂行办法》。各地还结合自身工作实际，出台了一系列工作制度，不断推进稽查科学化、精细化、规范化管理，如金华地税稽查局制定了《稽查时效管理规定》和《执行前置试行办法》，绍兴地税稽查局制定了《加强稽查执法监督制约工作实施意见》，台州地税稽查局、丽水地税稽查局制定了稽查案件集体审理制度，湖州地税稽查局出台了《复杂案件集体审理暂行办法》、《税务稽查预案制度》、《实地辅导工作办法》等。

[稽查业务培训]　按照省局业务培训安排，组织了全省各市（县、区）地税局稽查局长培训班，设置了新《税务稽查工作规程》、经济形势、领导艺术、风险防控等课程，全省73位稽查局长参加了为期一周的培训。2010年7月，省局稽查局下发《浙江省地方税务局稽查局关于加强综合素质学习的通知》，要求全省地税稽查干部要树立终身学习的理念，在加强税收业务知识学习的同时，还要广泛涉猎法律、经济、计算机多学科知识，不断完善知识结构；要求各级地税稽查部门要建立多层次、多渠道、多形式的业务培训学习机制，营造有利于干部学习成长的外部环境。全省各地积极行动，通过创新学习方式、多渠道搭建学习平台、开展稽查业务考试等方式在全省掀起业务学习的高潮。2010年9～11月，省局稽查局主办了以新《税务稽查工作规程》并兼顾其他稽查业务知识为主要内容的“浙江地税系统稽查岗位业务技能比武活动”，该项活动以浙江省地区间检查业务交流协作会议为平台，采取预赛与决赛相结合、卷面笔试与现场比武相结合的竞赛方式，通过系统选拔、地区竞争、片区预赛和总决赛，杭州市、嘉兴市、台州市分列前三名。

[案件公告]　根据国家税务总局规定，对税务违法案件在办公场所设立的专栏内张贴公告，对重大或者其他具有典型意义的税务稽查案件，通过新闻媒体进行公告。2010年，浙江地税稽查系统共公告税务稽查案件3793件。通过对税务违法案件进行公告，加大了对税务违法案件违法犯罪行为的舆论监督，促进了税收秩序的进一步好转。

[稽查系统建设]　一是做好各项检查的组织、指导、协调工作，对重点税源企业检查由省局稽查局统一组织，市县分头落实。二是对稽查考核指标统计口径进行修订，完善稽查综合考核办法，及时通报各地稽查指标完成情况，督促各地稽查工作顺利开展。三是积极开展全省稽查案件复查工作和案评工作，对杭州、温州、丽水的45个稽查案件进行了复查，对全省各级地税稽查部门查结的64个涉税案件进行了案件质量评比，对复查和案评结果进行全省通报。四是为进一步深化税源间接控管模式，完善“数据采集—税源监控—税收分析—纳税评估—税收稽查”五位一体横向联动机制，逐步在全省范围内推行开展征管与稽查互动工作，建立并完善了以征管与稽查协调会议为龙头、软件平台为支撑、信息共享为主线、部门联动为依托、业务开放为补充的科学管理、相互配合、相互促进的征管与稽查互动机制，在推行征管与稽查信息共享，提高选案准确性，提升征管与稽查质量和效率，促进收入任务完成，拓展干部业务能力等方面取得了明显成效。

[稽查调研]　根据省局课题调研安排，广泛深入基层一线开展调查研究，完成了《稽查服务与“和谐稽查”建设研究》、《坚持执法与服务并重、努力提高税收自查质量》等重大课题调研任务，撰写了调研报告，并积极促进课题成果转化。

[稽查队伍建设]　根据基层稽查队伍建设出现的新情况新特点，积极开展思想政治教育、职业道德教育和爱岗敬业教育，在全省稽查部门形成知荣辱、讲正气、促和谐的良好风气。树立正确的执法理念，推行稽查廉政回访和聘请行风监督员制度，自觉接受稽查执法行为的外部监督。防范稽

查执法风险，建立健全惩治和预防腐败的长效机制。以创先争优活动为有效载体，切实增强稽查干部的责任意识、法治意识和效率意识，大力提升稽查队伍的工作作风和履职能力，树立稽查执法威信和良好形象。2010年，全省地税稽查系统未发生一起稽查干部违法违纪案件。

[稽查信息化建设] 根据全省信息化“大集中”工作的要求，及时、高效地完成了稽查业务需求的编写任务。按照新《税务稽查工作规程》对现有工作流程进行了全面梳理，进一步规范了稽查执法流程。连续举办了三期查账软件应用培训班，全面覆盖全省69家市、县（市、区）地方税务局的162名稽查业务骨干和信息技术骨干。分阶段确定了试运行单位，杭州市局等17个为试点运行单位，省局直属稽查分局等24个单位为扩大试点运行单位。建立起了一套“依托征管软件、实现全省覆盖”的税务检查查账软件系统，实现了流程控制和工具软件的有机融合，稽查信息化进程向前迈出了一大步。

[稽查工作会议] 2010年3月4~5日组织召开了全省地税稽查工作会议。邀请省局分管领导到会讲话，各市分管稽查的地税局领导和各市、县（市、区）稽查局长参加了会议。会议传达贯彻了全国税务稽查工作会议精神，总结2009年全省地税稽查工作，并对2010年全省地税稽查各项工作进行了部署。省地税局巡视员钱子辉到会作了主题讲话，全面分析了2010年全省地税稽查工作面临的形势，提出了全省地税稽查工作的总体要求，重点落实并全力完成国家税务总局提出的查补收入不低于地税收入总额1.5%、选案准确率不低于80%、入库率不低于90%和结案率不低于95%的工作要求。省局稽查局局长谢继良作了工作报告，对2009年全省地税稽查工作情况进行了总结回顾，并对2010年全省地税稽查工作进行了具体部署。

（贝　加）

安徽省国家税务局稽查局

[概述] 2010年，安徽国税稽查系统按照国家税务总局稽查局和安徽省局工作部署，立足服从和服务税收工作全局，围绕“转变方式、突出重点、夯实基础、提升素质”的思路，强化工作措施，狠抓工作落实，各项工作取得新的进展。全省共稽查各类纳税人3093户，查补收入11.4亿元，入库收入11.9亿元，入库率104.4%，选案准确率94.3%，案件结案率95.5%，各项指标均达到和超过总局的要求。

[稽查查补收入及分析] 2010年，安徽国税稽查系统以市级一级稽查为重点，省、市联动稽查为突破，在全面实施分级分类稽查的基础上，探索和推进集约稽查，重点在人员调度、案源管理、检查组织、案件审理等方面实施集约化管理，进一步整合全省稽查资源，加大执法力度，提升工作质效。落实重点行业及重点税源企业检查，抓实重点地区专项整治，集中查办重点案件。全省共稽查各类纳税人3093户，查补收入11.4亿元，入库收入11.9亿元。

[税收专项检查] 按照国家税务总局部署，安徽国税稽查系统组织开展对房地产业、药品经销业、交通运输业等指令性项目税收专项检查，以及对本省非金属矿物制品业、汽车经销业、金融保险业等72户重点税源企业检查。2010年，税收专项检查及重点税源企业检查共实现查补收入7.75亿元，占查补收入总量的68%，其中：组织企业自查3.56亿元，检查4.19亿元。在检查部署上，坚持国、地税密切配合，统筹安排重点抽查、审计式检查和以企业自查为先导的检查工作，做到“三个结合”和“四个联合”。“三个结合”：把税收专项检查与规范行业税收秩序相结合，按照省局部署，开展石灰石开采、火力发电、橡胶制造行业纳税评估模型建造工作；把税收专项检查与打击发票违法犯罪活动相结合，坚持查税必查票、查案必查票、查实必处理，其中在全省房地产行业检查中共查处各类虚假发票1.41万份，涉及金额2.15亿元，查补收入4546万元；把税收专项检查与落实税收优惠政策相结合，广泛开展辅导性检查，促进优惠政策落实到位。“四个联合”，即与地税部门联合下文、联合约谈、联合进驻、联合督查。在检

查方式和方法上，继续推进分级分类检查，实行项目化、预案制、交叉式检查，做到了“五个统一”，即：统一检查项目、统一工作进度、统一取证标准、统一政策口径、统一定性处理。

[打击发票违法犯罪活动]　安徽国税稽查系统坚持“宣传与打击并重、制售与买方齐查、治理与规范结合”的综合整治方针，各部门密切配合，齐抓共管，进一步推动打击发票违法犯罪工作深入开展。安徽国税局联合安徽省公安厅、财政厅在2010年初召开新闻发布会，曝光一批发票违法犯罪典型案件，邀请安徽日报、安徽法制报、安徽电视台等20多家主要新闻媒体到会采访，并向社会各界公布，取得良好社会效应。在打击制售、贩卖虚假发票犯罪工作中，各地税警联手，共查处制售虚假发票、非法代开、虚开发票案件530起，其中：阜阳制售虚假发票系列案件、马鞍山“10·28”制售假发票系列案件、六安“10·30”制售假发票系列案件等均取得重大战果。各地还积极协同移动、联通、电信、市容等单位，对车站、码头、商场、交通道口等兜售、制假贩假高发区域采取突击联动、拉网式检查，收缴售假名片、小广告23万余份，阻截各类发票违法信息短信257万余条。在整治“买方市场”工作中，将打击发票违法犯罪工作与税源管理、纳税评估、日常检查、税收专项检查、区域专项整治、专案检查等工作同步部署，铜陵、池州等地将省局布置任务分解到各区、县税源管理局，责任落实到人，并纳入目标管理考核。据统计，2010年共查处违法受票企业2626户，查获虚假发票21.22万份，涉及金额31.42亿元。

2010年，安徽国税稽查系统共查处各类发票违法犯罪案件2252起，查获各类虚假发票6260万份，打掉犯罪团伙62个，捣毁犯罪窝点220处，抓获涉案人员453人，为国家挽回税收损失2.3亿元，其中，抓获涉案人员、捣毁犯罪窝点、查获发票数量分别比2009年同期增加了2倍、3倍和近10倍，打击制售假发票犯罪活动取得空前成效，国家税务总局、公安部领导先后3次对安徽国税稽查工作作出批示予以肯定。

[案件查处]　2010年，安徽国税稽查系统继续加大偷税、骗税、虚开增值税专用发票，以及各种虚开骗抵税款等涉税违法行为打击力度。重点查处虚开和接受虚开增值税专用发票等各类可抵扣凭证的违法案件，继续严厉打击骗取出口退税违法犯罪活动，狠抓案件查处质量和效率。查处了总局督办的怀远县嘉源农贸有限公司等3户企业虚开发票案件，抓获犯罪嫌疑人6名，定性虚开发票1168份，涉及金额6942万元，税额1180万元。共受理举报案件194起，查处187起，结案163起，查补收入6452.79万元，其中国家税务总局督办的太和县长江金属材料公司举报案件查补收入2000余万元。继续发挥协查系统办案优势，提高办案效率，通过协查系统委托协查发票12603份，选票准确率达47.5%，受托协查发票9420份，受托协查按期回复率达100%，查补收入2862.19万元，较2009年增长近4倍。

[区域性税收专项整治]　2010年，安徽国税稽查系统选定涉税违法犯罪问题较为集中的地区组织开展了区域税收专项整治，特别是针对部分地区和行业涉嫌虚开增值税专用发票及骗取出口退税等涉税问题。2009年底，联合省公安厅组织开展了外来纺织、服装出口供货企业专项整治和药品经销行业专项整治。其中：外来纺织、服装出口供货企业专项整治对宣城、池州、安庆、黄山4市188户企业实施了检查，查处涉嫌虚开发票企业54户，抓获犯罪嫌疑人31人，定性虚开增值税专用发票12265份，涉及金额10.7亿元，税额1.82亿元；医药经销行业专项整治对合肥、阜阳等7市2009年销售收入1亿元以上、税收负担率低于国家税务总局划定预警值下限（0.66%）的32户药品经销企业实施了检查，查补收入9298.38万元，合肥市对一户医药企业的解剖式检查方法受到国家税务总局稽查局表扬，并将经验介绍全国。

[集约化稽查]　以市级一级稽查为重点，省、市联动稽查为突破，在全面实施分级分类稽查的基础上，探索和推进集约稽查，重点在人员调度、案源管理、检查组织、案件审理等方面实施集约化管理，进一步整合全省稽查资源，加大执法力度，提升工作质效。一是实施全省范围内的人员统一调度。针对该省税收集中度较高、稽查力量有限且分布不均衡的现状，采取抽调业务骨干集中检查的做法，实现稽查人员在全省范围内的合理调度，发挥了“集中力量办大案、办好案”的整体作战优势。2010年，该省各地共组织抽调54批700余人开展检查。在对稽查人员的调度和使用上，初步建立了稽查人才库，对全省稽查业务骨干实施分类管理和培训，对29名业绩突出的抽调人员予以了表彰。二是实施以分级分类为标准的案源统一管理。该省根据各地税源规模和行业经营情况，实行案源分级分类管理，分别由不同层级和不同类别检

查组实施检查，同时扩大上级稽查局直接受案和组织办案范围，有效避免重复检查和办案干扰。2010年，该局对国家税务总局布置和自行组织开展的检查项目按纳税规模进行筛选分类，直接组织对58户省级监控重点税源企业及总局交办、督办案件实施检查，将其他市级重点监控税源企业检查任务下达各市。三是实施省、市、县三级联动式的统一检查和审理。实行全省或全市联动稽查、异地交叉检查和集中解剖式检查，对共性问题统一审理定性，对个性问题由所在地依法依规处理，全省通过集中选案、统一审案、统一政策适用和处理处罚口径，促进了稽查执法更加规范。2010年，该省对国家税务总局稽查局交办的双鹤药业、世纪金源两户重点税源企业进行的分析式检查；对总局稽查局督办的长江金属材料公司案件进行的集中检查；省局和省公安厅联合组织宣城、安庆、池州、黄山4市统一开展对外来纺织服装出口供货企业实施的联动整治；省局组织开展的房地产企业重点户的检查以及各地按照省局要求自行组织的异地交叉检查和集中检查等，都充分体现了集约稽查的效果，增强了税收执法刚性。

［稽查工作会议］ 2010年2月25日，安徽省国税稽查工作视频会议在合肥市召开。会议传达了全国税务稽查工作会议精神，总结了2009年以来安徽省国税稽查工作，明确了2010年国税稽查工作总体要求和主要任务。安徽省国税局副局长徐光伟作了题为《规范管理　科学发展　努力提高稽查工作整体水平》的会议主题报告。指出，今后一个时期安徽省国税稽查工作的总体要求是：深入贯彻落实科学发展观，牢固树立聚财为国、执法为民的税收工作宗旨，围绕服务经济发展大局和服从税收工作全局并重，以推进集约稽查为抓手，创新工作方式；以实施“四专”检查为重点，发挥稽查职能作用；以规范执法行为，完善稽查管理，加强队伍建设为保证，推动全省国税稽查工作整体水平进一步提升。围绕这一要求，重点要把握好三个方面：一是必须以科学发展为方向全力推进集约稽查；二是必须以规范高效为原则全面夯实管理基础；三是必须以强化实战为目标不断提升队伍整体战斗力。

［稽查制度建设］ 一是建立内控管理机制。围绕新《税务稽查工作规程》的贯彻落实，完善稽查选案、检查、审理、执行四环节相关制度和办法，建立健全制度完备、流程规范、责任明晰、监督有效的内控机制。针对稽查重点工作的实施，完善重大举报案件管理办法、重点税源企业检查管理办法、稽查工作督办办法等工作制度，进一步规范稽查办案程序、文书使用、证据收集及案件审理工作，促进稽查工作规范化、专业化、科学化管理。二是健全内外协作机制。加强与征管、税政、纳税服务、监察等部门的协调，落实税收政策和一案双查制度。强化国、地税稽查工作配合，联合组织、共同开展国家税务总局统一部署的各项检查工作。深化与公安等司法部门的协作，健全税警协作机制，推进重大案件检查公安机关提前介入做法，解决办案手段软化问题。加强与工商、审计、海关、外汇管理、金融等相关部门的沟通与合作，积极构建多边信息共享机制，共同打击各类税收违法犯罪活动，逐步形成税务稽查与征管专业治税，其他各部门、机构协税护税的社会综合治税体系。三是完善工作考评机制。根据稽查工作方式的调整，建立科学合理的工作追究考评体系，着重强化对执法质量和执法水平的考核，通过制定执法岗位工作职责、工作标准及责任追究办法，建立以税收执法责任制为核心的评议考核管理机制。四是建立调研督导机制。针对新形势下税务稽查模式和工作方式、方法，广泛深入开展工作调研，着重开展调研式工作督导和调研式税收检查两项工作。针对各地重点工作落实情况以及工作中遇到的热点、难点问题，开展调研式工作督查，分析问题成因，提出改进措施；对工作落实不力的地方，实地进行督导。

［稽查队伍建设］ 一是开展分类分项培训。按不同级次和培训对象类别的不同要求，分级负责，分类实施，有层次地组织税务稽查人员培训。二是加强党风廉政建设。联系稽查工作实际，大力开展以理想信念、思想道德、法制纪律为主要内容的廉政教育。依据稽查执法风险点，建立可操作性较强、统一规范的内控制度。加大对稽查执法权的监督，落实“一岗两责”，积极探索事前警示、过程监控和事后监督的有效途径。开展稽查廉政文化建设，加强反腐倡廉宣传教育工作。三是实施稽查人才库管理。围绕实施分级分类稽查，加大以稽查人才库为载体的专业化人才培养力度。选拔一批政治素质过硬、爱岗敬业、廉洁律己、业务精湛、专长突出、业绩突出的人才，进一步充实省、市两级人才库。实行人才库能升能降的动态管理，优化人才专业结构，逐步形成多行业、多门类、多元化的专家型稽查人才库格局。

（肖　磊）

安徽省地方税务局稽查局

［概述］　2010年，安徽地税稽查系统认真贯彻全国税务稽查工作会议和全省地税工作会议精神，围绕地税中心任务，统筹做好组织收入和服务发展“两篇文章”，突出抓好税收专项检查和打击发票违法犯罪活动两项重点工作，大力整顿和规范地方税收秩序，规范执法行为，创新稽查方式，提高稽查效能，取得了可喜成绩。查补收入进一步增长，税收专项检查深入开展，打击发票违法犯罪活动取得新进展，稽查质量效率不断提高，基础工作不断推进，稽查队伍素质进一步提升，全面完成全年各项稽查任务。

［稽查查补收入及分析］　2010年，共对10689户纳税人开展税收检查和自查，查补各类地方税收入总额为13.28亿元，比2009年同期增加2.23亿元，增幅达20%，其中：稽查查补总额5.18亿元，组织企业自查查补8.10亿元。组织各类地方税款入库总额13.26亿元，入库率为99.75%。其中：稽查查补入库总额5.16亿元，组织企业自查查补入库总额8.10亿元。

全省地税稽查机构检查结案户2238户，平均结案率100.26%，户均查补税款20.35万元。从检查纳税户的企业类型来看，检查结案户数最多和查补收入最多的均为内资企业，分别为1981户和4.85亿元，户均查补税款最多的是外商投资企业54.4万元。从违法案件金额来看，多为100万元以下的案件，共有2178户，查补税款合计1.42亿元。从查处的各类案件违法行为涉及税种构成上看，其中营业税6798万元，企业所得税7915万元，个人所得税1.55亿元，其他税种1.52亿元。

［整顿和规范税收秩序］　按照国家税务总局整顿和规范税收秩序的统一部署和要求，坚持标本兼治、内外并举的原则，通过专项检查、大要案查处、打击发票违法犯罪活动，积极开展整顿和规范税收秩序工作，取得了显著的工作成效，纳税环境和税收秩序明显好转。一是在全省范围内组织开展税收专项检查，规范行业税收秩序。以房地产行业与建筑安装行业，交通运输行业，药品经销行业为指令性项目，营利性医疗与教育、培训机构，非居民企业税收专项检查，年所得额12万元以上个人所得税自行申报税收专项检查为指导性项目。二是进一步加大对重大违法案件查处和督办力度，严厉查处大案要案，打击涉税违法行为，全年共查处100万元以上的案件60起。三是坚持“打防并举、突出重点、标本兼治、综合治理”的方针，深入推进打击发票违法犯罪活动，措施得力，成效突出，受到国家税务总局通报表彰。

［案件查处］　2010年，安徽地税稽查系统积极查办大案要案，重点查处利用虚开运输发票骗抵税款，利用虚假凭证、做假账、账外经营等手段偷逃税款行为。加强重大税收违法案件的统筹管理，认真落实大案要案报告制度和重大案件督办制度。全年共立案查处税收违法案件2933户，检查发现有问题2232户，结案2238户，结案率为100.26%。查处百万元以上税款案件60件，查补收入3.1亿元，其中：100万元以上500万元以下案件46件，500万元以上1000万元以下案件11件，1000万元以上5000万元以下案件2件，1亿元以上案件1件。对1户纳税人采取了税收保全措施，保全金额为68万元，对2起税收违法案件移送司法机关处理，公安机关提前介入及联合办理1起税收违法案件。全年共查处偷税行为498起，查处税收收入3405万元；编造虚假计税依据16起；不进行纳税申报1176起，查处税收收入2.63亿元；发票违法326起；其他违法行为1135起，查处税收收入2.20亿元。

［税收专项检查］　在全省范围内组织开展房地产行业与建筑安装行业，交通运输行业，药品经销行业等重点行业的税收专项检查，各地结合本地区实际情况选择开展房地产销售中介及服务机构、自收自支事业单位等项目的税收专项检查工作。查前，结合行业特点、财务会计制度和以往检查经验，组织人员编写自查提纲，共向全省下发1份通用自查提纲和14份分行业自查提纲，辅导各地开展企业自查。同时，举办全省地税系统稽查人员“企业会计准则和税法差异”视频培训，做好查前培训工作。查中，严格做到“四个结合”，即把专项检查与发票检查相结合，实行“税票统查”；专项检查与阳光稽查相结合，力求“公开透

明”；专项检查与税收优惠政策是否落实到位检查相结合，切实维护纳税人权益；专项检查与分级分类稽查相结合，提高稽查效能。2010年，专项检查共组织收入10.86亿元，其中企业自查7250户，自查补税6.76亿元；税务机关检查纳税人2095户，查补收入4.1亿元。

［重点税源检查］ 一是组织开展总局布置的大型企业集团税收自查和检查。按照国家税务总局重点税源企业税收检查工作安排，与省国税局稽查局联合制定工作方案，分市下发检查名单和自查提纲，指导各地对19户企业集团124家在皖成员单位开展自查，自查税款8370.67万元。根据自查情况，确定4家企业集团在皖分支机构（成员单位）共67户企业为抽查对象，由各市地税局稽查局与国税局稽查局联合实施检查，共查补税款3177.9万元。自查与查补税款合计1.15亿元。二是组织开展省内重点税源企业税收自查和检查。省地税局稽查局以房地产、煤矿等行业为重点，在全省纳税400强（不含中央直属企业在皖分支机构）企业中，根据纳税人存在的税收风险程度，选择其中31户重点税源企业作为检查对象，统一组织开展以自查为先导的重点税源企业检查。据统计，自查阶段31户企业自查查补收入4910.13万元，其中税款4285.01万元，加收滞纳金625.12万元。检查查实税款1.23亿元，加收滞纳金1042.36万元，处罚款1558.35万元。重点税源检查结束后，各检查组共向征管税政部门反映问题和提出征管建议6份，形成典型案例8份，充分发挥稽查以查促管职能作用。

［打击发票违法犯罪活动］ 一是宣传到位。召开新闻发布会，公布《安徽省检举发票违法行为奖励办法》及举报电话、播放打击发票违法犯罪公益广告，发放《发票知识宣传手册》，提高纳税人对真假发票的辨识能力。二是突出重点。本着“查案必查票，查账必查票”的原则，采取切实措施整治虚假发票“买方市场”。在全省确定房地产、建筑安装、药品经销、餐饮服务、交通运输、商业零售等行业为重点检查行业，并将合肥、马鞍山等假发票“重灾区”确定为重点检查区域。三是加强联系。按月统计分析重点行业使用虚假发票整治工作情况、受票企业大额发票自查及检查情况，通过简报等形式定期向全系统通报工作进展、措施、问题、成效等情况，交流推动工作。全年共编制打击发票违法犯罪简报18期。四是强化督导。成立督导小组，对各地发票专项整治工作进展情况、大额发票比对情况，以及重点行业、重点区域的整治工作进行督查。据统计，在打击虚假发票“卖方市场”工作中，共查处各类发票违法犯罪案件1992起，查获各类虚假发票6252万份，抓获犯罪嫌疑人453人，摧毁犯罪团伙62个，捣毁制假、售假窝点220个，收缴作案机器249台，查补税收收入2.06亿元，治理发票违法信息78.6万余条。在整治虚假发票“买方市场”工作中，共对5511户企业的受票情况进行检查，检查违法受票企业1027户，查获非法发票25947份，涉及金额1.9亿元，查补税款1061万元，加收滞纳金8.73万元，罚款113.24万元，通过媒体曝光案件35起，向公安部门移送案件60起。

［税收违法行为举报］ 2010年，安徽省各级地税举报中心进一步规范税收违法行为举报案件管理工作，严厉打击各种涉税违法犯罪活动，全年共受理各类税收违法行为举报案件548件，已查结案件400件，移送司法机关案件3件。一是分类管理。对各类举报案件，分别采取直接受理、交各市管理部门、暂存待查等处理方法，疏通管理渠道，明晰处理途径。二是耐心疏导。积极引导举报人实事求是举报税收违法行为，严格为举报人保守秘密。积极化解矛盾，做好重点举报人的疏导、说服工作。三是认真查处。对各类举报案件都认真对待、严肃查处，做到定性准确，审理严格，查办及时。四是严肃督办。对于各类督办案件，跟踪案情进展，督促按时结案，保证查办质量，及时总结上报。

［案件协查］ 高度重视协查案件的查办工作，树立“协查地就是案发地”的责任意识，及时按委托单位协查要求查结回复。2010年省地税举报中心共受理省外协查案件17件，向地市地税稽查局发出协查函37份，其中协查运输业、广告业等发票117份；对河南地税发票协查案件进行了直办，经调查核实后，向河南地税稽查局发出答复函。全省各级稽查部门向省内外发出发票协查函1921份，查处违法票据票面金额2272万元

［稽查制度建设］ 安徽地税稽查局以贯彻执行新《税务稽查工作规程》为契机，严格落实稽查内部选案、检查、审理、执行四环节分工制约和协调配合机制，逐步建立健全制度完备、流程规范、责任明晰、监督到位的部门内控机制。完善稽查工作考评激励机制，细化考评内容和方式，修定了2010年度《安徽省地方税务局稽查工作考核评比暂行办法》。按照省局要求修改《安徽省地税

系统推进现代化分局建设考核评价标准》，指导全省地税稽查系统开展现代化分局建设。各地也相继制定了稽查业务公开、服务承诺、主协查、回访、稽查建议、限时办结等一系列制度。皖江示范区内市、县局围绕服务皖江示范区建设等重点战略，制定了一系列规范涉税检查的政策服务制度，营造了良好的税收发展环境，全力服务产业转移，受到当地政府的肯定。马鞍山市地税局专门制定了《以查促管工作暂行办法》，推动以查促管向制度化、常规化方向发展。

［稽查系统建设］　一是强化信息交流。完善稽查系统信息、报表报告制度，确定全省17个县级稽查局为信息直报点，定时报送基层工作相关信息。二是强化考核测评。完善稽查工作考评激励机制，细化考评内容和方式，组织开展了2009年度稽查工作考核评比。三是强化案卷管理。组织召开稽查案卷评审会议，对全省地税系统51份稽查案卷进行评议，排查问题，总结经验，提高案卷管理水平。四是强化工作指导。依托现代化分局建设考核评价标准的修改、完善，引导全省地税稽查系统以开展现代化分局建设为抓手，推动稽查工作全面开展。召开全省部分地市稽查局长座谈会，了解各市稽查工作情况，指导各市开展工作。

［稽查信息化建设］　2010年，安徽省地税局稽查局以AHTAX2009稽查模块推广应用为抓手，加强稽查的信息化管理，提高稽查科技含量。一是完善稽查模块功能，深化稽查模块应用。成立稽查模块试点领导小组，抽调专业人员参加稽查模块升级开发工作，多次组织需求调研，开展软件即时测试，并组织8名稽查人员进行两轮次20天集中测试。对全省稽查人员进行两轮96人次集中培训和全员网上培训。11月初，完成新稽查模块的全省上线工作，稽查案件全部纳入软件管理。二是依托征管信息系统加强选案工作，为科学选案、提高选案准确率奠定初步基础。三是推广应用稽查查账软件，提高对信息化管理企业的稽查办案能力，减少稽查对企业正常工作的影响，提高稽查工作效率。

［稽查队伍建设］　一是加强专业能力培养。举办全省地税系统稽查业务视频培训班，邀请扬州税务学院赵建华副教授讲授企业会计准则及其与税法差异，除稽查系统人员参加外，另有330家企业的437名财务人员同时参加培训；2010年12月上旬，在扬州税务学院举办全省地税系统稽查业务骨干培训班，全省103名业务骨干参加培训；不定期组织案例分析会，由检查人员对参与查处案件进行分析总结，交流稽查经验，提高稽查能力；认真参加总局和省局安排的专业培训。二是提升政治理论素质。开展“学习《廉政准则》、规范从政行为、促进科学发展”主题教育活动，组织专题讨论和实地参观，保证学习质量和效果；省局稽查局党总支深入开展创先争优活动，及时召开动员会，组织7次集中学习，开展10项主题活动。三是加强党风廉政建设。落实省局党风廉政建设责任制，加强对稽查执法风险的分析和防范，通过发放廉政监督卡、开展稽查执法回访等形式，强化稽查执法监督。

［稽查人才库建设］　在各单位推荐的基础上，经过资格审查、业绩考核、民主测评、组织推荐等程序，由省局把关，调整更新了全省地税系统稽查人才库人员，并推荐了30名优秀人才入选全国税务稽查人才库。注重发挥入库人才作用，在重点地区、重点行业的税收专项检查、稽查案件复查和重大税收违法案件查办等工作中，锻炼和检验稽查人才队伍。在2010年安徽省重点税源企业轮查工作中，抽调稽查人才库人员51名，组成8个检查组，开展交叉检查，23户企业自查和检查查补税款1.08亿元。

［稽查宣传］　紧紧围绕“税收·发展·民生”主题，采取日常宣传与集中宣传相结合，宣传稽查工作，展示稽查形象。省局稽查局全年编发《安徽地税稽查信息》15期，及时全面反映各地稽查工作情况。在省地税局互联网站和内部网站开设专栏宣传、报道全省稽查工作动态。与《安徽地税》杂志合作，开设“稽查之窗”专栏，为稽查工作搭建宣传平台，共征集稿件45篇，编发优秀文章12篇。六安、宿州、滁州、宣城、淮北等地创办了市级《稽查工作信息（简报）》，及时宣传本地稽查工作。宣城地税制作反映稽查干部扶贫济困的专题宣传片《牵手》荣获全省第九届党员电教片评比一等奖。各级地税稽查部门还将税法宣传融入税务稽查全过程，广泛开展查前集中辅导式宣传、查中个别提醒式宣传和查后反馈建议式宣传等活动，主动宣传税收政策，帮助解答涉税疑问，减少和避免纳税人因政策理解偏差引发的涉税违法行为。

［稽查调研］　2010年，安徽地税稽查局组织编写了《2009年全省地税稽查系统检查工作情况分析》、《企业研究开发费税前扣除政策研究》、《转变稽查理念　创新稽查方式　切实提高

全省重点税源企业稽查实效》等调研报告，归纳查案方法，总结办案经验，拓展检查思路，同时为完善税收政策和税收征管工作提出建议。全省各级地税稽查部门紧紧抓住稽查工作的重点、热点、难点和焦点问题，积极开展多种形式的调查研究，形成一批高质量的调研成果，为指导全省稽查工作，提高稽查管理水平提供了第一手素材。省局稽查局编辑印发了《安徽地税稽查调研报告·2009》，供各地交流学习，促进调研成果转化。

[稽查工作会议] 2010年5月19日，安徽地税稽查局在青阳县召开全省地税稽查工作会议。会议传达全国税务稽查工作会议精神，全面总结2009年稽查工作，部署2010年稽查工作任务。省地税局副局长倪三立在会上作了重要讲话，对2009年全省地税稽查工作给予了充分肯定，分析了稽查工作面临的形势，对做好当前和今后一个时期的稽查工作提出具体要求：一要坚持围绕大局强职能；二要坚持强化管理提质效；三要坚持惩防并举促遵从；四要坚持规范行为防风险；五要坚持优化服务创和谐；六要坚持提升能力强素质。阜阳、马鞍山、芜湖、宣城、黄山、池州等市地税局稽查局代表在会上作了会议交流发言。

（杨柳）

福建省国家税务局稽查局

[概述] 2010年，福建国税稽查系统认真开展税收专项检查和区域税收专项整治工作，重点查处重大税收违法案件和组织重点税源企业检查，严厉打击发票违法犯罪活动；大力加强税务稽查核心业务能力建设，强化稽查业务培训，调整和充实稽查人才库；全面推行“分级分类稽查”，不断创新稽查方法；加强涉税举报管理工作，建立举报线索和查处质量评估机制；树立“协查地就是案发地”的思想，按期完成协查工作；认真贯彻执行新《税务稽查工作规程》，不断完善稽查组织体系和制度建设，强化稽查权力监督制约，加强队伍党风廉政建设。全年共查补收入11.91亿元，已入库11.59亿元，入库率97.27%，完成年度考核目标10.9亿元的106.31%，检查企业1266户，其中有问题1246户，选案准确率98.42%，结案率98.66%，全面完成全年各项稽查任务。

[稽查查补收入及分析] 2010年，该省国税稽查系统精心组织总局部署的指令性和指导性税收专项检查，并结合该省实际，指令性检查项目增加中信银行、中国光大银行、招商银行、中国民生银行、近二年尚未检查的保险、证券、投资公司、水泥生产企业等企业和行业的检查，指导性检查项目增加对土地使用权、采矿权和林产权转让的检查。同时，开展对大型企业集团、重点税源企业、上市公司的辅导自查、检查，认真组织区域税收专项整治。按期完成案件协查和举报案件的查处，依法查办各类涉税大案要案。加强与公安机关、地税、通信管理局等有关部门的密切配合，积极开展打击制售假发票和非法代开发票专项治理活动，全面部署发票“买方市场”的检查。全年共检查企业1266户，有问题的企业1246户，结案户数1249户，辅导企业自查14382户，查补各项收入11.91亿元，已入库11.59亿元，入库率97.27%，完成年度考核目标10.9亿元的106.31%，其中：稽查机构直接查补税款3.40亿元，滞纳金0.51亿元，罚款0.36亿元，组织企业自查收入7.64亿元。

[整顿和规范税收秩序] 一是认真组织开展税收专项检查和区域税收专项整治。全省共查补收入9.03亿元。二是严厉打击发票违法犯罪活动。全省查处各类发票违法案件6596件，查补收入8901.36万元。三是严厉查处涉税大要案。2010年，该局共承办总局督办件5件，累计查补收入2201.10万元。承办省局督办的大要案2件，依法追缴已退税款2312.54万元，不予退税77.86万元，并依法加收滞纳金。四是做好评定纳税信用等级，推进信用体系建设。2010年，在全省范围内联合开展2008～2009年度纳税信用等级评定，并利用现代信息技术平台加强信用等级动态管理。五是加大税法宣传力度，大力开展“税收宣传月”和“诚信兴商宣传月”活动，通过表彰纳税百强企业和税收信用等级A级企业，批评曝光纳税信用等级D级纳税人等手段，既教育纳税人，又提高了纳税人依法纳税遵从度。

[案件查处]　2010年，继续将查处税收违法案件作为重点工作，统筹使用全省的稽查业务骨干力量，相继查办了一批大要案件，进一步整顿和规范市场税收秩序。一年来，查办100万元以上的案件1249起，查补收入3.4亿元，其中：查办1000万元以上7起，查补收入1.24亿元。承办国家税务总局督办件5件，已查结2件，分别是：泉州某集团有限公司涉嫌偷税案、福州某塑胶鞋业有限公司涉嫌取得虚开增值税专用发票和偷税案，累计查补收入2201.10万元，其他3个案件属第四季度下发的督办函，案件正在查处中。承办省局督办案件2件，依法追缴某碳酸钙有限责任公司已退税款2312.54万元，不予退税77.86万元，并依法加收滞纳金。各地也相继查处了一批大要案件，如：省局稽查局抽调全省税务稽查人才库20多人开展了对漳州市两家房地产公司查处工作，发现该公司通过假发票虚列拆迁赔偿款、虚增建安成本等方式，少缴税款1000多万元；龙岩市局在检查某房地产开发有限责任公司中，发现该公司利用虚假合同、协议、假发票隐瞒销售收入，追缴其税款1339万元并加收滞纳金，对其偷税部分处以所偷税额1倍罚款计385.36万元；漳州市国税稽查局在漳州市公安经侦支队的配合下，一举捣毁涉嫌虚开增值税专用发票的窝点，当场抓获犯罪嫌疑人8人，经初步审查，漳州市某织造有限公司于2008~2009年间，虚开增值税专用发票高达7000多万元。

[税收专项检查]　一是切实加强组织领导。成立省、市税收专项检查工作领导小组，负责组织落实税收专项检查各项工作部署。二是科学组织，依法稽查。以贯彻执行新《税务稽查工作规程》为契机，严格落实稽查内部选案、检查、审理、执行四环节分工制约、协调配合机制，科学组织开展税收专项检查。三是大力开展查前培训。在全省范围内开展查账软件培训、财务和行业税收政策培训。四是集体研究，统筹选案。为切实提高选案准确率，省局通过强化计划控管，规定选案工作由设区市局统一进行。五是统筹调配力量，查处大要案。2010年，全省税收专项检查查补收入8.48亿元，已入库8.22亿元，入库率为97.16%，检查调减亏损额0.73亿元，共检查、辅导企业自查12690户。

[区域性税收专项整治]　2010年，该省各设区市局选择税收违法行为比较集中的一个县、区重点开展区域税收专项整治，重点查处和打击虚开交通运输发票和骗取出口退税违法犯罪活动，共补税、罚款9734.83万元。一是密切配合公安机关严厉打击发票违法犯罪活动，查处一批大案要案。如漳州市局在查处了漳州奔飞服装织造有限公司和诏安天达服饰织造有限公司虚开增值税专用发票案件后，部署各县（市、区）局对服装行业开展全行业、全覆盖的税收专项整治，有效打击了虚开增值税专用发票的苗头。二是各地结合征管实际，选定存在问题多、整体税负较为异常的行业进行整治。莆田市局对全市的786户酒类经营户进行专项检查，查补税款431.57万元，已全部入库；泉州晋江市国税局根据本市产业特点，对陶瓷业进行整治。通过对征管数据进行分析，根据企业窑炉数量、窑炉面积、使用电费等指标进行测算，选出33户陶瓷企业开展重点检查，全行业补税1042万元。三是部署查处“买方市场”，整治活动取得成效。全面组织开展机关团体、行政事业单位、部队等税务发票使用情况的自查整顿；严格按照国家税务总局要求，部署1000户受票企业的检查任务，实行检查责任制，确定房地产、商业零售业、汽车销售及修理修配业、金融保险业为重点检查区域。一年来，全省共检查受票企业1078户，查处14864份发票，查补收入6715.67万元。

[重点税源检查]　该省继续加大对重点税源企业的辅导自查、检查力度，通过统筹选案、统筹使用稽查力量，有效实施分级分类稽查，2010年，共查补收入5.32亿元。一是根据总局的工作部署，迅速开展对某医药集团股份有限公司、某矿业集团股份有限公司、哈药集团有限公司、南京医药产业（集团）有限责任公司、苏宁电器集团有限公司、世茂集团、中国医药集团总公司和广州医药集团有限公司10家企业集团的66户企业（分支机构）自查补税1444.52万元，加收滞纳金40.89万元，上述税款、滞纳金均已入库。7月底，对重点税源企业自查效果进行了全面评估、分析后，会商地税部门，结合企业经营规模、税负指标、自查效果等情况，严格按照国家税务总局规定的抽查比例确定了28户企业列入重点检查，共查补收入255.88万元，其中补税210.67万元，罚款45.21万元，调减亏损额406.92万元。二是在国家税务总局部署专项检查指令性和指导性项目的基础上，结合实际，自行安排重点税源检查项目，查补收入14642.34万元；辅导银行、保险、证券、投资公司、水泥生产企业等重点行业和企业自查、检查补缴税款36831.66万元。

[打击发票违法犯罪活动] 2010年，该省共查处各类发票违法案件6596件，查获假发票2152.09万份，治理发票违法信息826.82万条；各级税务机关查处发票违法户数2077户，查补收入8901.36万元；各级公安机关立案处理发票违法案件324件，抓获犯罪嫌疑人469人。一是加强警税协作力度，建立情报信息实时互通、线索交换、协作办案机制等，省公安经侦总队、省国、地税稽查局联合挂牌督办发票案件32起，破获了一批大案要案。二是加强信息沟通，加大对"买方市场"的打击力度。该省自2010年4月15日起，在全省范围内开展机关、团体、行政事业单位税务发票使用情况的自查整顿工作。同时，根据国家税务总局的统一部署，全省部署不少于1000户的发票检查。一年来，全省共检查企业1078户，查处14864份发票，查补收入6715.67万元。三是认真开展黄金销售增值税专用发票的专项检查。对国家税务总局下发的上海黄金交易所和上海期货交易所开具1048份黄金发票进行认真核查，涉及金额27亿元，税额4.6亿元；按照要求对受票企业开具销售黄金增值税专用发票进行采集汇总，共有15494份增值税专用发票，金额20.21亿元，税额3.43亿元；同时对该省上海黄金交易所会员单位及代理客户2008年1月1日起至2010年7月31日期间对外开具的黄金销售增值税专用发票（省外）分批委托发出协查，共涉及增值税专用发票13781份，金额18.99亿元，税额3.22亿元。通过对省外发来的协查件检查，发现6户受票企业接受虚开（变造）黄金增值税专用发票，涉及被变造的发票256份，金额2685万元，税额456万元，已入库税款178万元，其余税款已采取税收保存措施。四是加大打击发票违法犯罪活动的宣传力度。统一制作打击发票违法犯罪活动宣传标语在全省国税各级办税服务大厅电子滚动屏幕上定期播放，由省公安厅牵头，协调小组办公室联合税务、公安、工商、电信等多个部门，利用节假日，开展"打击假发票、维护社会公平正义"活动，帮助广大群众提高防假防骗的能力和依法取得发票、使用发票的法制意识，起到很好的宣传效果。

[税务违法行为举报] 依照《信访条例》、《税务违法案件举报管理办法》及新的《税务稽查工作规程》，积极推行涉税举报分类管理办法，对举报案件进行评估分类，有效地提高查处质量效率，降低稽查成本；畅通举报渠道，严格遵守保密规定，维护举报人的合法权益，及时宣传鼓励举报人尽可能提供有价值的线索具体的举报材料和证据，努力提高举报质量和案件查处效率；注重对举报人的耐心疏导工作，引导公民合理行使举报权利；对举报案件建立电子台账进行跟踪管理，对未按规定期限结案又未延期报备的，予以督促纠正并限期结案。一年来，该省共受理涉税举报案件887件，其中转地税、公安等其他部门处理、举报内容不详、线索不明或内容重复不具备稽查价值转入暂存处理等186件，查处701件，已结652件，结案率93%，查补收入8505万元。

[案件协查] 2010年，福建国税稽查系统牢固树立"协查地就是案发地"的思想，加大督办案件协查查处力度，狠抓协查质量管理，不断规范、优化金税协查工作流程，有效提高了协查系统运行质量。一年来，全省收到国家税务总局部署的9起协查案件，涉及增值税专用发票6453份，金额7.02亿元，税款1.19亿元；运输发票105份，金额6654.22万元，可抵扣税额465.8万元。同时，对重点地区、重点案件加强跟踪督办，已证实虚开增值税专用发票案3起，已证实虚开运输发票案2起。按协查要求，各涉案地国税稽查局已将协查结果全部按期回复。共补缴增值税4266.6万元，补缴所得税454.15万元，罚款368.28万元，并按规定加收滞纳金。通过网络协查系统共委托协查1387户次，发票22057份，涉及税额6.02亿元。收到回复发票21241份，其中，有问题票1697份，无法核实票5823份，准确率7.99%；收到受托协查2144户次，涉及增值税发票13723份，涉及税额2.77亿元，受托回复发票10704份，其中有问题票2470份，无法核实票388份，受托协查累计按期回复率100%。

[稽查制度建设] 为进一步规范国税稽查工作，促进依法稽查水平的不断提高，有效防范稽查风险，2010年，省局稽查局相继出台了《福建省国家税务局重大税收违法案件督办管理办法》、《加强税务稽查执法监督制约工作机制》、《税务稽查风险点排查防范工作制度》、《福建省国家税务局整治虚假发票"买方市场"工作方案》等工作制度。为了帮助稽查干部学习和正确运用新《税务稽查工作规程》，省局稽查局专门组织人员编写了《税务稽查工作规程手册》，供全省稽查干部学习使用。同时，还举办一期由50名业务骨干参加的《税务稽查工作规程》师资培训班，作为组织全省稽查干部培训的师资力量。全省各地也结合当地工作实际，制定相关的稽查工作制度。如：

漳州国税稽查实施查前“纳税人权利、义务告知”制度，即税务稽查人员到企业检查时除法定程序外，还增加了纳税人权利、义务告知制度；三明市国税稽查局针对稽查中的检查环节专门制定了《检查实施环节监督制约制度》，不定期组织稽查局监察干部、分管领导深入被稽查检查过的企业，与企业负责人和财务人员座谈，了解稽查干部在检查过程中的廉洁自律、工作效率、工作作风等情况，并由企业负责人就本局印制的《廉政监督卡》中对检查人员廉洁自律要求执行情况予以如实评价；福州市国税稽查局制定《福州国税稽查人员行为规范》，要求检查人员查办案件要做到行为规范、举止文明、沟通顺畅，使被查单位心悦诚服，并保持长期互动，以促进税务稽查工作的长效发展。

［稽查系统建设］　一是制定《考核评比办法》，在全省各级稽查局建立稽查考核评价体系，在县（市）区级稽查局推行指标考核，坚持日常考核和年度考核相结合，通过稽查的选案准确率、举报信件管理、案件查处和审理质量、入库率、协查回复率、案例信息上报、稽查档案管理等指标的综合考核，评价稽查成效；二是统筹选案、统筹使用稽查力量，进一步推行分级分类稽查，合理确定重点行业和重点企业，明确省、市、县三级稽查局的检查对象；三是加强稽查人才库建设，强化稽查业务培训，根据稽查干部不同的知识结构、业务能力，分层次分类别进行培训，切实提高稽查干部的整体业务素质；四是认真贯彻执行新《税务稽查工作规程》，省局专门组织人员编写了《税务稽查工作规程手册》，举办多期培训班，力求每位稽查干部都能熟悉和掌握《税务稽查工作规程》。同时，认真排查稽查“四个环节”执法风险点，降低稽查风险，保障稽查工作健康发展；五是加强干部党风廉政建设，认真组织学习《中国共产党领导干部廉洁从政若干准则》，要求对照《廉政准则》的规定，撰写个人自查剖析材料，对照检查发现的问题，提出改进措施，不断增强稽查人员政治素质和风险防范能力。

［稽查信息化建设］　2010 年，省局稽查局采取多项措施加强信息化建设，更新涉税举报系统和税务稽查检查证管理信息系统网络设备，利用税务内部局域网络进行业务学习交流，利用外部网络进行税收宣传，推广使用电子查账软件。并建议总局及时对 CTAIS 中的相关流程按照新《税务稽查工作规程》进行修订，同时，组织人员先行研究一套可操作办法，以便与实际工作进行衔接与运用。各设区市国税稽查局也结合自身的实际加强信息化建设，如福州国税稽查局积极推行稽查电子档案建设工作，实现稽查档案的电子化，更好地规范稽查档案管理，提高工作效率。该局还利用《福州市税收保障办法》这一平台，积极利用宏观经济信息、第三方信息等指导稽查工作，提高选案准确率，提升案件查处质量。

［稽查队伍建设］　2010 年，始终坚持以人为本，从严治队，切实加强干部业务素质教育、政治思想教育、职业道德和廉政教育。积极采取有效措施规范税务稽查队伍管理，优化稽查资源配置，提高稽查质量和效率；强化稽查队伍核心业务能力建设，大力培养信息化条件下实用型办案和查账的专门人才，不断提高稽查人员组织办案能力、办案实施能力和办案突破能力，促进了稽查人员知识结构更加合理，专业素质进一步提高。大力加强稽查队伍的党风廉政建设，落实“一案双查”制度，加强稽查干部思想教育，提高干部的责任意识、风险意识。

［稽查业务培训］　福建国税稽查系统采取分级分类培训、查前培训、以案代训、实战演练等形式，培养出一批具有行业专长的查账人才、指挥、指导、协调承办大要案的复合型专门人才。一年来，举办 4 期全省业务骨干培训班，着重培训如何从生产能力、发票流、货物流、资金流等诸要素入手，从中寻找案件突破口。为了帮助稽查干部学习和正确运用新《税务稽查工作规程》，省局稽查局专门组织人员编写了《税务稽查工作规程手册》，举办一期由 50 名业务骨干参加的《税务稽查工作规程》师资培训班，作为组织全省稽查干部培训的师资力量。各设区市局也根据实际需要开展业务培训，如各设区市局相继举办新《税务稽查工作规程》培训班，确保每位稽查干部掌握运用新《税务稽查工作规程》；莆田市局稽查局举办全市国税系统稽查人员业务培训，并举行稽查业务考试；福州市局稽查局以国际化和现代化稽查手段为目标，分两批组织 82 名业务骨干，前往江苏省税务干部学校学习培训，开设了非居民企业税收管理、特殊业务税务处理、电子取证要求、反避税、出口退税检查等适应时代要求和现实经济情况发展需要的课程；南平市局稽查局不断加强各类稽查业务培训，在强化稽查办案实用性和稽查执法规范性的基础上，多批次派员赴扬州税务学院、武夷山税务培训中心进行培训学习，促进税务稽查办案质量

和效率的不断提高。

［稽查人才库建设］ 高度重视稽查人才库建设，通过稽查业务考试和实际工作经历的考核，选出130名业务骨干作为省局稽查人才库成员，其中，最优秀的30名作为总局稽查人才库成员。同时，建立并完善稽查人才库建设机制，平时注重考察稽查干部在检查实战中的表现，定期将那些政治过硬，业务精湛，成绩突出，特别是有参与重大案件查处经历的人员选拔交换到稽查人才库中，增强稽查力量。2010年，省局稽查局专门针对稽查人才库举办3期培训班，提高他们的税收理论运用和稽查实战能力，培养出了一批具有行业专长的查账人才、指挥、指导、协调承办大要案的复合型专门人才。各设区市局也相应建立稽查人才库，这些人才库的成员在当地的税收专项检查、案件查处、打击发票违法犯罪活动等重要工作中承担重要检查任务。各地也根据实际情况组织对人才库培训，如福州、南平等地专门将稽查人才库成员送到扬州税务学院培训；三明、莆田等地采取授课与实战相结合的方式，对稽查人才库成员进行培训，起到很好效果。

［案件公告］ 2010年，福建国税稽查系统充分发挥惩治和警示效应，积极推行税案公告制度，强化对大要案处理结果的公告，加大典型案件曝光力度，增强税务稽查威慑作用，提升纳税人的税法遵从度。省局稽查局坚持在福建门户网站、福建国税稽查网页定期进行税收案件查处情况通报，交流工作经验，震慑不法分子。设区市局稽查局也都能够将涉税案件通过门户网站、报刊网络、公告栏等媒体进行公示、公告。

［稽查宣传］ 一是各级国税稽查部门充分利用门户网站、报纸杂志以公告栏等媒体，进行各种税收稽查宣传。二是加大税法宣传力度。大力开展“税收宣传月”和“诚信兴商宣传月”活动，通过表彰纳税百强企业和税收信用等级A级企业，批评曝光纳税信用等级D级纳税人等手段，既教育纳税人，又提高了纳税人依法纳税遵从度。三是加强打击发票违法犯罪活动的宣传，统一制作打击发票违法犯罪活动宣传标语，在全省国税各级办税服务大厅电子滚动屏幕上定期播放；发动社会力量收集发票违法信息，经公安部门研判后交由通信运营商对发票违法信息进行拦截处理；开展“打击假发票、维护社会公平正义”活动，帮助广大群众提高防假防骗的能力和依法取得发票、使用发票的法制意识，起到很好的宣传效果。四是加强稽查工作信息报送工作，全年共被国家税务总局、省委、省政府以及省局采用30多条，省局稽查局还被福建省国家税务局评为信息先进单位。省局稽查局在稽查网页上开辟《稽查简报》栏目，定期收录发表全省各地上报的稽查信息。

［稽查工作会议］ 2010年2月26日，省局召开全省税务稽查工作视频会议，会议回顾总结该省2009年的税务稽查工作，部署2010年全省税务稽查工作。省局副局长刘孟全到会并作了重要讲话，提出了2010年的主要工作任务：一是科学组织税收专项检查和区域税收专项整治；二是严厉查处税收违法案件；三是进一步深入开展打击假发票违法行为的专项斗争；四是认真贯彻执行新《税务稽查工作规程》；五是全面实践分级分类稽查办法；六是严格稽查办案专项经费管理；七是有效提高大要案件查办质量；八是加强税收违法行为检举工作；九是积极探索部门协作良性互动机制；十是全面加强稽查干部队伍建设。省局稽查局局长李增源在会上传达了全国稽查工作会议精神，并要求各级国税机关要加强对稽查工作的领导，认真学习领会全国、全省稽查工作会议精神，增强服务意识、大局意识、责任意识，统一思想，坚定信心，创新稽查工作方法，突出稽查工作重点，充分发挥稽查职能作用，确保完成各项稽查工作任务；同时，要及时汇报，结合实际提出贯彻意见。会议结束后，各级稽查局要把国家税务总局、省局的会议精神向本局党组和主要领导作专题汇报，要把总局下达的全年稽查工作目标、省局部署的主要工作和重点及时向党组汇报。并结合当地实际，提出具体贯彻意见。

（蔡　春　苏翔天）

福建省地方税务局稽查局

[概述]　2010年，福建地税稽查系统以科学发展观为统领，认真学习十七届五中全会和省委八届九次、十次全会精神，深入贯彻落实全国税务稽查工作会议和全省地税工作会议精神，紧紧围绕税收中心工作，大力整顿和规范税收秩序，各项工作取得了较好的成绩：税收专项检查工作成效显著，分级分类稽查工作持续推进，打击发票违法犯罪工作取得历史性突破；重点税源企业税收自查管理进一步规范，自查企业的跟踪、辅导和自查结果的分析与评价工作有序进行，自查的质量进一步提高；稽查工作力度加大，重大涉税案件得到有效查处，稽查入库收入再创历史新高；遗留案件全面清理，案件的查结率有所提高；稽查子系统功能不断改进和完善，信息化运用水平进一步提升；系统建设不断加强，工作制度不断完善落实，管理进一步规范，稽查各项指标均有不同程度提升，稽查执法水平进一步提高。

[稽查查补收入及分析]　坚持执法型与收入型并重的原则，一手抓整顿规范秩序，一手抓组织税收收入。2010年共检查纳税户2412户，查出有问题户2483户（累计数）。结案户数2313户，比2009年增加95户。全省累计组织稽查收入12.8亿元，入库13.23亿元（含检查期间企业主动补缴），较2009年增加1843.76万元，占全省地税收入计划的1.95%，超额完成国家税务总局提出的稽查收入占税收收入1.5%的目标任务。稽查收入中稽查机构查补税款6.12亿元，罚款1.17亿元，没收违法所得1.73万元，加收滞纳金6398.32万元；组织企业自查补缴税款及滞纳金4.87亿元。案件查补金额占稽查收入61.94%，自查补缴金额占38.06%，收入结构更趋合理。

与2009年相比，选案率由96.47%提高到102.94%，增长6.47个百分点；结案率由92.26%提高到93.15%，增加0.89个百分点；处罚率由11.97%上升至19.17%，提高7.2个百分点；入库率由86.42%提高至103.31%，上升16.89个百分点；户均查补金额31.94万元，比2009年增加4.54万元。

[案件查处]　制定下发了《福建省地方税务局重大税收违法案件挂牌督办管理暂行规定（试行）》，将重大案件列入挂牌督办范围，加大跟踪督促力度，加强案件报告制度，促进重大案件查处顺利开展。2010年全省共查处100万元以上的涉税案件88起，其中：100万～500万元71件，500万～1000万元7件，1000万～5000万元8件，5000万～1亿元2件，查办千万元以上大案比2009年增加5件。全省采取保全措施18起，采取强制执行措施15起，其他行政措施31起，移送司法机关处理9起。

2010年，福建地税局稽查直接组织查处了福建省纪委转办的漳州悦华新房产集团有限公司和国家税务总局督办的南安九牧集团两起重大案件。省局从各地抽调一批精通业务的骨干力量，省局稽查局领导驻点组织指挥、现场协调、指导和监督，取得较好的效果。特别是漳州悦华新房产集团有限公司案件，在省、市纪委和公安、房管、规划等部门支持配合下，检查人员克服企业账务混乱、相关资料缺乏、检查工作量大等困难，在短短的三个月时间里完成了对悦华新、天利及关联公司地方税收缴纳情况的检查，查补金额2.07亿元。这是福建地税成立以来查处的查补数额最大的偷逃税案件。省纪委专门来函对专案组工作给予了充分的肯定。省局根据省纪委的建议对参与查办的11位干部予以表彰。

[税收专项检查]　根据国家税务总局2010年税收专项检查工作要求，结合福建省实际，经过广泛征求意见、讨论研究，确定了福建地税专项检查工作中心和重点检查项目，明确以房地产业、建筑安装业、药品经销行业、交通运输业、证券业、旅游业、非居民企业纳税情况、营利性医疗及教育培训机构、年所得额12万元以上个人所得税自行申报纳税情况为重点检查项目。同时，开展打击发票违法犯罪和油品走私偷逃税专项整治。2010年全省地税稽查税收专项检查组织收入11.32亿元（其中检查期间自行入库查补额1.24亿元），入库9.94亿元。其中稽查立案检查2035户，查结1629户，有问题企业1555户，查补收入5.18亿元（税款4.27亿元、滞纳金2818.38万元、罚款

6279.78万元），入库3.86亿元（税款3.43亿元、滞纳金1843.49万元、罚款2494.85万元）；企业检查期间自行入库61户，入库1.24亿元（税款1.22亿元，滞纳金151.71万元）；开展企业自查2813户，自查有问题1487户，企业自查补税4.90亿元。

［重点税源检查］ 认真落实分级分类稽查管理办法，下达了2010年福建地税委托检查、监控检查重点税源企业的名单，确定了全省列入A、B类重点税源企业检查对象81户，其中A类企业9户，B类企业72户。省局稽查局专门召开局务会议，讨论重点税源企业检查事项，并组织四个督导小组分赴有关区市，对A类重点税源企业检查对象9户进行了查前宣传、指导。截至2010年底，省局重点监控的A、B类重点税源企业专项检查，稽查立案检查79户，2户未立案，正在检查40户，正在审理20户；执行完毕18户，其中有问题15户，无问题3户。共组织收入1305.66万元，入库1305.66万元。其中查补收入237.11万元，入库237.11万元；开展企业自查19户，企业自查补税1068.55万元，入库1068.55万元。另外已经审理尚未下达处理、处罚决定书的查补税款2.15亿元。同时，加强限售股减持的自查，认真做好国家税务总局下发2009年6月后限售股减持名单的分解工作，对全省2009年6月以后减持的限售股收入纳税申报情况安排自查。省局稽查局还直接组织对省局直属分局管征的51户限售股减持企业的自查工作，发放自查通知、确认自查结果，做好自查结果进行分类汇总。

［打击发票违法犯罪活动］ 2010年福建地税稽查系统将打击发票违法犯罪活动作为一项重点工作来抓：一是及时下发《福建省地税局关于2010年打击发票违法犯罪活动工作意见》，全面部署开展打击发票违法犯罪活动专项工作。要求继续密切配合公安机关开展打击整治发票犯罪专项行动；积极协调通信管理局做好发票违法信息治理工作；开展行政事业单位发票使用情况自查工作；强调“查案必查票、查账必查票，10万元以上发票全查、5万元以上发票按不低于30%的比例、5万元以下发票也要部分抽查”的检查措施；对各区市局在打击发票违法犯罪活动中稽查部门、管理部门的任务分工和衔接配合等提出了具体要求。二是根据国家税务总局要求，确定福州、厦门为福建省的2个重点整治区域，将房地产、建筑安装、交通运输、广告餐饮服务4个行业列入发票检查整治的重点行业，要求结合各类专项（专案）检查，做到一同布置、一同组织、一同进行。同时将国家税务总局下达该省（含厦门）的1500户发票违法户数的查处任务进行分解和落实。三是加强对全省打击发票违法犯罪活动工作的指导和督促，定期进行情况通报、分析、点评，提出分阶段性工作要求，确保分解任务的超额完成。

2010年，共查处发票违法户数1720户，涉及非法发票13.46万份，涉及发票金额13.02亿元，查补4268.34万元，其中查补税款3489.54万元，滞纳金313.61万元，罚款465.19万元。向公安等部门移送发票违法案件26件，移交案件线索125条。同时，在配合公安机关开展打击发票违法犯罪活动“卖方市场”方面取得历史性突破：全省共破获发票犯罪案件319起，打掉犯罪团伙29个，捣毁各类犯罪窝点137个，缴获各种假发票2175.8万份（其中地税参与行动或积极清点收缴假发票共898万份），可开具票面金额1450多亿元。由福建省公安厅、省国、地税联合挂牌督办的假发票案件达到32起，涉及非法发票1042.71万份。收缴印刷机、晒版机等一大批制假设备和各种假印章2500多枚；破案数、抓获犯罪嫌疑人数、打掉犯罪团伙数、捣毁犯罪窝点数和缴获假发票数分别是2009年的5.5倍、4.6倍、6.8倍、11.5倍和34.3倍。

［税收违法行为举报］ 各级地税涉税举报中心加强对举报案件的受理、转办、交办、督办工作，注重对举报材料的分析，通过对举报案件提供的资料与福建省地方税收业务管理信息系统的纳税申报资料进行比对，初步判断举报资料的真实性、可靠性，提出举报案件的处理建议，增强举报案件查处的科学性。全省各级地税举报中心共受理各类涉税举报件1346件，其中查处409件，查补总额2.06亿元。

［案件协查］ 省局举报中心直接受理上级及有关部门的协查、督办、交办和日常举报127件，与2009年相比增加9件。省局稽查局直接组织查处了西湖宾馆案件、监狱管理局案件和新华都股份有限公司及其相关的7家企业，查补收入1100多万元。此外，认真落实和发挥稽查系统协作机制的作用，一年来共受理北京地税稽查处等协查案件6件，委托深圳、北京等协查案件51件，直接回复2件。

［稽查制度建设］ 继续完善落实工作制度，规范管理。一是完善重点工作通报制度。一方

面，按月通报稽查收入完成率、入库率、处罚率、选案率、结案率“五率”指标完成情况，并将稽查指标纳入绩效考评范围。从2010年下半年开始，对全省整治虚假发票买方市场专项工作也实行按月通报，对各地工作进展情况进行分析、点评，效果明显。另一方面，加强数据分析。在每月定期稽查“五率”指标考核的基础上，加强对稽查收入比重的分析、选案率和结案率构成的分析，有针对性地提出措施和意见，进一步发挥通报对各地工作的指导作用。二是落实稽查建议制度。要求各地严格执行稽查建议的格式、发送范围，加强稽查建议的管理；不断规范建议内容，增强建议的针对性，提高建议的质量；加强建议采纳情况的跟踪、反馈，提请有关职能部门对建议落实情况进行监督，充分发挥税务稽查对税款征收和税源管理的监督与促进作用。三是坚持案例分析会制度。2010年11月，召开了各区市局和省局相关处室参加的案例分析会，选取了福州、三明、南平三个地市的案例进行讨论、交流和点评。本次案例分析会不仅从检查方法是否适当、证据资料是否完备、政策适用是否得当、案件定性是否准确方面进行了分析、交流，还就案例内容、现场介绍及效果评价等方面对各案例进行了评比。与会各单位对当前稽查案件审理中碰到的热点、难点问题进行了讨论，并对房地产开发企业“假按揭”融资所涉及的税收问题、房地产开发企业隐瞒销售收入的手段特点及检查技巧和酒店企业承包个人经营的特点及涉税检查技巧等进行了交流。

［稽查系统建设］　一是规范纳税人自查管理工作。下发了《福建省地方税务稽查局关于稽查部门组织纳税人自查税费补缴入库有关事项的通知》，并在稽查子系统中组织开发了“自查管理”模块，将全省稽查机构组织的自查工作纳入系统管理；严格控制自查范围，提高查补收入比例，要求各地严格执行自查收入比例不高于稽查收入三分之一的要求，并将该指标列为2010年效能考核指标之一；明确要求对列入省局监控对象的9户A类重点税源企业可先开展自查后进行检查，但是对列入省局监控对象的72户B类重点税源企业不允许先行自查；对2009年度自查不认真的企业进行检查，检查的比例不低于自查企业总户数（不含个体户）的20%。二是组织开展稽查案件复查。根据《福建省地方税务局税务稽查案件复查暂行办法》以及《福建省地方税务局关于开展2009年度稽查案件复查工作的通知》要求，于2010年1月中旬组成3个复查组对厦门、泉州、南平市2009年度税务稽查案件进行了复查。复查组抽取稽查案卷54件（其中厦门25件，泉州18件，南平11件），平均复查面为17%。同时，抽查厦门海沧、泉州德化、南平浦城三个县（区）稽查局查办的6件稽查案卷。并从上述案件中选取6个案件进行实地复查。从复查情况看，随着近几年税务稽查案件复查工作的不断深入开展，各稽查单位在执行税收政策、履行法定程序、案件取证方面，均有显著提高。省局对复查中发现的问题予以通报，要求各地认真对照整改。通过案件复查，对于规范各地执法行为，提高稽查案件查办质量起到了促进作用。三是加强信息安全保密工作。开展信息安全自查自纠、查漏补缺，严禁在内网使用3G无线上网卡，清查信息系统中的薄弱环节；开展涉密载体清理自查工作。对全体税务人员持有的涉密载体（个人计算机及光、电、磁介质）等进行全面清理，提高其信息安全水平。同时，组织税务人员学习安全保密知识，参加全国保密知识竞赛，进一步增强防范意识，提高防范水平。

［稽查信息化建设］　在加强稽查子系统维护、改进和完善稽查子系统功能上下工夫，不断完善稽查子系统功能，提高运用信息手段管理案件的能力。一是以金税三期框架为基础，重新整合功能模块，区分业务流程模块、管理模块、查询模块，明晰操作菜单，优化岗责角色权限配置。二是结合福建地税稽查工作实际，组织开发“自查管理”模块，将自查工作纳入稽查管理系统管理，实现自查文书自动编号、自查数据自动传递、自查成果自动汇总统计，改变原有“机外”流转的状况，实现对自查工作的管理和监控。三是组织开发“纳税人检查期间主动补缴（先行入库）”模块，对纳税人在检查期间要求补缴检查所属年度未申报税款或案件基本查明未制发处理处罚决定书前通知纳税人补缴查补税款，通过系统数据录入、传递、取数，实现主动补缴数据自动抵扣认定和稽查成果统计，解决长期以来功能缺失和成果无法体现的问题。四是完善优化了协查管理模块。将协查细分为委托协查管理、受托协查管理和受托协查办理三大功能项，实现系统内协查信息系统传递、协查文书制作及协查数据统计，解决一直以来系统协查无法正常运转的局面。五是参与省局数据大集中相关工作，做好功能模块上线，需求分析和确认需求规格说明书等工作，确保数据大集中与金税三期工程的顺利衔接。

［稽查队伍建设］ 积极开展党风廉政建设，加强腐败风险预警防控工作。组织党员干部学习《中国共产党党员领导干部廉洁从政若干准则》，提高风险预警防控的自觉性和主动性。以树立正确的权力观、地位观、利益观、荣辱观等为核心，深入开展反腐倡廉教育。联系稽查执法实践，开展警示教育、廉政教育和法纪教育，引导广大稽查干部筑牢反腐败的思想防线，自觉遵守廉洁从政各项规章制度，增强拒腐防变能力，公平、公正、公开执法，树立为民、清廉、务实的税务稽查部门良好形象。教育广大稽查干部提高风险防范意识。一方面要通过严格规范执法，从根本上杜绝执法风险的产生，另一方面认真分析各项业务工作、环节和岗位可能存在的稽查执法风险点，通过定期轮岗、业务公开等切实可行的应对措施，加强内外部监督制约，控制和化解稽查执法风险。

［稽查业务培训］ 2010年3月8～19日在福建税务干部学院举办了两期稽查管理系统操作应用培训班，全省（不含厦门）参训人员达100人。通过对稽查管理系统业务流程及功能模块的操作讲解，以及常见问题互动交流答疑和上机测试，参训人员对系统应用能力得到较为明显的提高。二是各级地税稽查部门都组织开展了新《税务稽查工作规程》、企业所得税法、营业税条例和土地增值税清算等业务培训，还积极参与省局远程网络学习平台试点工作。福州市稽查局作为福建地税网络学院首批远程学习平台试点单位之一，从稽查岗位实际出发，积极融入学习平台中。选派了50名业务骨干参加远程网络平台“在线学习”、“在线培训”、“在线交流”等系统项目，通过对用友财务软件操作课程的学习及考试，强化了稽查干部对用友等财务会计软件的操作、查询、查账等功能的熟悉和运用。

［稽查人才库建设］ 针对区市稽查机构升格后各地稽查人员调整变动较大的实际情况，省局稽查局对原有的稽查人才库人员的情况进行调查摸底，并请各地将业务水平高、表现好、责任心强的稽查干部推荐上来。根据各地推荐人员2009年全国稽查业务考试成绩、参加大要案检查等情况，省局稽查局从120名推荐人选中遴选45名上报国家税务总局。同时，省局十分重视发挥稽查人才库人员的作用，重大案件的查处、一年一度的案件复查都抽调人才库人员参加，使人才库人员得到锻炼，业务水平得以提高。

［稽查宣传］ 加大舆论宣传，有效扼制虚假发票生存的空间。税收宣传月期间，协助省公安厅在福州五一广场举办打击发票违法犯罪活动大型宣传活动。全省地税系统通过办税服务厅、12366纳税咨询服务台、互联网、“税法咨询台”、“发票宣传”动漫Flash宣传片等方式宣传发票真伪鉴别及查询方法。2010年11月25日，福建省公安厅、省国税局、省地税局联合召开打击发票犯罪活动新闻发布会，向社会通报2010年以来打击假发票的成果及典型案例，呼吁广大群众增强法制观念，依法取得使用发票，坚决抵制散布涉税违法信息行为，并积极向公安、税务机关举报制售发票违法犯罪线索。多渠道宣传使打击制售假发票工作更加深入人心，得到广大纳税人的理解和支持，形成打击、抵制使用假发票的良好社会氛围。

加大制售假发票和偷逃税违法案件宣传曝光力度，进一步提高全社会依法诚信纳税的意识和税法的遵从度。4月22日在《福建日报》、福建省地方税务局网站曝光了一批制售假发票和偷逃税违法案件的主要违法事实、查处情况。被曝光的11起案件查补税费、加收滞纳金、罚款共计1.29亿元，并有5人被判处有期徒刑，还有部分案件以涉嫌逃避缴纳税款罪移送公安机关处理。通过公开曝光，起到了较好的警示和教育作用。

［稽查调研］ 2010年，福建地税稽查系统围绕稽查工作中心，积极开展调研工作，围绕稽查案件执行、规范行政执法、规范稽查案件审理以及创新稽查模式等方面开展大量调查研究，为健全和完善稽查工作制度，提高系统管理水平起到积极的作用。同时，各级稽查部门还认真总结工作经验，通过第一线的稽查工作，分别就打击发票违法犯罪活动、土地增值税清算、发挥稽查职能作用和创新稽查模式提高房地产业专项检查质量等方面进行深入研究，提出了许多有价值的意见和建议，取得了一批调研成果。

［稽查工作会议］ 全国税务稽查工作会议后，福建地税稽查局迅速组织传达学习，1月28日召开局长办公会议，向全体干部职工传达了会议精神，认真学习国家税务总局副局长解学智的重要讲话和稽查局局长马毅民在会议结束时的讲话，研究提出具体贯彻意见，并整理成书面材料向省局党组汇报。3月3日，省局召开局长办公会议听取稽查局汇报，研究具体贯彻意见。3月10～11日，全省地税稽查工作会议在福州永泰召开，会议总结了2009年全省地税稽查工作情况，交流了稽查工

作经验，部署了2010年稽查工作。福建地税党组成员、总经济师程立顺在会上作了重要讲话，对2009年福建地税稽查工作给予了充分肯定，指出了当前稽查工作中存在的问题，要求各级稽查局要明确工作目标，大力组织稽查收入。同时，提出2010年要统筹安排专项检查、加大大案要案查处力度、打击发票违法犯罪活动、贯彻落实新的《稽查工作规程》、坚持案件集体审理、加大案件执行力度、开展案件复查、加强稽查建议管理等八项具体工作。并要求各级稽查部门要加强思想建设、业务建设、组织建设和作风建设，树立严格依法稽查的指导思想。福建公安厅经侦总队副总队长黄永忠出席会议，通报了打击发票违法活动有关情况并就公安、税务协作等问题作了发言；福建高级人民法院执行局副局长葛福东也就案件执行问题作了发言。

（黄文化）

江西省国家税务局稽查局

［概述］　2010年，江西国税稽查系统紧紧围绕全省国税系统稽查工作会议精神，深入贯彻科学发展观，坚持依法稽查、文明执法，加大稽查力度，规范稽查行为，改进稽查方式，提高稽查效能。有力查处了5户废旧物资生产经营企业虚开增值税专用发票案件等一批重大税收违法案件；有效规范了3年（含）以上未实施稽查的重点税源企业、房地产及建筑安装行业、药品经销行业、废旧物资回收经营及有色金属加工企业（用废企业）、部分金融证券行业、汽车销售4S店的税收秩序；认真承担了全省打击发票违法犯罪活动协调小组办公室的工作职责，形成了打击发票违法犯罪活动的工作合力，与公安、地税部门联合开展打击了发票违法犯罪专项斗争，取得了突出成效，发票违法犯罪活动得到了初步遏制。在充分调研的基础上，提出了进一步加强稽查基础建设的具体措施，即规范稽查工作考核，强化日常巡查工作，定期通报工作情况，确保工作要求落实到位。在稽查队伍建设方面，采取“一级抓一级”，层层抓落实，转变工作作风，提高了稽查队伍的整体形象。全年查补税款入库9.66亿元，比2009年增长13.6%，查获各类假发票、非法代开发票793万份，比2009年增加20倍；全省平均选案准确率91.8%，查补税款入库率98.3%，结案率92.7%。

［稽查查补收入及分析］　为充分发挥以查促收职能作用，省局稽查局加强组织，积极协调，深入基层，研究对策，按月通报各设区市、县级稽查局查补收入进展情况，将完成稽查查补收入工作目标情况作为分配稽查办案专项经费主要指标。各级稽查局坚定信心，克服困难，抓住重点，加大力度，圆满完成了稽查工作目标任务。2010年，江西国税稽查系统共检查纳税人1937户，组织企业自查1893户，有问题户数1768户，立案1768户。查补入库收入9.66亿元，其中入库税款9.15亿元，滞纳金2200.19万元，罚款2880.38万元。

［案件查处］　一是突出工作重点。坚持把涉税案件查处放到突出位置，认真落实《国家税务总局关于进一步加强重大税收违法案件管理工作的意见》，落实分级督办、首查负责、跟踪管理、定期汇报和分析通报等制度，重点打击虚开增值税专用发票、利用“四小票”骗抵税款、做假账、设置“两套账”等税收违法活动。二是充分利用涉税举报发现涉税线索。全省受理举报案件131件，查处115件，入库查补收入932.95万元。三是坚持内查与外调结合，提高案件查办效率。在涉税案件查办过程中，充分发挥委托协查和赴外调查的作用，形成多层次、立体化的调查取证体系。四是加强税警联合办案，发挥各自执法优势。加强与公安机关的沟通协调，做到信息共享，适时开展联合办案，发挥各自执法优势，最大限度提高了案件查办工作合力。五是评选全省国税系统十大优秀稽查案件。对优秀案件名称和办案人员在全省国税系统稽查工作会议上进行通报表彰，进一步提高了案件查办的工作积极性。江西国税稽查系统始终把案件查处摆在突出位置，落实办案责任制、分级督办制和案件报告制等措施，不断加大办案力度，全年查处税收违法案件1768件，其中重大案件35件，有力打击了税收违法行为，充分发挥了稽查执法的震慑作用，维护了国家税法的严肃性。特别是去年

下半年，根据群众举报和总局转办案件，采取有效措施，在较短时间内查处了部分再生资源企业虚开增值税专用发票、骗取出口退税的重大案件，为省政府作出加强再生资源行业财税管理的重要决策提供了有力的证据。

［税收专项检查］ 进一步完善“以税收自查为先导，以抽查保证和检验自查效果，以重点检查维护稽查执法权威”的税收专项检查模式，确保税收专项检查工作取得实效。一是广泛征求省局相关业务处室、基层稽查局的意见，研究制定全省税收专项检查实施方案。二是做好查前准备。邀请税政、稽查能手、企业财务等授课，组织针对性的查前专题培训。充分发挥综合征管软件、发票协查和举报管理系统作用，提高选案准确性。三是推行分级分类稽查。合理划分省、市、县三级稽查局的检查范围。四是创新检查方法。灵活运用交叉检查、集中检查、下查一级等方式，积极采用电子查账软件实施检查，提高工作效率。五是鼓励企业自查。发放自查通知、召开税企座谈会等形式，动员企业开展自查，不仅缓解了稽查力量不足的困难，也得到了广大纳税人的普遍好评。六是加强督导考核。通过召开会议、下发文件、编发简报和定期通报进展情况等方式，一级抓一级，层层抓落实。省局稽查局深入基层，加强督导检查，及时发现和解决工作中遇到的问题。根据总局稽查局统一部署，结合江西实际情况，集中力量对房地产及建筑安装行业、药品经销行业、废旧物资回收经营及有色金属加工企业（用废企业）、部分金融证券行业、汽车销售4S店及近三年未稽查的省内重点税源企业等实施了税收专项检查。同时，根据总局稽查局统一部署，完成了大唐国际新余发电有限责任公司、华能安源发电有限责任公司、中国航空公司在赣的三个分支机构等企业开展纳税自查工作和抽查工作。此外，还对部分地区、行业开展了税收专项整治。全年税收专项检查和专项整治共检查企业2658户，入库查补收入8.01亿元。

［重点税源检查］ 根据《国家税务总局稽查局关于开展部分重点税源企业税收检查工作的通知》要求，对金融、房地产及电力等行业重点税源企业开展以税收自查为先导的专项检查，对2009～2010年纳税情况及发票使用情况进行全面自查，并根据企业自查情况、经营规模及纳税情况对部分企业进行了重点检查。省局直接组织对中国建设银行股份有限公司江西省分公司的税收检查工作，对南昌铁路天集房地产开发有限责任公司的自查情况进行了复核工作，并委托地市对江西赣能股份有限公司及其下属企业进行了税收专项检查。检查查处企业存在业务招待费、工资及三费超标准列支问题，列支费用接受虚假发票问题，以及房地产项目达到清算条件未及时进行税款清算工作。在对电力行业重点税源企业检查中，发现关联企业之间借款利息税前列支问题、购销业务定价问题未严格执行独立交易原则。

［打击发票违法犯罪活动］ 一是加强统筹组织，充分发挥协调小组办公室作用。通过编发工作简报、发通报和专题汇报等方式及时向省政府汇报工作开展情况，向各成员部门通报工作情况和存在问题，共编发工作简报5期，工作通报23期，专题汇报6期。牵头召开了3次成员单位工作联席会议，及时研究解决打击发票违法犯罪活动工作中遇到的问题和困难。组织部分成员单位多次赴各设区市进行专题督导，对少部分工作不力的单位提出限期突破的工作要求。二是强化责任分工和目标管理。制定工作计划和实施方案，明确规定各成员单位工作内容和要求，明确工作责任，形成工作合力。将上级下达工作目标任务数进行分解，确定各地区、各部门全年查缴虚假发票目标。全年查获各类假发票、非法代开发票792.65万份（为2009年的20倍），发票最大填开金额95.75亿元，查补税款、罚款3866.65万元，公安机关破获发票犯罪案件73起（为2009年的1.6倍），抓捕犯罪嫌疑人141人（为2009年的1.1倍），打掉发票犯罪团伙41个，捣毁发票储藏窝点69个（为2009年的1.7倍），移送检察机关起诉案件10起，起诉14人，其中4名被判有期徒刑。通信部门共处理、封堵假发票信息100余万条。

［税收违法行为举报］ 2010年，根据国家税务总局批复该省稽查机构设置方案，全省均未单独设置举报中心机构，省局举报中心设在检查二科，配备专人负责；各地市举报工作大部分设在综合选案科，配备专人负责，有明确的岗位职责。税收违法检举案件管理系统运行良好，由专人负责软件应用、案件的受理、登记、报批、移送、安排检查及跟踪反馈工作，举报案件的查实率不断提高。认真贯彻《检举纳税人税收违法行为奖励暂行办法》，规范举报奖励发放的管理。全年受理举报案件202件，查处151件，结案144件。查补收入共计2551.10万元，其中税款1686.94万元，滞纳金186.10万元，罚款678.06万元。入库款共计2490.40万元，其中税款1666.87万元，滞纳金

167.32 万元，罚款 656.21 万元。

［稽查选案］　根据基层提出的增值税专用发票存根联滞留票（以下简称滞留票）是发现企业偷税行为的有效信息的反映，采集了 2007～2009 年省内逾期未认证的滞留票信息，作为稽查案源信息下发给各地，要求各地积极开展选案和查处工作。该项检查工作取得明显成效，全省共检查企业 2242 户（其中自查 1976 户），结案 2185 户，查补收入 3431.71 万元，入库 1507.95 万元。在认真做好滞留票检查工作的同时，还深入分析滞留票的成因，结合各地在检查中发现的典型案例，深入分析企业纳税申报和税务部门税收管理中存在的问题，总结行业性的偷税手法和特征，提出加强税收征管的建议。分别制作了《滞留票检查情况分析》和《滞留票检查手册》，逐步建立滞留票检查的长效机制。

［案件协查］　2010 年，全省协查系统共发出委托协查函 129 起，协查发票 2707 份，发票金额 8.30 亿元，税额 1.41 亿元，收到协查回复发票 1076 份，其中有问题发票 401 份，选票准确率为 37.27%；收到受托协查函 507 起，协查发票 5620 份，金额 13.13 亿元，税额 2.22 亿元。做好大要案件协查工作情况。办理公安部经侦局、总局稽查局联合督办的全国大要案件 8 起。协查发票 1043 份，发票金额 1.41 亿元，税额 2397.75 万元。做好“黄金票”检查情况。检查发现有 10 户企业取得 220 份套打的“黄金票”，非法抵扣税款 8599.97 万元，有 8 户企业已移送公安机关处理。通过深入检查，已基本查实赣州一户接受“黄金票”抵扣税款企业，存在对外虚开发票行为，虚开发票金额 1.3 亿元。

［稽查系统建设］　江西国税稽查系统采取一系列措施夯实稽查工作基础，取得了显著成效。一是强化信息管税。将稽查业务全部纳入 CTAIS 监控，规范了稽查选案、检查、审理、执行四个环节的工作。二是创新选案方式。将 2007 年～2009 年省内逾期未认证的滞留票信息，作为案源直接下发各地实施检查，查补收入 3432 万元。三是建立考核机制。根据稽查系统工作目标管理考核办法，对各设区市局稽查工作进行实地考核，并对长期不办案、检查效果差的部分县稽查局进行了通报和督导。四是评选优秀案件。突出办案手段、经验总结、征管建议及社会成效等内容，评选了全省十大优秀稽查案件。五是规范了协查系统管理。自金税工程协查系统运行以来，全省受托协查按期回复率始终保持 100%。

［稽查队伍建设］　按照“带好队、查好税”的要求，采取有效措施，提高了稽查队伍素质。一是结合稽查工作实际，积极开展创先争优专题活动，提高了稽查队伍思想政治素质。二是强化稽查业务培训。举办了 1 期全省稽查人才库人员培训班和 2 期全省稽查人员会计电算化培训班，增强了稽查培训的针对性和实效性。三是开展以考促学。组织了新《税务稽查工作规程》学习培训，抽选 30 名稽查人员到省局参加新《税务稽查工作规程》考试，检验了学习培训效果，调动了学习积极性。

［稽查信息化建设］　积极推广应用电子查账软件，督促各地认真使用省局统一购买的 23 套电子查账软件。在对财务制度健全、使用财务软件记账企业的检查中，使用电子查账软件进行检查。通过数据采集、数据分析和数据查寻功能，调取企业相关的涉税资料，综合分析企业财务数据，快速查找疑点问题，提高了专项检查的效率和质量，在对重点税源企业、大型连锁企业、出口企业等检查中均发挥了很好的作用。在深入调研的基础上，下发通知进一步规范了稽查业务录入 CTAIS，确保稽查四环节业务全部纳入 CTAIS 监管。积极做好 3.1 版协查系统查询模块的推广应用工作，确保省、市、县三级稽查局都能使用查询模块。为全省 85 个县局稽查局配发 PC 机 261 台，省、市两级稽查局配置手提电脑 63 台，进一步提高了稽查部门信息化硬件水平。

［稽查人才库建设］　以提高稽查队伍核心业务能力和独立查账能力占一线稽查的比例为重点，构建稽查人才培养长效机制。举办了 3 期全省稽查人员会计电算化与查账软件培训班，培训电子稽查人才 150 名，培养了一支熟练电子稽查的人才队伍。强化实践锻炼。通过以老带新，组织专案检查、专项检查，工作讲评、案例分析，推行稽查人员能级管理，试行公务员分类管理，举办稽查能手竞赛，评选优秀稽查案件等，切实提高税务稽查人员的实际工作能力。调整稽查人才库。通过业务技能考试、工作考核、逐级推荐，选拔 100 人组建全省稽查人才库。加强培养和使用，实行动态管理，促进稽查队伍素质稳步提升。

［稽查宣传］　通过各种新闻媒介宣传稽查工作，既有稽查工作开展情况的宣传，又有典型稽查案例的曝光，不仅获得了社会各界对稽查工作的

理解和支持，而且增强了税务稽查的威慑力。2010年，创办网上《江西国税稽查》（内部刊物），每月定期编发一期。该刊物设立了局长论坛、稽查巡礼、经验交流、工作研究、业务探讨、学与思、简讯和稽查工作月报等栏目，为全省各级稽查局交流工作经验、宣传稽查风采和探讨稽查业务提供了一个新平台。此外，还通过省局《江西国税信息》专题刊发了2期稽查工作简报。将税法宣传融入平时的税收专项检查和大要案件查处工作中，特别是在查办涉税大要案件的过程中，各地国税局主要领导亲自带队走访“涉案地”党政机关，宣传税法，通报情况，争取地方党政领导对稽查工作的理解和支持，保持案件查处进展顺利。其次，在税收专项检查中，积极引导，主动宣传税收政策，帮助解答涉税疑问，争取纳税人对稽查工作的支持配合，减少纳税人因政策理解分歧出现的少缴税款等违规违法行为。

［稽查调研］ 为提高稽查部门工作创新动力和总结提升能力，组织各级稽查局认真总结近几年稽查实践中好的经验、技术、手段和方法，深入研究涉税案件的发生、分布特点及作案手段和发展趋势，从各地查办的稽查案件中，精心挑选60个典型案例，汇编成《江西省国税稽查案例精选60例》，为稽查培训提供教材，也为交流稽查办案经验提供了新平台。对2010年以来，全省各级稽查人员撰写的稽查工作调研文章进行收集、整理，汇编成《江西国税稽查——实践与思考》。

［稽查工作会议］ 3月17日，江西国税稽查工作会议在南昌召开。会议传达贯彻了全国税务稽查工作会议和全省财税工作会议精神，总结了2010年稽查工作情况，部署了2011年稽查工作任务。省局总会计师黄中根作了工作报告。报告指出，2011年江西国税稽查工作要努力实现“五个目标”，即稽查职能作用充分发挥、执法质量全面提高、管理效率显著提升、队伍素质明显增强、执法形象更加良好。重点抓好三个方面的工作：一是以开展废旧物资经营单位税收专项整治、查处税收违法案件和组织税收专项检查为重点，整顿规范税收秩序；二是以推进稽查专业化、信息化和规范化管理为重点，推进稽查科学管理；三是以提高队伍素质、建立激励机制和加强廉政建设为重点，强化稽查队伍建设。

（刘建宏）

江西省地方税务局稽查局

［概述］ 2010年，全省地税部门围绕组织收入中心，扎实开展“三个比对”（比对落实、比对创新、比对贡献）活动，加强思想政治工作，突出征管基础、纳税服务、业务建设“三项重点”，切实提高依法治税、信息管税、服务创业和队伍建设“四个水平”，确保应收尽收。全年累计组织各项收入464.7亿元，比2009年增加115.7亿元，增长33.2%，其中：地税收入435亿元，增加107.2亿元，增长32.7%，实现三年翻番；各项基金（费）收入29.7亿元，增长40.2%。地税收入增幅高于全国地税收入平均增幅7.2个百分点，在全国地税列第10位，中部第2位。

全省地税稽查系统认真贯彻落实全国税务稽查工作会议和全省财税工作会议精神，深入贯彻落实科学发展观，围绕税收中心工作，大力推进依法稽查，大力强化管理创新，加大整顿税收秩序力度，深入开展创业服务年活动，着力推进队伍建设和党风廉政建设，提高干部综合素质，提高服从服务于税收工作大局的意识和能力，为促进江西经济又好又快发展作出积极贡献。

［稽查查补收入及分析］ 2010年，全省共检查纳税户4420户（其中：组织自查1884户），查补收入10.1亿元（含自查补缴5.95亿元），共入库9.96亿元（其中自查补缴入库5.96亿元），占全省地方税收入435亿元的2.29%，创历史新高。

［税收专项检查］ 按照国家税务总局税收专项检查统一部署，结合实际，统筹安排，将房地产与建筑业、交通运输行业、药品经销行业作为指令性检查项目；将营利性医疗及教育培训机构、地方性银行、年所得额12万元以上个人所得税自行申报纳税情况列为指导性检查项目；重点部署房地产行业专项检查工作，选择重点企业从收入和成本费用两个方面进行细致检查。全省地税稽查系统

在税收专项检查中组织自查、开展检查共计 1471 户，稽查查补和自查补缴收入共计 4.3 亿元，入库总额 4.03 亿元，其中：稽查部门检查 640 户，查补收入 1.3 亿元（查补税款 1.25 亿元，加收滞纳金 369.7 万元，罚款 626.8 万元），入库 1.14 亿元；组织企业自查 831 户，企业自查补缴 2.99 亿元，入库 2.89 亿元。

［重点税源检查］　转变工作思路，强化对重点税源企业的管理和监控，有效防范重大税收流失。一是认真组织开展重点税源纳税户自查工作。省局稽查局在认真调研的基础上，对近千户全省重点税源纳税户进行纳税情况分析，从中选取 157 户重点税源企业组织开展自查，涉及建筑安装业、房地产业、金融证券及高速公路、投资公司、典当拍卖等税利大户和新兴行业。重点税源户自查查补总额 3.09 亿元。二是有计划地开展重点检查工作。从 2009 年度和 2010 年度组织自查的重点税源企业中选择部分重点税源纳税企业，分批次和分步骤开展重点检查工作，最大限度地挽回税款损失。

［案件查处］　全省地税稽查系统认真分析、选准线索，抓住苗头，集中力量及时有效打击各种涉税违法行为，突出做好涉税大案要案的查处、协查和督办工作。严格落实重大案件查办责任制、重大案件报告制度和督办制度，加强与法规、征管、税政部门协作和配合，做到上下联动，建立有效的征管资料信息传递和税收政策沟通渠道，提高办案质量和效率。2010 年，共立案查处重大税收违法案件 63 起，其中：100 万～500 万元 60 起，500 万元以上 3 起，查补税款 9517 万元，移送司法机关处理案件 3 起，相关涉税违法犯罪分子受到了法律的制裁，6 人被拘役。

［打击发票违法犯罪活动］　将餐饮服务业、房地产业、货物运输业列为打击发票违法犯罪活动重点检查行业，确定检查受票企业 800 户任务，明确南昌作为区域整治重点。一是把企业发票使用情况作为行业税收专项检查、区域税收专项整治、重点税源检查、专案检查的必查项目，做到“查账必查票”、“查案必查票”；二是紧紧围绕专项整治工作重点，结合税收专项检查工作和本地实际，把房地产、建筑安装、交通运输和餐饮娱乐四大行业的发票使用情况作为整治重点；三是结合制售假发票大要案查办工作，认真梳理虚假发票线索和信息，深入追查购买、使用虚假发票的企业，整治“买方市场”。2010 年，全省在重点行业使用虚假发票整治工作中，查处发票违法企业户数 725 户，涉及非法发票份数 14.95 万份，查补税款 905 万元，加收滞纳金 43.8 万元，罚款 321.2 万元，曝光案件 10 起，移送案件 11 起，移交公安机关案件线索 55 条。

［税务违法案件举报］　全省各级税收违法案件举报中心不断加强举报工作的管理，完善举报案件的登记、拟办、转办、督办、实施检查、归档、统计分析等各环节的运作流程，公开涉税案件举报管理制度和办法，认真做好举报人的疏导工作，对上门举报的人员热情接待，耐心细致地宣传税收政策，引导他们从维护国家利益角度进行举报。2010 年共受理举报案件 269 起，已查处 163 起，全年查处总额 977.79 万元，已全部执行入库；共向公安部门移送查处的举报案件 7 起。

［稽查制度建设］　一是按照新《税务稽查工作规程》，梳理修订现行稽查工作制度，汇编成册，分发使用；二是修订完善《稽查员管理办法》，建立稽查情况月度通报制度；三是完善税务稽查建议制度，有针对性地提出稽查建议；四是推行《税务稽查案卷标准化管理范本》，统一税务稽查报告撰写格式、统一分税种的税务稽查工作底稿；五是推行循环审理，将执法检查、案件复查模式引入案件审理，体现审理的全面性和准确性，规避稽查执法风险。

［案件复查］　省局稽查局组织开展了 2010 年稽查案件复查工作。抽调省局稽查局和各设区市局稽查局骨干组成六个复查小组，由省局稽查局领导带队，分赴各地开展案件复查工作。通过案件复查，发现并纠正了各种稽查部门在案件的实体、程序和档案管理等方面存在的问题，总结了各地好的做法和经验。复查工作结束后，省局下发了复查情况的通报，指出了执法中存在的问题，分析了问题产生的原因，提出了整改要求和整改措施。南昌市、鹰潭市、九江市地税稽查局通过对检查案件的复查剖析，发现检查过程中存在的问题及行业税收管理中的薄弱环节，提出促进税收征管措施，发掘税收新的增长点，着力发挥税收稽查以查促收、以查促查职能。

［稽查执法服务］　正确处理执法与服务的关系，强化落实服务措施，倡导树立正确的稽查服务理念，坚持在执法中服务，在服务中执法，以规范执法、公正执法、严格执法和文明执法作为对纳税人最直接、最有效的服务形式。在稽查过程中充分听取纳税人意见，同时送税收政策上门，虚心

征求纳税人的意见和建议，积极开展“三送三问”活动。各地通过实地走访、召开座谈会及下企业车间等形式，调查了解纳税人享受税收政策优惠、生产经营、面临的问题及对地税部门的意见和建议等情况并建立联系制度。上饶市还实行税收优惠政策落实情况监督制度，在税收检查过程中，加强对税收优惠政策执行情况的监督检查，认真对照各项税收优惠政策，发现未落实到位的或办理程序不规范的，及时写出稽查建议，发现并纠正问题，确保优惠政策有效落实，保障和维护纳税人的合法权益。

［稽查业务培训］ 为提高全省地税稽查部门对新《税务稽查工作规程》的理解与运用，2010年4月14～16日，省局在井冈山培训基地组织召开全省《税务稽查工作规程》学习研讨会，设区市地税稽查局长、省局直属分局稽查队长及业务骨干共90余人参会，重点讲解学习稽查工作规程。各地按照学以致用的原则，有针对性地开展业务培训，创新学习形式，组织开展稽查业务能手竞赛和典型案例评审活动，通过自学、集中培训、查前培训、经验交流、案例分析、以案代训、召开例会及“传、帮、带”等各种形式加强业务学习，不断提高稽查人员的业务水平和办案能力。

［廉能管理］ 紧紧围绕征、管、查，减、免、罚，人、财、物“九个关节点”，针对稽查人员的税收执法权和行政管理权运行中的风险及监督管理中的薄弱环节，主动预防，超前预防，进一步优化稽查工作流程，完善选案、检查、审理、执行四环节之间的分工制约办法。坚持用制度管人、管钱、管事，完善风险岗位廉能管理的制度、措施，严格落实稽查部门“一岗双责”和廉洁办税责任追究制，全力打造“阳光稽查”。同时注重从优化机关效能入手，逐步加大治本力度，努力从源头上预防腐败，从体制机制上建立起预防腐败的长效机制，不断铲除滋生腐败的土壤和条件，推进党风廉政建设和反腐败斗争深入开展。

［稽查工作会议］ 2010年2月3日，在南昌召开全省地税稽查工作会。会议贯彻落实全国税务稽查工作会议和全省财税工作会议精神，回顾总结2009年全省地税稽查工作，交流经验，研究探讨加强稽查工作的思路和办法，部署2010年全省地税稽查工作任务。省局副局长胡平出席会议并讲话，他要求全省地税稽查系统要认清形势，坚定信心，增强做好稽查工作的责任意识，在困难中彰显力量，勤奋工作，在奋斗中争先进位，讲求实效，在变革中加快发展；要抓住重点、讲求效率，不断提升稽查工作的整体水平；要提高能力、改进作风，以思想政治工作为先导，营造和谐向上的氛围，以稽查业务建设为抓手，提高驾驭工作的能力，以党风廉政建设为重点，全面提升稽查的形象，努力开创稽查工作的崭新局面。

（刘晓敏）

山东省国家税务局稽查局

［概述］ 山东国税稽查系统，狠抓专项检查、重点税源检查、发票专项整治、大要案查处等重点工作，大力推进依法治税，促进稽查工作全面发展，进一步整顿和规范税收秩序，圆满完成各项税收工作任务。2010年，共检查纳税人1.44万户（不含青岛，下同），查补税款、滞纳金和罚款合计34.44亿元，同比增长20%。大要案查处、专项检查和发票整治等重点工作多次受到国家税务总局和山东省政府有关部门的通报表扬，省局连续第八年被省政府整顿和规范市场经济秩序领导小组授予“全省整顿和规范市场经济秩序工作先进集体”称号。

［稽查查补收入及分析］ 2010年，共检查企业1.44万户，有问题户1.36万户，组织企业自查3843户。全年实现查补收入34.44亿元，同比增长20%。其中查补税款21.04亿元、滞纳金1.5亿元、罚款2.99亿元，合计25.53亿元；企业自查补缴税款7.82亿元。截至2010年底，已入库查补收入33.35亿元。从查补收入总量来看，呈现逐年大幅增长的趋势，特别是组织企业自查为查补收入的增长起到重要作用。从稽查项目对查补收入的贡献看，专项检查（区域整治）依然是对查补收入贡献最大的项目，发票检查的罚款较多，但形成的查补税款较少，重点税源检查则是投入产出比

最大的项目。从分地域情况看，山东东部沿海较为发达的地区对查补收入的贡献较大，西部经济欠发达地区虽然案件也比较多，但总体上实现的查补收入比较少，查补收入总量呈现出明显的经济关联性。但从各地查补收入增长率看，没有明显的与地域、经济发展、税收总收入的关联性，而与各地稽查工作的力度相关。

［整顿和规范税收秩序］　一是继续严厉查处重大税收违法案件。重点是查处以虚开、接受虚开发票方式偷税，以账外账、两套账等方式偷税，出口骗税等案件，通过案件查处起到震慑作用。二是深入开展行业专项检查和区域专项整治。共部署了7个行业检查项目和16个区域整治项目，通过专项检查规范行业和区域的税收秩序。三是大力开展发票专项整治行动。根据国家税务总局统一部署，与山东省公安、地税等部门密切配合，形成打击虚假发票的合力。同时，充分发挥税务稽查工作优势，与行业税收专项检查、区域税收专项整治、重点税源检查、专案检查工作相结合，做到“查账必查票”、“查案必查票”、“查税必查票”。

［案件查处］　制定了省局组织查办和督办案件标准，进一步完善和落实了大要案分级查办和督办制度，界定了省市两级查办和督办案件的范围，规范了案情报告分析和考核通报制度。及时上报国家税务总局督办的“6·30”案件等6起案件结案报告，对各地案件查处进度和质量实行全省通报，定期调度在查的28起省局督办大要案件的进展情况，促进了全省案件查处质量和效率的提高。以举报、协查为线索，进一步拓宽了大要案件来源。通过协查发现有问题发票1348份，通过受理4600多件举报事项，查补收入8800多万元，移送司法机关案件15件。继续加大案件处罚力度，逐步提高偷骗税案件罚款比例，大要案处罚比例都达到了一倍以上。

［税收专项检查］　确定了房地产及建筑安装业、药品经销行业、交通运输业、非居民企业、营利性医疗及教育培训机构、享受税收优惠的水泥生产企业和汽车经销企业7个检查项目，开展了调研性税收专项检查试点，并继续做好限售股减持专项检查的后续工作。山东国税稽查系统与政策法规、税政征管、信息中心等内部部门，以及地税、公安、银行等外部部门积极配合，齐抓共管，形成执法合力，推动税收专项检查工作深入开展，全省共检查纳税人7985户，查补税款、滞纳金、罚款合计9.19亿元。同时，组织企业自查实现应补缴税款、滞纳金合计7.49亿元。

［重点税源检查］　以优化执法服务为导向，积极引导重点税源企业开展自查自纠。在自查基础上，重点抓好国家电网公司、中海沥青股份有限公司、山东招金集团公司和山东水泥集团等重点税源企业的重点检查，查出大量税款，并发现了一些政策性问题，引起国家税务总局稽查局的高度关注。此外，紧密结合省局开发的税收预警评估系统，以CTAIS数据为基础，选用科学、合理的选案指标，采取省、市两级分工负责、互动补充的选案流程，以信息化选案方式选取1100户重点企业开展了检查，取得了显著成效，查补税款、滞纳金和罚款合计2.7亿元，选案准确率达到96.1%。

［打击发票违法犯罪活动］　与山东省公安厅、地税局等部门密切配合，在全省范围内深入组织开展打击发票违法犯罪活动，专项行动成果斐然，得到了国家税务总局的充分肯定。以打击制售假发票违法犯罪行为为重点，突出“破大案、打团伙、端窝点、催网络、追逃犯”，集中破获了济南蔡富军制售假发票案等一批大案，全省共查处发票犯罪案件609起，抓获犯罪嫌疑人769人，捣毁窝点273个，缴获假发票4875万份。开展虚假发票“买方市场”专项整治，共查处违法受票企业3765户，查处非法发票12.39万份，查补税款、滞纳金、罚款1.5亿元。

［税收违法行为举报］　认真梳理举报线索，完善举报案件分类管理方法，提高举报线索利用率。完善举报平台，加强与举报人的交流沟通，及时兑现举报奖励政策，鼓励群众积极揭发检举重大税收违法犯罪分子。强化对重大举报案件的督办，将举报内容较为真实、线索比较详细且案情较为重大的举报案件，列为重点案件管理，采取直接挂牌督办的方式，督办各市查处。加大对税务违法举报案件查处力度，有力打击了税务违法行为，震慑了涉税违法犯罪分子，整顿和规范了税收秩序。2010年全省共计处理举报事项4627件，其中：国家税务总局交办案件111件，省局受理267件。全省共查处举报案件1054件，查补税款6023.44万元，罚款1912.65万元，滞纳金889.76万元，共计8825.85万元，入库8651.86万元，移送司法机关15件。

［案件协查］　2010年，通过协查系统共委托发出协查1756起，涉及发票1.62万份，金额46.55亿元，税额7.87亿元；受托协查3569起，

涉及发票2.38万份，金额39.75亿元，税额6.67亿元；发现有问题发票1348份，查补税款、罚款、滞纳金共计156.53万元。自新版协查系统上线运行以来，全省受托协查按时回复率一直保持100%，各项考核指标均在全国名列前茅。按时转办外省市协查函46笔，共协查发票2665份，涉及409户企业，涉及金额11.93亿元、税额9471万元，完成各项协查任务。特别是完成重点案件的协查任务：一是督导协查辽宁沈阳“5·04”专案成效显著。在按时回复协查结果的同时，发现山东省12户企业存在接受变造发票的问题，共补缴税款金额709.57万元。二是组织开展国家税务总局、公安部联合督办“广东清远广叶、恒润公司涉嫌虚开增值税专用发票案”查办工作，所有涉案企业的协查资料均已按时回复委托方专案组。三是组织完成东营“6·30”专案全国协查工作，共确定虚开企业5户，确定偷税企业75户，移送司法机关11户，共查补税款、罚款3870万元。

［稽查制度建设］ 山东国税稽查系统加大稽查制度建设力度，夯实稽查工作基础。一是修订完善原有稽查工作制度。对现行的14项稽查工作制度进行了全面整合修订，对其中2项制度进行了合并，并于2010年9月底将已经修订完成的《山东省国税稽查工作流程（修订稿）》、《山东省国税系统税务稽查实施规范》、《山东省国税局税务稽查案件取证办法（修订稿）》等十一项稽查工作制度正式下发执行。二是建立行业（税种）检查手册编写制度。先后整理编写了20多个行业的《检查指南》，全面分析各行业的行业经营特点，总结检查方法和技巧，下发各地供稽查部门在实际工作中参考借鉴。三是建立案例评选和分析制度。先后组织了三届山东省稽查优秀案例评选活动，对近年来各地查处的66个优秀案例的主查人员和案例撰写人员给予了表彰奖励，并将获奖案例整编成册，印发全省，鼓励各地开展典型案例分析，总结办案方法技巧，分析违法犯罪趋势，切实提高稽查部门对案件的查办和防范能力。

［稽查系统建设］ 2010年，以山东国税建设税收征管、纳税服务、内控预防、国税文化“四个体系”为契机，山东国税稽查系统将稽查工作与“四个体系”建设紧密结合，借助“四个体系”的建设提升稽查工作水平。按照内控预防体系建设的具体要求，梳理稽查岗位工作内容、目标要求和重要权力事项，列出了岗位权力清单，并制定了风险防范措施。按照征管体系和纳税服务体系建设工作安排，结合国家税务总局新《税务稽查工作规程》的内容，认真从选案、检查、审理、执行、举报和协查等各环节、各部位进行梳理，查找自身工作中存在的漏洞和问题，组织对现行稽查工作制度进行了全面修订。这些制度覆盖了稽查工作的各个环节，对规范稽查执法行为具有重要意义，初步构建起山东国税稽查工作的长效机制。

［稽查信息化建设］ 一是强化“山东国税稽查信息管理系统”应用，实现对稽查工作的科学管理和全程控制。实现了各类稽查信息共享和有序流动，构建起指挥有力、运转灵活、协调高效的稽查工作新格局。二是以第三方工具软件等查账辅助软件为平台，实现检查方式的突破，提高检查工作质量和效率。在山东税务学校举办了信息化管理企业稽查实务培训班，培训理论的同时进行实战演练，对深化软件应用进行了研究探索和归纳总结，有力地推动了稽查方式向信息化、智能化、精细化迈进。三是借助山东国税开发的预警评估系统，开发选案辅助软件，进行了信息化选案的尝试。各地运用信息化手段，采集各个系统集中的数据库，运用预警评估系统的指标、数据，筛选预警次数多、疑点较大的重点税源企业进行检查，大大提高了稽查的针对性和工作效率。

［稽查队伍建设］ 以提高查账办案能力为目标，加强稽查队伍建设。一是强化业务培训，提高工作技能。采取多种方式充实省、市两级稽查力量，保障稽查重点工作的落实。不断加大对稽查人员的培训力度，提高培训层次，开展分层分级分类培训，进一步提升稽查人员的组织指挥能力、统筹规划能力、办案实战能力、总结分析能力和沟通协调能力。二是加强廉政建设，规范稽查行为，化解执法风险。注重廉政宗旨教育、勤政教育，使广大稽查干部充分认识到廉洁自律的重要性和以权谋私的危害性。从制度建设上入手，严格执行选案、检查、审理和执行相分离的制度，加强各环节相互制约和监督，严格遵守稽查执法程序，增强稽查执法的公开度和透明度，最大限度地减少稽查部门和稽查人员的随意执法、人情执法和执法犯法等不廉洁行为。同时，加强案件复审复查和案件全程监控，抓好风险教育，警示和教育稽查干部强化责任意识，避免和减少失职渎职犯罪行为。

［稽查业务培训］ 在积极鼓励干部参加各种专业培训和学历教育的基础上，加强稽查人员的业务培训。培训内容涵盖稽查信息管理、稽查方法等，重点培训稽查人员信息化应用水平和办案技

巧。举办了两期信息化管理企业税务稽查实务培训班，通过理论学习和实战演练，培养了一支精通信息技术、善于检查信息化管理企业的稽查骨干队伍，提高了稽查部门对信息化管理企业的数据提取、分析和检查能力。2010 年，共组织了 50 多批次各类培训班，培训稽查干部 1000 多人次。利用省局编写的行业检查指南和评选出的优秀案例，推动广大稽查干部“学中干、干中学”，切实提高稽查干部实际操作能力和办案水平。

[稽查人才库建设]　为有效发挥稽查人才库的机动部队作用，对稽查人才库成员实行动态考核管理，以实际工作业绩为依据，实行优胜劣汰，有序调整，经各地推荐、综合考察，从查处大要案件和培养锻炼稽查骨干出发，调整充实了原有的省级稽查人才库成员，培养了一大批懂政策、业务熟、能力强的稽查骨干。2010 年，山东省级稽查人才库已发展到 300 人，查处大要案件和重点税源的能力明显提高，较好地满足了全省稽查工作开展的实际需要。同时，按照量才使用、以能为本的原则，积极探索和借鉴能级管理的有效模式，努力建立符合稽查特点的新的激励机制，有效使用稽查人才库成员，将参加省局集中检查表现与派出单位评先树优、干部使用挂钩，充分调动稽查人才库成员钻研业务、努力工作的积极性。

[案件公告]　山东国税稽查系统进一步做好涉税案件公告工作，并对涉税违法大案、要案，利用各种新闻媒体进行公开曝光，扩大影响，震慑违法分子，教育纳税人，达到了查处一案、教育一片、治理一方的目的，强化了税务稽查的权威性，避免了偷税、骗税、逃税的恶性循环和税收环境的恶化。2010 年先后对 149 起案件进行了曝光，对 497 起案件进行了公告，在全社会形成了打击涉税违法犯罪的高压态势，宣传了税收法律法规，打击了税收违法犯罪，提高了社会纳税遵从度，规范和监督了税务稽查执法行为。全年共上报公告 428 篇，比去年增加 28 篇，为省局及时掌握全省税务稽查工作动态，全面了解各地贯彻落实国家税务总局稽查工作部署和稽查工作计划的情况提供了资料，对推动 2010 年税务稽查工作的顺利开展发挥了重要作用。

[稽查宣传]　2010 年，山东国税稽查系统注重加强同媒体的联系，通过电视、网络、报刊、广播等媒介广泛开展税收宣传，扩大社会影响，形成舆论攻势，有力推动了各项工作的开展。山东国税稽查局结合全国打击和防范经济犯罪宣传日活动，围绕“打击和防范经济犯罪——你我共同的责任”这一宣传日活动主题，开展了发票等多方面税法知识宣传，现场解答真假发票鉴别常识、发票日常管理办法及相关违法处罚规定等方面的问题，并集中展示了各部门近年来在打击涉税违法犯罪方面取得的成果，提高了全社会依法纳税、依法用票意识。各市也采取各种形式，加强宣传工作，如日照市联合地税局、公安局、人民银行等单位举行打击发票违法犯罪、假币犯罪、银行卡犯罪专项行动宣传活动，现场发放宣传材料 3000 多份，近万人参观了发票使用、假发票鉴别展板；滨州市通过向媒体刊发“公开信”，向社会发放“明白纸”等形式，开展了多层次、多角度，全方位的宣传活动，为税收稽查工作的顺利开展创造良好的外部环境。

[稽查调研]　一是根据国家税务总局稽查局和山东省局领导安排，组织人员对全省稽查工作存在的问题和困难、以查促管作用的发挥、税务稽查与科学化精细化管理，以及稽查信息化建设等课题进行了认真调研并形成调研报告，为国家税务总局和山东省局领导决策提供依据，为理清稽查工作思路，明确工作重点打下了坚实的基础。二是继续以稽查信息管理系统、“稽查园地”网站等为平台，以工作报告、信息宣传、工作调研等为纽带，加强省、市、县三级稽查部门的交流与配合，促进全省稽查工作全面、深入开展。2010 年，在“稽查园地”网站上合计交流专题调研 210 篇，在省、市级优秀报纸、杂志等刊物推荐发表 15 余篇，及时发布了各地稽查工作中的好做法、好经验，促进了各地之间工作交流，为各地各级稽查部门取长补短、相互借鉴提供了平台。

[稽查工作会议]　2010 年 3 月 16 ~ 17 日，山东国税稽查工作会议在济南召开。会议深入学习贯彻了全国税务稽查工作会议精神，总结了 2009 年全省国税稽查工作，交流了工作经验，剖析了典型案例，部署了 2010 年的稽查工作任务。山东国税局长胡金木对这次会议和全省稽查工作作了重要批示，纪检组长孙立德出席会议并讲话，副巡视员李永山传达了总局会议精神。2010 年 8 月 25 日，山东国税稽查工作座谈会暨“黄金票”专项检查部署会议在烟台市召开。会议交流总结了 2010 年以来国税稽查工作的开展情况，安排部署了虚开或接受虚开黄金销售增值税专用发票专项检查工作，进一步明确了下半年专项检查、重点税源检查及其他各项稽查重点工作的具体要求。2010

年10月15日，山东省公安厅、山东国税和山东地税联合举行深入打击整治发票犯罪专项行动召开新闻发布会，通过媒体通报了全省深入打击整治发票犯罪专项行动情况，曝光了公安机关侦破的发票犯罪典型案例和虚假发票“买方市场”5起典型案列，并就下一步的工作部署作了介绍，山东电视台、大众日报、齐鲁电视台、齐鲁晚报以及中央驻山东省的各大新闻机构记者参加了会议。2010年10月25日，在曲阜召开了苏豫皖浙鲁五省国税稽查协作会议。交流了五省国税稽查工作中取得的成果和工作经验，交换了有关案件协查资料，就查办大要案、打击发票违法犯罪、专项检查、加强区域间的协作办案等稽查重点工作进行了座谈，并进一步加强了五省国税稽查部门之间跨区域办案协作机制。

（孙起翔　刘心宁）

山东省地方税务局稽查局

［概述］　2010年，山东地税稽查系统以“服务科学发展，共建和谐税收”为指导，按照省局党组“依法治税、从严带队、科学管理、共建和谐”的基本要求，牢牢把握全国税务稽查工作会议和全省地税工作会议精神，紧紧围绕稽查总体目标任务，突出“重点税源企业专项检查、重点行业税收专项检查和严厉打击发票违法犯罪活动”三项工作重点，有效提升了全省地税稽查队伍的“力量素质、体制机制、装备手段、执法服务”四项水平，不断加强稽查管理基础制度建设和系统管理，依法规范稽查执法行为，有效提高大要案件查办质量，较好地防范化解稽查执法风险。税务稽查查补收入组织等多项工作受到国家税务总局领导、上级部门的充分肯定，并以“多措并举，深挖重查，全力抓好全省大型企业税务稽查”为题，在全国税务稽查工作会议作了经验交流；济南、临沂打击发票违法犯罪活动工作受到总局表彰；全省有7个市级稽查局、34个县级稽查局、100名稽查干部被评为全省税收专项检查先进集体和先进个人。

［稽查查补收入及分析］　按照国家税务总局稽查局总体工作任务要求，山东地税稽查局客观分析近年来全省地税稽查查补收入趋势，综合考虑全省各级地税稽查部门的实际能力，确定全年稽查工作的总目标是：全省地税稽查查补收入占地方税收总额的比例不低于1.8%，选案准确率达到80%以上，入库率稳定在90%以上，案件查结率达到95%以上。2010年，全省地税完成税收收入1375.89亿元（不含青岛，下同），共组织企业自查、重点检查1.91万户，查补各项税收收入31.42亿元，入库率为99.00%，稽查查补收入占同期税收收入的比例为2.28%，完成税务总局稽查局1.5%目标任务的152.23%，完成省局1.8%目标任务的126.67%；选案准确率97.60%，案件查结率97.60%，平均处罚率30.81%。

［案件查处］　坚持以查处重大税收违法案件为突破口，重点打击利用虚假凭证、做假账、账外经营等手段偷逃税款的行为，及时研究税收违法活动的新手段和新方式。全省共查处各类税收违法案件4305起，查补各项税收收入5.75亿元。在查处税收违法案件过程中，主要从以下方面突出对税收违法案件查处：一是以整顿和规范税收征管秩序为着力点，扎实开展重点行业、重点税源企业税收专项检查，采取计算机选案、人工选案等方式确定重点检查对象，重点抽查、检查税收违法案件3111起，查补各项收入2.61亿元。二是充分利用征管信息、纳税评估信息加强稽查案源分析。三是提高大要案的查办质量，探索建立重大涉税违法案件部门协作机制，认真落实税务总局重大税收违法案件查处督办制度、案件上报制度和集体审理制度，明确各环节职责分工，确保工作落实到位，提升了案件查处效率。

［税收专项检查］　2010年，将房地产行业、药品经销企业和非居民企业确定为该省税收专项检查指令性检查项目，同时结合全省打击发票违法犯罪专项行动，将建筑安装业、交通运输业、营利性医疗卫生及教育培训机构作为指导性检查项目。截至2010年11月底，全省重点行业税收专项检查共检查6349户，查补各项收入9.51亿元。在房地产行业检查方面，筛选了60户经营规模大的重点税源企业，列入省局督办案件管理，并指派专人实施跟踪督导。同时，针对房地产开发周期较长，成本费用项目繁多，会计核算形式多样，税收

政策变化频繁等特点，以房屋销售、建筑施工为双主线，采取上下延伸检查的方法，重点抓好跨区域管理企业和50万元以上发票核查工作，收到了良好的效果，共检查纳税企业2947户，查补收入7.65亿元。在药品经销行业税收检查方面，全省各级稽查部门加强与商务、药品监督等部门的协调配合，在搞好行业调查研究的基础上，采取“链条式检查”的组织方式，目的是查明各环节价格形成及利益分配情况。截至11月底，全省药品生产经销行业共组织企业自查350户，重点检查企业84户，查补收入1619万元。济南地税稽查局利用国家药监部门对药品批发企业《购销合同》等管理工作规范，通过对纳入检查范围的13户医药批发企业核定征收印花税检查，查明药品经销企业普遍存在未按税法规定足额贴花完税或刻意主动申请要求税务机关按最低标准核定征收印花税，从而少缴税款问题，客观分析了当前医药批发行业利用印花税核定征收方式存在政策缺陷和征管漏洞，并向征管部门提出了较好的征管建议。

［重点税源检查］ 2010年，按照国家税务总局稽查局的统一部署，山东地税重点税源企业检查主要由两部分组成：一是税务总局稽查局统一组织对银行、石油石化、通讯和航空运输等行业重点税源企业的自查、抽查和审计式检查工作；二是根据省局制定的《关于开展大型企业重点检查的意见（试行）》（鲁地税发〔2009〕71号）要求，并参照税务总局部署重点税源企业税收专项检查工作的选户原则、组织方式、工作步骤和工作要求，组织各市局稽查局开展对辖区内重点税源企业的税收专项检查。截至11月底，共检查9769户，查补各项收入14.27亿元，其中：税务总局稽查局统一部署的中海油、航空运输、恒丰银行、招远黄金集团公司等企业查补各项税收收入8095.25万元、省局自行安排的重点税源企业查补各项税收收入13.46亿元。主要工作特点：一是按照分级分类检查办法，细化分级分类标准，实现了各级稽查资源的合理配置；二是及时总结归纳对重点税源企业检查的工作流程和实施方法，逐步建立起了重点税源企业的信息资源库，增强了检查工作的针对性和主动性；三是统一规范了自查税款的入库程序和方法，并通过省局“大集中征管系统”对各市局自查税款入库情况进行考核，促进了组织企业自查工作程序严格、规范和公正，提高了纳税人对税法的遵从度。

［区域性税收专项整治］ 2010年，山东地税稽查局结合全省税收征管重点、难点和盲点，组织各市局开展了区域税收专项整治工作，挖掘纳税人深层次的涉税问题，重点是制售、使用假发票比较多的餐饮、娱乐及物流行业。省局稽查局重点对7个市局的区域性专项整治项目进行了督办，形成有地域特色的整治品牌，推动组织税收收入工作的开展。截至11月底，全省区域专项整治共检查各类企业2535户，查补各项收入1.69亿元。

［打击发票违法犯罪活动］ 2010年，山东地税稽查系统按照国家税务总局确定的“查税必查票”、“查案必查票”的总体要求，深入开展了以查处虚构业务、虚开发票和打击虚假发票“买方市场”为重点的发票专项整治行动。结合涉税案件查处工作，以房地产、金融保险、交通运输、餐饮娱乐等行业为整治对象，共查处非法发票43万份，查补各项税收收入2000多万元。同时，积极与公安部门配合，打击虚假发票的“卖方市场”，先后成功破获了济南“1·27”、临沂“9·27”制售假发票，青岛“4·01”骗购倒卖发票等多起较有影响的特大或重大发票违法案件1876起，抓获犯罪嫌疑人164人，打掉团伙59个，捣毁窝点78个，查获涉案假发票700万份，查补税款600多万元。

［税收违法行为举报］ 全省共受理涉税举报案件652起，查处547起，查结率83.89%，查补各项收入1989.72万元，其中：税款1290.94万元、滞纳金141.06万元、罚款557.72万元，已追缴入库1769.34万元，其中：税款1155.51万元、滞纳金119.17万元、罚款494.66万元。一是积极参加省、市国税、地税和公安联合组织的“税收宣传月”和“发票专项整治”活动。二是严格按照规定工作程序和职责，专人负责处理各类涉税举报案件，及时向举报人反馈涉税举报案件的查处情况。三是积极加强内外协作，不断拓宽涉税举报线索收集的领域，并与省局办公室、监察室、纳税服务中心等部门建立信息传递制度，积极收集举报线索；加强与国税、信访、纪检监察等部门的沟通与联系，有效地拓宽了涉税举报工作涉及的领域，扩大了举报工作的社会效果，保障了涉税举报渠道的顺利畅通，为涉税举报营造了较为和谐的内外部工作环境。

［稽查系统建设］ 一是抓好系统目标考核督办。省局制定下发《山东地税稽查系统2010年目标管理考核办法》，将税收专项检查、大案要案查处、制度建设、案件复查、举报案件管理等32项重点工作，层层细化分解到分管领导、责任

科室和责任人，并制定了具体的工作配档表，作为督办的依据和标准，做到工作目标清、工作时限清、评价标准清和人员责任清。同时，省、市两级稽查局组成督导组，分别对下一级稽查工作贯彻情况、工作措施和进展成果进行督导调度，对工作措施不力或进展缓慢的地区进行重点抽查，并按月定期进行通报，确保各项工作真正落到实处。二是抓好制度约束。以落实新修订的《税务稽查工作规程》、《关于加强稽查执法监督制约工作的意见》为制度建设的重点，抓好原有制度的清理、修订和废止，建立符合规程要求的稽查制度体系，并制定下发了新的《税务稽查档案范本》，为规范稽查执法行为提供了有力保障。三是抓好业务指导交流。山东地税稽查局采取分组包片的形式，深入检查阻力大、制约因素多、工作进展慢的地方，发现问题，分析问题，提出思路对策，有针对性地指导工作开展；对各级稽查部门涌现出来的先进典型、先进经验，大力扶持、积极培养、及时推广，推动了稽查工作的全面开展。

［稽查信息化建设］ 稽查局结合金税三期的推进和新规程的实施，对大集中数据库的稽查模块业务需求作了进一步修订规范，对全省稽查各类软件特别是查账软件进行了研究论证。在此基础上，稽查局拟定了《全省地税稽查信息化建设总体思路框架》。全省各级稽查局不断改善稽查办案装备，逐步试点推广信息化稽查，各种现代信息技术、影音取证设备、通讯设备等在税务稽查实施过程中都得到了充分的应用，提高了税务稽查工作快速作战能力和整体攻坚水平。如：淄博试行计算机选案，试点开发了《稽查案源管理系统》，增强了稽查选案的科学性、时效性和准确性；威海完善升级稽查查账软件，利用稽查软件实施税务稽查124户，查补税款1908万元；临沂在利用查账助手软件的基础上，自行开发了检查管理软件，着重加大了对检查实施环节的监督。

［稽查队伍建设］ 2010年，山东地税稽查系统以学习新《税务稽查工作规程》为契机，把强化税务稽查核心业务能力作为应对新形势、新任务，进一步强化稽查队伍建设的重要举措。一是稽查力量素质上水平。一方面，根据省局“稳定县级、充实市级，凡进必考”的要求，选择、调整了100名业务骨干充实稽查岗位，使全体稽查人员的比例达到干部总人数的15%，有条件的市局还适当增配了一定数量的计算机、法律专业人才，为税务稽查工作提供了信息化和法律支持。另一方面，为适应税务稽查实战需要，以提高发现和处理涉税问题的核心业务能力为着力点，加大分级培训力度，着重抓好财务会计、税收政策、稽查技巧和信息化应用操作的技能培训，进一步提高了稽查干部的业务素质。二是装备手段上水平。认真落实稽查办案专项补助经费办法，及时协调财务装备和同级财政部门落实解决稽查办案经费，监督稽查办案经费专款专用，并按照“节约、配套、实用、好用”的原则，及时更新配置车辆、笔记本电脑、复印机、传真机等必备的办案设备，现拥有办案汽车338辆、计算机2648台、复印机149台、传真机98台、摄像机125台、照相机133台、扫描仪94台，较好地适应了信息技术条件下稽查办案需要。三是执法服务上水平。以贯彻执行新《税务稽查工作规程》和国家税务总局《关于加强稽查执法监督制约工作的意见》为契机，逐步建立健全制度完备、流程规范、责任明晰、监督到位的部门内控机制，围绕稽查执法重点环节，实施事前警示、过程监控和事后监督，确保做到严格执法、规范执法、公正执法、和谐执法，牢固树立征纳双方法律地位平等的理念、纳税人正当需求应予满足的理念和公平公正是最佳服务的执法理念，不断提高稽查服务的层次和水平，切实尊重并维护好纳税人的合法权益。四是廉政监督建设上水平。完善惩治和预防腐败体系为重点，抓好队伍的廉政建设、法制教育和风险教育，运用正反两方面典型，教育和警示广大稽查干部特别是领导干部牢固筑起反腐倡廉思想防线；不断加强稽查领导班子建设，认真落实“一岗双责”，确保稽查工作的廉政责任落实到岗位、到个人，落实到思想政治、业务工作和作风建设的各个方面，虚心接受外部监督和舆论监督，预防渎职失职等职务违法行为，积极防范稽查执法风险。

［稽查业务培训］ 2010年，山东地税稽查局紧密结合省局重点工作，按照省局党组大力推进学习型机关建设要求和适应稽查实战需要，加大了分级培训力度，提高了教育培训的科学化、规范化、制度化水平。省、市、县三级共举办了各类稽查业务培训班42期，培训稽查人员2610人次。省局年初调整充实了省级稽查人才库，并在泰安举办了两期新税务稽查工作规程和稽查信息化培训班，专题培训稽查业务骨干151名，加快了骨干人才的知识更新步伐，并为各市培训了师资力量，加强了全省业务骨干和师资力量资源储备，为进一步提高全省稽查人员核心业务能力打下良好基础。一是省局充分发挥“网络税院”学习板块和课件，大胆

探索新的管理、考核措施，提高网络培训的效果，增强计划性和针对性，提高授课质量，加大考核和结果运用的力度，增强干部职工接受培训的自觉性。二是坚持按干部管理权限分级培训的原则，注重抓好各级稽查局班子成员的培训，突出抓好基层领导干部培训，全面抓好基层一线干部的专业化培训，提高了业务素质和岗位技能。三是加强骨干人才的选拔、管理，有计划地培养一批“一专多能”的复合型人才，鼓励稽查干部参加各种形式的在职学历教育和资格考试，优化干部队伍的学历、专业、知识结构。

［稽查人才库建设］　山东地税稽查局高度重视稽查人才库建设，经统一组织考试、综合考察，对原省级稽查人才库人员进行了调整、充实，选定200名稽查业务骨干为省级稽查人才。各市地税局稽查局支持和配合省局做好稽查人才库的建设和管理，采取有效措施，加强税务稽查、计算机、法律法规和文秘等不同类型人才的选择、培养和使用，保证省局能够及时调遣人才库成员进行案件检查等各项重点工作，确保稽查指挥系统协调、高效运转。入选省级稽查人才库的人员定期参加省局组织的各项业务培训，进一步提高政治、业务素质和稽查实战能力，遵守各项规章制度，履行规定义务和责任，服从省局工作安排，较好地发挥了稽查力量生力军的作用。

［案件公告］　2010年，山东地税稽查系统通过广播、电视、报刊、网络等新闻媒体向社会各界公开曝光87起涉税金额巨大、社会影响恶劣、警示作用典型的涉税违法案件，通过办公场所设立的公告栏公告查处的税收违法案件428起，进一步展示了检查成果，扩大宣传影响，提高了震慑效应，营造良好的税收执法环境。

［稽查调研］　2010年，山东地税稽查局紧密结合稽查工作实际，研究制定了《关于部署2010年全省地税系统稽查调研工作的意见》（鲁地税稽查函〔2010〕6号），明确具体调研课题、承办单位、提报时限和工作要求，省、市两级稽查部门共完成指定调研项目2项，各市局稽查局自选调研项目17项。一是开展了贯彻执行新《税务稽查工作规程》的调研，就如何建立健全稽查选案、检查、审理、执行部门内控机制，提高四环节运行质效等问题进行调查研究，为基层解决当前税务稽查执法过程中遇到的难点、热点和盲点。二是开展了全省地税系统稽查工作五年发展规划调研，立足实际，着眼长远发展，认真总结经验，客观分析问题和不足，重点是围绕规划目标的制定、发展思路的确定、具体措施的强化、职能作用的发挥等内容，提出了切实可行的意见和建议。三是紧密结合审计式检查、案件查处和税收专项检查，开展行业及同类企业税收调研式检查。省局稽查局与国税组成联合调查组，组织开展了对不良资产处置第三方涉税问题的专题调研检查，并向税务总局稽查局提出了有可操作性的工作建议；各市局稽查局围绕如何破解当前稽查难题，提升创新突破能力，采取分组调研、试点的方式，开展了信息管税形势下加强稽查工作的调研，研究新的税源管理模式中稽查的定位及跟进措施；开展“一案双查”的调研，探索对稽查发现的征纳双方涉税违法违规问题进行处理的方法和途径；开展预案式稽查试点，不断提升“以查促查”的工作水平。

［稽查工作会议］　2010年3月15～16日，全省地税稽查工作会议在济南市召开，会议传达贯彻全国税务稽查工作会议和全省地税工作会议精神，表彰全省专项检查、专项整治工作先进集体和先进个人，简要总结2009年的稽查工作，安排部署2010年的稽查工作任务。省地税局党组成员、副局长吕凤强出席会议并讲话。省局有关处室负责人，省局稽查局全体人员，各市局分管局长和稽查局局长参加了会议。会议指出，2009年，全省各级地税稽查部门服务和服从于税收中心工作大局，以整顿规范税收秩序和大力组织稽查查补收入为目标，取得了丰硕成果。全省共检查纳税人2.2万户，查补收入45.3亿元，占地方税收比例达到2.96%，完成总局确定目标任务的206.76%，位居全国税务稽查系统前列。会议要求，全省各级稽查部门要认真落实全国税务稽查工作会议和全省地税工作会议精神，遵循“依法治税、从严带队、科学管理、共建和谐”的总体要求，围绕中心，服务大局，以大力组织收入、整顿规范税收秩序和提高整体工作水平为目标，以增强震慑力，提高引导力为着力点，在强化核心业务能力、以查促收、以查促管和以查促依法治税上下工夫，确保发挥稽查部门的职能作用，为促进各项地税事业的发展作出更大贡献。

（蒋志荣　韩　艳）

河南省国家税务局稽查局

［概述］ 2010年，河南国税紧紧围绕税收中心工作，持续推动了全省国税事业科学发展、和谐发展。全年共组织税收1095.47亿元，比2009年增长15.1%，进入国税收入超千亿元省份的行列，实现了历史性跨越，圆满完成了国家税务总局、河南省委、省政府确定的收入目标。河南国税稽查系统坚持以"服务科学发展、共建和谐税收"为主题，以重点税源企业检查和税务违法大要案查处为重点，科学组织税收专项检查，深入开展打击发票违法犯罪活动，充分发挥税务稽查以查促收、以查促查、以查促管、以查促改职能作用，圆满完成各项稽查工作任务，全面实现了各项稽查工作目标。

［稽查查补收入及分析］ 2010年，全省各级稽查部门紧紧围绕组织税收收入中心任务，服从服务税收工作大局，全面加强稽查管理，积极开展税收检查工作，圆满完成了各项工作任务，有力地促进了税收秩序的改善，提高了纳税人依法诚信纳税意识。2010年全省实现整体稽查成果23.63亿元，其中稽查部门查补入库税收18.30亿元，其他部门查补及企业自查入库税收5.15亿元，调减留抵税金、审增所得折抵税收1834万元。

［整顿和规范税收秩序］ 2010年，河南国税稽查系统按照国家税务总局稽查工作部署并紧密结合河南实际，以重点税源企业检查、税收专项检查和打击发票违法犯罪活动为主线，突出重点，统筹兼顾，不断提升稽查质效。全年实现查补入库税收23.45亿元。一系列重大涉税违法案件的查处，有效地整顿和规范了税收秩序。

［案件查处］ 按照国家税务总局和地方党委、政府工作部署，通过重大涉税违法犯罪案件的查处，充分发挥了税务稽查的震慑和教育作用。2010年全省查处大要案95起，同比增加2起，查处少缴税款4.12亿元，同比增加5060万元。按案件类型分：虚开增值税专用发票案件4起，虚抵税款大要案10起。偷税案2起，偷税额264万元。少缴税款类案件43起，少缴税额3.36亿元。制售假发票大要案36起，收缴假发票1.4亿份，其中收缴假发票在1000万份以上的案件3起。

［税收专项检查与区域性税收专项整治］ 2010年，河南国税稽查系统通过周密细致的工作部署和行之有效的工作措施确保了专项检查成效。一方面，认真组织开展药品经销、房地产与建筑安装业、大小非、交通运输等指令性检查，以及中国网通新乡分公司、大唐洛阳热电厂、南方航空河南分公司等5户企业的自查、重点检查和13家重点企业集团涉及河南的72户分公司的税收自查、抽查，确保国家税务总局部署专项检查的工作实效。另一方面，因地制宜组织开展对汽车经销、技改煤矿、品牌经销、高速公路和高速铁路等建设项目以及150户省控重点税源企业、地市自选重点税源企业专项检查的专项检查，同时积极参与"三高一票"（高风险地区、高风险行业、高风险企业；普通发票）为重点的税收专项整治工作和"黄金发票"专项打击行动，对检查中发现的虚开货物运输发票和骗取出口退税以及列支假发票等违法行为进行重点打击，大力查处重点、难点企业，发挥稽查拳头力量。全年专项检查共检查纳税人5367户，入库税收13.50亿元，占全部入库税收的57.13%，其中专项整治检查纳税人1207户，入库税收1.38亿元。

［重点税源检查］ 突出"总局级重点税源企业"、"省局级重点税源企业"和"地市级重点税源企业"三个重点，加强重点税源的分级分类监控管理和稽查组织。一方面，实施省、市两级监控，加强对重点税源的经营情况和重点指标的分析预警，对企业实际经营状况、销售收入变化、入库税收增减、整体税负升降等指标进行纵横向分析比对，发现异常情况和问题及时启动检查。另一方面，坚持"三个结合"、依靠"三个支撑"，将重点税源检查与税收专项检查、区域专项整治相结合，与打击发票违法犯罪行动相结合，与税收服务年活动相结合，以分级分类稽查方法为支撑，以系统审计性稽查为支撑，以创新稽查方法为支撑，有效保证了重点税源检查成效。一年来，全省重点税源企业查补入库税收5.72亿元，占专项检查查补收入总量的42.37%，极大地促进了重

点税源企业的税收规范管理、提高了企业的纳税遵从度。

［打击发票违法犯罪活动］　一是领导重视，着力构建打假格局。省长郭庚茂、常务副省长李克等省领导多次听取汇报并作重要指示，亲自安排部署打击发票违法犯罪工作。二是三级联动，加强整体工作协调。省、市、县（区）三级均成立了由公安、国税、地税共同参与的专项整治行动联合办公室，开创了齐抓共管，协同作战的工作局面。三是重拳出击，严打虚假发票“卖方市场”。各地公安、税务部门始终以“端窝点、打团伙、摧网络”为主线，深入落实公安部“端点二号”工作部署，密切配合，严打制假、售假市场。四是突出重点，全面整治虚假发票“买方市场”。把发票检查作为必查项目，融入到各项税收工作中。五是广泛宣传，努力营造打击虚假发票的舆论氛围。六是贯彻落实发票管理及公安、国税、地税定期联席会议等方面的制度，推动打击虚假发票工作深入开展。全年共查处假发票案件2060起，捣毁窝点479个，打掉职业犯罪团伙117个，缴获制假设备528台，收缴各类虚假发票1.45亿份，查补税款3.17亿元；抓获犯罪嫌疑人1075名，检察机关起诉516人，法院判刑361人，治理发票违法短信息41万条。

［税收违法行为举报］　2010年，河南国税稽查系统认真贯彻落实总局稽查工作部署和省局工作要求，严格执行《税务违法案件举报管理办法》、《检举纳税人税收违法行为奖励暂行办法》等相关法律规定，加大举报案件查办力度，通过及时受理、分类处理、迅速交办、过程管理、指导监督等措施，提高案件查处质量与效率，有力打击了涉税违法犯罪行为，震慑了违法犯罪分子，有效提高了纳税人的纳税遵从度。在工作中严格遵守保密制度，依法保护举报人的合法权益。鼓励和调动群众检举税收违法行为的积极性，依法确认、计算和兑付奖金，虚心接受社会监督，按规定及时反馈举报案件查处结果。对举报人采取多级重复举报的案件，高度重视并积极做好正确疏导、说服工作。2010年，全省各级举报中心共受理各类税务违法举报案件487件，查补税收2511万元，入库税收2203万元。

［案件协查工作］　以加强协查队伍建设为基础，以提高协查质量为核心，严格执行《增值税抵扣凭证协查管理办法》，加强案情分析，扩大检查线索，加大案件协查力度，确保了协查系统的平稳运行和案件协查工作的顺利开展。2010年，全省共委托发出协查1307起，涉及包括增值税专用发票在内的各类票证15017份；收到受托协查2184起，涉及包括增值税专用发票在内的各类票证18790份；通过各类委托受托协查，共计查补入库税收3949.76万元，其中协查系统查补入库1250.28万元，纸质协查案件查补入库2699.48万元。在对公安部经济犯罪侦查局和国家税务总局稽查局重点督办的“宁夏1·21”专案、“广州7·30”专案等大要案协查工作中，共计查补收入244.94万元，其中“宁夏1·21”专案查补收入46.16万元，“广州7·30”专案查补收入198.78万元。

［稽查制度建设］　以强化岗责体系和规范工作流程为重点，加强制度建设，为稽查部门的依法行政提供了制度保障。省局稽查局按照省局要求，初步建立稽查内控机制并开始运行。焦作对查前、查中、查后三环节的现有制度进行优化整合，形成了一套较为科学的案件管理制度体系，促使稽查案件管理向更精细化、更规范化提升。濮阳通过制定稽查系统业务管理办法，进一步强化稽查系统的业务管理，规范了执法行为，加强了市、县（区）稽查部门之间的协调配合，合理配置了稽查资源。信阳根据新的《税务稽查工作规程》，对稽查工作岗位的职责、业务流程、相关文书及制度进行深入细致的梳理，有针对性地制定了税务稽查规范管理指南，并在市局内网上线运行；开封积极推行对基层查办案件的抽复查制度，探索抽复查工作的办法和评价、反馈、考核机制，促进基层规范稽查执法行为，确保案件查处质量，有效防范执法风险。平顶山、商丘、鹤壁积极探索分级分类稽查制度，充分整合各种税务稽查资源，最大限度地实现对大、中、小税源年度税务稽查的全覆盖。

［稽查队伍建设］　2010年，全省国税稽查系统以机构改革为契机，统一明确了各级稽查机构内部科室设置及工作职责，提升了市、县两级稽查机构规格；市、县两级稽查人员得到调整充实，省局稽查局人员也得到了补充。2010年，全省国税稽查人员达到了3800人左右，占税务人员总数的17%，与税务管理人员接近1∶2的比例，为有效开展检查工作提供了人力保障。在稽查队伍建设上，全省各级稽查局重点做到“五抓五保障”：抓班子建设，为稽查工作提供组织保障；抓制度建设，为稽查工作提供机制保障；抓作风纪律，为稽查工作提供良好秩序保障；抓教育培训，为稽查工作提供能力保障；抓廉政建设，为稽查工作提供平

安保障。

［稽查业务培训］ 2010年机构改革以来，全省稽查岗位人员都进行了不同程度的调整，为了培养一批高精尖人才，省局专门针对稽查业务骨干、协查业务、稽查信息化等开展了三期较大规模的业务培训，取得了明显的效果，其中全省稽查业务骨干培训班还被扬州税院评为“文明班级”。全省各级稽查部门也将教育培训工作作为一项基础性工作来抓。郑州针对房地产行业专项检查，邀请业内资深注册师、造价师就房地产行业组织政策培训，提高了稽查人员的检查技巧，全市房地产专项检查入库税收2亿元。信阳每周五下午开展“业务大讲堂”，内容涉及典型案例交流、最新政策讲解、稽查方法传授等多个方面，提高了队伍综合素质。焦作在全市范围内大力开展各项培训工作，先后组织业务培训、廉政教育等各种培训24期，培训人次237人次，提高了稽查人员适应新形势下稽查工作需要的能力。

［税务稽查工作会议］ 2011年3月17日，全省稽查工作会议在郑州召开，18个省辖市局的主管局领导、稽查局局长和省局有关处室人员参加了会议。省局党组成员、副局长席七万作了《认清形势 务实进取 努力实现国税稽查事业新发展》的重要讲话，全面总结了“十一五”期间及2010年的国税稽查工作情况，明确提出了“十二五”时期国税稽查工作的总体要求、指导思想、主要目标和工作措施，动员部署了2011年的稽查重点工作任务。会议代表就如何落实2011年各项稽查工作任务进行讨论交流、结合本地实际提出了具体措施和建议。会议达到了统一思想、理清思路、明确目标和任务的预期目的，为做好2011年全省稽查工作打下了良好基础。

（张正国）

河南省地方税务局稽查局

［概述］ 2010年，河南地税稽查系统在国家税务总局和省局党组的正确领导下，紧紧围绕税收中心工作，以整顿和规范税收秩序为目标，以查处税收违法案件为中心，以组织税收专项检查和区域税收专项整治为重点，大力推进依法稽查，深化稽查体制改革，强化稽查基础管理，注重提高稽查队伍素质，严格执法、规范行政、锐意改革、开拓创新，充分发挥税务稽查职能作用，各方面都取得了可喜成绩。

［稽查查补收入及分析］ 2010年，全省累计检查各类税务违法案件6409起，组织稽查收入15.9亿元，其中税款13.5亿元，滞纳金1.1亿元，罚款1.3亿元。同比增长7%。入库税款12.5亿元，滞纳金1.0亿元，罚款1.3亿元，合计14.8亿元，同比增长6%。为全省地税完成税收收入任务作出了积极贡献。

［整顿和规范税收秩序］ 一是认真开展税收专项检查。集中力量对税收秩序混乱的行业以及税收征管比较薄弱的领域开展专项检查和区域整治，深入整顿和规范税收秩序。强化税务稽查管理，形成内外部横向、纵向综合治税合力。加大涉税违法案件的查处力度，提高办案质量和效率，增强打击涉税违法犯罪的震慑力。二是规范税收执法。深入贯彻国务院全面推进依法行政实施纲要，严格按照法定权限和程序行使权力，依法行政。以落实过错责任追究和优化自动化考核系统为重点，全面落实税收执法责任制。强化执法检查，切实纠正转引税款等违规行为，规范基层稽查人员的执法行为，提高执法监督监察质量。全面做好税收规范性文件清理、审查、备案工作，抓紧抓好地方税收法规库的建库工作。认真做好税务行政复议诉讼和重大税务案件审理工作。三是加强税收宣传。进一步做好普法及法制宣传教育工作。及时宣传新的税收政策，解释广大纳税人关心的涉税事项。加强与主流媒体的合作，组织好第20个全国税收宣传月活动，表彰依法诚信纳税大户，曝光涉税违法案件，扩大宣传的辐射面和影响力，提高纳税人的税法遵从度。推进政务信息公开，维护纳税人合法权益，提高全社会依法纳税意识。

［案件查处］ 通过查办各类涉税违法案件，提高税务稽查的威慑力，有效地遏制了涉税违法行为的发生。2010年共查处税收违法案件6409件，全省查处百万元以上案件65件，查补税款

2.8亿元。其中，郑州查处案件数最多，查处25件，查补收入7726万元。商丘案件查补税款数最大，查处2件，查补收入8938万元。对于各类督办、交办案件，各级稽查部门高度重视，坚持实事求是、注重实效、分级管理、分工协作的原则，明确领导责任和部门责任，分工逐级负责，确保督办、交办事项件件有落实，事事有结果。全年各级查办督办、交办案件25件，其中，河南振兴房地产（集团）有限公司、河南二十一世纪住宅建设有限公司、新乡亚特兰督办案件查补收入共计372万元。同时积极配合省审计厅、国家税务总局督察组对该省地税的审计工作，协助调取相关企业的账簿、资料，对省审计厅、总局督察组提出的问题及时反馈，并提出整改建议，其工作得到了省审计厅、总局督导组的肯定。

[税收专项检查]　2010年，组织开展了房地产及建筑安装、药品经销、交通运输、非居民企业纳税情况四个行业的专项检查。部分省辖市在完成指令性检查项目的前提下，结合当地实际，增加了汽车销售行业、纳税信用A级企业、重点建设项目、物流业等专项检查工作。省局通过召开专题汇报会，实行分片督导和个案督办等形式，强化税收专项检查工作的组织领导、工作督导和业务指导。各地稽查部门注重汲取近年来税收专项检查工作的经验教训，检查前组织查前培训、案例剖析。并从选定行业、拟订方案、部署工作等方面逐项狠抓落实。2010年，全省在专项检查工作中共检查企业589户，查补收入10264万元，入库5914万元。在开展专项检查的同时，各级地税稽查部门又组织以上行业970户企业进行了自查，有问题户277户，自查补税5180万元。

[区域性税收专项整治]　在2010年区域税收专项整治工作中，河南地税稽查系统继续贯彻“打防并举，突出重点，标本兼治，综合治理”的方针，结合实际，确立了“查税必查票，查案必查票，查账必查票”的工作思路，制定方案、狠抓落实，在郑州、洛阳重点开展了区域发票专项整治工作。进一步加大对建筑安装、餐饮、娱乐、运输业、服务业及景点发票使用情况的突击检查力度，取得明显成效。2010年4月，郑州、洛阳同时组织了全市范围内打击假发票专项整治集中行动，出动税务人员1362名，对车站、商场、宾馆和批发市场等买卖假发票的主要集散地1760家单位进行突击检查，检查中共发现使用假发票28户，违规使用发票319户，均按有关规定进行了严肃处理。通过查办一批典型案例，进一步规范了纳税人用票行为，净化了税收环境。

[重点税源检查]　在布置重点税源企业检查工作时，继续实施分级分类稽查方式，合理配置稽查资源，共组织了220户重点税源企业自查和部分企业的全面检查，查补收入1.10亿元，挽回了流失的税款，促进并加强了重点税源企业的税收征管工作。其中，国家税务总局部署的重点税源共13个集团公司，涉及河南省13个地市，15个征收单位，72家企业，自查税款4757万元。在完成总局部署任务的同时，结合实际，从全省纳税前1000名中选取148户重点税源企业自查，自查税款6194万元。自查阶段结束后，根据自查结果，全省又确定了54户企业开展检查。另外，在2009年检查的基础上，继续组织对“大小非”和国家电网的税收检查收尾工作，对大唐洛阳热电厂、中国网通等5个大企业集团开展了专项检查，查补收入1392万元，取得了较大成效，达到了减少稽查成本、规范纳税行为、理顺征纳关系、提高税收遵从度的目的。

[打击发票违法犯罪活动]　按照国务院、国家税务总局和河南省政府开展打击发票违法犯罪活动的工作部署，与省公安厅、省国税局联合召开了专项行动视频会议和联席会议，部署下达了该省打击发票违法犯罪工作的具体要求和工作目标，确定了房地产、建筑安装、交通运输、餐饮娱乐等行业作为重点检查行业。郑州、洛阳两市2010年8～11月，集中进行重点发票专项整治，开展了打击发票违法犯罪“猎鹰行动”和“捕鼠行动”。全年各级地税机关配合当地公安机关查处发票违法案件3428起，打掉假发票犯罪团伙84个，捣毁窝点171个，抓获犯罪嫌疑人406人，查补收入4021万元，查获涉案假发票共6033万份。其中焦作市局配合当地公安机关破获的“4·12”特大销售假发票案，得到了公安部的充分肯定，国务委员、公安部部长孟建柱签发了嘉奖令。2009年、2010年连续两年，该省在打击假发票工作中成绩突出，得到了国家税务总局的表彰。

[税务违法案件举报]　河南地税稽查系统针对2009年举报工作举报人多为企业内部人员，案发地多集中在经济发达地区，行业多集中在餐饮等社会服务业，税种多集中在营业税、个人所得税的特点，完善制度、加强督办、积极疏导、注重反馈等多措并举，保证了举报工作科学、有序开展，一定程度上避免了社会矛盾激化，规范了税收经济

秩序。2010 年，全省举报中心共受理举报案件 840 起，查处 715 起，查补收入 5331 万元，移送公安机关案件 4 起。其中，省举报中心受理案件 144 起，占全省受理举报案件的 17.14%。

[案件协查] 始终树立协查地就是案发地的理念，强化对委托发起及受托检查质量的跟踪和监控力度，努力提高协查委托发函质量和受托检查、受托回函质量和效率。省局对省局督办案件协查和省局组织发起的协查案件质量重点考核并定期通报。各省辖市地税局稽查局进一步加大了对协查发函、受托回函情况的监控力度，注重监控委托协查准确率、受托协查的按期回复率和信息完整率、回函的质量。

[稽查制度建设] 先后起草了《全省稽查系统管理考核办法》、《全省税务检查证管理实施办法》、《全省稽查人才库管理办法》等制度性文件，修订下发了《全省税务稽查工作目标考核办法》；与省公安厅、国税局、通信管理局等三家单位建立信息监控机制，联合制定了《发票违法信息监控管理办法》、《河南省涉税违法犯罪案件举报奖励暂行办法》等。郑州、洛阳、三门峡、平顶山等各地也结合实际，在规范稽查执法、查管互动、提高工作效率等方面制定了许多切实可行的制度和办法。

[稽查系统管理] 一是办案质量得到了提升。河南地税稽查系统把提高办案质量作为案件查处工作的中心环节来抓。坚持重大案件集体审议制度，确保重大涉税违法案件事实清楚、程序合法、定性准确、适用法律法规正确、处理适当，力争使所办案件成为经得起历史检验的“铁案”。全省地税稽查系统开展了案件复查和“十大规范典型案例”评选工作，对全省 19 个省辖市稽查局 2008 年已结案案件的 10% 进行复查，共复查案件 190 户，规范了税收执法行为，强化执法监督，及时发现和纠正不当执法行为，提高稽查办案质量，较好地规范了案件管理，实现了工作质效双提升。二是案件综合分析工作取得新进展。高度重视案件分析工作，密切关注税收违法活动新动向，及时发现不同行业和地区税收征管、税收政策理解及执行等问题，通过加强稽查案例分析、专项检查行业分析和专项整治地区分析工作，严格落实稽查建议制度，以查促管、以查促查，及时向管理部门反馈意见，收效良好。三是加大了对违法案件的执法力度。结合本地实际，加大了对重点行业、重点税源的检查力度，对性质恶劣的重大涉税违法行为依法予以惩处。全年共曝光典型案例 46 件，向公安机关移送涉嫌犯罪案件 21 件。根据中纪委指示和国家税务总局工作安排，省局稽查局抽调 30 多名业务骨干，成立了“河南荣勋公司专案组”，对涉及该省的 4 家公司进行了税务检查，共查补税（费）及罚款 810 多万元，圆满地完成了上级交办的工作任务。四是重视案件协查工作。充分认识到协查工作的重要性，树立协查地就是案发地的思想，及时组织完成各类协查任务。全省地税稽查部门共接收协查货运业发票 2041 份，涉及开票金额 4256.19 万元，发现假发票 1029 份，大头小尾发票 119 份。

[稽查信息化建设] 树立“信息管税”理念，坚持以信息管理稽查、建设信息稽查平台。继续完善省局稽查局网页管理，在稽查查账软件运用上做一些有益探索。充分利用征管信息和第三方信息细化整合选案指标、实施科学选案，切实提高了对信息化管理企业的稽查办案能力。逐步建立了全省行业和重点税源企业税务稽查信息资源库、税务稽查案例库，加强重大案件、案情复杂案件、有争议案件的案例分析，提高税务稽查案例分析和应用水平。

[稽查队伍建设] 河南地税稽查系统坚持以强化学习培训为手段，以实践业务练兵活动为载体，大胆创新，运用新方式、新方法，多层次、多方面开展专业培训。一是加强领导干部培训。机构改革后，该省市级稽查局局长变动幅度达 84%，针对稽查系统领导“新手”较多情况，为使其尽快熟悉稽查业务，进入工作角色，省局举办了稽查局局长培训班，通过学习提高了领导水平和专业能力，树立了全省稽查“一盘棋”思想和大局意识，提高了稽查工作的执行力。二是加强业务骨干培训。以增强稽查实践能力为目标，认真开展各种形式的稽查业务骨干培训，针对专项检查、重点税源检查和案件协查工作需要，省局举办了房地产行业专项检查培训班，安排部署了总局组织的全国税务系统青年业务骨干培训班，组织参加了全国税务系统师资培训班。全年，各省辖市稽查部门结合实际，组织稽查业务培训班 30 多期，培训稽查干部达 2000 多人次。通过分级、分类培训，有效提高了稽查人员查账实务技能、业务素质和执法能力。三是加强稽查人才库建设。为适应新形势下税收稽查工作对高素质人才的需求，陆续选拔了一批高素质、专业化的地税稽查人才，完善充实了省级稽查人才库，各省辖市也开展了形式多样的“稽查能手”、“稽查标兵”等选拔活动，切实加强各级地

税稽查人才库建设，目前，省级稽查能手达198人，为保证各级查办大要案件打下了良好基础。

[稽查调研]　紧密围绕“一级稽查”、系统管理等热点问题，河南地税稽查系统采取多种形式开展了调研活动，共撰写了50余篇有一定质量的调研文章，如省局的《当前全省稽查系统存在的问题及建议》，开封的《关于加强税务稽查成果运用的思考》，许昌的《浅谈税务稽查中如何做好纳税服务》等。这些调研材料理论联系实际多角度、多侧面、多层次、多方位地探讨了当前稽查工作中面临的困难和问题，为领导科学决策提供了第一手资料，为下一步稽查工作的有效开展打下了基础。

[稽查工作会议]　2010年河南地税稽查工作会议在郑州召开。省局副局长刘晓云、总会计师党如超出席会议，各省辖市局、省直属分局、省直属小浪底分局主管副局长、稽查局局长、综合科科长参加了会议。会议贯彻落实了全省地税工作会议和全国税务稽查工作会议精神。会上，省局副局长刘晓云作了题为《务实创新　科学管理　推动地税稽查工作再上新台阶》的工作报告。报告总结回顾了2009年稽查工作情况，安排部署了2010年地税稽查工作。会上，省局对2009年度全省地税整顿和规范税收秩序先进单位、稽查工作先进单位等进行了表彰。

（班　烨）

湖北省国家税务局稽查局

[概述]　2010年，湖北国税稽查系统以整顿和规范税收秩序为目标，以查处税收违法案件为重点，加强税收专项检查和专项整治，提高稽查工作质量和效率，努力创造公平公正的税收环境，提高税法遵从度，有力地推动湖北国税事业又好又快发展，实现了“十一五”规划的圆满收官。截至12月底，全省国税稽查部门实现稽查收入总额为18.77亿元，其中查补收入为13.29亿元，自查收入5.47亿元，占同期税收收入约1.66%。落实“阳光稽查”若干措施，不断加强征纳双方“面对面”的交流，有效地促进了征纳的和谐。通过加强对纳税人的稽查辅导，开展丰富多样的税法宣教活动，特别是及时曝光重大偷骗税案件反面典型和宣传诚信纳税典型，既有效地实现了征纳和谐互动，又有力地维护了公平的税收秩序，赢得了广大纳税人的普遍赞誉，在2010年的行风评议中，全省国税系统有91%以上的基层稽查局获得了先进称号。

[稽查查补收入及分析]　按照讲收入重质量的稽查查补收入的工作要求，全省国税稽查系统在保持稽查收入适度增长的同时，狠抓查补收入的质量，实现了检查户数减少、查补税款增加、户均查补税款提高、执法刚性增强的较好工作水平。检查户数由2009年的8922户减少到2010年的6050户，户均查补收入由2009年的14.49万元提高到2010年的19.8万元，平均选案准确率为91.02%，平均入库率为99.02%，结案率为92%；查处1000万元以上的案件9起。与此同时，充分发挥稽查部门以查促管的职能作用，积极构建管查良性互动工作机制。据统计，2010年全省各级国税稽查系统共向征管部门提供达1540余条有效的稽查建议，有效地挽回了可控税收的流失。

[整顿和规范税收秩序]　严格落实《税务稽查工作规程》等规章制度，逐步完善稽查执法岗责体系，强化稽查执法内控机制。通过深入开展税收专项检查、区域税收专项整治、案件协查、税务违法案件举报以及打击发票违法犯罪活动等各项税务稽查工作，突出检查重点税源企业和查处各类大要案件，充分地发挥了税务稽查的震慑作用。五年来，全省国税稽查部门共查处各类违法案件7.71万起，其中，涉及税款百万元以上的重大案件601起，查补税收30.1亿元，移送司法机关38起；按照省局的统一部署和安排，共对41个重点行业、5个重点地区的44.07万户企业开展税收专项检查或区域税收专项整治，共查补税款24.67亿元。同时，还卓有成效地开展了打击各类发票违法犯罪活动，不仅为国家挽回了巨额的税收流失，而且较好地抑制了发票违法犯罪活动的蔓延势头，整顿和规范了税收经济秩序。

[稽查管理体制机制]　2010年，全省各

地先后完成了规范市、县两级稽查机构级别等项工作，进一步调整了内设机构，充实了一线稽查力量。与“十五”期末相比，全省国税稽查机构压缩了14.8%，稽查力量增加了18.4%。特别是武汉国税局率先在全省推行了真正意义上的一级稽查体制改革，为全省国税部门创新稽查体制树立了典范。与此同时，各地国税稽查部门结合实际，总结和推行了分级分类稽查、解剖式检查、调研型稽查、查前约谈、统一自查、集中抽查与重点检查相结合等多种行之有效的税务稽查方式方法。如宜昌、襄阳等地创新检查方法，在信息化管理程度较高的企业中开展了有针对性的“数字化稽查”，突出了税务机关对重点税源主动监控的地位，为推进信息管税进行了有益的尝试并取得了初步成效。此外，将税务稽查执法寓于大税收征管环节之中，重视并拓宽第三方稽查信息来源渠道，探索了纳税评估与稽查选案的信息应用衔接机制，创新了稽查信息资源管理，促进了部门之间信息共享，为防范税收流失，强化征管运行机制提供了有效的保障。

［税收专项检查］ 2010年，先后召开了两次专项检查工作专题汇报会，对全省税收专项检查工作进行了有重点的调整和督导。在检查中，省局还针对医药、房地产及专业市场行业的特点及偷逃税手法，适时召开了案例分析会，以加强专项检查经验交流，提高检查质效，促进了全省专项检查工作的开展。截至12月底，全省共检查纳税人3643户，已查结3286户，有问题的3040户；专项检查收入合计10.92亿元，其中：查补收入7.08亿元，自查收入3.84亿元。在2010年的税收专项检查工作中，省局稽查局直接组织和开展了对南航湖北公司、中百、襄樊三九酒厂和国创高新的税收检查以及督导葛洲坝、九州通的纳税自查和检查，成效明显。同时，开展了黄金票专项检查工作。已查实全省变造黄交所开具专票378份，虚抵税款3835.83万元，已查补税款1783.64万元，查实有虚抵企业23户，罚款786.64万元，共计查补入库2570.28万元。

［大要案件督办］ 按照国家税务总局稽查局对大要案件督办查办工作的要求，2010年，省局稽查局开展了针对贵阳“5·11”案、万山客车举报案、公安县常安公司涉嫌虚开废旧物资发票案、东风特汽举报案以及杭州宏通化工、沈阳“5·04”专案、贵州省“8·24”专案等9起大要案件的督办查办工作，有7起案件已完全结案。同时，不断加强举报案件管理工作，据统计，全年全省共受理举报案件368件，其中，总局交办29件、省局直接受理50件，共查补税款1645.75万元，罚款336.63万元，滞纳金158.31万元。

［打击假发票违法犯罪活动］ 按照上级的工作要求和省打假的统一部署，该省国税稽查系统继续联合公安、地税等有关部门协同开展打击假发票活动，并通过新闻发布会等形式发动宣传，扩大工作成效和社会影响。2010年共检查使用发票企业6550户，有问题户1574户，查实有问题发票31636份，查补收入8490.4万元，其中：查补税款6689.99万元，滞纳金262.53万元，罚款1537.88万元。有重点地曝光发票违法案件17起，移送13起，向公安机关提供有根据线索228条。

［案件协查］ 按照“协查地就是案发地”的工作要求，认真地开展案件协查工作，及时有效地回复各类协查函，为查处各类涉税违法案件提供了有力的证据。2010年，湖北国税稽查系统通过协查系统委托协查发票18806份，受托协查发票12292份，合计检查发票31098份，查补税款1106.94万元，滞纳金77.9万元，罚款424.29万元，查补收入合计1609.13万元；另外，通过纸质协查发票2261份，查补税款611.07万元，滞纳金8.6万元，罚款133.6万元，查补收入合计753.27万元。省局督办案件、受托协查按期回复率100%；委托协查准确率达到全国平均水平；协查信息完整率达到100%。

［稽查系统建设］ 省局稽查局围绕提高稽查工作质效和加强执法廉政监督这一基本目标，制定了《全省国税稽查工作质效考核办法》，拟定了全省国地税稽查协作暂行办法，力求不断强化系统管理和行风建设，提高稽查工作质效和社会形象；同时，为检验近年来来全省国税稽查执法质量，还制发文件部署了2010年的案件复查工作，拟对2009年已查结的稽查案卷进行抽查复查；此外，省局稽查局继续发挥《湖北国税稽查简报》指导作用，共编印28期，还组织编写了《国税稽查文件汇编（第二辑）》，以指导和服务基层国税稽查部门执法实践；为促进基层一线稽查执法人员不断加强业务学习，与教育处联合在中南财经政法大学举办一期50名业务骨干培训班，并派出13名业务骨干参加总局组织的各类专项稽查业务培训，较好地促进了稽查人员的业务能力。

［省局自身建设］ 进一步调整科室职责，优化劳动组合，提高工作效率，增强工作责任感，

做到岗位到人、任务到人、责任到人，各项工作有序开展。探索完善稽查执法内控机制，初步建成稽查内部四环节相互监督制约体系。带头学习贯彻总局稽查工作规程，建立并实行省局稽查局查办案件的审理制度和规范案卷归档。进一步完善稽查局办公会议制度，做到每月工作有布置、有安排、有检查。积极投入“作风建设年”活动，转变工作作风，开展了多项工作调研，进一步重申和严格执行各项工作纪律，狠抓工作落实。建立了稽查局内部集中学习制度。由各科室轮流主持专题业务学习，实行每月一课，注重理论和业务相结合，不断提高稽查局人员业务水平、法律素质和工作技能。

（王伟域）

湖北省地方税务局稽查局

［概述］　湖北地税稽查系统认真学习实践科学发展观，对内狠抓稽查体制的不断创新、稽查工作制度的不断完善和稽查队伍素质的不断强化，对外紧紧围绕税收中心工作，深入开展税收专项整治活动，严厉打击涉税违法行为。2010 年，共检查纳税人 6670 户（人）（含自查户数），查补地方收入 24.41 亿元（含自查补缴数据），相比 2009 年全年查补收入增幅高达 30%，再创全省地税稽查部门自成立以来查补收入新高。其中省局稽查局直接查处重点案件 28 起，查补入库税收 6.41 亿元。

［稽查查补收入及分析］　全年共检查纳税人（扣缴义务人）6670 户（含自查户数），查出或自查有问题的 6584 户（含自查户数），结案 6629 户。查补总额 24.41 亿元（含自查补缴数据），实际入库总额 23.91 亿元（含自查补缴数据），选案准确率为 98.71%；查补入库率为 97.97%，结案率为 99.38%；偷税处罚率为 53.39%。2010 年全省地税稽查查补收入的主要特点是：按纳税人性质占比分布，主要是内资企业所占比重较大，占全部查补税收的 92% 以上；按案件查补税额大小占比分布，查补 100 万元以上的大要案件所占比重较大，占全部查补税收 43.73% 以上；按纳税人行业分布，主要是房地产行业查补税收比例较大；在稽查查补收入中，企业经过查前约谈自查补报收入较大，全年组织企业自查收入为 16.02 亿元，占全部查补收入的 65.64%。

［整顿和规范税收秩序］　紧紧围绕税收中心工作，结合本地实际，深入整顿和规范税收秩序。统一部署和开展了房地产建筑安装、药品经销、交通运输、中介机构等 4 个行业的税收专项检查，并选取了部分信息化企业和“高污染、高排放”企业开展了稽查试点。继续深入开展了打击假发票专项治理工作、区域税收专项整治和重点税源企业检查，工作成效显著。主要有四个特点：一是查前约谈、企业自查和重点抽查相结合；二是点和面的结合，突出检查重点，增强专项检查的针对性，提高了检查效果；三是查税与查票相结合。比如房地产行业税收专项检查中，对房地产企业列入成本、费用单张 30 万元以上的发票，逐份到供货方、开票方进行比对，以核定真伪；四是查外与查内相结合，全面推行双向检查，即：既检查企业依法申报纳税情况，又检查基础主管税务机关执行税法情况，有效地促进了税收征管质量的提高。

［案件查处］　采取多种形式，加大涉税案件查处力度，严厉打击各类税务违法行为。其中立案查处案值 100 万元以上的重大税收违法案件 141 件，追缴税费、罚款、滞纳金 10.66 亿元。一是全面推行分级分类稽查，实现稽查方式从普遍检查向重点检查的转变，形成了“大型企业省局查、中等企业市局查、小型企业县局查”的稽查工作新格局。二是加强整体联动，在部门协调配合上加大力度。各级稽查部门在进一步完善“三级联动”的基础上，加强了与国税、公安、工商、银行等部门的协同配合，拓展了办案方法和手段，提高了稽查工作质量和效率。三是组织精干力量对群众举报、上级交办、部门转办等重点案件进行查处，进一步加大了对涉税违法行为的打击力度，有效发挥了稽查工作的震慑作用。

［税收专项检查］　统一开展了房地产建筑安装、药品经销、交通运输、中介机构等 4 个行业的税收专项检查，并选取了部分信息化企业和“两高”企业开展了稽查试点。4 个行业的专项检查中，共检查纳税人 4160 户（其中组织自查 3136 户，重点检查 1024 户），查补地方税收 17.70 亿元

（其中自查13.15亿元），加收滞纳金1068.53万元，处以罚款2259.44万元，已入库16.99亿元。其中：房地产建筑安装业企业检查2548户，查补税款16.41亿元，加收滞纳金1015.62万元，罚款2180.22万元；药品经销业检查449户，查补收入2480.50万元，加收滞纳金16.58万元，罚款19.32万元；交通运输业检查467户，查补收入4424.77万元，加收滞纳金23.82万元，罚款37.97万元；中介机构检查696户，查补收入6036.31万元，加收滞纳金12.51万元，罚款21.93万元。2010年的税收专项检查布置早、行动快、效果好，不仅查补了税收，而且有效地整顿和规范了行业税收秩序，增强了纳税人的税法遵从度，促进了税收征管质量的提高。

［区域性税收专项整治］ 根据全省各地税收征管现状，结合税收专项检查、重点税源企业检查和打击发票违法犯罪活动，广泛深入地开展了区域性税收专项整治活动。各地对区域税收秩序较差的地方，依托全省三级联动的稽查工作机制，抽调稽查骨干，采用异地交叉检查、上级稽查局直接检查等多种形式，广泛开展税收专项检查，严厉查处区域龙头企业、税源大户和涉税违法性质严重的案件，对重点案件进行公开曝光，有效整顿和规范了区域税收征管秩序，充分发挥了税收稽查职能作用。根据咸宁市地税局的要求，省局稽查局直接组织力量对咸宁市通山县的玉立集团等6户征管秩序较为混乱的企业进行了严肃检查，查补税款1890.24万元，有力地规范了咸宁市通山县的税收征管秩序。

［重点税源检查］ 根据省局分级分类稽查暂行办法，全省纳入分级检查的重点税源企业达到近5000户。省局稽查局重点抓了22户全省年缴纳地方税收3000万元以上企业的检查工作，召开了22户重点企业参加的查前约谈会。在自查阶段，积极开展形式多样的纳税辅导和自查督导，有效地提高了企业自查质量，22户重点企业共自查补缴地方税费3.20亿元。企业自查结束后，省局抽调110名稽查骨干，利用一个半月时间，集中对22户重点企业全面开展了稽查，共查补地方税收6.32亿元（含企业自查补缴数）。在抓好自身分级分类稽查的同时，省局稽查局还完成了总局统一布置的中国通信建设第三工程局有限公司、东方航空、中国葛洲坝集团公司等7个集团企业在鄂116户分支机构的税收自查督导和检查工作，共查补地方税费1.61亿元。完成了总局统一布置的股改限售股和首次公开发行股票限售股减持专项检查，对涉及该省224户企业开展了自查和检查，企业自查和检查共补缴地方税费3.53亿元，弥补亏损2.99亿元。

［打击发票违法犯罪活动］ 全省共检查用票企业1188户，捣毁印制贩卖假发票窝点和团伙1137个，查获非法发票2271.92万份，查补税款3208.29万元，加收滞纳金244.15万元，处以罚款486.92万元，封堵发票违法信息91.29万条。一是加强了组织协调。提请召开了省政府打击发票违法犯罪活动协调小组会议，召开了两次协调小组成员单位联络员会议，与公安、国税联合召开了发票违法线索交流会和打击发票违法犯罪活动新闻发布会，形成了工作合力和良好的社会舆论氛围。二是重点查处违法用票企业。全年共查处违法使用发票企业1188户，查获违法发票84.72万份，查补税款3208.29万元。三是集中进行重点场所整治。春节前后和10月份，全省地税部门会同公安、国税部门两次出动2600余人（次），对全省931多个车站、广场等重点场所进行了集中整治，收缴非法发票48.2万份（可开金额22亿元），捣毁假发票印制和储藏窝点9个，抓获犯罪违法人员87人，其中刑事拘留13人，治安处罚23人，有力地震慑了发票违法行为。四是积极与相关部门配合。重点配合公安机关破获发票违法案件126起，端掉发票印制和储藏窝点99个，抓获犯罪人员222人，缴获各类假发票2139万份，缴获假发票印制工具和机械72台。配合信息管理部门收集发票违法信息样本和关键词组1829条，阻截发票违法信息91.29万条。该省打击发票违法犯罪活动工作得到国家税务总局的高度肯定，省局稽查局继2009年受到公安部和税务总局联合表彰后，2010年再次被国家税务总局评为全国先进单位。

［税收违法行为举报］ 2010年，全省共受理举报案件469件，查处428件，查补地方税费5908.22万元，其中税款4802.22万元，滞纳金389.43万元，罚款716.57万元。一是修订完善举报案件管理制度。对税务违法案件的受理、转办和督办制度进行了修订完善，规范了举报案件的管理。二是加大了查处的力度。调集稽查骨干，严格依法、规范地对案件进行查处，起到查处一案、教育一方、震慑一片的效果。三是加强了督办。省局稽查局保持与受理案件的各级稽查局的沟通和联系，及时了解督办案件的查处情况，确保了办案的时效和质量。四是加强举报服务工作。开通举报电

话12366税务举报专线，为举报人提供便利，对待举报人热情和蔼，耐心细致，正确疏导，对每个举报人和每起举报案件认真负责，并依法及时兑付举报奖金5.70万元。

［案件协查］　2010年，由于打击发票违法犯罪活动工作的全面开展和稽查工作的普遍加强，总局稽查局交办和外省国税、地税部门要求协查的案件明显增加。一年来，该局认真履行职责，承办了安徽、上海、北京、四川、重庆等16个单位的28个协查案件。这些协查案件，要求核对的发票份数上万份，工作量大，时间跨度长，涉及面广，要求回复的时间紧。在承办过程中，无论是自查案件还是转承办案件，都做到了协查及时，数据准确，事实清楚，回复准时。

［稽查制度建设］　为适应新形势对稽查工作提出的新要求，2010年该局进一步完善了全省稽查系统工作管理制度。一是为规范查前约谈，制发了《湖北省地方税务稽查查前约谈暂行办法》，在全国税务系统首开先河，被国家税务总局稽查局专文转发，向全国税务部门推广。二是根据国家税务总局新下发的《稽查工作规程》，广泛收集修改意见，集中全省稽查骨干三次研讨，四易文稿，完成了《湖北省地方税务稽查工作规范》的修订工作。从税务稽查机构设置、稽查执法、稽查管理、稽查服务、监督保障等方面，对全省地方税务稽查工作的各个环节作出规定，为深入推进全省稽查工作规范化建设奠定了制度基础。

［稽查系统建设］　一是进一步创新稽查体制建设。在继续巩固全省一级稽查体制建设成果，发挥三级联动的整体优势的同时，省局稽查局领导多次赴恩施州调研、指导市州一级稽查体制试点工作。还派出3个调研小组赴辽宁等8省（区）专题学习考察市地一级稽查体制改革，到各市州等地征求对推行市级一级稽查体制的意见，努力推进稽查体制改革的进一步深化。二是着力抓好案件复查和规范化检查。组织了对17个市、州、直管市稽查局2009年查结的79起案件进行了复查，对发现的问题进行了整改。各地也对所属县市稽查局进行了案件复查。同时结合案件复查，对各市、州、直管市、林区稽查局和40个县（市、区）稽查局的规范化稽查进行了检查，三年时间，省局对全省县（市、区）稽查工作规范化检查面已达100%。三是着力抓好落实稽查服务措施。在2010年的稽查工作中，牢固树立税务稽查既要严格执法又要热情服务的理念，坚持把优化服务贯穿税务稽查的全过程，认真落实稽查准入、查前告知、稽查约谈、查中辅导、查结建议、查后回访等制度，积极为纳税人服务；认真落实“一会两书三互动”制度，积极为税收征管服务。

［稽查信息化建设］　从2009年年底起，该局根据全省税费征管信息化建设的总体要求，研发了“湖北省地方税务稽查管理系统”。该系统包括案源管理、检查实施、案件审理、稽查执行、处罚听证、审批管理、稽查考核、综合查询和参数维护等九大功能模块，基本涵盖了当前稽查工作的各部门、各环节的相关业务工作，初步实现了“管理、规范、时限、监控、考核、促管”六大功能作用，做到了“内容完整、性能稳定、运行高效、界面友好、数据安全”。分别于2010年年初、3月和6月，组织全省稽查骨干、专家和省局领导对开发的稽查管理软件进行了3次评审和修改，并将该软件在全省地税稽查工作会议上进行演示。随后，根据该软件在武汉市和宜昌市试运行情况，会同省局有关部门作了技术上的进一步修改和完善，为2011年在全省上线运行打下了良好基础。这不仅填补了全省地税信息化建设在稽查方面的空白，也为全省地税稽查工作提质增效起到很好的促进作用。同时全省各级地税稽查部门还加大了在稽查信息化建设硬件上投入，更新了一批信息化设备，加强计算机在稽查选案、检查、审理、执行和报表编报等工作环节上的开发应用，提高了信息化水平。

［稽查队伍建设］　始终把稽查干部队伍建设作为一项核心工作来抓，努力打造一支政治过硬，业务精良、能力突出、廉洁奉公的高素质稽查干部队伍。一是结合实际，按照按照“逢进必考，择优选用”的原则，努力抓好稽查人员的调整充实工作，使全省地税稽查干部质量不断提升；二是采取多种形式，加强业务培训，进一步提高全省地税稽查干部的业务素质；三是紧密结合税务稽查执法实践，狠抓党风廉政建设，加强反腐倡廉教育，建立健全案件主查（审）负责制，加强稽查执法行为监控，进一步树立税务稽查部门廉洁奉公、执法为民的良好形象。

［稽查培训］　在稳定充实稽查队伍、优化人员结构的基础上，进一步加大了学习教育和培训力度。湖北地税稽查系统结合税收专项检查认真开展查前培训，其中省局稽查局结合全省重点税源企业检查开展查前培训共培训稽查干部100多人次。特别是机构改革后新进稽查人员较多的地方，着力加强了新进稽查干部的稽查业务培训，使全省地税

稽查干部队伍的业务素质得到进一步提高。全省各级稽查部门还选派109人参加总局、省局和各地地税局举办的各类业务培训班，进一步更新了稽查人员的业务知识，提高了查账能力和办案技巧，取得了明显成效。

［稽查人才库建设］ 根据全省地税稽查工作实际需要和稽查干部队伍建设实际情况，按照全省稽查人才库入选条件，组织各地开展稽查人才库人员的评选和推荐工作，将省局稽查局人才库从原200人扩充至300人。与此同时，各市（州）稽查局对本级稽查人才库也进行了调整，扩充了各级稽查人才库队伍，为开展集约式稽查、重点稽查储备了人才。

［案件公告］ 2010年，全省各级地税稽查部门大力加强案件曝光工作，提升了社会公众对税收工作重要性的认识，提高了纳税人依法纳税意识、公平竞争意识、诚实守信意识、和谐社会意识。2010年1月5日，该局在《湖北日报》和荆楚网曝光了谢某制售假发票违法活动犯罪团伙等6起发票违法案件；11月15日，又在《湖北日报》对马某、李某制售假发票案件进行了曝光。通过案件曝光，展示了税务机关打击涉税违法活动的成果，教育了广大纳税人，震慑不法分子，达到了“曝光一案，教育一片”的良好效果。

［稽查宣传］ 一是抓好对外宣传。及时对湖北地税内部门户网站稽查网页进行更新，实现稽查工作上网宣传，对外公开。通过报纸、网站等新闻媒体宣传稽查工作成果。认真参加行风评比和行风热线活动，及时答复纳税人提出的各种问题。二是抓好对内宣传。坚持办好《湖北地税稽查》简报，编发具有典型意义和工作借鉴价值的稿件，力争做到每期简报有导向性、有信息量、有针对性，其中有10篇文章被国家税务总局《厉风》和省局《湖北地税》、《要情周报》、《工作简报》选登。配合省打击发票违法犯罪活动协调小组办公室编发《工作简报》18期。这些宣传，反映了全省稽查工作的动态和成绩，赢得了上级领导和社会舆论对稽查工作的支持。

［稽查调研］ 一是加强基层稽查工作调研。局领导多次深入各市（州）和县（市）稽查局调研稽查工作，及时掌握全省稽查工作实际情况，听取基层稽查部门和干部意见，研究解决稽查工作遇到的困难和问题；二是加强对市（州）一级稽查体制改革调研。局领导亲自赴恩施州调研、指导市（州）一级稽查体制试点工作，到黄石、黄冈、鄂州等地征求对推行市级一级稽查体制的意见，派出3个调研组赴辽宁等8省（区）学习考察市地一级稽查体制改革。在此基础上，该局向省局党组专题上报了关于在全省稳步推行市（州）一级稽查体制的报告，并撰写了调研文章《市州一级稽查体制若干问题问题研究》。为领导决策提供参考。三是组织调研专班，开展了对在大征管格局下如何充分发挥稽查职能作用的调研活动，撰写了调研文章，为下一步如何搞好全省地税稽查工作探索方向。

［稽查工作会议］ 3月2～4日，全省地税稽查工作会议召开，会议传达了全国税务稽查工作会议精神，总结了2009年全省地税稽查工作的主要成绩和基本经验，安排部署了2010年稽查工作的主要任务，并对研发中的稽查管理软件进行了现场观摩和研讨。会议明确了2010年全省稽查工作的五个要点：一是加大稽查执法力度，深入整顿和规范税收秩序。二是巩固深化分级分类稽查制度，推动重点税源企业检查有效开展。三是乘势而上，深入开展打击发票违法犯罪活动工作。四是强化管理，全面规范税务稽查执法行为。五是加强稽查队伍建设，进一步提高整体素质。8月19日，全省稽查局长会议召开。各市（州）、直管市、林区地税局稽查局长参加会议。会议传达和贯彻了郑州全国税务稽查局长会议的精神，总结了全省地税稽查工作上半年工作成绩，安排和部署了下半年全省地税稽查工作。

（桂文智）

湖南省国家税务局稽查局

［概述］　湖南国税稽查系统在国家税务总局稽查局和省局党组的正确指导下，认真贯彻全国税务稽查工作会议和全省国税工作会议精神，全面落实科学发展观，深入开展税收专项检查和重点税源检查，持续推进发票打假专项行动，大力查办大要案件，严厉打击各类涉税违法行为，完善工作制度，夯实工作基础，提升队伍素质，加快信息化建设，充分发挥了税务稽查以查促管、以查促查、以查促收的职能作用。2010 年，共检查纳税人 5890 户，查补各项收入 17.42 亿元，入库各项收入 16.20 亿元，为确保湖南国税各项工作任务的圆满完成作出了积极贡献。

［稽查查补收入及分析］　2010 年，湖南国税稽查系统共检查纳税人 5890 户，其中有问题 5164 户；查补各项收入 17.42 亿元（其中税款 12.36 亿元，滞纳金 6700 万元，罚款 2.52 亿元，组织企业自查收入 1.87 亿元）；入库各项收入 16.20 亿元（其中税款 11.42 亿元，滞纳金 0.64 亿元，罚款 2.29 亿元，组织企业自查收入 1.84 亿元）。全年共查处 100 万元以上大要案件 305 户，移送司法机关处理案件 29 件。

［案件查处］　以查处虚开增值税专用发票、重点工程领域偷逃税款、利用虚假发票偷逃税款等涉税违法案件为重点，积极实行省局稽查局和市（州）稽查局联合办案的新模式，试行大要案件提前介入新方法，大要案件查处工作取得重点突破，涉税违法犯罪的猖獗势头得到有效遏制。2010 年，湖南国税稽查系统共查处各类大要案件 27 起（其中：国家税务总局督办案件 13 起，省局督办案件 14 起），查补各项收入 2 亿余元。其中，全省联动查处的“武广假发票案”从武广铁路建设单位入手，打击发票“买方市场”，合计查补各项收入 1478.54 万元，案件查处工作得到了国家税务总局的高度赞扬；省局稽查局和长沙市局稽查局联合查办的“双鹤药业案”和“湘水雅境案”也取得了明显进展，“双鹤药业案”合计查补各项收入 277 万元，“湘水雅境案”初查税款也在千万元以上；“5·06 虚开增值税专用发票”，共查处岳阳、湘潭、益阳等 7 户企业虚开增值税专用发票 3039 份，涉案金额 11.03 亿元，涉及税额 1.88 亿元。

［税收专项检查］　2010 年，湖南国税稽查系统高度重视，精心组织、统一实施了税收专项检查工作，对房地产及建筑安装业、药品经销行业、交通运输业、非居民企业纳税情况等 4 个国家税务总局指定项目和两年内未检查的重点税源企业 1 个省局指定项目开展了检查。各级国税稽查部门充分发挥专项检查“主力军”的作用，着力加大检查力度，强化检查手段，打造检查特色，提升检查质效，突出检查成果，有效堵塞了税收漏洞，持续优化了税收环境，切实提高了纳税人依法纳税的遵从度。全年全省专项检查共检查纳税人 2851 户，查补各项收入 6.17 亿元，入库各项收入 5.84 亿元。

［重点税源检查］　2010 年，按照国家税务总局稽查局对重点税源企业检查工作要求，湖南国税稽查系统召开了专题会议，确定了检查对象，合计对 587 户重点税源企业开展了自查工作，并明确了企业自查工作分为自查动员、明确重点、纳税评估、深入辅导、组织入库等五个工作步骤逐步推进。在规定的时间内，587 户重点税源企业共自查查补税款 1.41 亿元，已入库税款 1.40 亿元，重点税源企业检查工作取得了良好成效。

［打击发票违法犯罪活动］　全省各地各部门紧密配合，依法查处各类发票违法行为，建立健全打防长效机制，严厉打击了发票违法犯罪分子的嚣张气焰，为捍卫税法尊严，维护财税秩序和优化湖南省经济发展环境作出了积极贡献。2010 年，全省共查处发票违法犯罪案件 2122 起，打掉发票违法犯罪团伙 53 个，捣毁窝点 122 个，抓获违法犯罪人员 292 人，收缴作案机器 150 台（套），缴获各类假印章 4384 枚，收缴假发票 5937 万余份，是 2009 年的 148 倍，创湖南省打击发票违法犯罪活动力度和收缴假发票数量历史新高。

［税收违法行为举报］　湖南国税稽查系统以稽查举报管理软件为依托，对稽查举报案源信息全面实行计算机管理，充分利用计算机技术手段，对来信、来电、来访举报线索实现了电子化管

理。各地有效发挥举报中心联系群众的纽带作用和监督税收秩序的窗口作用，切实加大涉税违法案件的查处力度。全省各级举报中心共受理各类举报案件365件，查处举报案件323件，查补税款2376万元，入库税款2198万元，查补税款入库率为92.5%；依法加收滞纳金125万元，入库滞纳金118万元，滞纳金入库率为94.4%；应处罚款284万元，入库罚款284万元，罚款入库率为100%。

［案件协查］ 湖南国税稽查系统高度重视案件网上协查工作，充分利用协查系统进行综合分析、查找疑点，透彻、合理地分析发现案源线索，并通过以点带面，开展延伸检查，提高办案效率，扩大稽查成果。全省协查系统运行平稳，为各级稽查部门提供了大量案源及快捷、方便的查案手段，也为打击涉税违法犯罪提供了有力支持。全省经协查系统合计发起委托协查301起，协查发票2032份，涉及企业310户（次），收到回复发票1655份，其中有问题发票636份，选票准确率为38.43%；协查受托发票10136份，涉及企业921户（次），回复发票4278份，其中有问题发票1435份，无法核实1070份，累计按期回复率100%。

［规范执法］ 2010年8月23日，省局专题下发了《关于进一步规范税务稽查和纳税评估工作的通知》（湘国税函〔2010〕351号），对全省的税务稽查执法行为进行全面规范，重点查处个别地区存在的稽查执法不规范行为，整个规范工作分为组织领导、自查自纠、总结上报和督导考核4个环节，各市（州）局都成立了相应的组织领导机构，负责本单位税务稽查规范工作以及自查自纠工作的组织领导。通过专项行动，各级稽查部门执法行为明显规范，稽查执法质量明显提高，社会影响力明显好转。

［稽查系统建设］ 湖南国税稽查系统将系统管理作为2010年全省稽查工作的重中之重。2010年共召开了3次全省稽查工作会议，省局主要领导到会并作重要讲话，会议统一了思想、提高了认识、明确了目标、细化了要求，为全省稽查工作开展提供了重要保障。2010年11月，经过广泛讨论、深入调研，修改完善了稽查办案专项经费调研报告和经费分配办法（讨论稿），对稽查办案专项经费的使用及分配进行了规范和完善，有效提升了办案经费使用效率。同时，省局稽查局还专门发文明确了市局稽查局和跨区稽查局的业务划分原则，避免业务重叠、提升稽查合力，有效推进湖南国税稽查的分级分类检查工作。

［稽查信息化建设］ 省局党组高度重视湖南国税稽查信息化建设，2010年省局稽查局共组织举办4期电算化会计软件培训班，培训稽查骨干300余人，有效提高了稽查队伍的信息化业务素质，大幅提升了稽查部门应对信息化涉税违法行为的能力。各市（州）也加快了稽查信息化进程，特别是注重“实战练兵”，强调在实践中提升队伍素质，在选案环节有针对性的选择信息化稽查案源，在检查过程中重视电子数据（财务账套）的获取、解密和技术分析工作。常德、株洲等市局稽查局就在信息化稽查过程中取得了明显效果，信息化稽查体系逐步形成。

［稽查队伍建设］ 湖南国税稽查系统大力构建稽查权力运行制约和监督机制，全面提升稽查人员风险意识，高度重视拒腐防变的思想道德防线，牢固树立依法稽查才是防范执法风险最可靠保障的理念。结合贯彻新颁布的《税务稽查工作规程》，认真梳理岗位职责体系，明确4个环节的职责划分、业务衔接、工作标准和责任追究，有效形成稽查执法监督制约机制。认真执行税收法律法规，在办案过程中坚持“讲政策、讲证据、讲程序、讲方法”，加强社会监督，做到依法稽查，文明执法。坚持税收违法案件“一案双查”制度，加强典型案例剖析和通报，督促建章立制，堵塞税收漏洞，充分发挥税务稽查对外打击涉税违法、对内发现失职渎职的双重职能。

［稽查业务培训］ 2010年，湖南国税稽查系统专门针对电子信息化的普及及财务软件的普遍使用，举办了4期全省电算化会计培训，培训主要内容为金蝶K3、用友U8财务软件的使用及查账技巧，各市（州）普遍反映培训效果明显。各市（州）也针对被查行业和企业的生产经营特点，开展了形式多样、富有针对性的查前培训。如株洲市局稽查局在选案环节就如何选案进行了专题培训，做到有的放矢，提高了检查质量和效率。

［稽查人才库建设］ 湖南国税稽查系统统一部署，按照个人报名、资格审查、业绩考核、民主测评、组织推荐的程序，最后由省局把关，组织考察，调整更新了国家税务总局和湖南省局稽查人才库人员的组成，为统筹协调稽查力量，筹备稽查管理方式改革试点做好了前期人员准备。调整过程中，重点关注稽查信息化人才，对那些在检查过程中能够创新检查方式方法，尤其是在查处两套

账、账外账和利用财务软件逃避缴纳税款过程中有突出表现的人才给予一定倾斜。

［信息报道］　进一步加大信息工作力度，将稽查信息上报、宣传报道纳入系统考核内容，从制度上规范信息宣传工作，收到了良好效果。2010年省局稽查局共向总局稽查局报送动态信息6期、稽查信息4篇、调研文章2篇、案件公告32件、典型案例4篇，并编写、上报了《2009年中国税务稽查年鉴》湖南国税稽查部分，全省国税稽查系统在湖南国税通讯上发表各类稽查信息材料100余篇，较为全面地反映了湖南国税稽查工作情况，为宣传全省国税稽查工作发挥了积极作用。

［稽查宣传］　湖南国税稽查系统在推进各项稽查重点工作过程中始终把宣传发动放在重要位置，把营造强大的社会舆论作为教育群众和震慑犯罪的重要手段。一是在税收宣传月期间，集中发放《法律法规资料汇编》；二是将发票管理及使用知识和开展发票打假专项行动相结合，举办大型培训讲座，为企业财务人员讲解辨别发票真伪及防范利用假发票进行诈骗的犯罪行为；三是通过召开新闻发布会、曝光大要案件、加大12366宣传力度等多种形式，在各级新闻媒体上进行宣传报道，增强广大纳税人诚信纳税的意识，切实维护湖南省财税法纪和市场经济秩序。

［稽查工作会议］　2010年3月19日，湖南国税召开了全省国税系统稽查工作视频会议，湖南国税副局长姜锋出席会议并作重要讲话，会议传达了2010年全国税务稽查工作会议精神，简要回顾了2009年全省国税稽查工作情况，安排部署了2010年全省国税稽查工作任务，各市（州）局主管稽查工作的局领导、市局稽查局科长以上人员、跨区稽查局局领导、县（市、区）局主管稽查工作的局领导以及稽查局局领导在各自分会场参加了会议；8月20日，省局召开了全省国税系统稽查局长会议，会议布置了查处变造虚开黄金销售增值税专用发票案件相关工作，简要回顾了1～7月全省国税稽查工作情况，安排部署了下一阶段工作任务，各市（州）局稽查局局长参加了会议。

（彭　亮）

湖南省地方税务局稽查局

［概述］　湖南地税在湖南省委、省政府和国家税务总局的坚强领导下，深入贯彻落实科学发展观，牢牢坚持依法治税、从严治队，圆满完成了2010年度的各项工作任务，为湖南经济建设作出了较大贡献。全系统2010年入库各项收入620.5亿元，比2009年增收150.5亿元，增长32%。2010年，湖南地税稽查系统在省局党组的正确领导和总局稽查局的有力指导下，紧紧围绕省局“强三基”工作重点和“四提四并重”主线，税收执法、效能建设、创先争优、文明创建等重点工作有序展开，取得了较好成效。

［稽查查补收入及分析］　全系统共检查纳税户3724户，查补各项收入17.47亿元，比2009年增收6.98亿元，增长66%。入库各项收入16.93亿元，比2009年增收6.89亿元，增长68%。省地税稽查局直接组织检查入库各项收入1.58亿元，其中：入户检查结案21户，查补入库各项收入2463万元；组织纳税人自查32户，督促入库各项收入1.18亿元。

［大要案件查处］　全省地税稽查系统充分发挥能查善战、敢打硬仗的优势，深挖细查，顶住压力，排除干扰，查处了一批影响大、社会反映强烈的典型案件。一年来，全系统共查办500万～1000万元的案件13起，1000万元以上的案件7起。

［税收专项检查］　在不折不扣完成国家税务总局部署的房地产与建筑安装行业、交通运输业、药品经销行业、非居民企业等行业专项检查指令性任务的基础上，结合该省实际，增选了武广高速铁路、衡炎高速公路、邵永高速公路等省重点工程建设竣工项目、农业银行系统为专项检查指令性任务。据统计，全省房地产与建筑安装业、交通运输业和药品经销业等行业共检查2476户，自查和查补收入6.56亿元；全省电力系统共检查90户，查补收入8635万元；航空企业检查4户，查补收入855万元；农业银行系统共检查纳税单位129

户，查补税款3319万元。

［打击发票违法犯罪活动］ 深入开展了建筑安装、交通运输、金融保险、营利性医疗（教育培训）机构、餐饮娱乐、旅游等行业发票使用情况的重点检查。2010年，共检查企业2889户，查处违法企业528户，涉及非法发票59287份，涉及金额3.2亿元，涉及税额2116万元，查补税款、滞纳金、罚款3176万元。同时协查外省市委托发票鉴定440份，经过比对后发现假发票344份。配合公安机关查处制售假发票案件103件，打掉制假窝点122个，缴获假发票5915万份，缴获印章3244枚。

［税收自查］ 在执法实践中不断完善税收自查工作的步骤和方法，除举报、专案检查等特殊情形外，把自查作为税务稽查实施的首要环节。据统计，全年共组织1504户纳税户开展税收自查，自查补报税款达6.54亿元，受到了纳税人的普遍欢迎。其中：驻湘60户重点税源企业自查补报税款5050万元，全省503户A级纳税信誉单位自查补报税款1.51亿元。省地税稽查局直接组织A级纳税信誉单位自查27户，自查补报税款4898万元。

［稽查制度建设］ 先后出台、修订了《湖南省地方税务局分级分类稽查管理办法》、《税务稽查权力公开运行制度》、《湖南省地方税务稽查工作考评细则》、《印章管理办法》等多项制度办法，“规范型”、“绩效型”税务稽查工作体系建设进程加快。

［稽查系统建设］ 抓紧了全省地税稽查工作的统筹管理，担负起了全省稽查工作组织、指挥、督查、考核职责，先后召开了全省地税稽查工作会议、稽查效能建设座谈会暨农业银行专项检查工作会议、谋划2011年工作座谈会，牢牢把握了工作主动权。同时强化了对市（州）稽查局大要案件查办等工作的指挥和督办，系统管理水平不断提高。牵头对14个市（州）局稽查局2009年查结的168户稽查案卷进行了复查，复查数占当年稽查案件总数的4.51%，落实了执法监督。完善了税务稽查重点工作情况通报制度，先后对大型企业集团税收自查、行业税收专项检查、稽查统计报表填报、信息调研阶段情况进行书面文件通报，通过总结成绩，指出不足，促进了工作的顺利开展。

［稽查效能建设］ 省地税稽查局作为湖南省纪委、省监察厅确定的效能建设重点监督部门，严格对照各个阶段的主要任务，抓好工作目标、方案、措施等具体环节和步骤的分解落实。在工作时序上推行进度表、责任制、大事记；在工作督办上推行过程检查、过失问责、过后讲评的办法，坚持不懈地把工作逐项落实，把不足逐渐改进，把效能逐步提高。汇编了《湖南地方税务稽查规范执法手册》免费向全系统稽查干部发放，同时专门绘制了税务稽查执法权力规范运行流程图下发，强化了稽查执法权力规范运行的监督制约。实施执法准入，严格执行税务检查计划制，实行税务稽查归口管理，杜绝了多头、重复检查；严格依照法定权限和程序行使税务检查权，规范了执法裁量权的运用，公平公正地按照法定程序和权限查案审案；严格工作时限，检查环节不超过60日，案件审理不超过15日，做到了快进快出、快审快结。其效能建设的主要做法先后得到省纪委效能办领导好评和《湖南效能建设》的全面推介。

［稽查队伍建设］ 坚持以抓工作带队伍，通过加强队伍建设推动工作发展，真心实意地培养人、发展人、爱护人，有效激活了稽查人本效应。省局在东北财经大学举办了为期7天的全省地税系统稽查业务骨干高层次培训班，收效很好。创先争优深入扎实，全系统把做好创先争优活动与改进党员干部工作作风、提高履职能力、争创工作实绩等方面有机结合起来，并因地制宜地开展了文明创建活动。其中省地税稽查局创建“学习型党支部”的主要做法得到了省直工委《文明创建》的重点推介，并被评为2010年省直机关文明标兵单位。

［稽查人才库建设］ 开展了全省地税第六届稽查能手竞赛活动，采取基层选拔、综合知识考试、模拟查账考试、实地查账考核、现实表现考察等五大环节展开，实施多层次、全方位的竞技比武。经严格考评，全省地税系统20名第六届稽查能手脱颖而出。

［稽查宣传与调研］ 信息调研迈出了新步伐，省地税稽查局全年共编发《湖南地税稽查通讯》13期，《效能建设工作简报》13期，《打击发票涉税违法工作简报》17期，在《湖南地税》2010年第5、6期连续推出发票整治、效能建设的稽查系统专版文章，将2009年全系统的理论研究成果、稽查业务探讨、实践工作经验、典型案例剖析等方面的文章，汇编成《税务稽查知与行——点击湖南地税稽查》（2009年）一书出版。

（黄信伟　向　涛）

广东省国家税务局稽查局

[概述]　“十一五”时期，广东国税稽查系统共立案检查各类税收违法案件2.17万宗，实现查补收入208.73亿元，实际入库186.05亿元，比“十五”时期分别增加了50.48亿元和52.2亿元，增长了31.9%和23.94%；人均查补收入773.1万元，比“十五”时期增长了46.56%。2010年，紧紧围绕国家税务总局提出的稽查工作目标，认真贯彻落实全国税务稽查工作会议精神，以能力建设为抓手，以试点创新为手段，不断强化稽查核心业务能力，切实夯实稽查工作基础，全年全省（不含深圳，下同）实现稽查查补收入52.43亿元，实际入库47.31亿元。各项工作重点突破，整体推进，全省国税稽查工作迈上了新台阶。

[稽查查补收入及分析]　2010年广东国税稽查系统实现稽查查补收入52.43亿元，实际入库47.31亿元，完成全年目标100.2%。查补收入结构发生明显变化，稽查直接查补收入25.63亿元，实际入库20.53亿元，同比增长分别为56.6%和49.1%，直接查补入库数占总入库数43.4%，同比提高了16.5个百分点。此外，稽查选案准确率为96.3%，比2009年提高了1.9个百分点，入库率达90.2%。

[案件查处]　2010年，共检查企业3568户，其中查补税款1000万元以上的案件共33宗，比2009年多15宗。2010年，各地稽查部门特别加大了对虚开发票等案件的查处力度，发现并查处了一批虚开发票重大涉税违法犯罪案件。肇庆市国税稽查局成功查处“12·28”案件，对肇庆市某再生塑料有限公司等5户企业涉嫌取得变造的增值税专用发票抵扣税款违法行为进行严厉查处，涉及金额7825万元，税额1330万元。清远市国税稽查局联合当地公安部门成功查处某进出口有限公司涉税案，涉及非法发票239份，金额1.02亿元，税额1727万元。严厉惩治了涉税违法犯罪分子，最大限度挽回了国家损失，维护了税法的刚性和权威。

[税收专项检查]　根据国家税务总局稽查局的工作部署及广东省税收工作实际，2010年该省国税稽查系统组织开展了药品经销、房地产、建筑安装、非居民企业、汽车销售、五金制品、陶瓷洁具、塑料等8项税收专项检查。共检查企业50589户（其中布置企业自查户数47534户），查补收入22.30亿元，入库收入20.95亿元。冲减增值税留抵税金1076.92万元，调减亏损企业申报亏损额3.65亿元。

[重点税源检查]　2010年广东国税稽查系统对广州市建筑集团有限公司、广州医药集团有限公司、广州汽车工业集团有限公司、南方航空、富力房地产、星河湾房地产、恒大房地产、雅居乐房地产以及碧桂园房地产等9户重点税源企业在广东省范围内的企业总部及所有成员单位共377户企业组织开展了检查。重点税源企业自查补税2.61亿元，重点检查补税1.58亿元。

[打击发票违法犯罪活动]　2010年全省查处发票犯罪案件223宗，捣毁制售发票窝点188个，打掉职业犯罪团伙93个，查获各类非法发票6287万余份，抓获涉案人员756名，收缴作案机器415台，缴获印章5621枚，阻截发票违法信息210.4万条，关停手机号码2.1万个，提起发票犯罪公诉案件110宗涉及194人，审结普通发票刑事案件92宗，判刑人数163人。

[税收违法行为举报]　2010年，广东国税稽查系统共受理举报案件1303宗，其中省国税稽查局受理举报案件387宗，地（市）级国税稽查局受理案件653宗，县级国税稽查局受理案件263宗。2010年全省共查结举报案件673宗，查补税款1.92亿元，滞纳金3900万元，罚款7534.5万元，其中地（市）级国税稽查局查结举报案件105宗，查补税款9994万元，滞纳金2210万元，罚款4182万元，县级国税稽查局查结举报案件568宗，查补税款9186万元，滞纳金1689万元，罚款3353万元。

[案件协查工作]　2010年该省协查信息管理系统继续保持网络畅通、运行平稳的良好态势，运行质量不断提高。全省全年发出委托协查2486宗，涉及发票99054份，金额164.23亿元，

税额27.83亿元，收到回复发票85820份，其中有问题发票15383份，查补税款525.49万元，罚款206.36万元，加收滞纳金1.62万元，移交司法机关案件6宗；受托收到协查4765起，涉及发票68009份，金额149.59亿元，税额25.36亿元，受托回复发票57018份，累计回复率和累计按期回复率均为100%，其中有问题发票10780份，查补税款2332.98万元，罚款308.26万元，加收滞纳金69.97万元，移交司法机关案件3起。

[稽查制度建设] 一是下发《关于加强稽查执法监督制约工作的意见》，要求全省各级国税稽查部门认真贯彻落实，并要求将稽查执法监督制约工作与党风廉政建设、两权监督、稽查工作制度、加强司法机关协作等工作相结合。二是坚持重大案件集体审议制度、案件复查复审制度，依托CTAIS对稽查案件实施监控管理，逐步健全完善稽查监督管理制度。三是省局与公安、地税部门三部门联合下发了《关于进一步规范阻止欠税人出境的通知》，明确了阻止欠税人出境的工作流程，加强了税警双方的沟通衔接，大大强化了对恶意欠税、逃避追缴欠税不法分子的惩治力度。四是各地根据工作实际，不断丰富稽查制度建设。广州、江门、汕头、肇庆等市分别制定了稽查工作报告、案源分类管理、案例分析工作、案件执法责任制、稽查信息反馈制度等，基础管理不断加强，执法行为得到进一步规范。

[稽查系统建设] 加强了与公安机关的协作，在全省地级以上市局稽查局成立了税警联合执法办公室。选择云浮市开展了全市集中选案试点工作，建立起市局统一选案、市县联查联动的稽查工作新机制，选案准确率比试点前提高了1倍，案件检查深度也明显提升，人均查补收入增加了1.68倍。积极支持广州市稽查部门推行稽查一体化、征退查一体化改革，实现稽查部门与征管部门的无缝对接，稽征互动、互助、互促工作取得良好成效。此外，珠海“稽查信息化建设”、汕头“一案双查”工作也取得了新进展。

[稽查信息化建设] 通过整合现有稽查信息资源、强化技术支持、加大对计算机人才的培训力度等措施，有效推进全省国税稽查信息化建设。同时，以珠海市局为试点，创新稽查手段，探索税务稽查信息化建设的新途径。该局通过制定稽查信息化管理制度，设置专门的技术查案机构，配备既熟悉稽查业务又掌握计算机技术的骨干人才，深化应用稽查查账软件，有效提高了对智能化、网络化、隐蔽性偷税犯罪的应对能力。2010年，该局运用查账软件对所有立案检查企业进行数据采集和分析，查结企业19户，选案准确率为100%，查补入库税款3256万元，占查补入库税款总额的62.61%。

[稽查业务培训] 一方面，开展全员素质培训，扩大培训覆盖面，整体提升全省稽查干部队伍素质。与税务系统施教机构合作，对广东国税稽查系统干部队伍素质的现状及干部培训需求进行调查，草拟制定广东国税稽查人才培训方案，计划利用3年时间，对全省2000多名稽查人员轮训一次，每次时间不少于1个月。利用视频会议系统，定期举办“具有前瞻性、时代性和实效性”的专题培训，有针对性地增强稽查干部的宏观思维能力和税收经济意识，提高其税收政策水平和法律素质。2010年在全系统举办了税务稽查工作规程、税务行政执法风险的防范与应对等3期视频培训，共培训6900人次。经问卷调查，各市稽查局对视频培训的满意度为98%。另一方面，加强稽查人才库管理，不断充实行业分类检查、信息化检查、案件应诉法律专业人才，有重点地培养年轻、高素质、复合型、专家型人才，形成稽查后续力量，为稽查工作提供充足的人才支持。

[稽查宣传] 2010年，广东国税稽查系统积极开展稽查宣传，争取社会各方的支持和配合。一是利用税收宣传月活动，发送税法宣传传单，开展税法咨询活动；二是利用新闻媒体和国税网站，剖析典型案例，公开涉税违法行为举报方法，并开设电子举报邮箱，广泛接收群众举报线索；三是召开座谈会，向企业做细致的税收政策宣传工作，将有关专项检查涉及的政策规定告知业户，明确政策界限和法律责任。

[稽查调研] 2010年先后组织该省各地开展了关于稽查机构调整后出现的新问题新情况、稽查工作系统管理、制度建设、防范稽查执法风险以及加强稽查队伍廉政建设方面的调研工作。各地对稽查调研工作也十分重视，全年稽查调研数量和质量都有不同程度的提高。省局稽查局牵头组织了对房地产企业、医药经销行业的税收调研，对两个行业的税收情况、征管政策、存在问题和稽查建议组织深入调研，对税务稽查工作起到一定的指导作用。

[稽查工作会议] 2010年3月30日，在珠海市召开广东省国税稽查工作会议。会上传达了

全国税务稽查工作会议精神。省局党组书记、局长李永恒在会上作重要讲话。会议提出2010年全省国税稽查工作的基本思路是：围绕中心，服务大局，通过大力加强稽查能力建设，规范稽查内部管理，不断提高工作绩效，进一步整顿和规范税收秩序，深入查办大案要案，严厉打击发票违法犯罪活动，充分发挥稽查职能作用，确保完成全年工作目标。会议强调稽查部门要科学谋划，提高效能，促进稽查工作全面发展。一是统筹稽查工作和组织税收收入，充分发挥税务稽查的收入效益；二是统筹税务稽查与税收征管，充分发挥税务稽查的执法效益；三是统筹税务稽查工作与内部管理，充分发挥税务稽查的管理职能；四是统筹稽查工作与和谐发展，充分发挥税务稽查的服务效益。

（梁俊杰）

广东省地方税务局稽查局

[概述] 2010年，在国家税务总局稽查局和省地税局党组的正确领导下，广东地税稽查系统紧紧围绕组织收入中心任务，以“落实总局四项考核指标”为目标，突出工作重点，深入整顿和规范税收秩序；强化基础管理，推进稽查工作规范化；加大科技应用及培训力度，建设信息化专业稽查队伍，使稽查执法水平得到提高，各项工作取得明显成效。

[稽查查补收入及分析] 全省各级地税稽查部门共检查纳税户1168户，组织企业自查11779户，查补收入及自查补税41.62亿元，入库38.68亿元（含以往年度查补未入库数额），占全省地税组织税收收入的1.25%。与2009年同期相比，立案查处案件户数略减，查补总额有所增长，选案准确率、入库率、结案率较高。

[案件查处] 加大大要案查处力度，重点抓好总局交办、督办大要案件查处工作。12宗督办案件已查结11宗。特别是省局稽查局领导亲自参加广州市局查处上海某广告公司广州分公司涉税案，排除干扰和阻力，仅2003~2006年度就查补税费5500多万元；及时向总局反映该案在检查中发现的问题，提出开展全国联查的建议。该案引起总局领导的高度重视，两次到广州听取案件汇报，决定开展全国联查。5月20日，总局统一组织广东和北京、上海三地稽查部门同时行动，对该公司各分公司2007~2009年度纳税情况进行检查。广东省现已基本完成账面检查工作，查补税费1500多万元。12月，广州市局在该公司广州分公司行政诉讼案中一审胜诉。全国联查的开展和行政诉讼案的胜诉充分显示了广东地税稽查队伍抓住具有国际影响的行业龙头企业，整治行业税收秩序的能力和决心，使全省大要案查处工作取得重大突破。由于组织有序、措施得力，全年全省查补税款在100万元以上的大案要案52宗，查补税款2.33亿元，占立案检查查补税款总额的74.42%。

[税收专项检查] 组织开展了房地产及建安业、药品经销业、交通运输业，及非居民企业纳税情况4个项目的专项检查；选择性开展营利性医疗及教育培训机构等5个项目的专项检查，截至10月31日，全省共立案检查396户，查补收入1.42亿元；组织企业自查3170户，查补收入12.04亿元。在检查过程中，集中精干力量，出色完成三项重点工作：一是完成八大重点税源企业检查。组织8大重点税源企业集团，364户企业进行自查，并结合自查工作情况，筛选了广州、中山等9个市（区）32户企业进行立案检查，已全部查结，自查及查补收入超过5亿元。二是完成南航集团税收专项检查。全年共组织企业自查27户，实施重点检查10户，查补收入1.14亿元。三是完成全省首次纳税人自查工作。从10月8日开始，在《南方日报》等4大报纸和省局门户网站首次向全社会发出地方税收自查通告，广泛组织全省纳税人自查。两个月内，纳税人直接向稽查部门自查补报税款8.23亿元，有效提高全社会纳税遵从度，达到预期效果。

[打击发票违法犯罪活动] 坚持标本兼治、综合治理、打防并举的方针，与国税、公安部门加强协作，全省地税系统出动5210人次，公安系统出动3518人次，严厉打击发票违法犯罪，破获案件500宗，端掉窝点231个，抓获犯罪嫌疑人1456名，缴获各类假发票7922万份；检查企业6617户，已查结701户，涉及非法发票1.8万份，

查补收入6185万元。一是实现工作平台的创新。在全省范围内全面建立省、市、县三级公安税务联合执法办公室，形成一个长期、稳固的部门协作办案新平台，使打击发票违法犯罪工作更加精准、有力。广州市组织了打击“买方市场”专项行动，检查企业512户，处理违法受票企业336户，查获假发票8000多份，票面金额1.4亿元，查补收入3000多万元。珠海市查获了“全省首宗网络发票造假案”，全年查获假发票票面金额超过2亿元。二是实现办案手段的创新。通过成功开发、应用“广东地税发票在线管理系统”，“代开发票移动检索平台”，改进了传统办案方式，使信息技术成为辅助办案的新手段。特别是佛山市的“代开发票移动检索平台”，使稽查人员可在检查现场上网直接检索纳税人基本信息，比对历年代开建安发票资料，快速鉴别发票真伪，有效提高检查效率。

[税收违法行为举报] 全省共受理举报案件1348件，其中省级直接受理240件，地市级受理797件，县级受理311件；查处案件1098件，查补金额2.17亿元，入库金额1.5亿元。从举报案件的受理和检查件数来看，比2009年同期分别下降6.75%和15.12%以上。从查补金额来看，全年稽查查补金额比2009年增长53.12%。

[稽查制度建设] 草拟了《广东省地方税务系统稽查案源调查管理办法》、《举报案件管理办法》等制度，广泛征求意见，从制度上为稽查执法有效开展提供有力保障。各地也高度重视制度建设，清远市配合新《稽查操作规程》出台，编印了《稽查工作制度汇编》，进一步规范稽查工作。广州市出台了《广州市地方税务局稽查系列大要案评选办法》，从2011年起，每年组织年度大要案的评选活动，提升该市大要案查处工作水平。

[稽查信息化建设] 一是工作内涵得到拓展。利用技术手段搭建了“限售股减持分析系统”，开展“大小非”限售股专项检查，实现限售股转让收益的自动计算，检查情况的自动汇总、上报，查补收入高达7.53亿元。顺德区将已调取的资料，导入查账软件，利用软件进行“两套账”对比，短短两天完成了数据对碰，完整掌握企业真实经营情况，成功查补200多万元。电子稽查手段的应用有效提高了检查效果。二是基础建设不断完善。建立省局稽查局技术稽查工作室初步建立。选定佛山市局为省局首批稽查技术创新试点单位，并成立了稽查科技基地，在南海区建成同步录音录像取证室、多功能技查室以及电子查账培训课室，取得建设稽查基地和科研中心阶段性成效。

[稽查队伍建设] 加强全省稽查专业队建设，开展专项调研，草拟了《全省地税稽查专业队管理暂行办法》，迈出全省专业队规范管理第一步。各地也不断重视专业队员作用的发挥，清远市还参照省局做法，成立了该市首支稽查专业队。

[稽查业务培训] 按照分级、分类的培训原则，草拟了《全省地税稽查五年教育培训规划》，对全省稽查培训进行系统规划，构建分类型人才梯队。按照培训规划精神，省局稽查局于8月在扬州税务学院举办了全省稽查局长培训班；还在广州、梅州、台山等地分片举办了6期技术稽查培训班，700多人参加了培训，加大查账软件的推广应用。

[稽查工作会议] 3月5日，广东地税稽查工作会议在珠海召开。省局党组书记、局长吴昇文，省局党组成员、副局长宋爱勤出席会议并作重要讲话。会议传达了全国税务稽查工作会议精神，全面总结2009年全省地税稽查工作成绩，提出2010年工作要求。省局局长吴昇文充分肯定了稽查工作取得的成绩，要求2010年稽查工作要做到“五个必须”：一是必须更好地服务于税收中心工作；二是必须进一步创新工作机制；三是必须更加注重工作方式方法；四是必须全面提升队伍的执行力；五是必须狠抓稽查廉政建设。

（杨若婷）

广西壮族自治区国家税务局稽查局

［概述］　2010年广西国税系统组织税收收入（不含海关代征）537.2亿元，同比增长30.9%，完成总局下达税收收入计划119%；国税收入占全区财政收入的比重达到41.4%。2010年，广西国税稽查系统坚持服务科学发展、共建和谐税收主题，继续围绕“带好队，抓整治，建铁队，办铁案”总体要求，深入开展争当“榜样和卫士”主题实践活动，服务税收工作中心和经济社会发展大局，狠抓重点税源检查和大要案查处两个重点，抓好专项检查和专项整治，大力打击发票违法犯罪活动，全面整顿和规范税收秩序，加强信息化建设，创新稽查管理机制，试行稽查扁平化管理，不断提高稽查工作整体水平，各项工作取得了较好成效。

［稽查查补收入及分析］　全区稽查部门共检查纳税户5333户，有问题4256户，组织企业自查3878户，查补总额8.86亿元，比2009年增加3289万元，增长4%，其中：查补税款5924万元，加收滞纳金1714万元，罚款2789万元，组织企业自查收入7.82亿元；入库总额9.32亿元，比2009年增加5392万元，增长6%，完成年初计划目标的140%，稽查查补收入创历史新高。

［整顿和规范税收秩序］　2010年该区国税稽查系统通过开展税收专项检查、重点税源企业检查、严厉打击发票违法犯罪活动、查处大要案等措施，大力整顿和规范税收秩序，取得了良好的成效。坚持标本兼治、内外并举的原则，以税收专项检查、涉税大要案件查处、区域税收专项整治为工作重点，重拳出击，深入整顿和规范税收秩序，净化税收环境，各项工作均取得了显著成效。2010年累计查补税款、罚款、加收滞纳金共8.86亿元，移送公安机关查办案件69件，追究刑事责任2人。

［案件查处］　加大对大要案的查处力度，采取“划片管理、责任到人，分工包案、挂牌督办，定期汇报、巡回督导”的办法抓好案件查处工作，落实大要案件报告制度，严格稽查办案纪律，提高办案效率，杜绝案件“久查不结”、“久审不决”现象的发生。同时，通过曝光重大涉税违法案件的方式，做到查、惩结合，打、防结合，充分发挥税务稽查的职能作用。全区查处大要案26起，已结案16件，移送公安机关11件，查补总额2640.59万元，其中广西桂平市金源生物化工实业有限公司偷税案、柳州市威明电器厂偷税案、南宁港昌房地产有限公司偷税案、广西丽欧商贸有限责任公司取得虚假海关完税证案等一批重大案件的及时有力查处，震慑了涉税违法犯罪，维护了经济税收秩序。

［税收专项检查］　根据《国家税务总局关于开展2010年税收专项检查工作的通知》（国税发〔2010〕35号）要求，结合广西实际，确定2010年税收专项检查的重点行业（企业）是房地产及建筑安装业、药品经销业、交通运输行业、非居民企业、全国及广西部分重点税源企业、航空业及航空运输及相关配套服务企业等6个行业。各市还根据当地实际情况，开展了木材加工业、汽车修理、制糖业、边境贸易企业等行业的税收专项检查工作，均取得了良好的成效。全区税收专项检查共检查纳税户537户，查出有问题户361户，移送司法机关5户；查补收入合计4.23亿元；企业自查补税3.95亿元，调减企业申报亏损额1184.36万元；已入库查补收入4.18亿元，入库率98.53%。

［区域性税收专项整治］　2010年，针对该区航空运输及相关配套设施企业税收征管存在较多问题的现象，将航空运输及相关配套设施企业开展区域税收专项整治。一是确定重点关注对象。从该区航空运输及相关配套设施企业经营收入、利润、增值税和所得税税负及旅客吞吐量、货邮吞吐量、增减幅度等指标进行分析，筛选出12户企业确定为重点关注企业。二是召开税收专项整治动员会。三是辅导自查。四是开展点对点纳税辅导并与重点检查。12户企业自查有问题8户，自查补税金额1184.32万元，已全部入库。另外，南宁、梧州、北海、钦州、防城港、河池等6个市结合本地实际，组织开展地市级的区域专项整治工作，组织企业开展自查30户，自查有问题24户，企业自查补税金额208.46万元，已全部入库。共组织检查

企业32户，查结22户，有问题31户。查补收入36.94万元，已全部入库。

[重点税源检查] 对国家税务总局布置的部分重点税源企业86户按要求进行了自查、重点抽查。一是在结合该区重点税源企业分布及税源结构的基础上，参照了总局部署重点税源企业税收检查工作的组织方式、工作步骤和要求，组织企业开展自查。二是确定重点关注对象，组织力量开展解剖式检查。三是对重点关注对象检查或自查中发现的问题进行分类汇总，整理出分析报告；四是再次组织相关企业针对发现问题进行自查自纠；五是在专项检查工作结束后进行认真总结，不断完善稽查工作方法。经自查有问题企业48户，查补收入541.19万元，已入库519.49万元。企业自查工作结束后，对11户企业开展了抽查，经查有问题7户，查补收入139.1万元，已入库139.1万元。同时，对2007～2009年未实施过税收检查且纳入总局监控的广西重点税源企业开展了税收检查。共组织自查527户，自查有问题164户，查补税款5746.66万元，已入库4606.24万元；稽查部门组织开展重点检查50户，有问题23户，查补总额322.98万元。

[打击发票违法犯罪活动] 充分发挥打击发票违法犯罪活动工作协调小组办公室的作用，积极做好组织协调、情报沟通等工作，密切部门协作，大力推进打击发票违法犯罪活动工作深入开展。全区国税系统查处发票违法、违章企业共923户，查补收入总额4247.88万元；配合公安机关查处发票违法案件共383起，打掉犯罪团伙42个，捣毁犯罪窝点132个，抓获犯罪嫌疑人418名，收缴作案机器66台，缴获假印章6782枚，查获各类涉案发票2625.36万份（最大可填开金额合计1050.29亿元）；配合通信管理部门治理发票违法短信息85万条，停止手机号码短信服务1803个，关停、整顿登载发票违法信息网站3个，处置信息网站登载的发票违法信息7条；宣传曝光案件32件。全区共检查处理违法受票企业923户，涉及非法发票份数15063份，查补收入总额4247.88万元，完成总局下达任务的131.86%。

[税收违法行为举报] 严格按照国家税务总局和区国税局举报管理工作的有关制度和规定，认真做好举报案件的受理、查处、督办、反馈、保密、奖励等各项工作。各级稽查局均设立了举报信箱、全区统一的涉税举报电话“966102”和局长接待日，开通了互联网举报平台和“12366”税务服务热线的举报功能，保证了举报渠道的畅通。2010年全区共受理各类举报案件281件（其中区局受理100件），查处230件，重复举报和转其他部门受理举报案件51件，查处率81.85%，查补收入4087.51万元，入库1147.93万元，向公安机关移送案件5件。

[案件协查工作] 以协查信息管理系统为依托，以《增值税抵扣凭证协查管理办法》为指导，按照国家税务总局和区局对协查工作的各项要求，综合利用协查系统的信息资源，分析发掘案源线索，较好地完成了委托、受托协查案件的各项工作任务。全区发起委托协查89起，委托93户次，协查发票409份，涉及金额6908.88万元，税额1173.70万元。收到回复发票342份，正常发票151份，有问题发票16份，因企业走逃无法核实175份，委托协查选票准确率46.69%（包括无法核实发票175份）。全区系统受托协查590起，受托收到发票5323份，涉及金额8.65亿元，税额1.46亿元。累计回复发票3971份，回复“正常”发票2296份，有问题发票1070份，无法核实发票605份。受托协查累计回复率为100%，累计按期回复率100%。委托协查信息完整率100%，发票完整率100%；受托协查信息完整率99.96%，发票完整率99.79%。

[稽查制度建设] 根据国家税务总局新出台的《税务稽查工作规程》，组织人员对该区制定的《税务稽查实施若干规定》、《税务稽查审理若干规定》、《税务稽查执行若干规定》进行了修改，同时新制定了《税务稽查选案管理若干规定》，以上稽查四环节制度的建立和完善，进一步细化了该区国税稽查部门的工作标准、工作要求、工作流程和工作考核，为稽查工作的进一步发展奠定了坚实的基础。

[稽查系统建设] 在全面实施一级稽查基础上，在部分市试行“统一选案、交叉检查、集中审理、分级执行”的稽查扁平化管理新模式，有效整合和优化现有稽查资源配置，推进稽查机构内“四分离”向机构间“四分离”转变，实现平级间监督向层级间监督转变，有效解决税源“倒三角形”结构与稽查资源“正三角形”配置的矛盾，促进稽查分类管理和自上而下稽查指挥体系建设，进一步提高稽查工作的质量和效率。

[稽查信息化建设] 树立“信息管税”理念，稽查信息化建设有新突破。一是开发稽查选

案软件并在全区推广，选案工作由过去传统的纯人工模式向人机结合选案模式转变，选案准确率有了极大提高，2010年稽查选案准确率达99.5%。二是充分利用征管信息和第三方信息开展案源分析工作。三是广泛应用税务稽查查账软件，实现了从手工查账向智能化查账的转变，丰富稽查办案手段，提高了检查效率，对信息化管理企业的税务稽查取得了较好的成效。

［稽查队伍建设］　加强干部队伍业务培训，深入扎实开展党风廉政建设，全面提高稽查干部队伍的综合素质，培养稽查队伍顾大局、听指挥、能战斗、讲奉献的好品质，塑造在关键时刻能够委以重任，拉得出、打得赢的好作风，打造“招之即来、来之能战、战之能胜”的好队伍。在全区国税稽查系统开展“榜样和卫士”主题实践活动，通过成功举办主题演讲比赛、板报比赛、打击发票违法犯罪活动成果展、优秀调研论文集评选等活动，在全区国税稽查部门掀起了“比学赶超帮”的热潮，广西国税稽查队伍的良好精神面貌和优良形象得到社会广泛认可，稽查工作呈现新气象。

［稽查业务培训］　各级稽查部门加大业务培训工作力度，以查前培训、模拟查账、以案说法等多种培训形式，以稽查岗位需求为导向，有针对性地开展综合素质、专业基础和岗位能力的教育培训工作。区局稽查局直接组织举办各类稽查培训班共7期，其中，稽查局局长、举报管理、审理业务培训班各1期，稽查综合业务、协查管理系统培训班各2期，参训人员达845人次。各市也开展了大规模的培训活动。通过开展区、市级大规模的稽查业务培训，该区稽查人员的素质有了很大提高，执行力明显增强，办案能力进一步提高，促进了稽查查补收入的增长。

［稽查人才库建设］　调整充实全区稽查人才库，实行分类管理，细化分行业分类检查、信息化检查和案件诉讼法律人才。加强对纳入稽查人才库人员的管理、培训和锻炼。在培训人员上，优先选派人才库人员；加大人才库成员的实战练兵，抽调他们参加重大税收案件查办，通过“干中学”进一步提高人才库人员的查账技能和办案水平，全区稽查人才库人员已成为税收专项检查和大要案件查处的主力军。

［案件公告］　严格执行国家税务总局《税务违法案件公告办法》及《自治区国家税务局关于税务违法案件公告的若干规定》，认真开展税务违法案件公告工作，自觉接受社会对税务稽查执法的监督，扩大税务稽查在查处涉税违法案件中的社会效果。全区国税稽查系统共设立“税务违法案件公告栏”94个，全年共向社会公告税务违法案件607件，向国家税务总局上报税务违法案件公告材料12件。

［稽查宣传］　2010年，广西国税稽查系统拓宽渠道丰富内容、开展形式多样的稽查宣传，取得了各级党委政府和社会各界对稽查工作的理解、支持和好评。区局稽查局在中国税务报上发表了《广西国税：打假票矛头直指买方市场》、《地下工厂“吐出”巨额假发票》、《让图谋赚取“发票红利”者梦断魂落》等文章，在广西日报上发表了《风劲正是扬帆时——广西国税稽查系统“创先争优”、争当“榜样和卫士”纪实》；各级稽查部门通过《广西国税调研》、《广西国税信息》、《稽查工作动态》、南宁电视台等媒体刊登发表了大量的稽查稿件、信息等；在区局“文化大堂”及各市国税办税服务厅同步举办了广西国税系统打击发票违法犯罪成果展，通过图片、漫画、文字说明以及实物等多种形态，展示了广西开展打击发票违法犯罪活动以来，国税部门打击虚假发票“买方市场”和配合公安机关打击虚假发票“卖方市场”的典型案例和工作成果，取得了很好的社会效果。

［稽查调研］　广西国税稽查系统高度重视调研工作。2010年年初就制订调研计划，每月就稽查工作热点、难点、重点问题开展专题调研、全年对选案软件和查账软件的使用、税务违法案件举报管理、协查、稽查“扁平化”管理、打击发票违法犯罪活动、稽查培训需求、税务稽查办案装备配置及使用等情况进行了调研。此外在全区国税系统范围内开展争当“榜样和卫士”主题实践活动的调研工作和优秀调研论文评选活动，全区各级国税稽查部门共提交论文108篇，经过评审，共评出获奖论文31篇。通过调研，及时掌握了全区国税稽查工作进展情况及工作中存在的问题，为推动该区全面完成稽查工作起到了很好的促进作用。

［稽查工作会议］　该区国税稽查工作会议于2010年2月3～5日在南宁市召开，会议贯彻落实全国税务稽查工作会议和全区国税工作会议精神，全面总结了2009年稽查工作，研究部署2010年稽查工作。区局党组书记、局长王柳德到会并作了重要讲话，充分肯定了2009年税务稽查工作取

得的成绩，对稽查干部队伍顾全大局、勇挑重担、敢于拼搏、甘于奉献的作风和表现给予了高度评价，同时对新一年的稽查工作寄予了殷切的希望，号召全区国税稽查部门和全体稽查干部要做“自觉主动融入经济社会发展大局的榜样、管理创新的榜样、作风建设的榜样、提高执行力的榜样”，要做“税收的忠诚卫士”。区局总经济师杨辉在会上作了《融入发展大局　提高整体水平　为加快广西国税事业发展再立新功》的主题报告。报告提出了“五个更加注重”：更加注重服从服务于税收工作大局，更加注重依法稽查文明执法，更加注重提高稽查工作整体水平，更加注重稽查工作管理，更加注重加强稽查队伍建设。提出要始终把稽查队伍作为服务经济健康发展、大力组织税收收入的重要保障力量，要始终把提高稽查执法水平作为提高税收征管质量和效率的重要途径，充分发挥稽查工作以查促查、以查促管、以查促收、以查促改的职能作用，不断创新稽查工作方法，促进目标责任落实，加强稽查队伍建设，提高稽查工作整体水平，更好地为促进广西经济社会发展服务。

（蒋巧巧）

广西壮族自治区地方税务局稽查局

［概述］　2010年，该区各级地税稽查部门认真贯彻落实国家税务总局稽查局和自治区地税局的各项工作部署，依照税务稽查工作规程，规范稽查管理，依法查处税收违法行为，大力整顿税收秩序，稳步推进税务稽查信息化、扁平化和精细化管理。紧紧围绕中心工作，着重抓好重点税源企业税收检查和严厉查处重大税收违法案件两个工作重心，大力整顿和规范税收秩序，深入开展打击发票违法犯罪活动专项整治工作，紧密结合“规范管理年、工作落实年”活动，狠抓队伍规范化管理和工作制度落实，各项工作取得了显著成效。

［稽查查补收入及分析］　2010年，全区地税稽查系统共组织2494户企业开展自查，检查1583户，发现有问题1562户，立案查处1562户，结案1564户，查补税款26461万元，加收滞纳金2819万元，处以罚款4662万元，组织企业自查112606万元，查补合计14.65亿元，入库合计14.52亿元（其中企业自查入库11.26亿元），完成年度奋斗目标任务（按照2%计算）的156.13%，占全区地税收入的2.77%。

［案件查处］　2010年共立案查处税收违法案件1562件，查处超过百万元以上税款的案件34起，查补税款8299万元，其中，查处500万元以上1000万元以下案件4件，查补税款2705万元，1000万元以上的特大案件3件，查补税款5986万元。在专项检查、重点检查和受理举报案件中，广西壮族自治区地税稽查系统始终保持打击涉税违法行为的高压态势，对涉税案件的检查做到查深、查透，对案件的处理要求做到件件有着落、事事有回音，程序合法、事实清楚、证据确凿、依据充分、定性准确、处罚得当、办成铁案。通过查办重、大、要案件，有力打击和震慑了涉税违法犯罪分子的嚣张气焰。

［税收专项检查］　根据国家税务总局下达的指令性税收专项检查计划和指导性计划，结合实际，该区选择了药品经销行业、房地产行业、建筑安装业、交通运输业、城市建设投资企业、土地二级市场、营利性医疗与教育培训机构、社会中介机构、物流行业、物业管理行业共十大行业开展专项检查，其中以税源管理漏洞多、增收潜力大以及3年以上未进行系统检查的大型企业为重点对象。2010年，共组织专项检查范围内的1390户企业开展自查，企业自查补税金额4.54亿元，入库4.12亿元；进点检查684户，发现有问题户数481户，查补税款、罚款及滞纳金1.48亿元，入库1.34亿元。从查补入库税款的行业分布看，主要集中在房地产和建筑安装行业，共入库2.04亿元，占专项检查入库总额的50.51%，可见房地产和建筑安装业的涉税违法问题仍然十分严重，是当前乃至今后一段时期税务稽查工作的重点方向。

［重点税源检查］　2010年自治区地税稽查系统在工作组织形式方面做了大胆创新，为保证专项检查工作的质量，从各地抽调80名稽查骨干在全区范围内开展交叉检查。凸显出高效组织查补收入能力的同时，还很好地解决了当地检查办案干扰因素多、阻力大的问题，增强了稽查执法刚性。

这次交叉检查对全区各地共193户重点税源企业进行检查，重点对42户企业进行了抽查，查处了一批涉税违法企业，查补（含自查）税款达到2.76亿元，占专项检查查补总数的59.1%。

［打击发票违法犯罪活动］　一是对假发票“卖方市场”保持严打态势。2010年全区地税机关与公安机关、国税机关密切配合，共破获制售假发票和非法出售发票案件共173起，捣毁犯罪窝点63个，打掉犯罪团伙27个，收缴各类印刷机器61台，抓获犯罪嫌疑人152名，缴获各类假发票1658万份，票面合计500多亿元。其中，来宾、柳州公安与地税部门紧密配合，于9月12日查获了该区历年来最大的一起假发票案件。二是深入开展整治虚假发票“买方市场”行动。对3152户重点企业进行了检查，查处422户，共查获虚假发票17.84万份，涉及金额7933.71万元，涉及税款492.06万元，查补税款320万元。在打击假发票“买方市场”专项整治工作中，桂林市地税稽查部门与征管部门以及各城区地税局加强内部协作，一方面由征管部门组织辖区内用票户进行发票自查，另一方面稽查部门在各个专项、专案检查中做到“查账必查票”，并对举报案件的发票使用情况进行重点检查。征管稽查两部门及时相互反馈信息，大大提高了协作效率，因此桂林市地税局率先完成该区布置的打击“买方市场”工作任务。

［稽查制度建设］　不断加强稽查管理，结合新《稽查工作规程》制定了全区地税稽查工作绩效考评细则。该细则从7个方面对稽查工作绩效实行全方位量化考核，同时也是全区地税系统机关绩效考评体系的组成部分。2010年12月，组织各市稽查局局长，分成两个考评组，对各市稽查局和部分县稽查局共28个稽查单位，进行全面考评。通过开展考评，深入了解各市稽查工作的开展情况和稽查案件查处情况，掌握了基层稽查工作的第一手资料。各市稽查部门负责人通过参与此次考评，相互学习、相互交流、取长补短，达成共识，为促进今后稽查工作迈上新的台阶搭建了一个良好的平台。

［税收违法行为举报］　结合涉税案件举报工作单一性向复杂性、多样性转变的特点，该区地税稽查举报中心从建立和完善涉税案件举报管理体系入手，打造多个举报渠道，多种举报方式，多重举报监控环节的立体涉税案件举报工作流程。重视增强对案件的接办、转办、督办、跟踪和查办过程以及结果的监控，认真耐心地做好举报人的疏导工作，及时向举报人反馈查处结果，举报人满意度明显提高。2010年8月，有举报人向自治区地税局领导匿名举报某市地税城区分局不依法履行职责，征收税款不及时解缴入库。自治区地税局领导高度重视，指示举报中心限时查结，举报中心立即展开了调查。经查，该笔税款是某企业改制过程中转让土地使用权发生的应纳税款，但由于企业资金困难，并且改制过程中款项的收付均由当地政府有关部门掌控，虽然当地主管税务机关一直跟踪追缴，但都没能催收入库。针对这一情况，举报中心随即与当地政府部门取得联系，要求尽快筹措资金解缴欠税。8月下旬，该企业入库税款和滞纳金共270多万元。由于举报中心的及时督导，历时多年的欠税得到了彻底解决，澄清了不实举报，既维护了税法的尊严，也保护了我们的干部。截至2010年11月，共受理举报案件87件，比2009年同期增加23件，增长35.94%；查处31件，其中国家税务总局督办案件1件（已查结，查补税款总额578.35万元），比2009年同期增加13件，增长72.22%。据不完全统计，查补税款总额1484.18万元。

［稽查队伍建设］　根据税收稽查的职能特点和工作实际，广西地税稽查系统研究制定了“以党建带动稽查各项工作建设，稽查工作中党建先行”的稽查工作主旨。深入开展党风廉政建设，积极开展创先争优活动，着力转变不适应不符合科学发展观的思想观念；着力解决影响和制约地税科学发展以及本部门、本单位群众反映强烈的突出问题；着力创新稽查方式，发挥稽查职能作用，维护市场秩序，促进社会公平。紧紧围绕税收中心工作，全面推进地税事业又好又快发展。

［稽查业务培训］　2010年年初，为了不影响稽查工作的正常开展，结合教育培训安排，该局积极创新了稽查业务培训模式，把全区性稽查法律及业务培训集中放在1～3月开展，加强全区地税稽查队伍建设，通过法律知识、业务知识培训以及以查代训、以考代训等形式，着力培养各级稽查干部、稽查局领导的综合素质。一是采取“走出去”学习的方式，先后在中国政法大学、扬州税务培训学院各举办了一期面向市级稽查局长和业务骨干的法律高级培训班，邀请了国家税务总局和中国政法界的专家教授等高端知识人才予以授课，提高了广大参训干部的法律视界和工作意识以及行业检查技能。二是采取“请进来”的培训方式，在南宁市举办了两期县（市）局稽查局局长业务培训班，邀请了相关大专院校知名教授和自治区检察

院领导前来授课，提高了业务理论水平，强化了风险防范意识，确保了各项检查工作的稳步开展和效率提升，为提前完成工作任务奠定了良好的人员素质基础。

［稽查人才库建设］ 2010年，广西地税稽查系统对全区各级稽查干部共1000多人的专业、业务特长等相关信息进行收集整理，并通过考试、考核、考评，以及日常工作中的观察了解等途径选拔了80名稽查业务骨干，纳入稽查人才库管理。结合区局教育培训安排，开展分级、分类、分项目、分行业的培训。采取课堂培训与以查代训相结合的方式，对稽查人员的业务知识进行更新培训，着力打造稽查人才小高地。

［稽查宣传］ 2010年，不断加大宣传力度，在《广西日报》、《南国早报》刊登区地税稽查局负责人答读者问，并通过电台等媒体现场解答纳税人提问，达到了良好的宣传效果。围绕当年的税收专项检查等各方面工作，全区稽查系统在城乡广泛张贴专项检查通告，并通过多种方式发布信息，广泛宣传税收专项检查的重要意义，为专项检查工作营造了良好的社会氛围。

［稽查调研］ 针对广西地税稽查资源优化整合，探索搭建“四位一体”的稽查选案平台，指派相关人员多次带队到各市开展调研活动，完成了1个区局重点课题，3篇相关论文，为领导决策提供了第一手资料。

［稽查工作会议］ 2010年1月21日，自治区地税局党组听取了区地税稽查局出席国家税务总局全年稽查工作会议的专题汇报后，高度重视，马上就贯彻落实国家税务总局会议精神作出了指示。并于1月25日确定突出重点税源检查和大案要案查处两个重点和全年稽查工作任务。3月28日召开全区地税稽查工作会议，会议上自治区地税局赵汉臣副局长，对2009年全区地税稽查工作作了全面的总结，并对2010年的稽查工作提出了要求。2010年4月，自治区地税稽查局分别针对专项检查和交叉检查举行2次专项检查联席会议，并召开阶段汇报会以及总结会。

（龙　泉）

海南省国家税务局稽查局

［概述］ 海南国税稽查系统以完善省一级稽查为主线，不断提高税收稽查效率，强化税收执法刚性，深化稽查体制机制改革。经过两年多稽查体制机制改革，海南国税稽查改革在组织机构建设、工作机制创新、稽查制度建设等方面都取得了较好成绩，实现了改革的预期目标，稽查体制优势正在逐渐显现：有效地整合了稽查资源，充分发挥了稽查效能；力量调配更加灵活、便于集中优势兵力查处大要案；政策把握更加规范；执法刚性进一步强化，震慑力度加大；查补收入水平不断提高，实现了海南国税稽查工作的科学化、规范化目标。

［稽查查补收入及分析］ 2010年，海南国税共检查纳税人222户，查补收入2.19亿元，入库2.20亿元，查补收入较2009年减少12%。通过建立健全行业、税种案源分析库、加强对各类税收信息的归集及分析，进一步扩展稽查选案案源等手段，2010年稽查税收违法案件查补收入较去年增长了33%，达到2.14亿元的最好历史纪录，而企业自查收入部分减少0.84亿元，是造成2010年全年查补收入略有下滑的重要成因。

［整顿和规范税收秩序］ 2010年海南国税稽查系统大力整顿和规范税收秩序，严厉打击偷、逃、骗、抗税行为。一是深入开展税收专项检查和专项整治工作。重点检查房地产、建筑安装、药品生产及经销、黄金销售发票、民航、全国重点税源成员单位、限售股减持等企业，共检查纳税人115户，查补收入1.09亿元，较好地堵塞了税收流失漏洞。二是严厉打击发票违法犯罪活动。与公安、地税等部门密切配合、加强协作，大力整治虚假发票买方市场，积极阻断买卖信息传播渠道，做到“查账必查票”、“查案必查票”。缴获各类假发票396万余份。三是认真查处大案要案。立案查处税收违法案件195宗，查补收入1.69亿元。同时，还围绕“服务科学发展、共建和谐税收”这一工作主题，认真开展税收宣传，大力引导市场主体树立“诚信兴商”理念；举办“加大打击力度、遏

制发票违法行为”在线访谈，解答纳税人关心的热点、难点问题，增强了纳税人的守法意识。

［案件查处］　2010年全省共立案查处税收违法案件195宗，查补收入1.69亿元，取得历史性突破，稽查的威慑力进一步增强。一是加强大要案件管理和督办，进一步完善和落实了大要案案情报告分析和考核通报制度，督促大要案的查处质量和进度。二是做好协查系统管理及案件协查工作。2010年共受托收到协查案件89起，协查发票893份；通过协查系统共委托发出协查166起，涉及发票6873份，金额9.39亿元，税额1.59亿元。三是做好涉税违法案件举报受理及管理工作。全省各级举报机构认真贯彻执行《税务违法案件举报管理办法》和《税务违法案件举报奖励办法》等一系列法规和规章制度，共接受举报案件163起，立案查处案件130件，共计查补税款1085.12万元，加收滞纳金135.26万元。四是加大宣传曝光力度，震慑和预防涉税违法犯罪。通过各种媒体和形式，先后对典型重大案件进行了曝光及公告，在全社会形成了打击涉税违法犯罪的高压态势，震慑了违法犯罪，教育了广大纳税人，宣传了税法，提高了纳税遵从度。

［税收专项检查］　为持续深入开展整顿和规范税收秩序工作，依法查处重点行业、重点地区存在的税收违法行为，构建公平和谐的税收环境，根据《国家税务总局关于开展2010年税收专项检查工作的通知》（国税发〔2010〕35号）提出的工作要求，确定了房地产、限售股减持、药品经销、建筑安装等企业为专项检查的重点，同时确定海口、三亚及洋浦为税收专项整治的重点区域，精心组织，周密部署，制订了详细具体的专项检查方案，全面深入地开展了检查工作。共检查纳税人115户，查补收入1.09亿元，有力地堵塞了税收流失的漏洞，整顿和规范了税收经济秩序，初步达到查处一户企业、整顿一个行业、规范一个地区的效果。

［区域性税收专项整治］　2010年，海南国税开展了打击发票违法犯罪专项整治行动，依法严厉打击制售、贩运假发票和非法出售、代开发票的犯罪活动。全省公安机关在国地税部门的配合下共查处发票违法案件28起，抓获发票违法犯罪人员239人，打掉团伙12个，捣毁窝点27个，刑事拘留82人，批准逮捕47人，移送起诉24人，刑事判决4人，缴获各类假发票396万余份，是海南省公安机关年度收缴假发票数量的历史最高纪录，提前并超额完成了公安部给该省下达的“深入行动”假发票缴获量100万份和专项行动前上网逃犯抓获率100%的指标。结合专项整治行动，偷逃税款全省立案29起，涉案金额6574万元，查补款项1693万元，其中查补税款846万元、滞纳金326万元、罚款521万元，为推进海南国际旅游岛建设作出了积极的贡献。

［重点税源检查］　根据国家税务总局稽查局《关于开展部分重点税源企业税收检查工作的通知》（稽便函〔2010〕26号）要求，海南国税稽查系统认真制订了详细的重点税源检查工作方案。建立沟通渠道顺畅、联系紧密的组织指挥体系。及时对各稽查局开展检查督导，指导各地税收专项检查工作，努力做到统一检查项目、统一工作进度、统一取证标准、统一政策口径、统一定性处理，保质保量完成重点税源企业检查任务。2010年涉及该省国税管辖范围的重点税源企业15户，其中7户企业未发生经营业务，未取得经营收入。对其余8户企业在自查的基础上开展了常规检查。补缴国税税款及滞纳金34.07万元，其中增值税29.60万元，企业所得税0.34万元，滞纳金4.13万元，已入库收入34.08万元。

［打击发票违法犯罪活动］　依照国家税务总局和海南省政府的统一部署，将专项治理与行业税收专项检查、区域税收专项整治、重点税源检查、专案检查等紧密结合，充分发挥牵头组织协调作用，与公安、地税等部门密切配合、加强协作，大力整治虚假发票“买方市场”，积极阻断买卖信息传播渠道，做到“查账必查票”、“查案必查票”。据统计，2010年共查处发票违法案件28起，抓获发票违法犯罪人员239人，共打掉团伙12个，捣毁窝点27个，刑事拘留82人，批准逮捕47人，移送起诉24人，刑事判决4人，缴获各类假发票396万余份，打击发票违法犯罪活动的开展有效地遏制住了发票违法犯罪活动泛滥的势头，净化了该省税收环境，得到了社会各界的广泛认同。

［税收违法行为举报］　海南国税稽查系统高度重视举报受理工作，坚持专人负责、统一管理、依法办事，严格保密，接受社会监督的原则，形成常态化并使之规范。不断畅通举报渠道，鼓励群众举报，无论是什么渠道的税务违法案件举报，都及时转给有关部门进行查实，重大举报案件和上级转来及纪检部门转来的重大税务违法案件，直接由省局稽查局组织稽查人员查办。2010年全省共接受举报案件163起。其中由其他部门转办案件

20件，网上受理23件，接待群众举报26件，电话举报67件，信函举报27件。全省立案查处案件130件，共计查补税款1085.12万元，加收滞纳金135.26万元，查处罚款339.62万元，合计1560万元，已全部执行入库，无移送司法部分案件。

[案件协查] 在对2009年的协查数据进行系统分析的基础上，主动发现全省涉票案件的高发行业和区域，为稽查选案部门提供参考依据，较好地发挥了协查的案源信息作用。同时，加强全省协查工作管理，进一步规范省级一级稽查环境下协查工作操作流程，圆满地完成了各项金税协查和重大案件来函协查任务。2010年海南国税通过协查系统共委托发出协查175起，涉及发票7240份，金额9.71亿元，税额1.64亿元。目前已收到回复结果6953份，有问题发票213份，无法核实发票386份；金税协查系统累计收到受托协查130起，发票1405份，金额2.61亿元，增值税税额4152.57万元。共回复1100份，其中回复结果为正常的944份，有问题的84份，无法核实的72份。

[稽查制度建设] 2009年海南国税稽查系统依据《税务稽查工作规程》，组织业务骨干集中对原有23项稽查工作管理制度进行了全面修订和完善，制定了20项稽查工作制度。为使省级一级稽查体制机制顺畅、规范、高效运行，2010年密切关注省级一级稽查体制机制运行过程中与20项稽查工作制度出现的新情况和新问题，认真研究，着力解决，积极稳妥地全面推进一级稽查体制的实施，通过制定与20项稽查工作制度配套的实施细则等方法构建起规范高效的省级一级稽查体制机制，促进了稽查工作全面协调可持续发展。

[稽查系统建设] 2010年，将继续强化稽查管理工作，落实全省稽查“管理年”的要求，不断提升稽查工作效能。一是加强省局稽查局对直属第一至第八稽查局业务指导，科学设定稽查各环节的工作职责和目标任务，不断提升稽查工作科学、规范、精细管理层次。二是建立科学规范的稽查管理体系和激励竞争机制。对稽查各项工作进行绩效管理，将人均查补税款、人均检查户数、查补总额及罚款率等作为考核稽查工作绩效的重要指标。三是建立通报制度等激励督促机制。采用季度考评、半年通报等方式鼓励先进，敦促落后，全面提升全省稽查工作效能，促进稽查收入持续快速增长，努力完成全年稽查工作任务。

[稽查信息化建设] 信息化建设是海南国税“三大工程”之一，稽查体制机制改革后，稽查信息化建设着眼于如何利用现有的计算机网络进行数据传输，如何对数据的解读与共享，建立科学的稽查信息化管理的模式以适应稽查体制机制改革。信息化将稽查管理的各个主要环节都应纳入计算机管理系统中，计算机的作用不仅限于收集、存储、处理数据，还参与了业务流程的控制。通过稽查工作环节的选案、检查、审理、执行四个环节的有机结合，使之相互制约、相互监督：选案环节将征收、管理所采集的数据进行分析、整理、通过归纳分类、分析对比、排列组合，列出重点稽查对象。检查环节加大稽查办案的科技含量，加强计算机对案件处理软件的开发应用。审理环节通过稽查信息系统了解稽查环节的整个过程，并对稽查过程进行分析。执行环节提高对外部信息的获取能力，从而提高了稽查查补税款的入库率。

[稽查队伍建设] 按照海南国税党组造就高素质的税务干部队伍的要求，着力建设一支人员结构优化、干部廉洁活泼、人文特色鲜明的稽查干部队伍。通过深入学习党的十七届四中、五中全会精神，全面提高稽查干部的政治理论水平。在不断加大业务培训力度提高稽查干部的执法能力的同时，积极落实省局党组构建“七位一体”的海南国税惩治和预防腐败体系的总体部署，以部门内控机制建设为抓手，加强制度建设，理顺稽查工作程序，明晰稽查人员职责，构建稽查反腐倡廉工作机制，防范稽查执法风险。认真履行“一岗双责”要求，把党风廉政建设纳入稽查工作管理目标，广泛开展理想信念和宗旨教育，深入学习宣传《中国共产党党员领导干部廉洁从政若干准则》和国家税务总局党组三个配套文件，增强稽查干部秉公执法、廉洁从税的自觉性。

[稽查业务培训] 2010年该省不断加强稽查干部业务培训工作。在全省国税系统开展了一次全员性稽查新制度培训，理顺了稽查工作程序、明晰了稽查人员工作职责。积极组织稽查人员参加行业稽查业务培训。结合海南省经济发展现状，组织稽查人员先后参加了药品生产及经销行业税务稽查培训、房地产行业稽查培训等行业稽查业务培训。通过特定行业生产经营特点、会计核算流程及行业涉税风险等学习，丰富了稽查人员的业务知识，开拓了思维方法，有效地避免了税务稽查风险。以省局组织的能级考试为契机，积极培养主动自学能力，将自学补漏和集中培训相结合，充分运用税校网上平台，不断创新学习的方式方法。

［稽查人才库建设］　为了保障“大稽查”体制的顺利运行，适应稽查工作分级分类管理的需求，海南国税稽查狠抓队伍建设，着力打造一支高素质、专业化的新型稽查队伍。按照“考试成绩与工作实绩相结合，以工作业绩为主”的原则，通过考试和实绩选拔，将16人列入人才库，占到全身稽查人数的13%。同时，组织人才库稽查人员按照专业化稽查方向到省外开展针对性的调研及培训，坚持实行人才库动态化管理，形成竞争态势，根据承担工作的考核结果，合理调整人员进出，不搞终身制。

［案件公告］　为了适应推行税收风险管理和建设海南国家旅游岛等新形势的发展，同时也是为了进一步加大税收宣传力度，全面提升税法遵从度和海南国税公信力，海南国税稽查系统与海南日报社创办了《海南日报——国税专刊》。2010年共通过国税专刊及海南国税门户网站发布了四期稽查违法案件公告，分别对海南精华黑刚玉有限公司、海南良源房地产开发有限公司、海南文新房地产开发有限公司、江苏宜净环保有限公司洋浦分公司及海口金谷丰粮食有限公司的违法行为进行了公告，分别对这些公司的违法行为、违法事实、查补金额、处罚结果等进行公开曝光。向企图从税款方面谋私利的纳税人敲响警钟，对全省纳税违法行为起到了强有力的震慑作用。

［稽查宣传］　海南国税稽查系统以涉税法律法规政策宣传为重点，不断强化税收宣传，提高宣传效果。一是强化政策宣传和培训。对国家出台的税收优惠政策、重大政策等，通过座谈会、培训会、上门讲解等措施加强对相关纳税人的重点宣传，为税收政策迅速落实到位奠定基础。二是以公告栏、展示牌、广告、会议等各类媒介为载体，开展税法知识有奖竞答、展览等丰富多彩的活动。面向广大干部群众普及税收知识。三是充分利用各新闻媒体，开展宣传工作。通过《海南日报》、海南电视台上及时发布涉税日常通告、公告、通知，税收宣传月期间在主要街道悬挂税收宣传横幅等形式，及时向社会各界传递涉税信息。四是通过报刊、电视及网络等媒体以适当方式对典型案例进行曝光，将其违法行为、违法事实、查补金额、处罚结果等进行公开曝光，向企图从税款方面谋私利的纳税人敲响警钟。

［稽查调研］　根据海南省稽查体制机制改革的发展要求，为了进一步推进和完善海南省省一级稽查体制机制的改革创新，巩固体制机制改革带来的成果，2010年海南省稽查干部结合工作实际，以完善稽查改革为工作中的重点，广泛、深入地开展了调查研究工作，通过总结工作经验，分析存在的问题，探索发展的趋势，提出对策建议，并在深入调查和仔细分析的基础上形成调研报告。调研工作有力地推进了全省稽查体制机制改革的顺利开展。根据调研，海南省按照总局提出的稽查工作分级分类的要求，根据海南省实际情况对全省行业进行了细分，并将海南省8个稽查局按照行业进行了细分，逐步向专业化稽查局方向迈进。

［税务稽查工作会议］　2010年3月9日，海南国税稽查工作会议在海口召开。海南省国税局局长林明鹊在全省国税稽查工作会议上作了重要讲话。他在充分肯定2009年稽查体制机制改革取得成绩的基础上，对在新形势下做好全省国税稽查工作提出了四点要求：一是要将税务稽查工作置于税收风险管理模式中考虑；二是要不断加强税务稽查工作的规范化管理；三是要进一步加快稽查工作的信息化建设步伐；四是要持之以恒地加强自身建设，不断提高稽查干部拒腐防变能力。

（温　博）

海南省地方税务局稽查局

［概述］　2010年，海南地税共组织完成各项税收收入226.01亿元，同比增长56.2%，增收81.30亿元。教育费附加完成4.66亿元，同比增长45.7%，增收1.46亿元。文化事业建设费完成7042万元，同比增长43.6%，增收2137万元。社会保险费收入完成77.12亿元，同比增长13.0%，增收8.90亿元。工会费完成9477万元，同比增长34.6%，增收2437万元。2010年是该省地税稽查体制改革开局之年，省局稽查局认真贯彻落实全省地税工作会议和全国税务稽查工作会议精神，注重

发挥省级一级稽查体制优势，紧紧围绕税收中心任务，以着力整顿规范税收秩序和促进组织收入为目标，坚持以专项检查和查办税收违法案件为重点，加强系统管理，改进稽查方法，完善稽查体制改革，全面推进各项稽查工作，新体制开局良好，新体制优势逐步显现并日见成效。

[稽查查补收入及分析] 2010年，海南地税稽查系统共对101户企业开展税收检查，其中有问题户数96户，立案检查94户，结案100户，查补税款1.84亿元，入库1.86亿元；组织企业自查503户，自查查补税款2.20亿元，入库2.20亿元。两项合计，稽查查补总额4.04亿元，同比增加1.47亿元，增长57.2%。实际入库总额4.06亿元，同比增加1.44亿元，增长54.9%，占2010年海南地税组织工商税收收入226.01亿元的1.8%。2010年海南地税稽查收入主要特点有：一是稽查收入首次突破4亿元大关，且收入分布与地区经济发展成正比。海南地税稽查收入主要集中在海口、三亚和东部地区，而上述地区正是省地方税源、税收主要区域，稽查查补收入与地方经济发展分布相匹配。二是专项检查工作中企业自查补缴税款较上年大幅增长，房地产及建筑安装业自查补缴税款比重较大。2010年全省共组织企业自查2956户，企业自查发现有问题的674户（占22.80%），自查应查补税款1.99亿元，同比增加1.51亿元，增长322.8%。组织企业自查查补收入总量占稽查收入总额的54.17%，首次大于稽查查补收入总额。其中：房地产及建筑安装企业1.64亿元，占自查应查补税款总额82.75%。税收专项检查是稽查工作的重中之重，各市、县地税局和各直属稽查局采取积极有效措施，确保自查工作取得预期效果。三是房地产业是海南地税稽查重点检查行业。2010年共检查房地产企业30户，占检查总户数的28.04%。房地产行业查补入库总额1.63亿元，占查补入库总额的87.21%。房地产业的查补入库是稽查收入大幅增长的主要因素，房地产及建筑安装业是今年国家税务总局稽查局的指令性检查项目，海南地税稽查系统在2010年5月份统一部署开展了对雅居乐等13家大企业集团在海南的23户成员企业税收重点检查工作。由于房地产业稽查收入在海南地税稽查查补收入中占据大部分的份额，说明海南地税稽查突出房地产行业这个重点，既符合国家调控房地产的重大决策和国家税务总局稽查任务要求，又符合海南本省实际，取得了事半功倍的效果。

[案件查处] 海南地税稽查系统充分发挥体制优势，实行集约化、扁平化管理，统一调配办案力量，使查办大案要案的能力得明显加强，突破的大案要案明显增多。2010年共查处税收违法案件107起，查补百万元以上税款案件15起，查补收入1.55亿元，分别比2009年增加7起和4184万元。特别是一些以前因各种原因不能查、不好查的重点企业，在新稽查体制下得到了顺利的查办突破，社会效应较好。通过查办大案要案，较好地发挥了税务稽查的威慑力，为整顿和规范海南的税收秩序尤其是房地产行业的税收秩序，提高纳税遵从度，作出了较大的贡献。在查处房地产企业案件的同时，还注意发挥稽查职能和体制优势，积极开展土地增值税清算工作并取得显著成绩。

[税收专项检查] 2010年海南地税专项检查指令性项目为4个，即房地产及建筑安装行业、交通运输业、药品经销行业，指导性检查项目为营利性医疗及教育培训机构、年所得额12万元以上个人所得税自行申报纳税情况等项目。全省共组织企业自查2956户，自查发现有问题的674户（占22.80%），自查应查补税款1.99亿元，同比增加1.51亿元，增长322.8%，其中：房地产及建筑安装企业1.64亿元，交通运输业企业1276万元，药品经销企业171万元，其他行业企业1985万元。企业自查应查补税款已入库1.63亿元。此外，部分房地产企业自查预测应缴纳土地增值税7亿多元。通过专项检查，较好地促进重点行业税收秩序的规范。特别是第一稽查局针对部分企业自查不到位问题，联合征管部门组成复核组，到企业实地复核涉税资料，打消企业侥幸心理，促使企业补报少报税款，及时扭转自查效果不明显的情况。

[重点税源检查] 根据国家税务总局稽查局关于开展部分大型企业税收重点检查工作的统一部署要求，海南地税稽查局会同海南国税稽查局联合组织，对分配该省检查的三批重点税源企业实施重点检查。第一批是海南福山油田勘探开发有限责任公司；第二批是中国航空、南方航空、东方航空等3大企业集团在海南的9户成员企业；第三批是雅居乐等13家大企业集团在海南的23户成员企业。对这三批重点税源企业实施检查，均采取自查和重点检查相结合、集体约谈和分别督导相结合的方式进行，不同程度上取得了好的成绩。

[打击发票违法犯罪活动] 根据国家税务总局深入开展打击发票违法犯罪工作要求，海南地税系统按照打防并举，全面整治的工作思路，成立了以省局领导为组长，征管、稽查、内审、组织

人事和办公室等职能部门负责人为成员的发票专项整治领导小组，统一领导和部署发票打击整治专项工作，征管和稽查部门具体组织实施。2010 年会同公安机关联合查处发票违法案件 34 起，收缴涉案发票 271 万份，可开金额 456.8 亿元。海南地税稽查系统共检查企业 1298 家，查处违法企业 44 户，查处非法发票 109 万份，涉及非法开票金额 2.7 亿元，目前已补税 78.67 万元，处罚 1628 户，罚款 76.45 万元。经过开展一系列的打击和整治工作，有效地打击发票犯罪行为，规范了地税发票的管理，维护了税收征管秩序，有力地服务了国际旅游岛建设。

[税收违法行为举报]　2010 年，海南地税稽查系统严格按照税收违法案件举报的各项规定的要求，加大对涉税举报案件的指导、查处、执行和反馈力度，完善体制改革后该省税收违法案件举报管理工作，努力提高举报案件的受理、查处、转办和督办工作质量和效率，减少重复举报和上访案件的发生。全年共受理检举案件 107 件，立案查处 93 件，无价值及重复举报 14 件，共查结 80 件，查补税款、滞纳金和罚款 720.77 万元，入库 1146.9 万元。本年度共支付举报奖励金 2.05 万元。

[稽查制度建设]　为了适应稽查新体制工作要求，规范稽查执法行为，规避和远离执法风险，根据省地税局要求，省局稽查局把建立完善稽查工作制度作为 2010 年的重要工作来抓。已及时制定报批出台了《海南省地方税务局税务稽查选案工作制度（试行）》等稽查选案、检查、审理、执行、档案管理和检举举报 6 项工作制度，从制度上为稽查执法工作有效开展和系统管理水平的提升提供了有力保障。5 个直属稽查局建立了一批行政管理、党建工作和稽查业务等方面的工作制度，从一开始就强化靠制度管人管事的理念和机制。

[稽查信息化建设]　一是按照海南地税征管信息化大集中的统一要求，派出重要领导和业务骨干参加省局征管信息化大集中工作，具体负责有关稽查管理信息化方面的需求、测试等工作，确保了征管信息化大集中工程全面有序推进。二是认真组织对全体稽查人员计算机应用知识培训，为“信息管税”和“信息稽查”打好基础。三是首次引进并运用稽查查账软件实施稽查检查，较好地提高了稽查质量和效率。2010 年 10 月，海南地税稽查系统向无锡奇星软件科技有限公司购买了 30 套稽查查账软件，开始使用税务稽查查账软件对龙湾港集团、南方航空公司、雅居乐房地产公司等一些现代化管理的重点企业实施检查，取得了事倍功半的效果。上述措施，为运用信息化实施稽查内部规范管理和对外选案、深度检查，提高现代化稽查办案能力，开了好头，奠定了基础。

[稽查队伍建设]　坚持一手抓稽查业务，一手抓队伍建设，力争相互促进。一是加强业务培训，提高稽查干部核心业务能力。针对稽查机构撤并升格、人员岗位重大调整的特点和形势需求，海南地税稽查系统认真落实省局领导“强化稽查业务培训、提高稽查干部素质能力”指示精神，把稽查业务培训作为新体制下稽查局的重要工作来抓，统筹安排形式多样、层次和岗位分明的业务知识和技能培训。2010 年 3 月，组织举办了房地产、建安和交通运输三个重点行业的专项检查和查办案件方面的应用技能培训，参训人员为各直属稽查局副局长、检查科和审理科主要负责人、省稽查局检查科、审理科人员和近几年招录的公务员。2010 年 7 月，委托扬州税院举办了高层次的会计准则、行业检查、查账技巧、电子税务稽查和有关稽查等税收相关法律知识等实用型培训，统一培训全省地税稽查系统中层以上干部和重要业务骨干。2010 年 10 月，组织全省地税稽查检查、审理等业务干部开展稽查查账软件应用培训，学习掌握现代化稽查技能。第一、第二稽查局等也结合工作需要，分别统筹安排组织开展了岗位分明的业务知识和技能培训。二是加强党的建设和廉政建设。各稽查局结合实际，认真组织学习中央关于加强和改进新形势下党的建设、领导干部廉政准则和海南省委书记卫留成在省委五次、六次全会上重要讲话精神，认真贯彻落实全省地税系统党风廉政工作会议、党建工作会议等会议精神，建立健全稽查局党组织，建立并落实党建责任制和党风廉政建设责任制，认真开展各种党员教育活动，结合稽查岗位特点，认真开展稽查职业道德、税收执法风险和预防职务犯罪教育活动，切实增强了干部职工拒腐防变的风险意识。在此基础上还积极推进稽查文化建设，组织干部开展各种文体活动，省稽查局和第一稽查局积极组织人员参加省直机关第三届运动会，丰富干部业余生活，展现干部精神风貌。

[稽查机构改革]　稽查体制改革是海南地税近年抓的重点工作之一，2009 年初酝酿起动，经省政府批准后 2009 年年底第一至第五稽查局正式挂牌，2010 年开局运行。一年来，面对多种困难，广大稽查干部表现出了较好的大局观，人心稳定，奋发向上，积极协助省局顺利完成了各稽查局

的机构重组、人员整合等工作；相关稽查工作制度逐步建立，较好地奠定了规范执法的基础；加强了业务培训，稽查干部整体素质得到了提高。认真贯彻落实国家税务总局稽查局和省局工作部署，各项稽查主业取得了历史性的好成绩：2010 年全省稽查查补收入突破 4 亿元大关，创历史最好水平；查办大要案能力明显增强，查结突破的百万元以上大要案件成倍增长；税收专项检查成效显著；打击发票违法犯罪工作取得新的好成绩。特别是通过税收专项检查、重点税源检查和查办税收违法大要案件，有效地促进了组织收入和征收管理，进一步规范了税收秩序，提高了税法遵从度。实践证明，实行省级稽查集中管理体制改革是符合海南地税实际的。海南地税稽查体制改革的经验得到国家税务总局领导和总局稽查局的充分肯定，并在全国税务稽查工作会议上作了交流发言，《中国税务报》也对此作了专版报道，进一步扩大了海南地税的影响力。

［以查促管工作］ 2010 年，海南地税稽查系统结合案件查处和税收专项检查，认真分析税收违法特点规律和手段方式、税收政策缺陷、税收征管漏洞，并提出一些可行性意见和建议，促进征收管理。初步统计，所提 12 条稽查建议基本上均被采纳。如省稽查局在复审海南炼化公司税案时，发现洋浦开发区各单位均未按规定代扣代缴公积金超标部分个人所得税这一区域性问题，及时建议省局下文纠正，每年可为国家挽回几百万元的损失；第五稽查局会同东方地税局在检查东方市一些“小产权”住房税收情况时，发现一些房地产商采取虚假私人合作建房手段规避税收导致税收流失，及时建议该市政府给予纠正，直接为国家挽回 1000 多万元税款损失。直属地税局与稽查局联手开展税收专项检查，并及时采纳稽查建议，加强税收征管，初步形成了“管查良性互动，以查促管促收”良好机制。

［抓落实的主要措施］ 2010 年因该省地税稽查新体制刚运行，稽查部门边构建、边工作、边探索，为了保证各项工作顺利开展，采取的主要措施有：一是抓大不放小，全省一盘棋。“抓大不放小”就是在检查和办案过程中，集中主要人力物力抓好房地产、建安、交通运输行业和海口、三亚、东部沿海地区的重点税源企业，同时，也有意识地选择一些工业企业、旅游酒店业和其他地区的典型性税源企业，统筹兼顾，体现稽查公正公平。“全省一盘棋”就是在专项检查和一些重大案件办案过程中，严格按照国家税务总局、省局的统一部署开展。对重大税收政策事项，及时请示省局和总局稽查局，确保全省一个调子、不随意乱开口子。对一些重要案件，在本稽查局内甚至全省地税范围内统一调配力量查处。二是发挥体制优势，强化系统管理。加强案源管理。省局稽查局（以省局名义）统一下达全年计划并组织实施，特别是由省局稽查局统一选案，既提高选案准确率，又便于指导督导。加强检查环节指导。对专项检查加强查前培训、查中专项汇报和及时调研跟踪指导督导。对检查案件实行按月报告制度，及时了解跟踪督办，对大要案件省局稽查局直接派出领导和业务骨干指导督办，或直接参与查办。加强审理把关。对稽查重要案件严格实行三审审理制度，即达到一定数量标准的案件，五个直属稽查局一审后报省稽查局复审（二审），达到重大案件标准的案件，省稽查局复审后再由省局重大案审委员会审理（三审），在全省范围内统一统一执法标准，把好案件的最后一关。确保办案质量。初步建立稽查系统信息、报表报告制度，畅通稽查信息传递渠道，力争形成上下联动、横向互动、信息畅通、指挥有力的稽查工作机制。三是改进检查方法，提高稽查质效。对专项检查和重点税源检查坚持自查与检查相结合。在专项检查和查办案件过程中，认真推行查前告知、约谈，查中宣传税收政策、查后提出建议、跟踪回访等做法。通过组织自查辅导、企业自查、重点检查相结合的方法，加强跟所查企业的沟通协调，把文明执法、税收宣传、纳税服务拓展到企业，同时，对自查深度和广度不够的企业，实施重点检查，并坚持“自查从宽、被查从严”的原则，使专项检查工作获得了事半功倍的效果。四是加强管查配合，良性互动。新体制下，各稽查局与直属地税局已没有隶属关系，但税收专项检查工作是稽查局和直属地税局共同的任务。各直属稽查局在开展专项检查工作中，应特别注意与直属地税局的协调配合，良性互动。直属地税局负责联系企业、提供自查企业名单和征管资料、自查动员讲话部署，直属稽查局负责自查内容说明和辅导、搜集统计审核自查报表和自查辅导、抽查和重点检查，在工作过程中既各尽其责又密切配合，形成了整体合力。

［稽查工作会议］ 2010 年 3 月 29 日，海南地税稽查工作会议在琼海召开，各直属地税局分管征管工作的局领导、各直属稽查局局长、副局长、科长（负责人）、省稽查局科级以上干部以及参加培训人员共 140 余人参加了会议。琼海地税局局长孙赫到会并作了致辞；省局副局长张俊芳作了

题为《定好位　开好局　为完成地税税收中心任务作出积极贡献》的工作报告；局长符祥光作了大会总结讲话；与会代表围绕副局长张俊芳的工作报告，就如何贯彻落实好这次会议精神进行了讨论，统一了思想认识，明确了工作任务，增强了工作信心。

（吴　婷）

重庆市国家税务局稽查局

［概述］　重庆国税稽查系统紧紧围绕“服务科学发展，共建和谐税收”主题，坚持不懈地深化“六基”建设，扎实推进各项工作。2010 年国税收入达到 609.1 亿元，是“十五”时期的 2.8 倍。其中：国税部门组织收入 564.3 亿元，增长 38.2%，比全国平均增幅高 20%，提前两个月完成了税收任务；各税种普遍大幅增长，增值税增长 23.6%，完成 317 亿元；消费税增长 40.1%，完成 85.5 亿元；企业所得税增长 93.3%，完成 130 亿元；车辆购置税增长 48%，完成 30.9 亿元。有 21 个征收单位收入增幅在 30% 以上，45 个征收单位收入上亿元，有 20 个征收单位超过了 10 亿元；收入质量不断提高，70% 的征收单位当年无新欠，7 个单位连续 5 年无新欠，3 个单位连续 6 年无新欠。

［稽查查补收入及分析］　2010 年，查补各项税收收入 8.46 亿元，比 2009 年增长 14.2%，是重庆国税系统组织税收收入 564.3 亿元（不含海关代征两税）的 1.5%，追缴入库 8.29 亿元，入库率为 98%，特别是在税收专项检查工作中取得非常显著的成效，查补收入 7.53 亿元，占 2010 年总额的 91%，其中江北、经开、高新、渝中、沙坪坝、北部新区等单位通过认真组织，仅税收专项检查工作一项，就分别查补收入超过了 5000 万元；联合重庆公安、地税等部门共同查处各类发票案件 2118 件，查获各类假票据 1024 万余份，挽回税款损失 4231.96 万元。国家税务总局副局长解学智在 2011 年全国税务稽查工作会议上，对重庆国税稽查系统在 2010 年组织开展税收专项检查、查处虚假发票“买方市场”两方面取得的成绩，予以了充分肯定。

［整顿和规范税收秩序］　一是加大力度严肃查处重大税收违法案件。在继续做好国家税务总局统一部署的虚开黄金销售增值税专用发票走逃企业和重点嫌疑企业的检查工作基础上，重点查处了利用服装类产品骗取出口退税案件。根据国家税务总局稽查局转交的线索，重庆国税稽查局抽调业务骨干成立专案组，对重庆某进出口公司利用江苏省徐州市丰祥服装织造有限公司等企业虚开的 2226 份增值税专用发票，涉嫌骗取出口退税 3258.93 万元的案件，全面实施了检查工作。二是继续开展打击发票违法犯罪工作。按照“打击与建设相结合、治标与治本相结合”的原则，会同相关部门落实制度建设和根本性措施，探索建设综合整治发票违法犯罪活动长效机制，同时积极配合公安部门严厉打击虚假发票“卖方市场”。

［案件查处］　2010 年，重庆国税稽查系统检查案件移送司法机关立案 20 件，判处有期徒刑 3 人，拘役 1 人。在打击发票违法犯罪活动工作中，与公安、地税部门密切配合，查处各类发票案件 1965 件，涉案票据 1022 万余份，抓获犯罪嫌疑人 226 人，缴获假印章 608 枚，查获各类作案机器设备 45 台，检察机关对发票类案件起诉 117 件 158 人，审判机关已判决案件 93 件 120 人。

［税收专项检查］　2010 年，全市国税稽查系统税收专项检查项目涉及企业共计 8037 户，查补收入 7.14 亿元，已入库 7.09 亿元，入库率为 99.30%。国家税务总局部署的税收专项检查指令性项目有房地产及建筑安装业、药品经销行业、交通运输业和非居民企业纳税情况，重庆国税局决定将 3 年以上未实施稽查的重点税源企业列为市局指令性检查项目，同时并结合全市实际，将采矿业、船舶制造、摩托车销售、建材经销等行业纳入部分地区的专项检查范围。一是确定重点，有的放矢。根据确定的检查项目，通过 CTAIS 后台数据库筛选、各区县国税稽查部门核对和梳理的方式，同时结合征管部门提供的零微税负企业的情况，科学选择重点企业开展税收专项检查工作。二是创新方式，与市级相关部门协作。采取重点地区重点指导、重点行业重点辅导、重点企业重点督导，针对行业特点，与市级相关部门协作，积极采集第三方

涉税信息，极大地提高了税务稽查的精确打击能力和工作效率。三是采取实地调研、召开片区会、电话沟通等多种形式，分行业、分片区对各区县稽查局税收专项检查自查阶段的工作实施督导，对自查开展不理想的区县稽查局及时督促整改，推动了自查的有效开展。

［区域性税收专项整治］ 针对虚假发票“买方市场”需求屡禁不止，严重侵蚀税基的问题，以“4·21”专案、俞昌龙案、“11·2”及“11·9”案等案件为支点，始终保持对“买方市场”整治的高压态势，确定了重庆南岸区旧车市场、江北区农产品专业市场、巴南区家具销售市场3个重点区域开展税收专项整治。一是在工作中注重三个结合，即与税收专项检查相结合、与行业税收专项整治相结合、与涉及发票违法举报案件的查处相结合；做到“三同两必”，即：“同安排、同查处、同考核”，“查账必查票、查案必查票”。同时，通过追踪发票违法线索，拓宽稽查案源，提高稽查效果，形成了全方位、立体化、经常性的虚假发票整治网络，共查处违法受票企业983户，涉及非法发票16.63万份，查补税款4231.96万元。二是把整治虚假发票“买方市场”作为打击发票违法犯罪活动工作的核心内容，共对9078户企业的发票使用情况进行了检查，查处违法受票企业959户，涉及非法发票16.61万份，查补收入4023.96万元。

［重点税源检查］ 2010年，按照国家税务总局稽查局的要求，重庆国税稽查系统与地税局稽查处联合成立检查组，牵头对重庆菲斯特信息网络有限责任公司、三大航空集团在渝的6户成员企业、部分重点税源企业119户在渝成员单位（含唯一的1户总部机构设立在西南地区的太极集团有限公司在渝的39户成员单位）进行了自查辅导和税收抽查工作，重庆国税稽查系统共计查补收入5915.15万元。此外，对部分房地产重点企业联合开展了解剖式检查，并将重庆国税稽查系统牵头负责的5户房地产重点企业已列支成本费用，单张金额50万元以上或存在疑点的392份发票，全部发出了协查，通过企业自查和重点检查，共计查补税款及滞纳金4487.88万元，较好地完成了国家税务总局稽查局下达的工作任务。

［打击发票违法犯罪活动］ 2010年，全市国税稽查系统会同公安、地税等部门开展以“端窝点、打团伙、打跨省作案”为重点的打击整治发票犯罪专项行动，充分发挥税警合力，成功破获了“4·21”、“10·5”等一批人民群众反映强烈、涉案金额大、影响广泛的大要案件，共查处各类发票案件2118件，查获各类假票据1024万余份，抓获犯罪嫌疑人226人，缴获假印章608枚，查获各类作案机器设备及短信群发器45台，治理发票违法短信99万条，对发票类案件起诉117件158人，已判决案件93件120人，宣传曝光案件15件，全市发票违法犯罪活动得到有效遏制，受到了全国打击发票违法犯罪活动工作协调小组的表扬。

［税收违法行为举报］ 2010年，共受理举报案件213件，其他单位转交的涉税线索29件，按照规定及时进行了处理。在举报受理工作中，做好了举报人的思想工作，严格按照举报程序受理，切实维护举报人的合法权益，同时进一步加强举报管理系统的运行和维护，确保了系统的正常运行。

［案件协查］ 2010年，重庆国税稽查系统共转办受托协查135起，其中：涉及增值税专用发票235份，金额2075.99万元，税额352.92万元；“四小票”92份，金额3221.34万元；认真做好金税协查管理工作，积极开展对各区县金税协查情况的监控，确保累计回复率达到100%。此外，联合重庆地税部门牵头组织相关区县稽查局，完成了“聚奎案件”、重庆市邦馨运输有限公司、重庆市贵勇运输有限责任公司等单位涉嫌非法开具货运发票案和俞昌龙等四人非法开具假发票案的协查取证工作，以及全市接受涉嫌虚开的16900份黄金增值税专用发票的协查工作，圆满完成了国家税务总局督办的广州“7·30”、宁夏“1·21”虚开增值税专用发票案件的协查取证工作。

［稽查制度建设］ 一是全面推进稽查部门内控机制建设。各级稽查部门突出了“三抓”、“三个到位”，加强内控工作。“三抓”：即抓排查梳理，认真排查岗位风险点；抓细节规范，将廉政风险管理工作的标准、质量、责任及自由裁量幅度细化，避免执法的随意性；抓事前防控，结合权利运行流程形成防控流程图，积极开展警示教育、主题教育、自我教育、岗位廉政教育，将“一岗两责”落到实处。“三个到位”：即做到组织到位，思想统一到位，宣传教育到位。确保了内控机制建设延伸到各个层面、岗位和业务环节。二是加强重庆国、地税稽查工作的协作与配合，进一步整合税务稽查资源，规范税务稽查执法行为，提高稽查工作质量和效率，降低稽查成本，形成检查合力，优化纳税服务，国、地税稽查联合制发了《重庆市

国家税务局、重庆市地方税务局稽查工作协作办法（试行）》。三是实现税务稽查案卷立卷归档的标准化、规范化，根据《中华人民共和国档案法》、《税务稽查工作规程》、《税务机关工作秘密范围的规定》等相关规定，结合重庆国税稽查工作的实际情况，制定了《重庆市国家税务局税务稽查案卷立卷归档办法（试行）》。四是修改完善了《稽查工作考核管理试行办法》，进一步建立健全了相关稽查工作制度，形成了以制度管人、以制度管事的工作机制。五是制发了《涉税案源情况统计表》、《进一步明确税务稽查报表资料报送规定》，监控分析全市国税稽查系统案源受理情况，实时跟踪案源处理过程，全面掌握各区县稽查部门工作进度及工作量。

［稽查系统建设］　一是抓好全市国税稽查工作年度考核；二是完成了国家税务总局稽查局委托承办的《税务稽查组织纳税人自查管理办法》课题组在渝的调研、起草工作，同时派出三名业务骨干参加了课题组；三是派员参加了国家税务总局稽查局金税三期稽查业务需求的编写工作，相关建议得到了采纳；四是完成了税务纪检监察管理信息系统 V1.0 版推广应用工作，保证了系统 2010 年 6 月 1 日如期上线正常运行；五是接受了国家税务总局税收执法督察组、国家审计署重庆特派办对该市国税稽查系统执法工作情况的督察和审计；六是组织牵头完成了上级领导交办的关于重庆真维斯案件的复议调解工作，及时化解了征纳双方的矛盾。

［稽查信息化建设］　2010 年，在不断提高应用现有稽查信息化系统管理稽查工作能力的同时，在充分调研的基础上，确定了 10 个稽查部门试点使用稽查查账软件，进一步提高对信息化管理企业的稽查办案能力，取得了初步成效。加大了稽查系统信息化办案设备投入，改善了基层单位的办案条件，以适应信息化条件下税务稽查工作需要。

［稽查队伍建设］　一是认真开展创先争优活动，围绕“五个好”和“五带头”的基本标准，切实加强国税稽查系统党组织的建设。深入开展“三进三同”、结穷亲、大下访等“三项活动”，全市国税稽查系统 36 名党员干部、16 名新提拔科级以上干部进基层、进农村、进农户，与农民同吃、同住、同劳动，接受了党性作风锻炼。二是抓好先进典型的学习宣传，组织开展向重庆万州区国税局稽查局副局长、“全国先进工作者”马云霄同志学习的活动，在全市稽查系统形成了学习先进、崇尚先进、争当先进的良好风气。三是注重国税稽查班子建设，促使各级国税稽查领导班子以创建学习型组织为基础，把学习、工作、生活有机融为一体，努力培养学习思考的作风、创新奋进的作风、扎实细致的作风、实事求是的作风和民主集中的作风，不断提高服务社会和谐、服务经济发展、服务纳税人的能力，创造良好的工作业绩。四是健全内控机制，认真落实“一案双查”制度，把“惩治”与“预防”有机结合起来，层层签订 2010 年度《党风廉政建设责任书》，明确、细化了职责和任务，在“十一五”期间，全市国税稽查系统无一起稽查干部违法违纪行为发生。五是“十一五”期间，全市稽查系统涌现出了一批先进人物，其中 1 人荣获“全国先进工作者”称号，2 人荣获国家税务总局一等功，2 人荣获二等功，3 人荣获三等功，3 人获嘉奖。

［稽查业务培训］　2010 年，结合税收专项检查工作的重点，积极开展稽查业务培训。一是有针对性地开展了税务稽查局长培训；二是“大小非解禁”与企业重组税务稽查与管理培训；三是药品经销行业税收检查培训；四是房地产行业税收检查培训等，共计 143 名稽查局长和业务骨干参加业务培训，取得了良好效果；五是与西南政法大学合作，举办了依法行政、依法稽查工作研讨会，邀请其行政法学院的教授，着重从行政法学和法理学层面，与稽查干部研讨交流税务执法实践中的难点问题，进一步增强了税务稽查干部把依法行政作为基本准则贯穿于税务稽查工作中的意识。

［稽查人才库建设］　2010 年，继续对国税稽查人才库进行了调整补充工作。由于全市国税机构改革和岗位轮换，全市国税稽查人才库成员发生了一些变化，针对这一实际情况，对全市稽查人才库成员进行了重新审核、推荐，确定了 100 名全市稽查人才库成员，在全市稽查人才库成员中，筛选出 50 名推荐到国家税务总局全国稽查人才库。人才库成员的及时调整补充到位，为组织开展税收专项检查和大要案件检查打下了人才基础。

［案件公告］　2010 年，全市国税稽查系统十分重视案件公告工作，凡通过司法机关处理的案件，在严格的审批程序后，通过报纸等新闻媒体对外公开曝光。2010 年共曝光案件 15 件。

［稽查宣传］　一是全市国税稽查干部参与了纳税咨询、发票真伪辨别、纳税企业大户展示等活动，与纳税人和谐互动。二是结合“唱读讲传”活动，发动稽查干部和纳税人，共同表演税收宣传

文艺节目。三是充实宣传内容，增添纳税人在办理税收业务中容易遇到的风险点以及如何避免税收违法等知识。四是广泛征求纳税人意见和建议，开展更具个性化的税收宣传活动，进一步提高了税法遵从度，积极推行政务信息公开，切实保障人民群众的知情权。五是在全市范围内开展了声势浩大的打击经济犯罪宣传日活动，共出动1500余人，设立宣传台近50个，发放宣传资料30万余份，接受咨询2万余次，社会反响良好。六是组织重庆日报、重庆电台、重庆电视台、重庆晚报、华龙网等市属主要新闻媒体和中央驻渝新闻机构开展打击发票违法犯罪活动的宣传工作，在公共媒体上刊播关于发票整治的新闻通稿和宣传稿件60余篇，在《中国税务报》上发表专题报道5篇，并在市政府公众信息网站上开设专栏。8家主流媒体指定专题新闻记者，对打击发票违法犯罪活动工作进行全程跟踪报道。同时，策划制作了2个发票系列动画宣传片，在重庆电视台黄金时间进行了连续一个月的播放。编发工作专报和工作简报各28期。

［稽查调研］ 2010年，重庆国税稽查系统积极有效地开展调研工作。一是承办了国家税务总局稽查局委托的《税务稽查组织纳税人自查管理办法》课题调研、起草工作；二是派员参加了总局稽查局金税三期稽查业务需求的编写工作；三是开展了《治理发票违法犯罪的实践与思考》专题调研，该文在国家税务总局科研所2011年第1期《税收研究资料》杂志上刊发；四是积极参加了市国税局组织开展的税收调研工作，对全市税收管理中出现的新情况和存在的问题进行实事求是的分析，形成了切实可行的专题调研建议报告。

［稽查工作会议］ 2010年，一是召开了全市国税稽查工作会，传达贯彻全国税务稽查工作会议精神，总结2009年工作，布置当年工作任务；二是承办召开全市打击发票违法犯罪活动工作部署电视电话视频会；三是组织召开税收专项检查和区域专项整治工作动员会；四是组织召开了专项检查四个片区汇报会，及时了解掌握进展情况，督导专项检查工作平衡开展。

（江师见）

重庆市地方税务局稽查处

［概述］ 重庆市地税系统坚持以科学发展观为统领，认真贯彻市委、市政府和国家税务总局的一系列决策部署，坚持“依法治税、管理强税、科技兴税、人才立税、廉洁从税”，自觉把税收工作融入经济社会发展大局来思考和谋划，充分发挥税收职能作用，为重庆经济社会发展作出积极贡献。2010年重庆市地税系统税费总收入达到878.42亿元，其中：税收收入558.68亿元，是“十五”末的4.1倍，比上年增长41.62%，增幅居全国第四位，创历史新高。社会保险基金在有较大政策性减收因素的影响下，仍圆满完成了征收任务，征收额达302.65亿元，是“十五”末的3.92倍。

［稽查查补收入及分析］ 按照国家税务总局的统一部署和要求，重庆地税在2009年稽查工作实现跨越式发展的基础上，坚持“思想不松懈、标准不降低、力度不减弱、效果不打折”的工作原则，合理调配稽查资源，科学统筹、协调推进各项工作，稽查工作再创佳绩。2010年，各级稽查部门共检查纳税人5457户；查补收入12.58亿元，实际入库12.16亿元，稽查查补收入和入库收入均首次突破10亿元大关；稽查选案准确率达93.23%，结案率达95.54%，入库率达96.69%。

［案件查处］ 以实现“法治、公平、文明、效率”为目标，进一步完善分级分类、典型引路、拓展检查等工作方式，及时编发典型案例通报，深入开展调研式稽查和异地协查，案件查处工作取得了重大突破。2010年，全市共查处税收违法案件1785件，其中查补金额在100万元以上的案件56件，500万元以上的案件3件，1000万元以上的案件达到5件。其中，成功查处了重庆佳天下装饰公司、大足宾馆等一批违法情节严重、涉案金额巨大、社会影响恶劣的重大案件，市局专题通报了五起“两套账”偷税案件，引起强烈反响。此外，在总局稽查局的指导下，重庆市地税局成功查结的“聚奎虚开（非法代开）货运发票案”，并对该案的查处过程、检查经验及征管建议等进行了全面系统的分析，形成了专题报告上报国家税务总局。2011年4月，国家税务总局稽查局将该报告

原文转发全国税务系统。

[税收专项检查]　按照国家税务总局的统一部署，重庆地税稽查系统对房地产及建筑安装业、药品经销业、交通运输业、非居民企业等4个指令项目以及营利性医疗和教育培训机构、年所得额12万元以上个人所得税自行申报纳税情况等2个指导性项目开展了行业税收专项检查。2010年，该市在行业性税收专项检查中共检查纳税人6998户，其中税务机关直接检查1313户，企业自查5685户，查补各项收入8.57亿元，同比增长39%，其中税款7.99亿元，加收滞纳金罚款5751万元。

[广告业调研式稽查]　为了预测发案新动向，探索办案新方法，重庆地税稽查系统组织开展广告业调研式检查，通过对事先筛选的25户广告企业的检查，发现问题企业24户，查补收入4000余万元，归纳了16项广告业涉税问题，提出反馈了9条稽查建议。取得了较好成效，得到了上级肯定。2011年，国家税务总局专门将广告业列入了全国税收专项检查指令性行业。

[房地产税收专项整治]　在国家对房地产行业进行宏观调控的形势下，按照国家税务总局和市委、市政府的要求，结合专项检查指令性计划，重庆地税稽查系统开展了房地产税收秩序专项整治工作并实现了100%全覆盖。针对房地产行业税收违法行为的新特点和新趋势，市局统一明确了整治的重点税种和重点项目，提高了针对性和有效性。在专项整治工作的推动下，全市进一步加强房地产行业税收管理，2010年，共查补房地产行业各项地方税收6.59亿元，同比增长60%，其中土地增值税1.98亿元，同比增长3倍。

[重点税源检查]　按照国家税务总局的部署，重庆地税组织开展了对太极集团、中国航空集团、南方航空集团等26家大型企业集团在渝下属企业的税收检查工作。通过有计划分步骤地采取税企座谈、实地辅导、分片深入基层督导、专题听取汇报以及自查与税收抽查等形式，积极推动税收检查工作的深入开展，促进了税企间的良性互动，取得良好的效果，共查补收入2842万元。此外，重庆地税坚持以市局稽查局为依托，进一步加大对市级重点税源的检查监控力度。仅市局稽查局检查的42户市级重点税源户，查补收入达到8309万元。

[打击发票违法犯罪活动]　按照国家税务总局及全市打击发票违法犯罪活动工作电视电话会议的要求，重庆地税稽查系统积极做好与国税、公安等部门的执法联动和协同配合，持续保持对发票违法犯罪活动的高压态势，取得了前所未有的显著成效。2010年，共查处各类发票案件890件，收缴假票据680万余份，没收印刷机、切纸机、短信群发器等作案设备14台，查补各项收入4827万元，协助公安机关抓获犯罪嫌疑人78人，捣毁窝点11个，打掉团伙4个，有力地遏制了全市发票违法犯罪活动势头，受到全国打击发票违法犯罪活动工作协调小组的通报表扬。一是重拳出击卖方市场。主动配合公安部门开展的“端窝点、打团伙、打跨省作案”专项行动，成功破获了重庆市迄今为止最大一起制售假发票案件“4·21特大出售非法制造发票案”，先后在重庆、福州、成都等地缴获各类假票据372万余份，仅重庆地区缴获假票据涉案金额就高达1121.52亿元，抓获犯罪嫌疑人25人，捣毁大型假发票印制窝点1个，彻底摧毁了一个横跨闽、渝两地的假发票销售网络。二是深入整治买方市场。部署开展了对房地产、建筑安装、交通运输、餐饮娱乐等4个重点行业和50个重点区域的重点检查，联合市财政、国税部门对全市行政机关和事业单位的受票情况进行全面清查。2010年，共核查重点企业4182户，查处发票违法企业855户，问题发票23.15万份，票面金额3.58亿元，查补收入4827万元。

[税收违法行为举报]　不断发挥各级举报中心对举报案件查处的中枢纽带作用，在健全各级税务违法案件举报中心的基础上，进一步优化涉税举报受理、转办和督办工作流程，广泛利用公开举报电报、12366税务热线、网络举报等形式畅通举报渠道、收集案源线索，较好地推动了案件查处工作。2010年，全市各级举报中心共受理、转办和督办各类举报案件431件，查结379件，查结率为87.94%，共计查补收入6528.2万元（其中税款4745.85万元、滞纳金804.2万元、罚款978.15万元），共入库6156.11万元，入库率为94.3%。同时，实行了每月一次的局领导接访值班制度，接访领导全程参与接访案件的调查、协调和处理。针对重点缠诉案件，市局举报中心通过及时约见、认真记录、认真回复、耐心解答，并积极与相关执法部门互动，赢得了举报人的支持和理解。全年缠诉案件明显下降。

[稽查制度建设]　在总结国、地税稽查协作实践的基础上，重庆地税与市国税局联合印发了《稽查工作协作办法》，对全市国、地税两局稽

查部门在信息交流、联合检查、涉税线索移送、稽查协查等方面进行了明确和规范，为双方加深合作提供了制度保障。据不完全统计，2010 年，重庆地税系统先后与国税部门联合开展专项检查 124 户次，查补收入 8758 万元；联合查处了聚奎专案、重庆北新物流发展有限公司偷税案等重点案件 10 件；向国税部门发起发票协查 11000 余票次，相互移送涉税违法线索 653 条；对 8400 余份货物运输发票出具虚开证明，协助国税部门追补税款 2500 余万元。国、地税两局稽查部门形成了立体化、全覆盖的协作态势。

[稽查系统建设] 一是实施扁平管理。利用政务内网、视频系统、《稽查信息》等媒介和载体，建立了上下一体、信息畅通、反应灵敏、指挥有力的稽查运行机制。2010 年先后多次以视频会议的形式组织全市稽查系统召开全年稽查工作会、工作部署会和业务培训会，极大地提高了信息传递效率。二是优化目标管理。注重发挥目标管理的导向作用，结合稽查查补收入和大要案件查处工作实际，首次在全市稽查工作绩效考核体系中增设加分项目，强化了对基层执法的正向激励，促进了工作的提档升位。三是强化过程管理。充分利用全市数据大集中的优势，实现了利用地税 3.0 综合征管软件对全市稽查案件查处情况的实时查询和动态监控，进一步提高了执法监督的针对性和实效性。四是加强风险管理。充分利用总局执法督查反馈建议，有针对性对 15 个区县单位开展了稽查案件复查，梳理出了稽查工作中的 13 个高危风险点，提出了加强和改进的对策；及时抓好各项稽查制度的清理完善，进一步优化了稽查执法制度环境，降低了执法风险。

[稽查信息化建设] 为提高对信息化管理企业的稽查办案能力，有效应对不法分子利用电子账簿偷逃税款的趋势，2010 年 11 月 1 日，重庆地税召开了“数字化稽查”工程启动仪式暨查账软件专题培训会，率先在 10 个区县局试点应用查账软件。这标志着重庆地税稽查执法手段的现代化建设迈出了关键一步。市局将以征管信息系统为平台，以稽查管理软件和稽查查账软件为内容，从稽查理念、管理平台、稽查手段和队伍素质等方面致力于数字化建设，力争早日在全市范围内实现“数字化稽查”。2010 年，数字稽查初见成效，查账软件在筛选海量数据，截获账外账，还原电子证据等方面发挥了关键作用。借助电子查账工具软件，全市地税系统成功查获了重庆佳天下装饰公司、重庆好广传媒公司等一批利用电子账簿偷税的重大案件。

[稽查队伍建设] 重庆地税始终坚持把稽查人员的全面发展作为推动稽查工作科学发展的重要动力，努力导入“德才兼备，一专多能”的稽查人才培养模式，把提高稽查人员的职业道德素养和办案能力作为主要目标，全面搭建富有特色、贴近实际的稽查人才培养平台，多渠道多层次促进稽查干部成长成才。一是统筹利用系统内外培训资源，大规模开展稽查业务培训。先后举办了稽查局科级干部培训班，新《税务稽查工作规程》专题培训班、房地产专项检查和广告业调研式稽查查前培训班，参培稽查干部达 1200 余人次。其中，由市局稽查处业务骨干讲解的新《税务稽查工作规程》视频课件被国家税务总局教育中心采用。二是发挥市局稽查局人才基地效应。继续从基层选派 6 名稽查骨干到市局稽查局学习锻炼，通过参与重大案件查处，提高实战技能。三是持续打造稽查擂台赛等特色培训品牌。以向全系统现场直播的形式创新组织方式、提高区县的参与面和关注度，进一步扩大擂台赛的影响和感召力，得到了总局稽查局的高度肯定。在 2011 年全国稽查工作会议上，重庆市地税局作了题为《构建多元化人才培养模式　全面推进稽查队伍专业素质建设》的交流发言。

[稽查调研] 一是选派稽查骨干参加国家税务总局《自查管理办法》的调研起草工作，并专门组织业务骨干召开专题研讨会，就初稿的具体内容向总局上报数十条修改意见。二是赴浙江参加全国“五五普法”丛书《税务稽查读本》前期编写工作，提出的大纲编写建议得到了总局的采纳。三是结合近年来开展的房地产专项检查、建筑安装业专项检查、广告业专项检查以及打击发票违法犯罪活动工作实践，围绕进一步加强重点税源行业的税收征管开展了专题调研，形成了 3 万余字的调研报告，推动实际工作的开展。

[稽查工作会议] 2010 年 3 月 4 日，重庆地税召开稽查工作视频会议。市局党组书记、局长刘有恒，总会计师冯邦富出席会议，市局相关处室负责人、各区县单位的分管局长以及全体稽查干部共 700 余人分别在市局主会场和各分会场参加了此次会议。会上，刘局长对过去一年的地税稽查工作给予了充分肯定，对 2010 年全市地税稽查工作提出了三点要求：一是坚定信心，强化领导，为稽查工作提供有力保障；二是认清形势，统一思想，正确认识稽查工作定位；三是加强管理，提升能

力，开创稽查工作新局面，为地税事业又好又快发展作出新的更大的贡献。冯总会计师在会上作了全市税务稽查工作报告，报告明确了2010年全市地税稽查工作的总体目标。会上，部分基层单位还分别在主会场和分会场作了经验交流发言。本次会议是全市地税稽查系统首次通过视频的形式召开的会议，会议形式新颖，参会人员多，受众面广，便于一线稽查干部更直观、更及时、更全面地领会和把握会议精神，为做好下一步的税务稽查工作打下了坚实的基础。

（张　翼）

四川省国家税务局稽查局

［概述］　2010年，四川省县级以上国税局共设立稽查局179个，其中省级稽查局1个，市州级稽查局21个，县级稽查局157个，共有稽查干部职工2208人。一年来，全省国税稽查工作在总局稽查局和省国税局的领导下，深入学习实践科学发展观，围绕全国税务稽查工作思路和全省国税工作思路，深入开展税收专项检查和重点企业检查，严肃查处重大涉税违法案件，大力整顿和规范税收秩序，规范稽查体制，推进稽查工作创新，规范执法行为，优化税收服务，加快稽查信息化建设，全面提高稽查队伍的政治业务素质和执法水平，圆满完成了全年各项稽查工作任务。全年全省国税稽查机构查补入库税款、罚款及滞纳金总额22.07亿元。

［稽查查补收入及分析］　2010年全省稽查部门共检查纳税人4205户，实现稽查查补收入（含企业自查、评估检查收入）21.98亿元，入库22.07亿元，其中：稽查查补收入4.81亿元，稽查机构组织企业自查收入入库17.25亿元。主要有以下特点：一是收入总额大幅增长。查补收入总额较2009年增长48%，主要原因是查补总额包含了稽查机构组织企业自查收入和纳税评估收入，这部分收入占查补收入总额的78%，且增长幅度达50%。二是通过稽查程序查补收入实现增长。同2009年相比，增长了41个百分点。其中，增长幅度超过100%的地区有阿坝（1245.95%）、直属分局（474.6%）、乐山（219.05%）、甘孜（202.17%）、雅安（180.82%）、广元（143.6%）；凉山（－62.3%）、眉山（－38.17%）、巴中（－31.81%）、泸州（－31.04%）、德阳（－25.69%）、攀枝花（－20.17%）、广安（－17.42%）、达州（－7.36%）八个地区出现了不同程度下降。三是入库率小幅提高。稽查查补收入入库率为100.4%，较2009年提高1个百分点，全省所有地区均超额完成省局确定的95%的考核目标。四是处罚率小幅下降。继2009年处罚率较上年下降4.3个百分点以来，2010年全省平均处罚率为11.2%，再次下降了2.8个百分点。但除省直分局（0）和攀枝花（6.8%）外，其余地区均完成了8%的考核目标；处罚率较高的地区有凉山（36.6%）、遂宁（34.3%）、泸州（29.6%）、广安（19.6%）、内江（19.2%）等地。五是选案准确率普遍较高。平均选案准确率达91.5%，各地均超额完成了80%的考核目标，其中，自贡、泸州、内江、达州、雅安、巴中、眉山、阿坝八个地区和直属分局选案准确率达到100%。

［整顿和规范税收秩序］　该省国税稽查部门认真贯彻上级关于整顿和规范市场经济秩序的工作部署，以严厉打击做假账、偷税、骗取出口退税和发票使用中的违法行为以及对大中型企业税收监控为重点，从整顿、打击、规范三个方面入手，加强与税收征管和公安经侦等部门的内外协作，结合实际深入开展税收专项检查，突出重大案件查处严厉打击涉税违法犯罪，充分发挥税务稽查以查促管的职能作用，把整顿和规范税收秩序工作向纵深推进。

［税收专项检查］　一是查补收入大幅增加。全省共安排检查建筑安装、药品经销、交通运输、非居民企业、机动车修理、煤炭及商业零售等20余个行业的2219户企业，查结企业2037户，有问题企业1859户，移送司法机关6户，有问题率91.3%，查补收入共计3.55亿元，较2009年同期2.12亿元增加1.43亿元。二是自查补税效果明显。全省共组织8432户企业开展自查，其中自查有问题企业3859户，自查入库收入共计4.28亿元。在自查工作中，切实加强自查辅导，积极探索建立税企互动机制，通过给予纳税人纠正错误、弥补过失的

机会，增强了纳税人主动自觉纳税意识，促进了税收收入稳步增长。三是专项检查措施得力。各级国税局结合实际，统筹兼顾，强化措施，扎实推进税收专项检查工作，确保完成各项工作任务。

［案件查处］ 认真执行大要案件管理办法，加强涉税违法案件举报管理，查处了一批大案要案，一批涉税犯罪分子受到了法律制裁。2010年立案查处案件4205件，查补总额4.81亿元。省局督办各类大要案件15件（包括以前年度未查结案件8件），各地查结案件4件，移送司法机关案件16件，起诉判决2件，3人被判处有期徒刑，14起案件尚在处理中。遂宁市局稽查局查处张勇等人贩卖假发票案，措施得力，查处质量较高，为国家避免了巨额税收损失，有力打击了发票违法犯罪行为。各地结合税收宣传月活动和日常税收宣传工作，加大案件公告和曝光力度，有力震慑了涉税违法犯罪，引导了纳税遵从，扩大了社会效果。

［打击发票违法犯罪活动］ 2010年，该省进一步加大打击发票违法犯罪活动工作力度，在严厉打击虚假发票“卖方市场”的同时，大力整治“买方市场”，确保了打击发票违法犯罪活动工作的深入有效开展。全省打击“卖方市场”共查处发票违法犯罪案件373起，捣毁制售假发票窝点371个，打掉职业犯罪团伙64个，抓获犯罪嫌疑人462名，收缴作案设备186台，查获各类假发票3530万份。成功破获“1·30”、“3·14”特大制售假发票案，得到了公安部领导的高度评价。其中，“3·14”特大制售假发票案摧毁了一个涉及川、鲁、粤三省的特大犯罪网络，共捣毁大型制售窝点4个，查缴伪造的航空运输电子客票行程单756万份，是全国范围内查处假发票犯罪的一起新型案例。整治“买方市场”共检查了3804户企业，查处发票违法企业1025户，涉及非法发票40075份，非法开票金额3.51亿元，查补税款3251.1万元，加收滞纳金312.5万元，罚款497.4万元，曝光案件77件，移送公安部门案件24起。

［案件协查］ 全省共发出委托协查332起，委托协查349户次，涉及发票8933份，金额28.30亿元，税额4.79亿元。其中，确定虚开发出13起，涉及13户次，发票567份，涉及金额2276.44万元，税额301.88万元。全省收到协查回复结果涉及发票8654份，其中，确定虚开收到回复结果567份，通过委托协查查补增值税721.35万元，罚款18.87万元，滞纳金20.75万元。全省共收到受托协查1270起，受托协查1970户次，涉及发票12628份，金额25.58亿元，税额4.34亿元。通过受托协查查补增值税533.78万元，罚款15.23万元，滞纳金9.4万元。累计回复率100%。全省累计分捡增值税专用发票1488份，累计按期分捡率100%。全省增值税专用发票委托协查信息完整率为99.19%。2010年总局督办协查案件有“聚奎”案、“黄金票”案、“南疆税案”案和“7·30”案等，共查补税款4131.31万元，罚款13.21万元，滞纳金136.12万元。

［涉税举报管理］ 认真贯彻执行新的《信访条例》、《全国税务机关信访工作规则》和涉税举报工作的有关规定，进一步加强税法宣传和举报案件的管理工作。2010年，全省各级国税举报中心共受理举报案件337件，查处324件，结案419件，查补税款2214.93万元，加收滞纳金152.53万元，罚款431.13万元；入库税款1809.96万元，滞纳金535.77万元，罚款179.47万元。其中，收到总局转来的交办举报案件32件，已全部安排查处，未发现符合大案、要案标准的案件。举报案件特点：一是举报人多为企业内部人员和同行业竞争对手。二是举报案件集中在中心城市。三是举报对象主要是有限公司、个体、私营企业。四是举报对象主要涉及商业批零和制造业。

［稽查工作创新］ 积极探索实践一级稽查体制和分级分类稽查管理。雅安、资阳等国税局加强稽查业务统筹和优化稽查人力资源配置，在全市范围内推行统一选案，统一检查，统一审理，属地执行的一体化稽查模式，提高了稽查工作质量和效率；南充、自贡等国税局加强市局稽查局和跨区稽查局之间业务工作的统筹，创新了一级稽查体制在市区的管理模式；遂宁等国税局在全市范围内推行分级分类稽查管理办法，取得了积极成效；成都市国税局以“工单”形式下达稽查工作项目任务，加强对稽查工作的绩效考核。一级稽查体制和分级分类稽查管理办法的推行，整合了稽查资源，统一了执法尺度，降低了执法风险，较好地发挥了稽查系统整体作战优势，极大地提升了稽查执法效能。

［稽查信息化建设］ 各级稽查部门严格程序，加强管理，确保了CTAIS稽查模块、举报管理系统、协查管理系统等应用软件的规范操作和正常运行。积极使用查账软件、解密软件和数据恢复软件突破检查瓶颈，取得了明显效果。德阳、巴中等市稽查部门针对企业集团、连锁超市等大型企业实行财务电算化的特点，组织人员进行业务攻关，在实战中不仅总结出了运用稽查查账软件判断

多个账套，从网络版财务软件中提取下属公司会计电算化资料，规范电子数据取证流程，规避稽查执法风险等方法，而且从稽查业务角度发现了稽查查账软件存在的技术缺陷，向省局稽查局及软件开发公司提出了二次业务需求。2010 年，全系统运用稽查查账软件直接查补入库税款 5000 多万元。

[稽查制度建设]　进一步完善各项稽查工作制度，规范稽查执法行为，提高稽查执法质量。完善规范了稽查取证、案件预警、稽查执法风险提示、案件质量评比等工作程序、工作标准及工作要求。根据“两化”建设要求，在深入调研的基础上，印发了《四川省国税系统征管服务规范化、标准化操作规程》，对 7 大项 19 个小项的稽查工作进行了统一规范，推动了稽查工作规范化、标准化、制度化建设。各市（州）国税局结合实际，紧紧围绕稽查主业，制定完善了相关工作制度办法。成都市国税局制定了《涉税案件移送实施办法》，眉山市国税局建立完善了《检查项目管理制度》，南充市国税局制定了《稽查审理工作制度》，遂宁市国税局制定了《分级分类稽查管理办法》。稽查制度的建立和完善，对规范稽查执法行为，践行公平、公正、文明稽查，优化纳税服务，提高稽查工作质量和效率起到了重要的促进和保障作用。

[稽查系统建设]　稽查机构规范工作全面完成。各市（州）国税局按照省局关于机构改革和总局关于规范稽查机构设置、明确职能职责的有关文件精神，规范设置了市（州）、县（市、区）国税稽查机构，明确了两级稽查局及其各岗位职能职责，为稽查工作目标任务的完成提供了组织保障。稽查队伍素质进一步提高。各级稽查部门积极开展稽查业务培训，近 400 人次参加了各级各类培训，240 余名稽查骨干与岗位人员参加了各类稽查业务培训。

[稽查工作会议]　3 月 9 ~ 10 日，全省国税稽查工作会议在成都召开。会议传达贯彻全国税务稽查工作会议精神，总经济师祝培洪作了题为《求真务实　锐意进取　奋力开创我省国税稽查工作新局面》的主题报告。明确了“十二五”该省稽查工作思路，部署了 2010 年全省稽查工作任务。“十二五”时期该省稽查工作的总体要求是：以科学发展观为指导，紧紧围绕省局“强基础、突主业、优服务、争一流”的工作思路，以实现稽查现代化、信息化、专业化为目标；以重大违法案件查处、税收专项检查和打击发票违法犯罪活动为重点；以推进一级稽查体制和分级分类稽查管理为突破口；积极创新稽查方式方法；着力抓好重大稽查业务统筹和重要稽查资源统配；切实加强稽查干部队伍和党风廉政建设，充分发挥稽查职能作用，为四川省国税事业的加快发展作出新的贡献。

[稽查调研]　完成总局稽查局布置的工作调研。全省国税稽查系统围绕总局稽查局安排的分级分类稽查管理办法等课题，全面调查研究，上报调研报告。稽查基层建设调研。省局稽查局共派出调研组 40 多人次，对基层建设进行了调研。各市（州）共上报省局稽查局调研文章 50 多篇，省局稽查局进行了采编印发。

（袁　淮）

四川省地方税务局稽查局

[概述]　2010 年，四川地税稽查系统牢牢抓住“服务科学发展，共建和谐税收”主题，认真贯彻全国税务稽查工作会议和全省地税工作会议精神，以深入整顿和规范税收秩序为目标，以查处税收违法案件和开展税收专项检查为重点，严厉打击制售假发票和非法代开发票活动，调整稽查思路，突出稽查重点，规范稽查行为，提高稽查质量。早谋划、早部署，添措施、抓落实，圆满完成了 2010 年度各项工作任务。为服务该省灾后重建，实现四川地税的历史新跨越作出了积极贡献。

[稽查查补收入及分析]　全省地税稽查系统共检查纳税户 3137 户，组织企业自查 7224 户，实现查补收入总额 28.99 亿元，同期入库收入 26.6 亿元，查补收入比 2009 年增长 10.94 亿元，增长额达到了“十五”末当年查补收入的 1.24 倍，全省平均查补比率 2.4%，选案准确率 96%，入库率 92%，结案率 96%，全面完成了 2010 年总局稽查局下达的各项工作指标，稽查收入在 2009

年历史最高水平基础上再创新高。2010年，省局稽查局在狠抓系统管理职能落实到位的同时，实现查补收入7.71亿元，占同期全省稽查查补总收入的27%，起到了良好的示范和表率作用。成都、宜宾、乐山、泸州等重点收入地区全力实现稽查工作目标，为全面完成稽查工作任务奠定了坚实的基础。阿坝、凉山、甘孜等民族地区，既担负了重要的维稳任务，又实现了稽查查补收入快速增长。其他地区也加强领导，克服困难，勇于争先，为完成稽查工作任务付出了艰苦的努力，有力地保证了全省稽查工作的整体推进。

［整顿和规范税收秩序］ 按照国家税务总局和省局的统一部署，坚持标本兼治、内外并举的原则，以组织收入为中心，以强化税务稽查工作为抓手，以精细化管理、强化税收法规宣传和查处涉税违法行为为目的，认真履行征管法赋予的法定职责，把查处各种涉税违法行为作为整顿和规范税收秩序工作的重点来抓，扎实开展税收专项检查，突出做好重点税源企业税收自查、抽查工作，深入推进发票打假专项整治和严厉查处涉税大要案件，进一步整顿和规范了税收秩序。

［案件查处］ 全省各地紧紧抓住大要案查处这一工作重点不放松，不断加大对举报、交办、督办等各类重大税收违法案件的查处力度，坚持实施重点企业的系统审计式检查，提高了依法查处税收违法行为的稽查核心业务能力。2010年，共立案查处税收违法案件2778件，已结案查补百万元以上税款案件47件，查补税款逾2亿元，占同期稽查直接查补收入31%；共受理涉税举报案件661件，查处474件，查补地方各税1.14亿元。省局稽查局为确保转市（州）举报案件的查处质量和效率，将社会影响较大或案情严重的举报案，列为省级督办案，同总局交办的督办案一道，进行了重点督促和催办。宜宾、广元、自贡、广安、内江等地认真开展举报案件的查处工作，化解了各方矛盾，防止了群体事件的发生，确保了案件妥善处理。同时，各地高度重视交办案件的查处，省局稽查局成功组织查办了纪委交办案件13件，查补金额1.34亿元；成都、攀枝花、德阳、乐山、遂宁等地全力查办了总局或纪委交办案件。这些大要案件的查处，不仅为国家挽回了重大经济损失，严厉打击了涉税违法行为，也为纪委案件的重大突破、惩治腐败起到了积极作用。

［税收专项检查］ 根据国家税务总局指令性计划和指导性计划，省局对全省税收专项检查工作作了详细、具体的安排，明确指令性计划项目为药品经销行业、房地产行业与建筑安装行业、交通运输行业。指导性税收专项检查项目是：营利性医疗与教育、培训机构、非居民企业税收专项检查、年所得额12万元以上个人所得税自行申报税收专项检查，以及其他各地认为需要开展的税收专项检查项目。各地在完成总局指令性检查工作的基础上，结合实际，分别开展了采掘业、金融保险业、机械加工业、煤炭、水泥等行业的税收专项检查。2010年，该省共对1756户企业进行了税收专项检查，查补地方各税3.64亿元；工作中，各地针对所检查行业的特点，有的放矢地对检查人员开展了专项检查的查前培训。同时，加强了案例分析，积极发挥以查促管、以查促查的职能作用。南充、遂宁、绵阳等地注重稽查成果的转化，放大专项检查效应，在查后总结分析上下工夫，及时提出稽查建议，协助征管部门完善措施，有力地促进了当地税收规范管理。

按照国家税务总局部署安排，完成对限售售股减持税收专项的后续工作，重点做好对非正常状态企业的检查工作，确保逐户、逐笔准确落实。2010年，地税系统管辖1224条，查补税款3.12亿元、滞纳金736.09万元，共计3.19亿元，已入库3.09亿元。

［重点税源检查］ 四川地税稽查系统对部分重点税源企业开展了以税收自查为先导的税收检查工作，引导重点税源企业依法规范纳税行为，控制重大税收流失。一是认真做好总局安排的中国航空集团公司等三户企业的自查及抽查工作，查补税款9566.43万元（其中自查查补税款26.62万元，初查查补税款9539.81万元）。二是认真做好总局统一安排的2009年度中国500强企业中部分重点税源企业自查及抽查工作。此次重点税源企业税收检查，涉及该省企业102户。自查阶段企业自查查补税款1705.91万元，入库805.66万元。自查结束后，全省组织安排了对50余户企业实施抽查，初查查补税款542.23万元、滞纳金335.21万元、罚款8.11万元，共计885.55万元。通过开展重点税源企业的专项检查工作，各地认真总结整理重点税源企业存在的各类问题，形成工作建议向相关部门反馈，促进重点行业和重点税源管理工作，促进税收政策完善，不断提高税收征管工作水平。三是适时扩大检查范围，积极组织对本地重点税源企业的自查。通过召开企业自查工作座谈会，加强政策辅导和工作督导，强化自查过程管控，督促企

业将自查补缴税款及时解缴入库，确保了自查工作收到实效。全年共组织企业自查 7224 户，自查收入 22.52 亿元，入库 20.18 亿元。

[打击发票违法犯罪活动] 2010 年，四川地税稽查系统贯彻落实国办、总局、省政府及全国、全省打击发票违法犯罪活动工作协调小组会议精神，并结合该省工作实际，将房地产及建筑安装、餐饮娱乐、旅游、中介服务等行业作为重点行业开展发票专项整治工作。采用多种手段加大对发票受票企业的检查力度，深入追查购买、使用虚假发票的企业，加大对“买、卖方市场”的清理和规范，重点查处了一批使用假发票的企业和单位，依照税法规定进行处理，除责令补缴税款、滞纳金外，并给予行政处罚。全省共查处制售假发票和非法购买使用虚假发票案件 749 件，打掉团伙 30 个，捣毁制售窝点 129 个，收缴作案设备及工具 47 台，缴获印章 211 枚，查获假发票 583.97 万余份，抓获犯罪嫌疑人 79 人，已查实查补税款、滞纳金、罚款 1044.45 万元，有效扼制了发票违法犯罪活动的蔓延，经济秩序、税收环境得到进一步规范。在 2010 年全国打击发票违法犯罪活动工作中成绩突出，受到国家税务总局表彰的单位有南充市地税局稽查局、广元市地税局稽查局，受表彰的个人有孙贵平、彭光荣。

[税收违法行为举报] 贯彻落实《税收违法行为检举管理办法》，实施检举案件分类处理，提高检举案件管理水平。强化服务意识，提高服务质量，引导检举人准确检举税收违法行为，树立稽查窗口良好形象。严格为检举人保守秘密，依法确认、计算和兑付奖金，积极为检举人兑奖提供优质服务和方便。做好检举案件中矛盾化解、疏导、说服工作。2010 年共受理举报案件 648 件，查处 461 件，查补税款、滞纳金及罚款共计 1.13 亿元，入库 1.05 亿元。

[稽查制度建设] 认真落实国家税务总局科学化、精细化管理的工作要求，从完善制度建设入手，进一步夯实稽查基础工作。一是为保证新修订出台的《税务稽查工作规程》的有效实施，全省各地结合实际，及时拟制了关于贯彻税务稽查工作规程的相关意见，加强对稽查工作的过程控制，提出了稽查工作质量。二是省局多次组织调研组，赴成都、绵阳、广元、泸州等地开展稽查工作调研，了解和排查稽查工作中存在的难点、热点问题，关注重点地区工作进度，及时调整思路、采取措施、解决问题，保证了稽查工作顺利开展。其他各地也将联系基层工作制度作为提高稽查执法水平的重要保障，进一步推动了系统规范执法和工作落实。三是在开展稽查四环节自查基础上，省局稽查局会同省局相关处室选取了 1 个市级稽查局、8 个县级稽查局对 2009 年已查结的 27 件稽查案件进行了抽查，加大对系统整体办案质量的监督，规范了稽查执法。

[稽查系统建设] 牢固树立全省地税稽查上下“一盘棋”思想，不断增强系统上下互动机制。落实《重大税收违法案件督办管理暂行办法》，加大督办、组织查办大要案件力度，加强工作指导。加强稽查系统综合考核指标落实工作。强化稽查系统管理，以抓好稽查系统内信息、调研、宣传工作为纽带，畅通信息和业务交流渠道，增进系统上下工作联系。以抓好税收违法案件查处、税收专项检查、区域税收专项整治等稽查工作为主线，推进系统内规范办案和工作协调，增强系统内部工作合力。以执行各项系统管理工作规程、管理制度和工作督办为要求，狠抓稽查系统管理职能落实到位，不断激发系统上下工作活力。

[稽查信息化建设] 随着经济社会的不断发展和税收征管改革的不断深化，稽查工作面临着新的矛盾和问题，也面临着新的挑战和机遇。四川地税稽查系统在努力把握稽查工作规律的基础上，充分利用征管信息和第三方信息开展选案、深度检查，提高对信息化管理企业的稽查办案能力。加大稽查信息化的投入，加快信息化建设步伐，不断提高稽查信息化应用水平，加快培养能够熟练应用计算机技术对信息化管理的企业进行检查的专门人才。不断认识、总结企业信息化管理的规律，提高认知度，研究应对措施，完善相关制度。运用现有信息化手段，切实发挥信息技术作用，实施有效稽查，促进稽查工作健康科学发展。

[稽查队伍建设] 四川地税稽查系统坚持以人为本，营造和谐共进的工作环境。对部分地区市、县两级稽查局领导班子进行了优化配置，促进了各地稽查部门领导力量进一步增强。同时，调整了干部人力资源配置，稽查战斗力得到提高。并且坚持以精神文明建设活动为载体，积极开展争创文明单位、争当先锋模范等一系列争先创优活动。省局稽查局顺利通过了省级最佳文明单位验收并得到了考核验收组的高度评价，全系统涌现了“四川省三八红旗手”、“四川省劳动模范”等多名先进个人。不断加强稽查队伍廉政建设。各地采取多种形式和手段，以完善惩治和预防腐败体系为重

点，加强反腐倡廉建设，落实《关于加强稽查执法监督制约工作的意见》，加大对稽查执法过程全程的廉政监督制约，积极防范稽查执法风险。认真落实“一岗两责”，确保稽查工作的廉政责任落实到岗位、到个人，落实到思想政治、业务工作、作风建设的各个方面。加强稽查队伍作风建设。围绕深入学习实践科学发展观主题，贯彻落实十七届三中、四中全会精神。切实改进稽查队伍作风，促进广大稽查干部爱岗敬业、勤奋工作，树立稽查执法威信和良好形象。

［稽查业务培训］ 省局统筹安排，完善各层次、各岗位的知识能力培训，重点开展针对提高稽查干部的税收政策水平、法律素质、查账技能等实用型培训，加大电子税务稽查培训力度。一是做好分类培训，选派干部分别参加高等院校、总局、省局以及各地自行组织的各类涉税业务培训班。全年各地共举办70余期业务培训班，培训人次近2000人次，进一步提升了稽查干部的整体业务素质。省局稽查局还举办了全省地税稽查局长培训班，有效地提高了全省各级稽查领导干部的执法水平。二是积极鼓励职工参加各类技能比赛和各种形式的学历教育及资格考试。截至2010年年底，全省各地具有大学本科以上学历的稽查人员1962人，占比90%；各类专业资格的稽查人员251人，占比12%。三是进一步加强稽查干部队伍的政治思想教育、职业道德教育、廉洁自律教育，引导广大稽查干部筑牢反腐败的思想防线，提高稽查干部的防腐拒变能力，更好地做到严格执法、廉洁奉公、为国聚财。

［稽查人才库建设］ 四川地税稽查系统坚持提高综合素质与岗位练兵相结合，积极开展全员岗位练兵活动，狠抓稽查业务建设。通过组织稽查人员脱产培训、举办查账技能专题培训等方式，不断强化业务培训和岗位练兵。全省共有143名同志进入省级地税稽查人才库，30名同志进入全国稽查人才库。强化稽查效能建设。各级地税稽查部门按照服务大局、提高效率、强化协作、改进作风等效能建设的要求，广泛征求有关部门和单位的意见、建议，及时研究制定整改意见和措施。实行了岗位目标责任制，促进各项工作规范、快捷、高质量完成。

［稽查宣传］ 全省各级地税稽查部门通过广播、电视、报刊、网络等多种形式开展税法宣传活动，形成了强大的舆论声势，扩大了税务稽查的社会影响。在重大案件查处时，有意识地制作、保存各类资料；在宣传中，着力在显示稽查威慑力、展示税收征管成果和震慑不法分子上下工夫。同时，采取定期进行税务公告、召开座谈会等多种形式，宣传打击涉税违法活动成果，扩大社会影响。省局稽查局积极向国家税务总局、省政府、省地税局报送稽查专报、稽查信息，多条信息被省政府、国家税务总局网、中国税务网、四川地税网转载和采用。通过大力宣传稽查成果，曝光税收违法行为，提高了纳税遵从度，发挥了稽查的教育和震慑作用，提升了地税稽查形象。

［稽查调研］ 2010年，省局成立了稽查课题调研组，对该省稽查工作中的热点问题和重点问题进行专题调研，完成了题为《税务稽查成果运用初探》的调研课题。课题重点对稽查成果的含义、科学运用稽查成果的含义、稽查成果运用过程中存在的问题、稽查成果运用的主要途径、科学运用稽查成果应做的几项工作等问题进行了分析和研究。通过开展稽查课题的调查研究，为该省地税稽查持续发展、科学发展、和谐发展、更好发展提供了一定的理论依据。

［稽查工作会议］ 3月14日，该省组织召开了由各市（州）分管稽查工作的局领导和稽查局长参加的全省稽查工作会议。会议总结了2009年工作，布置了2010年工作。省地税局副局长车伟在会上发表《围绕中心，服务大局，为实现四川地税发展新跨越作出积极贡献》的重要讲话。主要包括三方面内容：一是认真贯彻落实总局、省局重要会议精神。要求各级稽查部门认真学习、深刻领会。二是围绕中心任务，明确工作目标，突出工作重点，提升工作水平。三是严格要求，狠抓落实，确保完成2010年稽查工作任务。2010年全省地税稽查工作的总体要求是：坚持“服务科学发展，共建和谐税收”主题，围绕税收中心任务，以大力组织税收收入和整顿规范税收秩序为目标，以重点税源企业审计式检查和税收违法案件查处为重点，科学组织税收专项检查和区域税收专项整治，严厉打击发票违法犯罪活动，建设税务稽查良性长效机制。2010年该省地税稽查工作继续落实稽查指标考核机制：稽查查补收入不低于税务部门组织征收的各项税收收入总额1.5%，稽查选案准确率达到80%以上，稽查查补收入入库率达到90%以上，稽查案件结案率达到95%以上。

（李佳懋）

贵州省国家税务局稽查局

[概述] “十一五”时期是贵州省发展史上极不平凡的五年，尽管遭受了百年不遇雪凝灾害、特大旱灾以及国内外经济环境复杂变化的影响，国税收入仍然保持了平稳较快增长，实现翻番。贵州国税稽查系统五年共组织检查纳税人13920户，查补收入28.3亿元，比“十五”（7.1亿元）翻了两番，年均增长31.48%；入库查补收入27.9亿元，占同期全省国税收入的1.64%，入库率为98%，较“十五”提高了7%；成功查处了六盘水“8·24”收受假发票案、贵阳“5·11”骗取出口退税案、黔西南“5·25”虚开增值税专用发票案等国家税务总局督办的重大案件；以稽查工作考核为重点，持续改进考核办法，形成自上而下、目标明确的考核体系。2010年选案准确率、结案率、入库率分别比2005年提高了19%、4%、9%，税收流失率下降3%；归纳总结管理和政策漏洞，采取稽查建议、情况反映、税收分析会、“四位一体”互动机制等形式，向各级领导及相关部门通报、反馈，对所查行业中存在的突出问题共同整治，形成征管合力；加强稽查队伍建设，以查促学常抓不懈。不断创新培训方法，着力提高培训的针对性、实效性。

[稽查查补收入及分析] 五年共组织检查纳税人13920户，查补收入28.3亿元，比“十五”（7.1亿元）翻了两番，年均增长31.48%；入库查补收入27.9亿元，占同期全省国税收入的1.64%，入库率为98%，较“十五”提高了7%。特别是2009年和2010年，分别实现查补收入7.44亿元和8.88亿元，为全省国税收入任务的完成作出了积极的贡献。

[案件查处] 成功查处了“威宁煤炭公司虚开增值税专用发票案”、六盘水“8·24”收受假发票案、贵阳“5·11”骗取出口退税案、黔西南“5·25”虚开增值税专用发票案等国家税务总局督办的重大案件，圆满完成了“翰将公司税案”等上级部门交办案件查处任务，全力配合了“临江税案”、“雷霆二号税案”等全国协查案件的检查工作。五年来，共查处偷税案件3986件、虚开增值税专用发票案件81件、虚开“四小票”案件45件，移送公安部门案件350件，在新闻媒体曝光典型案件257件。

[税收专项检查] 一是加强组织领导，建立“主要领导亲自挂帅、分管领导具体负责、稽查局牵头组织、相关部门协调配合、各级互动检查”的组织领导机制，统一部署、统一指挥、统一协调税收专项检查工作。二是做好查前准备，在强化查前培训、调查摸底、采集信息、分析梳理的基础上，做好明确重点、确定方法、调配人员等工作。三是注重督促指导，成立税收专项检查督导组，及时发现和解决检查中存在的问题，指定专人对重点地区、重点行业、重点企业的检查进展情况进行督导，适时组织全省税收专项检查部署和分析会，对检查工作进行会商并统一工作要求。四是建立联动机制，在制定下发税收专项检查方案时，分别对稽查、税源管理、税政、征管、计统等税收专项检查成员部门的工作职责予以明确，努力形成工作合力。五是讲究检查方法，积极推进分级分类稽查办法，细化分级分类标准，合理确定省、市、县三级稽查局检查的企业，同时根据企业特点，采用组织自查、辅导检查和重点检查相结合的方式，取得不错的效果。五年来先后开展了煤炭、医药、房地产、金融等10余个行业、9956户纳税人的税收专项检查，查补收入14.5亿元。

[重点税源检查] 2010年，根据国家税务总局对重点税源检查的统一安排，由贵州国税稽查局领导任组长，贵州国税稽查局检查人员牵头，抽调各地机动队员组成检查组，完成了两大航空公司、六大集团、虚开及接受虚开黄金销售增值税专用发票等检查工作。

[打击发票违法犯罪活动] 一是积极配合公安机关打击制售假发票违法犯罪，共查处发票违法犯罪案件396件，其中，查获50万份以上假发票案件3件，打掉制假团伙10个，捣毁制假窝点26个，收缴作案设备44台，缴获假印章686枚，抓获犯罪嫌疑人93人，查获假发票814万份，宣传曝光案件43件，治理发票违法短消息131万条。二是积极开展整治虚假发票“买方市场”工作，共检查623户企业，查处发票违法企业234

户，涉及非法发票份数4851份，涉及金额6.88亿元，查补收入2225万元。三是切实履行打击发票违法犯罪工作协调小组办公室职责，积极加强与各成员单位的沟通联系，加强部门协作和整治合力，代拟了《2010年全省打击发票违法犯罪活动工作方案》，按月向国家税务总局上报工作情况统计表，及时编辑工作简报（15期），并对各市、州、地进行了工作督导。

［税收违法行为举报］ 一是制定《税收违法行为检举分类处理意见（试行）》，在全省范围内对涉税违法检举工作试行分类处理、建立初核制度。二是制定《税收违法行为检举工作流程（试行）》，明确检举案件管理的工作职责，规范税收违法行为检举工作程序，并制作相应的涉税检举文书，规范文书使用。三是坚持主要领导亲自批阅举报件制度，对疑难、复杂的举报，领导亲自部署、处理，及时督促检查。四是对各类举报案源，及时纳入稽查案件管理信息系统进行跟踪管理。五是将税收违法案件举报管理工作纳入稽查工作质量考核，确保涉税举报案件得到及时、规范、妥善的办理。六是重视举报人疏导工作，通过宣传税收法律、法规和相关法定程序，使检举人正确认识举报，积极配合案件查处工作，争取举报人对税收执法工作的理解。2010年共受理涉税违法举报案件204件，查处175件。查补收入1926.10万元，其中税款1112.03万元，滞纳金287.39万元，罚款526.68万元。入库1900.84万元，入库率98.69%。

［案件协查］ 2010年，贵州国税稽查系统共发出委托协查43起，涉及委托方44户次，协查发票388份，发票金额6114.15万元，税额1031.24万元，收到回复发票327份，其中有问题发票119份，无法核实发票112份，选票准确率36.39%；受托协查304起，涉及贵州省551户企业，协查发票3258份，发票金额109604.70万元，税额18625.14万元，累计回复率为100%。发出纸质委托协查77起，发票675份，金额42370.11万元，税额3389.61万元，已回复541份，尚有134份发票未到回复期或逾期未回复；受托收到纸质协查50起，发票1799份，金额14889.46万元，税额1476.59万元。纸质协查发现线索转稽查程序涉及14户。

［稽查制度建设］ 五年来，经过充分调研，先后制定了《贵州国税稽查工作考核办法》等工作管理类制度，《贵州国税稽查档案管理办法》、《贵州国税稽查声像、机读档案管理规定（试行）》、《税收违法行为检举分类处理意见（试行）》等执法行为规范类制度，以及《贵州省公安、国税、海关协作机制》等有关外部门协调配合的工作制度。

［稽查工作会议］ 为全面迅速地贯彻全国税务稽查工作会议精神，贵州国税稽查系统于2010年2月5日组织召开了全省国税稽查工作会议，贵州国税总会计师龙晓耘在会上作了题为《围绕中心　服务大局　打牢基础　创新方法　努力提高稽查工作整体水平》的主题报告，从稽查促收、促查、促管、促治、促学五个方面总结回顾了2009年稽查工作，提出了2010年稽查工作的总体要求，从整顿和规范税收秩序、提高稽查核心业务能力、夯实稽查管理基础、加强稽查队伍建设4个方面进行了具体部署。贵州国税稽查局局长周进新在会上作了总结发言。与会代表围绕全国税务稽查工作会议精神和该省国税稽查工作面临的热点问题开展了热烈的讨论和大会交流。此次会议，对贵州国税稽查系统进一步统一思想、提高认识、增进共识、明确目标起到了积极的促进作用。

［稽查队伍建设］ 五年来共组织稽查综合业务、法律知识、会计知识、技术性稽查等实用知识培训19期，有效提升了稽查人员的能力素质。立足现有稽查人力资源进行优化配置，适时调整充实了全省稽查机动队员，初步形成了省、市两级业务骨干队伍，为大要案查处、重点税源全省联查、税收专项检查和专项整治提供了人才保障。5年来，许多优秀稽查干部走上各级领导岗位，3名同志先后被评为“贵州省十大青年卫士”，37名稽查干部取得“三师”资格，一批稽查局获得“文明单位”等集体表彰。

（张景玲）

贵州省地方税务局稽查局

[概述]　2010年，贵州地税稽查局根据贵州地税实际和税源结构变化情况，科学确立全省地税稽查工作指导思想，认真制定全年稽查工作计划，强化稽查系统管理，抓好工作计划分解落实，加强稽查队伍建设，强化稽查业务培训，各项工作取得了明显进展。全年稽查工作紧紧围绕总局稽查局的工作部署，以税收专项检查为中心，以查处税收大要案件为重点，组织全省各级地税稽查部门对房地产及建筑安装业、药品制造及经销行业、交通运输业、金融行业、非居民企业等行业进行税收专项检查。同时，还开展大型企业集团税收检查，并组织大型企业集团的税收自查工作。在此基础上，联合有关部门在全省范围内开展发票打假及税收专项整治，由于工作主动，成效明显，发票整治工作得到总局和省局的充分肯定，增强了稽查工作的威慑力，有力地打击了涉税违法犯罪，维护和净化了税收环境。2010年，全省地税稽查系统共检查纳税户543户，组织督促企业开展税收自查户3280户。共查补收入9.37亿元，圆满完成全年各项稽查工作目标任务。

[稽查查补收入及分析]　2010年，贵州地税稽查系统不断加大稽查执法工作力度，深入整顿和规范税收秩序，强化和夯实稽查基础管理，不断规范稽查执法行为，深入开展税收专项检查，严厉查处涉税违法案件，发票专项整治工作取得明显成效，不断提高稽查威慑力，进一步震慑和惩处涉税违法犯罪活动。2010年共检查纳税户543户，其中共立案检查纳税户459，有问题户476户，查结438户；组织督促企业开展税收自查户3280户。共查补收入9.37亿元，占全省地税组织征收的各项税收收入总额的2.64%，其中：税务稽查部门查补收入3.06亿元（税款2.52亿元、滞纳金0.14亿元、罚款0.4亿元），处罚率为15.87%，督促企业税收自查补税6.31亿元。共入库收入8.85亿元，入库率为94.45%。

[整顿和规范税收秩序]　紧紧围绕稽查中心工作，突出大要案件查处和专项检查两个重点，创新稽查机制，加大稽查力度，充分发挥稽查职能，以查促收，以查促管。一是抓好税收专项检查。先后组织开展了建筑安装与房地产行业、金融行业、交通运输业等税收专项检查，分行业分税种向涉案企业、征管部门反馈稽查建议，做到检查一个行业规范一个行业的目的。二是抓好大要案检查。集中力量查处一批有特点、社会影响较大的涉税违法案件，始终保持对涉税违法行为的打压态势；同时，在检查工作中加大处罚力度，对税收违法行为提高处罚标准，增强税务稽查的震慑力。三是开展发票专项整治，打击发票违法犯罪活动。通过专项整治行动，使发票违法犯罪泛滥势头得到有效遏制；成功开展了打击发票违法犯罪集中宣传活动，有效提高了全社会对虚假发票的防范意识。四是抓好举报和协查案件管理。狠抓税务违法举报管理工作，做到专人受理、及时立案；限时查处、查深查透；举报有果，反馈有期。充分调动了群众与涉税违法行为做斗争的积极性。五是抓好典型案例曝光宣传。对涉税金额大、偷逃税行为严重、对税收秩序影响较大的税收违法案件，利用各种媒介形式进行曝光，增强了稽查威慑力，进一步整顿和规范了税收秩序，捍卫税法尊严、引导纳税遵从、保障税收收入。

[案件查处]　针对税收违法犯罪活动的新特点和新趋势，贵州地税稽查系统集中力量查处影响突出、金额较大的偷税案件和重大税收违法举报案件以及国家税务总局督办和省局领导交办的重大涉税案件。2010年，该省地税稽查查处的贵州广题城乡建设工程有限公司、瓮福集团、瓮福进出口公司、贵州建工集团第四建筑工程公司第六项目部、贵州省外国企业服务公司案件都已查结，其中贵州广题城乡建设工程有限公司共查补各项税款265.67万元，滞纳金13.67万元；由国家税务总局交办的贵州瓮福公司涉税案，存在企业自行缩减申报应税土地面积，自有房产和出租房屋未足额申报缴纳税款，印花税适用税率错误且未按合同交易金额全额申报纳税，个人所得税适用税率错误及未足额扣缴个人所得税等一系列税收问题，共查补各项税款5912.17万元、滞纳金331.68万元。全年重大案件查处入库税款近亿元。

[税收专项检查]　根据国家税务总局确

定的税收专项检查指令性和指导性检查项目，结合该省实际，省局成立了以党组书记、局长季可任组长，分管局领导任副组长，相关部门负责人为成员的税收专项检查工作领导小组。同时还成立了全省地税稽查系统税收专项检查工作督导组，对税收专项检查工作进行督导。继续加强与省国税局稽查局的配合协作，自2008年来第三次联合印发全省税收专项检查工作通知，共同部署税收专项检查工作。全省地税系统税收专项检查工作从2010年3月初全面启动，截至10月30日，共检查纳税户938户，发现有问题户661户，查结534户；组织督促企业开展税收自查3441户，有问题户1840户。共查补收入7.95亿元，其中：稽查查补收入2.17亿元，督促企业开展税收自查补税5.78亿元。共入库收入5.57亿元，其中：税务稽查部门查补收入入库1.11亿元，督促企业入库自查补税收入4.46亿元。

［区域性税收专项整治］ 根据工作实际，该省部分地区地税稽查部门自行选择部分行业开展区域税收专项整治，效果良好。安顺市地税局针对耕地占用税、契税征管职能从财政部门移交地税部门的实际情况，部署了对“两税”开展税收专项检查共清理检查277户企业，查补入库收入1354.61万元。毕节地区地税局开展煤矿税收清理整顿工作，联合地区公安局加大对煤矿转让涉税行为的税收清理力度，全年共检查煤矿企业12户，有问题户12户；督促煤矿企业开展自查127户，自查有问题户68户。查补收入8082.45万元；入库收入7816.15万元。贵阳市对教育行业及磷化工行业、黔西南州地税局对煤炭生产及经销行业、黔东南州地税局对小水电开发项目等行业开展税收专项检查均取得不错效果。

［重点税源检查］ 2010年贵州地税稽查系统重点对房地产及建安企业、金融行业、交通运输业等行业进行了检查。省局稽查局主要对中国国际航空股份有限公司贵州分公司、南方航空贵州航空有限公司、贵阳市商业银行以及世纪金源投资集团有限公司进行检查，并督促贵阳市地税稽查局对恒大地产集团有限公司、上海绿地集团有限公司等企业集团在黔下属成员企业实施税收专项检查，督促各市、州、地地税稽查局对苏宁电器集团有限公司、紫金矿业集团股份有限公司在黔下属成员企业实施重点税源检查。2010年国家税务总局重点税源检查督办案件24件，其中：省局组织查处3件。目前，中国国际航空股份有限公司贵州分公司、南方航空贵州航空有限公司以及世纪金源投资集团有限公司案件都已查结。其他21件由省局稽查局督促各地进行检查。

［打击发票违法犯罪活动］ 根据国家税务总局和全省打击发票违法犯罪专项整治领导小组办公室的工作部署，重点打击建筑安装、娱乐、餐饮、交通运输等行业虚开、购买、使用假发票的税收违法行为，积极加强与公安机关的配合协作，严厉打击制售、贩卖假发票的违法犯罪行为，并将开展发票专项整治工作纳入2010年全省地税稽查工作计划，同专项检查工作一起加以部署。截至11月30日，共查处发票案件55件，收缴假发票份数685.46万份，协助公安机关抓获犯罪嫌疑人59人，收缴假印章238枚，制假设备10余台；检查重点行业违法户数50户，查补税款453.55万元，罚款18.19万元，滞纳金0.99万元。

省地税局联合省国税局从2010年9月底起在全省范围内开展整治虚假发票“买方市场”工作，进一步加大对虚假发票“买方市场”的整治力度。截至11月30日，共检查纳税户398户，检查发票11万余份，查处假发票4500多份，补交税款41万元，罚款34万元。

［税收违法行为举报］ 采取公布举报电话、设立电子举报信箱的方式，明确专人受理群众来信来访，扩大群众举报途径，更好地为举报群众服务。对群众举报的各种税收违法案件，严格执行保密制度，充分保障举报人的切身利益。2010年，共受理电话、信函、来访、网上举报税收案件37件（其中：总局交办案件3件），省局自办案件5件（上年结转2件），按照管辖权限转各市、州、地稽查局查处32件，转省局监察室查处案件2件，确保件件有落实。该省地税稽查2010年税务违法案件举报特点表现在：一是举报案件案源相对集中于经济中心城市；二是举报案件涉及经济领域的各个行业；三是举报途径以传统的书面举报为主，网络举报有所增加；四是从举报结构看，大部分举报人采取匿名的形式进行举报。

［案件协查］ 2010年贵州地税稽查系统共收到总局及相关省、市地方协查案件总共34件，协查发票2904份。对这些协查案件，省局稽查局及时进行分类整理，全部按照有关规定及时做好回函，对涉及到各市、州、地地方税务局管辖的案件，除及时下文件安排部署，提出办理时限要求外，同时还不定期进行相关政策及业务指导，保质保量完成协查工作。

[稽查制度建设] 落实制度管人的思路，制定和完善了一系列涉及队伍建设、工作流程、执法风险的相关建设措施，为全省地税系统完成全年税收收入任务打下坚实的制度基础。一是加强队伍建设和完善业务流程。实行了更为科学的、适合稽查工作特点的《贵州省地方税务局稽查工作人员文明执法制度》系列制度，有效保障了稽查人员工作饱满度，提升了干部职工的精神面貌。同时，进一步制定科学合理的稽查流程，对多年来在工作中发现的问题进行归纳总结，使稽查人员在对企业开展工作时做到有法可依、有章可循。二是结合该省实际，进一步贯彻落实《重大税收违法案件督办管理办法》。三是整理完善执法风险防范制度。省局稽查局认真对党廉建设和风险防范的相关制度进行了系统梳理，如《税务稽查案件复查暂行办法》等制度；同时，在行政管理权的监督制约制度上，也相继完善了《稽查经费管理办法》、《固定资产管理规定》等相关制度。

[稽查信息化建设] 从2009年开始，贵州省地税局开始在全省地税系统开展以推广应用新版MIS为主要内容的信息化建设活动，地税稽查系统在全省范围内从硬件配备、软件推广、网络改造、人员培训等各方面开展了大规模的信息化建设。经过这几年的不断投入，税务稽查信息化建设也得到了迅速和显著的发展。一是稽查信息化硬件配备已全部到位。有效地提高了税务稽查信息化的整体水平，为税务稽查信息化打下了牢固的基础。二是软件推广已全面覆盖。稽查人员可以通过登录MIS系统进行电脑选案，掌握被查对象的相关税务登记情况等，同时，整个办案流程都在系统内进行，初步实现办案信息化。三是人员素质已全面提高。经过不断地开展更新培训，全省稽查系统检查人员均能够熟练使用Windows操作系统进行日常操作，使用Word、Excel等办公软件处理日常工作，通过网络查询检索税收政策法规，使用MIS系统对被查对象的税务登记信息、税种核定情况、申报明细、征收明细等情况进行了解。

[稽查队伍建设] 2010年，全省地税稽查队伍建设有序推进，虽然在一定程度上受机构改革的影响，但各级地税稽查部门仍毫不放松地抓好队伍建设。一是切实加强思想政治建设，确保净化地税稽查队伍的思想境界。2010年开展了各种思想政治教育活动，教育和引导地税稽查干部树立正确的权力观、利益观、金钱观。二是深入推进专业素质建设，着力提高地税稽查干部的执法水平。为适应新的经济形势的发展要求，2010年贵州地税稽查系统在专业化建设、人才使用培养、提高干部队伍的综合能力建设上下足工夫。通过加强业务培训、稽查实战训练，使干部职工的个人潜能得到最大限度的释放和使用。三是大力弘扬反腐倡廉意识，切实树立地税稽查部门的执法形象。通过定期开展纪检监察教育活动、党课党纪教育活动树立廉政意识，构筑反腐倡廉防线。做到内强素质、外树形象。

[稽查业务培训] 国家税务总局新修订的《税务稽查工作规程》正式施行后，为做好贯彻落实工作，该局及时将新《税务稽查工作规程》印发至县、市、区（特区）级地税稽查部门，要求各级地税稽查部门统筹安排，认真组织稽查干部学习和掌握好新《税务稽查工作规程》。在抓好新《税务稽查工作规程》学习的同时，部分地区还不断加强对稽查业务的培训力度，努力提升稽查干部的业务素养。全省稽查系统全年组织相关培训达265人/次，培训内容涵盖了财会业务、稽查业务、所得税政策与实务、税收相关法律等重点内容。邀请相关高校的资深专家进行专题授课。各地稽查部门也结合自身工作实际，采取集中学习、个人自学等方式加强稽查业务培训，努力提升稽查干部的综合业务水平。

[稽查人才库建设] 2010年，贵州地税稽查系统推行四项管理加强稽查人才库建设。一是动态管理。对稽查人才库定期选拔，并采取后续管理、实践、考核、评议等方式适时掌握稽查人才库成员的岗位、学历、职称、培训、奖励等变动情况，以及根据人才库成员的工作实绩情况，建立激励机制，逐步实现专业化管理。二是充实人员。鼓励符合条件的业务素质强、政治思想硬的干部进入全省稽查人才库，同时要求各市、州、地地方税务局及县级地方税务局也相应建立本级地税稽查人才库，强大地税稽查队伍，充实稽查人员。三是加强人才库成员的培训。按照岗位需求，不定期组织人才库成员就稽查业务、财务知识、法律法规等方面进行专业、专项培训。四是加强交流。在办理大要案活动中，安排人才库成员参与重点行业、重点税源的税收专项检查和重大涉税案件的查办，使人才库成员不断积累查处涉税大要案的经验和提高案件查办能力；抽调人才库成员通过交叉检查、案件复查等方式，形成互相学习交流，推动该局税务稽查案件查处质量再上水平。

[案件公告] 根据《中华人民共和国行政

处罚法》和《中华人民共和国税收征收管理法》及有关规定，按照《国家税务总局税务违法案件公告办法》要求，该省地税2010年稽查案件公告是在省地税局网站开辟的案件公告专栏，实事求是地扼要介绍税务违法事实，并经相关负责人严格审批，将已经生效的税务违法案进行公告，接受社会监督。

［稽查宣传］ 2010年，贵州地税稽查系统紧密结合稽查工作实际，积极开展扎实有效的税收宣传月宣传活动，推动了依法行政、文明服务的工作进程。实现了宣传、执法、服务在税收稽查工作中的有机结合，大大地提高了干部队伍的执法能力建设和税务稽查的质量效率。稽查人员在进行纳税检查时，带着宣传材料和宣传任务，对企业开展面对面的宣传活动。这对于稽查人员来说，既能得到企业的积极配合进行严格的税务稽查，又能对企业开展宣传教育活动；对纳税人来讲，既能使本身的经营活动和纳税情况接受“阳光稽查”，又能提高对依法纳税的思想认识，也对提高稽查工作的质量和效率形成了一个强大的推力。

［稽查工作会议］ 3月11日，全省2010年地税稽查工作会议在贵阳市召开。会议全面贯彻落实全国税务稽查工作会议和全省地方税务工作会议精神，回顾总结2009年稽查工作情况，部署2010年稽查工作任务。省局党组成员、副局长李长久出席会议并作主题讲话。他指出要从六个方面做好2010年稽查工作。一是确保完成国家税务总局规定的全年稽查工作目标任务，稽查查补收入不低于税务部门组织征收各项税收收入总额的1.5%，稽查选案准确率达到80%以上，稽查查补收入入库率达到90%以上，稽查案件结案率达到95%以上。二是认真组织重点税源企业的税收自查、抽查和检查工作。三是扎实开展税收专项检查和区域税收专项整治，整顿和规范重点行业或重点地区的税收秩序。四是坚持“查大案、打团伙、破网络”的工作思路，联合公安机关等相关部门严厉打击发票违法犯罪活动。五是加大案件查处力度，加强案件管理，做好涉税案件举报和案件协查工作。六是认真抓好稽查基础制度的建设和执行工作，重点是贯彻和执行好新的《税务稽查工作规程》，尽快制定印发该省地税系统的分级分类稽查办法。

会议对2009年度整顿和规范税收秩序工作、执行税务稽查工作报告制度先进单位进行了表彰。省局稽查局局长汪丽萍主持会议并作会议总结。省局稽查局副局长谭尚辉宣读有关表彰决定。各市、州、地地方税务局分管稽查工作的局领导、稽查局局长和分管税收专项检查工作的稽查局负责人参加了会议。

（张景玲）

云南省国家税务局稽查局

［概述］ 2010年，云南国税稽查系统紧扣“和谐发展年”工作主题，落实科学发展观，服务科学发展、共建和谐税收，以组织查补收入和整顿规范税收秩序为目标，以组织分级分类稽查、专项检查和区域专项整治为中心，以查处税收违法案件和打击发票违法犯罪活动为重点，探索重点税源审计式检查，大力推进依法稽查，强化稽查管理体制，努力构建税务稽查长效机制，全面提升稽查队伍素质和促进廉政建设，按照“一抓三落实，两促五更加”的工作思路，狠抓落实，各项工作稳步推进，圆满完成全年各项工作任务，有力促进了全省税收秩序的好转。

［稽查查补收入及分析］ 2010年实现查补收入15.88亿元，实际入库15.79亿元；稽查重点检查户数1774户，有问题户数1744户，查补收入2.87亿元，其中：税款2.20亿元，滞纳金0.26亿元，罚款0.4亿元，实际入库2.11亿元；组织企业自查户数37627户，查补收入13.01亿元。查补率1.48%，入库率99.43%，选案准确率98.31%，偷税处罚率57.61%。2010年，云南国税稽查查补收入呈现出以下特点：一是查补收入稳步增长；二是选案准确率大幅提高，充分体现了云南国税稽查工作新思路，即扩大自查覆盖面，缩小重点检查范围，一方面督促更多的企业自查自纠，另一方面，集中有限的稽查力量，在提高重点检查选案准确率和检查质量上下工夫，力争做到选准、

查深、查透，重点防范重点税源企业的税收违法行为，重点打击恶性税收违法犯罪活动。

［整顿和规范税收秩序］　一是精心组织，科学实施，扎实推进税收专项检查和分级分类稽查工作；二是对辖区内税收秩序相对混乱、税收违法行为比较集中的地区开展区域税收专项整治，重点关注虚开交通运输发票和骗取出口退税违法犯罪活动；三是继续保持严厉打击偷税、骗税和虚开增值税专用发票等涉税违法行为高压态势，进一步加大对全省大案要案的查处和督办力度，重点查处了一批骗取出口退税、虚开增值税专用发票的恶性案件，提高了稽查威慑力；四是持续深入打击发票违法犯罪活动；五是积极主动地做好案件协查工作；六是积极稳妥地做好举报案件查处工作。

［案件查处］　2010 年，进一步加大对大要案件的查处和督办力度，查处达到省局重大案件标准的案件 49 件，已查结 25 件，查补税款 3581.2 万元，罚款 677.9 万元，滞纳金 523.8 万元，合计 4782.9 万元，已全部入库，其中省局列为督办案件 11 件，在查 5 件，结案 6 件，涉案税额 8866.9 万元，入库税款 2465.6 万元，罚款 647.29 万元，滞纳金 659.4 万元，合计 3772.29 万元。一是集中优势力量重点突破国家税务总局督办案件。2010 年，被列为国家税务总局督办案件的有“南疆税案”、云南某信托有限公司案以及普洱某水泥有限公司偷税案，省局领导高度重视，亲自指挥，抽调优势力量，组成专案组，投入大量人力、物力和财力，办好总局督办案件。二是加大省局自办大要案力度。德宏州某贸易有限责任公司涉嫌出口退税骗税案、云南某科技有限公司涉税举报案、安宁市某钢铁有限公司举报案以及总局交办虚开及接受虚开黄金销售专票案件，现已查结三件，查补税款 1139.12 万元。三是各州市局稽查局集中力量积极查办大案要案，全省查补超过 100 万的案件 35 件，超过 500 万的案件 6 件，超过 1000 万的案件 2 件。

［税收专项检查］　一是推行检查预案制，摸清行业经营管理模式，提出检查预案；二是强化项目化检查，对照省局下发的必查项目书组织实施检查；三是推行延伸式检查，将专项检查与打击制售假发票有机结合，严查发票非法供应方和接受方。以企业自查为先导，在认真完成国家税务总局安排的指令性计划的专项检查、三大航空集团下属云南单位税收专项检查以及重点税源企业税收专项检查工作的同时，合理配置力量，积极开展其他行业专项检查，并扎实推进第二轮第二年分级分类稽查。2010 年共安排 3857 户纳税人开展自查，其中有问题户数 1000 户，企业自查补缴税款、滞纳金 2.97 亿元，重点检查纳税人 1305 户，查结 1136 户，有问题户 1061 户，移送司法机关 3 户，查补税款、滞纳金、罚款共计 1.77 亿元，实际入库 1.14 亿元。

［区域性税收专项整治］　云南国税稽查系统结合税收专项检查，对辖区内税收秩序相对混乱、税收违法行为比较集中的地区组织开展区域性税收专项整治，重点关注虚开交通运输发票和骗取出口退税违法犯罪活动。各地稽查局结合本地经济特点开展了形式多样的区域性税收专项整治，如玉溪市针对易门县陶瓷行业、冶炼行业长年存在的产值大税负率偏低的问题，联合征管部门，采取稽查局重点查处一家打开突破口，再由征管部门开展大范围的纳税评估，规范行业税收秩序的方式，开展以易门县为重点区域陶瓷行业税收专项整治，成效显著。曲靖市的富源县、开发区、师宗县、罗平县经比对、分析多年来煤炭行业的纳税申报相关数据，将资源密集区域的煤炭企业纳入了税收专项整治工作的重点。2010 年，全省开展区域税收专项整治 23 户，其中：省级 14 户，州市级 2 户，区县级 7 户；累计查补税款 131.75 万元，其中：增值税 127.03 万元，消费税 3.65 万元，企业所得税 1.07 万元；累计入库查补收入 176.48 万元，其中：税款 125.25 万元，滞纳金 5.34 万元，罚款 45.89 万元。

［重点税源检查］　一是及时布置企业自查。二是成立了重点税源企业税收专项检查工作督导组，统一部署、统一组织、统一协调检查工作。三是安排专人组成工作组负责省级公司的检查工作和辖区内检查工作情况的收集、整理、上报工作。四是按照国家税务总局要求及时上报工作方案并下发文件对重点检查对象进行了明确分工。结合云南稽查工作实际，自查期满后，对辖区内 45 户重点税源企业全部进行检查，其中属二级控股企业或纳税规模较大的 9 户成员单位由省局直接检查，其余成员单位由企业所在地的州市稽查局负责检查，重点检查和抽查面为 100%。通过检查，有问题户数 29 户，查补税款 986.88 万元，调减以前年度亏损额 1467.85 万元，抵减已预缴的企业所得税 573.01 万元。

［打击发票违法犯罪活动］　云南国税稽查系统结合实际，迅速部署，制定相关方案，积极协调配合相关部门，对可能购买、使用虚假发票的企业进行了清理检查。2010 年，全省共查处发票犯罪案件 2382 件，抓获犯罪嫌疑人员 182 名，移

送起诉案件7件，打掉团伙39个，捣毁制售假发票窝点46个，缴获假印章246枚，作案设备33台，查获涉案发票9033091份，其中真票101759份，假票8931332份。对房地产、药品经销、交通运输、金融保险、商业销售、医疗机构、教育培训、餐饮娱乐、自选行业进行检查，共检查企业1716户，涉及非法发票75734份，涉及金额14.38亿元，涉及税额2.39亿元，查补税款7717.82万元，滞纳金1415.86万元，罚款302.77万元，移送公安案件39件。

［税收违法行为举报］ 进一步强化举报服务意识，认真接待来信、来访人员，注重引导举报人实事求是地检举涉税违法行为，提高举报工作质量。严格为举报人保守秘密，积极宣传举报奖励政策，依法确认、计算和兑付奖金，为举报人兑奖提供优质服务和方便，逐步形成群防群治的良好社会风气。全省共收到举报665件，其中：省局受理139件，州市级受理373件，县区级受理153件；已查处和处理493件，其中省局查处和处理2件，州市级查处和处理323件，县区级查处168件；查补税款4211.35万元，滞纳金1194.24万元，罚款1423.81万元，合计6829.4万元。支付举报奖励11.68万元，移送公安部门举报案件4件。

［案件协查］ 一是认真做好金税协查管理工作，提高协查工作质量和效率。全省共发起委托协查601起，委托协查增值税专用发票7131份，涉及金额29.81亿元，涉及税额5.04亿元，统计期内收到回复增值税专用发票4043份。全省共收到受托协查483起，涉及4072份增值税专用发票，涉及金额10.93亿元，涉及税额1.84亿元，统计期内共累计回复增值税专用发票2974份。二是认真做好纸质协查的取证及查处工作。加强和云南省公安厅经侦总队和地税稽查局的联系，紧密协作，联合安排部署有关专案协查工作。包括对宁夏“1·21”虚开增值税专用发票案、广州“7·30”虚开增值税专用发票案、韩祥林涉嫌非法出售发票案涉案、华谊兄弟传媒有限公司发票案、湖南“5·06”涉嫌虚开增值税专用发票案、贵州“5·25”案、云南省“5·31”案及国家税务总局布置的黄金专票等案件的协查。三是做好云南省协查节点的管理工作。

［稽查制度建设］ 一是举办学习班，督促帮助各地深入学习新规程内容，严格执行新规程规定，并认真分析、收集整理综合征管软件中与规程不相符的业务和程序问题及时上报，以便国家税务总局及时优化综合征管软件模块功能。二是制定下发《云南省国家税务局稽查系统稽查案件档案管理办法》，规范了全省稽查案卷归档工作，不断提高卷宗归档质量。三是严格遵循专款专用、厉行节约、保证案件检查需要的原则，制定下发了《云南省国家税务局税务稽查办案专项经费管理实施办法（暂行）》，进一步规范全省稽查办案经费的管理和使用，加强了对办案经费使用的监督。

［稽查信息化建设］ 一是进一步优化综合征管软件稽查模块的使用。认真做好综合征管软件的日常维护、操作指导工作。二是在做好数据监控系统稽查报表管理部分的日常运维及数据分析工作的同时，积极开展稽查选案预警系统的开发，并结合稽查局选案业务需求，认真做好选案系统业务需求的编写工作。三是进一步加大“奇星”稽查查账软件的推广运用力度。一方面，在专项检查和分类稽查中使用电算化财务软件的纳税人，原则上100%要求应用电算化查账软件实施稽查，其中总局税收专项检查确定的指令性计划中的信息化管理企业，必须使用查账软件实施检查；其他纳税人的应用率应达到全年检查户数中使用电算化财务软件的纳税人的30%。另一方面，继续做好查账软件培训工作。加强与软件公司的沟通联系，帮助各地结合本地行业特点，因地制宜组织开展信息化管理企业检查应用培训。此外，新购查账软件40套，并对原来购买的已不能使用的软件进行升级，增加了查账软件实际使用数量。为加强对稽查查账软件的运用分析，2010年还将“查账软件效能研究”确定为稽查科研课题，专门成立课题组参与案件检查，对查账软件运用情况进行深入调研，收集相关资料，认真分析数据，圆满完成课题研究任务，为下一步查账软件的运用奠定了坚实的基础。

［稽查队伍建设］ 坚持监督制约与培训引导并重，进一步加强稽查队伍建设。一是加强监督制约，促进稽查队伍依法行政、清正廉洁。一方面，继续实施《云南国税稽查纪律监督表》进一步加强对稽查人员的廉政监督，严肃稽查纪律，树立良好执法形象。另一方面，认真落实“一岗两责”，加强对稽查领导班子和成员的教育、监督力度，提高稽查领导干部廉洁自律意识。二是开展分专业分层次的稽查业务培训，突出办案实用性。此外，引导干部多渠道学习，鼓励稽查干部在岗自学，积极参加注册会计师、税务师和司法资格考试，提高财务、税收、法律水平，提升执法水平。

［稽查业务培训］ 开展多层次、多形式、

专业化的稽查业务培训，突出办案实用性。一是举办了两期稽查业务综合培训班，一期为稽查人才库人员培训，在江苏省税务培训中心举办，77名省局稽查人才库人员参加了培训，另一期为稽查初级业务培训班，在云南财经大学举办，80名稽查干部参加了培训。二是针对不同职位业务需求开展专业化培训。云南国税稽查局在江川举办了首次稽查审理培训班，规范了全省审理工作程序，提高了审理人员素质。各州市也本着“因地制宜”的原则开展多角度的专业化培训，如昆明就如何提高稽查选案率，举办了一期选案业务培训；曲靖面向新进稽查人员开展了综合征管软件稽查模块操作培训；德宏围绕业务薄弱环节，举办了全州稽查人员企业所得税业务培训。三是针对不同类型案件检查特点开展多形式的专题式培训。云南国税稽查局结合分级分类稽查、专项检查特点，对检查人员进行有针对性的个性化查前培训，各地稽查局结合当地电算化企业特点，开展形式多样的查账软件培训。

[稽查人才库建设]　通过调整、充实，逐步建立了一支150人的“作风过硬、敢打硬仗”的省局稽查人才库队伍，并在此基础上“层层选拔、好中挑好”，挑选了16人推荐为国家税务总局稽查人才库人员。在工作中优先从稽查人才库中抽调人员集中完成大要案和专项检查，在培训中优先安排稽查人才库人员参加省外培训，充分调动他们查案的积极性和主动性。从办案效果看，人才库人员较好地完成了工作任务，充分发挥了稽查尖刀的作用。

[稽查宣传]　一是积极参与税收宣传月活动，宣传税收法律法规；二是以分级分类稽查工作为载体，通过召开税企座谈会、开展企业自查、纳税辅导等形式，送税法上企业；三是通过云南国税网站、云南电台、《春城晚报》等媒体介绍稽查工作情况，曝光典型涉税案件，解答纳税人疑问，向广大纳税人宣传稽查工作，以取得纳税人的理解和支持；四是在电视、报纸、网站等媒体上公布举报电话、举报信箱，方便群众举报，调动社会力量协税护税。

[稽查工作会议]　云南国税稽查工作会议于2010年3月2～3日在玉溪召开，并邀请云南省公安厅经侦总队领导到会指导。云南国税副局长许赞霖出席会议，并代表省局党组作了题为《促进依法稽查、增进和谐发展、努力推进全省国税稽查事业再上新台阶》的主题报告，传达了全国稽查工作会议精神，总结了2009年云南国税稽查工作取得的成效、获得的经验和存在的不足，安排部署2010年稽查工作任务。会上提出了“一抓三落实，两促五更加”的工作思路，明确了四项工作重点，一是紧紧围绕“和谐发展年”工作主题，以“五个更加”促进稽查和谐发展；二是着眼稽查工作面临的新形势和新要求，“一抓三落实”扎实推进2010年各项稽查任务；三是对照规范、优化稽查执法的目标要求，不断完善稽查管理体制，强化稽查系统管理工作；四是顺应稽查事业蓬勃、健康发展的趋势，以“两个促进”全面加强稽查队伍建设，为全年稽查工作指明了方向。

（陈　霞）

云南省地方税务局稽查局

[概述]　2010年，云南地税稽查系统坚持以组织稽查查补收入为中心，突出税收检查和整顿规范税收秩序两个重点，促进队伍建设、稽查业务建设和制度建设的工作思路，转变思想观念，把握特点变化，加强协调配合，完善工作措施，全省稽查机构选案准确率、查处率、入库率、结案率四项考核指标均超过国家税务总局考核要求，总局部署的两个税务专案和打击发票违法犯罪三个督办案件已结案，全省重点税源检查、专项检查、分级分类稽查和区域税收专项整治工作成效显著，全省打击发票违法犯罪“两个市场”工作取得新的突破，全省各类举报案件受理查处及时，稽查业务建设、干部队伍素质、查账手段进一步提高，执法风险防范意识进一步加强，稽查全面建设发展的工作基础得到夯实，稽查在服从服务于税收中心工作中出色地完成了各项工作任务。

[稽查查补收入及分析]　全年组织检查、自查共计查补收入13.11亿元（其中，稽查机

构检查收入4.28亿元，组织企业自查收入8.83亿元），累计入库12.82亿元，稽查查补收入取得新的历史性突破。分析全年稽查查补收入情况看：一是加强对稽查工作的组织领导，强化组织收入意识，为完成全年稽查查补收入任务奠定了基础。二是突出工作重点，强化责任管理，拓宽工作办法，年初把稽查查处率1.5%作为考核各级稽查部门的重要指标以文件形式明确下来，通过组织业务会议、专题会议、情况分析会等形式，逐级细化任务和要求，采取一级抓一级、层层抓落实的责任管理机制，牵引稽查查补收入为中心的各项任务的完成。三是以税收专项（案）检查工作为主线，加大税收检查工作力度，强化执法中服务、服务中执法的意识，全年全省稽查查处率、选案准确率、入库率、结案率分别达到2.02%、100%、97.79%和100%，均超过总局考核要求。

[案件查处] 加强对税收违法案件查处工作的组织领导，明确细化案件查处职责和内容，认真落实案件检查方案，加强内外协调配合，强化稽查手段建设，严明工作纪律要求，认真履行稽查工作的职责，加大税收政策和税收执法宣传力度。全年查办案件累计检查3740户，有问题户3740户，结案3740户，组织检查、自查共计查补收入13.11亿元，累计入库12.82亿元，全省稽查查补收入入库首次突破12亿元大关。2010年全省各类案件受理查处及时，协查案件也得到了及时处理和回复。其中，国家税务总局督办的“12·28”、“4·16”两个税务专案已结案并及时查补入库税款，“4·16”专案受到总局的表彰通报；在深入开展打击发票违法犯罪活动工作的同时，成功查处玉溪“3·28”、官渡“9·02”和五华“4·14”特大制售和贩卖假发票案件，按照总局对三个督办案件要求按时查处结案。

[税收专项检查] 及时成立云南地税税收专项检查工作领导小组，在全省开展以限售股减持检查收尾、房地产及建筑安装业、药品经销行业、交通运输业、非居民企业纳税情况为主的税收专项检查。另外，还开展了营利性医疗及教育培训机构、年所得额12万元以上个人所得税自行申报纳税情况专项检查，同时将打击制售假发票作为专项整治的重点。全年共组织自查、检查收入7.33亿元，已全部入库。其中，完成9项对限售股减持税收专项检查的收尾工作，查补税款1.7亿元；完成行业性指令项目和指导性项目检查，共自查、检查企业4286户，发现有问题户1544户，累计检查、自查收入5.34亿元，特别是通过对5户房地产企业的解剖式检查，涉及补税达966余万元，基本摸清了每平方米房价构成情况，为总局研究决策提供了翔实的资料；组织开展对全省16家省级保险公司及其分（支）机构车船税专项检查，共自查查补收入101万元，通过车船税专项检查，减少了税收流失，探索了小税种检查的方式方法，为进一步完善车船税征收手段和监控措施起到了应有的作用；根据总局要求开展了对某房地产有限公司的分析式检查，初步检查应查补税款达1000万元。

[重点税源检查] 采取组织企业自查、税务机关重点检查等方法、步骤和措施，及时组织联合召开税企座谈会，发放行业自查辅导提纲、各税种征收管理宣传手册及发票使用管理知识等宣传资料，并就企业自查中遇到的税收政策难点和自查问题等进行认真辅导、解答，通过对自查情况汇总分析和综合评估，有针对性地组织开展重点检查，同时各地结合实际，认真开展本地区重点税源检查工作。2010年全年共组织自查、检查收入2.19亿元。其中，组织开展对航空集团分布在该省的11户企业的检查，共自查收入735万元；完成在滇的某矿业、某电器等11家重点税源企业集团所属52家成员单位检查，共查补税款及滞纳金1643万元，重点检查共查补收入212万元；按计划实施分级分类稽查，全省共组织676户企业进行自查，重点检查147户，共查补收入1.93亿元。

[打击发票违法犯罪活动] 全省地税稽查系统从整顿规范税收秩序、促进科学发展的长远目标出发，着眼稽查职能任务，立足建立长效工作机制的客观实际，通过税收检查、举报、审计移交、媒体曝光等信息来源，梳理线索积极介入，采取票案双查和发票使用管理专项检查，形成打击发票违法犯罪“两个市场”工作同步推进的工作格局。一年来，地税系统内外协作配合的工作力度进一步加强，税政、法规、征管、科技信息、财务处等部门的职责进一步细化明确，发票鉴定、重大案件督办、协查、线索移交、奖惩、案件档案管理等六项工作制度已基本建立，舆论宣传和保障力度等方面取得新的突破。同时，重新修订下发了《云南省预防打击涉税违法犯罪工作警税协作规定》，与公安、国税、财政、监察、审计等部门联合行文并组织开展了云南省整治虚假发票“买方市场”专项行动。2010年成功查处了该省玉溪“3·28”、官渡“9·02”和五华“4·14”特大制售和贩卖假发票案件；在全省房地产及建筑安装、交通运输

两个重点行业及行政事业单位，发票专项检查和昆明市重点区域发票专项整治中，共查处违法企业1105户，查处非法发票200余万份，查补收入713万余元，各项指标均超过近3年总和；配合公安机关打击发票“卖方市场”专项行动，查获假发票数量为近2年的3倍，打击了发票违法犯罪行为。

［税收违法行为举报］　坚持依法受理、严肃查处、严格保密、举报有奖的原则，认真执行税务举报案件管理制度，加大涉税举报案件的查处力度。截至2010年年底，全省稽查机构共受理举报案件338件，其中，查结301件，重复15件，在查5件，转办7件，暂存10件，查补收入共计5470.69万元，其中：税款4635.81万元，滞纳金591.56万元，罚款243.32万元，实际入库款项共计5270.69万元。从举报来源来看，群众来信、来电、来访举报316件，总局交办10件，其他部门转办8件，通过云南地税信访系统进行举报4件。分析举报案件的情况呈现举报数量基本持平、举报人多样化、案发地以昆明市所辖的四个主要行政区为主、违法手段层出不穷、多头重复举报现象突出和举报人性质主要集中在有限责任公司、股份有限公司、私营企业和个体企业，特别是一些改制企业存在问题较多等特点。协查案件也得到了及时处理和回复。

［案件协查］　全年省局稽查局共办理协查案件17件，分别源于重庆、山东、安徽、福建等省、直辖市国税局、地税局，其中包括重庆市地税局“聚奎案件”的协查及对受票纳税人的查处工作，以及云南省国税局“南疆税案”的有关协查工作。全部协查案件均按时予以回复，通过协查为协查发起单位确认虚假发票227份，确认真实发票11份，提供管辖纳税人基本情况5户，“聚奎案件”通过对受票纳税人检查，查补税款、滞纳金、罚款合计6.53万元。

［稽查制度建设］　建立工作研究机制。尤其是对国家税务对总局督办案件、税收专项检查、打击发票违法犯罪、行政执法宣传等工作进行集体会商研究，形成了稽查工作的凝聚力和战斗力。加强请示报告制度，突出对日常业务工作、重大案件查处、税收专项检查、打击发票违法犯罪等工作的研究分析和管理，对涉及政策法规等方面的问题以文件形式及时请示报告总局，及时听取上级业务部门的指示，取得政策上的支持，争取各级领导的关心和重视，促进了稽查成果转化工作深度和广度。建立健全内外协作工作机制，通过制定下发云南省地方税务局打击发票违法犯罪工作的通知和实施方案，加强组织领导，在工作开展中基本建立发票鉴定、重大案件督办、协查、线索移交、奖惩、案件档案管理等六项工作制度；与省公安、国税局重新修订下发了《云南省预防打击涉税违法犯罪工作警税协作规定》，对联席会议、案件移送、办案协作、情报信息的搜集与互换、经费保障六个方面的内容进行了完善；与省公安、国税、财政、监察、审计等部门联合下发了《关于印发云南省整治虚假发票“买方市场”专项行动工作方案的通知》，以文件的形式对省公安、国税、财政、监察、审计等11个单位，明确了打击发票“买方市场”方面的工作职责和要求。

［稽查系统建设］　2010年省局稽查局落实了新的编制，设三个科。各级稽查机构按照年度工作安排，把稽查队伍、查账手段和工作痕迹、档案资料管理等方面的工作，作为稽查全面建设和内部管理一项基础性、长期性的工作来抓，做到稽查年初工作部署有安排，机关日常工作研究有重点，对照工作落实情况有剖析，检查调研基层有绩效。在全省建立了稽查查处率1.5%和选案准确率、查补收入入库率、案件结案率分别达到80%、90%、95%以上的考核管理机制，纳入省局对全省各基层单位“六好”考核的内容。积极开展以新的《税务稽查工作规程》和《奇星查账软件》为重点内容的稽查业务培训，加大稽查内部选案、检查、审理、执行四环节分工制约、协调配合机制的工作力度；落实“一岗双责”的要求，强化廉政从政和执法风险防范意识，对加强稽查执法监督制约工作提出了明确具体要求，并把贯彻《中国共产党党员领导干部廉洁从政若干准则》与稽查重点工作同步安排、四个环节同步管理、税收检查同步开展、业务学习培训同步进行。

［稽查信息化建设］　结合国家税务总局下发《金税三期工程税收征管业务需求》意见的通知，经研究并结合该省稽查工作实际对稽查业务提出了10条修改意见。积极在稽查工作中引入信息化手段，加大信息化办公设备投入力度，为全省州、市一级稽查局配发电脑、照相机、档案装订机等办案设备；根据工作实际和需要，全省各级稽查部门先后自筹经费180多万元购买稽查查账软件达160套，促进了稽查手段建设。省局稽查局针对车船税检查信息数据量大、分类情况复杂、精细化要求高的特点，联合开发了车船税电子查账数据比对软件，通过软件对数百万条车辆信息进行筛选比

对，为重点检查阶段有的放矢地进行切入式检查及稽查效率的提高提供了技术保障，为税收检查向科学化、精细化、自动化发展奠定了基础。

［稽查队伍建设］ 截至2010年年底，全省各级稽查部门实有干部共计1103人，其中，党员干部668人，35~45岁干部524人，大学专科以上学历1016人，“五师”以上资格60人，全国计算机一级以上等级资格72人，分别占干部实有人数的60.56%、47.51%、92.11%、5.44%、6.53%，从省级稽查人才库231名骨干中优选出16名人员，上报全国税务稽查人才库。通过组织专案稽查、税收检查、分级分类检查和抽调人员进行重大案件查处等工作手段，提高稽查干部组织计划、科学选案、情况研判、实战锻炼、查账能力方面的综合素质，采取理论学习、业务培训、岗位锻炼、选学送培等途径，有针对性地加强稽查队伍全面建设，积极适应稽查工作职能对稽查全面建设的新需要，形势发展变化对干部能力素质提出的新要求。

［稽查业务培训］ 通过请来教、送去学等方式和岗位锻炼，加强稽查队伍建设和综合素质的培养，积极开展以新的《税务稽查工作规程》和《奇星查账软件》为重点内容的稽查业务培训。2010年4月，省局组织全省16个州（市）地税局和省局直征局的51名稽查尖子和骨干培训，使参训学员进一步学习掌握了新修订的《税务稽查工作规程》和稽查业务方面的法律法规、查账软件等11项内容，加强了查账软件的推广和使用，提升了业务手段，也为各州、市局培训了一批业务“小教员”。昆明、曲靖、红河、临沧、玉溪等各州（市）局相继举办了查账软件培训班，参训人员达300余人次。此外，各州（市）局也组织了不同类型、不同层次的综合培训。通过培训，提高了干部的综合素质和业务水平，对更好地完成好稽查各项工作任务起到了积极的推动和促进作用。

［稽查人才库建设］ 针对近年来全省稽查人员结构、数量、工作岗位发生变动等实际，为及时了解、掌握全省地税稽查人才库的情况，进一步完善、规范人才库管理，适应全省稽查工作需要，省局稽查局在全省地税系统开展了重新调整选定省级稽查人才库人员的工作，经推荐、审核，全省稽查人才库人员共计231人，占目前在职税务稽查工作人员的20%，并从省级稽查人才库中优中选优，选拔出16名稽查骨干作为全国税务稽查人才库人员上报国家税务总局。

［稽查宣传］ 为提高纳税人对税收专项检查的认知度和发票违法犯罪危害性的认识，增强依法纳税的自觉性，全省各级地税机关结合当地实际，充分利用广播、电视、报刊、网络及征收大厅宣传栏、电子屏幕等宣传媒介进行宣传发动，通过组织税收宣传活动、受理举报电话、设立税法宣传点和咨询台、依托当地民族节日等形式，进行形式多样的税收执法宣传，与广大纳税人进行互动交流，及时受理群众投诉，解答地方税收政策，采取不同的方式发放宣传手册、资料袋、宣传单等税收宣传资料共计4.5万份，进一步提高了税法遵从度和行政执法服务意识。省局还开设《地税简报》专刊，宣传全省打击发票违法犯罪活动好的典型和经验做法，先后在云南卫视等6个电视频道收视率较高的11个时段，以及七彩公交、七彩都市两个数字频道，连续播放发票使用管理和打击贩卖假发票两个公益广告，取得了较好的社会反响。

［稽查调研］ 针对稽查业务建设的发展和现实需要，及时上报国家税务总局《金税三期税收征管业务需求》、《税务稽查组织纳税人自查管理暂行办法》、《重大税收违法案件督办管理办法》稽查业务方面的修改意见，完成了云南地区拟上市的10家企业和已上市的10家公司的税收情况调研报告，对专项检查中涉及的税收政策问题及时以书面报告的形式进行请示，增强工作的主动性。加强稽查工作在经济领域和社会领域等方面的情况分析研究，对省政协会议提交的提案进行认真会办答复，提高地税部门执法的公正性。加大稽查在整顿规范税收秩序和打击涉税违法犯罪活动方面的工作力度，对打击发票违法犯罪“两个市场”工作情况进行调研，加大工作的有效性。加强稽查干部法制意识、执法观念和执法水平，提高在税收执法面前征纳双方平等的意识。针对稽查工作面临的新形势、新任务、新特点、新问题、新要求，通过对全省稽查部门的调查研究和情况分析，形成了加大稽查查账手段和干部能力建设的具体措施。

［稽查工作会议］ 2010年3月17~18日，全省地税稽查工作会议在保山市腾冲县召开，全省16个州（市）局、省局直征局分管稽查工作的领导和稽查局局长、省局稽查局全体干部等65名会议代表参加了会议。省局党组成员、副局长张红霞作了题为《围绕税收中心任务　服从服务工作大局　努力提高稽查工作创新发展水平》的重要讲话，讲话总结回顾了2009年全省地税稽查工作六个方面的特点变化，要求各级稽查部门进一步

认清形势，提高认识，把握稽查工作的特点变化，加强地税系统内外之间的协调配合，增强做好稽查工作的信心和决心；强调各级稽查部门在2010年的工作中要坚持以组织稽查查补收入为中心，突出税收检查和整顿规范税收秩序两个重点，促进队伍建设、稽查业务建设和制度建设，更好地服务于地方税收中心工作。一要进一步强化组织收入意识，确保完成全年稽查查补收入任务；二要进一步加大税收检查力度，提高稽查工作质量效率；三要进一步整顿和规范税收秩序，促进社会经济环境良性发展；四要进一步夯实稽查工作基础，增强稽查工作发展后劲。省直征局、昆明、曲靖等5个单位就抓好稽查查补收入、提高执法管理手段、加强业务培训等方面进行了经验交流发言，与会代表进行了分组讨论，会议取得圆满成功，达到了预期效果。

（苏福刚）

西藏自治区国家税务局稽查局

［概述］　2010年，西藏自治区国税系统按照国家税务总局和自治区党委、政府的部署，全面贯彻落实科学发展观、中央第五次西藏工作座谈会精神及全国税务工作会议精神，以科学发展观为主题，以转变经济发展方式为主线，紧紧围绕“一个中心、两件大事、三个确保”的工作目标，牢固树立“为国聚财、为民收税”的工作要求，圆满地完成了各项税收工作。2010年，西藏自治区共组织各项收入51.11亿元，同比增长47%，增收16.33亿元，剔除海关代征4390万元，全区各级税务部门共组织各项收入50.67亿元，同比增长46.2%，增收16亿元。全区各级税务稽查部门在国家税务总局稽查局和区国税局党组的正确领导下，紧紧围绕税收中心工作，加大稽查工作力度，完善稽查内部管理，提高稽查执法水平，加强稽查队伍建设，大力整顿和规范税收秩序，严厉查处了各类涉税违法案件，使稽查各项工作取得了较好的成绩。

［稽查查补收入及分析］　2010年，全区各级稽查部门以深入整顿规范税收秩序为重点，以营造公平税收环境为目标，以发挥稽查职能作用为基本，创新工作思路，强化执法权限、执法程序、执法责任，狠抓查补收入，有力地促进全区税收收入目标的实现。2010年，西藏各级税务稽查部门共检查纳税户216户，查出有问题户216户，选案准确率为100%，已结案216件，结案率达到100%；组织企业自查36户，共查补税收收入总额9217万元（含自查收入），与2009年同期相比增加695万元，增长8.16%，占该区税收收入总额50.67亿元的1.82%，已超额完成总局下达的1.5%考核指标任务。共实现入库8900万元，入库率为96.56%。自治区国税稽查局检查纳税户28户，查出有问题户28户，选案准确率达到100%，已结案28户，结案率100%，查补税收收入总额2963万元，实现入库3066万元，入库率为103.48%。

［整顿和规范税收秩序］　2010年，全区各级税务部门继续把整顿和规范税收秩序作为重点内容，坚持标本兼治、内外并举的原则，不断强化组织领导，加大工作力度，紧紧围绕按照整顿和规范税收秩序工作要求，围绕营造公平竞争的纳税环境、共建和谐税收的工作思路，在全区范围内开展了房地产及建筑安装业、药品经销业、交通运输业、矿产品采矿选矿业、中介服务业、营利性医疗机构、解禁限售股减持、年所得12万元以上个人所得税申报情况及各地自行安排的金融、商业零售、电力、制造、餐饮等行业的税收专项检查和区域税收专项整治工作。通过对重点行业和税收征管较为薄弱的领域进行专项检查和税收整治，集中力量查办重大涉税违法案件，有效地打击了税收违法犯罪活动，极大地改善了该区税收环境，促进了重点行业和重点地区的税收秩序。

［案件查处］　加大对重大案件的查处力度，以查处大要案件为突破口，积极拓展案源渠道，严格落实大要案件查办制度，提高案件查处的质量和效率。全区稽查部门共检查出有问题户216户，查补税收收入总额7083万元，其中：查补税款5893万元，罚款631万元，加收滞纳金559万元；罚款占查补税款的比例为10.71%。查处案件中，查处100万元以上500万元以下的案件15起，查补税款3291万元。

［**税收专项检查**］ 2010年全区先后开展了对房地产及建筑安装业、药品经销业、交通运输业、矿产品采矿选矿业、中介服务业、营利性医疗机构、解禁限售股减持、年所得12万元以上个人所得税申报情况等的专项检查。全区共检查纳税户459户，已查结449户，查出有问题的209户，查补各项收入总额6793.31万元，其中：查补税款5987.43万元，加收滞纳金349.94万元，处以罚款455.94万元；实现入库5708.08万元，入库率为84%；调减亏损企业申报亏损额403万元；安排企业自查35户，有问题的18户，自查收入合计1026.10万元。同时，各地结合实际，选择重点行业在本区域内进行了专项检查。共检查纳税户172户，查结171户，查出有问题的112户，查补税收收入1373.98万元。

［**区域性税收专项整治**］ 2010年，区域税收专项检查整治的重点确定为那曲地区，针对那曲地区运营车辆税收秩序相对混乱的状况，区国税稽查局组成工作组于2010年8月17日奔赴那曲地区与地区国税局一起开展了为期半个月的区域税收专项整治工作。工作组首先从地区出租车、中巴车管理情况入手，了解到2004年后地区出租车公司对挂靠车辆无法实行代扣代缴，导致出租车行业税收秩序较为混乱的情况，针对那曲地区营运车辆仍存在管理不到位、执法不到位的情况，工作组与地区国税局进行了交流，并建议地区国税局尽快联系行署，协调沟通各职能部门，采取切实有效措施落实好国家税收政策，将运营车辆纳入正常的税收管理，保证行业与行业之间税负公平，促进地区经济健康发展。同时，工作组还对那曲地区稽查案件、档案管理、稽查办案、经费使用、矿产品行业的税收管理等情况进行了检查摸底，对发现的问题与地区国税局交换了意见，提出了改进的措施。通过开展区域税收专项整治工作，有效地促进了那曲地区税收征管水平的提高，净化了纳税环境。

［**重点税源检查**］ 区国税局稽查局将以往存在问题较多的矿产品行业作为2010年和2011年重点税源企业检查的重点，成立了由区国税稽查局达娃云丹局长任组长、曾庆中副局长任副组长的重点税源检查领导小组，并从全区各地税务部门抽调业务骨干18人，组成4个工作组，对拉萨经济开发区、拉萨市、日喀则、山南和那曲等地的探矿、采矿、选矿和销售矿产品企业及个体经营者开展重点检查。2010年共检查矿产品企业65户，已查结60户，查出有问题的19户，查补各项收入895.88万元，其中：税款775万元，加收滞纳金38.98万元，罚款81.90万元。纳税调整190.99万元。目前尚有5户仍在进行检查。

［**打击发票违法犯罪活动**］ 自治区国税局制定了《打击发票违法犯罪活动工作实施方案》，在全区范围内统一安排部署了打击发票违法犯罪活动专项整治工作。一是加大对企业发票使用情况的检查力度，将发票使用情况的检查与行业税收专项检查、重点税源检查、专案检查工作一同布置、一同组织、一同进行。二是加强与公安、审计、监察、通信管理、银行等部门和单位的沟通联系，强化部门协作，增进整治合力，进一步推进打击发票违法犯罪活动工作的深入开展。三是做好舆论宣传工作。2010年，全区查处制售假发票案件4起，打掉犯罪团伙4个，捣毁制售假发票窝点4个，收缴作案机器9台，缴获印章18枚，抓获犯罪嫌疑人12人，收缴假的电子客票32614份。同时，对重点行业的发票使用情况及非法代开、非法取得发票违法行为进行了全面的清理整治，共检查企业866户，查处有问题户280户，涉及非法代开、虚开或非法取得及未按规定开具、使用发票1704份，查补税款339.17万元，罚款70.1万元，加收滞纳金29.12万元，合计查补收入总额438.39万元。宣传曝光发票案件36起。

［**税收违法行为举报**］ 2010年，全区累计受理各种类涉税违法举报案件74件，立案查处案件60件，查实率为81.08%，已结案60件，结案率为100%；累计查补举报案件金额457.19万元，其中：税款372.41万元，罚款41.29万元，加收滞纳金43.49万元；举报涉及的性质有：国有企业1件，集体企业1件，有限责任公司20件，个体经营户24件，其他企业28件，分别占受理案件总数的1%、1%、27%、33%、38%，实现入库454.51万元，入库率为99%，支付举报奖励400元。

［**案件协查**］ 2010年，全区通过协查系统收到受到受托协查25起，涉及发票131份，涉及金额3904.03万元，税额663.68万元，回复发票127份，通过协查有问题发票64份，属于正常发票62份，无法核实发票1份；受托协查发票累计按期回复率为100%。全区委托发出协查136起，涉及发票974份，涉及金额7346.40万元，税额1232.37万元，收到回复发票983份，其中：属于正常发票928份，有问题发票11份，无法核实发票44份。委托协查发票选票准确率为1.12%。

另外，按照总局安排部署的“5·06”协查案件，区局领导高度重视，抽调稽查人员与公安经侦部门组成联合工作组，就“5·06”案件涉及该区的西藏天元太阳能有限公司进行了侦办，涉及协查发票146份，涉及金额7315万元，并将调查情况分别向国家税务总局和公安部及时进行了汇报。

［稽查制度建设］ 区国税局稽查局根据稽查工作发展需要，对该区1998年出台的《税务稽查工作考核暂行办法》进行了修订和完善。一是完善稽查查补收入的考核。将稽查查补收入同年终评先评优及区国税局下拨的税务稽查办案经费进行挂钩；二是加大了考核力度。确定稽查目标考核从税务稽查基础工作、税收违法案件查处情况、税务稽查工作管理、查处特大案件受到上级部门表彰及稽查执法不规范、程序不到位特别奖惩等方面进行考核，并对考核内容提出了具体要求，把稽查成效与日常工作规范纳入考核体系；三是将考核结果进行全区通报，起到鼓励先进、鞭策后进的作用。

［稽查信息化建设］ 一是结合新的《税务稽查工作规程》规定，2010年稽查部门继续协同征管科技处及软件公司对西藏版综合征管软件（稽查子系统）存在的问题进行再次修改和完善，以便更好地适应稽查工作的需要，提高稽查工作质量和效率。二是加强与总局及信息中心的沟通与配合，做好金税工程协查系统、税收违法检举案件管理系统、稽查报表系统的维护、升级等相关工作，确保系统的正常运行。三是通过开展定期或不定期的培训，提高稽查人员的计算机应用水平和电子查账能力，加强稽查办案质量和效率。四是在稽查工作中，积极使用现有的系统软件进行数据分析和整理，配合有关部门对数据的横向变化和纵向变化进行总结分析，为稽查查办案件提供有利的线索。

［稽查队伍建设］ 根据自治区国税局安排的政治理论学习和机关效能建设活动，组织稽查干部结合稽查工作实际开展自查自纠，从思想作风、工作作风、为政清廉等方面查找存在的突出问题，进行反思和整改。同时对稽查干部常打“预防针”，常念“紧箍咒”，不断增强干部的自我约束力和防腐拒变能力。坚持内外并举，以内为主，以内促外原则，强化廉政监督，特别对重点岗位、重要环节、重要事项的监督制约，最大限度地减少税务行政执法的自由裁量权和随意性，有效铲除滋生腐败的温床和土壤。严格按照稽查工作规程和相关制度开展稽查执法工作，教育干部充分认识到依法稽查是规避税收执法风险的根本保证，从而从根本上保护自己，爱护自己。

［稽查业务培训］ 2010年，全区各级税务稽查部门普遍开展了形式多样的稽查业务培训，各级稽查干部也参加了总局、区局及各地举办的各类培训，为进一步提高稽查工作水平奠定了良好的基础。为了有效顺利地开展矿产品行业的重点税源检查工作，2010年5月区国税局稽查局举办了为期五天的矿产品行业检查培训，全区各地税务部门抽调业务骨干18人参加了培训。通过培训帮助检查人员了解矿产品行业的经营状况、财务会计核算，对比分析企业近几年的经济指标，熟悉相关法律、法规，促使检查人员尽快地进入角色，使检查工作做到有的放矢。同时，各地市稽查部门也通过统一授课、经验交流、以案说法、讨论分析等形式，开展了稽查业务、会计、法律等方面的培训。

［案件公告］ 2010年，全区各级税务稽查部门按照总局《税务违法案件公告办法》规定，借助电视、报刊、公告栏和电子滚动屏幕等媒介，对31起涉税违法案件向社会进行公开曝光和公告。通过对涉税违法案件进行公告和曝光，督促其纳税人依法履行纳税义务，进一步提升税务稽查执法的威慑力，强化公民自觉纳税意识，净化纳税环境。

［稽查宣传］ 2010年，税务稽查部门与公安经侦部门联合开展了两次大型的打击发票违法犯罪行为的宣传活动，共发放宣传材料6000余份，出动人员40余人，重点宣传发票的基本知识、发票真伪的识别、发票违法行为的举报途径、制售假发票和非代开发票等违法行为的处罚规定等内容，鼓励广大公民和纳税人积极检举发票违法行为。通过发送宣传手册和解答疑问，向广大公民和纳税人广泛宣传发票相关政策法规，教育广大公民和纳税人依法取得和正确使用发票。同时，全区稽查部门充分发挥稽查信息的宣传作用，为全区稽查系统提供交流经验、传递信息、展示稽查工作成果的平台。全区累计上报稽查信息资料195篇，其中：稽查专报76篇，稽查简报39篇，稽查动态分析1篇，稽查案例20件；被各地党委政府采用信息35件，区局办公室采用信息30件；中国税务报2篇。

［稽查调研］ 2010年，按照《西藏自治区国家税务局关于我区税收科研工作有关事项的通知》要求，全区各地稽查部门共撰写了28篇调研文章。这些调研文章，紧扣稽查工作主题和内容，从不同层面、不同角度对稽查制度建设、稽查内部管理、稽查执法风险及重点行业检查等情况进行了

深入的调研，全面分析了稽查工作现状、存在的问题及成因，提出了加强改进的方法和措施，通过广泛开展税务稽查调研工作，为领导和上级部门的科学决策提供了第一手资料和数据，有效促进了全区稽查工作水平的提高。区局稽查局在对重点税源检查的同时，针对矿产品行业存在的普遍性、苗头性、倾向性问题，展开了深入细致的调查研究工作，撰写了《关于拉萨市墨竹工卡县矿产行业税收征管工作调研情况的报告》，从理论的高度剖析了我区矿产品行业存在的普遍问题，提出了改进矿产品行业征管工作水平的建议和对策，促使各级税务管理部门加强对矿产品行业的监管力度。

［稽查工作会议］ 西藏自治区国税局于2010年3月18日在拉萨召开了全区税务稽查工作视频会议，参加会议的有自治区国税局局长袁庆杰、分管稽查工作的纪检组长群培、区国税局相关处室的负责人、各地市分管稽查工作的领导及全体稽查干部共100多人。会议传达了全国税务稽查工作会议精神，区国税局分管稽查工作的群培组长作了重要讲话，提出2010年稽查工作需重点做好三个方面：一是坚持执法与服务相结合，积极提升稽查服务水平。二是抓好“三大中心”工作。继续开展好税收专项检查工作；开展好打击发票违法犯罪行为专项整治工作；加强大要案的查处工作。三是夯实五项稽查基础工作。做好举报工作；加强执法监督；按照科学化、精细化管理要求，寻找适合我区稽查管理工作的新思路，探索掌握新时期稽查工作内在规律，准确把握稽查工作重点；加强稽查队伍建设；加强稽查办案经费管理。

（德　吉）

陕西省国家税务局稽查局

［概述］ 2010年陕西国税稽查系统始终以科学治税观落实科学发展观，树立“延安精神铸税魂”的核心理念，积极培育“责任、荣誉、和谐”的陕西国税精神，认真落实组织收入原则，坚持依率计征与依法减免并重，大力加强计划跟踪管理和收入质量监控，全面完成各项工作任务。全年完成税收收入1020.30亿元，首次突破千亿元大关。“十一五”时期累计组织国税收入3475.07亿元，是“十五”时期的3.31倍，年均增长25.8%，对陕西财政收入的贡献率达到55%以上，为促进陕西经济社会发展提供了强大的财力保障。

［稽查查补收入及分析］ 国税稽查系统紧紧围绕中心工作，以专项检查、重点税源企业检查和打击制售假发票犯罪活动为重点，采取企业自查与重点检查相结合的方式，圆满完成全年各项考核任务。累计查处税收违法案件11411户，发现有问题户11023户，稽查收入总额13.94亿元，占全年稽查计划数13.74亿元的101%，提前一个月超额完成总局下达的查补收入计划。其中实现稽查收入7.27亿元，组织企业自查收入6.67亿元，入库13.94亿元，入库率100%，稽查选案准确率97%，结案率100%，综合处罚率41%。

［整顿和规范税收秩序］ 坚持“服务科学发展、共建和谐税收”主题，紧紧围绕税收中心工作，以整顿和规范市场税收秩序为目标，以优化检查方式、提高检查质量为手段，全面推行分级分类检查，积极开展税收专项检查和区域税收专项整治、重点税源企业检查，严厉开展打击发票违法犯罪活动。通过惩处偷逃骗税行为，对不能如实申报纳税的纳税人进行严厉制裁，维护公平、有序的竞争环境，确保了市场经济秩序的良性运作。同时，加大税收宣传和案件曝光力度，力争查处一案、治理一线、规范一片，形成全民协税护税的良好局面。

［案件查处］ 2010年，陕西国税稽查系统与陕西地税、公安等执法部门紧密联系，加大对大要案件的查处力度，先后查处了“榆林市洁振、锦源公司虚开增值税专用发票案件”、“铜川税案”、“陕西省人大机关印刷厂和汽车修理厂涉嫌偷税案”、“西安远东进出口有限公司涉嫌出口骗税案”等案件。其中榆林市洁振、锦源公司虚开增值税专用发票案件共计挽回税收损失2199.85万元；铜川税案共计挽回损失4302万元；陕西省人大机关印刷厂和汽车修理厂涉嫌偷税案查补税款6.77万元。还承办了北京诚信安隆科技发展有限公司涉嫌骗取出口退税案、广东清远广叶、恒润公司开具的增值税专用发票涉嫌虚开案、山东东营

“6·30”虚开增值税专用发票案、宁夏“1·21”虚开增值税专用发票案以及广州“7·30”专案、审计署西安特派办关于亚行贷款太中银铁路项目部分物资供应商开具发票真实性的发票协查共计6起协查案件，共计查补税款2681.21万元，罚款225.51万元，滞纳金109.38万元。

［税收专项检查］　结合全省产业结构和税源分布特点，在国家税务总局确定的2010年税收专项检查指导性项目的基础上，增加石油石化行业、煤炭生产及运销企业等2个重点行业作为该省2010年专项检查指令性检查项目。全年共组织专项检查4417户，查出有问题4122户，查实率为93%；查补总额4.32亿元，其中：查补税款1.98亿元，滞纳金1954万元，罚款5221万元，处罚率为26%；同时在专项检查项目中选取1038户企业开展税收自查，自查有问题户583户，自查补税1.61亿元，有效规范了行业税收秩序。

［区域性税收专项整治］　结合该省实际，陕西国税稽查系统选择利用“四小票”进行偷、骗税、制售假发票、非法代开发票等税收违法行为比较集中的地区开展区域税收专项整治。各市局也结合当地实际，采用专项整治与各项重点工作相结合、源头整治、成果展示的方法，开展了高速公路建设、药品经销、餐饮、房地产及建筑安装等行业的专项整治，收到较好成效。安康市局稽查局针对高速公路建设涉及范围广、发票使用量大、管理漏洞多的特点，以线带面，在安康市范围内统一组织实施对高速公路建设单位发票专项整治活动，查补税款380余万元。延安市局稽查局对高速铁路延安段9个项目部接受的沙、土、石普通发票进行了专项整治。检查普通发票3500余份，查获假发票786份，涉及非法开具金额3085.54万元，查补总额287万元。宝鸡市局稽查局从各县区局抽调了30名稽查人员，组成10个清查小组，历时34天逐户开展房地产行业的专项整治。共检查房地产企业180户，清理出企业所得税应由国税管理而未管理的50户，应缴未缴企业所得税3100多万元，应向国税缴纳而交给地税的企业所得税87万元。

［重点税源检查］　按照国家税务总局统一部署，陕西国税稽查系统组织了对中国航空集团公司等三户企业及延长石油（集团）公司等重点税源企业的自查和重点检查工作。一是及时与省地税稽查局联合召开自查布置会，做好自查企业税收政策的解释、辅导、服务工作，深入部分自查单位进行自查辅导，及时确认企业自查税款，按时归集上报自查资料和报表，确认企业自查补税1056万元。二是重点选取东方航空西北分公司所属3户、延长石油（集团）公司所属28户成员企业开展重点检查工作。在全省抽调业务骨干24人，成立五个检查组开展检查。东方航空西北分公司所属的3户企业，查补税款1002万元；延长石油（集团）公司所属28户成员企业涉及查补税款3600万元。三是稳步推进全省分级分类重点企业检查工作。全年开展省级重点企业检查102户，查补总额4.30亿元。开展市级重点企业检查373户，查补总额1亿多元，充分发挥了稽查威慑力，切实提高了省市重点税源企业的纳税遵从度。

［打击发票违法犯罪活动］　陕西国税稽查系统以打击虚假发票“买方市场”为工作重点，与陕西省打击发票违法犯罪活动领导小组办公室加强联系，积极配合公安机关深入开展打击整治发票犯罪专项行动，紧密结合税收专项检查、区域税收专项整治、重点企业检查等工作，将发票检查作为必查项目。全年共检查处理违法受票企业820户，查处非法发票35159份，查补税款5975万元，罚款1631万元，滞纳金300万元。配合公安机关打掉团伙11个，捣毁窝点59处，抓获犯罪嫌疑人106人，收缴作案设备750台以及大量伪造印章，查获收缴各类违法发票189万余份；协助公安机关鉴定发票580起，鉴定份数56000份。成功破获了西安“6·03”特大出售非法发票案，缴获14个品种的假发票85万余份和已撕毁的假发票15万份。与外省公安、国税部门紧密协作，破获了跨越陕、粤、鄂三省的特大出售假发票案，抓获犯罪嫌疑人18名，收缴假发票40余万份，捣毁发票存储窝点12个，各类假印章560余枚，查获赃款现金7.90万元。

［税收违法行为举报］　2010年共受理税收违法举报案件218件，查处212件，查补税款2120万元、滞纳金69万元、罚款326万元，共计查补收入2515万元。其中：省局稽查局直接受理案件58件，转交地税部门3件，暂存待查6件，查处49件，已结案42件，共计查补收入1090万元。

［案件协查］　一是做好日常协查工作，2010年全省共发出委托协查569起，委托协查发票10006份，金额28.46亿元，税额4.81亿元。委托协查信息完整率99.95%，查补总额142.42万元；通过协查系统受托协查1206起，发票总计10334份，金额36.01亿元，税额6.10亿元。受托

协查累计按期回复率99.99%，受托协查信息完整率99.65%，查补总额1956.55万元，移送司法机关案件17起。二是大力开展黄金销售增值税专用发票专项检查。共检查发票三批22200份，涉及税额14.25亿元。并按照国家税务总局要求对10户黄金销售和加工企业开具的2805份黄金销售增值税专用发票发起委托协查，已收到协查结果2686份。共查处接受虚开发票企业6户，查补总额4013.8万元，抓捕控制犯罪嫌疑人3名，移送公安机关立案49户。

［稽查制度建设］ 按照“机制管人”的工作思路，结合国家税务总局确定的2010年工作重点和稽查工作实际，修订完善了《绩效管理考核办法》中稽查模块的相关指标，突出对查补收入总量、查实率、入库率、结案率等重点指标和各项重点工作完成情况的考核，特别增加了税务稽查防范与风险管理落实情况两项稽查工作创新考核项目，合理设定考核指标及权重，对各项工作完成情况实行“双挂钩”监控。在充分调研，广泛征求各市意见的基础上，制定下发了《稽查纳税信用缺失等级评定及监控实施办法》，并将此项工作纳入稽查绩效考核。通过对纳税人的检查结果的分析，按照评定标准对4000余户纳税人进行了评定，分别按照A、B、C三级进行动态跟踪管理，实施有效监控，同时将纳税人的检查结果、信用缺失等级、征管建议、评定结果等情况及时反馈给税源管理部门。

［稽查系统建设］ 坚持全省稽查“一盘棋”的理念，加强与国家税务总局稽查局的业务联系及对各市局稽查工作的业务督导。2010年年初省局稽查局派出三位副局长带队分赴11个市局开展工作调研，了解各市局稽查局各项重点工作的安排部署开展情况；对各市局稽查机构的设置情况、人员整合情况、稽查办案补助经费的使用情况进行摸底；收集对全省稽查工作的意见和建议。同时，一方面多次赴国家税务总局专题汇报工作进展情况，另一方面及时将总局的会议、文件精神传达落实到位，做到人人有责任，案案有着落。此外，对各项重点稽查工作进行动态监控、不定期督导和考核，保证了各项稽查工作的正常运转和完成。还充分运用稽查办案经费对基层办案条件进行了改善，“十一五”期间共配备稽查办案用车90辆，笔记本电脑300台，为稽查工作的顺利开展奠定了坚实的基础。

［稽查信息化建设］ 一是以召开信息化工作调研会议和到汉中、西安市国税稽查局现场调研的形式，广泛听取对稽查信息化工作的意见和建议。根据调研情况撰写了《关于陕西省国税系统税务稽查信息化建设情况的调研报告暨2010～2014年发展规划建议》。二是在深入基层调研的基础上撰写了《陕西省国家税务局税务稽查选案信息系统1.0业务需求》。该系统具有广泛的数据来源，能够覆盖所有企业，方便快捷地对重点税源、重点行业进行科学选案，实现分级分类稽查管理，能够对案件查处情况进行跟踪。并独创性地创建了纳税人耗电成本率分析模型，利用纳税人生产产品与用电成本之间的内在逻辑，比照其他趋势指标发现异常点，做到快速、科学地确定稽查对象。该系统已进入开发阶段。三是抽调83名稽查业务骨干，配合陕西国税工作组开展了《税收征管分析和风险管理系统》风险预警企业核查工作，将疑点指标逐项落实到位。同时对核查对象存在的其他涉税问题进行了拓展检查，查补总额1亿余元。四是在部分市局试点了第三方软件对信息化管理企业的税务稽查，为开展信息管税工作积累了一定的经验。

［稽查队伍建设］ 从狠抓工作作风入手，分级分类开展定向培训，全面加强队伍建设。一是2010年年初开展了为期10天的“加强作风建设，提升管理水平”学习研讨活动。同时组织大家对学风、纪律、作风等方面存在的问题进行剖析，深刻查找存在问题的根源，提出整改的具体措施，完善和健全了相关规章制度。二是一方面积极倡导和鼓励稽查人员自身学习，另一方面突出对稽查人员特别是稽查业务骨干的专项培训。三是结合《中国共产党党员领导干部廉洁从政若干准则》的颁布实施，配合陕西国税监察室拟定了稽查四环节八个高危廉政风险监控点，对稽查执法行为实施事前、事中、事后的全程监控。

［稽查业务培训］ 2010年9月在江苏税务培训中心举办了稽查科（局）长更新知识培训班。全省60余位稽查骨干参加了为期10天的培训，先后学习了新的稽查工作规程、查账技巧、税收政策难点分析、管理艺术等内容；2010年10月在西北税校举办了为期20天的陕西省稽查基础知识培训班，对新进入稽查岗位的60余人进行了轮训，通过专家授课、案例分析、模拟查账等多种方式，使学员在掌握税务稽查基本技能的基础上，了解和熟悉当前税务稽查的前沿知识；同时结合各项重点工作部署，先后开展了药品经销行业、石油石

化行业、房地产企业、煤炭生产及运销企业、黄金发票专项检查重点等查前定向培训。

［稽查人才库建设］　2010 年，陕西国税稽查系统对省、市稽查人才库进行了重新清理调整，按业务特长和年龄结构进行分类管理。同时，为了确保稽查人才库人员的业务水平持续增长，一是结合各项重点工作的开展，分批抽调人才库人员进行分组带队实战练兵，一方面提高了稽查人才的实战水平，另一方面增加了人才库人员对大型企业独立带组检查的能力；二是加大对人才库人员的税收知识继续教育，确保了知识的延续性。

［案件公告］　2010 年，陕西国税稽查系统坚持执法与服务并重的理念，切实加大税法宣传和典型案件曝光力度，充分利用各类新闻媒体，采取多种渠道，进行税法宣传，积极利用 LED 大屏幕、税务公告等载体，及时将有关案件的查处情况向社会进行公开和宣传，全年编发税收违法案件公告 158 期，上报典型案件 123 例，以事实教育群众，以实例震慑违法，达到了较好的威慑作用和社会宣传效果。

［稽查宣传］　继续加大对外宣传力度，通过多种途径、众多方式反映全省重点稽查工作的开展情况，推广成功工作经验和查处的重大典型案例，营造全社会协税、护税的良好舆论氛围。先后在《中国税务》、《厉风》杂志上刊登《浅议钢材物资销售行业纳税检查指标体系及检查运用》、《浅谈大型建筑施工企业检查方法》、《真实的谎言》、《偷税的砖瓦窑》、《一桩税务稽查案件引出汽车销售行业涉税潜规则》、《增值税转型后煤炭企业固定资产税务稽查的探索与实践》等专题论文、典型案例 10 余篇。

［稽查调研］　2010 年 10 月，陕西国税稽查系统邀请陕西国税相关部门共同召开调研成果交流会，加强查管互动，有效实施成果转化。并广泛开展稽查调研文章评选活，经过评选向省局报送了《关于对陕西省成品油经销企业税务检查和管理的探讨》、《税务稽查部门实施“机制管人”的思考》、《关于全省国税系统税务稽查信息化建设应用情况的调研报告》等 10 篇调研文章。还向《厉风》、《中国税务》等期刊积极投稿，两篇稽查调研论文在省局优秀科研成果评比中获三等奖，两篇文章获优秀奖，部分论文在市局优秀科研成果评比中获奖。

［稽查工作会议］　2010 年 2 月 3 日，陕西国税稽查系统召开了全省国税稽查工作会议，省局党组书记、局长赵恒作了重要讲话，省局党组成员、副局长薛建英作了题为《围绕中心　服务大局　努力提升税务稽查工作整体水平》的主题报告，省局稽查局局长李杰作了会议小结讲话。会议总结了陕西国税系统 2009 年税务稽查工作，表彰 2009 年度稽查工作先进单位，交流工作经验，安排部署 2010 年各项工作任务。2010 年 7 月 16 日还召开了陕西国税各市局分管领导和稽查局长工作座谈会。回顾半年工作开展情况，安排部署阶段重点工作，分解落实工作任务，明确工作内容、完成时限、标准等，确保全年工作任务的完成。

（胡　萍）

陕西省地方税务局稽查局

［概述］　2010 年，陕西地税系统坚持以组织收入为中心，着力强化税费征管，全系统税费收入总量突破 900 亿元，达到 905.16 亿元，年增收额突破 200 亿元。全省地税稽查工作在省局党组的正确领导和国家税务总局稽查局的正确指导下，坚持以邓小平理论、“三个代表”重要思想为指导，全面贯彻科学发展观，以实现“依法治税、兴税强省”战略为目标，以学习践行科学发展观为动力，以全力促进税收组织收入为己任，认真贯彻依法、科学、文明、廉洁稽查的要求，在稽查查补收入、税收专项检查、打击发票违法犯罪活动工作、稽查管理基础工作和干部队伍建设等重点工作上实现了新突破，充分发挥了税务稽查职能作用，为维护公平正义的税收秩序，推进全省地税事业科学发展，建设西部强省，构建和谐陕西作出了积极贡献。

［稽查查补收入及分析］　2010 年，陕西地税稽查系统共对 3800 户纳税人实施了检查，其

中稽查人员检查纳税人1962户，其中有问题户数1837户，立案户数1808户，结案1555户；开展自查的纳税人有1838户。全年共计稽查收入总额为10.03亿元，入库9.76亿元，较2009年同期分别增长了18.84%和21.88%，分别增加了1.46亿元和1.61亿元，查补收入完成年计划的130%，税务稽查查补收入首次突破10亿元大关，实现了查补收入新的增长，为全省顺利完成地税收入目标任务作出了突出贡献。

[税收专项检查] 根据国家税务总局的统一部署，结合该省实际，将房地产及建筑安装业、药品经销业、交通运输业、非居民企业纳税情况和矿产资源业（主要是石油、天然气和煤炭企业）等6个项目确定为指令性行业检查项目；将营利性医疗及教育培训机构、餐饮住宿业、仓储业、年所得额12万元以上个人所得税自行申报纳税情况等4个项目确定为指导性行业检查项目。以城市范围打击发票违法犯罪活动工作为税收区域整治的主要内容，重点整治了建筑安装业、交通运输业、餐饮服务业及国家电网系统的发票使用情况。继续做好2009年限售股减持申报纳税情况税收专项检查的后续检查处理工作、重点税源企业税收专项检查和税务总局定点联系企业税收专项检查工作。在完成指令性检查项目的基础上，结合当地实际，从指导性检查项目中选择若干项目组织开展税收专项检查。另外，西安、咸阳、汉中、延安等市结合当地征管现状，还分别对纳税信用A级企业、制造业、行政事业单位、大型商场等项目自主开展了税收专项检查。通过税收专项检查和区域税收专项整治活动，堵塞了税收征管漏洞，稽查职能作用得到充分发挥。

[打击发票违法犯罪活动] 2010年，陕西地税稽查系统贯彻落实国务院打击发票违法犯罪活动工作协调小组第三次会议和全国税务系统深入开展打击发票违法犯罪活动工作视频会议精神，结合该省经济发展实际和任务，制定《全省打击发票违法犯罪活动工作实施方案》，全面部署开展深入打击发票违法犯罪活动工作。配合公安部门深挖细查，先后破获多起制售假发票大案要案。并且集中开展重点行业发票专项整治行动。全年共查办发票案件1127起，收缴各类发票865万余份，抓获犯罪嫌疑人267人，打掉团伙28个，捣毁窝点87个，收缴电脑等作案设备109台，缴获印章1642枚，查补税款、加收滞纳金、罚款共计1.15亿元，查获假发票非法开具发票金额103亿元。

[案件查处] 2010年，继续坚持“打防结合、以防为主、以打促防”的方针，始终保持对涉税违法行为的打压态势，把严厉查处利用做假账、两套账和账外经营等偷逃税款的违法行为作为重点，对专项检查中发现的带有倾向性、苗头性的问题及时防范、重点打击。牢固树立“办大案要案、促税收规范”的观念，完善了大案要案报告机制，严格实行案件督办制度，开展定期分析报告活动，不断创新稽查方法。一年来，全省共查处大案要案80起，涉税金额1.39亿元，加收滞纳金411万元，罚款2164万元。其中，查处税款在200万元以上的大案要案13起，涉案金额7.22亿元。查处税款在1000万元以上的大要案件2起，涉案金额3454.99万元。

[重点税源检查] 2010年，陕西地税稽查系统紧贴工作实际，认真落实《稽查预告制度》，积极组织重点税源企业开展税收自查，取得显著效果。2010年，全省各级地税机关共组织1838户企业开展了税收自查，共自查各项税款7.39亿元，已入库7.13亿元。根据国家税务总局稽查局安排，全省两次共安排检查18户重点税源企业及其所属103户子公司。同时，组织全省自行部署的五个行业125户重点税源企业开展自查工作。通过税收自查，实现了正确执行税收政策、维护纳税人合法权益、保障税收收入、服务地方经济发展四者的有机结合。

[稽查工作会议] 2010年3月4日，陕西地税稽查工作会议在西安召开。会议传达了全省地税工作会议和全国税务稽查工作会议精神，总结2009年全省地税稽查工作，根据新形势的发展需要，安排部署2010年的地税稽查工作。省局副巡视员、稽查局局长张甲虎作了题为《坚持依法科学文明廉洁稽查　促进全省地税稽查再上新台阶》的主题报告。报告指出：2011年的重点任务可以概括为：一个中心，四个重点，三个保障。即服务税收中心大局；突出做好“查处重大税收违法案件、持续开展税收专项检查和区域税收专项整治、加大重点税源企业税收检查力度、继续开展打击发票违法犯罪活动”四项稽查重点工作；努力做好稽查规范化管理、深入调查研究、加强队伍建设三方面工作，为稽查工作提供工作保障。会议期间，省局姜锋局长到会看望与会代表并作了重要讲话，西安、宝鸡、延安3市就发票整治、协作办案、专项检查作了大会经验介绍。

［**稽查培训**］　2010年，陕西地税稽查系统以实施《稽查工作规程》为契机，认真组织学习培训。省局稽查局利用每周一全体干部会议分次组织学习解读了《稽查工作规程》，宝鸡、延安、商洛等地坚持开展“每周一题”、“典型案例剖析”等方式开展培训，稽查干部实际工作能力和水平有了进一步提高。随着经济社会发展，各地稽查部门越来越重视加强稽查执法风险管理，利用开展《党员领导干部廉政准则》教育学习活动，加强对干部的执法风险和廉洁自律教育。商洛创新开展了“一规一案一则”活动，通过每月纪检日活动，学习党纪政各级规定，剖析一个典型案例，讲评一则廉政逸闻趣事。渭南组织干部分别到兰州军区139旅和省华山监狱开展“走进军事日”和警示教育活动，强化干部政治素质和廉洁自律意识，增强队伍凝聚力。

［**稽查调研**］　2010年，陕西地税稽查系统将税收专项检查与稽查业务专题研究相结合，以剖析税务违法犯罪问题为切入点，推进行业税收专项检查深入开展。省局稽查局积极构建全省稽查业务交流平台，通过对税务稽查工作规程实践与思考、矿产资源业税收问题探索和税务稽查风险研究三个课题的深入剖析，推进税收专项检查扎实开展。部分市局稽查局还对财产行为税、税收专项检查培训等工作进行了认真调研，不断改进工作方法，推进税收专项检查深入开展。西安市根据区域税收管理现状对建筑材料、电子通讯器材等大规模专业化市场边实施专项检查，边收集企业管理、税收征管、税收政策以及税务稽查情况，分析多个税收违法问题，形成内容翔实、数据精确的调研材料，对提升全省税务稽查工作质量和效率起到了指导作用，进一步推动了全省地税稽查部门的基础工作质量。

［**稽查机构改革**］　2010年，全省地税稽查以全省地税系统机构改革为契机，进一步加强了稽查机构建设。在陕西省地税局党组的积极争取协调下，陕西省编制委员办公室批准了省局地税稽查局内设机构成立5个职能处，同时批准全省10个地市级稽查局机构级格升为副处级，内设机构也提升为正科级。全省地税稽查机构改革，必将进一步增强全省地税稽查工作奠定更加坚实的基础。

［**稽查制度建设**］　不断完善内控机制，强化制度管事、管人。省局稽查局重新制定和修订了7类14项机关工作制度，加强了机关内部管理。在《稽查工作规程》实施后，省局稽查局组织力量研讨新《规程》变化，修订了部分《稽查文书》。咸阳市局稽查局巩固深化“项目化稽查”、完善了《稽查证据规范》、《稽查工作底稿》等制度，严格了审理制度，通过“三级审理”规范程序，严把稽查审理关。通过加强稽查制度建设，稽查工作管理更加规范，稽查工作质量和效率进一步提升。

（史晓泳）

甘肃省国家税务局稽查局

［**概述**］　2010年，甘肃国税系统共组织入库各项国税收入376.16亿元，分别占总局和省政府年度计划任务的101.72%、100.36%，同比增收41.5亿元，增长12.40%，税收弹性系数1.08，实现税收与经济协调发展、同步增长。一年来，全省国税稽查部门紧紧围绕总局稽查局的工作部署和省局中心工作，充分发挥稽查职能，以整顿和规范税收秩序为目标，以实施重点税源企业审计式检查、查处税收违法案件、开展税收专项检查和打击发票违法犯罪活动工作为重点，大力组织稽查收入，上下一心，团结拼搏，圆满实现了预期的各项工作目标。

［**稽查查补收入及分析**］　全省国税系统2010年共组织入库稽查收入5.87亿元（税款5.35亿元，滞纳金2322万元，罚款2877万元，没收非法所得20万元），冲减增值税留抵税金894万元，调减企业申报亏损额10801万元。其中：组织2668户纳税人开展自查，自查有问题户1934户，自查补缴税款及滞纳金2.41亿元（税款2.35亿元，滞纳金554万元），自查冲减增值税留抵税金794万元，自查调减申报亏损额3354万元；实施重点检查3678户，有问题户数3536户，稽查查补收入入

库3.46亿元（税款2.99亿元，滞纳金1768万元，罚款2877万元，没收非法所得20万元），冲减增值税留抵税金100万元，调减企业申报亏损额7447万元。

组织入库的稽查收入占全省国税收入全年计划374.8亿元的1.57%，占同期全省实际入库税收收入376.16亿元的1.56%，高于总局考核指标0.06个百分点；稽查选案准确率96.14%，高于总局考核指标16.14个百分点；查补税款入库率100%，高于总局考核指标10个百分点；检查结案率96.14%，高于总局考核指标1.14个百分点。全面超额完成了总局各项稽查考核指标。

［整顿和规范税收秩序］ 按照全国税务稽查工作会议精神和《甘肃省2010年整顿和规范市场经济秩序工作要点》，甘肃国税稽查系统依法履行稽查工作职责，大力整顿和规范税收秩序。一是以查处重大税务违法案件为重点，严厉惩治虚开和接受虚开增值税发票等违法行为；二是精心组织行业税收专项检查、区域税收专项整治和重点税源企业检查工作；三是深入开展打击发票违法犯罪活动；四是认真开展举报案件查处和金税工程协查工作；五是围绕税收中心工作，曝光典型案例，宣传工作成效。

［案件查处］ 一是加强对重大税务违法案件的查处工作。组织了对公安部、国家税务总局联合督办的北京城信安隆CPU出口骗税案涉及该省4户企业的查处工作，查补税款及罚款52万元；与省公安厅联合组成专案组对金昌“1·28虚开增值税专用发票案”进行查处。二是查处国家税务总局督办协查案件和各省市协查取证案件。完成了对总局督办宁夏“1·21”、“北京巨能燃料公司”和沈阳市“5·04”等虚开专用发票案的协查取证工作；对广州“7·30”和江苏“1·14”等虚开专用发票案的协查取证工作。“1·21”虚开专用发票案协查取证工作受到了总局通报表扬。三是认真开展举报案件查处工作。对兰州舞钢房地产公司、兰诺石化公司举报案件涉及的7户企业进行重点检查，查补入库税收818万元。

［税收专项检查］ 确定指令性检查项目四个，即房地产及建筑安装业、药品经销行业、建材行业和“家电下乡”经销企业；确定指导性检查项目两个，即非居民企业纳税情况和营利性医疗及教育培训机构。在确保完成国家税务总局、省局指令性检查项目的基础上，甘肃国税稽查系统又根据当地实际情况自行确定了煤炭采运销、金属冶炼、建材行业和低税负企业等23个检查项目开展专项检查。共检查纳税人1680户，有问题户1495户，查补收入2.66亿元（税款2.37亿元，滞纳金1142.46万元，罚款1742.62万元），冲减增值税留抵税金1532.93万元，调减企业申报亏损额7353.59万元；组织1739户企业开展自查，自查有问题户757户，自查补税1.43亿元。

［区域性税收专项整治］ 继续把兰州市确定为打击发票违法犯罪活动工作的重点地区进行重点整治；根据《国家税务总局稽查局关于开展虚开及接受虚开黄金销售增值税专用发票专项检查工作的通知》及2010年8月10日召开的全国税务系统稽查工作视频会议要求，认真开展虚开及接受虚开黄金销售增值税专用发票专项检查工作；按照总局安排部署，做好2009年限售股减持申报纳税情况税收专项检查的后续处理工作；针对酒泉市在查处利用假机动车销售发票偷逃车辆购置税案件中发现的涉税违法行为新动向，及时对全省相关数据信息进行分析排查，加强了案件的预警监控。同时向总局作了专题报告，提出了加强和完善车辆购置税税收管理的建议。

［重点税源检查］ 一是根据国家税务总局稽查局的通知要求，甘肃国税稽查系统对九州通医药集团股份有限公司等六户企业集团涉及该省的27户分支机构组织了自查和检查，检查有问题户14户，查补入库税款69.86万元（增值税42.35元，企业所得税27.51元），冲减增值税留抵税金4万元，调减申报亏损额104.10万元。同时根据税源实际，在全省范围内选择白银有色金属公司厂坝铅锌矿等30户重点税源企业组织自查，并开展了重点检查，入库税收收入2172万元。二是根据国家税务总局稽查局关于加强房地产行业重点税源企业税收检查和对东航集团税收检查工作要求，以检查发票合法性为突破口，对164户房地产企业进行了检查，共核查发票1694份，查补税款6086万元，调减企业申报亏损额3731万元；与省地税局联合对中国东方航空有限公司甘肃分公司2006～2008年度纳税情况组织自查并开展了检查。

［打击发票违法犯罪活动］ 全省打击发票违法犯罪活动工作继续在省打击发票违法犯罪活动工作协调小组领导和公安、税务、通信管理、法院、检察院等14个成员单位配合下开展。全年共查处违法受票企业682户，查处非法发票4787份，查补税款、滞纳金、罚款合计2209万元。全省全年共查处各类发票违法案件1104起，捣毁印制假

发票窝点1个、储藏假发票窝点28个，摧毁犯罪团伙17个，抓获犯罪嫌疑人235名，移送起诉案件36起，判处有期徒刑2人，收缴各类假发票1074.8万余份，收缴各类假印章163枚及一批制假贩假设备，治理发票违法信息5000条，关停发送违法短信息手机号码19个。全年查获的假发票、捣毁的犯罪团伙和抓获的涉案人员分别是2009年的5.48倍、2.83倍和4.35倍。案件侦破上出现了三个首次，首次侦破利用手机群发器发送短信兜售假发票案，首次侦破省内非法制造发票案，首次破获跨省500万份制售假发票大案。

［税收违法行为举报］　2010年，全省国税系统共有涉税举报机构100个，其中省级1个，市级16个，县级83个；从事举报工作的人员131人，其中专职40人。举报管理工作坚持"受理规范、查处及时、证据确凿、定性准确、程序合法"的原则，全年共受理各类税收违法举报案件101件，查处94件，结案99件。查补税收收入2480万元（税款1985万元，罚款328万元，滞纳金167万元）；入库2476万元，入库率99%。全年受理并查结的99起举报案件中，其中符合举报奖励条件的案件5起，入库税款13.36万元、罚款8.48万元。但因举报人大多为匿名举报，部分案件无法发放奖金，2010年全省实际发放举报奖金100元。

［案件协查］　全省协查系统共106个节点，人员配置均为一人多岗，业务职能设在各级稽查局综合管理部门。系统运行正常。全年全省协查系统共委托发出协查230起，发票1587份，涉及231户次纳税人，金额2.24亿元，税额3692.16万元。收到回复发票1557份，其中：正常发票1062份，有问题发票23份，无法核实发票472份。选票准确率1.48%。委托信息完整率97.66%。查补入库税款29.07万元，罚款14.53万元，加收滞纳金1.89万元。全年全省协查系统共收到受托协查函361起，涉及499户次，发票2897份，金额5.37亿元，税额9001.43万元。累计回复发票2015份，其中正常发票1482份，有问题发票313份，无法核实发票220份。累计按期回复率100%，受托协查信息完整率99.40%。查补税款入库82.91万元，罚款35.49万元，加收滞纳金5.3万元。

［稽查制度建设］　一是省局稽查局制定了《分级分类稽查管理办法（试行）》、《稽查工作绩效管理考核暂行办法》两个制度办法，细化了重点税源企业案源管理和省、市、县三级稽查局的检查范围，确定2大类18项稽查绩效考核指标，对稽查各环节、各主要指标进行全面量化考核。二是根据省国税局内控机制建设要求，制定了《省国税局稽查局内控机制管理办法》，明确了稽查各环节的职责分工和风险防范，对可能出现的3个一级风险点和6个二级风险点加强防范监控。三是各市（州）国税局稽查部门也探索完善相关制度办法，推进稽查工作。如白银市国税局稽查局制定了《关于开展内控机制建设的实施方案》、《税务稽查预案工作制度（试行）》等6个制度办法；临夏州国税局稽查局修订了《税务稽查文书和案卷规范化操作指南》；天水市国税局稽查局完善了《稽查绩效考核管理办法》，按季度对工作完成情况进行量化考核。

［稽查系统建设］　一是与省地税局稽查局联合下发《关于进一步加强国地税稽查协作的意见》，完善国地税稽查协作机制；二是坚持落实总局《税务稽查案件复查暂行办法》。2010年，对全省14个市（州）和2个经济开发区国税局2009年查结的48个稽查案件深入纳税人中进行了实地复查，并通过每个地区随机抽取10宗稽查案卷的方式审核其执法的合法性和规范性，将复查结果作为年终绩效考核的依据。

［稽查信息化建设］　将2010年确定为信息化稽查启动年，采取六项措施加强稽查信息化建设。一是举办专门业务培训班，学习培训利用查账软件进行税务稽查的方法，为推行信息化稽查提供师资力量；二是按照整体推进的原则，要求全省国税稽查系统对实行财务信息化管理的企业，采取信息化稽查方式实施检查；三是从全省范围内选出4名既熟悉稽查业务、又精通信息化技术的稽查干部成立信息化稽查技术支持小组，对全省信息化稽查提供技术支持和援助；四是数据信息提取采取"就地提取就地使用"和"省局统一提取各地核实"的并轨模式。既提高了工作效率，又确保了稽查工作和数据来源的同步一致；五是加强硬件建设。根据信息化管理企业户数的不同，分别购买了不同数量的国税查账软件V6，省局统一为全省各地稽查部门配备了80台笔记本电脑，为电子税务稽查提供了硬件支持；六是注重发挥力量较强的市（州）局的带头作用。如兰州市局稽查局组织编写的《信息化管理企业税务稽查指南》，对信息化稽查的组织方法、工作程序和检查流程进行了统一明确和规范，为全省电子稽查工作的顺利推行起到了助推作用。

［稽查队伍建设］　一是积极组织党员创

先争优活动。全体党员结合自身工作性质和岗位特点，围绕增强学习主动性、提高执法水平和突出奉献意识三个方面，写出了自己在创先争优活动中的努力方向，并公开承诺。二是以修订后的《税务稽查工作规程》等新规定为主要内容，开展形式多样的政治理论和业务学习，进一步提升稽查干部专业技能。三是完善稽查监督制约内控机制。2010年，省局稽查局先后有两名税务干部因在查办“利剑二号”专案和配合省纪委开展涉税案件检查工作中表现突出，分别被国家税务总局和甘肃省纪委给予记一等功、授予“全省纪检监察系统查办案件工作先进个人”称号的表彰奖励，一名税务干部在公务员年度考核中被记三等功；省局稽查局在2009年2月被甘肃省妇女“巾帼建功”活动协调领导小组评为“全省巾帼文明岗”的基础上，被推荐参加“全国巾帼文明岗”评选活动。嘉峪关市国税稽查局、高新开发区国税稽查局被评为全省“五五”普法先进集体。全省国税系统有三个单位和三名个人因在2010年打击发票违法犯罪活动工作中表现突出被国家税务总局通报表彰。

[稽查业务培训] 2010年4月举办信息化管理企业税务稽查实务培训班，以信息化管理企业财务软件知识、对信息化管理企业进行税务检查的一般方法、第三方协助检查工具软件（奇星牌）的使用为主要培训内容，对全省国税系统54名稽查业务骨干进行了专门培训。并组织参训人员对信息化管理的3户企业进行了实地教学演练式检查。2010年11月，举办税务稽查与审计业务培训班，对一线稽查业务骨干及检查岗位新进人员共50名稽查干部进行了培训，培训的主要内容是新《企业所得税法》及2008年以来新出台的相关税收法律、法规，财务审计相关知识，审计式税务稽查的方式方法，税务稽查执法风险防范。

[稽查人才库建设] 2010年稽查人才库信息与2009年保持一致，省局稽查人才库有132人，全省国税系统进入总局稽查人才库的16人。同时重视对电子稽查人才库的培养和使用，在开办电子稽查业务培训班时，要求计算机水平较好的年轻同志参加，为各地培养电子稽查工作的师资力量；在大型企业集团信息化稽查工作开展中，抽调或集中培养的师资力量，发挥其在财务数据提取和备份方面的优长，推进电子稽查工作。

[案件公告] 甘肃国税稽查系统认真落实《税务违法案件公告办法》，对一些影响恶劣的典型案件按季进行公开，并将公告情况及公告的典型案例向上级稽查局上报。省局稽查局对全省范围内的典型案例公告情况也按季向总局稽查局上报。2010年全省共公告典型案例305起，对违反法律法规的纳税人起到了震慑和教育作用。

[稽查宣传] 一是开展稽查工作日常宣传，通过《甘肃国税信息》、《信息专报》、《甘肃经济日报 纳税人周刊》及《中国税务报》和省国税局政务信息网等网站反映稽查工作情况，全年通过以上载体共发表稽查工作信息49篇（次）；二是借助税法宣传月等时机开展集中宣传。4月1日在省政府新闻办举行的新闻发布会上，对涉案金额大、发票份数多、影响恶劣的张掖“12·17”虚开增值税专用发票案、甘肃扶贫工贸有限公司骗取出口退税案、兰州市“9·08”特大出售非法制造发票案、兰州市“11·26”特大出售非法制造发票案等四起发票违法案件进行曝光，对涉税违法分子起到了震慑作用。5月15日，省局和部分市（州）国税稽查部门配合公安机关开展了5·15全国打击经济犯罪宣传日主题宣传活动，围绕“打击和防范经济犯罪—你我共同的责任”这一宣传主题，通过制作展板、印发宣传资料、设立咨询台现场答疑解惑等方式，向社会各界宣传普及发票知识，曝光典型案件，展示工作成效。三是开展专题宣传。编发《甘肃省打击发票违法犯罪活动工作简报》23期，交流工作动态，反映打击成果。

[稽查调研] 一是组织对《甘肃省国家税务局稽查绩效考核办法》、《分级分类稽查实施意见》、《甘肃省国家税务局稽查查前告知及纳税人自查自纠办法》、《税务稽查建议制度》等四个制度办法提出修改意见和建议。二是深入实地开展调研。省局党组成员、主管稽查工作的副局长梁云才8月下旬先后到庆阳市、平凉市、酒泉市和嘉峪关市进行调研，重点调研了四市国税局稽查收入情况，要求各地国税部门认真贯彻落实全省稽查工作推进会精神，坚持组织收入原则，依法稽查，努力完成全年税收收入任务。在酒泉调研期间，与重点税源企业玉门油田公司人员进了座谈，到金风科技等三户风电装备制造企业及甘肃洁源风电有限责任公司进行了实地调研，了解企业生产经营情况及税收政策执行情况，并要求税务部门认真执行好各项税收政策，大力支持企业发展。

[稽查工作会议] 2010年3月9日，在省局华瑞大厦召开全省国税系统稽查工作会议。会议确定2010年该省国税系统稽查工作的八项措施：

一是突出工作重点，精心组织重点税源企业自查和审计式检查；二是保持高压态势，依法加大对税收违法案件的查处力度；三是集中优势力量，扎实开展税收专项检查和区域税收专项整治；四是密切协作配合，继续严厉打击和整治发票违法犯罪活动；五是创新方式方法，着力提高稽查质量和执法服务水平；六是加强制度建设，不断改进和完善稽查管理机制；七是严格工作要求，坚持依法稽查文明执法；八是强化能力培养，全面加强稽查干部队伍建设。在此次会议上，兰州、金昌、武威、临夏等四市（州）稽查局分别围绕电子稽查、大企业税务稽查、打击发票违法犯罪、提升稽查质量和效率的主题进行了经验交流发言。

2010 年 3 月上旬、5 月下旬、6 月上旬、8 月下旬分别召开了全省国地税稽查工作联席会议、全省打击发票犯罪协调小组会议、全省深入开展打击发票违法犯罪活动工作视频会议、全省国税稽查专项检查汇报会四次会议。

（李昭婕）

甘肃省地方税务局稽查局

［概述］　2010 年，甘肃省地税系统共组织各项收入 371.75 亿元，同比增长 23.8%、增收 71.39 亿元。甘肃地税稽查系统以开展作风建设年和创先争优活动为契机，以整顿和规范税收秩序为主线，以税收专项检查、区域整治和重点税源检查为抓手，以进一步提高稽查工作质量和水平、提高纳税遵从度为目标，用心谋划，精心安排，真抓实干，实现了全省范围内的一级稽查体制，进一步强化了以查促管工作，提升了各级稽查信息化水平，充分发挥税务稽查职能，较好地完成了全年工作任务。

［稽查查补收入及分析］　2010 年，全省地税稽查系统共检查纳税户 2875 户，发现有问题户数 2737 户，已结案 2713 户，查补税款、罚款和滞纳金共 3.59 亿元，入库 3.52 亿元；指导自查 495 户，自查补缴税款 1.24 亿元，稽查收入合计 4.77 亿元，占到全省地方税收收入的 2.55%，选案准确率达到 95%，结案率达到 99%，入库率达到 98.08%，全面完成了总局稽查工作考核指标。在稽查收入中，指导自查收入占 26.1%；查补房地产及建筑安装业收入 1.43 亿元，占 30%，上述两项为稽查收入的完成作出了主要贡献。

［整顿和规范税收秩序］　按照总局和全省整顿和规范税收秩序工作的统一部署，在全省范围内开展了对房地产及建筑安装业、交通运输业、3 年以上未实施稽查的企业、年收入 12 万元以上个人所得税的税收专项检查及重点税源检查，积极进行了打击发票违法犯罪活动，严厉查处了各类涉税违法案件，净化了税收环境，整顿和规范税收秩序工作取得了明显成效。全省地税稽查系统共检查纳税户 2875 户，发现有问题户数 2737 户，查补税款、罚款和滞纳金共 3.59 亿元。通过强有力的税务稽查工作，全省征管质量得到了进一步的提升，依法纳税、诚信纳税的税收环境得到了进一步的改善，为全省经济持续、协调发展，实现税收收入的稳步增长作出了积极贡献。

［案件查处］　全省各级地税稽查部门认真分析研究涉税违法犯罪活动的新趋势、新特点，选准线索，抓住苗头，集中力量进行及时有效打击，突出做好涉税大要案件的查处、协查和督办工作。2010 年，共立案查处 2737 起案件，其中 100 万元以上案件 59 起，移送司法机关 2 起，公安机关提前介入 3 起。

［税收专项检查］　根据总局工作部署，该省将房地产及建筑安装业、交通运输业和 3 年以上未实施稽查的企业作为指令性税收检查项目，将药品经销行业、年 12 万元以上个人所得税自行申报纳税情况作为指导性税收检查项目，深入开展税收专项检查活动，共检查企业 1270 户，指导自查 495 户，查补税款 2.12 亿元，其中重点查结房地产及建筑安装业 494 户，查补收入 1.43 亿元，入库 9699 万元。继续开展“大小非”限售股企业税收专项检查，搜集整理已解禁未减持限售股企业详细资料，移交征管部门加强日常监管，当年入库税款 700 万元。

［区域性税收专项整治］　将营利性医疗机构作为税收区域整治的重点，按照从卫生主管部门取得的全省营利性医疗机构名单，细化工作措

施，落实责任，制定了专项整治工作方案，共检查营利性医疗机构 82 户，查补税款 467 万元，入库 401 万元。

[重点税源检查] 根据国家税务总局部署，确定了该省 160 户重点税源企业开展以税收自查为先导的审计式检查。这 160 户重点税源企业，纳税额占到了全省地方年税收收入的 37%，做好这些重点税源企业的检查工作，对于进一步规范税收秩序，提高纳税遵从度具有重要意义。为此，省局稽查局进行了认真细致的分析研究，制定了《重点税源企业税收检查工作方案》，对重点税源企业税收检查的组织领导、检查对象、检查时间、工作步骤和工作要求进行了具体部署，下发了重点税源企业税收自查工作指引、自查提纲，确保重点税源企业税务检查工作的顺利开展。同时，对酒钢集团公司等 48 户企业开展了重点税源检查，省局稽查局组织三个检查组重点对酒钢、东航、海航进行了重点检查，一方面加强了对大型企业的管理，另一方面提高了纳税遵从度。

[打击发票违法犯罪活动] 一是加强组织领导。省局副局长白继成对地税系统开展打击发票违法犯罪活动各项工作作了具体部署。二是加强舆论宣传。充分利用发票二次抽奖活动、地税网站、12366 纳税服务热线等渠道，广泛宣传发票知识。在 5 月 15 日甘肃省暨兰州市打击经济犯罪活动宣传日，地税部门发放宣传资料，接受群众现场咨询。三是落实工作责任，加大工作力度，深入整治虚假发票“买方市场”。把整治虚假发票“买方市场”纳入正常税务稽查中来，将发票使用情况的检查与税收专项检查、专项整治、专案检查工作结合起来，做到“查账必查票”，“查案必查票”。四是通过与公安、国税部门密切配合，深入开展“端窝点、打团伙、遏制跨省作案”专项整治活动，查处假发票案件 160 起 239.44 万份，集中力量破获了 20 起非法制售发票大案，抓获犯罪嫌疑人 18 名，查获假发票 239.38 万份，既防止了税款流失，也进一步加大了以票控税的力度，取得了明显成效。

[税收违法行为举报] 坚持依法行政、严格管理、分级负责、严格保密的原则，遵循“有案必接、接案必查、查案必结、结案必清”的工作机制，有效地发挥了税务违法案件举报中心的工作职能，有力地保障了公民、法人和其他经济组织的合法权益，维护了正常的税收秩序。2010 年，全省各级地税举报部门共受理举报案件 179 件，查处 153 件，入库税滞罚共计 1743.48 万元，入库率均在 98.5% 以上。其中省局举报中心共计受理举报案件 52 件，已查结 33 件，在查 9 件，未到期 10 件，涉及税款滞纳金罚款合计 730.60 万元，已全部足额入库。

[案件协查] 坚持协查地即案发地原则，积极做好其他省市稽查案件的协查工作。全年共协助北京、青海、重庆、陕西、福建等省市国地税稽查部门协查案件 15 件，协查发票 543 份。

[稽查系统建设] 为更高效地使用现有稽查力量，按照总局对实行一级稽查的有关要求，该省对全系统的稽查体制作了重大变革。一是除已撤销县（区）级稽查局，实行彻底一级稽查体制的地区外，将其他所有的县（区）级稽查局全部更名为所属市级地税局稽查局的县（区）稽查分局。二是将选案、审理权全部归属市级地税局稽查局。从而，在全省实施了较彻底的稽查扁平化管理模式。

[稽查信息化建设] 一是起草了《关于加强稽查信息化建设的报告》，向局领导进行了专题汇报。二是抽调稽查业务骨干与信息中心工作人员组成工作组，学习外省稽查系统管理软件和信息化稽查开展应用方面的先进经验，为下一步制定全省稽查信息化工作方案，确定稽查信息化建设的时间安排、工作重点打好基础。三是在重点税源企业的税务稽查工作中，积极探索应用信息化稽查手段开展稽查工作，在实际工作中开展岗位练兵，积累信息化稽查工作的经验。四是为各地采购配发第三方查账软件，积极推动应用电子查账手段开展税务稽查工作，提高稽查效率。

[稽查队伍建设] 一是按照甘肃省委关于开展“作风建设年”和“创优争先”活动的决定精神，系统全体干部积极响应，认真撰写读书笔记和个人剖析材料，并提出具体的整改措施。二是省局分别在扬州税院和江西税校组织了两期对稽查业务骨干的培训班。

[稽查业务培训] 组织全省地税系统 25 名稽查干部参加了扬州税院举办的资本运作税务稽查培训班。系统学习了“大小非解禁”、IPO 与资本市场基础知识、企业重组税务稽查等课程。另一方面，认真研究培训业务需求，将信息化稽查、资本运作税务稽查、新稽查业务规程等前沿课题作为培训重点，在江西省税务干部学校举办了一期 50 人参加甘肃地税系统稽查业务培训班。通过学习，

学员们自觉把课堂上的理论知识与日常稽查工作实际结合起来，举一反三，触类旁通，达到事半功倍的效果。

［稽查案件复查］　为了全面提升全省地税稽查办案质量和水平，积极发挥稽查部门监督职能，及时发现和纠正违法或不当的税务稽查执法行为，有效防范税务稽查执法风险，全省稽查部门认真组织开展了案件复查工作。由各地分管稽查工作的局领导直接负责，抽调精兵强将，组成复查工作小组，按照2009年查结案件10%的比例，选取房地产、建筑安装、交通运输等行业的重点税源企业295户，采取听取汇报、审阅案卷、实地检查、反馈意见等形式，以检查稽查案卷资料为主，从稽查选案、检查、审理、执行、案卷管理、以查促管、廉政建设、法律救济等方面进行了全面检查。为了确保案件复查工作注重成效，不走过场，省局稽查局在11月对白银、金昌、定西、临夏4市州案件复查工作进行了重点抽查，同时安排酒泉、嘉峪关2市开展税务稽查案件交叉复查工作。

［稽查工作会议］　2010年3月底，召开了全省地税系统税收专项检查及专项整治工作会议。会议认真分析稽查工作面临的新形势和新任务，进一步理清了该省地税稽查工作的思路，明确了全省稽查工作的目标和任务，分解下达了稽查工作考核指标，周密部署重点税源企业税收检查、税收专项检查和区域专项整治工作，确定了落实工作责任的具体措施，为全年工作顺利开展奠定了良好基础。

（刘　炜）

青海省国家税务局稽查局

［概述］　2010年青海国税稽查系统围绕“保改革、保收入、保协调、保发展”的工作要求，加强稽查制度建设，着力提升稽查工作核心能力和整体工作水平，强化稽查执法监督制约，坚持以整顿和规范税收秩序为目标，突出税收专项检查和大要案件查处两个重点，深入开展打击发票违法犯罪活动工作，大力推进依法治税进程。特别是在玉树“4·14”地震发生后，按照省局抗震救灾工作领导小组统一部署，一方面派员赴灾区一线抗震救灾，另一方面做到抗震救灾、灾后重建和稽查工作“两手抓”、“两不误”，重点做好四个方面的工作：一是抓稽查管理，整体工作水平进一步提升；二是抓责任管理，稽查核心能力进一步增强；三是抓队伍管理，整体素质能力进一步提高；四是抓成效管理，全面完成稽查工作任务，确保各项稽查工作既定目标实现，工作成效显著，有效发挥了税务稽查职能作用。

［稽查查补收入及分析］　全省国税稽查系统认真分析和把握税收工作发展形势，围绕税收中心工作，建立和完善税务稽查良性长效机制，全面整顿和规范税收秩序，稽查查补总额再创历史新高，查补总额2.22亿元，同比增长22.52%，增加4086万元，稽查查补率1.81%，高于总局要求1.5%的标准0.31个百分点，入库比例达到99.93%。

2010年度实现入库的查补收入中，主要涉案纳税人147户，查补税收入库额为2.15亿元，占全省国税稽查查补实际入库总额的97%。从案件来源情况看，在坚持实施分级分类稽查的前提下，稽查选案工作质效不断提高，年度内查处人工选案案件查补收入1.97亿元，占主要涉税案查补收入的92%。从稽查类型情况看，充分利用税收专项检查具有较强的目的性和针对性的特点，加大对特定行业、纳税人以及税务事宜的专门稽查，年度内税收专项稽查查补收入为1.95亿元，占主要涉税案查补收入的91%。从违法手段情况看，涉及未有合法凭证列支费用、不合理或跨期列支成本费用进行税前扣除是影响纳税人税法遵从度提高的主要原因之一，年度内查处涉及违规列支成本费用查补收入为1.62亿元，占主要涉税案查补收入的75%。从分行业情况看，年度稽查查补收入主要来源于煤炭开采和采选业，查补收入1.56亿元，占主要涉税案查补收入的73%。其余行业中查补收入较高的有，商业查补收入1136万元，非金属矿采选业查补收入860万元，有色金属采选业查补收入622万元，金融保险业查补收入387万元、电力行业查补收入243万元、石油和天然气开采业查补收入240万元等。从纳税人类型情况看，增值税一般纳税人查补收入为1.94亿元，占主要涉税案查补收入的91%，小规模纳税人查补收入为370万元，个体户查补收入为105万元，非增值税纳税人查补收入1546万元。

［案件查处］ 围绕重点税源企业和行业，结合稽查执法工作的具体开展情况，有目的地查处一批有影响力的大案、要案。对一些涉税违法的苗头性问题，保持高度的警觉性和敏锐性，积极发现带有普遍性的新型违法手段和作案方法，摸清案件发生规律，认真总结检查经验，提高对重大税收违法案件的反应能力和查处能力。同时，以有力查处税收违法案件为切入点，探索建立有效的稽查案件质量监督管理机制，强化上级稽查局对下级稽查局业务指导力和案件检查工作指挥权，坚持重大税收违法案件集体审理制度和案件复审复查制度，打造案件查办质量精品工程。全年查处“青海某矿冶煤化集团有限公司”等涉税额在10万元以上的大要案件32起，办理国家税务总局督办案件3起，省局督办案件9起，共查补税收收入1.97亿元，较2009年增长2.7倍，有效遏制了税收违法行为的发生。

［税收专项检查］ 重点对矿产资源采掘、加工企业，房地产等行业76户重点企业，以及按照国家税务总局稽查局通知要求，对7户全国重点税源企业开展税收专项检查。省国税局成立了由省局“一把手”任组长的全省税收专项检查和税收专项整治工作领导小组，负责检查工作的协调、检查和督导；科学部署，制定具体实施方案，针对不同行业分税种确定了检查要点和方法，确保各项工作有条不紊地开展；认真准备，强化选案分析和查前分析，保证税收专项检查工作找准切入点，做到有的放矢；合理调配检查力量，抽调稽查人才库人员和业务骨干共172人，组成63个检查组进户检查，确保专项检查工作有效开展，全年税收专项检查查补收入累计1.76亿元，同比增长19%。尤其作为全国首先发现伪造黄金增值税专用发票作案抵扣税款的五个省区之一，发现苗头，及时向总局汇报，引起高度重视，由此在全国范围内开展了黄金票专项检查行动，受到总局领导和总局稽查局的表扬。

［区域性税收专项整治］ 2010年青海国税稽查系统结合本地区征管工作实际，通过税收征管档案、行业及地区调查研究以及税收税源情况分析，把征管基础比较薄弱、税收秩序相对混乱、发案率较高的行业和由于新税收政策执行对税收产生较大影响的行业作为专项整治重点。重点在海东地区和海西州分别组织开展白酒行业和以企业所得税为主要内容的税收专项整治活动。截至2010年12月底，共对469户企业进行的专项整治工作，查补收入合计57.15万元，有效促进行业和区域税收秩序进一步改善。

［重点税源检查］ 进一步完善一级稽查体制和分级分类稽查办法，建立和完善重点税源企业和行业税务稽查信息资源库，分类监控重点税源企业，提高重点税源企业和行业检查质量，减少重大税收流失。同时，积极探索税收自查工作方法和手段，规范稽查部门指导行为，加大对重点税源企业税收自查的指导力度，提高税收自查质量。根据国家税务总局和省局统一部署，开展对中国南方航空集团公司下属天源证券经纪有限公司等30户重点税源企业检查工作。2010年累计检查重点税源企业30户，占应检查户数100%，其中：总局稽查局安排的7户企业、省局自行组织的3户企业，以及省内各地自行安排20户企业，查补收入累计1.63亿元，入库查补收入累计1.62亿元。

［打击发票违法犯罪活动］ 认真贯彻落实全国打击假发票视频会议精神，坚持标本兼治、综合治理、打防并举，着力整治假发票“买方市场”。以西宁市、海西州和海北州为重点整治区域，以房地产、商业零售、药品经销等行业为重点治理行业，并由各地国税局稽查局牵头，征管、税政和税源管理部门密切配合，深入开展重点行业和领域发票使用情况检查，对企业5000元以上普通发票进行采集和比对，认真梳理线索，深入追查购买、使用虚假发票的企业，与公安部门联合查处了“3·08”专案、“4·09”专案等一批发票违法案件。全年检查企业2697户，检查比对发票21.8万份，查扣涉及国税假发票6456份，查处发票案件103件，查补入库总额710.87万元，整顿和规范了发票领购、开具和使用行为，有效遏制了发票违法犯罪活动日趋泛滥的势头。

［税收违法行为举报］ 一是认真落实工作制度，对检举案件从案件的受理、登记、案源的处理直至检举案件的检查跟踪和回复进行严格管理和监督；二是注重案件查办质量，案件查办做到程序合法、事实清楚、证据确凿、数据准确、适用法律法规和处理得当；三是提高举报软件系统的管理和应用水平，定期开展案情分析，按期进行数据统计，加强检举案件档案管理。同时，加大宣传力度，对典型的涉税检举案件予以曝光，震慑不法分

子，增强和提高全民纳税的意识，取得社会各界对税务稽查工作的理解和支持。全年各级国税举报中心共受理检举案件162起，查处163起，查结163起，查补税收3803.39万元，入库总额3802.34万元，入库率99.97%。

［案件协查工作］　落实发票协查工作，充分发挥协查系统及其辅助工具作用，积极为案件查处工作服务。全年收到受托协查发票1443份，发现有问题发票254份，回复率100%，发出委托协查发票839份，发现有问题发票249份，累计查补税收1206.04万元，协查工作得到国家税务总局表扬，特别是在黄金增值税专用发票协查工作，“4·09”特大虚开增值税专用发票案和“3·08”购买伪造增值税专用发票案件查处工作中，有效提供线索，及时向外省、市发出协查，为案件查处工作取得重大进展发挥积极作用，得到总局肯定。

［稽查工作协作］　落实办案协作机制，进一步落实“四位一体”互动机制，理顺各部门之间的业务衔接，建立健全税警协作和国税、地税稽查协作机制，拓展协作深度广度，拓宽交流渠道，推进多层次多领域的稽查协作。与省公安厅开展了关于虚开增值税专用发票涉税案的税务调查和取证互动培训，提高了对虚开增值税专用发票涉税案查处质量和效率。与地税部门及公安部门共同查处假发票案3件，与公安部门联合查处10件，联合捣毁假发票窝点1个，查获假印章148枚，抓获涉嫌发票犯罪的嫌疑人20人，提高了打击发票违法犯罪活动工作成效，保持对各类发票违法活动的高压态势。

［稽查制度建设］　建立完善稽查制度，实现科学高效管理新机制，成立专门工作小组，以落实新的《税务稽查工作规程》为契机，严格遵守税务行政法定权限、程序和时效，本着注重实际工作中可操作性和实用性的要求，积极向有关业务部门、基层局广泛征求意见，在对原有稽查工作制度修订的基础上，制定了《青海省国家税务局税务稽查管理规则》、《青海省国家税务局稽查办案规则》、《青海省国家税务局税务稽查调查取证办法》、《青海省国家税务局税务稽查案件复审复查实施办法》等四项制度，并结合国税稽查工作实际，制定了《青海省国家税务局稽查卷外资料处置暂行办法》，全面系统对稽查执法行为进行规范，促进程序完备、流程顺畅、责任明确、监控有效的稽查执法分工制约机制形成，提高了该省国税稽查工作程序性管理、标准化管理、质量控制水平。

［稽查管理］　严格稽查目标管理，以有关法律法规和稽查“四环节”的岗位职责为依据，细化、量化稽查工作目标，采取日常考核和系统考核相结合的方式，坚持按月通报稽查查补收入和按季考核通报稽查报表、材料报送情况制度，对稽查工作完成情况进行实时监控，确保各项稽查工作制度落实到位。全年各项稽查重点考核指标均达到并超过国家税务总局目标要求，其中：稽查查补率1.81%，高于总局要求1.5%的标准0.31%；稽查选案准确率达到99.48%，高于总局要求80%的标准19.48%；稽查查补收入入库率达到99.93%，高于总局要求90%的标准9.93%；全省案件结案率99.43%，高于总局要求95%的标准4.43%。

［稽查系统建设］　强化工作质量评析，稽查内部管理水平进一步提高。一是开展稽查选案分析报告评析活动，从全省国税系统选报的54篇稽查选案分析报告中，评选出10篇优秀选案分析报告，交流、探索和推广了科学的选案分析方法，促进选案分析报告质量进一步提升，有效提高稽查案源管理水平。二是开展稽查案例分析报告评析活动，从全省国税系统选报35篇稽查案例分析报告中，评选出10篇优秀案例分析报告，分析税收违法行为新动向，交流办案经验，开阔办案思路，提高办案技能，锻炼分析能力，推进以查促查、以查促管，不断提高税务稽查自身能力和税收征管水平。三是开展稽查选案“回头看”活动，对包括税收专项检查行业、专项整治项目或区域选择以及具体纳税人选案后分析，对照、检查已结案件查处结果与稽查选案分析中提出涉税疑点之间存在的差异，揭示存在的问题及其原因，客观进行选案评估，认真总结稽查选案工作做法、经验、成效和问题，促进稽查选案工作不断深入。

［稽查信息化建设］　树立信息管稽查理念，创新信息化管理企业稽查手段、方法：一是成功使用第三方查账辅助工具，查处信息化管理企业利用电子账簿虚假记账、隐匿或销毁电子账簿等新型手段逃避缴纳税收违法问题，信息化稽查能力明显提高，实现了税务稽查信息采集管理新突破，涉税数据资料分析应用新突破和稽查业务与计算机技术融合新突破。进一步加快稽查信息化建设步伐，树立信息管稽查的新理念，探索信息化稽查新思路、新模式，建立和规范信息化管理企业稽查预案、稽查程序、信息采集、案情分析、调查取证制

度和工作。二是成功举办首次信息化管理企业税务稽查实战培训班，围绕电子证据提取固定和分析，信息化管理企业税务稽查实务以及检查工具软件的使用等进行培训，并选择3户具有行业代表性的信息化管理企业进行了实战检查。同时邀请公安网监部门计算机和网络专家对涉及犯罪的电子证据取证办法及鉴证程序和数据解密、恢复手段等进行交流，有效增强信息化稽查业务技能。

［稽查队伍建设］ 认真开展创先争优活动，细化和强化创先争优活动的具体措施，丰富和创新活动载体，积极发挥党员先锋模范作用，以求真务实的态度，改进工作和学习作风，在本职岗位上争先进，在日常工作中创优秀，形成了学习先进、崇尚先进、争当先进的良好氛围和风气。以“团结干事、激情干事、踏实干事”要求引导干部职工树立机遇意识、创新意识和竞争意识，增强紧迫感和责任感。以党风廉政教育为抓手，实现稽查执法风险进一步降低。按照“预防为主，防教结合”的工作思路，深入开展法制教育和警示教育，通过观看《公安局长的蜕变》等廉政教育片，深入开展《中国共产党党员领导干部廉洁从政若干准则》学习月活动，层层签订《党风廉政责任书》，充分发挥党风廉政建设在执法风险防范中的重要作用，提高稽查人员的法律意识，强化风险意识和责任意识，坚决制止腐败现象滋生，全年未发生一起违法违纪行为。

［稽查业务培训］ 采取多种形式的互动培训方式，搭建稽查业务交流平台，营造良好的学习氛围，增强稽查干部学习的积极性和主动性，提高稽查培训工作的质量和效果。采取理论学习和实战培训相结合的方式重点加强信息化管理企业稽查培训以及针对提高稽查干部税收政策水平、法律素质、查账技能等实用型培训。制定实施《青海省国家税务局关于强化国税稽查干部专业化素质建设的实施意见》，建立健全分级分类培训机制、强化稽查核心业务能力，重点组织稽查制度、信息化管理企业稽查实战培训等专题和互动培训20期次，参训人员达310人次。尤其在稽查制度培训中，省局稽查局要求每位干部进行备课，并在局内进行试讲和评析，改进后全员在全省稽查制度培训班进行授课，一方面有效促进授课人员归纳、分析能力的提高和掌握岗位业务知识，另一方面有效提高了稽查业务培训质量，确保培训工作取得了实效，取得了良好效果和好评。

［案件公告］ 落实案件公告制度，利用门户网站等媒介及时对西宁明玺商贸有限公司涉税案等80起税收违法案件进行公告、曝光，一方面充分发挥新闻媒体、人民群众对税务稽查工作的监督作用，促使各级稽查局增强法制观念；另一方面增强全社会对税收违法犯罪活动的舆论压力，提高纳税人依法纳税的意识，起到打击一个、教育一片的效果，积极营造“公平、公正、公开”的稽查执法环境。

［稽查纳税服务］ 积极开展“提高纳税人税法遵从度和执法满意度”专项活动，制定稽查部门提高“两度”工作方案，以“始于要求，基于满意，终于遵从”为稽查服务的内容核心，把执法与服务的理念贯穿稽查执法活动的全过程，坚持公平、规范、文明执法，通过查处税收违法行为，捍卫税收法律尊严、维护税收秩序和税法公正，保护纳税人合法权益。在案件查处中，积极推行查前告知、约谈，查中宣传税收政策、政策解答，承担并完成重点纳税人企业培训班的相关授课任务，对重大涉税问题认真倾听纳税人的意见，耐心做好税收法律和政策宣传和解释工作，省局在对青海大柴旦矿业有限公司等企业开展专项检查过程中，多次与企业举行约谈，达到了相互沟通和理解的目的，缓解征纳矛盾，积极构建和谐征纳关系。

［稽查调研］ 高度重视稽查课题调研工作，科学确定调研课题，根据目前稽查工作现状和发展态势，在广泛征求意见的基础上，确定切合实际的调研范围和对象。稳步推进调研工作，根据调研对象成立课题小组，按照整体要求，有计划、有步骤地推进调研工作，积极搜集和组织调研材料。认真完成调研任务，组织开展了关于提高审理质量规范稽查执法行为、打击发票违法犯罪活动、稽查选案等专题调研工作，形成《强化税务稽查审理，降低稽查执法风险》、《青海省2009年打击发票违法犯罪活动的调研报告》等4篇调研报告，对防控稽查执法风险，建立打击发票违法活动长效机制等方面提出建议。

［稽查工作会议］ 召开全省国税系统稽查工作会议，学习传达2010年全国税务稽查工作会议精神，总结2009年全省国税稽查工作，研究部署2010年稽查工作任务。省局党组成员、副局长胡苏华作了题为《服务税收中心工作　提高稽查执法能力　扎实做好青海国税稽查工作》的重要讲话，对2010年稽查工作提出了四项目标要求：一是规范稽查执法行为，构建和谐征纳关系；二是

职责明确协调配合，凝聚稽查执法合力；三是提高稽查业务素质，提升稽查执法能力；四是夯实基础积极创新，推动稽查工作科学发展。同时要求全省各级国税稽查部门采取五项工作措施确保完成全年各项稽查工作任务：一是围绕税收中心工作，深入整顿和规范税收秩序；二是强化稽查工作管理，确保稽查工作协调发展；三是提高部门协作水平，有效发挥执法合力；四是创新工作抓落实，不断提高稽查工作效能；五是立足工作实际，全面加强国税稽查队伍建设。会议还对2009年度全省稽查工作目标考核优胜单位和全省国税系统打击发票违法犯罪活动先进单位进行了表彰。

（张海峰　李辰钰）

青海省地方税务局稽查局

［概述］　2010年，是青海省发展史上极不寻常、极其难忘的一年。一年来该省地税系统认真贯彻落实省委、省政府和国家税务总局的各项工作部署，一手抓抗震救灾，一手抓科学发展，有序推进了各项工作。全年组织税费收入122.89亿元。其中：税收收入76.11亿元，同比增长29.8%，完成年度计划的112.87%；社保费收入41.09亿元，同比增长13.52%；其他规费收入5.69亿元。创新征管机制和方法，开展税源专业化管理试点工作，深化规费的规范管理，提高了税费征管质量和效率。开发和试运行税企数据交换平台系统，推进税企信息共享，为加强税源管理提供了信息支持。推进财税库银横向联网，实现了电子缴税。制定和实施纳税服务3年规划，加强办税服务厅标准化建设，推进税收执法责任制和电子化考核，促进了征纳关系的和谐。开展“干部素质建设年”活动，确定“51115”人才培养目标，推进学习型领导班子建设，实施机构改革，开展创先争优和廉洁从政主题教育活动，队伍建设进一步加强。面对突如其来的玉树地震灾害，全省地税系统发扬大爱同心、坚韧不拔、挑战极限、感恩奋进的抗震救灾精神，全力以赴开展抗震救灾和灾后重建工作，进一步砥砺了地税干部的意志品质，坚定了战胜困难的信心和勇气，充分展现了新时期青海地税干部的良好精神风貌。

［稽查查补收入及分析］　2010年，青海地税稽查系统共检查各类纳税户286户，查处有问题户271户，占检查户数的94.76%，结案户数261户，结案率96.3%；稽查机构查补收入合计5363万元，其中：查补税款4387万元，罚款及滞纳金976万元；实际入库总额5362万元，入库率99.98%。组织企业自查149户，自查收入6403万元。全年共实现查补收入1.18亿元，占全省地税征收的各项税收收入总额的1.55%。

分析几个主要数据：1. 2010年稽查查补收入5363万元，比2009年的6058万元减少了695万元，减幅为11.47%。查补总额中，除查补税款降低了13.5%外，滞纳金、罚款、没收非法所得都比2009年的比率增加。分析：在加强征管、加大稽查执法力度的同时，依法纳税的纳税人有所增加，税收收入大幅度增加，并没有通过稽查查补收入的提高来体现，而是体现在正常的征管渠道。2. 2010年全省纳税户总数为93841户，比2009年的87289户增加了7.5%，稽查检查户数比2009年的268户增加了1.07%，为286户。分析：随着青海省经济的快速发展，纳税户的增加是必然趋势，与经济发展呈正相关关系。同时，随着稽查工作重点的转变，该省稽查机构改革的进一步实施，稽查效率将会进一步提升。3. 结案户数261户，结案率为96.3%，比2009年降低了4.1个百分点。分析：结案率的降低主要是该省四季度进行全省稽查机构改革，影响案件的结案进度，但是，随着改革工作的进一步理顺，稽查效率将会逐年提高。4. 查处大要案13件，查补税款为2732万元。查处大要案的案件数量只占立案查处数的0.5%，但查补收入却占整个查补收入的62%。分析：说明大要案的查处在案件查处工作中的重要地位，2010年试行的分级分类管理方法很成功，也为今后重点稽查提供了方向。

［整顿和规范税收秩序］　2010年，根据省规范市场经济秩序领导小组和国家税务总局关于整顿和规范市场经济秩序的总体部署，青海地税稽查系统结合地税工作实际，以税收专项检查、专项整治和日常检查为重点，以大要案查处为突破口，

不断加大税收执法力度，通过精心组织，真抓实干，积极有效地开展了整顿和规范税收秩序工作，取得了实效。全省地税共出动税务人员3128人（次），检查各类经营场所3772户，查处各类违法、违规案件630件，发现有问题纳税人402户。受理举报投诉案件61起，查补收入总额2.01亿元。其中，移送公安机关案件2件，涉及税款212.68万元、罚款34.7万元。

［税收专项检查］ 根据国家税务总局部署，在深入基层调研基础上，制定下发了《青海省地方税务局关于开展2010年度税收专项检查工作的通知》，明确了该省指令性检查项目为房地产业、建筑安装业、交通运输业、药品经销等行业；指导性检查项目为营利性医疗及教育、培训机构、12万元以上个人所得税等项目。在此基础上，各地稽查局增选了一些税负低、秩序乱、征管难的行业作为指导性检查项目。并且增强工作的针对性，找准切入点，有的放矢地开展了工作。一是加强领导，明确要求。各级地税机关均成立了以稽查部门牵头，税政、征管、监察部门参加的专项检查领导机构，制定专项检查实施方案，对专项检查的宣传发动、分级实施、各部门间的协调配合等方面提出明确要求。二是开展查前培训，提高检查质量。针对行业纳税人的经营特点，总结以往的经验和教训，聘请专家和业务骨干对检查人员进行查前培训，研究落实专项检查方案，制定具体实施办法，确保检查质效。三是加强督导，确保落实。省局对各地组织实施、检查进度、工作成效及工作中存在的问题等进行督导，并及时提出指导性意见和要求，保证专项检查工作落实到位。全年共检查纳税人171户，实现查补收入4099.51万元。同时，根据国家税务总局《关于开展部分重点税源企业税收检查工作的通知》要求，对重点税源企业开展税收自查和检查工作。自查税款6403万元。各地在对企业自查结果分析比对的基础上，对房地产企业实施了重点检查，共查补税款1247.84万元。

［重点税源检查］ 根据国家税务总局《2010年重点税源企业税收检查工作方案》和《国家税务总局稽查局关于开展中国航空集团公司等三户企事业税收检查的通知》（稽便函〔2010〕25号）要求，对中国南方航空集团公司在青海的下属公司，即三江源证券经纪有限公司、新疆广汇实业投资有限责任公司、紫金矿业集团股份有限公司、苏宁电器集团有限公司下属六户企业进行税务检查，补报税款300万元。

［打击发票违法犯罪活动］ 根据国家税务总局开展区域税收专项整治工作要求，开展了以西宁市为中心的打击发票违法犯罪专项整治行动，各地稽查部门紧紧抓住虚假发票使用这一关键环节，将发票使用情况的检查与行业税收专项检查、区域税收专项整治、重点税源检查、专案检查工作同布置、同组织、同进行，做到“查账必查票”、“查案必查票”。深入开展建筑安装、交通运输、金融保险、餐饮娱乐、旅游等行业发票使用情况的重点检查。2010年共查处非法使用和制售假发票案36起，查获各类假发票26177份，捣毁假发票窝点3个，缴获假印章201枚，收缴作案工具9台，抓获犯罪嫌疑人9人。查补税款650.48万元，罚款398.36万元，合计查补总额1048.84万元，已入库总额795.22万元。

［税收违法行为举报］ 为进一步做好税务违法案件举报工作，该省在各级稽查局设立了税务违法案件举报中心并公布了举报电话，建立健全内部举报案件台账，在加强档案管理工作的基础上，对各类举报案件严格按照“依靠群众、依法办事、统一管理、分级负责、为纳税人保密、接受社会监督”的原则办理，即对各类举报案件（包括总局、国税、公安部门等转办移交案件），一律按规定由举报中心统一受理、登记、立案，并经稽查局长审批签字后，转交检查单位实施检查，举报中心对举报案件检查进度、查处及执行情况进行跟踪，并按要求将举报案件的检查信息及结果及时反馈相关部门及举报人。2010年，共受理涉税举报案件42起，查补税款及罚款1305.06万元，其中：税款1242.35万元，滞纳金0.82万元，罚款61.77万元；已入库税款584.82万元、滞纳金0.8万元、罚款21.98万元。

［稽查制度建设］ 2010年，青海地税稽查系统对1994年以来制定的所有稽查制度进行了清理。清理工作主要从制度的实体性内容和程序性内容是否合法、是否互有抵触、制度的内容是否交叉等方面着手，力求体现稽查制度的合法性、程序性、针对性和可操作性。经清理，对《青海省地方税务稽查任务目标管理试行办法》、《青海省地方税务稽查档案管理办法》等6个制度进行了废止，对《税务稽查主查主审办法》、《税务稽查建议制度（试行）》、《税务稽查办案专项经费管理（暂行）办法》、《税务稽查工作质量及目标管理考核办法》等5个制度的内容进行了修改完善。

同时，为了进一步规范税务稽查管理，明确检查权限，避免重复检查，促进各级税务机关稽查人员廉洁自律，严格执法，秉公办案，新制定了《青海省地方税务局分级分类稽查管理办法》和《青海省地方税务局稽查人员廉洁自律暂行规定》。

［稽查系统建设］　一、进一步完善稽查体制。根据《关于调整地税系统稽查机构的批复》（青编委发〔2010〕8号）精神，以实施全省稽查系统整合为契机，认真研究一个稽查局管理几个州的案件查处这种“大稽查”模式，建立统一、协调、高效的工作运行机制，不断完善全省稽查系统内部运行工作机制，充分发挥合力效应，形成职责清晰、相互促进的良性工作运行机制，全面提升稽查工作效率和质量，增强全省稽查的法制威慑力及社会影响力。二、进一步健全稽查工作考核办法。建立健全稽查岗责体系和办案业务流程，严格按照税务稽查“四环节”分离制度设置岗责体系和业务流程，以责定岗，实现岗位之间协调运转。逐步提高稽查执法质量考核，全面、准确、及时报告各项稽查工作成果数据，客观反映稽查工作成效。三、认真落实案件复查工作制度。以交叉检查等方式对下级稽查局查处的案件开展复查工作，采取卷面和实地相结合的方法，认真组织案件复查，查找稽查执法薄弱环节，严格过错责任追究，对执法检查中发现的问题明确责任，按照规定进行惩处。

［稽查信息化建设］　根据国家税务总局新的《税务稽查工作规程》的颁布，进一步完善了稽查选案、稽查实施、案件审理、处理决定执行四个环节的专业化分工。及时组织人员认真学习稽查工作规程，并对现有稽查软件与规程不符的环节进行了修改，确保严格按照税务稽查工作规程执法。深化应用《青海地税征管信息系统稽查管理软件》，强化税务稽查监控功能，进一步探索税务稽查应用系统，使计算机各项监控功能齐全，系统模式科学、合理，信息采集、加工输出和储存真实、准确，实现对征、管、查全过程的有效监控，逐步向“金税三期”过渡。推广应用稽查查账软件，提高稽查工作的科技含量，强化信息化对税务稽查的支撑作用。

［稽查队伍建设］　为进一步提高全省地税稽查队伍业务素质和执法水平，以省局“干部素质建设年”活动为契机，以工作需求为导向，开展了全省稽查系统“岗位大练兵”活动，通过理论考试与实务操作相结合的方法，实施多层次、全方位的竞技比武。举行了“全省地税系统稽查业务技能竞赛”，对全省稽查系统“岗位大练兵”效果进行了考核。竞赛内容有业务考试、计算机操作、模拟查账三种形式，竞赛题型灵活，突出稽查工作特点，侧重于税收业务知识的综合运用和稽查工作流程，竞赛结束后评选出了“十佳稽查能手”和“岗位练兵优胜单位”。

青海地税稽查系统及时组织学习了国家税务总局《关于加强稽查执法监督制约工作的意见》，并要求各级稽查局尽快贯彻落实，切实加强对稽查执法的全程监督制约。通过全面落实税务稽查案件复查制、执法责任追究制、大要案集体审理制和首查责任制等相关制度规定，增强稽查干部依法行政、依法办事的自觉性，提高执法质量，进一步防范和化解执法风险。此外，还组织学习了《中国共产党党员领导干部廉洁从政若干准则》、《中国共产党纪律处分条例》和省局制定的《关于规范地税系统领导干部和工作人员行为及责任追究若干规定》等文件，抓好队伍的廉政建设、法制教育和风险教育，牢固筑起反腐倡廉思想防线。通过有效的监督制约机制，规范稽查执法行为，从源头上杜绝稽查执法不廉行为的发生。

［稽查业务培训］　2010年，围绕税务稽查工作的实际需要，以查处大要案能力的持续提高和税收专项检查工作的深入开展为目标，将专项检查与进一步提升稽查人才库人员素质相结合。省局在辽宁兴城国税培训中心举办了一期全省税务稽查业务骨干培训班，来自全省的50名稽查业务骨干和稽查人才库人员参加了培训。

［稽查人才库建设］　在专项检查中，从人才库中抽调稽查人才，根据稽查对象的特点和稽查干部的专长，合理配置人员、划分检查小组，以查代训、通过实战演练，切实增强干部的查账能力。另一方面将业务能力强，培训成绩好的稽查人员以及全省稽查系统“岗位大练兵”评选出的“十佳稽查能手”及时充实到各级稽查人才库，实现稽查人才库的动态管理和更新。

［稽查宣传］　积极开展税收宣传月活动。一是根据稽查岗位工作实际，深入企业时，结合企业经营实行面对面对纳税人进行税收政策业务培训，讲解税收政策，引导纳税人及时掌握企业所得税法等税法知识；二是将诚信兴商宣传月与税法宣传月活动紧密结合起来，紧紧围绕“税收·发展·民生”这个主题，通过电视、报纸等媒体开展税法宣传，发放纸质宣传资料，以税务稽查案例为示范进行政策讲解，促进税法深入人心。

［稽查调研］ 2010年，青海地税稽查系统通过召开座谈会、实地调研、抽样调查、专题研讨等形式，不断加强对稽查工作的调查研究。省局多次组织人员下基层，加强对各地稽查工作情况的调研和指导，通过调查研究，及时掌握情况，研究解决问题，各地也结合实际，加强对稽查工作的研究和探索。完成了《青海省稽查现状与实行分级分类稽查的思考》、《论税务稽查与纳税服务》、《必须加强税务稽查和征管的关系》等的调研报告，为进一步做好地税稽查工作进行了有益的探索。

［稽查工作会议］ 2010年年初，青海地税稽查系统召开了稽查工作总结座谈会，对2009年稽查工作进行了总结，肯定取得的成绩，指出存在的不足，并安排部署了2010年工作。要求全省各地稽查部门要按照稽查工作的总体思路和要求，结合本地实际，精心组织，强化措施，积极抓好各方面的工作。2010年年中，召开全省地税稽查工作汇报会，听取各地对年初布置的各项工作进展情况、存在问题和有关建议。通过汇报会，解决稽查工作中的难点问题，推动各地工作经验交流。同时，明确了下一步的工作任务和有关要求。

（彭文霞）

宁夏回族自治区国家税务局稽查局

［概述］ 2010年，宁夏国税累计组织税收收入149.99亿元（含免抵调库增值税，不含海关代征），同比增长31.1%，增收35.6亿元，完成年度计划126亿元的119%。海关代征增值税9.99亿元，增长25.9%；办理出口退税2.83亿元，增长14.1%；免抵调库增值税2.65亿元，增长56%。税务稽查作为税收工作的重要组成部分，为实现宁夏国税工作健康发展贡献了力量。2010年，宁夏国税稽查系统认真贯彻落实全国税务稽查工作会议和全区国税工作会议精神，不断整顿和规范税收秩序，严厉查处涉税违法案件，进一步夯实稽查基础，提高稽查工作质量和效率，充分发挥税务稽查职能作用，推动了全区国税稽查工作的跨越式发展。

［稽查查补收入及分析］ 宁夏国税稽查系统紧紧围绕“服务科学发展、共建和谐税收”主题，坚持服务税收中心工作，突出重点税源企业检查和重大涉税案件查处两个重点，落实税收专项检查、专项整治和打击发票违法犯罪三项任务，加强稽查管理、稽查信息化、稽查服务、稽查队伍四项建设，不断提高全区国税稽查工作整体水平，圆满完成了年初确定的各项工作任务。2010年，共检查纳税人1353户，有问题的1286户，查补各项收入3.31亿元，入库3.24亿元，与2009年全年同比口径相比增长82%。

［税收专项检查］ 2010年，宁夏国税稽查系统按照“确保重点、因地制宜”的原则，确定房地产及建筑安装业、药品经销行业、交通运输业和非居民企业纳税情况检查作为指令性检查项目，各地还结合实际自行确定本地专项检查项目，明确检查面，提高了税收专项检查工作的实效性。全年共检查企业898户，有问题的746户，查补各项收入1.8亿元，冲减增值税留抵税金123万元，调减亏损企业申报亏损额1826万元，入库各项收入1.6亿元。查补收入和入库数分别为2009年同期的192%、177%，检查质效明显提升。

［区域性税收专项整治］ 针对部分煤炭经销企业存在虚开增值税专用发票等问题，及时提出强化煤炭生产经销行业税收管理的建议，得到了区局领导的高度重视，并做出对全区煤炭生产经销等税收秩序相对混乱地区开展税收专项整治的部署。各级国税稽查部门采取广泛动员、企业自查、重点检查等方式，深入查处煤炭生产经销行业进项虚开、产销不实、虚开发票等涉税违法行为。通过专项整治，共检查企业298户，查补收入7928万元，有效规范了煤炭行业税收管理秩序。同时，加强与税收管理等部门的沟通，组织了对品牌经销代理商等6个行业的检查，有效加强了税收管理薄弱环节。根据税收专项整治中发现的问题，及时向征收管理部门提出加强发票管理的建议，促成召开了全区国税系统发票管理工作会议，扩大机打发票使用范围，强化了对发票的源头管理，有效发挥了以查促管的职能作用。

［**打击发票违法活动**］　根据全国打击发票违法犯罪活动工作部署，组织召开了2010年打击发票违法犯罪活动工作协调小组会议，制定工作计划和实施方案，与公安部门组成5个督导组对各地工作开展情况进行督导。深查各类发票违法案件线索，部署对餐饮服务、建筑安装、交通运输、商业零售等重点行业的发票使用情况进行检查，有效利用制售假发票大要案件相关线索延伸检查受票企业，扩大了整治成效。完善多部门协作的工作机制，联合区工信部门治理发票违法信息436条，与公安、地税等部门开展“打击发票违法犯罪宣传日”活动，联合曝光涉税违法案件，形成了对发票违法犯罪高压严打的良好态势，取得了明显成果。全区共查处各类发票违法案件411件，捣毁发票制售及藏匿窝点12个，打掉团伙7个，抓获犯罪嫌疑人42人，收缴作案设备156台，缴获印章1031枚，涉案假发票558万份，涉案价值20多亿元，查补税款6879万元，加收滞纳金101万元，罚款381万元，严厉打击了各类发票违法犯罪行为。查获的河南周口500万份特大假发票案件、“6·03”案件受到了公安部通报表扬和国家税务总局有关部门的肯定。

［**重点税源检查**］　根据国家税务总局关于开展部分重点税源企业税收检查工作的要求，区国税稽查局召开专题会议，认真分析重点税源企业基本情况，联合区地税稽查部门制定了《宁夏区国家税务局稽查局、地方税务局稽查局部分重点税源企业税收重点检查实施方案》，共同召开税企自查动员会，同步组织自查工作。检查中坚持做到“四统一”，即：统一进行查前分析、统一实施入户检查、统一认定违法事实、统一做好查后服务，圆满完成了总局下达该区9户重点税源企业的检查任务，查补收入232万元。同时，按照分级分类稽查的原则，全区各级稽查部门分别开展了对本级控管重点税源企业的检查，检查重点税源企业307户次，查补收入7470万元，有效强化了对重点税源企业的监控。

［**案件查处**］　坚持把重大案件查处与专项检查、专项整治、打击发票犯罪活动相结合，合理配置稽查人力资源，对部分重大案件组织全区国税稽查人才库人员进行检查，确保了检查效果。认真落实重大案件报告制度，及时向总局上报督办案件查处情况，查结了3起总局督办案件，加强对区级督办案件查处的指导，促进了全区重大涉税违法案件查处质量和效率的不断提高。一举查获了涉案金额超过亿元的特大虚开增值税专用发票案——“鑫远”、“1·21”等一批重大涉税违法案件。全年共查处个案查补收入10万元以上的案件342起，查补100万元以上的案件58起，1000万元以上案件5起，大要案查处质效实现新突破。

［**税收违法行为举报**］　认真贯彻落实《税务违法案件举报管理办法》，充分发挥《涉税违法举报案件管理系统》的积极作用，依托系统转办、移交举报案件信息，强化保密工作，提高运行质量和效率。加强对涉税违法案件举报工作的宣传，广泛宣传税收政策，告知举报途径和举报奖励制度，引导广大群众积极提供涉税违法线索。严格依法受理、转办、督办群众涉税举报，针对举报发票违法案件较多情况，加大查办力度，认真落实举报回复和奖励，促进了税收违法举报案件的深入查处。同时，注重做好举报人的疏导工作，引导举报人为涉税违法案件查处提供有价值线索，增强了举报管理工作的效能。全年共受理各类举报案件69起，查处50起，查结40起，查补收入4372万元，举报案件管理质量不断提高。

［**稽查信息化建设**］　全局把加强稽查信息化建设作为提升稽查管理水平和案件查处质效的有效途径，组织开发了稽查辅助平台，建立集通告发布、稽查信息库、稽查案源库、稽查案例库、政策法规库、稽查综合分析、报表总结管理等功能完备的稽查信息化管理平台，为实现信息数据的有效管理和深度利用奠定了基础。以涉税数据深度利用为抓手，建立与税源管理、地税、海关、工信等部门的信息交换机制，拓展信息来源渠道。通过分析综合征管软件发票领用等信息，查获了涉案金额超过亿元的特大虚开增值税专用发票“鑫远”、“1·21”案件，抓获犯罪嫌疑人22名，为国家挽回税收损失1.2亿元。以信息手段辅助稽查为抓手，组织了信息化管理企业税收检查实地示范培训，为基层稽查部门配备笔记本电脑170台，确定运用查账软件检查企业不少于检查户数3%的目标，增强打击和防范利用信息技术手段进行涉税违法活动的能力。2010年，应用查账软件检查纳税人63户次，查补收入2805万元，户均查补收入比手工查账高出70%。

［**稽查制度建设**］　一是管理制度体系化。制定了《宁夏国税2010～2015年稽查工作规划》；建立和完善了《宁夏区国地税局稽查协作工作管理办法》等20多项业务管理制度；修订《稽查局工作规则》等10项政务管理制度，形成了系统的

稽查工作管理体系。二是对稽查业务涉及31个工作岗位职责分别进行分解，形成了163项工作职责，形成了《稽查部门和岗位人员工作规程（试行）》。对稽查四环节18个风险点制订了19条防范措施，强化了对稽查执法风险的预防。三是结合全区重点税源企业和部分行业稽查实践，组织有丰富稽查经验的一线人员，编写了工业、商业、其他行业和信息化管理企业四大类22个行业的检查规范。四是坚持开展业务指标考核，形成了涵盖稽查工作各个环节、各项主要工作的考核指标体系。建立三级联动考核机制，每月个人对岗位工作进行自查，部门按季开展部门考核，每半年组织全局综合考评。编写了40多万字的《税务稽查工作规范》，形成覆盖区、市、县三级和稽查工作各环节所有内容的稽查操作手册。

[稽查工作会议] 全国税务稽查工作会议召开后，区国税稽查局及时召开全区国税稽查工作会议，会议传达了全国税务稽查工作会议精神，总结和回顾了2009年全区国税稽查工作取得的成绩，安排部署了2010年稽查工作任务。自治区国税局副局长任剑英作了题为《服务中心　履行职能　不断提高全区国税稽查工作水平》的讲话。为保证全年稽查工作任务的有效落实，会议提出九项具体考核指标：稽查查补收入不低于税收收入总额的1.5%，专项检查指令性项目检查面达到100%，稽查选案准确率达到80%以上，运用电子查账软件检查户数不低于检查总户数的3%，稽查案件综合处罚率达到20%以上，稽查查补收入入库率达到90%以上，金税工程协查回复率100%，稽查案件结案率达到95%以上，稽查人员全年无违法案件发生。

[案件协查] 全年通过协查信息管理系统共发出委托协查197起，涉及企业201户，协查发票7922份，金额10.88亿元，平均委托协查信息完整率为99.98%，选票准确率36.84%。受托协查308起，涉及企业381户，协查发票3043份，金额5.71亿元，累计按期回复率100%，受托协查信息完整率98.43%。同时，认真组织查处外省委托协查案件，全年共受理函件协查17起，涉及企业43户，涉及增值税抵扣凭证264份。在受托协查中，充分利用协查系统的信息资源和功能优势，深入分析协查系统运行数据，注重发挥协查系统优势，把协查信息作为新的案件线索来源，做到立案深查、一查到底，不放过任何可疑线索，坚决杜绝只案头核对征管资料或到企业就票查票，简单回复的做法，牢固树立全国“一盘棋”和协查地就是案发地的思想，对受托协查的每一笔业务都到企业进行全面的调查核实，确保协查质量。

（陆生彬　郭振宁）

宁夏回族自治区地方税务局稽查局

[概述] 2010年，宁夏地税稽查系统认真贯彻落实全国税务稽查工作会议和全区地税工作会议精神，紧紧围绕区局“巩固、深化年”的工作主题，认真贯彻国家税务总局稽查局的工作部署，紧紧围绕税收中心工作，抓住整顿和规范税收秩序工作主线，突出抓好组织税收专项检查和查处涉税违法案件两大重点，加强稽查制度建设，创新稽查工作机制；加强信息化建设，提高稽查效能；注重以人为本，提高稽查队伍素质；加大执法力度，充分发挥税务稽查职能作用，为促进宁夏经济社会又好又快发展作出了积极贡献。

[稽查查补收入及分析] 2010年，宁夏地税稽查系统共检查纳税人330户，查出有问题户309户，选案准确率93.64%，已结案309户，结案率100%，查补收入总额1.76亿元，比2009年同期增长了30%，入库税款1.76亿元，入库率100%，比2009年同期增长了16%，占全区地税计划任务的1.8%，提前5个月完成了全年1.2亿元的稽查目标任务，超额完成2354万元，为整顿和规范税收秩序、促进宁夏地税事业的发展作出了新贡献。其中区局稽查局共检查纳税人16户，查出有问题户16户，已结案16户，查补收入总额4612万元，入库收入4637万元，选案准确率100%，结案率100%，入库率101%，超额完成本局目标任务的49%，圆满完成了各项工作任务。

[整顿和规范税收秩序] 认真贯彻落实国家税务总局整顿和规范税收秩序工作部署，紧紧围绕税收中心工作，突出重点税源企业检查和重大

涉税案件查处，落实税收专项检查、专项整治和打击发票违法犯罪三项任务。针对税收秩序相对混乱的行业和区域，先后开展了房地产、建筑安装、交通运输、移动通信、保险业等行业的专项检查工作，税收专项检查效果明显，重点税源企业检查开展有序，开展了针对违法使用发票“买方”市场和制售假发票“卖方”市场的专项整治活动，巩固了地方税基，强化了重点税源、重点行业监管，遏制了发票违法的蔓延势头。各市局在专项检查中思路清晰、组织周密、方法得当，各具特色、执行有力，较好地规范了当地重点税源企业的税收秩序。

［案件查处］　建立了“五长”联席会议机制，探索国地税联合稽查，对内强化与征管、税政、法规等部门的联系配合，对外加强与国税、公安、工商、海关、银行等部门的联动协作，为稽查工作营造了良好的执法环境，促进和谐社会建设。根据自治区党委督查室转办的自治区领导批示，区局稽查局联合国税部门，周密安排，集中力量，对银川某投资控股有限公司等3个企业进行税收专项检查，在规定的时间内，完成了上级交办的工作任务，受到了党委督察室的好评。

［税收专项检查］　在确保完成国家税务总局部署的房地产与建筑安装行业、交通运输业、药品经销行业、非居民企业等行业专项检查指令性任务的基础上，结合该区实际，又安排了部分高耗能企业和重点企业的检查。银川局查管联动抓重点，税企互动抓热点、个案带动抓难点；石嘴山局突出准、深、严，提高专项检查质量；吴忠局认真抓好查前培训，针对不同行业和税种制定实施方案，强化查前辅导，加强绩效考核，提高检查质量，及时提出稽查建议；中卫局采取“定位、定靶、定人、定责”的四定措施。全区税收专项检查检查1269户，查补地方收入1.17亿元。

［区域性税收专项整治］　宁夏地税稽查系统在税收专项检查中，结合贯彻落实自治区公安厅、国税局、地税局《全区公安税务机关2010年深入打击整治发票犯罪专项行动工作方案的通知》和自治区国税局、地税局《关于积极配合公安机关开展2010年深入打击整治发票犯罪专项行动的通知》精神，对房地产及建筑安装业和交通运输业以现金方式支付金额在5万元及以上和以其他方式支付金额在10万元及以上所取得和支付的应税劳务等发票，进行检查、协查。各级地税稽查部门根据各自特点、结合区域税收情况，着重对辖区内税收秩序相对混乱、征管基础比较薄弱、涉税问题较多的个别行业进行全面检查和重点整治，针对性较强，效果比较显著。全区开展区域税收整治共安排检查企业1010户，已查结1010户，有问题企业45户，有问题率4.46%，查补并入库收入111万元。

［重点税源检查］　根据《国家税务总局稽查局关于开展部分重点税源企业税收检查工作的通知》（稽便函〔2010〕26号）精神，宁夏地税稽查局加强与自治区国税局的协作配合，坚持国、地税局稽查部门联合组织实施、自查与重点检查相结合的原则，采取召开工作协调会议，确定企业户数名单，共同组织召开税企自查动员会，拟定检查提纲，共同入户检查，从而营造了声势，形成了工作合力，取得了较好效果。全区稽查部门在执法实践中不断完善税收自查工作的步骤和方法。除举报、专案检查等特殊情形外，把组织企业自查作为税务稽查实施的重要抓手，引导纳税人自觉遵守税收法律法规和财务制度，切实提高了纳税人的税法遵从度。全年共组织四行业及部分重点企业进行了自查，自查企业382户，共自查查补税款4305万元，入库4305万元。

［打击发票违法犯罪活动］　把深入开展打击发票违法犯罪活动工作作为一项重点工作，紧紧抓住虚假发票使用这一关键环节，将发票使用情况的检查与行业税收专项检查、区域税收专项整治、重点税源检查、专案检查工作一同布置、一同组织、一同进行，做到“查账必查票”、“查案必查票”，相继开展了一系列整治行动。全年共查处案件79件，查获非法发票748727份，查处非法发票份数是2009年的127倍，查补税款314万元，加收滞纳金9万元，罚款104万元，治理发票违法短信35条，端掉6个窝点和13个团伙，抓获违法犯罪人员35人，收缴假印章69枚以及用于制假的电脑、打印机等设备10台，组织全区检查受票企业2253户，全面完成总局下达该区地税查处违法受票企业应不少于500户的目标任务。上述成绩的取得，是宁夏历史上前所未有的。受到了自治区党委主要领导的充分肯定。2010年6月18日，原自治区党委书记陈建国同志对假发票案专报批示：“打了一个胜仗，要乘胜追击，抓住主犯，争取全胜。”宁夏地税稽查局被评为全国打击发票违法犯罪活动先进单位。区局稽查局税务人员叶红峡在打击假发票工作中，认真开展假发票的比对工作，主动深挖扩线，创新工作方法，表现突出，被评为2010年度反走私先进个人。

［税收违法行为举报］ 举报案件查处更加积极、主动、稳妥，查处了一批税务违法举报案件。2010年宁夏地税稽查局（举报中心）本级共受理各类税务违法举报案件14件。其中，由区局稽查局直接查处（办理）3件，转交下级单位办理8件，留存2件。

［稽查制度建设］ 根据“巩固深化年”的主题，立足稽查工作实际，先后研究制定了《区局稽查局2010年稽查工作实施方案》、《区局稽查局效能目标管理考核标准》、《自治区地税局稽查局局长办公会议事规则》、《自治区地税稽查局经费管理办法》等多项制度办法，建立了稽查、征管、计财、信息中心等相关部门查补收入征缴工作联系机制，提请区局印发了《自治区地税局关于进一步明确稽查查补收入征缴有关事项的通知》。修订了《税务稽查案件取证办法》。统一了稽查四环节台账。研究制定了《税务稽查工作报告的书写规范》及税务稽查工作报告范本等。实行“三基”审理工作制，落实案件集体会审制度，加快了集体审理工作频度和效率，实现了稽查整体办案效率的再提速，“规范型”、“绩效型”税务稽查工作体系进程加快。

［稽查系统建设］ 宁夏地税稽查局牢固树立全区稽查工作“一盘棋”思想，不断增强稽查系统上下互动共进，确保政令通达、指挥有力、反应快捷、管理有序。一是加强工作部署。切实抓紧全区地税稽查工作的统筹管理，担负起全区稽查工作组织、指挥、督查、考核职责，先后召开了全区地税稽查工作会议、全区地税稽查工作座谈会，牢牢把握工作主动权。同时强化了对四市局打击假发票等工作的指挥和督办，管理水平不断提高。二是加强体制建设。积极推行稽查工作实行上级稽查局和本级地税局“双重领导”的管理体制，确立了重大案件、重点行业和专项检查由区局稽查局统一组织，统一指挥，统一协调的“三统一”工作机制。三是加强督察指导。宁夏地税稽查局先后对行业税收专项检查、重点行业税收自查、稽查统计报表填报、对各级稽查局与计会部门统计的稽查查补入库数据不一致情况的“对账”工作进行了督导，通过总结成绩，指出不足，促进了工作的顺利开展。

［稽查信息化建设］ 2010年，宁夏地税稽查局在信息化建设方面，取得了新突破。一是在征管软件稽查模块上线工作中，按照区局党组的要求，采取组织培训，巡回督导，分片包干的办法，提前12天完成了全区地税稽查模块上线工作任务，受到了区局信息化建设领导小组领导的充分肯定和表扬。二是着眼于改进传统查账方式，积极借鉴先进做法，着手探索研发电子查账软件，以适应企业财务电算化管理的新形势和稽查现代化、专业化的新要求，与奇星软件开发公司合作开发了宁夏地税稽查查账软件。此项工作的开展形成了以稽查行业必查点、稽查工作底稿规范、稽查查账软件等的信息化稽查链条。三是稽查部门的计算机设备得到了全面更新。为科室配备了微机、扫描仪等设备，为稽查工作管理打下了坚实的物质基础。

［稽查队伍建设］ 宁夏地税稽查局加强队伍思想政治教育，强化业务教育培训，改善干部工作作风，逐步打造了一支思想稳、业务精、效率高的稽查团队。强作风、树形象。一是大力提升干部队伍精神状态。大力倡导讲政治、讲大局、讲团结、讲敬业、讲奉献。组织开展了“找差距、强素质、提效能、创佳绩”专题活动，扎实开展了民主评议政风行风活动。二是开展大学习大讨论。组织开展了西部大开发学习活动和向陆明宏学习活动，通过举办心得交流会等形式，增强干部职工的凝聚力、事业心和责任感。三是积极开展创先争优活动，大力宣传稽查局涌现出的先进典型，陈健在参加全区“小金库”清理工作中被评为先进个人；姜波被中国文明网推举为“爱岗奉献好人”候选人；王涛、丁森、贾建莉、张风云被评为“优秀公务员”，干部队伍呈现出了团结和谐、开拓创新、争先进位、勇争一流的崭新形象。强和谐、创氛围。一是充分发挥党支部的桥梁纽带作用。开展党员干部座谈和民主评议，以党组织建设促发展，塑造尊重干部价值、关心干部身心的关爱文化，营造以人文关怀为特征的组织氛围。在“七一”前夕，党支部组织全局党员干部、群众走进西柏坡，开展了一堂生动的党课教育。二是切实抓好地税文化建设，狠抓精神文明建设，积极开展形式多样、积极健康的文体活动，陶冶干部情操、增进队伍团结，构建和谐地税稽查，提升地税稽查部门形象，推进稽查工作的创新发展。

［稽查业务培训］ 一是认真组织开展稽查综合业务培训。先后举办了新《稽查工作规程》培训班、稽查上线信息化技术培训班和稽查综合业务知识培训班，通过多层次、多内容的稽查业务知识、管理知识、心理知识、社会知识的学习、培训，促进了队伍业务素质提升。二是精心组织集中

脱产培训项目。先后在无锡、宁夏税校举办了全系统稽查业务培训班，重点提高了全系统稽查人员利用查账软件查账的水平和办案能力。三是采取“请进来教、走出去学”等方式，努力提高培训实效。区局稽查局选拔外派考察学习培训7期30余人次参加了总局稽查局举办的培训班及区局组织的考察活动，全方位拓展了干部职工的知识面，为更好地开展业务工作奠定了良好的基础。

［稽查人才库建设］ 根据《宁夏回族自治区地方税务局稽查人才库管理办法》，进一步完善稽查人才库管理，优化人才专业结构，探索稽查人才库的建立、使用、激励和约束机制，鼓励广大稽查干部进入稽查人才库，搞好稽查人才库动态管理。2010年年初，向国家税务总局稽查局上报了16名稽查人才库人员名单。

［稽查宣传］ 信息调研工作迈出了新步伐，编印了《宁夏地税稽查》刊物3期，创建了宁夏地税稽查门户网。全年共编发《简报》24期，刊登在宁夏《税务快讯》有33篇，《税收与经济》3篇，《共产党人》1篇。向自治区政府上报了3篇专报，在效能考核及民主生活会的发言材料得到了区局领导的高度赞扬，稽查工作舆论导向作用得到了充分发挥。

［稽查调研］ 领导班子带头加强调查研究，积极撰写调研文章，王占河局长的《对推进稽查事业跨越式发展的思考》、郝皓副局长的《对构建稽查工作长效机制的思考》、张维俊副局长的《对稽查队伍建设考效机制的思考》分别获得自治区地税系统2010年度税收科研成果奖。

［稽查工作会议］ 2010年3月26日召开全区地税稽查工作会议，传达各级领导对2010年稽查工作的要求和全国税务稽查工作会议精神；总结该区地税稽查工作，部署2010年稽查工作任务；通报表彰2009年稽查工作先进集体；通报表彰2008～2009年最佳案例、2009年稽查工作经验材料；四市地税局稽查局交流工作经验；讨论修订了《区局稽查局2010年稽查工作实施方案》、《2010年全区地税稽查工作要点》。2010年8月24～25日，召开税务稽查工作座谈会，传达国家税务总局稽查局8月10日视频会议精神，宁夏地税稽查局局长王占河作了题为《务实奋进　乘势而为　推动稽查工作科学发展》的工作报告，自治区地税局党组成员、总经济师杜学章作了重要讲话。四市稽查局就稽查工作从不同侧面、不同角度进行了经验交流，与会代表进行了分组讨论。

（姜　波）

新疆维吾尔自治区国家税务局稽查局

［概述］ 2010年，新疆国税稽查系统在自治区国税局党组的正确领导和国家税务总局稽查局的指导下，认真贯彻落实全国税务稽查工作会议和全区国税工作会议精神，围绕“服务科学发展，共建和谐税收”工作主题，始终坚持服从服务于税收中心工作，突出整顿和规范税收秩序的工作目标，依法查处税收违法案件，认真开展税收专项检查和税收专项整治工作，严厉打击发票违法犯罪行为，充分发挥税务稽查以查促查、以查促管、以查促收和以查促改的职能作用。

［稽查查补收入及分析］ 2010年共计查补收入5.19亿元，实际入库4.98亿元，其中，检查企业1840户，查结1711户，查补收入3.50亿元（税款2.68亿元，罚款0.29亿元，滞纳金0.53亿元），入库3.40亿元，调减企业亏损额0.54亿元，冲减增值税留抵税金0.13亿元；组织企业自查1430户，自查收入1.69亿元，入库1.58亿元。全年查补收入较2009年同期增长28.74%，组织企业自查收入下降47.95%；全年平均选案准确率98.75%，入库率96.00%，结案率94.43%。

［整顿和规范税收秩序］ 一是以认真开展税收专项检查、区域税收专项整治工作和重点税源企业轮查为规范税收秩序的重要着力点。精心组织，周密部署，较好地完成了各项工作任务，取得明显成效。二是以查处重大税收违法案件为重点，不断加大工作力度，充分发挥稽查执法的震慑作用。三是严厉打击发票违法犯罪活动，发票违法犯罪活动高发态势得到有效遏制。四是努力提高举报

案件的受理、查处、转办和督办工作质量和效率，不断提高服务水平，促进社会和谐与稳定。全区各级稽查部门充分发挥稽查职能作用，努力提高稽查工作质量和效率，不仅为国家挽回巨额税收流失，而且有效打击了各类涉税违法犯罪活动，对规范企业纳税行为，提高税法遵从度，营造公平竞争的税收环境，规范和整顿税收秩序起到积极的推动作用。

[案件查处] 2010年共计查获百万元以上大案32起，查补收入6000余万元。石河子、乌鲁木齐市、塔城地区、和田地区国税稽查局先后查处9起虚开发票金额在1000万元以上的案件，涉及开票企业12户。这些企业以虚构农产品收购和加工业务方式，大肆虚开农产品收购发票和增值税专用发票，严重破坏了正常的税收秩序，引起我区国税部门的高度重视。区局稽查局及时将发现的问题和情况通报各地，并提出征管建议，强化对此类企业的监管力度。

[税收专项检查] 2010年，全区通过开展房地产及建筑安装业、药品经销业、交通运输业、非居民企业、重点税源企业、航空公司、油气田企业等行业（企业）的税收专项检查，组织查补收入共计3.78亿元，已入库2.10亿元。其中：稽查部门直接检查企业2157户，发现有问题企业1359户，初查收入3.04亿元，入库收入1.51亿元；冲减纳税人增值税留抵税金3915.64万元，调减亏损企业申报亏损额6637.05万元；移送司法机关5户。组织企业开展自查4822户，自查应补缴税款7396.55万元，已入库税款5935.97万元。完成国家税务总局指令性检查项目情况：检查企业557户，初查收入8953.10万元，入库3001.86万元；组织企业自查1387户，企业自查补缴税款1460.19万元，入库1405.23万元。区局自行安排部署项目检查情况：检查中小型油气田企业36户，查补收入1037.00万元，入库525.84万元；组织企业自查36户，企业自查补缴税款310.22万元，滞纳金133.96万元，入库441.31万元。各地稽查部门自行安排部署项目：共检查企业774户，查补收入8629.26万元，入库5679.04万元；组织辅导企业自查1957户，企业自查补缴税款2013.66万元，入库1977.22万元。

[区域性税收专项整治] 2010年，该区确定巴州库尔勒市作为区域税收专项整治重点地区，采取自查与检查相结合的方式重点整治建材行业和农副产品加工行业。共计259户纳税人开展了税收自查，自查有问题的纳税人100户，自查收入187.73万元，调减增值税留抵税金393.41万元，调减亏损额9.66万元。通过稽查与管理互动检查，共计检查208户，查补收入629.41万元，调减增值税留抵税额320.22万元。其中：税源管理部门检查163户，查补收入382.09万元。调减增值税留抵税额316.59万元。稽查部门立案查处45户，查结30户，查补收入247.32万元，调减增值税留抵税额3.63万元。同时，有6个地（州、市）自行开展区域税收专项整治，共检查企业576户，查补收入4211.85万元，入库3107.88万元；组织企业自查31户，自查补缴税款42.36万元，入库42.36万元。通过区域税收专项整治，提高了纳税人的税法遵从度。

[重点税源检查] 2010年共检查国家税务总局安排的重点税源企业82户，查补收入1185.02万元，入库93.87万元；组织企业自查167户，自查补缴税款2431.92万元，入库490.38万元。检查区局安排的重点税源企业109户，查补收入1882.62万元，入库147.74万元；组织企业自查546户，自查补缴税款2439.78万元，入库1270.56万元。检查各地自行安排的重点税源企业63户，查补收入5427.78万元，入库2378.55万元；组织企业自查162户，自查补缴税款811.51万元，入库611.55万元。

[打击发票违法犯罪活动] 2010年，新疆国税稽查系统先后成立“4·30”、“11·27”、“5·20”和“8·17”四个专案组，联合查办跨地区和跨省区制售假发票和虚开发票案件。全年共查处各类假发票案件928起（其中：税警联合办案56起），查获各类虚假发票698.50万份，追缴税款4415.69万元、滞纳金155.90万元、罚款1151.77万元，没收违法所得1.53万元。收缴电脑、打印机、手机等作案设备296台（个），缴获各类非法代开发票印章7624枚。打掉犯罪团伙35个，捣毁窝点106个，公安机关抓获非法制售和代开发票违法人员267人，公安机关立案113起，移交检察机关起诉28起，涉及人员28人，审判机关判案5起，18人被依法判处有期徒刑。查处发票份数是上年的32倍，有效打击和遏制了非法出售、贩卖假发票和非法代开发票等违法犯罪活动。

[税收违法行为举报] 2010年，全区各级国税举报中心依法受理、查处各类税收违法举报案件共279件，同比增长12.05%；其中：区局举报中心受理85件（转地税4件），各地州市级举报

中心受理136件，县级举报中心受理58件；立案查处179件，查处率64.16%；查结178件，结案率99.45%；查补收入2417.01万元（其中税款1510.54万元，滞纳金267.44万元，罚款639.03万元），同比增长15.26%；入库收入2333.39万元，入库率99.93%；（其中税款1486.69万元，滞纳金266.97万元，罚款579.74万元）；向公安机关移送涉嫌犯罪案件3件。发放举报奖金案件6起，兑付举报奖金金额3万元。

［案件协查］　全年通过协查系统发起委托协查149起，涉及企业157户（次），协查发票11229份，金额9.53亿元，税额1.59亿元。收到协查回复发票11021份，其中：有问题发票6798份，选票准确率为61.68%。查补税款702.09万元，罚款300.63万元，移交司法机关案件3起。收到受托协查380起，涉及企业554户（次），协查发票4700份，金额8.69亿元，税额1.44亿元。累计回复发票3046份，其中：有问题发票1026份。累计回复率达到100%。按期回复发票3023份，逾期未回复发票23份，其中：有问题发票1021份。按期回复率达到了99.08%。2010年，该区确定虚开发票案件呈明显上升趋势，委托发出已确定虚开发票案件34起，涉及增值税专用发票7516份，金额5.85亿元，税额9909.49万元；受托协查已确定虚开发票案件31起，涉及发票747份，金额4696.32万元，税额808.38万元。

［稽查制度建设］　一是制定《税务稽查案件复查办法》和《重大税收违法案件督办办法》，为进一步规范稽查案件查处、提高稽查案件质量提供了制度保证，有效促进系统管理水平。二是依照国家税务总局《税务稽查工作规程》制定下发《税收稽查文书增设修改的通知》，增设修改了16种稽查文书，规范了全区稽查文书的使用。三是修订完善了《稽查工作考核办法》，采用双轨制考核，以稽查工作质量效率为核心，细化稽查工作考核指标，将稽查日常工作全面纳入目标管理考核范围，突出重点，兼顾一般，为全面完成稽查工作目标任务提供了制度保障。

［稽查系统建设］　一是加大交办和督办案件查处力度，强化重大案件督查督办工作。及时掌握重大案件查办情况，通报重大案件查处结果，剖析典型案例，加大案件查处工作督导力度。二是开展案件复查和交流工作。通过开展案件复查，发现问题，进行整改，促进案件查办质量的提高；适时召开案件交流会、案件汇报会，交流案件查办经验，推动稽查整体工作。三是加强系统考核工作。通过完善稽查工作考核办法和考核标准，强化稽查工作考核，提高稽查工作效率。四是提升稽查装备水平。制定全区稽查装备发展规划，有计划地为各地稽查机构更新补充必要的稽查办案装备。

［稽查信息化建设］　贯彻信息管税理念，加强稽查信息化建设。一是不断提升稽查部门信息化装备水平。依托稽查经费保障和信息化建设带来的技术创新，加大稽查部门信息化装备的软硬件投入力度，改善稽查工作的软硬件环境。二是不断提升稽查信息化应用水平。以推广应用稽查查账软件为切入点，强化稽查信息化应用能力的培训，切实提高稽查干部查账软件的应用能力和各类信息数据的采集、分析、发现、处理问题的能力。三是确保举报系统、协查系统等稽查信息化工作平台平稳运行。

［稽查队伍建设］　一是通过优化机构设置，优化配置稽查局领导班子，调整充实稽查业务骨干。二是着重加强干部勤政廉政教育和内控机制建设。通过开展警示教育，进一步筑牢思想防线；认真排查稽查风险点，建立较全面的稽查风险内控制度，进一步明确职责、规范权力、优化流程、健全制度。三是常抓业务学习不放，不断提高稽查干部业务水平。通过在岗学习、开展岗位练兵和在区内外组织干部培训等多种形式，更新稽查干部知识结构，进一步提高稽查干部专业素质。在全区国税系统创先争优活动中，一大批稽查干部受到区局表彰，涌现出海仁沙、罗志伟等国家级和自治区级先进典型代表。

［稽查业务培训］　为进一步深化“大教育”工作格局，不断加大业务学习和专业技能培训力度。一是参加国家税务总局在辽宁税专举办的为期一个月的稽查人才库人员培训班，参训人员60人。二是各地纷纷开展形式多样的稽查业务培训与学习，集中培训与在岗自学相结合，并在岗位练兵、业务考试等实践中检验培训学习的效果，“干中学、学中干”、“以考促学”，不断提高稽查干部的岗位技能和业务水平。

［稽查人才库建设］　一是高度重视稽查人才库人员的知识更新和能力提高。2010年3月，为进一步提高稽查人才库人员的工作能力和素质，向国家税务总局申请一期“智力援西”项目——在辽宁税专举办该区税务稽查人才库人员培训班，培训人员60人，推进了该区国税稽查人才队伍的

建设和发展。二是充分发挥稽查人才库人员的骨干带头作用。在税收专项检查、大要案件查处、重点税源企业检查等稽查重点工作中，积极发挥人才库人员的骨干带头作用，有效带动稽查整体水平的提高，不断增强稽查威慑力。

［稽查宣传］ 一是利用税收宣传月及各类法制宣传活动，走上街头，分发宣传资料、解答税务咨询。二是充分利用新闻媒体和纳税服务网站，大力宣传税务稽查职能作用，发布税务稽查工作动态，公开涉税违法行为举报方法，特别将曝光典型案例、普及发票税收知识作为稽查税收宣传工作的重点。三是将税法宣传融入稽查日常工作中，在布置检查工作、进行自查辅导、实施检查等各环节进行政策宣传、纳税辅导。通过多种渠道、各种形式，让纳税人和社会各界了解该区国税稽查工作，共建和谐税收环境。

［稽查调研］ 广泛开展稽查调研工作。组织人员到基层进行稽查工作调研，了解各地在专项检查实施、稽查规范化管理、综合征管软件稽查模块应用、专案查办等方面的工作情况以及存在的问题，掌握第一手资料，并实地指导各地开展稽查工作。通过稽查调研，指出稽查工作中存在的问题，提出改进意见和建议，为区局研究改进稽查工作起到了积极的推动作用。同时，加强与基层稽查部门业务问题的交流和沟通，及时答复基层请示的问题，对全区稽查工作的指导力度进一步加强。

［稽查工作会议］ 一是召开全区国税稽查工作会议。2010 年 3 月 4 日，该区国税稽查工作会议在乌鲁木齐召开。会上，自治区国税局党组成员、总会计师李桓作了题为《发挥稽查职能，服务税收大局，全面提高税务稽查工作整体水平》的重要讲话。总结了该区 2009 年稽查工作情况，部署了 2010 年稽查工作主要任务。二是召开案件交流座谈会。分别在阿克苏地区和博州召开南北疆稽查案件交流座谈会。通报全区稽查工作开展情况，交流各地典型案件和重大案件查办经验，为进一步提升稽查案件查处质量、创新工作方式、更新稽查工作理念，起到推进作用。

（李　伟）

新疆维吾尔自治区地方税务局稽查局

［概述］ 2010 年，以中央新疆工作座谈会为标志，新疆各项事业发展迎来了新的历史性大机遇。新疆地税稽查系统以科学发展观为指导，认真贯彻落实国家税务总局税务稽查工作总体要求和区局工作部署，紧紧围绕税收中心工作，以整顿和规范税收秩序为目标，以查处和打击涉税违法行为为中心，以组织税收专项检查和区域税收专项整治为重点，着力打击发票违法犯罪活动，深化稽查体制改革，强化稽查队伍建设和稽查工作信息化水平，发挥稽查职能作用，圆满完成了各项工作任务。2010 年查补税收总额 6.61 亿元，入库总额 6.39 亿元（其中：稽查机构查补收入 3.31 亿元，组织企业自查收入 3.08 亿元）。查补税款收入总额占全区税收收入总额的 1.73%。稽查查补收入中，营业税 6904 万元，占查补税款总额的 26.49%；企业所得税 5249 万元，占查补税款总额的 20.14%；个人所得税 6684 万元，占查补税款总额的 25.65%；其他税种 7222 万元，占查补税款总额的 27.71%。

［稽查查补收入及分析］ 2010 年，新疆地税稽查系统共立案检查各类纳税户 1257 户，其中有问题户 1033 户，结案户 1159 户（含上期移案），查补税款 2.61 亿元，加收滞纳金 4248 万元，罚款 6200 万元，立案查补收入合计 3.65 亿元，同比增长 1.4%。查补税款在 100 万元以上的案件 73 件，查补税款 1.85 亿元（其中：100 万～500 万元以下的案件 63 件，查补税款 9125 万元；500 万～1000 万元以下的案件 9 件，查补税款 5839 万元；1000 万元以上的案件 1 件，查补税款 3501 万元）。另外，通过组织纳税人自查自纠，查补收入 2.95 亿元，合计查补收入总额 6.61 亿元；组织入库 6.39 亿元，其中稽查机构查补入库 3.31 亿元，自查入库 3.08 亿元。选案率、结案率、入库率分别达到 82.18%、112.20%、90.51%。

［整顿和规范税收秩序］ 全面落实国家税务总局统一部署的税收专项检查和专项整治任务，认真开展房地产及建筑安装业、药品经销行

业、交通运输业等税收专项检查；与有关部门联合开展打击发票违法犯罪专项行动，严厉打击制售、贩卖假发票的犯罪团伙，捣毁制假贩假窝点；狠抓大要案件的查处，大力整顿和规范税收秩序。并直接组织了对“乌苏四棵树煤炭有限公司”、昌吉“新疆东方环宇（投资）集团有限公司”、昌吉“新疆卓越投资集团有限公司”等多起案件的检查，有力地打击各类涉税违法犯罪行为。特别是在公安部门的配合下，成功查处了库尔勒市运征公司张宏杰、孙红利用退役军人和下岗再就业优惠政策骗税案，充分发挥了稽查打击和震慑作用。通过对重点税源企业的自查和检查，发现和纠正了企业存在的大量涉税问题，提高了企业的纳税遵从度，有效避免了税收流失。

［税收专项检查］　新疆地税稽查系统根据国家税务总局部署和新疆税务工作实际，开展了房地产及建筑安装业、药品经销行业、交通运输业、年所得额12万元以上个人所得税自行申报纳税情况等指令性检查项目。各地在完成指令性检查计划的同时，还根据本地区产业重点、税源状况和企业分布的情况，自行安排其他专项检查项目。2010年，税收专项检查共检查1069户，查补收入1.68亿元。坚持查前培训与检查相结合、企业自查与重点稽查相结合，针对检查中发现的问题及时提出征管建议，发挥稽查“以查促管、以查促查”的职能作用，提高纳税遵从度。并直接组织了对“新疆吐哈油田公司”的税收专项检查，查补税款1400余万元。还限时督办完成了巴州等地以前年度房地产行业专项检查查补税款的组织入库。阿勒泰地区、石河子、昌吉州等地税稽查局在较好地完成统一检查项目外，还开展了大型综合批发市场、水利水电企业和煤炭生产企业的专项检查，效果明显。

［重点税源检查］　一是在2009年重点税源企业税收自查的基础上，通过比对分析，确定对其中15户企业开展税收重点检查，由新疆地税稽查局重点督办中国石油天然气集团公司下属3家分支机构、中国航空集团公司在新疆的2家成员单位的税收检查，各地稽查局实施。二是通过认真分析各地提供的重点税源企业资料，安排部署了129户重点税源企业自查工作，共查补地方各税1.51亿元。为检验自查效果，各地在自查基础上，抽查了64户企业，查补地方各税2426万元。三是对国家税务总局统一部署全国12家大型企业中涉及新疆的167个子公司进行自查督导。通过对重点税源企业的自查和检查，发现和纠正了企业存在的大量涉税问题，提高了企业的纳税遵从度，有效避免了税收流失。各地（州、市）地税稽查局能够按照区局的统一部署，布置落实自查和抽查工作。

［打击发票违法犯罪活动］　2010年，新疆地税稽查系统按照国家税务总局和区局确定的打击发票犯罪工作目标和任务，坚持“打防结合、突出重点、标本兼治、综合治理”的工作方针，全面实施发票违法犯罪“买方市场”和“卖方市场”专项整治，有效遏制了发票违法犯罪活动的多发势头，整治工作取得了明显成效。

将发票使用情况的检查与行业税收专项检查、区域税收专项整治、重点税源检查、专案检查工作结合起来，有效地开展了打击发票违法犯罪工作。2010年，共检查各类重点行业企业2854户，查处发票违法企业529户，查补税收收入1105万元，移送案件4起，曝光案件11起。

联合公安、国税等相关部门破获博州“1·19”、“2·9”，巴州“4·26”等制售假发票案，有力地震慑了发票犯罪分子的嚣张气焰。2010年，配合公安机关抓获犯罪嫌疑人143人，捣毁印制窝点29个，打掉犯罪团伙28个。

［稽查体制改革］　2010年，进一步深化稽查组织体系改革，创新稽查体制和管理模式，上收县级局稽查机构与职能，建立起一级稽查体制（地州市级），有效发挥稽查职能作用，确保组织收入中心任务圆满完成。按照区局选优配强稽查人员的工作要求，共选调了153名干部转入稽查岗位，使全系统稽查干部人数由550名增加到667名，增长21.27%；稽查人员占地税干部的比例也由7.60%提高到了9.25%，增长了1.65个百分点。为有效发挥自治区地税局稽查局系统业务管理职能，自治区局地税局面向全区地税系统通过综合能力和应用文写作笔试、实践测试等环节，公开选调6位稽查干部充实到区局稽查局。一级稽查体制的推进，可以实现稽查资源的优化配置，利于执法尺度的统一，利于减少非正常影响，利于确保对政令的畅通和系统管理的强化。

［稽查信息化建设］　根据《新疆地税系统信息化建设三年（2008～2010年）规划》的统一部署，2010年，新疆地税稽查系统全面使用东软软件股份有限公司开发的税务稽查管理及查账软件。为确保稽查管理及查账软件的正常运行，新疆地税稽查局多次通过下发文件、现场指导等方式，及时详细地解答各地提出的疑难问题，指导软件的

正确使用。稽查管理及查账软件的应用，不仅收集、整理、存储数据，还将稽查管理的各个主要环节都纳入计算机管理中，业务流程的监控将稽查中选案、检查、审理、执行4个环节有机结合，相互监督，相互制约，使涉税案件在稽查各环节运行中的审批程序更加严谨，文书格式的统一、办案效率的提高、信息真实度的提升，使稽查执法行为得以进一步规范，对案件的跟踪管理落到实处。各级稽查部门、稽查局内部各环节实现信息共享。

[稽查业务培训] 2010年，新疆地税稽查系统加强理论学习，将稽查队伍建设作为提高稽查执法水平的基础，以提升稽查人员素质为重点，针对当前稽查工作中的热点、难点和重点问题，从提高稽查干部实战能力出发，开展了一系列卓有成效的工作。先后组织了福建和安徽两个区外稽查业务骨干培训班；各地（州、市）地税局结合本地区税务稽查工作实际，着眼于实战应用，分层次、分类别开展稽查实务型业务培训，着力突出稽查办案实用性和稽查执法规范性及稽查风险防范等内容，提高了稽查干部执法办案能力。通过开展多层次、广范围、全方位的稽查干部培训，促进稽查人员知识结构更加合理，专业素质进一步提高，稽查系统勤学精业的风气进一步浓厚。通过开展勤政廉政教育和执法风险管理，促进稽查干部队伍勤政廉政意识进一步提升，稽查执法风险得到有效控制。

[税务违法案件举报] 新疆地税稽查系统进一步明确举报中心的岗位职责，不断提高举报工作人员的业务素质，拓宽举报渠道，加强案件的监督管理，做好转办、督办案件的考核。稽查管理及查账软件的运行加快了新疆地税举报案件规范化管理的进程，受理的涉税案件从登记、审批、转办、延期、结案、回复、奖励各环节直观清晰，便于了解监控，有效防止了人为造成的举报案件隐匿、扣押、拖延的现象发生，各地举报案件管理和查处工作质量和效率明显提高，2010年共受理举报案件151件，查处147起（其中转国税查处4件）；查补税款1669万元，罚款281万元，滞纳金129万元；已入库税款871万元，罚款128万元，滞纳金90万元，税款入库率52.19%；兑奖案件38件，兑奖金额3.19万元。

[稽查工作会议] 2010年3月中旬在乌鲁木齐市召开了新疆地税系统税务稽查工作会议。新疆地税党委书记王建新、局长弯海川出席会议并发表了重要讲话，副局长李体超作了题为《围绕中心 求实创新 全面提高税务稽查工作整体水平》的工作报告，肯定了2009年的地税稽查工作，对做好2010年的地税稽查工作提出要求。会议内容还包括制定《2010年全区地税系统稽查工作要点》，从稽查工作制度落实、查处税务违法案件主要指标分析等八个方面通报2009年全区地税系统税务稽查主要工作，对存在的问题和亟待加强的方面进行了深入全面的剖析，提出了切实可行的工作要求，大会还表彰了稽查工作先进单位，6个地（州、市）地税局稽查局进行了大会发言交流。

（王莉慧）

大连市国家税务局稽查局

[概述] 2010年，大连国税稽查系统认真落实国家税务总局稽查局2010年税务稽查工作要点和大连国税2010年税收工作会议精神，围绕税收中心任务，以大力组织税收收入和整顿规范税收秩序为目标，以重点税源企业审计式检查和税收违法案件查处为重点，科学组织税收专项检查和区域税收专项整治，严厉打击发票违法犯罪活动，努力构建税务稽查良性循环长效机制，成绩显著。

[稽查查补收入及分析] 2010年共检查纳税人7236户，有问题5823户，处罚1965户，选案准确率为80%。查补总额4.95亿元，其中查补税款4.29亿元，加收滞纳金4332万元，罚款2272万元。入库总额5.10亿元，入库率为103%。对比2009年，以上数据均有大幅度提高，其中选案准确率提高41%，罚款户数增长107%，查补税款增长15%，查补总额增长17%，入库额增长27%。另外，还通过组织纳税人自查补税1.05亿元，入库税款1.05亿元，入库率达到100%。2010年该局共查处重大案件（查补税额大于百万元案件）18起，查补税额4009万元；查处并移送公安

机关案件10起。

2010年查补税额4.29亿元中，增值税2.32亿元，占54%，企业所得税1.97亿元，占46%，消费税16万元，比重不到1%。从内外资性质结构分析，在有问题的5823户中，内资户5337户，占92%；外资户486户，占8%。在查补税额4.29亿元中，内资户3.58亿元，占83%；外资户7123万元，占17%。从以上分析可以看出，内资企业、增值税方面仍是检查重点，而加强对日常检查的监督、管理仍是稽查工作的重中之重。

［整顿和规范税收秩序］ 根据有关安排，大连国税稽查局于2009年12月开始指令性计划工作的文件起草、案源筛选等工作，并于2010年1月15日正式下发《关于向各稽查局下达2010年指令性计划的通知》，确保指令性计划检查的正常开展。根据征管和科技发展处提供的数据，截至2009年年底大连市连续5年未查的一般纳税人共有8983户。针对连续多年未检查户数逐年增多，需要整顿和规范税收秩序的状况，2010年年初，将5年未查过的一般纳税人作为2010年的指令性计划要求必须实施检查。按照选户与选事相结合的选案思路，根据收入、是否缴纳所得税及税负等部分财务指标选取案源。确定了400户（每个稽查局为100户）作为指令性计划。在4个稽查局的共同努力下，2010年查结299户，其中有问题269户，错漏面90%，查补2082万元，大连市税收秩序得到规范和整顿。

［案件查处］ 加大案件查处力度，从加强典型案件的检查力度入手，提高了稽查工作质量。另外，开拓思路，从涉税疑点信息库中大连某石材加工厂对某房地产开发有限公司开具克隆发票的偷税案入手，延伸检查了其他单位使用假发票经销钢材等一系列案件，全面整理出这些单位对大连正在建设中的长兴岛等建筑项目的供货情况和使用假发票偷税的情况。对使用克隆发票偷税的大连某石材加工厂，大连市国家税务局做出了补征税款，加收滞纳金，给予罚款的决定，对其他单位送交有关单位另案查处。该案件的查处直接促进了对这些建筑项目的税务管理，切实起到了以查促管的作用，并对在此之后的行业性检查和涉税疑点信息库建立起到了重要的指导作用。该案作为典型案例，多次在各征收局、稽查局中宣讲，对开拓税源管理思路，丰富案件查处经验提供了重要的参考依据，并对实现以查促管的目标，建立行业性检查思路和建立、健全涉税疑点信息库起到了重要的指导作用。

2009～2010年大连国税实施了对大连某药业有限公司偷税案的检查。国家税务总局2010年将药品经销行业列入专项检查的重中之重，同时要求严格检查药品经销行业的账外经营问题和使用假发票列支成本、费用问题。该案中大连某药业有限公司同时存在这两方面的问题，检查人员检查发现该药业公司2008年在个人存款结算账户中存入销售收入款，未申报销售收入，少缴纳增值税93万元的问题；通过在山东、北京等地取证，检查人员查清了该公司从山东济南某医药科技有限公司和济南某医药开发有限公司取得虚开药品研发费发票690万元的事实；最后做出了补征增值税93万元，企业所得税195万元，加收滞纳金，并处少缴税款50%罚款的决定。该案对大连市药品经销行业专项检查和发票的专项整治有着一定借鉴作用。

［税收专项检查］ 按照国家税务总局“进一步整顿规范税收秩序，构建公正和谐的税收法制环境，提高税法遵从度，保障税收收入稳定增长”的要求，结合大连市的实际情况，聚焦药品经销企业；近三年未检查过的房地产及建筑安装企业；非居民企业；营利性医疗及教育培训机构四大行业，科学组织了2010年税收专项检查工作。2010年共对526户企业实施了税收专项检查，其中查结366户，有问题户317户，选案准确率86.6%，查补收入总额5894万元，有效打击了违法行为。

［重点税源检查］ 2010年，根据国家税务总局的文件要求，结合本地实际，联手大连地税稽查部门，针对部分重点税源企业开展了检查工作。一是对国家电网企业实施专项检查，查补企业所得税46万元，加收滞纳金5万元。二是对银行、保险、石油石化、通讯和航空运输等行业的重点税源企业，开展税收自查、抽查和审计式检查工作。大连西太平洋石油化工有限公司自查补缴消费税8087万元。三是对三大航空集团下属企业的实施专项检查。四是将2009年度中国500强企业中涉及大连地区的5个集团中的7户企业列入检查范围，查补企业所得税48万元，调增应纳税所得额40万元，加收滞纳金3万元。五是大连国税与大连地税联合对中国联合网络通信集团有限公司大连分公司（以下简称“联通大连分公司”）实施了检查，检查发现该公司2007年取得不符合规定的发票2799张，金额为7027万元，2008年取得不符合规定的发票2765张，金额为8664万元。该公司2007年应补缴企业所得税2319万元，2008年2166

万元，两年合计4485万元。大连国税正在对该公司进行后续处理。另外，对向联通大连分公司提供不符合规定发票的代理商和经销商的检查工作正在进行，并准备随时向总局汇报。六是开展了黄金销售增值税专用发票专项检查。

[打击发票违法犯罪活动] 2010年5月19日，大连国税、地税、公安局联合下发《大连市深入开展打击发票违法犯罪活动工作方案》（大国税发〔2010〕58号）。该方案结合税收专项检查工作和本地实际情况，把房地产、药品经销两个行业作为虚假发票“买方市场”重点整治对象，确定了本次专项行动的目标和重点，明确了工作步骤。共计检查纳税人2664户，查处存在发票违法行为的纳税人501户，涉及非法发票份数共计3289份（其中：交通运输业发票754份、建筑业发票38份、商业销售发票1540份、服务业发票57份、增值税专用发票524份、其他发票包括农产品收购发票376份）。以上发票涉及金额1.18亿元，共计查补税款2025.89万元，加收滞纳金228.78万元，罚款542.69万元。

[税收违法行为举报] 2010年大连国税两级举报中心接听检举专线电话640余次，接待来人来访检举360人次，全年共计受理税收违法检举案件111件，其中市局举报中心受理99件，县区局举报中心受理检举案件12件，查结案件103件。年度受理和查办的税收违法检举案件中没发现符合总局大案、要案标准的案件。2010年度查补合计1133.49万元，其中税款838.53万元，滞纳金99.77万元，罚款195.18万元。入库税款625.15万元，入库率74.55%，已入库滞纳金89.88万元，入库率90.09%，已入库罚款107.72万元，入库率55.19%，为国家税收挽回了损失。对于已经达到移送标准的举报案件全部已移送给公安机关，全年共计移送案件1起，严厉地打击了偷逃抗骗等税收违法行为。

[案件协查] 一是落实协查工作制度，夯实案件协查工作基础；二是设立考核指标，加强指导监督，全方位提高协查工作质量；三是强化责任，认真落实协查工作；四是积极配合信息中心，做好系统维护工作。2010年，大连国税协查信息管理系统共接受协查委托298起，涉及企业416户，协查发票4132份，金额7.43亿元，税额1.26亿元，累计回复发票3409份，其中结果为正常3135份，有问题发票202份，无法核实72份，累计按期回复率99.88%。共发出委托协查153起，涉及企业155户，协查发票1005份，金额8514.41万元，税额1388.70万元，已收到回复发票982份，其中正常发票926份，有问题发票22份，无法核实33份，平均委托选票准确率2.24%。2010年，大连市国家税务局协查信息管理系统还分拣发票8起，按期分拣8起，累计按期分拣率100%。

[稽查制度建设] 2010年年初制定了《涉税疑点信息反馈工作办法（试行）》，要求各稽查局的稽查人员在工作中注意收集有价值的信息，将涉及本单位辖区的信息反馈到本单位，由本单位进行信息处理、选案和查处；涉及非本单位辖区或跨区域的信息填报《稽查选案信息反馈表》，经分管局长审核后上报大连国税稽查局，大连国税稽查局归集整理各单位上报的案源信息，在逐步建立纳税人涉税疑点信息库工作办法的同时，从中选取部分信息开展示范性选案，对被确定的稽查对象进行数据分析，制作《选案情况分析表》交由对应辖区稽查局进行查处，并视情况派人参加案件审理，将剩余信息转交给相应稽查局处理。并定期公布各稽查局上报信息条数及使用情况。该制度创新了大连市国家税务局的稽查工作制度，对提高工作质量，总结稽查工作成果起到了巨大作用。

2010年7月大连国税组织召开了各稽查局参加的涉税疑点信息采集工作演示会。会议中市局稽查局汇报演示了《建立涉税疑点信息库的探索与实践》，第三稽查局进行了《拓宽视野，积极探索采集涉税疑点有效途径》的经验交流。大连市国家税务局副局长徐成义在会议上提出领导要转变观念，做好领路和引导，中层干部要主动找方法，稽查干部要有责任心。以此为抓手，提升稽查工作整体效率。通过这一系列活动，大连市国家税务局涉税疑点信息库的管理逐渐开始走上正轨。

[稽查系统建设] 组织编写了2010年版《税务稽查流程及执法文书指南》，主要内容为规范稽查执法文书、稽查流程及系统操作等，于2010年2月底印制下发基层局。从一年的反馈情况来看，该书实用性较强，具有实际的指导意义，达到了预期的目的。还组织编写了《案源基本数据统计分析表》。该表既可以为选案提供数据参考，又可以为稽查人员查前分析提供数据及疑点支持，同时还可作为审理人员后续审理和监督的有效工具，于2010年4月1日正式在CTAIS系统中运行使用。并且，大连国税还拓宽思路，建立同大连地税的联系机制。2010年3月末，双方迈出信息交流第一步，大连地税为大连国税提供了2574条

信息，内容包括案件编号、纳税人识别号、纳税人名称、查补税款、滞纳金、罚款等信息，为提高大连国税的选案准确率打下了良好基础。

［稽查信息化建设］　2010年，大连国税利用总局稽查报表软件和税务稽查电子台账，实施了稽查数据统计分析工作，编写了涵盖全市和各稽查单位工作内容的《2009年税务稽查数据分析报告》。分别从全市税务稽查总体情况、市内稽查局查补情况结构分析、各税种问题类型结构分析、各稽查局查补情况效能分析、税务稽查查补情况区域分布分析等方面进行了统计与分析，并提出了加强税务管理和稽查的建议。在利用信息管税引导深度稽查的基础上，全面推行“二次选案”机制，拓宽稽查信息化建设的应用。由各检查科在选案科在第一次选案的基础上再次分析、确定疑点，而后由选案科在第二次分析的结果中确定具体实施检查的科室，实施案源登记。使选案工作更加专业化、精细化。实现了稽查工作的查前精准定位，带动了稽查工作质量和效率的提高。

［稽查队伍建设］　2010年，市局稽查局同内部各科室签订了《廉洁执法、实现工作目标责任状》，既有对外在面对纳税人的工作要求，又有对内服务基层的工作要求，使每个人都有“努力完成工作任务的大局观念和为纳税人、为基层局服务的意识。”将“不给基层局增添任何麻烦”作为廉洁执法的主要内容，既包含了廉政建设，又包含了增强服务意识，为基层做好服务工作的内容。在管理中体现服务，在服务中落实管理，将服务意识贯穿到管理工作的整个过程，让廉洁执法下的服务成为工作常态。围绕涉税疑点信息库建设，组织了多次互动活动，提高了稽查干部的责任心和专业能力。

［稽查业务培训］　将税务干部教育培训作为工作重点，与其他工作同步考虑，统筹安排，举办了以下活动，取得了良好成果。一是举办稽查专题讲座。2010年7月13日，大连国税组织了“税务稽查取证及相关法律”专题讲座。通过以案说法的形式，理论与实际结合，将稽查工作实际中遇到的问题和稽查取证的要求加以理性梳理。通过学习拓宽了稽查干部的知识面，提高了实际办案中的严谨性。二是利用网络论坛、电子邮件、400热线电话和QQ等形式通过严谨的教学组织，开展了全方位的培训活动。定期在论坛上增加重点难点和案例分析等导学资料数量，及时更新发布相关的政策法规和热点问题，有效引导了参训人员的学习。根据《大连市国家税务局网上税校财会知识培训实施方案》的安排和《大连国税网上税校财会知识培训定级考试指南》的要求，大连市国家税务局在2010年1月和6月，与市局教育处一道开展了网校第一学年稽查系列定级考试。通过考试使广大稽查人员增强了学习的信心，看到了存在的差距，提高了稽查业务能力，为进一步做好稽查工作夯实了理论基础。

［稽查人才库建设］　为了发挥先进人物的引路作用，2010年大连国税继续开展查账能手评选及表彰活动。查账能手评选活动自2006年开始以来，已经进行四届，评选活动在发挥查账能手及骨干作用，促进稽查工作等方面发挥了积极作用。2010年，大连国税的查账能手评选工作又增加了新的内容。一是规定了基本指标和自选指标，即在单位推荐阶段期间，首先要求查账能手要完成年度检查户数、有问题户率、查补额、查补入库率均不低于本单位平均数这一基本指标；在此基础上，由本单位组织全体干部从选案、实施、审理、执行四个角度分别对查账能手年度查处的典型个案进行定性评价后，推荐上报。二是强调行业思路的重要性。查账能手推荐材料、典型案例分析或行业检查思路、稽查卷宗一并参与评审。评审组对查账能手的查账水平和稽查业绩、案例分析或行业检查思路、稽查卷宗三方面按照5∶3∶2的权重分别进行评价、评分，三项评分相加作为查账能手的评分。按照高分到低分的排序，将入围的前15位查账能手在大连国税内网进行公示，并将名单上报市局党组。市局党组根据评选、审核结果进行审议，最终确定查账能手名单。2010年的查账能手评选工作，确立了工作量、技术含量、案例、行业检查思路的总结、稽查卷宗等方面的突出作用，让查账能手在稽查队伍中树立起更高的威信，充分发挥了查账能手的典型引路作用。

［稽查宣传］　税收宣传月期间，各基层局积极参与大连国税组织的“税收宣传动漫形象大使”、“税收宣传Flash”、“税收短信”等的征集活动，共提交“形象大使”作品41件，Flash作品16件，短信460条，创造出一批主题向上、立意深刻的作品。广泛组织与其他部门单位联手举办活动，扩大税收宣传的影响面。西岗区局联合第四稽查局召开座谈会，金州区局和第二稽查局合办税法培训答疑现场会，第一稽查局人员参与园区局组织的座谈会等，在系统内形成宣传合力。与此同时，第三稽查局与公安局经侦支队联手，普兰店市局与

该市地税局、宣传部和地方各乡镇政府联手，在系统外形成宣传力量，从而广泛调动了社会各界的主动性与参与热情。2009 年国家税务总局下发了《关于纳税人权利与义务的公告》，大连国税在 2010 年的税收宣传月期间利用广播、电视、报纸、网络等多种手段广而告之，着力于“纳税人权利与义务”等重点宣传内容，满足不同类型纳税人的多种需求，注重宣传工作的连续性、持久性，以实现预期的宣传目标。大连国税干部自编、自导、自演的四集情景剧《办税厅的故事》制作播出，这是全国首部以办税服务厅为视角的情景剧，在社会上产生了较为广泛的影响。

[稽查调研] 2010 年，大连国税副局长徐成义带领大连国税稽查局调研了大连市 2008 ~ 2010 年的稽查情况，特别是 2010 年的稽查工作总体情况，在此基础上，全面评价了大连国税的税务稽查工作，为改进考核工作奠定了基础。一是扩大检查面，坚持指令性计划，效果明显，2011 年年内完成规模以上 5 年未查户的检查有望。从 2010 年的检查结果来看，5 年未查户有问题户率 88.06%，偷税户率 49.32%，分别高于自编计划两率 0.76% 和 12.07%；在此基础上，2011 年应扩大检查面，对 5 年未查户的检查，尽量先检查收入规模相对较大的企业。争取在“十二五”的第一年实现对规模以上 5 年未查户的清理检查工作。二是实践涉税疑点信息“采集—筛选—运用”的良性循环和有机组合，成效明显。通过对各稽查局 2010 年采集上报 1714 条涉税疑点信息的整理、筛选、分析，将其中线索明确、证据内容翔实的 209 条疑点信息作为案源交由各稽查单位进行检查，并作为指令性计划纳入考核，让疑点信息发挥了作用，这也预示和代表着今后的选案方向。三是关注稽查实质性成果——强化“永久性差异问题”的查处意识。在相同数量的前提下，检查出的问题的结构差异，反映出稽查深度、难度和对涉税违法行为的不同打击力度。现在稽查工作已经进入比较稳定的阶段，分析查补结构、考核稽查质的条件已经具备。可以从“查补税额结构比”来考核和评价各稽查局稽查的质量，公式为：查补税额结构比 = 永久性差异问题查补税额 ÷ 总查补税额 × 100%。四是关注纳税调整，夯实征管基础。应当将具有潜在税收收入的调整额视为“有税”，加以同等关注，以此发挥稽查职能，夯实征管基础。

[稽查工作会议] 2010 年 3 月，大连国税召开了全市稽查工作会议。会议传达了总局副局长谢学智和总局稽查局局长马毅民在 2010 年全国稽查工作会议上的讲话，明确了 2010 年税务稽查工作任务，提出了具体要求。局长丁永安在会上作了重要讲话，从整体稽查收入、专项检查、打击发票违法犯罪、案件查处质效和干部素质等五个方面对 2009 年稽查工作进行了回顾总结。并强调了稽查人员要增强“法治意识”，依法办案，确保办案质量。副局长徐成义在会议上强调，要正确处理好两对矛盾关系：一是要正确处理好完成全年税务稽查任务和办案质量之间的关系。二是要正确处理好税务稽查与纳税评估之间的关系。并提出了四点要求。一是各单位要严格执行国家税务总局新修订的《税务稽查工作规程》及大连国税出台的《税务稽查工作流程及使用指南》里的有关规定。二是要建立涉税疑点信息反馈机制，强化对信息价值的充分利用。三是单位要抓好稽查干部的技能培训工作。四是在绩效考核上，要把重点放在指令性计划的完成、执法文书的规范使用、有问题户率的把握等方面。

（王　悦）

大连市地方税务局稽查处

[概述] 2010 年，大连地税认真贯彻落实国家税务总局稽查工作会议精神及稽查业务制度建设规划要求，着力建立健全税务稽查业务管理制度体系，积极创新稽查方式，全面规范执法行为，大力查处涉税违法案件，充分有效地发挥了稽查职能作用。全年，查补入库税款、滞纳金、罚款（含企业自查补报）合计 7.83 亿元，比 2009 年增加 2.03 亿元，增长 35.16%，创下历史新高，占当年大连市地方税收总量的 1.9%。

[稽查查补收入及分析] 2010 年，大连

地税稽查系统认真贯彻落实国家税务总局“一手抓整顿规范税收秩序，一手抓稽查查补收入”的稽查工作思路和总局稽查工作会议精神，统筹协调科学组织稽查工作，超额完成了全年稽查收入任务，稽查工作取得显著成效。截至12月31日，共查结2442户（次），其中有问题2321户（次），选案准确率95.05%，比2009年提高5.55%；查补入库税款、滞纳金、罚款合计7.83亿元，比2009年增加2.03亿元，增长35.16%。其中：查补应入库税款、滞纳金和罚款合计2.11亿元，企业自查补报应入库税款、滞纳金合计5.76亿元；查补已入库税款、滞纳金和罚款合计2.09亿元，企业自查补报已入库税款、滞纳金合计5.74亿元，入库税款中包括清理以前年度欠税0.2亿元。

[整顿和规范税收秩序]　加大涉税案件查处力度，进一步净化了税收法治环境，促进了税收公平、公正。召开重点行业税收形势分析会，深入研究经济发展与税收收入、税务稽查与维护经济秩序之间的内在联系和辩证关系，进一步明确了工作重点、目标和要求，强化了组织领导。以房地产业、建筑安装业等行业为重点，开展集中、重点整顿行动。按照“破大案、打团伙、捣窝点、破网络”的总体方针，大力开展打击发票违法犯罪专项整治行动。与大连国税组成联合检查组，开展国家税务总局部署的大型企业专项检查工作。与公安、工商、国税、银行等部门联合开展打击和防范经济犯罪主题宣传活动，促进公众增强防范意识，震慑了违法犯罪分子。

[案件查处]　2010年，共查处重大税收违法案件10余起，查补税款6000多万元，有力地打击了涉税违法犯罪行为，震慑了涉税违法犯罪分子，充分地发挥了税务稽查“外反偷漏逃、内促征管”的职能作用，增强了纳税人依法纳税意识。一是注重发现涉案线索，布置力量加大查实；二是注重涉税违法证据取得，保证稽查内容、程序合法；三是严格依据税法条文审理合议，确保处理决定准确、合法。

[税收专项检查]　坚持把税收专项检查作为税务稽查的重要内容，加强组织领导，严格组织实施，取得显著成效。一是开展重点行业和重点税源企业检查。根据《国家税务总局关于开展2010年税收专项检查工作的通知》精神，紧密结合工作实际制定了工作实施方案，将房地产业、建筑安装业与交通运输业作为指令性检查项目，将营利性医疗及教育培训机构、年所得额12万元以上个人所得税自行申报纳税情况、药品经销行业及非居民企业纳税情况作为指导性检查项目，明确了工作重点，促进了工作落实。二是开展国家税务总局部署的大型集团企业检查。及时召开国、地税稽查联席会制定实施方案，成立联合督导组，采取召开税企座谈会、走访相关企业等形式，加强与企业的沟通协调，督促指导企业开展税收自查，实时了解掌握检查进度，及时归纳整理工作经验，取得良好工作成效。入库企业自查补报和查补税款、滞纳金、罚款合计257万元，调增应纳税所得额33万元。

[区域性税收专项整治]　2010年，大连地税稽查系统在组织区域税收专项整治工作中，突出区域性与全局性、行业性与系统性、个案性与整体性的关联查处，指导各区（市、县）局结合本地区产业重点及征管薄弱环节，从市局确定的指导性检查项目或本地区其他重点行业中选择若干行业，开展税收专项整治工作。开展了沿海养殖业税收秩序专项整治活动，清理128户，入库税款3036万元。开展村委会税收专项整治活动，入库各项税收50万元，规范和强化了村委会的税收征管。同时，坚持以税收收入检验整顿效果，以税收秩序反馈稽查成效，实现了教育宣传与整顿规范、税收收入与税务稽查、普遍整顿与重点整顿的有机统一，进一步净化了税收环境，引导了纳税遵从。

[重点税源检查]　根据总局部署，开展了对华能大连电厂、西太平洋石化、南航股份大连分公司、大连航空食品有限公司以及5家集团公司的7户成员单位进行自查和重点检查。召开国、地税稽查联席会制定具体实施方案，成立联合督导组，跟踪全过程。自查和查补各项税款、滞纳金、罚款合计257万元，调增应纳税所得额33元。成立了重点税源企业专项检查领导小组，将2009年缴纳地方各税超过2000万元的企业纳入重点税源稽查范围，组织企业开展税收自查，集中力量开展审计式检查，进一步强化了重点税源管理服务工作。一是加强稽查局与征管局的业务沟通，及时掌握所查重点税源企业的涉税情况，努力做到应查尽查、应收尽收。二是强化征管局对重点税源企业的检查，检查科与税务所、管理科定期交流重点税源企业信息，强化了重点税源监控。三是对重点建设项目进行跟踪服务，密切关注重大项目进展情况和税收完成情况，保证项目所产生的税收及时、足额入库。

[打击发票违法犯罪活动]　2010年，按照“破大案、打团伙、捣窝点、破网络”的总体

方针，大力开展打击发票违法犯罪专项整治行动，做到“查账必查票”、“查案必查票”，进一步提高了以票控税水平。全年共检查处理违法受票企业705户，涉及违法发票数量3840份，涉及发票开具金额3272万元，查补税款、滞纳金和罚款合计2450万元；与公安、国税等部门联合破获假发票案件9起，打掉制假窝点13个、团伙5个，抓获犯罪嫌疑人35名，收缴假发票225万余份，检查处理违法受票企业705户，涉及违法发票3840份、开具金额3.27亿元，查补税款、加收滞纳金、罚款合计2450万元。

［稽查制度建设］ 2010年，大连地税稽查系统大力加强稽查制度建设，进一步规范了稽查管理，提高了稽查效能。修订了《大连市地方税务局税务稽查工作规程》，明确了稽查工作各岗位和各环节的工作职责、标准和程序，并对涉及稽查业务的已有规定进行细化和补充，并加大制度落实力度，进一步提升了稽查工作规范化管理水平。完善了《大连市国家税务局、大连市地方税务局稽查信息交换制度》，进一步强化了部门间信息共享，加大了国、地税联合检查力度，提高了稽查效率和质量。

［稽查信息化建设］ 2010年，根据稽查业务需要完善了“数据大集中”稽查模块，深入推进电子稽查工作，为提高稽查效能提供了有力的技术支撑。重新梳理市内稽查局稽查税款入库业务流程，完善了稽查管理系统。组织180名新到岗稽查人员开展稽查管理系统操作能力培训，提高了稽查人员信息化操作水平。完成了第一阶段电子稽查软件开发、测试与运行工作，加大了对高技术涉税违法犯罪行为的打击力度。

［稽查人才库建设］ 加大稽查人才选拔、培养和使用力度，邀请财经院校知名教授讲授重点行业经营特点及涉税重点问题，邀请公安干警讲解办案取证要点、技巧和法律知识，依托院校专题课程开展稽查典型案例分析，积极选派人才库人员参加上级组织的异地重点案件检查工作，有效提高了稽查人才库人员的工作能力。

［稽查业务培训］ 继续把强化稽查业务培训作为提高稽查工作水平的重要抓手，根据国家税务总局关于做好稽查人员业务考核工作的要求，制定了2011年稽查干部岗位达标考试和业务竞赛考核方案，组织专人编写稽查业务试题，根据稽查人员业务能力情况，开展分期、分类培训，有效提升了稽查人员查账分析能力和业务理论水平。

［税收违法行为举报］ 2010年，大连地税稽查系统进一步完善了税务违法案件举报机制，加强对举报案件的督查督办，全年共受理涉税举报案件244件，查结216件，查补税款、滞纳金、罚款合计4323万元。在受理、交办、转办和督办涉税举报案件工作中，牢固树立执法与服务并重的理念，畅通举报渠道，努力化解矛盾，促进社会稳定。一是认真落实税收违法案件举报管理办法，努力提高举报案件的受理、处理、转办和督办工作质量和效率，对署名的涉税举报案件，在结案后及时、主动向举报人通报结果，减少了重复举报和上访案件的发生。二是接听举报电话和接待举报人来访时讲究文明礼貌，做到热情和蔼，杜绝发生与举报人言语上的冲突和情绪上的对立。三是严格为举报人保守秘密，对面诉的举报人实行专人专室单独接待，并做到合理提示和正确引导。四是积极做好“缠诉”案件处理工作，有效防范争议升级和矛盾激化。五是严格执行《检举纳税人涉税违法行为奖励暂行办法》的规定，对符合奖励条件的及时兑现奖励。

［稽查工作会议］ 2010年4月份，大连地税召开税务稽查工作会议，传达了全国税务稽查工作会议精神，制定下发了《大连市地方税务局2010年税务稽查工作要点》、《大连市地方税务局税务稽查工作规程》、《2010年税收专项检查实施方案》，总结了2009年度税务稽查工作取得的成绩、存在的问题，通报了涉税举报工作情况、比对式检查工作情况，布置了2010年度稽查工作任务，为年度稽查工作高质量开展奠定了基础。年度中间多次组织稽查调研会议，充分听取一线稽查阶段性工作开展情况，及时解决工作中存在的问题，为稽查工作的顺利开展铺平了道路。根据《国家税务总局关于深入开展打击发票违法犯罪活动工作的通知》要求，召开两次打击发票违法活动的专题会议，部署和督办具体工作。

［稽查宣传］ 2010年，大连地税稽查系统按照税务检查与税收宣传两不误的工作思路，将税收宣传贯穿于税务检查全过程，实现了稽查执法与纳税服务的互动。一是结合稽查工作特点，在分析梳理不同行业纳税人合理需求的基础上，以纳税人的个性化需求为重点，按照纳税人应该知道的、想知道的、可能还不知道的三类对税收知识和税法政策进行分类，采取接访和到企业回访相结合的方式，组织人员有针对性地开展辅导式宣传活动。二

是在开展税收专项检查和专项整治工作的过程中，加强与纳税人的沟通和交流，积极主动宣传税收法规政策。三是采取稽查回访的方式开展宣传，利用回访被查对象的时机，进一步说明、解释和宣传相关政策。如：结合《中华人民共和国发票管理办法》开展打击发票违法犯罪行为，以企业纳税人为重点，以规范合法使用发票为主题，结合企业提供的发票，为企业账务人员讲解真假发票差别，指导纳税人掌握虚假发票识别技巧，防范虚假发票带来的涉税风险。

[稽查调研]　2010 年，大连地税紧密结合稽查发展需要，在全市稽查系统开展了分行业的稽查调研工作。制定了三年行业稽查调研规划，在对应的检查区域内，每年选定一个行业进行调研式检查。2010 年将制造业、金融保险业、医疗卫生、教育及培训机构列为重点检查行业，并对其开展了调研式税收检查。通过行业检查，总结了行业经营特点，开展了行业分析，揭示了行业现状和税收违法行为发展趋势等共性问题，形成了行业稽查专题调研总结，为今后开展行业检查做好了充分准备。此外，为规范门票的印制与使用，依法打击私自印制门票及其他涉税违法行为，开展了对活动场所门票的专项检查工作。共检查 16 户，有问题户数 14 户，收缴非法印制门票 63396 组，查补税款、滞纳金、罚款 13 万元。通过专项整治，震慑和打击了非法印制和使用涉税门票的违法分子，提高了纳税人的税收遵从度，营造了齐抓共管、全民护税的社会氛围，净化了该市文化演出市场的税收秩序和用票环境。

（刘元元　王德顺）

宁波市国家税务局稽查局

[概述]　2010 年，宁波国税稽查系统贯彻科学发展观，围绕税收中心工作，坚持服务科学发展、共建和谐税收主题，突出抓好重点税源检查和税收专项检查工作，深入开展整顿和规范税收秩序工作，圆满完成了年度工作任务。共组织税收收入 727.6 亿元，同比增长 22.5%，在全省 11 个地市中总量名列第一。

[稽查查补收入及分析]　共检查企业 2116 户，查有问题企业 1965 户，选案准确率 92.9%；查结 1971 户，查处案件结案率 100.3%；查补收入总额 11.08 亿元，入库 10.77 亿元，完成全年稽查工作目标的 108.3%。查补收入总额和入库总额再创历史新高。

[整顿和规范税收秩序]　以整顿规范税收秩序工作为主线，抓好专项检查、大要案件查处等工作，提高执法效能，以查促管，努力创建和谐有序的税收环境。一是在全市范围组织开展了以房地产及建筑安装业、药品经销行业、非居民企业纳税情况、三年以上未查低税负规模企业、文具生产销售业为重点的税收专项检查及区域专项整治工作；二是根据公安部、国家税务总局统一部署，宁波国税稽查系统会同公安机关、地税部门积极开展了打击制售假发票和非法代开发票专项整治行动，对一些发票违法犯罪活动猖獗的重点地区开展重点整治，依法严厉打击了一批制售、贩运假发票和非法出售、代开发票的犯罪团伙。

[案件查处]　在认真抓好各类涉税违法案件查处工作的同时，加大对重大案件的检查和指导力度，有力地打击了税收违法犯罪行为。共查处税款 10 万元以上案件 353 件，查补税款 1.68 亿元，其中，共查处税款 100 万元以上案件 42 件，查补税款 8560 万元，查处税款 100 万元以上 500 万元以下案件 39 件，500 万元以上 1000 万元以下案件 3 件，向司法机关移送涉税案件 53 起，判刑 24 人，判处罚金 196 万元。

[税收专项检查]　按照国家税务总局统一部署，结合宁波实际，在全市范围组织开展了以房地产及建筑安装业、药品经销行业、非居民企业纳税情况、三年以上未查低税负规模企业、文具生产销售业为重点的税收专项检查，重点检查企业 1193 户，涉及行业 27 个，已经查结 1032 户，查有问题企业 939 户；查补收入 1.24 亿元，其中增值税 4582 万元，企业所得税 3432 万元，滞纳金 783 万元，罚款 3685 万元；组织企业自查 1880 户，自查补税税款 3.18 亿元。

[重点税源检查]　根据《国家税务总局

稽查局关于开展部分重点税源税收检查工作的通知》（稽便函〔2010〕26号）要求，宁波国税稽查局会同地税稽查部门成立了联合督导组，对雅戈尔集团股份有限公司开展自查督导工作。向企业布置自查工作，多次听取企业自查进展情况汇报，并进行实地自查辅导。雅戈尔集团股份有限公司自查补缴税款2亿多元，其中，国税部分7094万元，地税部分12916万元，自查应补缴税款占2007～2009年度已纳税额的5.08%。

［打击发票违法犯罪活动］ 根据公安部、国家税务总局统一部署，宁波国税稽查系统会同公安机关、地税部门积极开展了打击制售假发票和非法代开发票专项整治行动，对一些发票违法犯罪活动猖獗的重点地区开展重点整治，依法严厉打击了一批制售、贩运假发票和非法出售、代开发票的犯罪团伙。共出动执法人员340人次，查处涉票违法案件165起，其中与公安机关联合办案1起；查处发票1713份，金额1.24亿元，查补税款2256万元，滞纳金276万元，罚款700万元。同时，协同公安机关、电信部门做好发票违法信息的阻截工作。发现并查处了“鄞州东兴加油站虚开发票”等大要案。

［税收违法行为举报］ 宁波国税各级举报中心认真做好涉税举报案件的受理督办工作，按照规定奖励举报人，做好部分举报人的疏导工作，举报工作整体保持平稳，越级举报有所减少。2010年共受理各类涉税检举案件219件，已查结214件（含上年度结转案件），发现有问题案件121件，查补总额4446万元，入库4041万元，查处金额10万元以上的大案、要案37件（含上年度未结案件），查补总额3085万元。

［案件协查］ 2010年，宁波国税协查系统共委托发出协查172起，涉及发票1230份，委托收到回复结果1191份，查补入库581.28万元，移送司法机关1起。收到受托协查928户次，涉及发票6934份，受托回复发票6852份，受托协查累计按期回复率100%。查补入库2015.9万元，移送司法机关3起。

［稽查制度建设］ 一是高度重视税务稽查执法程序和可能存在执法风险的环节、部位和时机，积极探索并采取召开案情分析例会、限时汇报案情、分管领导参与查处、应用税务稽查辅助软件、实行稽查组长负责制等措施，加强案件查处的过程监控，稽查风险防范体系初步形成。二是坚持大要案集体审理制度，重视有争议案件和重大案件的审理工作，继续开展优秀案件评选工作，案件质量进一步提升，全市全年未发生稽查案件诉讼败诉情况。三是制定了《税务稽查查前告知办法》，倡导诚信纳税，营造公正、公平的税收执法环境，稽查效率进一步提高。四是坚持稽查案件复查和责任考核制度，贯彻落实《税收违法案件一案双查办法（试行）》，稽查执法行为的监督检查力度进一步加大。五是继续加强查前调研工作，强化科学选案工作，全市各地的选案准确率均达到80%以上。六是加强稽查执行工作，及时实施税收保全等法定措施，加强对查结案件税款的催缴工作，确保了查补收入按期足额入库。

［稽查信息化建设］ 一是完善CTAIS日常维护工作，及时做好系统升级，第一时间解决应用中出现的问题；二是做好日常税务检查证的发放及换证工作；三是顺利完成税务综合办公信息系统在全局的上线工作，按照宁波市局要求，提前对原公文系统进行数据整理、后台数据备份、倒出等工作，并按照要求制作公文模板等，做好办公系统客户端安装工作，制定该局培训方案，切实做好培训工作。

［稽查队伍建设］ 宁波国税稽查队伍建设持续推进，制定了《干部职工问责办法》，对影响稽查工作效能的15种行为进行责任追究；推荐党风廉政建设的文章，倡导“读书修德，以德律己”；组织编写了《珍惜权力　警钟常鸣》，通过案例剖析，强化廉洁自律意识；根据宁波市国税稽查系统的真人真事，组织编写《向身边优秀稽查干部学习》小册子，弘扬“秉公执法、令行禁止、尽职尽责、廉洁自律”的稽查职业操守。推进“四项工程”建设和精神文明创建活动，在保持了原有荣誉的基础上，申报创建市级“工人先锋号”和省级“先进党组织”。认真落实《税务检查立功人员记功嘉奖暂行办法》，对办案有功人员及时给予表彰和奖励，局本级有20人次立三等功、43人次获嘉奖。此外，董继平、贾海丽还分别获宁波市“劳动模范”和市直机关“优秀共产党员”称号，黄健在2009年度打击发票违法犯罪活动工作情况通报中受国家税务总局表扬。

［稽查业务培训］ 积极探索灵活多样的培训方式，以适应信息化、网络化的发展趋势，为新时期国税稽查工作提供良好的人力资源。一是邀请宁波市委党校党史党建研究室主任郑春牧教授举办了一场名为《十七届四中全会精神导读》专题

讲座，从党情国情出发，细致解读了十七届四中全会精神，形象阐述了加强和改进新形势下党的建设的意义、要求和战略部署等多方面内容。同时组织全体干部职工观看廉政教育相关录像，还邀请相关专家针对礼仪知识举办讲座。二是为切实做好电子稽查推广实施工作，举办了电子查账软件应用培训班，就软件应用特别是数据采集进行了系统讲解，培训人员分组进行了实际操作，并在培训班结束时进行了汇报交流。

［稽查宣传］　宁波国税稽查系统多次在《宁波日报》、《东南商报》、《宁波晚报》等纸质媒体和《宁波新闻》等电视媒体对稽查工作进行宣传报道。2010 年 4 月初结合全国第 19 个税收宣传月活动，参与宁波最受欢迎的方言节目——宁波电视台《讲大道》有关打击发票犯罪专项行动专题报道的录制，通过讲述亲历的典型案件，正确引导纳税人遵章守纪，依法经营，诚信纳税的良好社会风范；2010 年 9 月底，在《宁波日报》A6 版开辟专版宣传该市国税稽查工作，结合典型案例，涉及发票违法犯罪、“阳光稽查”等内容，在社会上引起广泛关注。

［稽查工作会议］　2010 年 2 月 26 日，召开宁波市国税稽查工作会议。宁波国税局副局长蒋荣富作了题为《坚定信心再接再励　为维护税收秩序完成税收任务作出新贡献》的报告，报告回顾总结了 2009 年宁波市国税稽查工作的开展情况，深入分析了 2010 年稽查工作面临的新形势，着重对 2010 年的稽查工作进行了安排部署，并提出具体要求：一是严厉查处涉税案件，进一步打击涉税犯罪活动；二是突出两个工作重点，进一步整顿规范税收秩序；三是强化稽查效能建设，进一步提升稽查工作质效；四是完善执法监督机制，进一步防范稽查执法风险；五是加强干部队伍建设，进一步夯实稽查工作基础。

（邹敏敏）

宁波市地方税务局稽查局

［概述］　2010 年，宁波地税稽查系统坚持以整顿和规范税收秩序为目标，以查处涉税违法案件为中心，以组织税收专项检查和专项整治为重点，严厉打击发票违法犯罪活动，依法稽查、文明执法，有效地提高了稽查工作质量和效率。在稽查工作中重视检查方式的灵活运用，不断探索一些行之有效的方式方法。市局稽查局突出把提高选案准确率和入库率作为当前加大涉税违法行为打击处罚力度的重要衡量指标，加强考核抓落实；鄞州、镇海稽查局在专项检查中充分应用电子查账软件，检查工作的效率进一步提高；江北稽查局实行税务稽查与乡镇街道部门互动，利用乡镇街道部门对辖区内企业情况比较熟悉的优势，共同做好宣传发动，缓解了检查压力；象山、余姚、大榭等稽查局联合国税、公安等部门开展检查，实现信息共享，优势互补，逐步使稽查办案由“孤军奋战”向“联合作战”的转变；鄞州、宁海、奉化等稽查局推行“查中复查”，加强检查的事中监督，确保检查质量。这些适合当地稽查工作特点的方式方法使稽查工作更具有活力，稽查效率进一步提高。2010 年，全市共组织纳税人自查和实施重点检查共计 3550 户，累计查补各项收入 7. 80 亿元，已入库 7. 41 亿元，累计入库率 95%，按国家税务总局要求的统计口径完成查补任务的 143. 40%。其中，组织纳税人自查 2334 户，查补收入 6. 32 亿元，已入库 5. 95 亿元，自查入库率 94%；实施重点检查 1216 户，有问题户数 1150 户，选案的准确率为 94. 6%，查补收入 1. 47 亿元（税款 1. 05 亿元、滞纳金 1768 万元、罚款 2473 万元），平均罚款率为 23. 4%，已入库 1. 46 亿元，入库率为 99. 1%，较好地完成了各项任务。

［稽查查补收入及分析］　宁波地税稽查系统根据国家税务总局稽查工作会议精神和宁波市地税工作的中心任务，加大了对大案要案的查处力度，较好完成了税收专项检查工作和重点税源企业的分级分类检查任务。2010 年共检查纳税人 1216 户，有问题户数 1150 户，查补收入 1. 47 亿元（其中税款 1. 05 亿元、滞纳金 1768 万元、罚款 2473 万元）。查补收入较 2009 年增加 5201 万元，选案的准确率为 94. 6%。主要原因是：一是抓住行业重点。重点检查了房地产业是否存在逃避土地增值税纳税义务的行为，是否存在利息、股息、红利等

资本性收益不按税法规定纳税的行为。房地产业检查查补收入达2.10亿元，占专项检查收入的32.63%。二是抓住税源重点。重点税源企业专项检查查补收入达1.49亿元，占专项检查查补收入的23.15%。

[整顿和规范税收秩序] 按照国家税务总局和宁波市政府的要求，继续开展整顿和规范税收秩序工作。一是认真做好整顿和规范税收秩序工作和材料的上报工作。按照打造“信用宁波”工作要求，报送企业信用数据信息。二是再次将房地产业及与其紧密相关的建筑安装行业作为指令性检查项目，并对房地产企业用于列支成本费用的大额发票进行逐票核查。三是将交通运输业、建筑安装业发票使用情况作为发票违法犯罪专项整治活动的重点内容，并将查处发票违法案件任务进行量化分解。做到“查账必查票”、“查案必查票”，着力整治虚假发票使用的“买方市场”。积极配合公安机关依法加大对使用虚假发票的单位和个人的查处力度，严厉打击利用虚假发票和非法代开发票等税收违法行为。通过整治，进一步规范了税收秩序。

[税收专项检查] 认真落实全国税务稽查工作会议和《国家税务总局关于开展税收专项检查工作的通知》精神，在总结以往工作经验基础上，结合宁波特点，坚持服务科学发展、共建和谐税收的主题，加强组织领导，突出工作重点，讲求方式方法，切实抓好税收专项检查工作。税收专项检查工作开展的方法以税收自查为主导。宁波地税稽查系统在重点检查前，通过按行业或区域布置自查，辅之以自查审核、确认、约谈，以及重点检查中查中沟通、查后提出整改建议、回访听取意见，在保证税务稽查执法力度的同时，税企关系更加和谐。2010年3月份以来，开展了对指令性的房地产及建筑安装业、交通运输业，指导性的营利性医疗及教育培训机构及自行安排行业的税收专项检查工作。组织纳税人自查和实施重点检查2769户，查补收入6.44亿元，与2009年同期相比，查补收入增加1.47亿元，增幅为29.6%；入库收入5.46亿元。其中，组织纳税人自查2113户，自查补税金额5.71亿元，已入库4.85亿元；实施重点检查656户，查补收入7354.79万元，已入库6119.74万元。

[重点税源检查] 2010年3月初，制定了重点税源企业税收检查工作方案，确定房地产、农村金融机构、地方电网三个行业共27户重点税源企业由市局稽查局直接查处，强化重点税源企业检查。并将国家税务总局部署的开展以税收自查为先导的重点税源企业检查任务，纳入分级分类检查工作范围进行统一组织实施，作为税收专项检查工作的延伸。全年共检查重点税源企业706户，查补收入1.49亿元。其中：组织纳税人自查596户，自查补税金额1.42亿元，已全部入库；实施重点检查110户，查结74户，已发现有问题户数64户，查补收入688.93万元，已入库581.37万元。重点税源企业专项检查查补收入，占专项检查查补收入的23.15%。

[案件查处] 宁波地税稽查系统突出检查的合力，加强考核抓落实，在专项检查中充分应用电子查账软件，联合国税、公安等部门开展检查，实现信息共享，优势互补，逐步使稽查办案由“孤军奋战”向“联合作战”的转变，推行“查中复查”，对尚未查结的案件进行抽检，加强检查的事中监督，确保检查质量。2010年，查处500万~1000万元的涉税案件7件，共计税款4363万元；100万~500万元的涉税案件8件，共计税款1474万元。向司法机关移送案件3件，已判决涉税案件1件，其中，4名涉税违法者被判有期徒刑。

[打击发票违法犯罪活动] 根据国家税务总局《关于深入开展打击发票违法犯罪活动工作的通知》和全国税务系统深入开展打击发票违法犯罪活动工作视频会议要求，进一步加强了与国税、公安部门的协调和配合，制定了工作方案，联合开展专项整治。确定对建筑安装业和交通运输业为重点专项整治行业，江东区为重点整治区域，并将何某某非法出售发票案等6起案件列为宁波公安局、国税局、地税局督办案件。要求各级税务机关将发票使用情况的检查与行业税收专项检查、区域税收专项整治、重点税源检查、专案检查工作一同布置，并将查处发票违法案件的企业进行量化分解到各个单位，做到“查账必查票”、“查案必查票”。加大对使用虚假发票的单位和个人的查处力度，着力整治虚假发票使用的“买方市场”，严厉打击利用虚假发票和非法代开发票偷逃税款等税收违法行为。2010年，在与公安、国税部门联合开展的整治行动中，全市查处各类发票违法犯罪案件555起，配合公安机关打掉发票违法犯罪团伙15个，捣毁窝点31个（其中7个属大型印制窝点），查获涉案发票298.75万份（其中地税2.59万份），抓获犯罪嫌疑人104人。

[稽查制度建设] 根据国家税务总局要求认真组织了《重大税收违法案件督办管理暂行办法》的调研和修改讨论。按国家税务总局的有

关税收执法文件的要求逐步改进，规范税收稽查的执法行为。

[稽查工作会议]　2010年年初，召开了宁波市地税稽查局长会议，总结了2009年度工作，布置2010年工作；3月初传达了国家税务总局稽查工作会议精神和宁波市财税工作会议精神，布置了2010年度专项检查工作及重点税源企业的稽查工作任务。2010年该市公安、国税、地税部门两次召开联席会议，落实公安部和国家税务总局《关于开展打击制售假发票和非法代开发票专项整治行动的通知》的总体部署。2010年年底召开了稽查工作经验交流和2011年稽查工作思路研讨会，全市各地税稽查局长参加了会议。2010年市局稽查局和各级稽查局加强了与征管部门的业务联系，分层次召开查管联席会议，协调解决查管工作中的问题。

[税务违法案件举报]　2010年宁波地税稽查系统按照“规范、谨慎、及时”的原则，根据国家税务总局《涉税检举案件分类管理管理暂行办法》要求，加大对上级交办、市局领导批办、有关部门转办案件的检查力度。将举报案件查处和专项检查工作有机地结合起来，加强了对举报案件的研究分析和对重大案件查处过程的跟踪监督。采取举报中心受理，网络、媒体公告举报电话及12366连接举报电话方受理等方式，鼓励广大群众积极举报税收违法行为。同时，将举报案件查处和专项检查工作有机地结合起来，采取有效措施鼓励广大群众积极举报税收违法行为，提高了税务稽查的威慑力。2010年全市共收到举报案件269件，立案查处237件，查补收入4077.95万元。

[稽查业务培训]　为提高税务稽查干部的执法能力，培育专业化的行业稽查人才，宁波地税稽查系统组织开展多层面的专业培训，切实提高稽查干部综合能力：一是查前培训。税收专项检查开展前，普遍组织查前培训，提高专项检查的针对性和税收执法的统一性。二是重点对口培训。根据不同阶段稽查工作的重点，组织部分人员参加扬州税校以及国家税务总局组织的房地产业、医药行业、企业重组、税务稽查工作规程、稽查信息化应用等内容的重点培训。三是以会代训。通过召开案情汇报分析会、稽查人员稽查例会、组织稽查人员之间定期进行案情交流、稽查信息材料考核等形式，加强稽查人员总结分析案情能力、收集整合稽查信息能力、沟通协作能力的锻炼。四是全员普训。2010年8月，分四批组织全市稽查干部赴江苏省税务干部学校进行全员培训，进一步提高了稽查人员的综合能力。

[案件公告]　宁波地税稽查系统坚持在网上和《税收政策法规公告》曝光涉税违法案件。各县（市、区）稽查局也利用各种方式公布了一批涉税违法案件。全市地税系统通过网上、《税收政策法规公告》和办税服务厅公开曝光企业共计200多户，起到了提高广大纳税人的纳税意识，警戒税务违法行为人的作用。

[稽查信息化建设]　继续完善税收征管软件“税易07”中稽查模块。针对企业运用软件进行财务核算增多的特点，宁波地税稽查系统加强了会计电算化和相关财务软件的培训学习，提高计算机在税务稽查工作中的应用水平。并加强了全市稽查报表人员计算机制作报表的培训，确保稽查报表软件应用的顺利进行。

[稽查人才库建设]　坚持用发展、长远的、务实的眼光培养稽查人才，加大学习教育和培训投入力度。重视稽查专业人才的业务培训，目前分市级人才库和总局人才库建立档案。2010年全市共有市级人才库人员40名，其中上报国家税务总局人才库20名。

[稽查宣传]　2010年宁波地税稽查系统围绕税收宣传月的主题，结合税收专项检查工作，积极开展稽查宣传。全面开展了打击制售假发票和非法代开发票专项整治行动。地税部门积极与公安、国税部门通力合作，密切配合，明确职责。大力宣传《公民扭送街面发票犯罪人员奖励办法》，鼓励公民积极参与打击在街道、路面、市场、公共场所等地散发开票名片、兜售各类（假）发票的违法犯罪行为。在税收宣传月活动中，全市稽查人员积极参与，对查处的比较典型的涉税违法案件通过网络、大厅等途径公告，警示违法行为。

[稽查调研]　2010年宁波地税稽查系统加强了创新稽查工作的方式的调研和总结，试行了调研式的税收检查；加强了如何完善拓展地税稽查职责的调研，完成了《纳税自查和重点稽查的优化》的调研文章。全系统重视稽查调研，鼓励广大稽查干部结合工作实际进行调研，各地也相继形成了一批有相当质量的调研文章。

（王雪松）

厦门市国家税务局稽查局

［概述］　2010年，厦门国税稽查系统认真贯彻全国、省国税工作会议和全国税务稽查工作会议精神，坚持“服务科学发展、共建和谐税收”主题，围绕组织税收收入中心工作，狠抓重点税源检查和大要案件查处，落实税收专项检查和专项整治工作，深入开展打击发票违法犯罪活动，顺利地完成了全年各项稽查工作任务。在抓好税收中心工作的同时，着力加强党风廉政建设、干部队伍建设、制度建设和精神文明建设，文明创建成果得到进一步巩固，干部素质不断提高。2010年10月，该局被授予2008～2009年度厦门市文明单位标兵和军民共建先进单位的光荣称号。

［稽查查补收入及分析］　2010年，累计共检查企业188户，其中有问题企业151户，有问题结案144户，组织企业自查658户，查补税款、罚款、滞纳金合计3.82亿元，同比增长22.62%，实际入库3.92亿元，同比增长27.15%。

［整顿和规范税收秩序］　加大对涉税违法行为的打击力度，进一步整顿和规范税收经济秩序。一是加强制度建设。制定了《关于规范税收违法案件所附证据材料相关要求的通知（征求意见稿）》、《厦门市国家税务局稽查局普通发票真伪鉴定实施细则》、《关于进一步贯彻落实〈国家税务总局大案要案报告制度（试行）〉的通知》，继续完善《厦门市国家税务局系统审计性税收检查办法（试行稿）》、《信息技术税务稽查管理办法（试行稿）》、《税收检查企业自查管理办法（试行稿）》和《税收检查工作底稿管理规范（试行稿）》等四项制度。二是认真开展专项检查工作，有力地打击了偷、逃、骗、抗等税收违法行为，规范了税收秩序，专项检查取得了阶段性的检查成果。三是严厉打击发票违法犯罪活动。在全市范围内开展打击发票违法犯罪专项整治行动，经全市各个相关职能部门密切配合，采取有力措施积极行动，综合治理行动已取得成效，有效维护了该市正常经济秩序和社会治安稳定。四是精心组织企业开展自查自纠工作，引导纳税遵从，辅导企业自控税收风险，降低税收管理成本。

［税收专项检查］　根据国家税务总局下达的2010年税收专项检查工作部署，结合厦门市的实际，制定专项检查实施方案，科学组织税收专项检查。推行税收自查、抽查和重点检查相结合的方法，确定了房地产、建筑安装业、制药企业和药品销售行业、非居民企业等作为专项检查工作重点开展税收专项检查。全年共检查130户企业，截至9月已查结46户，其中有问题户数46户，查补收入3540万元，已入库5538万元（含预缴税款1998万元），调减企业亏损额5618万元；组织298户企业进行自查，自查有问题126户，自查查补收入3550万元，已入库3550万元。查补税款及企业自查两项合计7090万元，入库总计9088万元（含预缴税款1998万元）。

［区域性税收专项整治］　2010年，该局将打击骗取出口退税违法犯罪活动作为区域税收专项整治的主要内容。根据总局督办函及外地协查函线索，着重查处了21户取得安徽及其他地区虚开增值税专用发票骗取出口退税的外贸企业，共涉及增值税专用发票6601份，金额5.89亿元，税额1亿元。截至8月，21户企业涉及的违法行为共申请出口退税8849万元，其中已退税款6443万元，未退税款2406万元。截至9月，涉案企业已预缴税款1311万元，并通过收回已退税款、通知退税部门暂扣退税款、停止办理未退税款等多项措施保全税款8382万元，两项合计共9693万元，超过了企业涉及的违法行为总计申请的出口退税额，最大限度地为国家挽回了税款损失。

［重点税源检查］　2010年，根据国家税务总局的部署，有计划地组织对航空、电力、房地产、药品经销等行业重点税源企业开展税收自查、抽查和审计式检查工作。一是对戴尔（中国）有限公司开展抽查工作，对该公司的境外贷款利息收益进行调查，做出查补外资企业所得税4845.69万元的检查处理意见。二是布置总部在厦门的1家企业和总部在外地、分支机构在厦门的13家企业进行自查，共查补税款及滞纳金2125万元。三是布置三大航空集团公司在厦门6家企业自查，查补税款及滞纳金1726.93万元。四是对5户房地产重点

税源企业进行深入检查，检查应补税收8844万元，滞纳金2411万元。

[打击发票违法犯罪活动] 在全方位打击假发票的同时，狠抓整治假发票“买方市场”，将发票使用情况的检查与税收专项检查、重点税源检查、专案检查工作同时布置、同期组织、同步进行，做到“查账必查票”、“查案必查票”。2010年，全市国税稽查部门共检查企业503户，涉及非法发票份数13818份，涉及金额11.66亿元，查补税款8495万元，加收滞纳金335万元，罚款154万元，曝光案件6件，移送案件2件。将假发票信息移送市监察部门275条、军队433条。一是及时曝光开具假发票的企业信息，先后两次发文通报85户涉嫌开具假发票的企业，及时将信息反馈给征管部门。二是刨根溯源，深挖细查一批大型建安企业。利用电子查账软件搜索有关企业开具的所有发票并进行彻底调查，取得重大突破。如福建某公司原涉案金额1430万元，检查结果仅假发票金额就达3500万元，是原来的2.4倍。三是源头堵漏，修改征管系统的发票查询功能。建议改进税务征管系统的发票查询功能，使企业能方便识别取得的发票是否属于假票或“大头小尾”票。四是广泛宣传，营造舆论氛围。联合地税稽查局、市公安局召开打击发票专项行动新闻发布会，《厦门日报》、《厦门晚报》、厦门广播电台等7家市主流媒体记者参加了新闻发布会，为专项行动深入开展营造强大的舆论声势和良好的社会氛围。五是做好发票案件线索的移送工作。及时将案件涉及的非企业数据转移给监察机关和国家税务总局，负责将非厦门的企业数据移送给外地税务机关。

[税收违法行为举报] 加强举报案源的筛选和分析，充分利用群众举报线索查处涉税违法案件。积极探索税收举报案件管理思路，着力做好案件线索筛选、定好检查方案、制好检查方法、做好保密等四项工作，加强税收举报案件管理。全年共受理举报案件数498件，查补税款1094.05万元，滞纳金65.97万元，罚款金额408.74万元，合计1568.75万元。

[案件协查] 2010年，通过协查系统共委托发出协查401起，涉及发票2901份，金额2.94亿元，税额4979.87万元。受托协查143起，发票581份，金额7998.71万元，税额1346.73元，累计回复率和累计按期回复率均为100%。出具发票真假鉴定证明159次。

[稽查制度建设] 一是着力构建内控机制。结合新《税务稽查工作规程》要求及稽查工作实际，进行岗位风险排查。印发了《关于进一步推行税收执法管理信息系统的通知》等文件，公布了涵盖稽查4个环节10项考核指标，规范考核程序及时限，明确了考核的主要内容、步骤、受理人、时限要求，进一步加强了对干部日常工作督查和平时考核，建立了严明的责任过错追究处理制度，进一步完善了干部工作实绩考核办法。二是规范税收检查行为，落实大要案报告等制度。制定了《关于规范税收违法案件所附证据材料相关要求的通知（征求意见稿)》，对取证材料进行规范。制定了《厦门市国家税务局稽查局普通发票真伪鉴定实施细则》，规定了普通发票真伪鉴定在稽查局的分工、流程、工作要求等，明确了各部门的职责，提高发票鉴定工作效率，为查处假发票案件奠定制度基础。继续完善《厦门市国家税务局系统审计性税收检查办法（试行稿)》、《信息技术税务稽查管理办法（试行稿)》、《税收检查企业自查管理办法（试行稿)》和《税收检查工作底稿管理规范（试行稿)》等四项制度，规范稽查业务管理流程，促进稽查工作制度更加健全。同时，下发了《关于进一步贯彻落实〈国家税务总局大案要案报告制度（试行)〉的通知》，对大要案报告制度进行了重新规范。

[稽查队伍建设] 该局的机构改革于2010年4月实施到位，人员与机构都进行了较大调整。在全市范围内统一调配稽查力量，实行专业化稽查队伍设置，有效地整合稽查人力资源，提升队伍整体素质。同时，以案释法，开展稽查职业道德教育。一是举办预防职务犯罪专题讲座，邀请厦门市检察院反渎职侵权局同志从渎职侵权犯罪的特征及发展趋势、渎职侵权犯罪概念和范围、国家机关工作人员滥用职权行为、玩忽职守行为的表现形式、徇私舞弊不移交刑事案件罪、徇私舞弊不征、少征税款罪、预防渎职犯罪的对策等方面，解释法律条文，剖析典型案例，以案释法。二是组织全体干部观看《抵御诱惑警示录》等廉政警示光盘，引导干部保持健康的精神追求，廉洁自律。教育干部正确运用执法权力，坚持原则，维护公平正义。

[稽查业务培训] 2010年，该局加大培训力度，积极推进学习型组织建设，有步骤地选派全系统稽查干部参加总局举办的各类培训班学习，组织近百人次参加各种专业知识培训，开展针对提高稽查干部的税收政策水平、法律素质、查账技能

等实用型培训。三次聘请无锡奇星电子查账软件开发公司专家，为全体稽查干部就电子查账软件运用进行演示，释难解疑。鼓励全体稽查干部参加在职学历教育和“三师”考试。同时，着力搭建读书平台、交流平台、制度平台，不定期举办案件查处心得讲座和案例分析交流会，共同探讨稽查技巧，共享创新稽查新方法，拓展稽查工作新思路，不断提高稽查人员依法行政能力。

[稽查人才库建设] 该局注重加快稽查人才库建设，着力培养一批高效精锐的专业型税务稽查人才。为了进一步贯彻人才强税战略，促进厦门国税稽查事业发展，激发并充分调动稽查岗位人员工作积极性，2010年在全市国税系统开展“2009～2010年度稽查岗位能手”评选活动。经各单位推荐、评审委员会评审及领导小组研究，确定了15名“2009～2010年度稽查岗位能手”的人选，并纳入全市稽查业务人才库。

[案件公告] 根据国家税务总局下发的《税务违法案件公告办法》，依托厦门国税互联网站平台，设立“案件曝光”栏目，及时将具有典型意义的涉税违法案件进行案件曝光。近年来，该局查处的涉税违法行为主要有三大类。第一类：偷逃税款，即隐瞒收入，在账簿上不列、少列收入，虚增成本、费用等，常见的手段有利用虚假凭证做假账、账外经营等。第二类：骗取出口退税，如真代理假自营、以少报多、低价高报、以次充好、甚至编制虚假单证，以无报有，虚假出口等。第三类：发票违法犯罪行为。既存在制售假发票、为他人虚开发票的卖方市场，也存在着利用仿造真票套打、让他人为自己虚开牟取非法利益的买方市场。在查处的案件中，上述种种违法手段往往交织在一起，使得案情更加复杂和隐蔽。针对三类违法犯罪行为，在2010年查结案件中选取典型案例进行曝光，并告知与案件相关的政策法规，在发挥稽查震慑作用的同时，引导社会公众依法诚信纳税，提高纳税遵从度。

[稽查宣传] 组织召开全市打击发票违法犯罪活动工作会议，并在《厦门商报》报刊上发表《国税政策大盘点　我市发票犯罪专项整治工作成果显著》专版，加强发票相关知识宣传；对结案企业进行回访，宣传税收政策，发放《纳税人权利与义务》宣传册，告知纳税人的权利与义务；加强日常宣传工作，在《中国税务报》等各种媒体发表税收宣传稿件6篇，厦门电视台播报“发票犯罪专项整治”新闻1则，上报各类信息61篇。

[稽查调研] 2010年，厦门国税积极开展稽查调研工作。一是2010年11月赴浙江省，向省局及杭州、宁波、绍兴、温州等地市国税局开展学习交流活动，调研关于稽查模式选择问题，积极探索有利于进一步提高稽查工作水平的新模式、新机制。二是开展业务调研，鼓励稽查干部撰写工作调研文章。关于发票违法犯罪、出口骗税等4篇业务调研文章被厦门国税“工作研究”栏目采用。

[稽查工作会议] 2010年3月3日，厦门国税召开2010年度系统稽查工作会议。会议传达了2010年全国税务稽查工作会议精神，总结了2009年厦门市国税稽查工作情况，分析存在的问题，部署了2010年稽查工作。一是突出重点税源企业税收检查和大要案件查处两个重点，提高稽查执法质量效益。二是完成稽查考核指标，推进稽查工作深入开展。完成四个量化指标：稽查查补收入不低于税务部门组织征收的各项税收收入总额1.5%、稽查选案准确率达到80%以上、稽查查补收入入库率达到90%以上、稽查案件结案率达到95%以上。三是落实反腐倡廉工作职责，建设廉洁高效的稽查队伍。推进稽查管理内控制度的落实，加强稽查执法过程监督制约。

全年举办了稽查工作“双月会”和稽查专题会议合计9次，面向市区两级稽查工作的分管局领导、区局稽查局局长及稽查业务骨干，通报各单位稽查查处收入情况，通报专项检查的进展情况、探讨专项检查工作中存在的问题及对策，通报打击发票犯罪活动情况，交流重大案件的查办方法，讨论拟建制度，征集稽查工作思路。

（黄小璇）

厦门市地方税务局稽查局

［概述］　2010年，厦门地税稽查局以科学发展观为统领，围绕地方税收工作中心，辩证把握“无过错推定”原则，更新稽查理念，健全工作制度，提升队伍素质，有效发挥稽查职能作用，圆满完成年度各项工作任务。全年查补收入2.89亿元，追缴入库2.77亿元。

［整顿和规范税收秩序］　以组织税收专项检查和区域税收专项整治为重点，科学开展税收专项检查和企业税收自查工作。选定房地产、建筑安装、交通运输、药品经销、证券、旅游等行业作为年度税收专项检查的重点，组织重点税源企业、药品经销企业、旅游经营企业等开展税收缴纳情况自查，精心部署、有效推进，确保专项检查和企业自查工作的有序开展。2010年稽查专项检查收入（含自查）2.54亿元，其中稽查立案检查108户，查结76户，有问题企业73户，查补地方收入2.13亿元；开展企业自查257户，组织企业自查补缴税款及滞纳金4087万元。

［打击发票违法犯罪活动］　大力开展以打击制售假发票为重点的专项治理工作。与公安、国税联合查处制售假发票和非法代开发票案件6起，捣毁制售假发票窝点、团伙4个，抓捕犯罪嫌疑人11人，缴获各类假发票35.06万份。加大整治力度开展打击虚假发票“买方市场”专项活动。按照“查账必查票、查案必查票”的原则加强发票稽核，全年共通过网上发票验证2.34万份，发函协查发票3.36万份，查处发票违法企业户数591户，涉及非法发票份数2.31万份，滞补罚合计3364万元。尤其对问题严重、群众反映强烈的发票违法案件实施突击查处，首次对违法使用发票的19家餐饮企业进行实名曝光等，对发票违法犯罪起到震慑作用。

［案件查处］　贯彻“收缩战线，集中力量，打击少数，体现成效”的方针，集中人力、物力查处大要案。2010年成功查处19起偷税案，滞补罚总额1983万元，并依法向公安机关移送7起偷税案件；查处税款超百万元案件26起（千万元以上5起），滞补罚总额22475万元，百万元大案占同期查实案件10.5%，滞补罚金额占总查补金额90.5%。

［税收违法行为举报］　高度重视涉税举报案件受理、查处和反馈工作，完善举报管理制度，通过计算机登记、受理、反馈举报信息，对举报案件实行科学管理。实行案件排查，深入分析研究举报线索，制定检查方案，力争把案件查深查透。坚持开展“黄金周涉税发票投诉特勤队”活动，整顿和规范节日期间经济秩序，营造特区宽心舒适的旅游环境。全年涉税举报中心共受理各类举报789件，实际办理262件，办结252件，查补总额830万元。

［案件执行］　建立欠税企业清欠台账，探索案件执行工作前移；实行追缴补税约谈制度，有针对性地约谈企业负责人、财务负责人，强化政策宣传和教育引导，实施“柔性”执法；加强以票控税，对部分不主动补缴税款企业适时向管征局发出“暂停供应发票”建议书；充分运用税收执法手段，重视把握和监控欠税企业财产和银行账户，适时采取税收强制措施。全年共实施资金和财产调查28户次，通知银行划缴入库4起执行税款82.92万元，发函冻结车辆1起，阻止法人代表出境1人次，向管征局建议停售欠税企业发票24户次。全年共清理入库欠税2313万元。

［稽查信息化建设］　采取试点先行逐步推广、组织培训、技术支持、制度建设等多项措施，有效促进了稽查查账软件的应用，切实提高了对信息化管理企业的稽查办案能力。厦门地税稽查局于2007年年底采购了6套无锡奇星公司的税务稽查查账软件，先行试点并多次组织专项培训，对查账软件应用过程中发现的问题进行交流和探讨，深入探索电子查账技巧，通过几年的实践，进一步提高了查账软件操作技能和稽查效率。继而增购了查账软件并推广，经过多年应用实践，积累了丰富的经验，通过多方探讨分析，制订印发《税务稽查查账软件推广运用管理暂行办法》，规范了稽查查账软件运用，有力地推动稽查查账软件广泛运用。2010年该局使用查账软件采集成功有76户，查补税款1.06亿元。

［稽查制度建设］　在总结案件查处和税收专检工作经验的基础上改进稽查工作的方式方法，不断提高稽查工作水平。一是坚持依法稽查，并在检查审理过程中有效落实“无过错推定”原则，认真执行自由裁量权相关规定；二是探索创新检查方式方法，推广科学有效的稽查技巧，不断增强电子查账的能力；全系统购置配备电子查账软件13套，全面推广到岛外区局稽查局。2010年依托查账软件查结76户、查补税款1.06亿元；三是注重对重大案件、疑难案件实践收获与经验体会的总结提炼，做好交流分析和启示引导，形成定期组织案例分析会制度；四是严格稽查工作规程，落实税务稽查案件复查制、执法责任追究制；五是按照“稽查—法规—管理”三位一体的稽查建议运行模式落实稽查建议工作制度，全年稽查建议29篇，《及时进行房地产企业土地增值税清算》、《加强行业性发票领购审核》、《加强个人经营用房税收管理》、《遏制餐饮业使用假发票》等4篇稽查建议以市局公文印发，发挥以查促管作用；六是实施案例分析发布制度，通过公告版专栏和案例分析会公布、交流20篇案例；七是落实稽查与征管联席会议制度，及时协调稽查与征管的联系，解决征管查工作存在的问题，建立税收征管与税务稽查良性互动机制。

［稽查队伍建设］　该局通过新设翔安区局稽查局，实现岛外各区均有稽查机构；通过选拔提任、轮岗交流优化稽查队伍组织结构，副科以上人员占80%；通过深入思想政治教育，大力开展“创先争优”活动，引导干部树立正确的世界观、人生观、价值观，牢固执政为民思想信念，提升思想政治素养；开展以新稽查工作规程为主的稽查业务培训和行政执法能力培训，强化技能教育，提升稽查业务素质；加强党风廉政建设，开展《廉政准则》学习宣传，规范科级以上干部个人重大事项报告制度，加强重点岗位和关键环节的监督管理，不断增强全体干部的廉政意识；深化稽查能级管理，实施稽查能手竞赛，提高广大稽查干部认真学习、勤奋工作的热情；通过建立和完善激励机制，研究使用“法人基金”专项奖励措施，有效调动工作积极性；深入开展群众性文明创建活动，参与各项志愿服务和社会公益事业，履行社会责任，开展“书卷飘香”、系统运动会等文体活动，展现税务稽查干部良好的精神风貌。

（张　萍）

青岛市国家税务局稽查局

［概述］　2010年，青岛国税稽查系统围绕年度稽查工作目标任务和队伍建设这两条主线开展工作，发挥稽查查补收入、整顿规范税收秩序、查办税收违法案件等职能作用，科学确定年度工作目标任务，并层层分解，抓好落实。及时对稽查工作职责和工作流程进行理顺，加强系统管理和考核，各直属局领导亲自带队深入工作一线，及时督导协调，推进检查进度。2010年全市实现稽查查补收入5.49亿元，选案准确率96.86%，入库率102%，查处大要案51件，移送司法机关21件，曝光案件24件。其中市局稽查局检查842户，查补收入3.3亿元，移送司法机关12件，各项稽查工作指标均超过了上级考核目标。

［稽查查补收入及分析］　2010年青岛国税稽查系统共检查纳税人2134户，有问题2067户，选案准确率96.86%，结案率96.5%，查补总额5.49亿元，其中税款2.55亿元，罚金2470万元，滞纳金3550万元，自查2.28亿元。2010年共查处大要案51起，查补总额1887.43万元，入库总额1823.72万元。查处虚开增值税发票案21起，涉及取得虚开或假增值税发票546份，涉税金额2442.34万元，销项税金148.92万元，进项税额265.89万元。采取税收保全措施9起，冻结存款88万元，采取强制执行措施4起，入库税款79万元，移送司法机关21件，判决3件，判刑25人，处以罚金192万元。

［整顿和规范税收秩序］　以各项税收专项检查为突破口，集中查处了一批偷、骗税和制售假发票犯罪的涉税案件，严厉打击各类税收违法行为，促进了税收秩序的明显好转。一是严厉查处大案要案，打击涉税违法行为。积极协调公安等相关部门，将虚开增值税专用发票等违法犯罪行为作为打击重点，查处各类涉税违法大要案件51起，移送司法机关案件21起，抓获涉税犯罪嫌疑人25

名。二是深入开展税收专项检查，规范行业性税收秩序。根据国家税务总局的工作部署，结合青岛税收征管实际，在全市部署开展了十余项专项检查工作项目，共检查企业1370户，其中有问题1162户，选案准确率96.9%，查补款项合计4.46亿元（含自查收入2.30亿元），冲减留抵税额18万元，调减亏损972万元，已入库4.33亿元（含自查收入2.19亿元）。三是进一步开展打击发票违法犯罪活动。共计打掉制假团伙15个，捣毁制假窝点36个，收缴作案工具34台，缴获印章463枚，抓获犯罪嫌疑人116人，缴获涉案发票669万份（其中真发票0.9万份）。其中查处发票违法企业518户，涉及非法发票6155份，涉案金额2.12亿元，查补税款3726万元，加收滞纳金、罚款共计1733万元。四是完善制度、强化职责，切实搞好行政执法与刑事司法衔接工作。2010年共移送司法部门涉税案件21起，涉案税额合计达2442.34万元。

［案件查处］ 2010年共查办大要案51起。一是根据青岛地区涉税违法的特点和重点，加大对伪造、倒卖和虚开增值税专用发票及“四小票”重大案件，利用做假账、两套账和账外账经营等手段偷税案件的查处力度。为增强案件查处的针对性，广泛开拓案源，案件来源逐渐多元化，使大要案查处的主动性、针对性更强。二是严格落实重大案件报告制度和督办制度，确保重大案件的及时查处。查处了“107”特大非法制售发票案、青岛东一胶带有限公司偷税案、青岛高建混凝土有限公司偷税案、“锦达”虚开增值税专用发票案等一批重大案件。市局稽查局全年共组织集体审议5次，审议案件32件，审议税款总计7858.12万元；提交市局重大案件审理案件21件，涉及税款6457.06万元。

［税收专项检查］ 贯彻落实国家税务总局的工作部署，在全市范围内部署开展了药品经销、房地产及建筑安装、交通运输等行业的总局部署的指令性检查项目，享受税收优惠的资源综合利用水泥生产企业、汽车经销等省局指令性检查项目，同时结合青岛税收征管实际，将医药制造业、金融保险业、长期微利经营、跳跃式盈亏中型企业作为自行确定的税收专项检查项目。一是加强领导、组织落实。各级成立税收专项检查办公室，统一领导组织全市税收专项检查工作，为税收专项检查提供强有力的组织保障和人力、物力保障。二是措施有力，夯实基础。以机构改革和科级领导职位的竞争上岗为契机，选拔大批业务骨干充实到稽查岗位，同时注重搞好查前业务培训，提高人员素质上水平。三是注重选案，确保质效。严格遵循选案程序，加大稽查选案涉税数据以及行业涉税问题的收集，不断总结行业检查的规律，提高检查选案的针对性和准确性。四是统筹兼顾、落实分级分类稽查工作机制。继续实施和推进分级分类稽查，实现查补总额中省级检查收入占全部查补总额的74.8%，分类分级检查成效显著。五是实行重点税源和重点行业查前自查制度。对重点税源企业以及重点税收专项检查工作项目涉及的纳税人，合理制定检查计划和提纲并布置先行自查，自查收入2.30亿元。

［区域性税收专项整治］ 按照总局和省局有关虚假发票“买方市场”的整治工作要求，结合当地征管重点、难点和盲点，组织开展了以打击发票违法行为以及“买方市场”整治为内容的区域税收专项整治工作，取得了显著的工作成果。在征管科技处提出的“混凝土行业实证检查”项目中，稽查局按照相关要求予以检查落实，共查补增值税206万元，查补所得税128万元，查补合计334万元，调增应纳税所得额50万元；已入库增值税189万元，所得税111万元，滞纳金20万元，罚款13万元，入库总额合计333万元。通过本次实证检查，还发现了该行业税收征管存在的漏洞：一是隐匿应税收入；二是商品混凝土生产企业的列支普通发票，普遍存在假发票问题，个别企业假发票金额占全部列支金额比例超过10%；三是上游企业供货不做收入，偷逃税款；四是减免税优惠政策问题。

［重点税源检查］ 根据总局关于开展重点税源企业专项检查工作要求，认真分析该市重点税源企业的现状，研究确定了先组织企业开展自查，再视情况进行重点检查的工作思路，从全市490户重点税源企业中筛选出2007年以来没有检查记录的176户企业开展税收自查工作，有113户自查发现问题，共自查入库税款、滞纳金合计1.02亿元，其中增值税3392.76万元，消费税674.23万元，企业所得税5963.09万元。2010年的自查工作，体现出三个特点：一是事先准备充分，为自查顺利开展奠定了坚实的基础。自查工作开展前，案源管理科就组织各环节业务骨干召开多次研讨会，从自查内容到自查形式都进行了充分论证；针对自查企业的行业特点和选案需求，精心设计了一套专门的自查报表，提高了企业自查的针对性，引导企业自查规范化；二是实行自查督导制

度，提高了自查实效。协调市局大企业管理处共同召开了重点税源企业自查工作部署会，将自查企业分解到各检查组，由检查组督导相应的企业进行自查，为选案检查打好基础；三是自查入库税款的属性明确，便于各级考核。从自查一开始，就严格要求自查税款入库时必须标明其“稽查查补”属性，分清税款类别，利于考核查证。12 月份，总局发文明确在考核各地查补收入时以收入核算司统计口径为准，该局在这项工作中取得了主动。

［打击发票违法犯罪活动］ 2010 年，青岛国税联合公安等部门全面部署实施了打击发票违法犯罪活动工作并取得了显著成效，共计打掉制假团伙 15 个，捣毁制假窝点 36 个，收缴作案工具 34 台，缴获印章 463 枚，抓获犯罪嫌疑人 116 人，缴获涉案发票 669 万份（其中真发票 0.9 万份）。其中查处发票违法企业 518 户，涉及非法发票 6155 份，涉案金额 2.12 亿元，查补税款 3726 万元，加收滞纳金、罚款共计 1733 万元。一是高度重视，切实加强组织领导。在青岛市打击发票违法犯罪活动工作协调小组领导下，加强部门协作，注重区域联动，着力阻截、切断虚假发票流通渠道。二是突出重点，大力推进整治工作。既深入开展打击虚假发票“卖方市场”，又大力整治虚假发票“买方市场”；既发挥主观能动性，采取强有力的措施开展工作，又密切部门协作，增进整治工作合力。三是明确责任，细化检查任务。进一步明确责任，并对各单位检查处理的违法受票企业户数、查处发票份数以及查补税款收入额都作了明确的数量要求，确保完成各项检查任务。四是协同作战，有效治理发票违法信息传播。累计治理发票违法短信息 160 万条，关停手机号 394 个，处置网站登载发票违法信息 4674 条。五是重拳出击，捣毁一批制售假发票窝点。通过街面散发的涉及发票违法犯罪的小名片、小广告，从中广泛收集案件线索，接连破获制售假发票大案要案，有力地震摄了发票违法犯罪分子的嚣张气焰。六是大力宣传，营造开展整治工作的良好氛围。充分利用办税服务场所、财税网站等场所、媒介，向广大群众、纳税人宣传发票知识；通过网上公布税务系统受理举报电话和国家税务总局、财政部法律法规，发动群众检举制售假发票和非法代开发票违法犯罪线索，营造专项整治行动良好的氛围；开展打击发票违法犯罪活动的新闻宣传和案件曝光工作，教育群众，震慑不法分子。

［税收违法行为举报］ 2010 年，共受理各类税务违法举报案件 487 件，其中有总局督办 3 件、交办 20 件，省局交办案件 20 件，市稽查局直接受理举报案件 411 件，地税局转办 10 件，基层局自行受理 23 件。查办 143 件，转地税部门及其他部门查处 27 件，暂存 317 件（主要是被举报对象无法查找、已注销或已查处结案的重复举报案件）。已查结 147 件，结案率为 102.8%，查出有问题户数为 88 户，查实率 59.86%，查补金额共计 790.98 万元（其中税款 467.4 万元，滞纳金 141.56 万元，罚款 182.02 万元），已入库金额为 785.13 万元，入库率为 99.26%。2010 年受理件数比 2009 年增加 63 件，增长 14.86%；查处数比 2009 年同期减少了 109 件，降低 43.25%；结案件数比上年减少 73 件，降低 33.18%；有问题户数比 2009 年减少 53 户，减少了 37.59%；查实率比 2009 年同期降低 6.6%，查补总额比 2009 年同期减少 1299.22 万元，减少 62.16%。

［案件协查工作］ 2010 年，共发出委托协查 118 起，涉及企业 120 户，发票 2455 份，涉及税额 3669.16 万元，发出发票份数比 2009 年增加 152%，未发出废旧物资专用发票，委托信息完整率 94.02%。共收到委托协查回复发票 2466 份，其中“正常票”1908 份、“有问题”226 份、“无法核实”332 份；选票准确票 9.16%。委托协查查处情况为补税 50.91 万元，罚款 12.66 万元，滞纳金 9.63 万元，移送司法机关 1 起。2010 年市稽查部门共通过协查系统受托协查发票 9406 份，涉及税额 1.84 亿元，受托协查发票份数比上年增加 1376.61%。共回复受托发票 6045 份，其中“正常票”5292 份、“有问题”458 份、“无法核实”295 份，累计回复率 100%，受托信息完整率 90.83%。受托协查查处情况为补税 149.48 万元，罚款 24.76 万元，滞纳金 12.97 万元，移交司法机关 1 起。2010 年，市各稽查部门收到纸质协查 191 件，其中涉及海关专用发票协查 141 件，共计 276 份发票，其他协查 50 件，涉及企业 77 户；所有函件在规定时间内回函。

［稽查制度建设］ 进一步建立健全各项内部管理制度和稽查工作业务流程，为各项工作的顺利开展打下了基础。一是规范稽查业务工作。结合贯彻总局新《税务稽查工作规程》的要求，对全市国税稽查系统的工作职责和业务流程提出了补充完善意见，同时牵头制定了 9 项涉及稽查工作的业务性文件，以进一步规范稽查工作。二是出台稽查工作内部行政管理制度，完善对稽查和日常检查工作的管理考核制度，对能级管理、会议组织、专

项经费、财务、宣传等方面做了进一步细化和规范要求。三是在选案环节，围绕精确打击做好文章，加快推进稽查选案系统的开发应用，提高选案准确率；同时坚持制作选案分析底稿，将选案疑点列清楚，使其有根据、有针对性。四是在检查环节，实行稽查报告的规范化、标准化管理，建立起稽查报告模板；建立检查组制度，建立起组长负责制下的检查组成员共同承担执法责任模式。五是在审理环节，统一处罚标准，缩小自由裁量权，把握好处罚尺度；严把审理质量关，定期编发《审理快讯》；加大对集体审议案件、重大案件审理案件的研究力度，不断提高审理工作质量和效率。六是在执行环节，及时采取法律规定的执行手段和做好欠税清理工作，组织了专场拍卖会，拍卖所得入库税款78万余元，2010年累计清理陈欠1140余万元。

［稽查系统建设］ 2010年机构改革实施后，全市稽查系统管理工作得到进一步加强。一是根据对稽查工作的年度要求，编写下发了《2010年全市国税稽查工作要点》，并筹备组织了全市国税稽查工作会议，确定了2010年度全市国税稽查系统的五项数控和四项效能考核项目及各指标的达标标准，促进了2010年的各项稽查任务的圆满完成。二是规范稽查业务工作。结合贯彻总局新《税务稽查工作规程》的要求，对全市国税稽查系统的工作职责和业务流程提出了补充完善意见，同时牵头制定了9项涉及稽查工作的业务性文件，以进一步规范稽查工作。三是督促落实了全系统制作稽查类检查证的换发工作。四是完善加强稽查系统工作报告制度，全面领会总局对数据上报的工作要求，并对全市各级稽查部门提出规范性要求，确保了该局稽查工作报告的真实性和报表统计的连续性和正确性。

［稽查信息化建设］ 在2010年稽查信息化建设的过程中，市稽查局重点抓好第三方信息的分析利用工作，坚持“探索尝试，总结提高”的工作思路，积极布置开展了两项工作：一是加强对医院药品采购信息的分析，突破医药经销行业检查难题。医药经销行业的检查是总局确立的2010年度指令性检查项目，该局尝试性的从该市主要医院采集了关于医药经销行业的第三方信息9万多笔，在此次专项检查中按照“点、链、面”的检查思路：突破数据采集的难点、利用第三方信息为证据链、以审计式必查项目表为抓手对医药经销企业的纳税情况进行全面检查。二是充分利用市地税局查办的物流企业发票案件信息，查处物流行业涉税违法行为。通过与青岛地税稽查局沟通了解，发现在其查办的物流企业虚开发票案件中，有部分接受涉案发票的企业是国税管辖户。根据这一情况，在取得涉案的物流企业开具的货运代理发票信息后，通过按受票企业名称、年度汇总，结合受票企业所得税申报和取得的涉案发票金额情况，对筛选、分析的疑点企业进行了重点检查落实，提高了检查的针对性。

［稽查队伍建设］ 一是认真组织开展机构、人事、体制改革。不断完善干部管理机制，树立正确的选人用人机制，组织开展了科级领导干部竞争上岗；调整优化中层领导干部结构，实施了大范围的干部交流，人员配备更加科学合理；继续完善和深入推行岗位能级管理制度；实行了中层领导干部任期制，创新和丰富了任期制内容。新的机构和管理模式在稽查工作实践中发挥了良好作用。二是党风廉政建设取得新进展。2010年，在机构改革过程中，市稽查局设立了监察室，加强对权力运行的监督。改革了检查组制度，坚持推行工作日志制度、检查工作底稿制度，初步实现了痕迹化管理。同时，改进了监督方式，加大党风廉政问责和追究力度，层层签订了廉政责任状、廉政承诺书；制定了《廉政责任状考核办法（试行）》，将廉政责任落实情况分层次纳入岗位绩效考核；结合稽查特点和市局五项禁令，进一步完善了《廉洁勤政十项纪律》。建立了廉政纪律逐案申报制度，改进了廉政情况反馈方式，《稽查人员履行职责文明执法情况调查反馈表》由监察室逐户寄发至被查单位，及时掌握纳税人反馈的真实信息；加强兼职监察员队伍建设，重新聘任了29名兼职监察员，强化内部督导提醒。三是内控机制建设初见成效。结合稽查工作实际，根据权力运行频率、人为因素大小、自由裁量权幅度、危害损失程度等因素，对风险点和风险事项进行等级评估，共确定18个风险点，其中选案环节2个、检查环节9个、审理环节4个、执行环节3个，并由高到低确定了风险的等级；构建风险监督机制的执法风险“三线防控机制”，将过程监控贯穿于稽查工作全过程，渗透到稽查的各个节点上，实现对稽查全过程的有效监督，有效防范执法风险。

［稽查业务培训］ 2010年，市局稽查局积极组织开展业务培训，通过季度工作讲评、典型案例分析、稽查经验交流、系列专题讲座等多种形式，丰富培训方式，查找稽查工作中的薄弱环节，加强对稽查人才的继续培养，充分调动稽查干部的

工作积极性。针对新晋升的中层干部，组织了为期三天的中层领导干部公共管理专题培训班，聘请清华大学等国内知名高校的专家学者做了领导科学和领导能力的专题讲座，进行了打造管理者自知力、凝聚力、判断力和推动力等四项基本能力的体验式学习，着力提高中层领导干部带队伍的能力和水平，同时组织学习了廉洁从政若干准则，有效强化了廉洁勤政的责任意识；按照专业化人才队伍建设的标准，举办了扬州税务学院稽查骨干培训班等深层次培训，全力提高稽查干部标准化、精细化稽查水平；组织全系统稽查骨干参加了全省国税系统稽查能手的选拔考试；组织业务骨干编制了税务稽查岗位技能标准，为实施按需培训和岗位轮训奠定了基础。

［案件公告］ 2010年青岛国税稽查系统根据《国家税务局关于印发〈税务违法案件公告办法〉的通知》（国税发〔1998〕156号）和《山东省国税系统税收违法案件公告实施办法》及《青岛市国家税务局关于印发〈青岛市国税系统税收违法案件公告实施办法〉的通知》（青国税发〔2010〕119号）的规定，遵循实事求是、客观公正、公开接受社会监督的原则，对经立案检查，税务行政处理、处罚决定已生效的税务违法案件以各种形式实施案件公告89起。其中：上报总局24起，通过省国税局内网实施案件公告24起，通过报纸、广播、电视等新闻媒体实施税收违法案件公告25起，其他税收违法案件公告在各基层局办税大厅以张贴的形式实施公告。通过对税收违法案件实施公告，规范了税务稽查执法行为，净化了税收环境，有力地打击了税收违法犯罪活动，震慑了税收违法犯罪分子，提高了广大纳税人的纳税遵从度。

［稽查宣传］ 2010年，市局稽查局以做好税收宣传月工作、日常新闻、信息宣传和案件曝光为主，制定了《信息、宣传考核管理办法》，建立了稽查局信息通讯联络员网络，建立了与新闻媒体沟通、协调制度，建立了稽查局非线性视频编辑系统，对稽查局信息、宣传工作进行了规范。组织编写各类信息150篇次，发表140篇次，在中国税务报发表5篇信息，在总局稽查局《厉风》杂志发表稽查小故事2篇。在中央人民广播电台发表1篇“青岛破获107发票案”。在中国税务网发表信息30篇，在省内各大报刊、网络、电视台、广播电台发表信息70篇，撰写稽查局各类动态信息30篇，在青岛国税报发表先进个人事迹和稽查案件纪实、小故事10篇，扣除上岗考试和干休假，平均每天发表1篇次，2010年度在市局内网积分358分，排在全系统第二名。

在税收宣传月期间，组织参加了全市国税系统税宣月启动仪式，对稽查告知制度、查前自查制度、文明执法和纳税人权利义务进行解读、宣传；联合市北国税局开展“解读权利义务，服务经济民生”活动，制作了展览板，曝光了“4·16”专案、”3·20”专案，对近年来查处的重大涉税案件进行了巡回展览，面向市民展示了发票造假器材，讲解了真假发票识别知识，发放了宣传手册，还组织开展了，稽查知识问答。联合青岛电视台摄制以曝光骗税案为主要内容的《查处虚假出口骗税　国税捍卫国家利益》电视专栏节目在青岛二套《锐生活》栏目播出；制作《市局稽查局税宣月稽查简报》一期，市局稽查局被市局评为第19个税收宣传月先进组织单位，《查处虚假出口骗税　国税捍卫国家利益》电视专栏节目被市局评为“优秀活动项目”。全年通过报刊、电视、广播、网络等媒体公开曝光重大涉税案件19起。

［稽查调研］ 一是加强组织建设，做好人员保障。根据全市国税系统税收科研工作会议精神，经过各单位推荐和市局稽查局研究，确定了24名同志为市局稽查局特约研究员（信息员），明确特约研究员的权利有：以个人名义申请参加市局稽查局科研课题组；参加市局稽查局组织的学习、培训、研讨、交流等科研活动；优先在市局稽查局范围内发表文章，并优先向上级机关推荐发表文章；义务有：两年内至少独立发表1篇调研报告或者论文；每季度撰写1篇反映稽查工作情况的信息；积极参加科研课题和其他活动；二是积极发动骨干力量结合稽查工作开展调查研究，先后发表了《新〈税务稽查工作规程〉新在哪》、《当前税务稽查工作中存在的问题及解决办法》、《避税“经济人”企业——企业避税内因研究》、《避税法律属性三学说之比较研究》等文章，市局稽查局课题组负责的全市国税系统重点科研课题之一《税务稽查长效机制研究》获得全市国税系统税收科研成果评选一等奖。

［稽查工作会议］ 2010年6月3日，全市国税稽查工作会议在胶南召开，市局稽查局局长张青主持会议，市局总经济师于光作了题为《围绕中心，服务大局，努力完成2010年税务稽查工作任务》的主题报告，全市各国税局分管稽查工作副局长、五市国税局、开发区国税局稽查局长、

市内各国税局检查科长参加会议。会议传达了2010年全国、全省两级国税稽查工作会议精神，胶南市国税局、开发区国税局介绍先进稽查工作经验，于光总经济师回顾了2009年全市国税稽查系统取得的成绩及存在的不足，明确了2010年全市国税系统稽查工作目标和要求，对做好2010年的税务稽查工作具有重要的指导意义。与会代表还分别就于总讲话、2010年全市国税稽查工作要点及当前税务稽查热点问题进行了分组讨论，并结合当前实际工作情况提出了诸多有建设性的工作建议。会上，市局稽查局对2010年度稽查考核指标体系、稽查数控、绩效指标内容及指标变动、调整情况逐一进行讲解，对基层局提出的疑问进行现场解答。最后，市局稽查局张青局长作了总结发言，进一步强调了稽查工作需要高度重视的几个重要问题，并希望大家振奋精神，努力工作，创造高效一流的稽查工作成绩，推动全市稽查工作水平的整体提高。

（赵圣伟）

青岛市地方税务局稽查局

［概述］　2010年，是实施“十一五”规划的最后一年，青岛市地税系统组织各项收入300.1亿元，增长26.5%，增收62.9亿元，创造了青岛地税成立以来增收额的最高纪录。各级稽查部门认真贯彻全国税务、全省地税稽查工作会议精神，抓住全省、全市地税系统开展新一轮基层建设的有利时机，坚持依法稽查，积极发挥职能作用，致力工作创新，不断提升执法水平，推行人本管理，全面加强稽查队伍建设，顺利完成了国家税务总局、山东省局下达的各项稽查目标任务。

［稽查查补收入及分析］　2010年，青岛地税稽查系统共检查纳税人1324户，查出有问题的1235户，组织自查3733户，完成稽查收入5.57亿元，创历史新高，同比增加4747万元，增幅9.31%，占全市地税各项收入总额的1.86%。其中：查补入库2.41亿元，自查入库3.17亿元。同期，市稽查局共检查纳税人518户，查出有问题的456户，完成稽查收入2.18亿元，其中查补入库1.59亿元，自查入库5979万元。

［税收专项检查］　根据国家税务总局统一部署，对涉及青岛地区9家重点税源企业所属24户企业（国地税共管户23户，地税1户）和青岛地区的中国航空集团公司、中国东方航空集团公司所属5户企业（国税4户，地税1户）以及本市1367户重点税源企业的税收自查工作；围绕房地产、建筑安装、药品经销、交通运输等6大重点行业实施了专项检查，累计查出金额合计5.69亿元，其中：稽查查补2.52亿元，自查查出3.17亿元。

［案件查处］　2010年，市稽查局认真承办了市委、市政府等上级交办的多起专案查处工作，年内共查结百万元以上大要案件44户。在查办发票案件方面，与公安密切配合，成功破获了“4·01”非法出售发票专案，查实对外非法代开、出售发票1万多份，开票金额近亿元，经法院审理2名犯罪嫌疑人被判处有期徒刑，引起一定社会反响。8月，与市公安部门联合行动，捣毁了一个发票制假窝点，抓获犯罪嫌疑人3名，缴获饮食业假发票约62.5万份，制假设备4台。围绕“4·01”发票专案涉及的1525户企业、4327份发票，在全市范围内开展了“买方市场”整治核查工作，查补入库金额合计1367万元，其中：各税1930万元，滞纳金29万元，罚款1145万元。2010年4月，国家税务总局下发《关于表彰2009年度全国打击发票违法犯罪活动工作成绩突出的单位和个人的决定》（国税发〔2010〕42号），青岛市地税稽查局、胶州市地税稽查局受到表彰。

［稽查信息化建设］　积极探索推进电子查账工作，选择18户企业开展了实战演练，培养了一批电子查账骨干人才，编写完成了《电子查账工作指南》。实施了电子查账软件本地化改造，完善了软件功能。对查账软件的电子文档采集、数据库备份、万能采集、电子文档解密、恢复工具、远程协助、智能采集等功能进行了完善，扩大了采集范围和采集内容，对国内主流软件和地方性财务软件涵盖面达到90%，共计150多种财务软件370多个版本。实施了全局办公网络改造，搭建了内网导航站。深化了预警式选案模式，以全市财源信息

网为依托，加大了第三方信息采集力度，对土地转让和股权转让信息进行了采集利用，开通了选案系统案源提报模块。

［查管互动］ 市稽查局牵头组织了全市157户重点税源企业的税收自查工作，分区域、分企业进行了涉税政策辅导和沟通交流；认真执行了稽查建议书制度，制作“两书”496件，成为稽查执法服务与查管互动的有效手段和方式；及时总结办案经验，形成12期稽查工作专报，引起市局领导高度重视，多次予以批转，为加强征管发挥了积极作用。

［稽查宣传］ 在税收宣传月期间，选择了青岛伯金汉房地产开发有限公司偷税案等5起典型案例，通过新闻媒体进行了公开曝光，很多网站在第一时间予以转载；完成了青岛电视台“新说法”栏目有关发票专案的录制报道工作；在市局外网多次举办了以地方税收专项检查和打击发票违法犯罪专项行动为主要内容的“在线访谈”，展现了地税稽查部门良好的执法形象；市稽查局全年更新内网资料162篇、外网资料120篇，充分发挥了网站的宣传、服务作用。

［稽查积案清理］ 为规范执法行为，规避执法风险，提高案件查处效率，市稽查局在审理环节实行了工作AB角制度，严把执法程序关和政策执行关，全年组织两级集体审理会议23次，审议大要案件166件（次），以前年度的31件在审积案已全部清理完毕。市稽查局采取了“逐户分析、逐户调查、逐户催缴”的方式，不断加大查补入库执行力度，对6户拒不履行补缴义务的企业采取了强制执行措施，通过银行扣缴税款、滞纳金、罚款合计1016万元。对往年积案及时进行了整理归类，提出清缴措施，累计追缴入库3148万元，占当年稽查入库总额的14.4%，结案率达到92%，执行效率明显提高。

［稽查业务培训］ 2010年，青岛地税稽查系统建立健全了以分类培训为基础、行业检查指南为主线、考试练习系统和稽查论坛为辅助、经验交流和《案例选编》为补充的教育培训体系。年内组织编写完成了资本运作、非居民企业、建筑业、房地产业、电子记账企业的检查指南；在全市范围内组织了2期查账软件骨干培训班。采取集中封闭的形式，对全系统稽查业务骨干进行了案例式教学培训。全年共组织外出学习培训26期，106人次参加了培训，组织参加了市局的“双百”比武活动，有12人进入市局级业务能手行列。

［廉政建设］ 一是积极探索、构建了以“个人述廉、群众评廉、纪监查廉、组织考廉、家庭助廉”为主要内容的具有稽查特色的廉政机制。二是实施廉政文化“上网、上墙、上桌、入心”工程，利用网上专栏、大厅宣传橱窗、办公楼内标牌、台式电脑屏幕保护等载体，扩大廉政宣传覆盖面，提高干部职工参与度，增强廉政文化的渗透力。三是制定了稽查案件管理办法，确定了高、中、低三个级别的执法风险点，强化了风险控制。四是落实“廉政监督书”制度和“回访”制度。市稽查局领导带队走访了40户重点企业及部分特邀监察员，收集各类意见和建议20多条，及时加以整改。年内发放320份，回收率100%，纳税人满意率达到99%以上。

［人本管理工作体系］ 为顺应新形势，打造稽查和谐团队，市稽查局从精神塑造、理念培植、素质培养、机制搭建四个方面入手，建立了稽查局人本管理循环工作体系。一是深入开展了“增强新主人翁意识、争当岗位主人翁”活动；二是制定了稽查局和谐税务文化建设实施方案，建立起了文化建设长效机制；三是组织编写了《人本管理循环工作手册》，指导中层以上干部运用科学管理手段搞好日常管理工作；四是完善了沟通机制，实行了科级以下干部日常考察制度，深化谈心交流工作，及时收集意见建议供领导决策参考。

［区（市）稽查亮点］ 崂山分局定期开展“稽查征管周”活动，稽查局会同管理科室开展了个人所得税零申报约谈、楼宇经济的拉网清查、电子地理信息的土地税核实、下岗再就业减免税专项核实、土地增值税清算等多项活动，清理漏征漏管户35户，补缴入库税款2100万元；即墨市地税稽查局制定了《税收风险防范管理办法》和《岗位廉政风险防范管理办法》，查找剖析了26个稽查执法风险点，按照“全程跟踪、动态监控、及时整改”的原则，积极防范稽查执法风险；胶南市地税稽查局对外来施工企业采取“重点稽查突破—问题归纳总结—辅导培训警示—征管风险评价”的整治思路，运行自行开发的“稽查监控软件”，实施了稽查全过程监控；城阳分局稽查局与区公安部门联合开展询问、取证调查工作，形成打击合力，成功破获2起发票大案。黄岛分局稽查局加大土地增值税清算审核工作力度，清算19个房地产项目，涉及销售面积达71万平方米、销售金额14亿元，经审核应缴土地增值税2205万元，项

目平均税负率为1.5%。胶州市地税稽查局积极实践非居民企业检查，收集掌握非居民企业涉税信息860余条，涉及所辖企业85户，组织自查企业38户，自查补缴税款63.9万元。平度市地税稽查局开展“甲方供料”专项检查，抓好信息采集、项目登记、过程监控和发票管理，逐步建立起“甲方供料”税收征管的长效机制；莱西市地税稽查局内外并举，与征管和国税、公安、纪委“四联动”形成执法合力，整合稽查资源，有力整顿和规范了税收秩序。

（杨　东）

深圳市国家税务局稽查局

［概述］　2010年，深圳国税稽查系统按照市局统一部署，坚持服务科学发展、共建和谐税收的新时期税收工作主题，围绕“一个中心、两大目标、三项任务、四类指标”，切实加强稽查系统管理，扎实推进稽查基础建设，圆满完成了各项稽查工作任务。

［稽查查补收入及分析］　2010年，共查处税收违法案件701户，稽查直接查补7.74亿元，实际入库6.84亿元；组织企业自查3310户，查补税款及滞纳金7.60亿元，实际入库7.60亿元。合计实现查补总额15.35亿元，入库总额14.44亿元。全年稽查工作具有以下特点：（1）稽查直接查补收入占总体收入的比例增大。稽查直接查补收入占查补总额的50.48%，直接查补入库占入库总额的47.37%，分别较2009年同期增长了24.45和25.94个百分点。（2）稽查直接查补收入有所增加。全市稽查部门累计直接查补收入总额比上年同期增加2.57亿元；直接查补入库总额比2009年同期增加2.83亿元。（3）三项指标均达到总局要求。全年选案准确率96.29%，入库率94.09%，结案户数与检查户数之比为95.67%，分别超过总局考核任务16.29、4.09和0.67个百分点。（4）检查户数和有问题户数相对减少。2010年全市检查企业728户，较2009年减少98户；发现有问题企业701户，较2009年减少85户。全市检查人员平均检查企业2.87户/人，平均稽查直接查补金额305万元/人。

［整顿和规范税收秩序］　2010年，按照国家税务总局要求，将稽查工作重点从组织收入转移到严厉查处涉税违法犯罪行为，切实发挥稽查震慑作用。一是集中力量开展黄金票专项检查工作。按照国家税务总局统一部署，合理调配全局稽查部门优势力量开展虚开及接受虚开黄金销售增值税专用发票专项检查，与此同时，为打击虚开套开黄金票团伙，与公安机关联合成立“9·17”专案组，严肃工作纪律，深入调查摸底，开展了针对性的“端点”行动，狠狠地打击了犯罪分子的嚣张气焰。二是严厉打击骗取出口退税行为。重点查处“5·06”专案，对深圳涉及的20户企业先后分两批布置了检查工作，有6户企业初步检查发现有问题。深入查处“52家深圳公司涉嫌拱北关区出口骗税”案件，对涉及的34户企业进行了立案，对33户企业展开了调查取证，正在展开初步调查的涉案企业有12户，已基本查明违法事实的涉案企业有1户，初步发现违法事实的涉案企业有11户。三是严格执行大案要案报告和督办制度，按时按质完成上级交办的各项专案查处任务，目前，共查处上级督办案件35户，已查结案件2户。累计接收各区局稽查局上报200万元以上重大案件13户，其中，已报市局领导审批13户，下发督办通知12户。四是全面开展打击发票违法犯罪活动工作。

［税收专项检查］　一是科学安排行业专项检查工作。选取了37户企业开展行业性税收专项检查（其中包含19户重点税源户），涉及金融、房地产及建筑安装、设备制造以及商业批发及零售业等行业。初步查明涉及税款7416.76万元，罚款360.89万元。已入库税款250万元。二是认真完成重点税源企业税收检查。通过尝试推行查前告知约谈，查中宣传解释，查后跟踪回访等新的工作模式，不断提高检查质量，引导重点税源企业依法规范纳税行为。共组织3户总部在深的重点税源企业及23户总部非深的重点税源企业在深分支机构或成员企业开展自查，涉及税款1.23亿元，已入库1.23亿元。三是积极组织企业开展税收自查。结合辖区税源特点，根据指令性及指导性计划，全局稽查部门共组织3217户纳税人开展自查，涉及税

款7.52亿元，已入库7.52亿元。

［打击发票违法犯罪活动］ 一方面，开展打击制售假发票专项整治。深圳国税稽查系统组织龙岗区局稽查局、福田区局稽查局、罗湖区局稽查局协同深圳公安局经侦局和地税稽查部门共进行了13次打击行动，成功破获17个制售假发票犯罪团伙，捣毁犯罪窝点37个，抓获犯罪嫌疑人93人（已刑拘56人），缴获各类发票800多万份，其中国税类发票68万份，虚假印章7487枚，作案用印刷机5台，晒板机3台，切纸机2台，作案用电脑设备30台，发票违法信息群发器4套，自制打码机1部。另一方面，开展企业发票使用情况检查。制定了打击“买方市场”工作方案，布置各区（分）局按国家税务总局要求的8个重点行业检查500户企业发票使用情况，以商业企业和工业企业作为重点行业进行检查，全年共检查企业590户，发现有问题企业313户，涉及非法发票4280份，金额3.7亿元，税额6144万元，已查补税款4406万元，罚款1055万元。

［税收违法行为举报］ 一是坚持以人为本，热情开展各类举报受理工作。2010年，深圳国税各级举报中心累计接待来访群众约300人次，接听检举咨询电话约7000人次，处理检举信件约580封，处理网上检举邮件约2200条，确保做到件件有登记、宗宗有落实，维护了国税良好形象。二是加强对重点举报案件的跟踪督办。三是依法及时发放举报奖励金。

［案件协查］ 一是认真组织落实上级部署的大要案协查、督办、上报工作。完成对北京诚信安隆科技发展有限公司涉嫌骗取出口退税案、陕西省渭南市“3·03”专案、宁夏“1·21”虚开增值税专用发票案、辽宁省沈阳市“5·04”虚开增值税专用发票案，重点完成国家税务总局督办的“黄金销售增值专用发票案”的协查工作，取得了显著效果。二是继续保持金税协查全国排头兵地位。三是积极协助、配合外省市来人开展案件协查工作。2010年，协查科本着全国、全市一盘棋的大局观念，认真做好协查工作，提高案件查办效率，高效地协助外地税务机关来深调查取证，共接待来人86批次251人次，走访海关、地税、各区分局73次，银行取证38次；科室接纸质函25份，涉及企业、海关、银行等25户，已全部查结，函件协查完成率100%。四是做好全系统纸质协查函的转办、督办工作。2010年，共转办纸质来函协查323份，其中一般来函协查98份，涉及企业497户，发票4143份；转计统处海关票协查235份，涉及发票3391份。

［稽查制度建设］ 2010年，深圳国税稽查系统不断加强稽查基础建设，努力完善稽查基础制度。研究出台了《税务稽查工作手册》，全面梳理了稽查工作流程，规范了稽查业务工作，有效减低执法风险；修改完善《稽查工作考核办法》，加强对稽查工作任务考核，调动全市国税稽查部门工作积极性；不断完善“2+8”稽查工作制度，印发了《深圳市国家税务局稽查案源管理办法》、《深圳市国家税务局税收违法行为检举管理暂行办法》等管理办法，不断健全稽查工作制度；组织编撰《税务稽查案例汇编》，强化典型案件的指导借鉴意义。

［稽查系统建设］ 通过加强对各区稽查局工作的指导和督办力度，进一步理顺市区两级稽查部门的工作衔接。认真组织跨区大要案件的查处，在人力、物力上予以合理倾斜。组织贯彻落实、深入学习《税务稽查办案专项经费管理暂行办法》。合理分配稽查办案专项经费，规范专项经费使用，确保稽查专项经费专款专用。加强工作通报制度，对全局稽查部门主要工作进行统计，对入库率、选案准确率等指标进行统计排名，每月定期予以通报。加强系统工作调研，完成调研课题《新稽查体制下深入推进管查互动的探讨》初稿，对进一步深化以查促管、以管促查层次，强化管查互动工作实效奠定了理论基础。

［稽查信息化建设］ 2010年，深圳国税稽查系统不断完善稽查平台信息化建设。一是优化税收征管信息系统稽查模块。完成对CTAIS稽查模块的文书及业务流程的调整工作。二是开展信息化稽查业务培训。分别于2010年3月30日~4月1日、4月6日~4月8日到宝安区稽查局、福田区稽查局开展“信息化稽查”业务培训，以提高稽查干部的信息运用和系统操作水平。三是利用数据库技术协助开展黄金票专项检查工作。利用计算机数据库技术开展黄金票专案第一阶段数据统计工作取得良好成效。四是协助检查人员调取涉案企业电子资料。组织计算机专业人才多人次参加调账行动，利用数据删除恢复等高科技手段多次成功调取被查企业电子账和账外账，为稽查一线切实提供技术保障。

［稽查队伍建设］ 注重加强稽查队伍建设，切实提高稽查人员综合素质。召开了深圳国税

稽查局2010年党风廉政建设工作会议，签订《党风廉政建设责任书》；顺利完成税务纪检监察管理信息系统上线工作；认真开展内控机制建设工作，全面排查岗位风险点；认真开展纪律教育月活动、廉政回访和信访系统数据汇总和上报工作，筑牢干部队伍思想防线。

［稽查业务培训］　2010年，共组织业务类培训班8期，派人参加总局、省局、市局组织的培训班20期，累计培训511人次，举办培训班数量和培训人员规模均超过往年平均水平。（1）以基础知识培训为主，巩固提高深圳国税稽查干部基本技能。举办了新增值税、消费税考前培训班、会计基础知识培训班，同时组织局里的稽查人员参加市局举办的新增值税、消费税考试和会计基础知识考试，及格率均达98%以上。（2）在全市稽查系统，以稽查知识培训为重点，显著提高区分局稽查人员稽查能力。举办房地产、金融行业培训班，稽查案源及电子稽查培训班、“黄金案”协查培训班共4期，培训各区局稽查人员226人次。这一系列培训班紧扣2010年稽查工作重点，针对性、实用性强。一是通过学习相关知识、法律法规，切实提高稽查人员的稽查能力；二是锻炼了教师队伍。培训师资大部分由该局各科室的业务骨干组成，他们认真准备培训课件，积极与学员探讨实际工作中遇到的问题，获得各区局的一致好评；三是通过交流工作经验，加强了市局稽查局、各区局稽查局之间的联系，为完成今年检查任务、培养专业化的稽查队伍起到了积极作用。（3）在对外合作上，以查处涉税犯罪为突破口，积极探索合作培训新模式。联合市公安局举办查处涉税犯罪培训班2期，各区局稽查局和公安局共120名业务骨干围绕“虚开增值税发票和出口骗税”等涉税犯罪问题进行了深入探讨与交流。此次联合培训是深圳国税和公安第一次合作和尝试，开辟了合作培训的新模式，拓展了税警交流的新领域。

［稽查宣传］　定期编发《稽查通讯》，及时反映全系统稽查工作动态，为稽查部门和人员业务交流提供平台。坚持重大信息事件24小时内上报，重要工作动态及时反映，使上级部门随时掌握基层工作情况。加大税法宣传曝光力度，注重案件查处中的政策宣传、解释工作。累计编发《稽查通讯》18期，稿件108篇，被上级采纳稿件15篇次。

（杨昕颜）

深圳市地方税务局稽查局

［概述］　2010年，深圳地税税收收入实现历史性跨越，突破千亿元大关，成为继上海、北京之后第三个地税收入超千亿元的城市，全年共组织税收收入1035.23亿元，同比增长25%，增收207亿元。一年来，深圳地税各稽查局坚持“服务科学发展，共建和谐税收”主题，围绕市局党组确立的“一年谋破局、两年上台阶、三年创一流”工作目标，突出抓好重点税源企业检查和税收违法案件查处两个重点，认真落实税收专项检查和打击发票违法犯罪活动两项计划，大力加强稽查信息化建设，全面推进税务稽查机制体制、管理模式和方式手段的改革创新，各项工作均取得了新进展。

［稽查查补收入］　2010年，全市地税稽查系统共检查各类企业（含组织企业自查）1108户，查补收入22.15亿元，入库收入22.45亿元，比2009年分别增长4%、14%，稽查查补收入及入库收入均创历史新高。其中，对总部位于深圳的3家集团公司及其在深成员企业和25家外地公司在深分支机构开展了重点税源企业税收检查，自查补税6.3亿元，抽查补税184.84万元；对房地产及建筑安装、交通运输、税务代理等5个行业开展了检查与自查相结合的税收专项检查，检查企业123户，移送司法机关4户，查补收入8600万元，敦促自查701户，补税11.16亿元；认真抓好各类举报案件和交办案件的查处，共对244户企业立案稽查，查补收入1.54亿元。

［整顿和规范税收秩序］　深圳地税稽查系统突出对涉税违法犯罪行为的打击和震慑职能，注重发挥对税收征管薄弱环节的查漏补缺和事后监督作用，积极利用新闻媒体和协税护税单位的力量，全面整顿和规范税收秩序，促进了税收环境的不断好转和优化。一是加强与征管和纳税评估部门的联系，积极采集第三方信息和违法犯罪线索，提高选案准确率；二是继续抓好重点税源企业和大要

案查处工作，并选择一批具有典型性和社会影响力的案件进行公开曝光，增加税务稽查的震慑力；三是周密部署税收专项检查，实现“查处一个企业、规范一个行业”的目标；四是继续深入开展打击假发票违法犯罪活动，结合日常税务稽查案件，认真开展虚假发票“买方市场”整治工作。积极配合公安部门开展假发票“卖方市场”的打击整治工作，严厉打击印制、贩卖假发票的犯罪团伙，捣毁制假售假窝点，并会同有关部门研究整治发票违法犯罪活动长效机制。

[案件查处] 进一步加大对涉税违法案件尤其是大案要案的查处力度，在重点、难点案件的查处上取得较大突破。一是加强案源管理，落实举报受理分类管理办法，明确各类举报线索的处理原则与方法，合理使用稽查资源。二是严格稽查执法环节，确保案件查深查透。始终坚持把提高办案质量作为案件查处工作的中心环节来抓，确保每一起案件经得起推敲、经得起复查、经得起监督。三是加强大要案宣传曝光，提高税务稽查影响力。四是落实大案要案报告制度，畅通案件管理渠道。对重大税收违法案件线索，要求各稽查局必须及时上报案情，使上级机关及时掌握案发动向和规律，做到早发现、早上报、早查处。全年查补收入在100万元以上案件16宗，500万元以上1宗，1000万元以上3宗，5000万元以上1宗，以上21宗案件合计查补收入1.21亿元。

[税收专项检查] 按照国家税务总局文件精神，针对深圳产业重点和企业分布情况，共安排了房地产及建筑安装业、药品经销行业、交通运输业、非居民企业纳税情况、税务代理业五大专项检查行业，并且要求各稽查局结合各辖区实际，从其他重点行业中自行选择项目开展税收专项检查。成立了以地税局主要领导任组长的税收专项检查领导小组，对专项检查的督导和考核实行由市局稽查局和市局办公室双重督办机制，并由市局稽查局对各基层局在稽查中遇到的疑难问题进行统一协调，确保了专项检查工作的顺利完成。在专项检查工作中，注重加强对纳税人的督促辅导工作，加大企业自查的力度。各稽查局还主动加强与区局的分工合作与协调沟通，逐户跟踪落实，突出重点，保证了专项检查的效果。全年共检查重点企业123户，查补税款8647万元，敦促企业自查701户，自查补税11.16亿元，合计补税12.02亿元。

[区域性税收专项整治] 鉴于深圳资本市场比较活跃、股权转让比较普遍的现象，深圳地税稽查系统将股权转让涉税问题作为区域性税收专项整治的重点。一是认真寻找案源，科学确定检查对象。通过编写电脑程序对在工商部门办理变更登记的资料中筛选股东变更信息，同时加强信息分析比对，从中选取转让股权金额较大的企业，并按照深圳各区经济分布情况，从各区选取典型企业，合理确定各区检查对象户数。二是精心组织检查，任务落实到位。通过研究讨论，确定了主要检查方式、检查重点方向和检查重要项目。决定采取进户检查方式，首先，对企业提供的财务资料与相关转让合同协议、公证书、银行账单、资产审核报告或评估报告全面进行核查，重点对长期股权投资、投资收益、银行存款等科目进行检查；其次，通过联系被投资方企业或受让方企业获取相关股权投资及变更资料，进行对照检查，逐户落实，对是否发生股权转让、涉及转让金额以及涉及税收收益等进行全面而详细的核实；最后，对有的项目还进行了必要的延伸，到相关的其他公司进行调查，或赴异地调查取证。通过以上行动，全面整顿和规范了股权转让涉税行为，取得了预期的效果。

[重点税源检查] 为了提高检查效率，减少对重点税源企业正常经营的干扰，深圳国地税稽查局成立了重点税源企业税收检查督导组，并于4月27日组织总部在深圳的三家集团公司召开专项会议，向企业下发了自查指引、自查提纲和报送的资料表格，要求企业在规定的时间内报送部署阶段工作报告，包括企业基本情况、企业财务数据、企业对本次自查工作的组织落实情况、工作计划等。对于总局稽查局确定的25家外地公司在深圳的下属公司按辖区分配给各稽查局，由各稽查局辅导企业自查，督促企业自查自纠，并在此基础上开展自查评估，对有疑问的企业进行抽查。以上共自查补税6.3亿元，抽查补税184.84万元，较好地完成了重点税源企业税收检查任务。

[打击发票违法犯罪活动] 深圳地税稽查系统坚持“打防并举、突出重点、标本兼治、综合治理”方针，积极开展与公安、国税的部门协作和区域联动，在大力整治假发票卖方市场的同时，集中力量整治假发票买方市场。市局稽查局联合公安、国税等部门成功开展15次大规模整治行动，共捣毁犯罪窝点36个，抓获犯罪嫌疑人90余人，缴获假发票800多万份、印章近7000枚、作案设备13台，捣毁生产线3条。其中，“春耕行动”和“深入行动”分别捣毁了以陈某某和吴某某为首的集生产、仓储、销售一条龙的特大制售假

发票犯罪集团，现场缴获假发票630多万份，刷新了该市历次整治行动缴获假发票数量的记录。此外，按照“查账必查票、查案必查票”的要求，各区局、各稽查局对发票取得、开具情况进行了深入检查，共检查各类企业3369户，发现存在发票违法行为的431户，涉及金额超过1.5亿元，共补税罚款1400多万元。由于成绩突出，2010年市局稽查局被国家税务总局评为全国打击发票违法犯罪活动先进单位。

［税收违法行为举报］　2010年，深圳地税各级举报部门突出抓好案件管理和维护稳定两大工作重点，积极创新和加强举报管理，一手抓案件管理、接访服务的规范化建设，一手抓重大案件、缠访案件的督办、协调，依法处理涉税违法举报案件，有效地促进了全系统举报案件办理工作的顺利开展，为安全维稳工作作出了积极贡献。全年共受理举报案件864宗，比2009年同期递减15%，查处760宗，查补税款1.13亿元、滞纳金1326.25万元、罚款2738.32万元，查补收入合计1.54亿元。全年共接到总局交办案件27宗，现已办结14宗，检查中13宗（其中接到总局督办案件3宗，已查结3宗）；省局交办案件14宗，已办结7宗。共向10名符合奖励规定的举报人发放举报奖金合计2.83万元，切实保护了举报人的合法权益。对达到移送标准的4宗案件严格按照有关规定移送公安部门。

［案件协查］　充分摸索协查案件的性质和特点，将协查案件分别按货运发票协查、财政审计协查和其他案件协查三大类实施分类管理，并及时转办、督办协查案件，在提高协查工作效率的同时，确保协查取证工作的质量，确保协查案件的回复率、准确率。2010年协查工作呈现三大特点，一是来人协查案件增多，涉及发票数量较大，取证工作量大；二是大案要案多，涉税金额大，取证要求高；三是协查内容侧重点有所转变，由原来的货运发票协查转为其他协查为主，仅其他协查金额就高达5亿余元，主要包括调查取证及服务业、建筑安装业等其他地税发票协查。全年共协助核查企业383户，发票2048份，金额逾6亿元，案件协查完结率和回复率达到100%。通过案件协查，有效配合了外省市对涉税案件的查处，同时对该市加强发票管理、提高征管质量也带来了积极的影响。

［稽查制度建设］　深圳地税各稽查局紧紧围绕市局构建大征管体制、实现三年工作目标的总体部署，按照税务稽查发展规律，掀起了谋破局的热潮，创造性地开展了一系列制度创新实践。市局稽查局探索实施审计型稽查，制订清晰的工作指引，并选择典型企业开展审计型稽查，为扩展税务稽查的内涵与外延、创新稽查工作的方式方法做出了有益尝试。第一稽查局实施案件预审制度，在案件移送审理之前，由稽查、审理、监察联合进行把关，实现了“强化监督、化解风险、提高效率”的目标。第二稽查局创新调账组织形式，跨科室成立调账小组，有效解决了稽查人力不足的问题，提高了稽查工作质效。第三稽查局推行“三互一通”工作举措，与相关区局形成了“信息互享、案情互递、问题互馈、双向沟通”的联动机制。第四稽查局创新出台《纳税人自查管理办法》，明确了自查工作方式、方案以及工作流程，同时强调对纳税人的服务意识，有效规范了纳税自查工作。第五稽查局在健全内部横向联动机制方面积极创新，制订《税务稽查各环节协调配合管理办法》，进一步理顺了内部工作流和信息流，科学建立起稽查四环节互动机制。通过上述创新举措，稽查工作效能得到明显提升，有效实现了“以查促管、以查促查、以查促收”的整体成效。

［稽查系统建设］　深圳地税稽查系统坚持上下“一盘棋”思想，按照“建机制、强管理、严执法”的要求，不断增强稽查系统上下互动机制，努力建设和维护一个上下一体、信息畅通、反应灵敏、指挥有力的稽查系统。在日常工作中，以稽查系统内信息、调研、宣传工作为纽带，坚持每季度编发一期《税务稽查专刊》，畅通了稽查系统信息和业务交流渠道；以税收违法案件查处、税收专项检查、打击假发票等稽查工作为主线，每季度组织一次由各稽查局主要领导参加的稽查工作例会，推进了系统内规范办案和工作协调；以各项系统管理工作规程、管理制度和工作督办为基础，抓好工作会议的会务组织、专项工作的方案制定和统筹协调以及各类统计报表的汇总上报，保证了稽查系统管理职能落实到位。还牵头对全系统未执行完结案件的成因、规模、构成和管理现状进行了摸底调查，联合有关部门制定了《清理欠税工作实施方案》，提出了下一步追缴措施。

［稽查信息化建设］　按照市局构建大征管体制“1+3”规划纲要的总体部署，科学谋划税务稽查工作平台的设计思路和业务架构，在市局电子税务管理中心的大力协助和各稽查局的积极配合下，成功开发了税务稽查工作平台，并于2010年9月份全面上线运行，实现了稽查管理、复查管

理、协查管理、查询管理和系统管理等5大功能，实现了统一规范税务稽查关键业务、强化税务稽查业务管理、确保操作者业务理解和操作简易性，以及建立良好管查互动、部门联动机制等4大目标。上线以来，稽查工作平台运行情况良好，系统的后台支持、运维和完善也在有条不紊进行中，促进了税务稽查工作质效的提升。各稽查局还积极开展各类涉税信息库的建设，结合征管系统及市场监督局网站信息，建立起了涵盖深圳市创业板上市公司股东清单及其所持股份的数量等关键数据的信息库，为下一步稽查工作提供了信息支撑。同时充分利用征管信息和第三方信息开展案源分析工作，增强选案准确性，提升了信息管税能力。

[稽查队伍建设] 一是抓好政治教育。组织学习了市委第五次党代会精神和胡锦涛总书记在深圳经济特区建立30周年庆祝大会上的讲话精神以及市委、市政府《关于加快转变经济发展方式的决定》等重要文件，增强广大干部政治素质和理论素养。二是着力建立健全干部管理机制。认真落实市局党组《进一步加强干部管理的若干意见》，从选拔任用、交流轮岗、激励考核、专业人才建设等方面推出激发队伍活力的举措，最大限度地调动和发挥干部队伍的积极性。三是推进党风廉政建设。落实科技反腐，将税务稽查的风险控制融入稽查工作平台的开发设计，利用信息化手段逐步实现对税收执法权的有效监控。开展特邀监察员专项活动，邀请民主党派特邀监察员对稽查工作进行实地调研和建言献策，主动接受社会监督。完成与市行政执法电子监察系统对接，组织将各稽查局稽查案件的执法资料录入该系统，纳入市政府绩效管理考核范围，接受市监察局的监督。创新制订《保障纳税人陈述与申辩权实施办法》，切实保护涉税当事人的合法权益，加强了对稽查过程的廉政监督，确保廉洁执法。

[稽查业务培训] 深圳地税稽查系统联合长春税务学院和辽宁税务高等专科学院开办了两期稽查系统业务骨干脱产培训班，组织全系统70多名业务骨干参与培训，重点加强了稽查人员电子查账、稽查取证和信息化应用能力建设。组织开展了对新《税务稽查工作规程》的全员培训，使每名工作人员都熟悉和掌握新规程。根据市局2010年信息化全员培训的要求，开展了形式多样的信息化全员培训，在市局组织的信息化全员考试中取得较好成绩。还先后选派12名人员参加新会计准则研修班、税务行政执法研修班、税源监控及信息管税等6类专题培训，全方位拓展干部职工的知识面，更新知识结构，为更好地开展业务工作奠定了良好的基础。

[稽查人才库建设] 深圳地税稽查系统将一些综合素质高、业务技能强、有上进心、进取心的稽查人员，特别是对取得注册税务师、注册会计师、会计师的人员优先安排到稽查岗位；根据不同级次、不同行业稽查人员的需求，有针对性开展专业培训，在培训中注重实战能力的提高，并将培训与考核相结合，增加参训人员的压力和动力，增强培训的效果；建立一套定量指标与定性指标相结合、加分与减分相结合的考评机制。既要对检查户数、查补税额等设定一定的量化指标，用以反映稽查成果，又要对检查深度、检查广度等设定一定的定性指标，用以反映稽查质量；既要对检查差错率、证据充足率设定一定的减分标准，用以反映工作责任，又要对案例分析质量、稽查建议水平等设定一定的加分标准，用以激励工作创新；立足稽查工作实际，适时推出一系列人才激励的措施，如推选评比“行业培训老师”，特别优秀的授予“兼职教师”称号，直接推选稽查专业人才库，免于系统内各类业务考试；优先安排参加国内稽查专业会议；享受带薪培训假期；组织“稽查能手”评选后适当给予局长奖励基金等。通过上述一系列措施，推动了稽查人才库的建设，促进了稽查水平和稽查技能的提高。

[案件公告] 深圳地税稽查系统高度重视税务稽查成果的展示和宣传，采取以案说法的形式，树立税法权威，提高警示效果。通过对偷税情节、偷税数额、偷税手段、案件典型性等方面进行层层仔细筛选，最终选定圣保罗、皇后大道两个重大案件召开新闻通气会进行公告。两案是该局近年来查处的两宗重大涉税违法案件，案件涉及到的偷税手段典型、偷税金额巨大，合计补税、加收滞纳金达1.6亿元。2010年税收宣传月期间，专门由市局召开新闻通气会，邀请省市主要新闻媒体记者参会，通报了这两宗涉税违法案件的查处情况，通过新闻媒体的宣传曝光，维护了税法的尊严，震慑了其他涉税违法行为。

[稽查宣传] 一是突出宣传月集中宣传优势，围绕“税收·发展·民生”这一主题，创新形式，突出重点，先后开展了“稽查案件巡展”、“以案说法”、“税宣进校园，税法大家学”、“打击假发票成果集中宣传”等多项宣传活动，营造了颇具规模的宣传声势，在增强公民依法诚信纳税意

识、营造和谐税收法治环境等方面取得了较好的宣传效果。二是继续抓紧抓好日常税收宣传。做好被查企业的宣传服务工作，加强政策宣讲和法制宣传，提高企业的税法遵从度和依法诚信纳税意识。积极撰写宣传稿件，加大对打击假发票、稽查信息化建设等重点工作宣传报道力度，先后在《中国税务报》、《深圳商报》、《深圳特区报》、《税收新周刊》等新闻媒体上发表稿件31篇次，增强了宣传实效。三是积极拓展宣传阵地。借助市公安局举行的“警察开放日”这一平台，派出多名业务骨干现场向市民宣传真假发票辨别知识，展示打击假发票成果，并接受市民的咨询，扩大了宣传影响力。此外，充分利用税收宣传月的“品牌效应”，通过宣传月的集中宣传，总结经验，探索规律、完善制度，切实提高日常宣传的针对性和实效性，将税收宣传工作制度化、常态化，努力构建税收宣传的长效机制，确保税收宣传工作取得良好成效。

［稽查调研］　围绕市局三年工作目标和构建大征管体制等中心工作，结合税务稽查工作发展形势，以“精品”意识深入开展税收调研工作。全年编发稽查调研6期，在以查促管、谋破局、稽查信息化建设、稽查专业化管理等领域为各级领导提供及时、准确、富有参考价值的决策信息。其中《打造适应大征管体制的现代税务稽查工作平台》、《关于“谋划破局”的几点想法》、《关于运用行政处罚法减轻对纳税人处罚的建议》被市局《内部参考》采用，《发挥举报案“以查促管”作用的若干建议》、《税务稽查专业化管理探讨》等被市局《深圳税收参考》采用，切实发挥了建言献策的作用。

［稽查工作会议］　全国税务稽查工作会议结束后，3月2～3日召开了深圳地税稽查工作会议，主要任务是传达贯彻全国税务稽查工作会议，总结2009年稽查工作，分析当前稽查工作面临的形势和任务，同时对2010年稽查工作进行部署。一是突出工作侧重点，大力整治税收秩序；二是把握工作关注点，积极开展税收专项检查；三是找准工作切入点，切实推动稽查专业化；四是巩固工作基准点，不断规范税收执法行为；五是强化工作支撑点，加快推进稽查信息化；六是抓牢工作着力点，进一步加强队伍建设。

（谢宏志）

第四篇

大　事　记

第一季度

1月11日　国家税务总局稽查局发出《国家税务总局稽查局关于2009年税务稽查工作材料报送情况的通报》（稽便函〔2010〕2号），通报各地国地税稽查局工作总结、计划报送情况和典型案例、案件公告、工作信息报送情况。

1月11日　国家税务总局稽查局发出《国家税务总局稽查局关于2009年度交办和督办案件查处情况的通报》（稽便函〔2010〕3号），交办和督办各类税收违法案件共246件，已结束督办案件125件，查补入库收入82.64亿元。

1月14日　国家税务总局稽查局发出《国家税务总局稽查局关于印发〈2010年全国税务稽查工作要点〉的通知》（稽便函〔2010〕1号），明确2010年全国各级税务稽查部门大力整顿规范税收秩序、完善稽查管理机制、依法稽查文明执法、创新稽查工作方法和全面加强税务稽查队伍勤政廉政建设等各项工作部署。

1月21~22日　2010年全国税务稽查工作会议在湖南省长沙市召开。各省、自治区、直辖市和计划单列市国家税务局、地方税务局分管税务稽查工作的领导和稽查局局长参加会议。国家税务总局副局长解学智作了题为《围绕中心　服务大局　提高税务稽查工作整体水平　确保完成2010年税务稽查工作任务》的讲话。

1月22日　国家税务总局发出《国家税务总局关于积极配合公安机关开展2010年深入打击整治发票犯罪专项行动的通知》（国税发〔2010〕15号），要求各地税务机关配合公安机关开展集中破案行动、整治重点部位、联合开展宣传活动，会同公安机关等部门治理发票违法信息。

2月23日　国家税务总局稽查局发出《国家税务总局稽查局关于开展部分企业税收重点检查工作的通知》（稽便函〔2010〕11号），组织对26户重点税源企业2006年至2008年纳税情况开展税收检查。

3月16日　国家税务总局发出《国家税务总局关于开展2010年税收专项检查工作的通知》（国税发〔2010〕35号）。4个指令性检查项目是：房地产及建筑安装业、药品经销行业、交通运输业、非居民企业纳税情况。指导性检查项目是：营利性医疗及教育培训机构、年所得额12万元以上个人所得税自行申报纳税情况和各地根据本地实际情况开展的其他项目。部署区域税收专项整治工作和重点税源企业专项检查工作。

3月17日　国家税务总局发出《国家税务总局关于加强税务稽查办案专项经费管理的通知》，要求贯彻落实《财政部、国家税务总局关于印发〈税务稽查办案专项经费管理暂行办法〉的通知》（财行〔2009〕557号）规定，进一步加强税务稽查办案专项经费管理。

3月22日　全国打击发票违法犯罪活动工作协调小组在北京召开第3次会议。会议由国务院副秘书长、协调小组组长汪永清同志主持。协调小组17个成员单位领导及办公室成员出席会议。会议确定“打防并举、突出重点、标本兼治、综合治理”的治理方针，以及重点开展好整治虚假发票“买方市场”、打击制售发票犯罪专项行动、完善财务管理和会计核算等9项工作，推动打击发票违法犯罪活动工作的深入开展。

第二季度

4月12日　国家税务总局发出《国家税务总局关于表彰2009年度全国打击发票违法犯罪活动工作成绩突出的单位和个人的决定》（国税发〔2010〕42号），对打击发票违法犯罪活动工作成绩突出的132个单位和197名个人予以通报表彰。

4月19日　国家税务总局发出《国家税务总

局关于深入开展打击发票违法犯罪活动工作的通知》（国税发〔2010〕46号），要求进一步加大对企业发票使用情况的检查力度，积极协同相关部门推进打击发票违法犯罪活动工作。

4月20～29日 为进一步提高省级税务稽查局局长管理水平和案件查处、税收专项检查组织能力，全国省级国税局、地税局稽查局局长培训班在国家税务总局扬州税务进修学院举办。

4月21日 国家税务总局稽查局发出《国家税务总局稽查局关于开展××航空集团公司等三户企业税收检查的通知》（稽便函〔2010〕25号），部署对3户航空集团公司2006年至2008年纳税情况开展税收检查。

4月21日 国家税务总局稽查局发出《国家税务总局稽查局关于开展部分重点税源企业税收检查工作的通知》（稽便函〔2010〕26号），要求有关地区税务稽查部门对银行、保险、石油石化、通讯等重点税源企业开展税收检查工作。

4月22日 国家税务总局发出《国家税务总局关于2009年全国税务稽查工作情况的通报》（国税函〔2010〕161号），通报了2009年税务稽查总体情况和税收专项检查、区域税收专项整治情况。

4月27日 国家税务总局发出《国家税务总局、公安部、海关总署关于建立打击骗取出口退税工作部际协调机制的意见》（国税发〔2010〕50号），决定建立打击骗取出口退（免）税工作部际协调机制，形成打击骗取出口退（免）税违法犯罪活动的执法合力。

5月6日 国家税务总局稽查局召开全国税务系统深入开展打击发票违法犯罪活动工作视频会议。各省、自治区、直辖市和计划单列市地、市（区）国家税务局、地方税务局分管稽查工作的局领导、稽查局局长及相关工作人员参加了会议。会议总结了2009年税务系统开展打击发票违法犯罪活动工作情况，分析了当前工作中存在的主要问题，全面部署了2010年税务系统深入开展打击发票违法犯罪活动工作。

6月4日 国家税务总局稽查局发出《国家税务总局稽查局关于进一步加强房地产行业重点税源企业税收检查工作的通知》（稽便函〔2010〕34号），对做好房地产企业税收检查工作，落实国家宏观调控政策提出进一步工作要求。

第三季度

7月16日 国家税务总局稽查局在宁波召开部分地区专案查处工作会，部署对石油石化产品消费税检查工作。

8月10日 国家税务总局稽查局召开税务稽查工作视频会议，各省、自治区、直辖市和计划单列市地、市（区）国家税务局、地方税务局分管稽查工作的局领导、稽查局局长参加会议。会议针对变造虚开黄金销售增值税专用发票违法活动布置了相关案件查处工作，明确了2010年下半年税务稽查重点工作任务。

8月13日 国家税务总局稽查局在河南省郑州市召开部分地区税务稽查工作座谈会，国家税务总局副局长解学智在会上回顾了上半年稽查重点工作完成情况，分析了当前税务稽查工作面临的形势，提出下一步工作要求。

8月31日 国家税务总局发出《国家税务总局关于贯彻落实〈整治虚假发票“买方市场”工作方案〉相关问题的通知》（国税发〔2010〕92号），对2010年下半年整治虚假发票“买方市场”工作进行具体安排。

9月8日 国家税务总局稽查局部署对自查结束的重点税源企业开展抽查工作。

9月14日 国家税务总局稽查局召开××高铁项目税收自查工作情况汇报会，听取四家集团公司属单位在××高铁项目施工中所涉及税收问题的自查情况报告。

第四季度

10月11日～12月9日　全国税务系统第八期稽查人员法律高级研修班在北京举办，以加快税务系统稽查高层次人才培养，不断提高税务稽查人员业务能力和执法水平。

10月14～15日　国家税务总局稽查局会同总局人事司在安徽省国税局就稽查管理方式调整改革工作进了专题调研，听取安徽省国税局关于实行稽查机构扁平化设置和分级分类管理的初步设想，并向参加调研活动的河北、上海、浙江、安徽、湖南、广东、青岛等省、市国税稽查局和安徽省地税稽查局征求了对稽查管理方式调整改革方案的意见。

11月1日　国家税务总局发出《国家税务总局关于印发〈重大税收违法案件督办管理暂行办法〉的通知》（国税发〔2010〕103号），从2011年1月1日起执行，以进一步规范重大税收违法案件督办管理，提高重大税收违法案件督办质量。

11月24日　国家税务总局稽查局会同公安部经济犯罪侦查局在深圳市召开税警联席工作会议。会议听取了深圳市国税稽查局和公安经侦部门关于虚开和接受虚开黄金销售增值税专用发票检查工作情况汇报，研究分析全国黄金发票检查工作面临的形势及存在的问题，并对下一步深入检查工作进行讨论和部署。

11月25日　国家税务总局发出《国家税务总局关于进一步做好以查促管工作的通知》（国税发〔2010〕115号），要求进一步加大稽查打击力度，强化以查促管措施，完善以查促管长效机制。

12月10日　国家税务总局稽查局、公安部经济犯罪侦查局、海关总署缉私局在北京召开打击骗取出口退税工作部际协调机制第一次协调办案会议，总结成员单位各方合作的经验做法，共同商讨2011年协作办案工作计划。

12月16日　全国打击发票违法犯罪活动工作协调小组召开第四次会议。会议由国务院副秘书长、协调小组组长汪永清同志主持。协调小组各成员单位领导、新闻出版总署有关领导以及协调小组办公室成员出席会议。会议研究部署了2011年重点工作，要求围绕“打击与建设相结合，治标与治本相结合”的原则贯彻落实国务院领导重要批示精神，从制度建设和根本性措施上解决发票违法犯罪问题。

12月28日　国家税务总局稽查局召开部分地区税务稽查工作座谈会，国家税务总局副局长解学智出席并讲话。会议研究了2011年税务稽查重点工作和2011年全国税务稽查工作会议相关内容。

（孔向荣）

第五篇

案件辑要

偷 税 案 件

某集团公司预提所得税案

[基本情况]　2009年8月10日至2010年7月8日北京市海淀区国家税务局稽查局对中国中钢集团公司2006年1月1日至2008年12月31日对某国际广场的产权和使用情况进行核实，对该集团公司与该国际（香港公司）租赁该国际广场有关的合同以及账簿记录情况进行检查。

[违法事实]　经查，该集团公司存在如下违法事实：提取应支付给中钢国际的租金计入管理费用，租金未实际支付，而是冲减了与中钢国际的往来科目，未代扣代缴相应的预提所得税。具体计提时间和数额如下：2006年12月31日计提租金7855.77万元，2007年11月28日计提租金5782.5万元，2008年3月31日计提租金1352.85万元。

[处理结果]　原《中华人民共和国外商投资企业和外国企业所得税法》（2008年1月1日废止）第十九条规定："外国企业在中国境内未设立机构、场所，而有取得的来源于中国境内的利润、利息、租金、特许权使用费和其他所得，或者虽设立机构、场所，但上述所得与其机构、场所没有实际联系的，都应当缴纳百分之二十的所得税。依照前款规定缴纳的所得税，以实际受益人为纳税义务人，以支付人为扣缴义务人。税款由支付人在每次支付的款额中扣缴。扣缴义务人每次所扣的税款，应当于五日内缴入国库，并向当地税务机关报送扣缴所得税报告表。"

《国务院关于外国企业来源于我国境内的利息等所得减征所得税问题的通知》（国发〔2000〕37号）规定：自2000年1月1日起，对在我国境内没有设立机构、场所的外国企业，其从我国取得的利息，租金，特许权使用费和其他所得，或者虽设有机构、场所，但上述各项所得与其机构、场所没有实际联系的，减按10%税率征收企业所得税。

《国家税务总局关于我国境内企业应付费用扣缴外国企业预提所得税问题的通知》（国税函〔1998〕757号）规定：国内支付单位与外国企业签订借贷、技术转让、财产租赁等合同或协议，按合同或协议规定支付的利息、租金、特许权使用费等款项，凡已计入本期国内支付单位的成本、费用的，无论是否实际支付上述款项，均认同为已支付，并应按照税法的规定代扣代缴外国企业预提所得税。

2008年1月1日起施行的《中华人民共和国企业所得税法》第三条规定：非居民企业在中国境内未设立机构、场所的，或者虽设立机构、场所但取得的所得与其所设机构、场所没有实际联系的，应当就其来源于中国境内的所得缴纳企业所得税。第十九条规定：非居民企业取得本法第三条第三款规定的所得，按照下列方法计算其应纳税所得额：（一）股息、红利等权益性投资收益和利息、租金、特许权使用费所得，以收入全额为应纳税所得额。第二十七条规定：企业的下列所得，可以免征、减征企业所得税：……（五）本法第三条第三款规定的所得。第三十七条规定：对非居民企业取得本法第三条第三款规定的所得应缴纳的所得税，实行源泉扣缴，以支付人为扣缴义务人。税款由扣缴义务人在每次支付或者到期应支付时，从支付或者到期应支付的款项中扣缴。第四十条规定：扣缴义务人每次代扣的税款，应当自代扣之日起七日内缴入国库，并向所在地的税务机关报送扣缴企业所得税报告表。同时施行的《中华人民共和国企业所得税法实施条例》第九十一条规定：非居民企业取得企业所得税法第二十七条第五项规定的所得，减按10%的税率征收企业所得税。

《中华人民共和国税收征收管理法》第三十二条规定：纳税人未按照规定期限缴纳税款的，扣缴义务人未按照规定期限解缴税款的，税务机关除责令限期缴纳外，从滞纳税款之日起，按日加收滞纳税款5‰的滞纳金。

根据上述规定，中国中钢集团公司2006～2008年3笔应向中钢国际支付的租金虽未实际支付，但已计入本公司管理费用，应视同已支付，按10%的税率代扣代缴相应的预提所得税，其中2006年应代扣代缴785.58万元，并从2007年1月6日起加收滞纳金（租金计入管理费用日期为2006年12月31日，适用旧法，向后推5日）；2007年应代扣代缴578.25万元，并从2007年12月4日起加收滞纳金（租金计入管理费用日期为2007年11月28日，适用旧法，向后推5日）；2008年应代扣代缴135.29万元，并从2008年4月8日起加收滞纳金（租金计入管理费用日期为2008年3月31日，适用新法，向后推7日）。

（供稿单位：北京市国家税务局稽查局）

某金属制品有限公司账外经营偷税案

［基本情况］ 2009年8月，无锡市国税局接到举报，反映某金属制品有限公司账外经营，隐瞒销售收入，偷税金额巨大。并提示：该企业有通过个人银行卡收取货款的行为（未提供开户行、卡号、户名等相关信息）；该企业有大量的电费支出未在账面反映；该企业真实账簿在其生活区某房间。随后江苏省国税局稽查局、国家税务总局稽查局也分别接到同样举报。2009年12月，省局稽查局将此案列为督办案件，2010年3月国家税务总局将此案转为督办案件。

某金属制品有限公司为中外合资企业，2004年2月开办，从事线材的生产销售。2007年、2008年共实现销售收入11.76亿元，缴纳增值税6107万元，至2008年底累计亏损4200万元。

［违法事实］ 无锡市国税成立专案组，根据举报内容，制定以突击检查、核实用电情况、银行信息查询为重点的检查预案，对该企业展开全面检查。一是以耗电量评估纳税能力。该企业分炼钢、轧钢两个车间，生产设备为中平炉，据省国税局钢铁行业检查指南中的测算模型，该企业两年共用电3.41亿度，其中生产用电3亿度，应产线材37.5万吨，而账面反映生产线材32.09万吨，差额达5.41万吨。评估认为，该企业涉嫌少报销售收入约1.89亿元。二是全面掌握收款银行卡，账卡核对。该企业主要通过现金、银行转账、个人银行卡收取货款，基本无应收账款。现金和银行卡上的部分资金转入公司账户，申报纳税。专案组一方面收集有关人员的身份信息，到相关银行查询，另一方面从企业凭证中支付银行手续费用的原始单据中找线索。发现另外两个用于收取货款的个人账号。检查人员依法到涉及的两家银行调取了上述三个个人账户的交易记录。经统计，三个个人账户两年内共收取资金为8.15亿元。至此已实际掌握了该企业这两年用于收取货款的银行卡。比对分析发现，涉嫌未入账收入21388万元，这也与耗电量分析的结果相互印证。三是从电话银行入手，通过交易电话查找付款方。经与银行协调，专案组从省行取得了电话银行的交易记录。经查询，涉及电话号码670个，共来款3.5亿元。在公安、电信的配合下，专案组调取用于本市交易的235个电话号码的户主身份及电话所在地，但相当部分户主为个人或钢材市场，仍无法直接与钢材销售商对应上。专案组决定采用先掌握钢材销售商信息，再与来款交易电话号码比对的方法。结合该企业由40多名福建同乡出资并主要由福建同乡销售的特点，专案组先到离该企业最近、福建人最为集中的某钢材市场，向市场管理方调取市场内全部商户通迅录，经与银行查询到的交易电话号码、卡主姓名比对后确定，该市场内共有105个商户通过电话银行与该企业发生过资金往来，涉及资金1.24亿元。四是核查银行卡资金的同时，专案组按来款方分类统计收款数、开票数及市场内待核查的商户名单。根据某一商户通过个人银行卡支付的资金数、通过企业银行账户支付资金数、通过认证系统查询该企业向某一商户开出的增值税专用发票额，三方比对，最终使部分商户确认了无票购货的事实，案件取得突破性进展。五是全方位核查本地资金。经排查，近200户与该企业有业务关系的企业或个体工商户进入检查组核查范围，涉及银行卡资金3.5亿元。检查组查实并经企业核对后确认，该企业共向本市47户企业和个体工商户销售线材未开票金额7857万元。六是广泛开展协查。经协查取证，又确定账外销售

货款2126万元。检查初期，该企业态度强硬，初步发现线索后，该企业分两次提供了部分账外账，计509.37万元，企图搪塞过关。案件打开突破口后，该企业再次自查账外收入3689万元。专案组继续加大稽查力度。要求企业预储纳税保证金（预储1100万元），并提供纳税担保，为后期入库奠定基础。在证据面前，该企业不得不承认，2007至2008年账外销售取得收入1.42亿元，未申报纳税。

［处理结果］　该企业账外经营，隐瞒销售收入偷税。依据相关政策、法规，依法追缴增值税2060万元并加收滞纳金，处50%罚款，现已全部入库。调增2007年、2008年应纳税所得额后，由于该企业处于“两免三减半”的免税期，不予补税。

（供稿单位：无锡市国家税务局稽查局）

某公司隐匿炒股收入偷税案

［基本情况］　根据群众举报，常州市某电缆有限公司（以下简称A公司）炒股收入不入账，涉嫌偷税。市稽查局立即安排检查组对A公司履行纳税义务情况进行检查。经检查，还发现A公司的某些税收违法行为涉及其关联企业B公司，于是，决定对B企业并案检查。

A公司成立于1981年，主要从事电线、电缆制造等业务，企业所得税征收方式为查账征收，由地税机关负责征收。B公司是2000年3月由A公司、南京某公司（以下简称C公司）以及A公司与C公司的几个高级管理人员个人出资成立，其中法人股权占96%，自然人股权占4%，注册资金2100万元，主要从事电线电缆制造，和A公司是“两块牌子，一套班子”。根据举报内容，检查小组利用互联网搜索引擎，尝试着输入A公司名称和“股票”、“流通股”等关键字，在上交所网站上找到了A公司名列某上市公司十大流通股股东的披露信息。检查小组立即截屏并打印截屏内容，留作初步的证据。于是，检查人员依照法定程序调取A公司各银行存款账户的资金往来清单，然后和银行存款日记账的项目进行逐笔比对，发现有几笔大额资金在银行存款日记账中没有记录。披露信息显示，A公司曾是某上市公司十大流通股股东。检查人员结合前面发现的几笔大额资金往来未在银行存款日记账中反映这一疑点，推测那几笔大额银行往来资金，可能就是用于炒股的资金。检查小组再次到银行调查取证，查询了这几笔大额资金的来源和去向，发现其中的几笔转入了某证券公司账户。根据这一线索，检查人员依照法定程序，到该证券公司调取了A公司所开设账户的股票交易记录。掌握了这些证据，检查人员决定对A公司财务科长进行询问，要求其对上市公司的披露信息、银行存款账户往来清单、证券公司股票交易记录等资料做出解释。面对这些证据，财务科长交代在证券公司开设两个证券账户，借给某业务单位用于炒股，收益不入账的违法事实。一账户是A公司开设的，另一账户是A公司的关联企业B公司开设的。

根据证据，检查人员决定，对A公司的关联企业B公司进行并案检查。经查，A公司在2003～2006年期间，分四次把公司持有的795万股B公司的股权，按照原价转让给B公司和C公司的部分管理人员。查看B公司工资单，发现B公司的管理人员工资并不高，购买股权的数百万元资金不太可能来自工薪收入。B公司自然人股权只占4%，这数百万元资金也不可能来自分红。经询问财务人员和查阅相关账册资料，检查人员发现这些资金来自B公司的一笔所谓的“特别奖励基金”。自2003～2006年，B公司每年从未分配利润中提取“特别奖励基金”，转入“其他应付款——特别奖励基金”科目，分四次分配给B公司和C公司的部分管理人员，用于购买A公司和C公司持有的B公司股权。这些资金的分配虽然已按“股息红利”所得代扣代缴个人所得税，但是，不符合税法的相关规定。依法应按工资薪金所得申报缴纳个人所得税。至于分配给C公司管理人员的“特别奖励基金”，则应按劳务报酬所得申报缴纳个人所得税。

另外，B公司的业绩很好，业务呈明显上升的态势，其账面未分配利润和资本公积始终保持在数千万元的水准。这样的公司，其股权以原始价出售，明显有失公允。应该按照《中华人民共和国税收征收管理法》的有关规定，核定其财产转让所得。

［违法事实］ A公司：该单位2007年利用账外资金买卖上市公司股票，获得利息收入1.38万元及股票转让收益431.35万元，未入账，也未计入企业所得税应纳税所得额；该单位2003～2006年，每年将拥有的B公司股权按原价转让给部分个人股东，未按享有的权益进行转让，2003～2006年度分别少计企业所得税应纳税所得额42.84万元、114.04万元、109.52元、271.86万元，少缴企业所得税。

B公司：该单位2003～2006年，共从未分配利润中提取1200万元“特别奖励基金”，用于奖励本单位部分管理人员，已按“利息、股息、红利所得”代扣代缴个人所得税，应按“工资、薪金所得”代扣代缴个人所得税，少代扣代缴个人所得税；2003～2006年，共从未分配利润中提取240万元“特别奖励基金”，用于奖励业务单位的几个管理人员，已按“利息、股息、红利所得”代扣代缴个人所得税，应按“劳务报酬所得”代扣代缴个人所得税（涉及加成征收），少代扣代缴个人所得税；2006年用账外资金买卖上市公司股票，获得利息收入2.98万元及股票转让收益586.94万元，未入账，也未计入企业所得税应纳税所得额。

［处理结果］ 根据《中华人民共和国税收征收管理法》、《中华人民共和国个人所得税法》和《中华人民共和国企业所得税暂行条例》的有关规定：对A公司：其炒股收入不入账的行为认定为偷税，追缴少申报缴纳的2003～2007年度企业所得税320.43万元，加收滞纳金134.63万元，对其偷税行为处以罚款71.40万元，合计526.46万元。

对B公司：其炒股收入不入账的行为认定为偷税，追缴少申报缴纳的2006年度企业所得税194.67万元，加收滞纳金83.32万元，并处以罚款97.34万元；补扣补缴2003～2006年度工资、薪金所得个人所得税116.33万元；补扣补缴2003～2006年度劳务报酬所得个人所得税19.82万元。对其应扣未扣个人所得税的行为处以罚款68.07万元，合计579.55万元。以上对A公司和B公司追缴税款、加收滞纳金、罚款总计1106.01万元。

（供稿单位：江苏省地方税务局稽查局）

某电力集团公司涉税案

［基本情况］ 芜湖某电力集团公司是芜湖市供电公司下属电力安装企业，2003年由集体企业改制成股份有限公司，股本结构全部为职工个人股，主要从事电力设施的安装业务。通过对全省重点税源企业纳税申报情况及其他有关情况分析，确定该户为全省重点税源企业检查单位，对该单位2007～2009年度的纳税申报情况进行检查。

［违法事实］ 1. 长期投资收益记入“资本公积——其他科目”，当年转赠个人股本未按规定代扣代缴个人所得税。2. 回购职工个人股支付增值价差未按规定代扣代缴个人所得税。3. 为职工支付商业保险费未按规定代扣代缴个人所得税。4. 2009年支付职工集资利息，未按规定代扣代缴个人所得税。

［处理结果］ 1. 根据《中华人民共和国个人所得税法》第一条、第二条、第三条、第六条、《国家税务总局关于股份制企业转增股本和派发红股征免个人所得税的通知》（国税发〔1997〕198号）和《国家税务总局关于原城市信用社在转制为城市合作银行过程中个人股增值所得应纳个人所得税的批复》（国税函〔1998〕289号）的规定，2005年度少代扣代缴转增个人股本个人所得税339.10万元。2. 根据《中华人民共和国个人所得税法》第一条、第二条、第三条、第六条和《中华人民共和国个人所得税法实施条例》第八条规定，2007～2009年度少代扣代缴回购职工个人股支付增值价差个人所得税10.51万元。3. 根据《中华人民共和国个人所得税法》第一条、第二条、第三条、第六条，《中华人民共和国个人所得税法实施条例》第二十五条和《国家税务总局关于单位为员工支付有关保险缴纳个人所得税问题的批复》（国税函〔2005〕318号）及《中华人民共和国税收征收管理法》第八十六条、第六十九条和《中华人民共和国行政处罚法》第二十七条第二款规定，2007年和2009年度少代扣代缴个人所得税67.20万元，并处以0.5倍罚款计33.60万

元。4. 根据《中华人民共和国个人所得税法》第一条、第二条、第三条、第六条及《中华人民共和国税收征收管理法》第八十六条、第六十九条和《中华人民共和国行政处罚法》第二十七条第二款规定，2009 年少代扣代缴个人所得税 66.69 万元，并处以 0.5 倍罚款计 33.35 万元。根据国家税务总局《关于贯彻〈中华人民共和国税收征收管理法〉及其实施细则若干具体问题的通知》（国税发〔2003〕47 号）规定，对上述 1～4 项少代扣代缴的个人所得税 483.49 万元，责令企业补扣补缴。

（供稿单位：安徽省地方税务局稽查局）

某煤矿隐瞒转让收入涉税案

[基本情况] 针对 2009 年的经营，检查组调取以下资料并发现以下问题：一是企业提供《合作经营协议》1 份，主要内容是煤矿引进另一经营者参与投资，并占有 97% 的股份，参与人在进入投建煤矿后支付 2000 万元给原投资人作为之前原投资人的补偿。原经营者不再承担任何风险，只是每年按 3% 利润参与分红，于次年 1 月 31 日核算兑现。协议签订生效当日（2009 年 6 月 15 日），2000 万元价款立即支付。二是提供县司法公证书一份，公证以上《合作经营协议》情况属实。三是经检查，2009 年企业获净利润 860 万元（经营中的个人所得税核定在吨煤中按月申报预缴），全部作为企业留利处理，但至今未按协议规定作分配处理。四是通过检查企业的相关证照，此煤矿设计规模为年产 15 万吨的合法煤井，横向对比近期已转让的煤矿，此煤矿按 2000 万元转让明显偏低。

[违法事实] 检查人员按照法定程序询问，确定付款时间为 2009 年 7 月 1 日，付款方式为银行转账付款，并责令双方提供银行账号；根据提供的账号，经县局主管领导批准后检查人员向银行送达检查存款账户许可证明，对原投资人的银行账户及进账情况进行核查。经查，投资参与人在 7 月 1 日付给原投资人的实际价款是 5600 万元，且转账单上注明价款性质是矿井转让。在事实面前，原投资人承认了因投资参与人的进入，付给自己的钱确实是 5600 万元。经与对方核对，情况属实。投资参与人承认煤矿转让事实，并承认原投资人与自己签订的已经公证的合作经营协议是假的，原投资人将煤井整体转给自己，是纯转让行为。经查，纳税人在转让煤井后，一方面串通购买方制作假合同经公证隐瞒转让事实，另一方面把真实的转让协议与购买方到另一邻近地区进行司法公证。

[处理结果] 按照《中华人民共和国税收征收管理法》第六十三条的规定，检查人员以大量的询问笔录、提取的两个经公证的协议、银行提供的转账依据等，定性此案为偷税。经计算，纳税人应缴未缴税款共计 833.6 万元，教育费附加 8.4 万元，合计 842 万元。处以应纳税 1 倍的罚款，罚款额为 833.6 万元。经计算并要求主管国家税务局提供当年的应纳税及缴税情况核对，确定 2009 年该纳税人（独资企业投资人）应缴国地税收合计为 1108 万元，已涉嫌犯罪，依法移交司法机关处理。处理、处罚决定下达后，该纳税人及时缴纳了税款、教育费附加及罚款。司法机关作出免予追究刑事责任的决定。

（供稿单位：贵州省地方税务局稽查局）

某矿业有限公司涉税案

[基本情况] 某矿业有限公司自 2006～2008 年间，将外购材料、备用备件提供给被委托方未作销售处理，少缴增值税款 327 万元；在 2006 年和 2007 年购置应税机动车辆用于矿区，不办理车购手续，未向税务机关缴纳车辆购置税，少缴车辆购置税 214 万元；在 2007 年税前列支存货盘点

损失，未履行税法规定的手续，少缴外商投资企业和外国企业所得税税款34万元；在2008年税前列支外籍员工海外保险费，少缴企业所得税税款48万元；在税前以支付权益金方式向中方股东进行利润分配，2007年少缴外商投资企业和外国企业所得税税款452万元；2008年少缴企业所得税税款915万元；2008年该企业在享受减免税优惠条件发生变化后，仍适用优惠税率缴纳企业所得税款，少缴10%税率差部分的企业所得税2651万元。

［违法事实］ 1. 该企业主要从事黄金采选矿产品经营，其中主要的施工项目——矿山建设和黄金矿石开采，均委托外单位进行实施。在委托施工期间，被委托方相关设备所消耗的备品备件、部分材料均由该公司提供，并记入“其他应收账款”账户，于后期生产经营中利用该账户进行抵冲，不作销售处理，未按照税法规定向税务机关进行申报纳税。在此环节，2006～2008年间，该公司向被委托方提供成本价格为4964万元的部分材料、备品备件，少缴增值税款327万元，其中：税务机关直接查处增值税税款34万元，企业自查增值税税款293万元。

2. 该企业根据生产经营需要，购置大量的吉普车小卡、轻型载货车和卡车，由于其主要生产经营场所在海拔3400米以上的戈壁山区中，外购车辆除个别车辆由于运输人员、物资需要出入矿区外，其余车辆均在矿区使用。该公司对购置用于矿区内，不办理车购手续的车辆，未向税务机关缴纳车辆购置税。在此环节，2006～2007年间，购买的吉普车小卡、轻型载货车和卡车等，购进价格为2507万元的37辆，均未申报缴纳车辆购置税，少缴车辆购置税214万元。

3. 该企业是以外资投资为主体的企业，聘用数量较多的外籍人员，该公司为其外籍员工在国外办理个人保险，所发生的保险费用，作为公司正常经营管理费用在“管理费用”账户中列支。据查，该公司在2008年度税前列支外籍员工海外保险费193万元，少缴企业所得税税款48万元。

4. 该公司在2007年经存货盘点，确认损失230万元，未向税务机关报备，不能就其财产损失做出书面说明，也未提供财产损失鉴定证明资料和有关部门、机构鉴定的财产损失证明资料，直接记入“管理费用”账户予以税前列支，少缴外商投资企业和外国企业所得税税款34万元。

5. 该企业股东主要包括外方控股股东和中方股东，其中：外方控股股东为TJS有限公司（TJS有限公司为加拿大阿富勘矿业公司的全资子公司，2005年9月13日加拿大埃尔拉多黄金公司收购加拿大阿富勘矿业公司100%的股权）；中方股东分别为青海第一地质矿产勘查大队和青海省海西州大柴旦金矿，占该公司5%的股份。根据该公司章程规定，公司以支付权益金方式向中方股东进行利润分配，公司在实际操作中将支付的权益金计入生产成本在税前列支。据查，2007年该公司税前列支中方权益金3015万元，少缴外商投资企业和外国企业所得税税款452万元；2008年度税前列支中方权益金3659万元，少缴企业所得税税款914万元。

6. 该企业根据原《财政部、国家税务总局、海关总署关于西部大开发税收优惠政策问题的通知》（财税〔2001〕202号）的规定，享受15%的企业所得税优惠税率政策。但根据《外商投资产业指导目录（2007年修订）》“限制外商投资产业目录二、采矿业3. 贵金属（金、银、铂族）勘查、开采”之规定，该公司2008年主营业务黄金矿开采已不属于外商投资产业指导目录鼓励类项目，而属于限制类项目。在享受减免税优惠条件发生变化后，该公司未依照税法规定，在15日内向税务机关报告，也未及时进行调整履行纳税义务，仍适用西部大开发15%的优惠税率缴纳企业所得税款。少缴10%税率差部分的企业所得税2651万元。

［处理结果］ 依据《中华人民共和国增值税暂行条例》和《中华人民共和国增值税暂行条例实施细则》规定，追缴增值税税款327万元。依据《中华人民共和国车辆购置税暂行条例》第一条和第十三条之规定，追缴车辆购置税税款214万元。对税前以支付权益金方式向中方股东进行利润分配，依据《中华人民共和国外商投资企业和外国企业所得税法》和《中华人民共和国外商投资企业和外国企业所得税法实施细则》追缴外商投资企业和外国企业所得税452万元；依据《中华人民共和国企业所得税法》第十条之规定，调增应纳税所得额，追缴企业所得税税款914万元。税前列支存货盘点损失，依据《国家税务总局关于取消及下放外商投资企业和外国企业以及外籍个人若干税务行政审批项目的后续管理问题的通知》（国税发〔2004〕80号）第十条之规定，调增应纳税所得额，追缴外商投资企业和外国企业所得税税款34万元。税前列支外籍员工海外保险费，依据《中华人民共和国企业所得税法实施条例》第三十

五条和第三十六条之规定，调增应纳税所得额，追缴企业所得税税款48万元。对享受减免税优惠条件发生变化后，仍按优惠税率计算缴纳企业所得税行为，依据《国家税务总局关于西部大开发企业所得税税收优惠政策适用目录问题的批复》（国税函〔2009〕399号）和《中华人民共和国税收征收管理法实施细则》第四十三条第二款之规定，追缴企业所得税税款2651万元。依据《中华人民共和国税收征收管理法》第六十四条第二款之规定，处以少缴增值税税款、车辆购置税、外商投资企业和外国企业所得、企业所得税税款的50%罚款，罚款金额为849万元。依据《中华人民共和国行政处罚法》第二十七条第二款规定，对企业自查部分，不予行政处罚。依据《中华人民共和国税收征收管理法》第三十二条之规定，对少缴、未缴的税款，从滞纳税款之日起至缴纳税款入库之日止，按日加收滞纳税款5‰的滞纳金。依据《中华人民共和国税收征收管理法》第五十二条、《国家税务总局关于西部大开发企业所得税税收优惠政策适用目录问题的批复》（国税函〔2009〕399号）、《青海省国家税务局关于青海大柴旦矿业有限公司享受西部大开发15%企业所得税优惠税率的批复》（青国税函〔2008〕314号）之规定，加之该企业及时补缴了企业所得税税款，对企业在减免税优惠条件发生变化后，仍按优惠税率计算，并少缴纳的企业所得税税款，不加收滞纳金。

（供稿单位：青海省国家税务局稽查局）

某水泥有限责任公司偷税案

［基本情况］　云南省某水泥有限责任公司属于私营有限责任公司，成立于2003年，法定代表人：诸葛礼建。属于增值税一般纳税人，国税局征管税种是增值税。主营范围：水泥生产销售、水泥制品、建材、碎石、编织袋及水泥粉末销售，产品有PO42.5、PC42.5、PC32.5三种规格产品，其中PC42.5、PC32.5属资源综合利用产品，2003～2008年享受资源综合利用税收优惠政策。2005年申报销售额3521万元，缴纳增值税308.66万元，享受资源综合利用即征即退增值税216.12万元；2006年申报销售额4642.7万元，缴纳增值税379.4万元，享受资源综合利用即征即退增值税224万元；2007年申报销售额5544.8万元，缴纳增值税554万元，享受资源综合利用即征即退增值税253万元；2008年申报销售额4820.4万元，缴纳增值税481.4万元，享受资源综合利用即征即退增值税370万元；2009年申报销售额3835万元，缴纳增值税260.9万元。

［违法事实］　经检查，该企业存在的问题如下：（1）销售货物未反映销售收入，未计提销项税，未向税务机关申报缴纳增值税1144.12万元。2005年1月至2009年12月取得销售水泥不含税收入6958.11万元，未入当期财务核算，未反映销售收入，未计提增值税销项税额1182.88万元。扣除2005～2009年两次纳税评估中涉及水泥数量的补缴增值税38.76万元后，少缴增值税1144.12万元。（2）购进原材料损失进当期管理费用，未按规定转出进项税额9586.64元。上述两项合计应补缴增值税1145.08万元。

［处理结果］　（1）对未申报缴纳的增值税问题定性为偷税，除追缴其少缴的增值税1144.12万元，从滞纳税款之日起按日加收5‰的滞纳金外，并处少缴税款0.5倍的罚款，即罚款572.06万元。（2）对进项税未转出问题，除追缴其少缴的增值税9586.64元，并从滞纳税款之日起按日加收5‰的滞纳金。目前，该企业已缴纳入库增值税1145.08万元、罚款572.06万元、滞纳金574.17万元，合计入库2291.31万元。

（供稿单位：云南省国家税务局稽查局）

某食品有限公司股权转让涉税案

［基本情况］ 2010年11月10日，A市某县国家税务局稽查局（以下简称稽查局），按照A市稽查局对非居民企业专项稽查的通知，成立专项检查组对县内非居民企业“某食品有限公司”进行专项检查。

某食品有限公司地处该县清河工业园区，法人代表宗某某。生产经营范围为生产食品、饮料，销售自产产品。企业登记注册类型为中外合资经营企业。注册资本为8000000元。原投资双方为T广盛投资有限公司与新加坡D投资公司。现投资方为Y集团有限公司与T广盛投资有限公司。隶属于某县国家税务局某税务所管理。

1. 检查组查阅纳税征管资料，2009年该公司增值税申报销售额209695354.05元，销项税额35648210.21元，进项税额22882118.89元，进项税额转出143908.35元，实际抵扣22134398.98元，应纳税额13513811.23元，已纳税额13513811.23元；企业所得税申报营业收入209695354.05元，营业成本139371849.05元，利润总额56915968.81元，应纳企业所得税14228992.20元，减免所得税额7114496.10元。实际缴纳企业所得税7114496.10元。

2. 常规检查，未能取得突破。检查组对照纳税申报资料，落实账面核算的产品发出是否存在没有及时作销售处理，已销售产品是否存在没有申报纳税问题。其次，把营销部的“送货单”部分存根联和回执联以及存根，按产品规格、型号、名称、提货人、运输单位、数量、单价、金额、开单时间、发货时间等要素，理出每天实际发出商品的真实数量。再次，把仓储部的成品，按照规格、型号、名称，每天期初数量、入库数量、发出数量、期末数量，货物入库验收人、发货人等要素，理出每天出入库真实数量。最后把生成的上述信息进行同口径比对，得出每天实际销售数量，形成完整、准确的数据证据材料未取得进展。又从投资协议、验资报告、资金流等最基础资料入手仍未取得进展。

鉴于上述情况，为拓宽检查思路，检查组利用外网查阅外部信息，将该公司的销售开单、仓储提货、经销商等与实物直接接触的环节作为重点，以查找其偷税的证据。

3. 检查组通过对内部、外部的调查，发现该公司因经营需要，2009年11月9日签订股权转让协议：新加坡D投资公司将原持有某食品有限公司51%的股权（原始价格330万元）全部转让给Y集团有限公司。

4. 在掌握上述重要证据后，稽查人员与该公司主要负责人进行交谈，告知其主要涉税问题的严重性和已经取得的直接证据，要求其主动配合检查。经过教育、开导，上述人员配合检查并提供证据。对稽查人员取得的相关资料一一签字、盖章确认。至此调查取证工作圆满完成。

［违法事实］ 某食品有限公司的原投资方为T广盛投资有限公司和新加坡D投资公司。因公司经营的需要，2009年11月9日签订股权转让协议：新加坡D投资公司将原持有某食品有限公司51%的股权（原始价格330万元）全部转让给Y集团有限公司。股权转让最终交易价格为62087532.66元，成本为33741600.00元，此次转让股权所得收益28345932.66元，应缴纳企业所得税2834593.27元。

［处理结果］ 根据《中华人民共和国企业所得税法》第十九条的规定：非居民企业取得股息、红利等权益性投资收益和利息、租金、特许权使用费所得，已收入全额为应纳税所得额；转让财产所得已收入全额减除财产净值后的余额为应纳税额；其他所得，参照前两项规定的计算应纳税所得额。同时根据《国家税务总局关于加强非居民企业股权转让所得企业所得税管理的通知》（国税函〔2009〕698号）规定：股权转让所得是指股权转让价减除股权成本价后的差额。如被持股企业有未分配利润或税后提存的各项基金等，股权转让人随股权一并转让该股东留存收益权的金额，不得从股权转让价中扣除。因此，某食品有限公司股权转让最终交易价格为62087532.66元，成本为33741600.00元，截至2008年1月1日转让方享有的未分配利润不予扣减。此次转让股权所得收益28345932.66元，应缴纳企业所得税2834593.27元。

2009年某食品有限公司股权转让所得征收的过程中，由于企业内部投资双方的矛盾，此次股权转让没有通过某食品有限公司进行代扣代缴，而是通过某（中国）企业咨询有限公司全权办理。某（中国）企业咨询有限公司注册地址在上海，而股权转让双方均为非居民企业，交易在境外进行，无法在综合征管软件中进行扣缴。稽查局多次咨询市局后，在综合征管软件中的税务登记岗进行临时纳税人的登记，制作税务认定审批确认书将D投资有限公司认定为非居民企业，在申报征收岗的非居民企业所得税申报模块中进行申报，税率10%，但申报表中无法更改税率（申报表税率25%）。为了把税款足额收回，给D投资有限公司的票由稽查人员按照票样在Word文档中套打出的10%税率的票，税务机关留存的票为综合征管软件中出的票。

（供稿单位：陕西省国家税务局稽查局）

某汽车运输省际客运公司偷税案

［基本情况］　贵州省遵义汽车运输（集团）省际客运有限公司（以下简称省际客运公司），企业法人营业执照注册号：520300000026269（1-1），企业成立日期：2007年7月19日，注册资本：陆拾万元整，经营性质：国有企业，经营范围：省际班车客运、省际包车客运、市际班车客运、市际包车客运、县际班车客运、县际包车客运、县内班车客运、县内包车客运。该企业未在国税部门办理税务登记。

［违法事实］　2009年12月29日，贵州省正安县国税局稽查局收到正安县公安局经侦大队“关于王某某逃避缴纳税款”一案的转办函，转办材料反映王某某于2006年从贵州金龙客车销售有限公司购买了3辆金龙客车，挂靠贵州省遵义汽车运输（集团）省际客运公司经营省际班车客运，存在涉嫌少缴车辆购置税的情况。材料同时提供了由贵州金龙客车销售有限公司开具的6份发票作为证据，发票注明购货单位均为“贵州省遵义汽车运输（集团）省际客运有限公司”（以下简称“省际客运公司”）。

检查人员分析认为省际客运公司有少缴车辆购置税的嫌疑，决定对省际客运公司缴纳车辆购置税的情况进行全面检查。

1. 在实施检查前，检查组首先根据汽车销售的经营特点，对公安部门提供的证据材料进行案头分析，发现转办函所涉及的3辆金龙客车均分别开具了《机动车销售统一发票》和《贵州省贵阳市货物销售统一发票》两类发票，发票注明购货单位均为“贵州省遵义汽车运输（集团）省际客运有限公司”。检查组随即到贵州金龙客车销售有限公司（以下简称“金龙公司”）实地外调取证，通过核实企业账簿凭证、资金往来情况以及对有关人员展开询问，证实王某某于2006年从金龙公司购买了3辆金龙客车，并在购买时向销货方提出对每辆车开具2份发票的要求。金龙公司根据其要求共开具了6份发票，发票开具的购货单位与资金的支付单位均为省际客运公司。检查组又到省际客运公司展开实地调查，发现省际客运公司已按上述3份《机动车销售统一发票》注明的金额申报缴纳了车辆购置税11.41万元，同时列入固定资产管理，按月计提折旧。而金龙公司开具的《贵州省贵阳市货物销售统一发票》未在其账上反映，也未申报纳税。

2. 根据省际客运公司提供的账簿、凭证等资料，检查组对省际客运公司车辆购置的情况按固定资产账、车牌照号逐一进行核实，同时到所涉及的销售单位进行外调取证，查实2006年1月1日至2010年6月31日期间，省际客运公司共计购进应税车辆66辆。初查购置车辆中涉嫌少缴车辆购置税的有51辆。

3. 到车辆销售单位调查了解车辆销售的有关情况，以核实印证省际客运公司财务账簿记录的真实性。

4. 纳税人在购置车辆时采取一车开具2份发票（一份机动车销售统一发票，一份货物销售发票），使用机动车销售统一发票缴纳车辆购置税减少了计税依据。通过查阅省际客运公司固定资产账，该公司开具的货物发票没有对应相关的车辆，销售单位分散，时间跨度大，给检查取证工作带来很大的难度。检查人员逐一核实车辆购置的真实价格，到车辆销售单位对每一辆车的购车合同、款项支付情况、发票开具情况等进行核对，落实了每一辆车的准确购置价格。

2006年1月1日至2010年6月30日期间，贵州省遵义汽车运输（集团）省际客运有限公司外购汽车时采取要求销售方一车开具2份发票分解汽车实际售价，并仅按其中1份发票（《机动车销售统一发票》）上注明的价款申报纳税的手段、少缴车辆购置税18.85万元。

[处理结果] 根据《中华人民共和国税收征收管理法》第六十三条第一款之规定，对其偷税行为作出追缴税款18.85万元，按规定加收滞纳金，并对偷税行为处9.43万元罚款。

（供稿单位：贵州省国家税务局稽查局）

某外商投资企业涉税案

[基本情况] 戴尔（中国）有限公司属设立于厦门经济特区的生产性外商投资企业，主营开发、生产、销售计算机产品、数据处理产品及其他有关的外围产品，为在中国的戴尔产品提供售后服务。1999年为其第一个获利年度，由于该公司被认定为先进技术企业，根据《外商投资企业和外国企业所得税法》的规定，在“两免三减半”的期限届满后，可延长3年减半征收，但减半后企业所得税税率不低于10%，2005~2007年适用的所得税税率分别为10%、10%、15%。产品销售业务适用增值税，税率为17%，外销产品采用“免、抵、退”办法。服务性收入和投资收入适用营业税，税率为5%。从2006年第一季度开始，公司的出口业务逐步转到其关联方戴尔（厦门）有限公司。

[违法事实] 经查实，2006年1月，该公司向注册于美国的Dell International Holdings VII (Ireland) 提供关联企业贷款2亿美元，贷款期限为2006年1月27日至2008年1月26日。2007年1月，该公司向注册于荷兰阿姆斯特丹的Dell International Holdings VIII B V提供关联企业贷款2亿美元，贷款期限为2007年1月12日至2010年1月11日。上述来源于境外所得取得利息收入28612529.71美元，折合人民币221199384.02元，该公司以来源于中国境内所得，申报缴纳外商投资企业和外国企业所得税，其中2006年度缴纳外商投资企业和外国企业所得税4969384.60元，2007年度缴纳外商投资企业和外国企业所得税19569503.31元。

[处理结果] 根据《中华人民共和国政府和美利坚合众国政府关于对所得避免双重征税和防止偷漏税的协定》第十条第六款、《中华人民共和国和荷兰王国关于对所得避免双重征税和防止偷漏税的协定》第十一条第七款的规定，上述境外贷款取得的利息收入应判定为来源于中国境外的所得，适用法定33%的税率缴纳外商投资企业和外国企业所得税。根据《中华人民共和国外商投资企业和外国企业所得税法》第一条、第二条、第三条、第五条，《中华人民共和国外商投资企业和外国企业所得税法实施细则》第二条第二款、第七十一条第一款，国家税务总局《关于外商投资企业来源于中国境外所得适用税率和计算税额扣除问题的通知》的规定，上述贷款利息收入应申报缴纳的2006年度外商投资企业和外国企业所得税24135581.19元，应申报缴纳的2007年度外商投资企业和外国企业所得税48860215.53元。扣除已申报交纳的外商投资企业和外国企业所得税，应补缴2006年度外商投资企业和外国企业所得税19166196.59元，2007年度外商投资企业和外国企业所得税29290712.22元，合计查补外商投资企业和外国企业所得税48456908.81元。2008年度涉及的境外贷款利息收入应自行申报缴纳。根据《中华人民共和国税收征收管理办法》第三十二条，从滞纳税款之日起，按日加收5‰的滞纳金。

（供稿单位：厦门市国家税务局稽查局）

某药业有限公司偷税案

［**基本情况**］　内蒙古某药业有限公司未按规定以给医院开具的发票价格计销售收入，而是按照所对应的药品进价加几个利润点形成的出库价入账记销售，并据此进行申报纳税。医药公司购进药品后按照药厂开具的增值税专用发票进行抵扣，进价一般不高，并以此与药厂进行结算，然后医药公司将该种药品按照省级招标中心每年年初确定的中标价销售进入医院，这个价格一般要比购进价高很多，一倍、两倍甚至几倍、十几倍都有，这部分差额并不是医药公司的实际利润，医药公司的实际利润由药厂按照中标价6%的比例进行核定，医药公司按照购进价加上这个利润点确定出库价，然后依据销售出库单入账记销售收入，并申报纳税，公司按中标价给医院开具普通发票，医院据此按中标价将款项划转医药公司，医药公司将购进成本和预先核定的利润额（即出库价）留在自己账上后，于次日或者几日内将剩余的差额都通过转账形式返还给医药代表，成为医药代表或者药厂为将其生产的药品打入某地、某医院而运作的营销费用。

通过从CTAIS后台数据库抽取的开票数据与申报数据进行比对，发现该药业公司发票开票金额大于申报金额。随后稽查局对其进行立案检查。

［**违法事实**］　1. 该公司2009年1～11月向各医院开具的2631份普通销售发票合计开具金额为4890.72万元（不含税），而该公司增值税纳税申报表申报的普通发票销售额为2281.83万元，开具金额与申报销售额差额为2608.89万元，未计销售收入，少申报缴纳增值税443.51万元、所得税652.22万元。

2. 该公司2010年1～8月向各医院开具的1674份普通销售发票合计开具金额为2573.87万元（不含税），而该公司增值税纳税申报表申报的普通发票销售额为746.96万元，开具金额与申报销售额差额为1826.91万元，减去2009年12月份已申报但在2010年1月份开具的普通发票金额227.31万元，实际差额为1599.60万元，未计销售收入，少申报缴纳增值税271.93万元、所得税279.46万元。

3. 该公司从2005年2月到2010年8月31日期间共缴销已开具的普通销售发票447本，开具的普通销售发票存根联由该公司负责保管，但该公司现只保存179本，其余268本存根联丢失。

［**处理结果**］　1. 根据《中华人民共和国增值税暂行条例》第一条规定：在中华人民共和国境内销售货物或者提供加工、修理修配劳务以及进口货物的单位和个人，为增值税的纳税义务人（以下简称纳税人），应当依照本条例缴纳增值税。第十九条规定：增值税纳税义务发生时间：（一）销售货物或者应税劳务，为收讫销售款或者取得索取销售款凭据的当天。该公司2009年1月至2010年8月向各医院开具普通销售发票与申报普通发票销售额差额应提销项税，应补提销项税715.44万元。

2. 根据《中华人民共和国企业所得税法》第一条规定：在中华人民共和国境内，企业和其他取得收入的组织（以下统称企业）为企业所得税的纳税人，依照本法的规定缴纳企业所得税。该公司2009年1～11月未计销售收入部分应补缴所得税652.22万元，2010年1～6月应补预缴所得税279.46万元。

3. 根据《国家税务总局关于增值税一般纳税人发生偷税行为如何确定偷税数额和补税罚款的通知》（国税发〔1998〕66号）规定：偷税款的补征入库，应当视纳税人不同情况处理，即根据检查核实后一般纳税人当期全部的销项税额与进项税额，重新计算当期全部应纳税额，若应纳税额为正数，应当作补税处理，若应纳税额为负数，应当核减期末留抵税额。经计算该公司2009年1月至2010年8月应补缴增值税额715.44万元。

4. 根据《中华人民共和国税收征收管理法》第三十二条规定：纳税人未按照规定期限缴纳税款的，扣缴义务人未按照规定期限解缴税款的，税务机关除责令限期缴纳外，从滞纳税款之日起，按日加收滞纳税款5‱的滞纳金。该公司自2009年2月16日至2010年11月15日所滞纳税款应加收滞纳金184.68万元。

5. 根据《中华人民共和国税收征收管理法》第六十三条规定：纳税人伪造、变造、隐匿、擅自销毁账簿、记账凭证，或者在账簿上多列支出或者不列、少列收入，或者经税务机关通知申报而拒不申报或者进行虚假的纳税申报，不缴或者少缴应纳税款的，是偷税。对纳税人偷税的，由税务机关追缴其不缴或者少缴的税款、滞纳金，并处不缴或者少缴的税款50%以上5倍以下的罚款；构成犯罪的，依法追究刑事责任。该公司2009年1月至2010年8月少缴增值税及2009年少缴所得税的违法事实属于偷税行为，对该公司的偷税行为建议处以50%的罚款，即683.83万元。

6. 根据《中华人民共和国企业所得税法》第五十三条规定：企业所得税按纳税年度计算。纳税年度自公历1月1日起至12月31日止。企业在一个纳税年度中间开业，或者终止经营活动，使该纳税年度的实际经营期不足十二个月的，应当以其实际经营期为一个纳税年度。企业依法清算时，应当以清算期间作为一个纳税年度。第五十四条规定：企业所得税分月或者分季预缴。企业应当自月份或者季度终了之日起十五日内，向税务机关报送预缴企业所得税纳税申报表，预缴税款。企业应当自年度终了之日起五个月内，向税务机关报送年度企业所得税纳税申报表，并汇算清缴，结清应缴应退税款。该公司2010年1月至2010年6月少缴的所得税不属于偷税行为只补预缴所得税。7~8月少计的销售收入补计销售收入。

7. 根据《中华人民共和国发票管理办法》第三十六条规定，违反发票管理法规的行为包括：……（五）未按照规定保管发票的；对有前款所列行为之一的单位和个人，由税务机关责令限期改正，没收非法所得，可以并处1万元以下的罚款。有前款所列两种或者两种以上行为的，可以分别处罚。对该公司丢失已开具普通销售发票存根联的行为处以1万元的罚款。

8. 对该公司丢失的普通销售发票存根联、记账联开具金额是否大于申报金额的问题，待进一步调查核实后做出处理。

（供稿单位：内蒙古自治区国家税务局稽查局）

某药品经销企业涉税案

［基本情况］ 广东省G市国税稽查局对该药业有限公司成立专案组立案重点检查。该药业有限公司2004年3月开业，为私营有限责任公司，是增值税一般纳税人，主要经营药品、医疗器械的批发，以及药品技术、生物制药技术的研究、开发。

通过突击检查、外调或函调，核实公司的经济往来业务和分析商品的购销数量、金额关系等手段查实，该公司部分药品有购进记录而无销售记录，存在未按规定结转销售收入的情况，并将上述药品的成本在税款所属年度列支销售成本。

［违法事实］ 检查人员为正确核对该公司药品的购销数量和金额，通过手工录入增值税的销项发票和进项发票的方式，整理分析核对，对所有药品的购销数量和金额一一核实，分析公司“药品品种购销关系是否对应”的情况，通过比对分析查找案件线索，发现该公司2007~2009年间，存在部分药品未申报销售收入379万元（不含税），但成本已经列支的情况。

［处理结果］ 通过检查，补缴增值税64万元，补缴企业所得税103万元，补缴滞纳金约23万元，处应补税款的50%的罚款，约84万元，合计为国家挽回损失274万元。

（供稿单位：广东省国家税务局稽查局）

某医药公司减持限售股逃避缴纳税款案

［基本情况］　某医药公司成立于2005年12月，主营中医药高新技术研究、开发等。2008年10月变更为物流公司，注册资金2000万元，主营物流园区建设与管理等。2005～2009年3月间未在国税、地税部门办理税务登记，也未进行纳税申报。根据《国家税务总局关于2009年税收专项检查工作的补充通知》（国税函〔2009〕433号）要求，税务人员对该公司取得某上市公司限售股的投资成本、减持收入、投资收益的核算情况进行核实确认，对其申报纳税情况进行检查。

［违法事实］　该医药公司于2007年7月通过证券交易系统出售持有的全部限售股474万股，取得减持收入4485万元，扣除投资成本414万元后，限售股减持所得为4071万元，以不办理税务登记的手段，不按规定进行财务核算，不如实申报纳税。限售股减持所得4071万元扣除2002～2006年累计未弥补亏损561万元和2007年度其他所得－54万元后，2007年少计算应纳税所得额3456万元，少缴企业所得税1140.48万元。

［处理结果］　稽查部门根据《中华人民共和国企业所得税暂行条例》第一条、《中华人民共和国企业所得税暂行条例实施细则》第二条规定，要求该公司补缴企业所得税1140万元，并根据《中华人民共和国税收征收管理法》第三十二条规定，自2008年5月1日起，对该公司少缴税款按日加收滞纳税款5‰的滞纳金。

（供稿单位：甘肃省国家税务局稽查局）

万盛堂医药零售连锁有限责任公司偷税案

［基本情况］　根据2010年国家税务总局关于开展药品经销行业税收专项检查的工作安排，乌鲁木齐市国税局稽查局通过筛选分析，决定对新疆万盛堂医药零售连锁有限责任公司（以下简称万盛堂医药公司）进行立案检查。

万盛堂医药公司于2003年3月成立，注册地址为乌鲁木齐市水磨沟区昆仑路82号，主要经销中药材、中成药、中药饮片、医疗器械等，2006年1月，被主管税务机关认定为增值税一般纳税人。

［违法事实］　2008年1月至2010年5月期间，万盛堂医药公司采取设置账外账的方式，隐瞒药品销售收入1513.15万元，隐瞒厂家返还利润，未作进项税额转出6.13万元，少缴增值税263.36万元，少缴企业所得税13.33万元。

［处理结果］　乌鲁木齐市国税局稽查局认为，万盛堂医药公司采取设置账外账的方式，在账簿上少计收入，不进行纳税申报；隐瞒返还利润，未作进项税额转出，造成少缴增值税、企业所得税的行为，符合《中华人民共和国税收征收管理法》第六十三条第一款的规定，定性为偷税。决定依法追缴该公司少缴的税款276.69万元，并加收滞纳金，同时处以少缴税款50%的罚款。

（供稿单位：新疆维吾尔族自治区国家税务局稽查局）

某药业有限公司偷税案

[基本情况] 根据对部分商业企业数据分析，大连市国家税务局发现部分商业企业存在毛利率高，毛利额较大而应纳税所得额小甚至亏损的现象。2009年8月，大连市国家税务局稽查局开展“高毛利、低税负”企业专项检查。选取3户疑点较大的企业做重点检查，某药业股份有限公司（以下简称某药业公司）偷税案便是本次专项检查中比较典型的案件。

某药业公司是2003年6月成立的私营有限责任公司，法定代表人林某，主要从事药品批发业务，为增值税一般纳税人，增值税、所得税由大连市沙河口区国家税务局负责征收。

[违法事实] 该公司2007年销售收入5783万元，销售成本4987万元；销项税额983万元，进项税额867万元，缴纳增值税116万元；利润276万元，全部用于弥补以前年度亏损。2008年销售收入7800万元，销售成本6543万元；销项税额1326万元，进项税额1191万元，缴纳增值税135万元；利润40万元，缴纳企业所得税10万元。

1. 通过对某药业公司2007年、2008年营业费用的比较和检查，发现两年相差600多万元，焦点主要集中在2008年取得的山东济南瑞尔医药科技有限公司（以下简称瑞尔医药）和济南百泰医药开发有限公司（以下简称百泰医药）药品研发费发票690万元上，为了核实业务的真实性，检查人员向济南市国税局稽查局发协查函求助协查，回函证明瑞尔医药和百泰医药与某药业公司有业务往来，发票是真实的，但是这两家公司在搬迁过程中将账簿及凭证丢失。

通过回函看这笔研发费合情合理，而且从某药业公司的账面上看款项确实已经支付。通常情况下，也可以就此结案。但经过仔细分析，本案还存在很多疑点：济南公司的账簿及凭证是否丢失，研发的是什么产品，研发的结果是否取得药监部门的批文，资金如何处理。

2. 在前期检查时某药业公司为检查人员提供了一份研发费的简要说明。确定重新核实后，检查人员再次让企业提供详细的药品研发的单位、研发的项目、研发的具体内容及研发结果是否取得药监部门的批文等，通过两次说明材料的对比，发现有出入，而纳税人不能自圆其说。如纳税人提供的研发成果中的注射用头孢跌辛钠，根据检查人员在药监局网站上调取的相关资料，在2006年4月就获得国家批文，无需再花费资金去研究。在这期间，检查人员还拜访大连市药品监督局，向专家求教，专家的判断是这项研发业务90%可能是假的。但药监局不能给检查人员出具书面的证明。

3.（1）根据某药业公司账面研发费支付凭据，检查人员到这两家公司在济南的开户银行，查询研发费用的收支情况，检查的结果与纳税人账簿记录完全不同：银行流水显示只有两笔资金进账，金额分别为10万元和15万元。其他四笔120万元、130万元、70万元、345万元没有进到这两家公司的账中，而是直接背书转让转走，至于转到什么地方，济南的银行无法查到。（2）检查人员到瑞尔医药和百泰医药公司所在地进行实地核实，两家公司在一处办公，办公地点是租的，年租金5万元。经检查人员现场观察及对相关人员的询问，发现这两家公司从生产规模、研发设备、技术人员和资料保存等方面，都不具备600多万元研发能力。也无法为检查人员提供研发过程的原始资料，而按照药监局的规定这些资料是必须保存的。（3）检查人员将两公司法定代表人（总经理）孙某找至济南市国税局稽查局做询问笔录。对于检查人员的询问，诸如对于某药业公司项目，当年都购进哪些研发材料、从哪里购入，货款如何支付，哪些人员参与研发等问题，孙某都以记不清了或不知道作答。对于关键问题，如4笔资金的背书转让对象，也没有回答。事实证明孙某确实不知道。（4）检查人员通过当地税务机关查询两公司的纳税情况，根据济南市地税局的答复，药品研发收入是免税项目，这两家公司没有缴纳营业税的记录；企业所得税在国税局实行定额纳税。也就是说票面额再大也无需考虑纳税的负担。检查人员回到大连，查询某药业公司四笔资金背书转让情况，经过检查人员和银行多次接触，只能查询到其中345万元背书转让到北京市的中国农业银行朝阳区八里桥支行；另外三笔120万元、130万元、70万元背书转让到中国农业银行北京分行通州支行营业部，具体给哪些单位或个人在大连无法查到。

4. 北上北京，拨开疑云见天日。在北京市国税局稽查局的协助下，检查人员到上述两家银行调查，发现120万元、130万元、70万元3笔资金，于2008年10月30日背书转让到某药业公司法定代表人林某在北京开办的北京市某数码投资有限公司（以下简称北京某数码公司）银行账上。另外345万元于2009年1月14日背书转让到北京市某经销部，该经销部于2009年3月将345万元汇入北京某数码公司银行账上。

检查人员又到北京某数码公司进行核实，发现4笔资金120万元、130万元、70万元、345万元，以瑞尔医药、百泰医药支付购房款形式入账，借：银行存款，贷：其他应付款。三家公司还签署了合作购房协议，这与检查人员在济南取得证明不符。北京某数码于2008年9月在通州区购买商品房，取得商品房购买发票。支付总房价的90%即665万元，正好与检查人员需要核实四笔款项总额相符。

5. 根据调查结果和证据，检查人员设想案件的过程应该是这样的：2008年度，某药业公司账面利润可观，而法人代表林某需要资金在北京购房，为了能够税前列支，并有足够的理由转出资金而不被税务机关发现，由山东两家公司提供药品研发费发票，在这过程中双方还要草签一些合同等以掩盖事实真相。后来某药业公司的法人代表林某到税务机关，承认了上述事实。通过上述几个阶段的调查取证，检查人员能够证明某药业公司和瑞尔医药、百泰医药之间的业务是虚假的，690万元的研发费不允许税前列支，应补缴企业所得税173万元。

6. 检查购销存记录等，发现账外经营问题。通过检查某药业公司2007年、2008年完整的药品购销存记录以及收入、成本明细账、企业发货申请单，发现2008年某药业公司在个人存款结算账户中存入销售收入款，未申报销售收入，金额642万元（含税），少计销项税额93万元。按某药业公司2008年综合毛利率15.93%应调增计税所得额87万元，少计所得税22万元。

2008年某药业公司将642万元销售款存入个人银行账户，未申报销售收入，未缴纳增值税和企业所得税；2008年某药业公司虚列研发费用690万元，少缴纳企业所得税。

［处理结果］　1. 对某药业公司账外经营问题，根据《中华人民共和国增值税暂行条例》第四条第一款、第十九条第一款第一项规定，补征增值税93万元。根据《中华人民共和国企业所得税法》第一条、第四条、第八条规定，补征企业所得税22万元。

2. 对某药业公司2008年虚列研发费用问题，根据《中华人民共和国企业所得税法》第一条、第四条、第八条规定补征企业所得税173万元。根据《中华人民共和国税收征收管理法》第六十三条规定，定性为偷税，处少缴税款50%的罚款。

3. 根据《中华人民共和国税收征收管理法》第三十二条规定，从税款滞纳之日起，至税款入库之日止，按日加收5‰的滞纳金。

（供稿单位：大连市国家税务局稽查局）

某证券公司太原某营业部
未按规定扣缴个人所得税案

［基本情况］　太原市地税稽查局于2010年4月14日至20日对某证券公司太原某营业部2008年1月至2009年12月缴纳地方各项税费的情况进行检查。

某证券公司太原某营业部成立于1993年，经济类型是股份有限公司（负责人）。经营范围证券代理买卖；代理还本付息、分红派息；证券代保管、鉴证；代理登记开户。在职职工约20余人。主管税务机关是太原市地税局直属某分局，主要缴纳税种有：营业税及附加、个人所得税、印花税等，企业所得税由国税局征收管理。

［违法事实］　通过对纳税人“应付职工薪酬”、“业务及管理费”等科目的检查，发现该单位2008～2009年支付员工绩效工资少代扣代缴个

人所得税；支付员工福利费、旅游费等未按规定代扣代缴个人所得税；支付客户礼品未按规定代扣代缴个人所得税；支付经纪人佣金少代扣代缴个人所得税款。经计算共少代扣代缴个人所得税578791.84元。根据《中华人民共和国税收征收管理法》第六十九条规定，扣缴义务人未代扣代缴个人所得税属于应扣未扣税款的行为。

［处理结果］ 根据《国家税务总局关于贯彻〈中华人民共和国税收征收管理法〉及其实施细则若干具体问题的通知》（国税发〔2003〕47号）第二条规定，责令该单位将未依法足额代扣代缴的个人所得税578791.84元补扣。扣缴义务人少代扣代缴个人所得税578791.84元，属于应扣未扣税款的行为，建议处以0.5倍的罚款。

（供稿单位：山西省太原市地方税务局稽查局）

某银行深圳分行个人所得税案

［基本情况］ 某银行深圳分行成立于1993年9月20日，2005~2008年度在深圳拥有28个分支机构（含27个支行及1个营业部），上述分支机构均不是独立法人，由分行统一管理，员工的工资、薪金由分行统一计提和支付，并由各分支机构代为发放。

深圳地税第一稽查局对该行及其分支机构2005~2008年度的个人所得税代扣代缴情况依法实施专项税务稽查。首先，从以下几个方面充分了解银行的薪资政策：一是通过对该单位提供的有关组织架构及各部门职能的内部文件、分行及分支机构人员花名册、劳动聘用合同进行查阅，了解该行职工薪酬的发放对象与发放渠道；二是通过查阅薪酬福利有关的内部文件，掌握该单位各种工资、薪金、其他福利和年金的项目和发放标准；三是通过查阅该行的经营计划管理及考评办法、费用预算及考核办法、费用开支审批程序等，了解其费用核算方式，确定个人所得税检查的重点和方向；四是通过询问人力资源部门的负责工资管理及计税的人员，了解其个人所得税计税项目的计算原理、计算方法。

［违法事实］ 通过核实，稽查人员发现以下问题：一是工资项目与其他应税个人收入分开计缴个人所得税，没有将全部所得合并计算，造成部分收入适用低税率；二是部分个人收入如住房补贴等，没有合并到工薪所得中计算扣缴个人所得税；三是中层管理人员实报实销的交通费、通讯费等没有反映在工资表中，没有按规定计算扣缴个人所得税；四是部分员工收入通过费用科目进行列支，没有反映在工资表中，没有按规定计算扣缴个人所得税。

［处理结果］ 根据查明的事实，第一稽查局依法对该行作出税务处理决定，责令其将少扣缴的个人所得税5385.33万元补扣入库。

（供稿单位：深圳市地方税务局稽查局）

云南国际信托投资公司涉税案

［基本情况］ 此案来源于其他部门移交的涉案线索，涉及有关云南国际信托投资公司（以下简称“云国投”）信托理财产品收益涉税问题，受益人（单位）所在地包括北京、上海、云南等14个省（区）市。在查清自然人投资理财收益的税收问题后，云南省国地税稽查局对云信托公司2003~2009年间企业经营情况和运作的信托项目的涉税问题进行了全面检查。

云国投是2003年经中国人民银行银复〔2003〕33号文批准于2003年3月3日成立，由原云南省国际信托投资公司增资改制后重新登记的非银行金融机构。法定代表人：刘刚。注册资本金4亿元人民币，其中云南省财政厅出资 10000 万元，占 25%；上海涌金实业（集团）有限公司出资 9800 万元，占 24.5%；上海纳米创业投资有限公司出资 9200 万元，占 23%；新疆广汇实业投资（集团）有限公司出资 4000 万元，占 10%；北京知金科技投资有限公司出资 3000 万元，占 7.5%；深圳利通控股有限公司出资 3000 万元，占 7.5%；云南红塔集团有限公司出资 1000 万元，占 2.5%。注册类型为非自然人出资有限责任公司，主要经营：资金信托、动产信托、不动产信托、有价证券信托、其他财产或财产权信托等法律、行政法规规定或中国银行业监督管理委员会批准的其他业务。

企业经营模式分为自营产品经营和信托理财项目经营两种。一是自营产品经营，是指企业以自有资金开展有价证券投资业务，收入主要为股票买卖收入、有价证券持有期间的股息红利等。稽查局对企业自营产品的收入、成本、费用进行了检查。二是信托理财项目，是指企业设计理财产品后从社会筹集资金，开展有价证券等金融产品的投资理财业务，从中收取管理费或业绩报酬后，将收益向投资者分配。该企业就自营产品经营收益和经营理财产品属于本企业的收益部分申报缴纳企业所得税和地方各税。2009 年以后，公司业绩下滑，面临重组。

［违法事实］　云国投于 2005～2007 年销售的 5 个结构性信托理财产品均是私募性质不公开发行，分别是汇浦项目、汇商项目、瑞兴项目、瑞浦项目、法人股项目。云国投将购买的浦发银行、兴业银行、招商银行上市前法人股的收益权作为信托产品，待银行上市后进行减持，将收益对受益人和企业进行分配，其中“进取型”受益人和企业的收益率为 21.21～44.61 倍。此类受益人有自然人 93 人、企业 3 户，累计获利 41.22 亿元。云国投对受益的自然人没有按照规定代扣代缴个人所得税。

经各地税务局稽查局组织力量检查，到 2010 年 3 月底，对理财产品受益人（3 户企业和 91 个自然人）的涉税情况已全部检查完毕。但是对信托理财产品收益的自然人应如何征税，在税收法律法规执行中存在不同意见。为了统一执法尺度、及时进行税务处理，2010 年 8 月 20 日，财政部税政司和国家税务总局所得税司印发了《财政部、国家税务总局关于云南国际信托投资公司理财产品征收个人所得税有关问题的批复》（财税〔2010〕75 号）。该文件明确：“应按‘利息、股息、红利所得’项目缴纳个人所得税”。由于该文件是针对云南省财政厅、地方税务局有关请示的批复，并且“不予公开”，因此对于北京、上海等云南以外的其他涉案人所在地税务局稽查局来说无法依据文件执行。经研究，国家税务总局稽查局又下发了《国家税务总局稽查局关于云南国际信托投资公司理财产品征收个人所得税有关问题的通知》（稽便函〔2010〕61 号），要求除云南地税局外的北京、上海等 11 个省市的地方税务局稽查局遵照财税〔2010〕75 号文件，对本地的涉案人员作出税务处理。

经查，云信托的信托理财项目主要有以下三种形式：（1）稳健型。即募集信托资金时，云信托在《信托合同》、《信托文件》中约定按“实收信托”金额向委托人收取一定比例的“受托人管理费”，并约定以固定收益率确定受益人收益，同时信托收益及利息收入减除该信托项目“营业费用”及“受益人收益”后的金额为“受托人业绩报酬”。如：瑞浦信托项目按实际收到的募集资金收取 1‰管理费。信托项目年度实现的信托收益及利息收入，减除当年发生的营业费用后，2007 年按 5.8% 收益率支付“受益人收益”，2008 年以后按 8% 收益率支付“受益人收益”，每年分配完受益人收益后余额转入当年“未分配利润”，待信托项目终结时转为“受托人业绩报酬”。（2）进取型。即募集信托资金时，云信托不收取受托人管理费，在《信托合同》、《信托文件》中不确定最低收益率，约定超过一定收益率后收取一定比例的“受托人业绩报酬”。如：在《信托合同》、《信托文件》约定取得的投资收益归受益人，亏损也由受益人承担，并约定收益率高于 15%，对超出部分收取 20% 的“受托人业绩报酬”。信托收益及利息收入减除该信托项目营业费用后的余额，云信托在提取超过一定收益率的受托人业绩报酬后，再按进取型投资人的投资比例分配进取型受益人收益。（3）混合型。即同一信托项目中既有稳健型投资者的资金又有进取型投资者的资金。分配时，先对稳健型的受益人进行分配，然后再对进取型的受益人分配。云信托按稳健型投资者实收信托科目金额收取一定比例（0.5‰～1‰）的受托人管理费，然后按约定的收益率向稳健型的受益人分配投资报酬，剩余的投资收益在提取超收益率的受托人业绩报酬后，剩余的投资收益再按进取型投资人的投资比例分配进取型受益人收益。

云南国际信托有限公司 2003～2009 年共有的 136 个项目中，目前实现信托盈利的 119 个，亏损

17个；合计受益人7287人（其中：稳健型受益人7003人、占受益人数的96.10%；进取型资金受益人284人、占受益人数的3.9%）；合计取得信托收入77.3亿元、实现信托利润72.8亿元、支付受托人费用和报酬7亿元。2003年至2010年6月该公司信托项目到期分配88个，其中获益项目81个、亏损项目7个。云南省国地税稽查局对88个项目已经检查完毕，合计受益人4679人（稳健型4543人，进取型136人），信托利润分配50.71亿元（稳健型8.12亿元，进取型42.59亿元，已分配）。剩余的48个未结束项目，合计受益人2617人（稳健型2460人，进取型157人），信托利润至2009年末待分配11.25亿元（稳健型5.52亿元，进取型5.73亿元）。2010年年底，在以上受益人中，续存投资者仅剩637个，其中个人投资者604人，机构投资者33个。

涉及的税收政策问题。此次检查中主要涉及以下3个税种：（1）企业所得税问题。目前信托行业普遍以代客理财的形式，以信托理财项目作为独立的会计核算主体，独立核算信托财产的管理运用和处分情况。信托公司在信托投资业务中提取“管理费”或“业绩报酬”，不拥有信托项目所有权，也不承担投资风险。所以信托投资取得的企业所得税应税收入的纳税主体不明确，此部分企业所得税的应税收入未申报纳税，处于漏征漏管状况。云南省国税局稽查局将有关政策问题请示了国家税务总局，国家税务总局所得税司回复：信托公司通过在信托投资业务中提取“管理费”或“业绩报酬”为金融经纪业务取得的应税收入，属于《企业所得税法》第六条所规定的“提供劳务收入”，信托公司为纳税义务人。得到这个答复后，国家税务总局稽查局又就征税范围再次咨询了所得税司，所得税司答复说：信托理财产品获得的全部收益中，除了“管理费”或“业绩报酬”外，都不征收企业所得税。（2）个人所得税问题。云信托对所有信托理财项目的受益人均未代扣代缴个人所得税，处于漏征漏管状况。云南省地税局稽查局就信托产品受益人为自然人的，其收益是否代扣个人所得税、如何征税的问题请示了国家税务总局。国家税务总局所得税司回复：为依法妥善处理云南国际信托投资公司理财产品案件，对该理财产品劣后受益人（即进取型受益人）的所得由税务机关直接追缴税款，对优先受益人（即稳健型受益人）的所得由主管税务机关责成云南国际信托投资公司补扣税款。经云南省地税局稽查局检查后统计的2003年以来的优先受益人是4427个自然人受益人和243户法人受益人，分布在全国，且由于多数为自然人，跨度时间久远，如果由云南国际信托投资公司补扣税款，执行难度非常大。（3）营业税问题。云信托的信托财产部分为法人股股票，股票证券账户登记为云信托公司，该公司将收益权转让给信托项目，法人股股票上市后，该公司在股市上销售股票，将收益按合同约定转让给信托项目，没有按金融商品转让申报缴纳营业税及附加。如果按金融机构（包括银行和非银行金融机构）从事的外汇、有价证券、期货买卖业务应征收营业税的政策（原《中华人民共和国营业税暂行条例》第五条第五项、新《中华人民共和国营业税暂行条例》第五条第四项），部分项目合计收入34.75亿元，预计应补营业税及附加1.91亿元。另外，在136个项目中发现有10个项目属于贷款类信托项目，信托资金7.72亿元，取得收入0.97亿元，期限从1年到3年不等。收回的利息作为信托项目收入进行全额分配。如果信托项目根据项目内容将自筹资金用于贷款取得的资金利息等应由云信托缴纳营业税及附加，预计应补缴营业税及附加400万元。以上预计补缴营业税及附加1.95亿元。但对于信托财产（有价证券）买卖，信托财产的资金来源、资金运作最终是委托人的投资资金，不是信托公司的自有资金，尽管以信托公司名义进行买卖，但实质是信托项目的收益，是否应按买卖金融商品补税存在争议。

［处理结果］ 相关地区税务机关对涉案的3户企业和91个自然人购买理财产品的实际情况进行核实后作出税务处理。3户企业的情况。（1）云南云电财金管理有限公司在取得收益时，已经按照企业所得税的有关规定，对收益合并后进行了纳税申报并缴纳了企业所得税。（2）云南省国有资产经营有限责任公司确定投资收益2265.92万元，因投资方涉及云南省财政厅，仍在协商解决相关的补缴企业所得税问题。（3）深圳市合辰投资有限公司补缴企业所得税366.86万元。91个自然人情况。（1）云南省共有45人购买了云国投的理财产品。因有家庭亲友等关系代为购买理财产品等情况，经检查确定受益人（应税个人）集中为15人，共补缴个人所得税6302万元。（2）上海市有13人购买了云国投的理财产品。其中有1人在案发前早已出国无法检查，其余12人均已检查完毕。12人中有2人应补缴个人所得税1957.05万元，因其在国外，税务处理决定书无法送达；其余10人共补缴个人所得税6118.92万元。（3）北京

市有29人购买了云国投的理财产品。经查，共计补缴个人所得税6787.02万元，加收滞纳金32.05万元，处以罚款2000元。（4）内蒙古、辽宁、浙江、福建、江西、湖南、广东、深圳等地涉及8人，共查补个人所得税694.52万元。

云南省国、地税稽查局按照国家税务总局政策部门的相关政策答复分别对云南国际信托有限公司涉税案件进行结案处理。经云南省国税局稽查局检查，其自营产品共计调增应纳税所得额1329.98万元，应补缴企业所得税383.88万元，应补缴增值税4.81万元，合计补缴税款388.69万元，加收滞纳金169万元。上述税款、滞纳金总计557.69万元。经云南省地税局稽查局检查，其自营产品应补缴营业税84.91万元、城建税5.94万元、教育费附加2.55万元、地方教育附加1.02万元、房产税31.78万元、土地使用税92.99万元、印花税4.34万元、个人所得税258.95万元，合计应补缴税款389.51万元，加收滞纳金47.77万元。上述税款、滞纳金总计437.28万元。

（供稿单位：国家税务总局稽查局）

虚假申报偷逃企业所得税案

［基本情况］　2009年12月28日地税局接到举报，反映"该单位开发某小区共计20万平方米，建设价格在1300元/平方米，售价5000元/平方米，取得收入一直未缴纳所得税。"地税局指定检查组立案检查，检查期间为2006年1月～2009年12月。

经查，某房地产开发有限公司成立于2001年8月，内资企业，主要从事房地产开发及商品房销售业务，经发展和改革委员会批准立项，项目为某镇村民自住周转楼工程，并于2005年10月开始开发，当年底开始销售，均价为6000元/平方米，该公司把项目命名为A小区，项目包括一区、二区、三区及9号非配套公建楼，并于2006年年底前陆续完工，总建筑面积201109.97平方米，其中可售面积162393.27平方米，不可售面积37610.37平方米。

［违法事实］　审核所得税申报表发现，其中营业收入由销售开发产品收入构成，而营业成本则为销售开发产品的成本。从这两项的金额来看，2008年公司销售成本远远高于销售收入，差额达到2600万元之多，从逻辑关系来看，项目单位面积的销售均价为6000元，而报表显示匹配的单位面积工程成本却达到17263.15元，明显不合理。而2007年、2008年两个年度则列支了大量成本，没有所得税。在发票方面，检查组筛选出348张金额较大的材料采购发票送国税局科技处检验。其中，发现86张发票为真票假开，242张发票系伪造的假发票。以上两种形式的违法发票涉及金额共计205955066.58元。检查组根据以上情况按照税法规定重新计算了该公司少纳的企业所得税，共计55931807元。

［处理结果］　该公司未按照税法规定确认收入、成本，收入与成本不匹配，造成少缴纳企业所得税。根据《中国人民共和国企业所得税法》、《国家税务总局关于房地产开发业务征收企业所得税问题的通知》（国税发〔2006〕31号）、《房地产开发经营业务企业所得税处理办法》（国税发〔2009〕31号）、《中华人民共和国发票管理办法》、《中华人民共和国税收征收管理法》等规定，责令该公司补缴2006～2008年企业所得税55931807.64元，并加收滞纳金19733587.44元，对发票违法行为给予10000元处罚，对偷税行为，处以偷税金额1倍的罚款，并将案件移送司法机关处理。

（供稿单位：北京市地方税务局稽查局）

恒泰房屋开发有限公司偷税案

［**基本情况**］ 根据辽宁省地税局专项检查工作安排，省局稽查局于2010年1月11日至4月6日对辽宁恒泰房屋开发有限公司（以下简称“恒泰公司”）2007年1月1日至2009年12月31日期间的纳税情况依照法定程序进行调账检查。调取了恒泰公司账簿、原始凭证、会计报表、合同等与经营有关的资料，依法律程序对公司的法定代表人、财务人员等有关人员进行询问。经检查，发现企业存在偷逃地方税费问题，此次检查共查补收入102697062.45元，其中各项税费36295130.66元（营业税及附加2394562.97元、土地增值税505739.37元、企业所得税33352991.92元、印花税39913.40元、社会保险费1923.00元），滞纳金10899284.61元，罚款55502647.14元。

［**违法事实**］ 1. 非法取得发票，虚构业务，多列成本费用127274470.00元。（1）2007年4月至2009年12月向沈阳欢畅顽主广告传播中心、沈阳市顺时针广告传播中心、沈阳逆时针广告传播中心等21家广告公司购买广告业发票共计880组，其中假发票209组，虚开发票671组，发票金额102878400.00元，计入销售费用。（2）2007年6月至2009年12月向沈阳市广福服务有限责任公司、沈阳德财劳务服务有限公司、沈阳庆辉劳务服务有限公司等6家劳务公司购买劳务费发票共计116组，其中假发票6组，虚开发票110组，发票金额17966070.00元，记入“管理费用、销售费用和开发成本——期间费用”。（3）2007～2009年为七彩阳光进行园林绿化工程，计入开发成本15400000.00元，其中以购买树苗名义虚开部分发票，多列成本6430000.00元。

2. 虚开发票、重复列支，多列开发成本127954262.64元。（1）2007年12月至2009年12月虚开建筑安装工程费发票金额101800000.00元，计入开发成本。（2）2007年至2009年为加大成本将外墙涂料、塑钢窗、进户门材料和安装费用重复计入开发成本17002262.64元。（3）2008年12月，代施工企业支付的质量保证金2520000.00元计入开发成本。（4）为虚开建筑业发票支付代开发票的税金（建安业营业税及附加、企业所得税）6632000.00元，计入开发成本。

3. 隐匿售房款，少列收入43145279.80元。恒泰公司在2006～2009年销售商品房时，采取分解收入和将部分销售收入未入账的手段，隐匿销售收入43145279.80元。

4. 2007～2009年合计应补缴印花税39913.40元。

5. 沈阳市社会统筹部分基本养老保险费费率为19%，社会统筹部分失业保险费费率为2%，工伤保险费费率为1%。2007～2009年应补缴社会保险费1923.00元。

［**处理结果**］ 恒泰公司从2006年以来，无视税法按时申报缴纳税款的有关规定，隐匿销售商品房收入、伪造虚假工程结算书、多列建安工程成本、绿化工程开发成本，为加大销售费用、管理费用，采取购买广告业、劳务费发票等手段，造成少缴营业税、城市维护建设税、企业所得税。根据《中华人民共和国税收征收管理法》第六十三条的规定，对恒泰公司采取虚假申报、多列支出、少列收入等手段，造成少缴营业税、城市维护建设税、企业所得税税款的行为，定性为偷税。经省局“重大税务案件审理委员会”审理后，根据《中华人民共和国税收征收管理法》之规定，对恒泰公司追缴税费款36295130.66元，加收滞纳金10899284.61元，罚款55502647.18元，总计102697062.45元。

鉴于恒泰公司2006年、2007年偷税额占应纳税额的比例均超过10%且偷税额巨大，根据《中华人民共和国税收征收管理法》第六十三条、第七十七条和国务院《行政执法机关移送涉嫌犯罪案件的规定》（国发〔2001〕310号）第三条之规定，建议移交司法机关。

（供稿单位：辽宁省地方税务局稽查局）

天北建筑安装工程公司涉税案

［基本情况］　沈阳天北建筑安装工程公司（以下简称天北公司）及下属分公司、项目部成本核算非常混乱，存在未按规定取得发票，以大量白条子计入成本的现象，存在以假发票、不符合开具要求的发票入账的现象，少交地方税费数额较大。

［违法事实］　天北公司于1986年7月成立，原隶属沈阳军区空军后勤部，现隶属沈河区工商企业管理局，系国有企业，注册资金51000000元，法定代表人孙宝安，财务负责人刘宏仁，现有职工365人。

1. 天北公司所辖各分公司在2006～2008年从事相关业务时，以大量“白条”及假发票入账，未按规定取得发票。相关业务包括工程结算、支付劳务费、购买工程施工材料等。

2. 天北公司2006年、2007年的工程项目，签订施工合同，开具发票，按开具发票金额计工程收入，但工程成本大部分无真实合法凭证，成本费用无法核实，未按规定足额缴纳2006年、2007年企业所得税。由于入户检查当日为2009年5月19日，天北公司未过2008年企业所得税的汇算清缴期，建议对天北公司2008年企业所得税的征缴问题转分局处理。

3. 天北公司2007年缴纳失业保险费的基数为5229050.00元，未足额缴纳当年工会经费。

4. 天北公司于2008年与辽宁建设厅后勤服务中心签订建筑安装工程施工合同，工程已于2008年年内完工。该公司于2008年9月24日开具一组金额为619677.00元的建筑业统一发票，于2009年3月16日开具一组金额为220000.00元的建筑业统一发票，两组发票均为天北公司项目经理从个人手中购买的假发票，天北公司未按规定足额缴纳2008年营业税及其附加。

5. 天北公司未按规定开具发票。

6. 天北公司未按规定领购发票。

［处理结果］　根据《中华人民共和国发票管理办法》规定，对未按规定取得发票的行为责令限期改正，并处10000元罚款；对未按规定开具发票的行为责令限期改正，并处10000元罚款。对未按规定领购发票的行为责令限期改正，并处10000元罚款。由于该公司成本费用无法核实，对其2006年、2007年企业所得税实行核定征收，核定2006年应税所得率为5%，2007年应税所得率为10%。天北公司2006年应补企业所得税12277209.39元，2007年应补企业所得税30055241.75元，合计42332451.14元。根据《沈阳市地方税务机关代收工会经费实施办法》，补征天北公司2007年工会经费81796.67元。根据《中华人民共和国营业税暂行条例》及《中华人民共和国营业税暂行条例实施细则》规定，应补缴营业税25190.31元。应补缴城市维护建设税1763.32元，教育费附加755.71元，地方教育附加251.90元。公司按日加收滞纳金共计9911583.77元。

对天北公司进行虚假纳税申报的行为定性为偷税，并处所偷2008年营业税、城市维护建设税金额2倍罚款，合计为53907.26元。上述应补税费42442209.05元，罚款83907.26元，滞纳金9911583.77元，合计52437700.08元。

（供稿单位：沈阳市地方税务局稽查局）

某房地产开发公司虚列成本偷税案

［基本情况］ 某房地产开发公司成立于2000年10月，2007～2009年开发××花园小区，2008年初开始销售。该公司2007年度账面反映××花园1～5号商住综合楼共计销售收入1.33亿元，账面利润1278.46万元，已缴纳营业税665.28万元、城建税及教育附加66.53万元、企业所得税266.11万元。

检查组认真分析该公司的有关纳税资料。该项目商用房占总开发商品房的15%，项目利润率约8%。按照该小区所处位置，其楼盘在建筑结构、容积率、绿化等方面与周边小区基本类似，平均售价（6000元/㎡）却比周边项目高出近200元/㎡，而利润率却明显低于其他房地产公司15%的平均利润率。经查，该公司收入已全部入账，检查组将稽查重点锁定在企业的成本费用项目上。该公司账面反映的工程费用均已支付给施工单位，据调查施工单位法定代表人与该公司法定代表人是夫妻关系，故该公司涉嫌转移利润，虚增成本。

［违法事实］ 该房地产开发公司通过与关联企业、工程造价审核机构恶意串通，虚增成本，转移利润。一是将没有发生的工程施工计入工程量，并按国家标准计算取费，虚增开发成本533万元。因工程施工要经建设单位、施工单位及监理单位三方检查核实，检查人员详细查阅项目工程监理验收记录，并与工程造价审核机构工程结算书进行核对，发现该项目2号、4号楼的监理记录中无沙垫层，而工程结算书中却出现了沙垫层。监理工作日志及工程验收报告和图纸、设计变更等资料，均未发现2号、4号楼沙垫层的相关记录。对当时负责监理的工程师进行询问，证实2号、4号楼并未做沙垫层基础，多计工程造价533万元。二是人为加大工程量，虚增开发成本360万元。

［处理结果］ 该单位采取虚列成本的手段，少缴企业所得税223万元。根据《中华人民共和国税收征收管理法》第六十三条第一款规定，追缴其税款、加收滞纳金并处1倍罚款；因该公司依法将上述查补税款、滞纳金、罚款及时缴纳入库，本次未予移送。

（供稿单位：吉林省地方税务局稽查局）

天运置业有限公司涉税案

［基本情况］ 2009年4月，河南金阁置业有限公司（以下简称“金阁公司”）向郑州市地税局举报称，河南天运置业有限公司（以下简称“天运公司”）在与其合作的“富邦铭邸”二期项目中涉嫌转让土地使用权，少缴应纳税款。举报材料提供了双方签订的《合作投资项目协议书》及天运公司开具的收款凭证。办案单位马上组织人员对该案进行立案查处。

［违法事实］ 2006年10月23日，天运公司（甲方）与金阁公司（乙方）签署《合作投资项目协议书》共同开发涉案项目“富邦铭邸”二期。《合作投资项目协议书》约定，合作双方在天运公司拥有土地使用权的一块土地上共同开发房地产项目，金阁公司负责投入建设资金并单独管理项目的运作。项目有关手续的审批和办理均以天运公司的名义办理。《合作投资项目协议书》第5条约定：“乙方应保证甲方实现产权销售总价款人民币3900万元（不含销售营业税和企业所得税），乙方实际向甲方支付货币资产3900万元，超出部分归乙方所有。甲方所分配的产权并不确认房屋所有权或者特定用途所有权，仅表现为货币资产支付”。

按照约定，2006年11月～2007年11月天运公司直接收取金阁公司支付款项或按《合作投资项目协议书》约定由金阁公司向银行代为偿还天运公司担保的贷款共计46195803.39元。其中天运公司以项目合作风险金和项目投资款为款项内容开具收据3800万元，以收到房款为款项内容开具收据200万元（以上4000万元，仲裁部门裁定退还100万元），以违约金、滞纳金、利息为款项内容开具收据6006901.13元，以税款为内容开具收据188902.26元。以上款项均未在天运公司账簿凭证等财务资料中核算，也未按规定向税务机关申报缴纳税款。

天运公司用《合作投资项目协议书》，以自己一家自行经营的假象妄图掩盖双方土地使用权转让的事实，造成少缴纳地方各税600多万元。

[处理结果] 1. 根据《中华人民共和国营业税暂行条例》第一条至第五条的规定及《最高人民法院关于审理涉及国有土地使用权合同纠纷案件适用法律问题的解释》（法释〔2005〕5号）的有关规定，核定天运公司补缴2006年营业税450000元；补缴2007年营业税1809790.17元。根据《中华人民共和国城市维护建设税暂行条例》第一条至第四条的规定，核定天运公司补缴2006年城建税31500元；补缴2007年城建税126685.31元。根据《关于教育费附加征收问题的紧急通知》（豫税明电〔1994〕第40号）第一条的规定，核定天运公司补缴2006年教育费附加13500元；补缴2007年教育费附加54293.71元。根据《中华人民共和国印花税暂行条例》第一至三条的有关规定，核定天运公司补缴2006年印花税4500元；补缴2007年印花税17097.9元。根据《中华人民共和国土地增值税暂行条例》的有关规定，核定天运公司补缴2006年土地增值税90000元；补缴2007年土地增值税1637790.17元。根据《中华人民共和国企业所得税暂行条例》、《河南省地方税务局关于印发〈河南省房地产企业所得税核定征收暂行办法〉的通知》（豫地税发〔2004〕89号）的有关规定，核定天运公司补缴2006年企业所得税297000元；补缴2007年企业所得税1788461.51元。

2. 根据《中华人民共和国税收征收管理法》第三十二条的规定，对天运公司少缴的营业税、城市维护建设税、印花税、土地增值税、企业所得税从滞纳税款之日起至实际缴纳税款之日止按日加收5‰的滞纳金。

3. 根据《中华人民共和国税收征收管理法》第六十三条之规定，定性为偷税。对天运公司少缴的2006年、2007年两年的营业税、城建税、土地增值税、企业所得税处以0.5倍罚款。根据《中华人民共和国税收征收管理法》第六十四条，《国家税务总局关于印花税违章处罚有关问题的通知》（国税发〔2004〕15号）第一条的规定，定性为不申报纳税，对天运公司少缴印花税处以0.5倍罚款。

4. 该单位的违法行为涉嫌触犯《中华人民共和国刑法》第二百零一条的规定，依法将该案件移交司法机关处理。

（供稿单位：河南省地方税务局稽查局）

悦华、天利房地产公司涉税案

[基本情况] 2010年5月福建省地税局稽查局组织专案组对悦华新房产集团有限公司和漳州天利房地产发展有限公司等单位自成立以来至2009年的涉税情况进行检查。被查单位主要负责人、财务负责人、财务人员、项目经理等涉案人员在进点检查前和检查初期就陆续出逃境外，并销毁大量的工程技术资料和财务资料，转移大量资金出境。检查中发现上述公司已申报清算土地增值税的房地产项目存在大量虚增成本。检查组于2010年6月查封被查单位尚未售出的以及已转入公司名下房产，共查封、扣押住宅157套、店面99间、车位863个，价值约2亿元。通过与地质勘探部门、土地管理部门、建筑设计单位等协作对各个项目建设情况进行梳理。检查组从城市建设档案馆调阅了相关项目的存档资料，与账面数据和工程预决算数据进行详细比对，调取施工方和监理方的施工合同、施工记录和有关结算凭据，确认该公司通过虚构工程增补项目和施工工程量，虚列建筑安装成本和公共配套设施费。通过公安部门对拆迁户的户籍情况进行逐个排查以确定虚假拆迁成本。经过3个月的内查外调检查组取得大量证据。该案经审理已出具处理、处罚决定书，查补各项税费、加收滞纳金并处罚款共计2.05亿元。该案是福建省地税成立以来查处的查补数额最大的偷逃税案件。

［违法事实］　1. 营业税及附加。悦华新房产集团有限公司于2000年转让给漳州天下房地产开发有限公司和漳州海关走私犯罪侦查支局两宗土地，隐瞒土地交易性质，少申报缴纳营业税118.28万元。同时少申报缴纳城市维护建设税8.28万元，教育费附加3.55万元，地方教育费附加1.37万元。漳州天利房地产发展有限公司2007～2009年度因入账时间延误少缴营业税1.94万元，同时少缴地方教育费附加0.02万元。

2. 土地增值税。悦华新房产集团有限公司悦华园项目应调减开发成本2662.92万元，其中属虚列成本2235.07万元；东南商贸城、都市阳光项目虚列拆迁成本7842.18万元。该公司应缴土地增值税共计8024.81万元，已缴土地增值税1214.69万元，少缴土地增值税6810.12万元。

漳州天利房地产发展有限公司悦华星座项目虚列土地征用费、拆迁补偿费、土方回填工程、补强桩工程、基坑围护、基坑降水、主体工程、绿化工程、公共配套费、室外管网工程等工程成本4475.21万元。经审核，该项目应缴土地增值税2141.47万元，已缴土地增值税610.98万元，应补土地增值税1530.49万元。

3. 企业所得税。2005年12月以前（企业所得税由地税管征），悦华新房产集团有限公司悦华园项目虚列开发成本，应调增应纳税所得额1922.29万元；东南商贸城项目虚列开发成本，应调增应纳税所得额3560.26万元。

4. 个人所得税。漳州天利房地产发展有限公司2008～2009年度支付工资、奖金、补贴等少扣缴个人所得税2.4万元。

5. 房产税。漳州天利房地产发展有限公司天利仁和项目商务中心于2009年6月初装修投入使用一楼2409.81平方米房产，2009年度应缴未缴房产税5.39万元。

［处理结果］　合计追缴两家公司税费1.01亿元、加收滞纳金1604.48万元，罚款8779.81万元，总计2.05亿元。

（供稿单位：福建省地方税务局稽查局）

南国置业股份有限公司涉税违法案

［基本情况］　根据重点企业税收专项检查的统一安排，湖北省地税局稽查局对武汉南国置业股份有限公司2007年1月1日至2009年12月31日期间，地方税费的申报纳税情况和发票使用管理情况进行检查。武汉南国置业股份有限公司成立于1998年7月27日，2007年8月实行股改，成立武汉南国置业股份有限公司，2009年11月成为上市公司。该公司财务健全，独立核算，主要从事房地产综合开发、商品房销售、租赁，2007～2009年申报缴纳税费91310677.03元，其中企业所得税45497361.53元。该公司经武昌区地税局批准，2007年以核定征收方式缴纳企业所得税。2008年以后，主管税务机关未对该公司下达《企业所得税征收方式鉴定表》，但在实际操作中仍对该公司按核定征收方式进行企业所得税管理。检查中发现，该公司财务资料完整，财务核算健全，不符合核定征收企业所得税的规定，稽查人员对该公司的电子账簿、原始凭证及相关资料进行核查，重点审核了“主营业务收入”、“预收账款”、“其他应付款”、“主营业务成本”、“应付工资”、“应付福利费”、“应收账款”等科目，并对核算资料和相关证据按程序进行取证，共查补企业所得税8048442.29元。

［违法事实］　该公司2007年、2008年、2009年账面会计利润分别为177498812.38元、53929503.65元、135198193.10元，按企业所得税核定征收方式向税务机关分别申报缴纳企业所得税3078662.33元、10385003.36元、32033695.84元。本次检查，3个年度全部改按查账征收方式计算企业所得税。经审核后2007年、2008年、2009年该企业应纳税所得额分别为65078799.89元、10534354.61元、117744844.83元，2007～2009年共应申报缴纳企业所得税53545803.82元，已申报缴纳企业所得税45497361.53元，应补缴企业所得税8048442.29元。

［处理结果］　根据《中华人民共和国税收征收管理法》第三十一条第一款之规定，责令该公司限期补缴2007～2009年度企业所得税8048442.29元。

（供稿单位：湖北省地方税务局稽查局）

铁路客运专线税收专项检查

［基本情况］　2009 年 11 月 1 日，省局联合省公安厅、省打击发票违法犯罪工作协调领导小组办公室，下发《关于开展武广高速铁路客运专线湖南段税收专项检查的通知》。要求武广铁路沿线的岳阳、长沙、湘潭、株洲、衡阳、郴州等地国税局、公安局、打击发票违法犯罪工作协调小组办公室，从 2009 年 11 月起，开展对武广高铁在湘建设单位的税收专项检查。根据摸底情况，确定的检查对象为：武广铁路客运专线湖南段内线下项目承包施工的中铁一局、三局、四局、五局、十四局、十六局和中铁建工集团、中铁隧道局、中铁株洲桥梁厂中铁大桥局等单位下属的 42 个项目部或工程队，将项目部生产销售增值税应税产品的纳税情况也纳入检查重点。

［违法事实］　1. 在这次整治工作中，发现被查单位接受材料供应商提供的大量假发票。截至 2010 年 5 月 31 日，共发现假发票为 6077 份，金额 3.90 亿元，另有省外待查“疑问”发票 1722 份，金额 1.85 亿元。

2. 武广铁路客运专线湖南段共设立了 3 个轨枕预制场和 20 个箱梁预制场，共计预制轨枕 163.14 万根，价款 5.67 亿元；预制不同规格、不同类别的箱梁 4897 孔，价款 28.5 亿元，这些箱梁、轨枕预制场都未按规定进行税务登记，也未按规定申报缴纳增值税。

［处理结果］　1. 对使用假发票的建设单位进行处罚。2. 对提供假发票的供应商进行处理，共计处理各类供应商 169 户，涉税金额 1.91 亿元，查补税款 1000.10 万元，罚款 478.44 万元，共计 1478.54 万元。

（供稿单位：湖南省国家税务局稽查局）

某房地产公司利用拍卖偷税案

［基本情况］　某房产公司 2004 年 12 月 9 日委托拍卖公司将该公司所有未出售的房产（商铺、写字楼及停车场）以底价 1.3 亿港元（人民币 1.38 亿元）拍卖给香港某公司，其中车位每个 27000 元、商铺每平方米单价为人民币 2997.16 元、写字楼每平方米单价为人民币 2304.88 元，并据此分别向某区国税局和地税局申请退税。

就此，检查单位对同类物业进行调查，发现拍卖成交价明显偏低。车位拍卖成交价 27000 元/个，国土资源和房屋管理局资料显示成交当日同类地段车位成交价为 120000 元/个。商铺拍卖成交价 2997.16 元/平方米，评估均价为 16435.12 元/平方米。写字楼拍卖成交价 2304.88 元/平方米，国土资源和房屋管理局资料显示成交当日同类地段成交价 7275.64 元/平方米。拍卖成交价明显偏低，同时还掌握了拍卖行为明显违法的证据。

该公司认为：其是通过合法的拍卖形式将房产售出的，拍卖成交价格就是市场价，不存在计税依据偏低的问题。检查单位认为：拍卖存在诸多重大瑕疵，拍卖成交价格极低，将拍卖成交价格作为计税价格属于“计税依据明显偏低又无正当理由”的情形，可根据《中华人民共和国税收征收管理法》对其计税价格进行核定。最终法院认定税务机关有“税收核定权”。

［违法事实］　2004 年 11 月拍卖成交的车位 27000 元/个、商铺 2997.16 元/平方米、写字楼 2304.88 元/平方米，价格明显偏低。根据《中华人民共和国税收征收管理法》第三十五条、《中华人民共和国税收征收管理法实施细则》第四十七条及《营业税暂行条例实施细则》第十五条有关规定，车位按 85000 元/个核定，商铺按 10500 元/平方米核定，写字楼按 5000 元/平方米核定，核定交易价格为 311678775.00 元（考虑到该公司是整批转，核定时适当调低参考价），应缴纳营业税

15583938.75 元，应补缴营业税 8671188.75 元。

［**处理结果**］ 根据《中华人民共和国税收征收管理法》、《营业税暂行条例实施细则》和《广州市市区防洪工程维护费征收、使用和管理试行办法》等规定，应补缴营业税 8671188.75 元，营业税滞纳金 2805129.56 元，应补缴堤围防护费 156081.40 元，加收滞纳金 48619.36 元。

成功阻止企业向征收局申请退回的预缴土地增值税 57.9 万元、向有关区国税局申请退回预缴企业所得税 1845.5 万元的行为。

（供稿单位：广东省地方税务局稽查局）

恒鼎实业有限公司鲜扬涉税案

［**基本情况**］ 按照国家税务总局安排部署，四川省组织对四川恒鼎实业有限公司鲜扬及关联公司的个人所得税专案检查。接到该案后，省局稽查局将该案列为督办案，并成立了督导小组，要求攀枝花市地税稽查局组织力量查处，每半个月汇报案件查处进展情况。2010 年 6 月 25 日，省稽查局组织召开会议强调，一是要高度重视、认真组织，完成总局、省局部署的工作任务；二是依法检查、实事求是，工作中发现问题及时向业务部门和省局报告；三是注意工作策略和方法，逐步积累经验；四是遵守工作纪律，严格保密；五是不对外宣传，防止被炒作。会后，又同鲜扬及财务负责人召开见面会，确保案件查处工作顺利完成。2010 年 8 月 24 日，省稽查局组织人员赴攀枝花，督导案件查处工作，了解案情并对下一阶段工作作出布置安排。

攀枝花市地税局制定检查方案，采取集中实地检查、各地协查等方式，重点检查被查人员从投资经营企业中取得的利息红利所得、股权转让所得、工资薪金所得以及企业税前列支的与生产经营无关的用于纳税人个人或其家族消费支出等重点项目的个人所得税缴纳情况。

［**违法事实**］ 1. 自然人股东转让股权个人所得税检查情况。经查，以四川恒鼎实业有限公司为核心的关联企业群之间发生了大量的自然人股东和法人股东的股权交易行为，这些交易的共同特点就是在股权转让时仅就其所占注册资本金的金额进行等额交易，交易额不涉及其他资产、权益。

2. 单位股东及其他个人向公司大量借款且超过一年以上未归还。

3. 攀枝花市精锐志恒商贸有限公司个人所得税检查情况。

2006 年 3 月，攀枝花市精锐志恒商贸有限公司（以下简称“精锐志恒”，注册资本金 100 万元，鲜帆出资 20 万元占 20% 股份，鲜扬出资 80 万元占 80% 股份）向攀枝花市恒鼎煤焦化有限责任公司借款 4900 万元，以总资本金 5000 万元向四川恒鼎的 5 名控股人收购四川恒鼎实业有限公司的全部股份，并于同年 7 月所持有的四川恒鼎实业有限公司（注册资本金 5000 万元）100% 的股权以人民币 302811400 元（标的股权的转让价款为 3 亿元人民币）的价格转让给英属公司四川恒鼎投资控股公司。对于此笔股权转让收益，该单位未作纳税调整。

精锐志恒企业所得税由攀枝花市西区国税局征收管理，2007 年 11 月 21 日企业向西区国税局第二分局提出注销申请，2008 年 3 月 10 日批准注销。该单位在 2007 年度、2008 年度内未在工商进行年检，已由攀枝花市工商行政管理局在 2009 年 3 月吊销其营业执照，而在攀枝花市西区地税局征管资料中，发现该单位在 2008 年度内仍在地税纳税申报。初步测算应补缴个人所得税约 3000 万元。

（供稿单位：四川省地方税务局稽查局）

力天律师事务所个人所得税涉税案

［基本情况］ 2010年5月10日，山东省济宁市泗水县稽查局（以下简称“稽查局”）收到群众举报反映：2009年，力天律师事务所律师陈某从T公司分三次取得收入60万元没有申报缴纳个人所得税；2009年，该所支付9名律师收入300多万元，事务所没有代扣代缴个人所得税，且大部分律师都有偷税问题。

该律师事务所为一家合伙制企业，成立于2003年6月3日；由胡某等9名律师发起设立，2008年8月增补律师戴某为合伙人；现有员工25人，其中：合伙律师10人、聘用律师6人、其他人员9人。

［违法事实］ 接到举报信后，稽查局抽调精干力量组成稽查组，调取该律师事务所的税收征管档案。通过查阅，该律师事务所2009年实际取得收入240多万元，没有申报扣缴个人所得税。自行申报期限过后，该律师事务所没有一人主动申报纳税。在对其情况有了一定了解并对检查人员进行了相应的政策培训之后，2010年5月14日，稽查局按规定下达了《税务检查通知书》。

1. 核实个人收入。根据检查工作方案，检查人员首先调取了该律师事务所2009年度的所有财务报表、会计账簿、记账凭证、银行对账单、已填开发票的存根联和其他纳税资料，进行检查，并到举报人所称的T公司核对律师陈某的收入情况。通过初步检查发现，该律师事务所2009年16名律师实际取得各种代理服务收入240多万元，其应缴纳的营业税、城市维护建设税、教育费附加已如实申报缴纳。该所16名律师中有6人达到了年所得12万元以上，其中陈某1人从T公司取得风险代理收入60万元，但都没有自行申报缴纳个人所得税。另有几名律师的收入也达到了个人所得税的纳税标准，该所也没有代扣代缴个人所得税，举报人举报的情况基本属实。

为了核实律师事务所收入的真实性，检查人员通过发票和银行对账单到付款方进行了核实确认。首先，从已经取得的该所发票领购簿入手，对其检查年度发票（含收据）的购、领、用、存等情况进行检查核对。在已开具的发票中，随机选取5个付款单位的32份发票进行核实，并将付款方的付款凭证复印件再带回与事务所的收入日记账和银行进账单进行核对。还走访了3名在该所有过代理业务的个人，对付款和发票也同样进行了核对，均没有发现任何问题。

在确认该所2009年收入属实之后，检查人员根据该所提供的发票存根将240多万元收入分解落实到了16名律师个人名下，并根据各律师收入的具体情况采取不同的检查方法，其中，对6名达到自行申报标准的律师下达了《税务检查通知书》。

2. 查实收入分配方式。由于该单位账簿记录不健全，提供给检查人员的收入分配资料与税务部门掌握的情况出入较大。该律师事务所坚持其对律师分成是按律师收费总额的40%进行结算的，并拿出省司法厅关于律师管理的相关文件。对此，检查人员对该律师事务所所有律师下达《询问通知书》，重点就收入分配情况进行询问。

在询问的同时，按法定程序，检查人员到该事务所开户银行取得了检查年度该事务所的银行对账单和账户存款余额。通过分析，该所2009年收费240多万元，如按其所说40%分配出去，剩余60%则应该留在事务所账上，除去日常公共费用，事务所账户当年结余至少应该在100万元以上，而其存款账户余额仅有20030元，与其所称的结算方式下账户应结余余额相差98万多元。据此，检查人员要求其解释账户余额出入大的原因。在大量证据面前，被询问的律师和该所负责人交代了真实的收入分配方式，即收费由单位统一管理，收入在扣除相应的税费后全部归律师个人所有，不存在按40%比例分成的情况。

此案涉及直接检查的个人达6人，加上个人所得税由事务所代扣代缴的律师，实际检查人数16人。

［处理结果］ 对该律师事务所应扣未扣个人所得税和其中部分律师不按税法规定自行申报缴纳个人所得税问题，经税收案件审理委员会审理，依法作出处理决定：

1. 应扣未扣个人所得税76万元，根据《中华人民共和国个人所得税法》第一条、第二条、第三条、第八条,《国家税务总局关于贯彻〈中华人民共和国税收征收管理法〉及其实施细则若干具体问题的通知》第二条,《中华人民共和国税收征收管理法》第六十九条规定,责成限期补扣部分律师(不包括6名高收入律师)应扣未扣个人所得税39万元,对其应扣未扣个人所得税行为处50%的罚款。

2. 根据《中华人民共和国税收征收管理法》第六十九条规定,对直接下达《税务检查通知书》的6名高收入律师,追缴查补个人所得税款37万元。

3. 根据《中华人民共和国税收征收管理法》第六十二条规定,对未按规定期限向税务机关办理个人所得税自行纳税申报的6名高收入者,每人处罚款2000元。

以上应扣未扣税款及处以罚款均已及时足额执行入库。

(供稿单位:山东省地方税务局稽查局)

骗取出口退税案件

“两威CPU”骗税案

[基本情况] 2008年,浙江省国家税务局进出口税收管理部门发现,省内CPU出口业务在2005~2008年期间出现异常大幅增长。经评估发现三大疑点:一是CPU出口目的地是香港,而其来源也是从香港报关进口。二是出口CPU都在供货环节拆除了附带的散热风扇(或散热片),而外埠销售的CPU都附带风扇。三是出口企业验货手续不符合正常贸易程序,没有相应运输单证及签收清单等,物流实际由供货企业控制。据此认为CPU出口存在骗税嫌疑。浙江省国家税务局稽查局根据进出口税收管理部门移送的线索,迅速启动检查工作机制,指定杭州市国家税务局稽查局对具有骗税嫌疑的杭州通威电子有限公司、杭州昆威电子有限公司(统称“两威公司”)开展重点检查,同时要求宁波、温州等地国家税务局稽查局对涉及该案的4户外贸企业展开协查。检查发现“两威公司”存在两个问题:一是将从一级、二级代理商购买的CPU直接向国内市场进行账外销售,二是采取“票货分离”手段,利用从一级代理商取得的增值税专用发票骗取出口退税。2008年10月,杭州市公安局正式立案侦查,并与国税部门联合成立“8·13”专案组,主要采取三个方面的措施:一是及时对涉案关键人员进行控制,防止了主要涉案人员的外逃;二是采取必要的侦控措施,获取犯罪嫌疑人涉嫌骗税的重要证据;三是公安、税务两部门还共同配合开展大量调查取证工作,如赴北京、上海、深圳以及香港等重点地区开展联合取证,对省内涉案外贸企业进行异地调账,对大量涉案人员进行调查讯问等。

[违法事实] 经查,2006~2008年期间,徐剑以杭州通威公司、昆威公司、百渠公司三家公司的名义向“INTER”和“AMD”品牌CPU中国代理商处购进CPU,而后在公司内对CPU外包装和风扇剥离,并将剩下的CPU芯片通过浙江国贸、浙江天时、温州信合和温州嘉汇四家外贸公司出口至由徐剑提供的香港客户Universal International Trading Co(环球国际贸易公司)等6户香港公司。这6户外商实际上均为物流公司,跟外贸公司之间并无实际购销关系,他们根据徐剑等人的指令到香港机场提货,而后又由徐剑等人通过非法渠道将这批到达香港的CPU芯片运回国内销售,并通过地下钱庄购买外汇,将外汇通过香港账户汇入外贸公司的外汇账户进行结汇,伪造外销假象,之后由外贸公司向税务机关申请退税,最后外贸公司将退税款支付给被告单位和被告人,从而达到骗取出口退税的目的。通威公司、百渠公司和徐剑、张蓉蓉通过上述手段,共计申请出口退税人民币7594.8万元,税务机关已退税人民币6713.15万元。

［处理结果］　2010年7月5日，杭州市中级人民法院依照《中华人民共和国刑法》第二百零四条、第二百零一条第一款、第二百一十一条、第二百一十二条、第二十五条第一款、第二十六条第一款、第四款、第二十七条、第三十一条、第五十七条第一款、第六十九条、第六十四条及最高人民法院《关于审理骗取出口退税刑事案件具体应用法律问题的解释》第一条第（一）项、第二条第（四）项、第三条之规定，作出了判决：

1. 杭州通威电子有限公司犯骗取出口退税罪处罚金人民币4000万元；犯逃税罪，判处罚金人民币200万元，二罪并罚，决定执行罚金人民币4200万元。

2. 杭州百渠贸易有限公司犯骗取出口退税罪，判处罚金人民币70万元；犯逃税罪，判处罚金人民币20万元，两罪并罚，决定执行罚金人民币90万元。

3. 徐剑犯骗取出口退税罪，判处无期徒刑，剥夺政治权利终身，并处没收个人全部财产；犯逃税罪，判处有期徒刑五年，并处罚金人民币200万元；两罪并罚，决定执行无期徒刑，剥夺政治权利终身，并处没收个人全部财产。

4. 张蓉蓉犯骗取出口退税罪和逃税罪，两罪并罚，决定执行有期徒刑3年，并处罚金人民币7万元。

（供稿单位：浙江省国家税务局稽查局）

贵州“5·11”骗取出口退税案

［基本情况］　2009年5月，贵州省国税局稽查局根据国家税务总局要求，在对办理过CPU出口退税的企业进行排查时，发现商洋公司和远际公司从北京东方联拓国际商贸有限公司（以下简称“东方联拓公司”）大量购进电脑主板（CPU）用于出口，并从上海、河北、湖南、湖北等省市取得增值税进项发票，情况异常。通过全面检查和组织协查，发现这两户企业具有“四自三不见”和“假自营真代理”等出口骗税案件作案手法的典型特征，遂向国家税务总局稽查局报告。2009年10月28日，根据国家税务总局领导批示，国家税务总局稽查局在贵阳组织召开了“5·11案件”查办协调会，要求北京、上海、河北、湖南、湖北、贵州等主要涉案地国税局稽查局，成立专案组对涉案企业进行全面检查。2010年1月19日，国家税务总局稽查局将该案件列为国家税务总局督办案件（国税案督字〔2010〕5号）。2010年3月10日，国家税务总局稽查局会同公安部二局将该案取名为“C专案”，决定由公安部和国家税务总局联合督办。

［违法事实］　北京东方联拓公司利用从河北、上海、湖北、湖南等地8户企业虚开的增值税专用发票为进项，采取虚假申报或以旧代新的方式，自行申报或委托贵州商洋公司和远际公司申报出口电脑主板或CPU，骗取出口退税款。

该案是一起典型的利用电脑主板和CPU骗取出口退税的案件，其主要作案方式是：（1）北京东方联拓公司业务员，低价从北京鼎好电子市场等处以每块30～40元不等的价格，大量收购废旧电脑主板（未取得进项增值税专用发票），装箱后运到首都机场货运仓库，用于报关出口。（2）北京东方联拓公司业务员，通过网络聊天或中间人介绍，得知河北鼎美、长沙富海、上海灏宁（湖北涉案企业是通过上海灏宁联系的）等公司有增值税专用发票节余，以支付给对方2%的手续费的方式，取得对方虚开的增值税专用发票（开具货物名称为电脑主板或CPU），作为进项，并与其收购的旧电脑主板或CPU数量相对应。（3）北京东方联拓公司将收购的电脑主板以旧代新，报关出口，骗取出口退税款。（4）为减少风险并提高退税速度，北京东方联拓公司还委托贵州商洋公司和远际公司等外贸公司代理出口。商洋公司和远际公司的进项增值税专用发票、货物的购进及报关出口均由北京东方联拓公司人员具体操作，上述两家公司只负责结汇和在贵阳市国税局办理出口退税，并将货款及退税款汇至东方联拓公司账上，然后收取0.5%～1.5%的手续费。

［查处结果］　经过各地国税局稽查局的通

力协作，所有涉案企业都已检查完毕。该案共 11 户企业定性为骗税罪、虚开增值税发票罪或偷税罪，共抓获犯罪嫌疑人 15 名，查补税款 946.61 万元。

（供稿单位：贵州省国家税务局稽查局）

发票违法案件

“2·06” 虚开增值税专用发票案

［基本情况］ Y 公司，注册于上海市浦东新区，注册资金 7109 万美金，系外商投资企业，主要经营：协助或代理所投资企业从国内外采购企业自用电子设备、办公设备和生产用原材料、原器件、零部件和在国内外销售所投资企业生产的产品，并提供售后服务；承接境外公司服务外包等；在外汇管理部门的同意和监督下，在其所投资企业之间平衡外汇；2009 年 Y 公司累计实现应税销售额 101.69 亿元，2009 年期末留抵税款 2287 万元。

张芸（女，Y 公司开票员）、周华（女，Y 公司审核员）自 2007 年起与贾立传（男，无业人员）勾结，利用职务之便对外虚开增值税专用发票，从中收取 6% 左右的手续费。该案的作案手法比较隐蔽，一是犯罪分子利用公司正常业务中大量开具增值税专用发票的同时，也开具大量增值税普通发票的便利，虚开增值税专用发票后，再开具红字普通票冲抵当月增值税销项税额（由于目前红字增值税普通发票《通知单》手工开具，不通过防伪税控系统的“红字票通知单管理子系统”开具，且增值税普通发票暂未纳入一般纳税人“一窗式”管理监管体系，未实行“票表比对”，因此无法做到红字发票和正常蓝字票的基本信息一一对应，形式上无法认定其红字普通票是抵冲增值税专用发票的），避开了税务部门的监控；二是到税务机关抄报税后，由于企业的内部备份数据可修改，犯罪分子将虚开的增值税专用发票和红字普通票数据全部删除，规避了 Y 公司内部监管。以此实施虚开增值税专用发票的犯罪行为。

［违法事实］ 上海市公安、税务部门成立联合专案组，对涉案发票共计 1208 份，涉案税额共计 4134 万元，进行立案检查。其中：对本市涉案受票企业的发票 999 份，涉案税额 3195 万元，进行联合调查取证；同时对外省市涉案受票企业的发票 209 份，涉案税额 939 万元，发出联合协查函，由涉案地公安税务部门联合调查取证。经检查，无货交易受票 855 份，涉案税额合计 2889 万元；票货不一致受票 234 份，涉案税额合计 883 万元；善意受票 65 份，涉案税额合计 167 万元；查无此票 3 份，涉案税额合计 16 万元；注销或走逃企业发票份数 51 份，涉案税额合计 180 万元。

［处理结果］ 上海市税务稽查部门检查查补增值税款 3627 万元，所得税款 789 万元，其他税款 95 万元，滞纳金 590 万元，罚款 3819 万元，合计查补税款、滞纳金、罚款 8920 万元；冲减增值税留抵税额 165 万元，调减企业税前可弥补亏损额 211 万元；公安机关抓捕犯罪嫌疑人 198 名（其中包括主犯张芸、周华，介绍虚开的贾立传等中间人 6 名）。

（供稿单位：上海市国家（地方）税务局稽查处）

某大药房连锁经营有限公司瞒报收入少缴税款案

[基本情况] 上海某大药房连锁经营有限公司是2001年7月成立的有限责任公司（国有控股），注册资金人民币1000万元，其中母公司上海B药业有限公司占90%，集团最终母公司上海C商城股份有限公司占10%。经营范围：中成药、中药饮片、抗生素等药品、酒类、百货零售，由宝山区第三税务所负责征收管理。其连锁门店超过50家，遍及宝山、虹口、闸北、杨浦等区县，并先后在吴淞、宝山开设面积1000平方米的经济大药房。公司总部位于上海市宝山区淞滨路87号，在宝山区登记注册的下属零售药店41家，加盟药店8家，其中大型经济药房2家。

上海市税务机关对上海某大药房连锁经营有限公司及其加盟店采用信息化手段开展税务稽查。首先制定检查预案，了解企业结构体系，明确检查疑点；接着现场调取企业电子数据资料和财务、库存数据，使用查账分析软件对两者进行比对分析。发现企业及其加盟店存在隐匿收入、少缴税款等行为。

[违法事实] 通过对业务数据库中部分主要业务数据表进行比对分析发现：上海某大药房连锁经营有限公司向各加盟药店收取的加盟费共计88000.00元，未申报收入，未按“转让无形资产使用权”科目缴纳营业税；采购药品的采购清单是具有合同性质的凭证，未按规定缴纳印花税。上海A铁力药房隐匿药品销售收入1844999.58元，账外销售保健品、日用品226101.57元，均未申报纳税。上海A广馨大药房2009年度未申报应税收入295823.70元，漏缴增值税及附加等其他税费。上海A宝鑫大药房也存在隐瞒收入，少申报纳税的行为。

[处理结果] 根据相关税法规定，上海某大药房连锁经营有限公司补缴营业税4400.00元，城建税等附加440.00元，印花税38468.88元。上海A铁力药房补缴增值税73854.51元，城建税等附加6646.89元，个人所得税24853.21元，滞纳金2301.33元，罚款45696.94元。上海A广馨大药房补缴增值税9310.97元，城建税等附加1024.21元，个人所得税3549.88元，滞纳金1360.58元。上海A宝鑫大药房补缴增值税6247.88，城建税等附加562.31元，个人所得税2499.15元。

（供稿单位：上海市国家（地方）税务局稽查处）

某水产公司重大税收违法案

[基本情况] 根据《国家税务总局稽查局关于福建省东山县某水产食品有限公司涉嫌骗取国家出口退税案件的函》要求，福建省抽调稽查业务骨干成立专案组，于2010年11月2日对福建东山县某水产食品有限公司2007年1月至2010年10月份的纳税情况进行全面检查。

公司成立于2003年9月27日，注册资金600万元人民币，2009年6月15日增资为2500万元，属有限责任公司，2006年6月认定为增值税一般纳税人，经营范围：水产品加工、渔需品、建材销售。主营业务：青皮鱼等海产品初加工冷冻出口和部分内销，2008年起免征企业所得税。

1. 采取突击检查方式，依法调取该公司检查所属期间的会计账簿凭证及相关纳税资料，深入生产车间、收购地点了解掌握加工出口水产品的生产工艺流程以及渔民出海捕捞作业、收购环节的水产品分类、定价、加工损耗、产品销售等基本情况。

2. 根据举报信件内容和线索，结合水产品生产企业的特点、经营状况、财务核算方法和已申报纳税情况，详细制定检查预案，确定从水产品实际收购的品种、数量、单价、金额与《农产品收购业务发票》上开具的品种、数量、单价、金额以及出口水产品的品种、数量、单价、金额配比等方面入手，分析判断是否存在骗取出口退税行为。对收购、生产加工、出口销售等环节的投入产出进行核查。

3. 重点检查核实水产品原材料的收购、原材料投入产出、产品销售、水产品的进项税额。对该公司的法人代表及亲属、公司出纳、采购员等6人的银行个人储蓄存款账户交易明细进行检查，向水产品生产者出售人（渔民）开展询问调查，了解渔业捕捞生产、销售过程，同时向当地海洋渔业管理局、出口商品检验局等部门了解渔业生产管理具体规定。

[违法事实] 1. 违反规定开具《农产品收购业务发票》。经查，该企业2007～2010年1～10月休渔期间，向外地渔民购买水产品（主要是浙江、广东、台湾的水产品生产者），违反规定未到当地税务机关开具而是自行开具《农产品收购业务发票》，金额为1717.16万元，申报抵扣进项税金。

2.《农产品收购业务发票》中的出售人与实际出售人不符。该企业2007～2010年1～10月期间账上反映收购水产品金额1006.83万元，并开具《农产品收购业务发票》，出售人为许某某，经外调证实许某某本人未从事渔业生产，未直接向该公司出售水产品，水产品由其他渔船投资人生产出售，借用许某某身份证用以开具《农产品收购业务发票》，申报抵扣进项税金。

3. 经查该公司2009年7月22日，向漳州龙文区三奇仪器表经营部，购买宏展真空包装机一台，价税合计1万元。取得上海凯士电子有限公司开具增值税专用发票一份，货物名称为包装机，金额0.85万元，税额0.15万元；经协查回函，上海凯士电子有限公司销售给漳州龙文区三奇仪器表经营部货物为计重秤一批，价税合计1万元，所开具专票货物品名与实际不符。

4. 经查该企业2008～2009年共取得寄冻费收入39.27万元，扣除实际成本支出27.27万元，应纳税所得额11.99万元，未申报缴纳企业所得税。

[处理结果] 1. 根据《中华人民共和国增值税暂行条例》第一条、第九条、第十五条、《中华人民共和国增值税暂行条例实施细则》第十九条、第三十五条第一项规定，该公司未按规定向水产业生产者开具《农产品收购业务发票》不属免税项目，不得抵扣进项税金，应追缴已抵扣的进项税款354.12万元。

2. 根据《中华人民共和国增值税暂行条例》第一条、第九条、《中华人民共和国增值税暂行条例实施细则》第十九条规定，该公司取得上述增值税专用发票不得抵扣进项税金，应追缴已抵扣的进项税款0.15万元。

3. 根据《中华人民共和国企业所得税法》第一条、第二条第一款、第四条、第二十七规定，该公司取得寄冻费收入不属免税项目，应追缴企业所得税2.99万元，已预缴企业所得税9.27万元（未办理退税），核减应退企业所得税。

以上应补税款354.27万元，并按规定加收滞纳金。

（供稿单位：福建省国家税务局稽查局）

紫光佳越实业有限公司涉税案

[基本情况] 吉安市国税局高新技术开发区分局接到群众举报，反映江西紫光佳越实业有限公司（以下简称江西紫光）取得虚假海关专用缴款书及虚假增值税专用发票申报抵税。该局接到举报后，按规定将举报资料移送吉安市国税局稽查局。

江西紫光于2008年12月办理工商营业执照及税务登记，2009年1月暂认定为增值税一般纳税人，2009年5月认定为出口退税企业，注册类型为私营有限责任公司，经营范围为通信设备、计算机及其他电子设备制造业。经营范围为计算机软、硬件的技术开发、生产、销售；电子产品的技术开发、生产、咨询及销售；数码产品、维修工具、计算机周边产品及耗材的生产、销售。

［违法事实］ 江西紫光实施了以支付手续费的方式从他人手里购买伪造的增值税专用发票及海关增值税专用缴款书，同时又让他人为自己虚开可以抵扣税款的运输发票的违法犯罪行为。

［处理结果］ 1. 根据《中华人民共和国税收征收管理法》第六十三条第一款、《中华人民共和国增值税暂行条例》第九条的规定，对其实际抵扣的税款9225099.19元予以追缴，并处以1倍的罚款。2. 根据《中华人民共和国税收征收管理法》第三十二条规定，从税款滞纳之日起至入库之日止按规定加收滞纳金。3. 根据《中华人民共和国税收征收管理法》第七十七条、《国务院行政执法机关移送涉嫌犯罪案件的规定》（国发〔2001〕310号）第三条及有关规定，依法移送公安机关处理。

（供稿单位：江西省国家税务局稽查局）

“6·30”虚开增值税专用发票案

［基本情况］ 2007年1月至2009年6月间，犯罪嫌疑人舒某某、李某某、宋某某等人利用顺风公司、龙辉公司的名义，在没有真实货物交易的情况下，按照价税合计额3.5%～4.5%的比例向中间人支付开票费后，取得进项增值税专用发票4301份，金额9.46亿元、税款1.61亿元，涉及13个省、直辖市共287户企业；然后再按照价税合计额4.5%～8%不等的比例向中间人收取开票费后，对外虚开增值税专用发票6994份，金额9.73亿元、税款1.62亿元，涉及19个省、直辖市共1011户企业。

［违法事实］ 犯罪嫌疑人舒某某、李某某、宋某某等人利用顺风公司、龙辉公司的名义在没有真实货物交易的情况下，以支付手续费的方式取得增值税专用发票，并抵扣进项税额，同时，对外虚开增值税专用发票6994份，金额9.73亿元，税款1.62亿元，属于虚开增值税专用发票行为。其他627户企业取得虚开的增值税专用发票并抵扣了税款，属于偷税行为。

［处理结果］ 确定虚开增值税专用发票企业2户，确定偷税企业627户，移送司法机关114户。共查补税款、罚款1.42亿元，已入库1.18亿元。

（供稿单位：山东省国家税务局稽查局）

“5·11”特大制售假发票案

［基本情况］ 2009年8月，长沙市地税稽查局根据群众举报的线索，发现了长沙城区存在较大的批发、零售假发票“窝点”，随后联合长沙市公安局经侦支队对其进行了深入调查。

根据掌握的案情，先后向长沙市地税局局长龙晓清、市政府秘书长唐志浩等领导汇报情况。各级领导高度重视，部署案件查办工作，召集公安和税务部门召开联席会议，成立“6·11”专案组，安排部署打击制假“窝点”行动，组织精干力量查处此案。

［违法事实］ 长沙市地税稽查局自2009年9月份以来抽调精干力量30余名，先后出动稽查人员逾百次对“窝点”进行跟踪、蹲点。历时近10个月，终于查清该假发票“窝点”的情况，掌握了其犯罪事实和作案规律。2010年6月9日，该局联合长沙市公安局经侦支队出动特警、税侦、地税稽查人员共70余人，连续3天蹲点，在6月11日凌晨2时全面收网，先后在长沙县黄兴镇黄兴新村、芙蓉区翔铭广告街、远大一路等地开展集中行动，一举捣毁“窝点”。

［处理结果］ 此案共捣毁大型印制假发票窝点1个，小型印制窝点1个，储藏窝点4个；抓获涉嫌违法犯罪嫌疑人9人（主犯涉嫌涉黑犯罪），收缴印制假发票机器4台（其中1台4开手

动切纸机、1台星海印刷机、1台热合机、1台晒版机），收缴打印发票机器5台；收缴涉及湖南、广东等4省数十个地市假发票113万份（其中半成品70余万份），假发票涉及通用完税证、通用缴款书、非税收入缴款书、税务机关代开统一发票和其他国、地税发票共30余个品种；收缴作案运输工具汽车1辆，自制狙击步枪1支，自制手枪2部，7mm钢珠300多发，管制刀具1把。

（供稿单位：湖南省地方税务局稽查局）

聚奎运输有限责任公司虚开（非法代开）货运发票案

［基本情况］ 重庆聚奎运输有限责任公司（以下简称聚奎公司）于2004年成立，2005年由税务机关认定为货物运输自开票纳税人，企业所得税由国税管辖。该公司申报自有营运车辆2辆，挂靠车辆165辆，2007~2009年3月共申报运输收入5.7亿元，缴纳营业税及附加1868万元。

2009年4月，重庆市审计部门对某商贸企业进行延伸审计时发现，其运输成本比重畸高，经查证，其货运发票多为聚奎公司开出。审计部门迅速将线索移交给公安机关，并向税务机关通报。2009年5月，公安机关在税务机关配合下对聚奎公司立案查处，抓捕该公司法定代表人施懿烊及相关人员。6月，国家税务总局发出国税案督字〔2009〕30号督办函，将该案列入国家税务总局督办案件。

［违法事实］ 本案是一起典型的利用货运业自开票资格对外非法开票的案件。聚奎公司为牟取非法利益，通过收取一定比例手续费、点子费的形式非法开具货运发票，主要违法手段有：

一是伪造账簿，隐匿不法行为。该公司为了隐瞒其违法事实，先后伪造了数十个账套。其中，专门用于应对税务机关检查的外账做得十分隐蔽，其“主营业务收入”科目金额与开具发票的票面总金额完全一致，并据此向税务机关申报纳税和领购发票。而真正反映其开票（点子费）的是由施懿烊本人记载的内账记账凭证，这些凭证从未在相关账簿上体现，由施懿烊本人亲自掌管。

二是非法设置一整套操作流程和手续。为了欺骗税务机关，按施懿烊的要求，聚奎公司内部专门设置明确的操作流程和手续，从运输合同、挂靠协议、委托书、派车单、结算和对账方式等方面进行伪装，隐瞒其不法行为。

三是伪造相关凭证、合同及资料。据施懿烊供述，聚奎公司挂靠车的号牌和户主、车辆挂靠合同等均系编造，挂靠合同上挂靠人的签名是施懿烊自己签的。聚奎公司报送给税务机关的有关货运车辆《机动车行驶证》复印件，均是施懿烊采取复印、剪切和粘贴的办法伪造的。

四是资金转移渠道隐蔽。据施懿烊供述，收取的手续费多为现金，少数通过银行账户或银行卡收取，这些钱款大多数是施懿烊直接收取，由其本人掌控。

2007年以来，聚奎公司共虚开（非法代开）货物运输业专用发票11964份，其中：蓝票11119份，票面金额5.78亿元；红票261份，票面金额0.13亿元；作废票584份。受票企业1807户，共涉及重庆、四川、广东、江苏、浙江、上海等30个省（自治区、直辖市）。

［处理结果］ 按照国家税务总局的指示，重庆市地税局及时采取措施进行处理。一方面，依法对聚奎公司的违法行为作出处罚决定：没收其非法所得241万元，对其未按规定开具发票的行为处1万元的罚款。公安机关已经将聚奎公司案件转交检察机关提起公诉，案件进入司法程序。另一方面，将聚奎公司涉及的11964份发票按地区进行分类，制作虚开（非法代开）发票证明，附上发票明细表，包括每张发票的号码、开票日期、收货人发货人及识别号、金额、受票方等信息，迅速向全国各地的税务机关发出。各地税务机关依据上述材料，组织处理，截至2010年3月底，税务机关已经追补入库的税款3302万元。

（供稿单位：重庆市地方税务局稽查处）

“4·14”特大贩卖假发票案

［基本情况］ 2010年4月，云南省昆明市五华区公安经侦部门根据贩卖假发票及藏匿假发票的窝点线索，协调所在地国、地税，警税部门高度重视，决定立案进行案件侦破，对犯罪嫌疑人何某经常贩卖假发票的场所及藏匿假发票窝点进行蹲点守候，在掌握其动向的基础上，4月14日上午，当何某向他人批量贩卖假发票时，将贩卖假发票的何某抓获，当场缴获其贩卖的假发票6本，共计450份，后又从其随身皮包内查获假发票9本，共计725份。随后税务人员协同公安干警乘胜追击，在其2个租住处，共查获非法印制各类发票18.88余万本、155.67万份，同时查获各类伪造印章127枚。该案涉及云南省地税各类发票150万余份。

［违法事实］ 犯罪嫌疑人何某伪造普通发票予以出售，当场缴获和查获的数量达1564325份，其行为构成出售非法制售的发票罪；犯罪嫌疑人何某购买《公路货运专用发票》3725份欲进行出售，数量特别巨大，其行为构成出售非法制造的用于抵扣税款发票罪（预备）；同时，犯罪嫌疑人何某伪造印章127枚，其行为构成伪造公司、企业、事业单位、人民团体印章罪。

［处理结果］ 根据《中华人民共和国刑法》第二百零九条第一、二款、第二百八十条第二款、第六十九条、第二十二条规定，何某犯出售非法制售的发票罪，判处有期徒刑3年，并处罚金人民币10万元；犯出售非法制造的用于抵扣税款发票罪，判处有期徒刑4年，并处罚金人民币5万元；犯伪造公司、企业、事业单位、人民团体印章罪判处有期徒刑3年；总和刑期10年，决定执行有期徒刑9年，并处罚金人民币15万元。

（供稿单位：云南省地方税务局稽查局）

“1·21”虚开增值税专用发票案

［基本情况］ 2010年1月下旬，宁夏石嘴山市国税局稽查局在查办石嘴山市鑫远商贸有限公司虚开增值税发票案件过程中，发现接受石嘴山市鑫远商贸公司虚开发票的受票企业——石嘴山市路丰工贸有限公司还从宁夏智可达科贸有限公司贺兰分公司和宁夏智可达咨询服务有限公司商贸分公司接受部分虚开的增值税专用发票。石嘴山市国税局稽查局对涉案企业受票情况进行初步核实后，将案情向自治区国税局稽查局汇报。区局随即部署涉案开票企业所在地的银川市国税局稽查局就发现的案件线索开展调查。银川市国税局稽查局协调银川市公安局经侦部门对案件线索初步调查后，认为宁夏智可达科贸有限公司贺兰分公司和宁夏智可达咨询服务有限公司商贸分公司涉嫌虚开增值税专用发票。根据上级的要求，银川市国税局会同公安经侦部门于2010年1月21日，组成联合专案组、制定检查方案，开展调查工作。随着案件的深入，又相继发现宁夏智可达科贸有限公司、宁夏智可达贺兰物资回收有限公司、宁夏惠宁伟业工贸有限公司和宁夏智可达咨询服务有限公司环保设备公司存在虚开增值税专用发票的重大嫌疑。专案组决定将这6户企业的虚开行为并案调查，并将该案件定名为“1·21”专案。

［违法事实］ 通过对宁夏智可达科贸公司贺兰分公司、宁夏智可达科贸有限公司、宁夏智可达咨询服务有限公司商贸分公司、宁夏智可达贺兰物资回收有限公司、宁夏智可达咨询服务有限公司环保设备公司、宁夏惠宁伟业工贸有限公司6户企业的检查，发现涉案企业2006~2009年在没有真实货物交易的情况下，累计虚开增值税专用发票

8878 份，价税合计 13.11 亿元。受票企业涉及自治区内及内蒙古、上海、江苏、浙江等 22 个省（市、区）的 417 户企业。

[处理结果] “1·21”案件涉案企业所在地主管税务机关对涉案的开票企业和受票企业进行税务行政处理。其中自治区内涉案受票企业补缴税款、罚款、滞纳金共计 6248 万元，自治区外涉案受票企业追缴税款 3297 万元。通过对“1·21”案件部分受票企业的查处，共计追缴税款、罚款、滞纳金 9545 万元。

“1·21”案件查办过程中，公安机关对涉案企业采取税收保全及税收强制措施 39 户次，对相关涉案人员采取拘捕和取保候审措施 37 人次。该案的主要犯罪嫌疑人刘俭、王亚丽、陈晓婷等已被抓捕归案。

（供稿单位：宁夏回族自治区国家税务局稽查局）

第六篇

税务稽查文件

国家税务总局令

国家税务总局令第20号

《税收规范性文件制定管理办法》已经2009年12月15日国家税务总局第2次局务会议审议通过，现予公布，自2010年7月1日起施行。

国家税务总局局长：肖 捷

二〇一〇年二月十日

税收规范性文件制定管理办法

第一章 总 则

第一条 为规范税收规范性文件制定和管理工作，促进税务机关依法行政，根据国务院《全面推进依法行政实施纲要》等规定，结合税务机关工作实际，制定本办法。

第二条 本办法所称税收规范性文件，是指县以上（含本级）税务机关依照法定职权和规定程序制定并公布的，规定纳税人、扣缴义务人及其他税务行政相对人（以下简称税务行政相对人）权利、义务，在本辖区内具有普遍约束力并反复适用的文件。

国家税务总局制定的税务部门规章，不属于本办法所称的税收规范性文件。

第三条 税收规范性文件的起草、审核、决定、公布、备案、清理等工作，适用本办法。

第四条 制定税收规范性文件，应当符合法律、法规、规章及上级税收规范性文件的规定，坚持公开、统一、效能的原则，并遵循本办法规定的制定规则和制定程序。

第五条 税收规范性文件不得设定税收开征、停征、减税、免税、退税、补税事项，行政许可，行政审批，行政处罚，行政强制，行政事业性收费以及其他不得由税收规范性文件设定的事项。经国务院批准的设定减税、免税等事项除外。

第六条 县税务机关制定税收规范性文件，必须依据法律、法规、规章或省以上（含本级）税务机关税收规范性文件的明确授权；没有授权又确需制定税收规范性文件的，应当提请上一级税务机关制定。

县以下税务机关及各级税务机关的内设机构、派出机构、直属机构和临时性机构，不得以自己的名义制定税收规范性文件。

第二章 制定规则

第七条 税收规范性文件可以使用“办法”、“规定”、“规程”、“规则”等名称，但不得称“条例”、“实施细则”、“通知”或“批复”。

上级税务机关针对下级税务机关有关特定税务行政相对人的特定事项如何适用税收法律、法规、规章或税收规范性文件所做的批复，需要抄送本辖区的，应当按照本办法规定的制定规则和制定程序制定税收规范性文件，并使用税收规范性文件的名称。

第八条 税收规范性文件应当根据内容需要，明确制定目的和依据、适用范围、主体、权利义务、具体规范、操作程序、施行日期或有效期限等内容。

第九条 制定税收规范性文件，应当做到内容具体、明确，内在逻辑严密，语言规范、简洁、准确，具有可操作性。

第十条 除内容复杂的外，税收规范性文件一般不分章、节。

需要分章、节、条、款、项、目的税收规范性文件，章、节应当有标题，章、节、条的序号用中文数字依次表述；款不加序号；项的序号用中文数字加圆括号依次表述；目的序号用阿拉伯数字依次表述。

第十一条 上级税务机关需要下级税务机关对规章和税收规范性文件做出补充规定的，可以授权下级税务机关制定具体的实施办法。

被授权税务机关不得将该项权力转授给其他机关。

第十二条 税收规范性文件由制定机关负责解释。

制定机关不得将税收规范性文件的解释权授予本级机关的内设机构或下级税务机关。

第十三条 税收规范性文件不得溯及既往，但为了更好地保护税务行政相对人权利和利益而作的特别规定除外。

第十四条 税收规范性文件应当自公布之日起30日后施行。

对公布后不立即施行有碍执行的税收规范性文件，可以自公布之日起施行。

经授权对规章或上级税收规范性文件做出补充规定的税收规范性文件，施行时间可与规章或上级税收规范性文件的施行时间相同。

第三章　制定程序

第十五条 税收规范性文件由制定机关业务主管部门负责起草；内容涉及两个或者两个以上部门的，由制定机关负责人指定牵头起草部门。

第十六条 各级税务机关从事政策法规工作的部门或人员（以下简称法规部门）负责对税收规范性文件进行合法性审核。

未经法规部门审核的税收规范性文件，办公厅（室）不予核稿，局领导不予签发。

第十七条 起草税收规范性文件，应当深入调查研究，总结实践经验，听取相关各方意见。必要时，起草部门应当邀请法规部门一并听取意见。

听取意见可以采取书面、网上征求意见或召开座谈会、论证会、听证会等多种形式。

第十八条 起草税收规范性文件，应当明确列举将被该文件废止的文件的名称、文号及条款。

同一事项已由多个税收规范性文件做出规定，起草部门在起草同类文件时，应当对有关文件进行归并、整合。

第十九条 形成起草文本后，起草部门应当将起草文本送交法规部门进行合法性审核。

送交审核的起草文本，应当由起草部门负责人签署。

起草文本内容涉及征管业务及其工作流程的，应当于送交审核前会签征管科技部门；涉及其他业务主管部门工作的，应当于送交审核前一并会签相关业务主管部门。

第二十条 起草部门将起草文本送交审核时，应一并提供下列材料：

（一）起草说明。起草说明应包括制定目的、制定依据、必要性与可行性、起草过程、对起草文本主要问题的不同意见和协调情况、日常清理结果及其他需要说明的事项。

（二）制定依据。包括法律、法规、规章及税收规范性文件的名称、文号。必要时，提供纸质或电子文本。

（三）会签单位及其他被听取意见单位的意见及采纳情况。

（四）其他相关材料。

第二十一条 对内容简单的税收规范性文件，起草部门在征求意见、提供材料等方面可以从简适用本办法第十七条、第二十条的规定。

从简适用第二十条的，必须提供起草说明。

第二十二条 法规部门应从以下几个方面对起草文本进行合法性审核：

（一）是否符合本办法第四条、第五条、第六条的要求；

（二）是否符合本办法第二章有关制定规则的要求；

（三）是否听取相关各方的意见，并对采纳情况作出说明。

第二十三条 法规部门应当认真研究各方意见和相关问题，并根据不同情况提出审核意见：

（一）认为起草部门应当补充听取意见，或者对已征求的重大分歧意见采纳情况没有合理说明的，退回起草部门补充听取意见或作出进一步说明；

（二）认为起草文本存在问题，经协商不能达成一致意见的，提出书面审核意见；

（三）认为起草文本没有问题的，提出无异议审核意见。

第二十四条 经审核无异议，或者虽有不同意见但经过协商已与起草部门达成一致的，法规部门应当在签署同意意见后，按公文处理程序报局领导签发。

第二十五条 对审核中存在不同意见且经过协商仍存在意见分歧的起草文本，法规部门应当将书面审核意见和起草文本一并退回起草部门，由起草部门将各方意见、理由及相关材料报局领导进行协调或裁定。

第二十六条 税务机关与其他机关联合制定涉税文件，省以下税务机关代地方人大、政府起草涉税文件，业务主管部门应当将起草文本或会签文本送交法规部门进行合法性审核。

第二十七条 税收规范性文件应当由局领导签发，以公告形式公布，并及时在本级政府公报、税务部门公报、本辖区范围内公开发行的报纸或者在政府网站、税务机关网站上刊登。

不具备本条第一款规定公布条件的税务机关，应当在办税服务场所和公共场所通过公告栏或宣传材料等形式，及时公布其制定的税收规范性文件。

第二十八条 制定机关的起草部门和法规部门应当及时跟踪了解税收规范性文件的施行情况。

对实施机关或税务行政相对人反映问题的文件，制定机关应当及时进行分析、评估，并研究提出处理意见。

第四章 备案审查

第二十九条 省以下（含本级）税务机关应当于税收规范性文件发布之日起 30 日内向上一级税务机关报送备案税收规范性文件，于每年年度终了后 1 个月内向上一级税务机关报送本年度发布的税收规范性文件的目录。

第三十条 报送备案税收规范性文件，应当填写《税收规范性文件备案报告表》，并报送税收规范性文件的电子文本。

第三十一条 上一级税务机关的法规部门具体负责税收规范性文件的备案登记、审查监督和纠正违规等工作。

业务主管部门应当配合法规部门审查其职能范围内的税收规范性文件，并按照规定时限向法规部门送交审查意见。

第三十二条 上一级税务机关对报送备案的税收规范性文件，就下列事项进行审查：

（一）是否超越法定权限；

（二）是否违反法律、法规、规章及上级税务机关税收规范性文件的规定；

（三）是否违背制定规则或制定程序；

（四）其他需要审查的内容。

第三十三条 经审查，税收规范性文件超越权限，违反法律、法规、规章及上级税收规范性文件的规定，或者其规定明显不适当的，由上一级税务机关责令制定机关限期纠正。

制定机关应当按期纠正，并于责令纠正期限届满之日起 30 日内，将处理情况报告上一级税务机关。

第三十四条 对不报送备案或不按时报送备案的税务机关，由上一级税务机关通知制定机关限期报送；逾期仍不报送的，给予通报，并责令限期改正。

第三十五条 税务行政相对人认为税收规范性文件违反税收法律、法规、规章或上级税收规范性文件的规定，可以向制定机关或其上一级税务机关书面提出审查的建议，制定机关或其上一级税务机关应当依法及时处理。

有税收规范性文件制定权的税务机关应当建立有关异议处理的制度、机制。

第五章 文件清理

第三十六条 制定机关应当对税收规范性文件进行清理。

清理采取日常清理和定期清理相结合的方法。

第三十七条 日常清理由税务机关业务主管部门负责。

业务主管部门应当根据立法变化及税收工作发展需要，按照本办法第十八条的要求，对税收规范性文件随时进行清理。

第三十八条 定期清理由国家税务总局统一部署，每 2 年开展一次。法规部门负责牵头组织，业务主管部门分工负责。

业务主管部门应当在规定期限内列出需要清理的税收规范性文件目录，并提出清理意见；法规部门应当对业务主管部门提出的文件目录及清理意见进行汇总、审核。

第三十九条 对清理中存在问题的税收规范性文件，制定机关应进行处理：

（一）对存在以下情形的，宣布失效：

1. 执行时间过期；

2. 调整对象灭失。

（二）对存在以下情形的，宣布撤销或废止：

1. 违反上位法规定；

2. 已被后文废止。

（三）对存在以下情形的，予以修订：

1. 与本机关税收规范性文件相矛盾；

2. 与本机关税收规范性文件相重复；

3. 存在执行漏洞或者难以操作。

第四十条 制定机关应当及时公布日常清理结果，并在定期清理结束后统一公布失效、撤销、废止的文件目录或条款。

第六章　附　　则

第四十一条　解释、修改或废止税收规范性文件，参照本办法的有关规定执行。

第四十二条　本办法自2010年7月1日起施行。《国家税务总局关于印发〈税收规范性文件管理办法（试行）〉的通知》（国税发〔2005〕201号）和《国家税务总局关于印发〈地方税收法规规章、税收规范性文件备查备案规定〉的通知》（国税发〔1994〕208号）同时废止。

国家税务总局令

国家税务总局令第21号

《税务行政复议规则》已经2009年12月15日国家税务总局第2次局务会议审议通过，现予公布，自2010年4月1日起施行。

国家税务总局局长：肖　捷

二〇一〇年二月十日

税务行政复议规则

第一章　总　　则

第一条　为了进一步发挥行政复议解决税务行政争议的作用，保护公民、法人和其他组织的合法权益，监督和保障税务机关依法行使职权，根据《中华人民共和国行政复议法》（以下简称行政复议法）、《中华人民共和国税收征收管理法》和《中华人民共和国行政复议法实施条例》（以下简称行政复议法实施条例），结合税收工作实际，制定本规则。

第二条　公民、法人和其他组织（以下简称申请人）认为税务机关的具体行政行为侵犯其合法权益，向税务行政复议机关申请行政复议，税务行政复议机关办理行政复议事项，适用本规则。

第三条　本规则所称税务行政复议机关（以下简称行政复议机关），指依法受理行政复议申请、对具体行政行为进行审查并作出行政复议决定的税务机关。

第四条　行政复议应当遵循合法、公正、公开、及时和便民的原则。

行政复议机关应当树立依法行政观念，强化责任意识和服务意识，认真履行行政复议职责，坚持有错必纠，确保法律正确实施。

第五条　行政复议机关在申请人的行政复议请求范围内，不得作出对申请人更为不利的行政复议决定。

第六条　申请人对行政复议决定不服的，可以依法向人民法院提起行政诉讼。

第七条　行政复议机关受理行政复议申请，不得向申请人收取任何费用。

第八条　各级税务机关行政首长是行政复议工作第一责任人，应当切实履行职责，加强对行政复议工作的组织领导。

第九条　行政复议机关应当为申请人、第三人查阅案卷资料、接受询问、调解、听证等提供专门场所和其他必要条件。

第十条　各级税务机关应当加大对行政复议工作的基础投入，推进行政复议工作信息化建设，配备调查取证所需的照相、录音、录像和办案所需的电脑、扫描、投影、传真、复印等设备，保障办案交通工具和相应经费。

第二章　税务行政复议机构和人员

第十一条　各级行政复议机关负责法制工作的机构（以下简称行政复议机构）依法办理行政复议事项，履行下列职责：

（一）受理行政复议申请。

（二）向有关组织和人员调查取证，查阅文件和资料。

（三）审查申请行政复议的具体行政行为是否合法和适当，起草行政复议决定。

（四）处理或者转送对本规则第十五条所列有关规定的审查申请。

（五）对被申请人违反行政复议法及其实施条例和本规则规定的行为，依照规定的权限和程序向相关部门提出处理建议。

（六）研究行政复议工作中发现的问题，及时向有关机关或者部门提出改进建议，重大问题及时向行政复议机关报告。

（七）指导和监督下级税务机关的行政复议工作。

（八）办理或者组织办理行政诉讼案件应诉事项。

（九）办理行政复议案件的赔偿事项。

（十）办理行政复议、诉讼、赔偿等案件的统计、报告、归档工作和重大行政复议决定备案事项。

（十一）其他与行政复议工作有关的事项。

第十二条 各级行政复议机关可以成立行政复议委员会，研究重大、疑难案件，提出处理建议。

行政复议委员会可以邀请本机关以外的具有相关专业知识的人员参加。

第十三条 行政复议工作人员应当具备与履行行政复议职责相适应的品行、专业知识和业务能力，并取得行政复议法实施条例规定的资格。

第三章 税务行政复议范围

第十四条 行政复议机关受理申请人对税务机关下列具体行政行为不服提出的行政复议申请：

（一）征税行为，包括确认纳税主体、征税对象、征税范围、减税、免税、退税、抵扣税款、适用税率、计税依据、纳税环节、纳税期限、纳税地点和税款征收方式等具体行政行为，征收税款、加收滞纳金，扣缴义务人、受税务机关委托的单位和个人作出的代扣代缴、代收代缴、代征行为等。

（二）行政许可、行政审批行为。

（三）发票管理行为，包括发售、收缴、代开发票等。

（四）税收保全措施、强制执行措施。

（五）行政处罚行为：

1. 罚款；

2. 没收财物和违法所得；

3. 停止出口退税权。

（六）不依法履行下列职责的行为：

1. 颁发税务登记；

2. 开具、出具完税凭证、外出经营活动税收管理证明；

3. 行政赔偿；

4. 行政奖励；

5. 其他不依法履行职责的行为。

（七）资格认定行为。

（八）不依法确认纳税担保行为。

（九）政府信息公开工作中的具体行政行为。

（十）纳税信用等级评定行为。

（十一）通知出入境管理机关阻止出境行为。

（十二）其他具体行政行为。

第十五条 申请人认为税务机关的具体行政行为所依据的下列规定不合法，对具体行政行为申请行政复议时，可以一并向行政复议机关提出对有关规定的审查申请；申请人对具体行政行为提出行政复议申请时不知道该具体行政行为所依据的规定的，可以在行政复议机关作出行政复议决定以前提出对该规定的审查申请：

（一）国家税务总局和国务院其他部门的规定。

（二）其他各级税务机关的规定。

（三）地方各级人民政府的规定。

（四）地方人民政府工作部门的规定。

前款中的规定不包括规章。

第四章 税务行政复议管辖

第十六条 对各级国家税务局的具体行政行为不服的，向其上一级国家税务局申请行政复议。

第十七条 对各级地方税务局的具体行政行为不服的，可以选择向其上一级地方税务局或者该税务局的本级人民政府申请行政复议。

省、自治区、直辖市人民代表大会及其常务委员会、人民政府对地方税务局的行政复议管辖另有规定的，从其规定。

第十八条 对国家税务总局的具体行政行为不服的，向国家税务总局申请行政复议。对行政复议决定不服，申请人可以向人民法院提起行政诉讼，也可以向国务院申请裁决。国务院的裁决为最终裁决。

第十九条 对下列税务机关的具体行政行为不服的，按照下列规定申请行政复议：

（一）对计划单列市税务局的具体行政行为不服的，向省税务局申请行政复议。

（二）对税务所（分局）、各级税务局的稽查局的具体行政行为不服的，向其所属税务局申请行政复议。

（三）对两个以上税务机关共同作出的具体行政行为不服的，向共同上一级税务机关申请行政复议；对税务机关与其他行政机关共同作出的具体行政行为不服的，向其共同上一级行政机关申请行政复议。

（四）对被撤销的税务机关在撤销以前所作出的具体行政行为不服的，向继续行使其职权的税务机关的上一级税务机关申请行政复议。

（五）对税务机关作出逾期不缴纳罚款加处罚款的决定不服的，向作出行政处罚决定的税务机关申请行政复议。但是对已处罚款和加处罚款都不服的，一并向作出行政处罚决定的税务机关的上一级税务机关申请行政复议。

有前款（二）、（三）、（四）、（五）项所列情形之一的，申请人也可以向具体行政行为发生地的县级地方人民政府提交行政复议申请，由接受申请的县级地方人民政府依法转送。

第五章　税务行政复议申请人和被申请人

第二十条　合伙企业申请行政复议的，应当以工商行政管理机关核准登记的企业为申请人，由执行合伙事务的合伙人代表该企业参加行政复议；其他合伙组织申请行政复议的，由合伙人共同申请行政复议。

前款规定以外的不具备法人资格的其他组织申请行政复议的，由该组织的主要负责人代表该组织参加行政复议；没有主要负责人的，由共同推选的其他成员代表该组织参加行政复议。

第二十一条　股份制企业的股东大会、股东代表大会、董事会认为税务具体行政行为侵犯企业合法权益的，可以以企业的名义申请行政复议。

第二十二条　有权申请行政复议的公民死亡的，其近亲属可以申请行政复议；有权申请行政复议的公民为无行为能力人或者限制行为能力人，其法定代理人可以代理申请行政复议。

有权申请行政复议的法人或者其他组织发生合并、分立或终止的，承受其权利义务的法人或者其他组织可以申请行政复议。

第二十三条　行政复议期间，行政复议机关认为申请人以外的公民、法人或者其他组织与被审查的具体行政行为有利害关系的，可以通知其作为第三人参加行政复议。

行政复议期间，申请人以外的公民、法人或者其他组织与被审查的税务具体行政行为有利害关系的，可以向行政复议机关申请作为第三人参加行政复议。

第三人不参加行政复议，不影响行政复议案件的审理。

第二十四条　非具体行政行为的行政管理相对人，但其权利直接被该具体行政行为所剥夺、限制或者被赋予义务的公民、法人或其他组织，在行政管理相对人没有申请行政复议时，可以单独申请行政复议。

第二十五条　同一行政复议案件申请人超过5人的，应当推选1至5名代表参加行政复议。

第二十六条　申请人对具体行政行为不服申请行政复议的，作出该具体行政行为的税务机关为被申请人。

第二十七条　申请人对扣缴义务人的扣缴税款行为不服的，主管该扣缴义务人的税务机关为被申请人；对税务机关委托的单位和个人的代征行为不服的，委托税务机关为被申请人。

第二十八条　税务机关与法律、法规授权的组织以共同的名义作出具体行政行为的，税务机关和法律、法规授权的组织为共同被申请人。

税务机关与其他组织以共同名义作出具体行政行为的，税务机关为被申请人。

第二十九条　税务机关依照法律、法规和规章规定，经上级税务机关批准作出具体行政行为的，批准机关为被申请人。

申请人对经重大税务案件审理程序作出的决定不服的，审理委员会所在税务机关为被申请人。

第三十条　税务机关设立的派出机构、内设机构或者其他组织，未经法律、法规授权，以自己名义对外作出具体行政行为的，税务机关为被申请人。

第三十一条　申请人、第三人可以委托1至2名代理人参加行政复议。申请人、第三人委托代理人的，应当向行政复议机构提交授权委托书。授权委托书应当载明委托事项、权限和期限。公民在特殊情况下无法书面委托的，可以口头委托。口头委托的，行政复议机构应当核实并记录在卷。申请人、第三人解除或者变更委托的，应当书面告知行政复议机构。

被申请人不得委托本机关以外人员参加行政复议。

第六章　税务行政复议申请

第三十二条　申请人可以在知道税务机关作出具体行政行为之日起60日内提出行政复议申请。

因不可抗力或者被申请人设置障碍等原因耽误法定申请期限的，申请期限的计算应当扣除被耽误时间。

第三十三条　申请人对本规则第十四条第（一）项规定的行为不服的，应当先向行政复议机关申请行政复议；对行政复议决定不服的，可以向人民法院提起行政诉讼。

申请人按照前款规定申请行政复议的，必须依照税务机关根据法律、法规确定的税额、期限，先行缴纳或者解缴税款和滞纳金，或者提供相应的担保，才可以在缴清税款和滞纳金以后或者所提供的担保得到作出具体行政行为的税务机关确认之日起60日内提出行政复议申请。

申请人提供担保的方式包括保证、抵押和质押。作出具体行政行为的税务机关应当对保证人的资格、资信进行审查，对不具备法律规定资格或者没有能力保证的，有权拒绝。作出具体行政行为的税务机关应当对抵押人、出质人提供的抵押担保、质押担保进行审查，对不符合法律规定的抵押担保、质押担保，不予确认。

第三十四条　申请人对本规则第十四条第（一）项规定以外的其他具体行政行为不服，可以申请行政复议，也可以直接向人民法院提起行政诉讼。

申请人对税务机关作出逾期不缴纳罚款加处罚款的决定不服的，应当先缴纳罚款和加处罚款，再申请行政复议。

第三十五条　本规则第三十二条第一款规定的行政复议申请期限的计算，依照下列规定办理：

（一）当场作出具体行政行为的，自具体行政行为作出之日起计算。

（二）载明具体行政行为的法律文书直接送达的，自受送达人签收之日起计算。

（三）载明具体行政行为的法律文书邮寄送达的，自受送达人在邮件签收单上签收之日起计算；没有邮件签收单的，自受送达人在送达回执上签名之日起计算。

（四）具体行政行为依法通过公告形式告知受送达人的，自公告规定的期限届满之日起计算。

（五）税务机关作出具体行政行为时未告知申请人，事后补充告知的，自该申请人收到税务机关补充告知的通知之日起计算。

（六）被申请人能够证明申请人知道具体行政行为的，自证据材料证明其知道具体行政行为之日起计算。

税务机关作出具体行政行为，依法应当向申请人送达法律文书而未送达的，视为该申请人不知道该具体行政行为。

第三十六条　申请人依照行政复议法第六条第（八）项、第（九）项、第（十）项的规定申请税务机关履行法定职责，税务机关未履行的，行政复议申请期限依照下列规定计算：

（一）有履行期限规定的，自履行期限届满之日起计算。

（二）没有履行期限规定的，自税务机关收到申请满60日起计算。

第三十七条　税务机关作出的具体行政行为对申请人的权利、义务可能产生不利影响的，应当告知其申请行政复议的权利、行政复议机关和行政复议申请期限。

第三十八条　申请人书面申请行政复议的，可以采取当面递交、邮寄或者传真等方式提出行政复议申请。

有条件的行政复议机关可以接受以电子邮件形式提出的行政复议申请。

对以传真、电子邮件形式提出行政复议申请的，行政复议机关应当审核确认申请人的身份、复议事项。

第三十九条　申请人书面申请行政复议的，应当在行政复议申请书中载明下列事项：

（一）申请人的基本情况，包括公民的姓名、性别、出生年月、身份证件号码、工作单位、住所、邮政编码、联系电话；法人或者其他组织的名称、住所、邮政编码、联系电话和法定代表人或者主要负责人的姓名、职务。

（二）被申请人的名称。

（三）行政复议请求、申请行政复议的主要事实和理由。

（四）申请人的签名或者盖章。

（五）申请行政复议的日期。

第四十条　申请人口头申请行政复议的，行政复议机构应当依照本规则第三十九条规定的事项，当场制作行政复议申请笔录，交申请人核对或者向申请人宣读，并由申请人确认。

第四十一条　有下列情形之一的，申请人应当提供证明材料：

（一）认为被申请人不履行法定职责的，提供要求被申请人履行法定职责而被申请人未履行的证明材料。

（二）申请行政复议时一并提出行政赔偿请求的，提供受具体行政行为侵害而造成损害的证明材料。

（三）法律、法规规定需要申请人提供证据材料的其他情形。

第四十二条 申请人提出行政复议申请时错列被申请人的，行政复议机关应当告知申请人变更被申请人。申请人不变更被申请人的，行政复议机关不予受理，或者驳回行政复议申请。

第四十三条 申请人向行政复议机关申请行政复议，行政复议机关已经受理的，在法定行政复议期限内申请人不得向人民法院提起行政诉讼；申请人向人民法院提起行政诉讼，人民法院已经依法受理的，不得申请行政复议。

第七章 税务行政复议受理

第四十四条 行政复议申请符合下列规定的，行政复议机关应当受理：

（一）属于本规则规定的行政复议范围。

（二）在法定申请期限内提出。

（三）有明确的申请人和符合规定的被申请人。

（四）申请人与具体行政行为有利害关系。

（五）有具体的行政复议请求和理由。

（六）符合本规则第三十三条和第三十四条规定的条件。

（七）属于收到行政复议申请的行政复议机关的职责范围。

（八）其他行政复议机关尚未受理同一行政复议申请，人民法院尚未受理同一主体就同一事实提起的行政诉讼。

第四十五条 行政复议机关收到行政复议申请以后，应当在5日内审查，决定是否受理。对不符合本规则规定的行政复议申请，决定不予受理，并书面告知申请人。

对不属于本机关受理的行政复议申请，应当告知申请人向有关行政复议机关提出。

行政复议机关收到行政复议申请以后未按照前款规定期限审查并作出不予受理决定的，视为受理。

第四十六条 对符合规定的行政复议申请，自行政复议机构收到之日起即为受理；受理行政复议申请，应当书面告知申请人。

第四十七条 行政复议申请材料不齐全、表述不清楚的，行政复议机构可以自收到该行政复议申请之日起5日内书面通知申请人补正。补正通知应当载明需要补正的事项和合理的补正期限。无正当理由逾期不补正的，视为申请人放弃行政复议申请。

补正申请材料所用时间不计入行政复议审理期限。

第四十八条 上级税务机关认为行政复议机关不予受理行政复议申请的理由不成立的，可以督促其受理；经督促仍然不受理的，责令其限期受理。

上级税务机关认为行政复议申请不符合法定受理条件的，应当告知申请人。

第四十九条 上级税务机关认为有必要的，可以直接受理或者提审由下级税务机关管辖的行政复议案件。

第五十条 对应当先向行政复议机关申请行政复议，对行政复议决定不服再向人民法院提起行政诉讼的具体行政行为，行政复议机关决定不予受理或者受理以后超过行政复议期限不作答复的，申请人可以自收到不予受理决定书之日起或者行政复议期满之日起15日内，依法向人民法院提起行政诉讼。

依照本规则第八十三条规定延长行政复议期限的，以延长以后的时间为行政复议期满时间。

第五十一条 行政复议期间具体行政行为不停止执行；但是有下列情形之一的，可以停止执行：

（一）被申请人认为需要停止执行的。

（二）行政复议机关认为需要停止执行的。

（三）申请人申请停止执行，行政复议机关认为其要求合理，决定停止执行的。

（四）法律规定停止执行的。

第八章 税务行政复议证据

第五十二条 行政复议证据包括以下类别：

（一）书证。

（二）物证。

（三）视听资料。

（四）证人证言。

（五）当事人陈述。

（六）鉴定结论。

（七）勘验笔录、现场笔录。

第五十三条 在行政复议中，被申请人对其作出的具体行政行为负有举证责任。

第五十四条　行政复议机关应当依法全面审查相关证据。行政复议机关审查行政复议案件，应当以证据证明的案件事实为依据。定案证据应当具有合法性、真实性和关联性。

第五十五条　行政复议机关应当根据案件的具体情况，从以下方面审查证据的合法性：

（一）证据是否符合法定形式。

（二）证据的取得是否符合法律、法规、规章和司法解释的规定。

（三）是否有影响证据效力的其他违法情形。

第五十六条　行政复议机关应当根据案件的具体情况，从以下方面审查证据的真实性：

（一）证据形成的原因。

（二）发现证据时的环境。

（三）证据是否为原件、原物，复制件、复制品与原件、原物是否相符。

（四）提供证据的人或者证人与行政复议参加人是否具有利害关系。

（五）影响证据真实性的其他因素。

第五十七条　行政复议机关应当根据案件的具体情况，从以下方面审查证据的关联性：

（一）证据与待证事实是否具有证明关系。

（二）证据与待证事实的关联程度。

（三）影响证据关联性的其他因素。

第五十八条　下列证据材料不得作为定案依据：

（一）违反法定程序收集的证据材料。

（二）以偷拍、偷录和窃听等手段获取侵害他人合法权益的证据材料。

（三）以利诱、欺诈、胁迫和暴力等不正当手段获取的证据材料。

（四）无正当事由超出举证期限提供的证据材料。

（五）无正当理由拒不提供原件、原物，又无其他证据印证，且对方不予认可的证据的复制件、复制品。

（六）无法辨明真伪的证据材料。

（七）不能正确表达意志的证人提供的证言。

（八）不具备合法性、真实性的其他证据材料。

行政复议机构依据本规则第十一条第（二）项规定的职责所取得的有关材料，不得作为支持被申请人具体行政行为的证据。

第五十九条　在行政复议过程中，被申请人不得自行向申请人和其他有关组织或者个人收集证据。

第六十条　行政复议机构认为必要时，可以调查取证。

行政复议工作人员向有关组织和人员调查取证时，可以查阅、复制和调取有关文件和资料，向有关人员询问。调查取证时，行政复议工作人员不得少于2人，并应当向当事人和有关人员出示证件。被调查单位和人员应当配合行政复议工作人员的工作，不得拒绝、阻挠。

需要现场勘验的，现场勘验所用时间不计入行政复议审理期限。

第六十一条　申请人和第三人可以查阅被申请人提出的书面答复、作出具体行政行为的证据、依据和其他有关材料，除涉及国家秘密、商业秘密或者个人隐私外，行政复议机关不得拒绝。

第九章　税务行政复议审查和决定

第六十二条　行政复议机构应当自受理行政复议申请之日起7日内，将行政复议申请书副本或者行政复议申请笔录复印件发送被申请人。被申请人应当自收到申请书副本或者申请笔录复印件之日起10日内提出书面答复，并提交当初作出具体行政行为的证据、依据和其他有关材料。

对国家税务总局的具体行政行为不服申请行政复议的案件，由原承办具体行政行为的相关机构向行政复议机构提出书面答复，并提交当初作出具体行政行为的证据、依据和其他有关材料。

第六十三条　行政复议机构审理行政复议案件，应当由2名以上行政复议工作人员参加。

第六十四条　行政复议原则上采用书面审查的办法，但是申请人提出要求或者行政复议机构认为有必要时，应当听取申请人、被申请人和第三人的意见，并可以向有关组织和人员调查了解情况。

第六十五条　对重大、复杂的案件，申请人提出要求或者行政复议机构认为必要时，可以采取听证的方式审理。

第六十六条　行政复议机构决定举行听证的，应当将举行听证的时间、地点和具体要求等事项通知申请人、被申请人和第三人。

第三人不参加听证的，不影响听证的举行。

第六十七条　听证应当公开举行，但是涉及国家秘密、商业秘密或者个人隐私的除外。

第六十八条　行政复议听证人员不得少于2人，听证主持人由行政复议机构指定。

第六十九条　听证应当制作笔录。申请人、被申请人和第三人应当确认听证笔录内容。

行政复议听证笔录应当附卷，作为行政复议机构审理案件的依据之一。

第七十条 行政复议机关应当全面审查被申请人的具体行政行为所依据的事实证据、法律程序、法律依据和设定的权利义务内容的合法性、适当性。

第七十一条 申请人在行政复议决定作出以前撤回行政复议申请的，经行政复议机构同意，可以撤回。

申请人撤回行政复议申请的，不得再以同一事实和理由提出行政复议申请。但是，申请人能够证明撤回行政复议申请违背其真实意思表示的除外。

第七十二条 行政复议期间被申请人改变原具体行政行为的，不影响行政复议案件的审理。但是，申请人依法撤回行政复议申请的除外。

第七十三条 申请人在申请行政复议时，依据本规则第十五条规定一并提出对有关规定的审查申请的，行政复议机关对该规定有权处理的，应当在30日内依法处理；无权处理的，应当在7日内按照法定程序逐级转送有权处理的行政机关依法处理，有权处理的行政机关应当在60日内依法处理。处理期间，中止对具体行政行为的审查。

第七十四条 行政复议机关审查被申请人的具体行政行为时，认为其依据不合法，本机关有权处理的，应当在30日内依法处理；无权处理的，应当在7日内按照法定程序逐级转送有权处理的国家机关依法处理。处理期间，中止对具体行政行为的审查。

第七十五条 行政复议机构应当对被申请人的具体行政行为提出审查意见，经行政复议机关负责人批准，按照下列规定作出行政复议决定：

（一）具体行政行为认定事实清楚，证据确凿，适用依据正确，程序合法，内容适当的，决定维持。

（二）被申请人不履行法定职责的，决定其在一定期限内履行。

（三）具体行政行为有下列情形之一的，决定撤销、变更或者确认该具体行政行为违法；决定撤销或者确认该具体行政行为违法的，可以责令被申请人在一定期限内重新作出具体行政行为：

1. 主要事实不清、证据不足的；
2. 适用依据错误的；
3. 违反法定程序的；
4. 超越职权或者滥用职权的；
5. 具体行政行为明显不当的。

（四）被申请人不按照本规则第六十二条的规定提出书面答复，提交当初作出具体行政行为的证据、依据和其他有关材料的，视为该具体行政行为没有证据、依据，决定撤销该具体行政行为。

第七十六条 行政复议机关责令被申请人重新作出具体行政行为的，被申请人不得以同一事实和理由作出与原具体行政行为相同或者基本相同的具体行政行为；但是行政复议机关以原具体行政行为违反法定程序决定撤销的，被申请人重新作出具体行政行为的除外。

行政复议机关责令被申请人重新作出具体行政行为的，被申请人不得作出对申请人更为不利的决定；但是行政复议机关以原具体行政行为主要事实不清、证据不足或适用依据错误决定撤销的，被申请人重新作出具体行政行为的除外。

第七十七条 有下列情形之一的，行政复议机关可以决定变更：

（一）认定事实清楚，证据确凿，程序合法，但是明显不当或者适用依据错误的。

（二）认定事实不清，证据不足，但是经行政复议机关审理查明事实清楚，证据确凿的。

第七十八条 有下列情形之一的，行政复议机关应当决定驳回行政复议申请：

（一）申请人认为税务机关不履行法定职责申请行政复议，行政复议机关受理以后发现该税务机关没有相应法定职责或者在受理以前已经履行法定职责的。

（二）受理行政复议申请后，发现该行政复议申请不符合行政复议法及其实施条例和本规则规定的受理条件的。

上级税务机关认为行政复议机关驳回行政复议申请的理由不成立的，应当责令限期恢复受理。行政复议机关审理行政复议申请期限的计算应当扣除因驳回耽误的时间。

第七十九条 行政复议期间，有下列情形之一的，行政复议中止：

（一）作为申请人的公民死亡，其近亲属尚未确定是否参加行政复议的。

（二）作为申请人的公民丧失参加行政复议的能力，尚未确定法定代理人参加行政复议的。

（三）作为申请人的法人或者其他组织终止，尚未确定权利义务承受人的。

（四）作为申请人的公民下落不明或者被宣告失踪的。

（五）申请人、被申请人因不可抗力，不能参加行政复议的。

（六）行政复议机关因不可抗力原因暂时不能履行工作职责的。

（七）案件涉及法律适用问题，需要有权机关作出解释或者确认的。

（八）案件审理需要以其他案件的审理结果为依据，而其他案件尚未审结的。

（九）其他需要中止行政复议的情形。

行政复议中止的原因消除以后，应当及时恢复行政复议案件的审理。

行政复议机构中止、恢复行政复议案件的审理，应当告知申请人、被申请人、第三人。

第八十条　行政复议期间，有下列情形之一的，行政复议终止：

（一）申请人要求撤回行政复议申请，行政复议机构准予撤回的。

（二）作为申请人的公民死亡，没有近亲属，或者其近亲属放弃行政复议权利的。

（三）作为申请人的法人或者其他组织终止，其权利义务的承受人放弃行政复议权利的。

（四）申请人与被申请人依照本规则第八十七条的规定，经行政复议机构准许达成和解的。

（五）行政复议申请受理以后，发现其他行政复议机关已经先于本机关受理，或者人民法院已经受理的。

依照本规则第七十九条第一款第（一）项、第（二）项、第（三）项规定中止行政复议，满60日行政复议中止的原因未消除的，行政复议终止。

第八十一条　行政复议机关责令被申请人重新作出具体行政行为的，被申请人应当在60日内重新作出具体行政行为；情况复杂，不能在规定期限内重新作出具体行政行为的，经行政复议机关批准，可以适当延期，但是延期不得超过30日。

公民、法人或者其他组织对被申请人重新作出的具体行政行为不服，可以依法申请行政复议，或者提起行政诉讼。

第八十二条　申请人在申请行政复议时可以一并提出行政赔偿请求，行政复议机关对符合国家赔偿法的规定应当赔偿的，在决定撤销、变更具体行政行为或者确认具体行政行为违法时，应当同时决定被申请人依法赔偿。

申请人在申请行政复议时没有提出行政赔偿请求的，行政复议机关在依法决定撤销、变更原具体行政行为确定的税款、滞纳金、罚款和对财产的扣押、查封等强制措施时，应当同时责令被申请人退还税款、滞纳金和罚款，解除对财产的扣押、查封等强制措施，或者赔偿相应的价款。

第八十三条　行政复议机关应当自受理申请之日起60日内作出行政复议决定。情况复杂，不能在规定期限内作出行政复议决定的，经行政复议机关负责人批准，可以适当延期，并告知申请人和被申请人；但是延期不得超过30日。

行政复议机关作出行政复议决定，应当制作行政复议决定书，并加盖行政复议机关印章。

行政复议决定书一经送达，即发生法律效力。

第八十四条　被申请人应当履行行政复议决定。

被申请人不履行、无正当理由拖延履行行政复议决定的，行政复议机关或者有关上级税务机关应当责令其限期履行。

第八十五条　申请人、第三人逾期不起诉又不履行行政复议决定的，或者不履行最终裁决的行政复议决定的，按照下列规定分别处理：

（一）维持具体行政行为的行政复议决定，由作出具体行政行为的税务机关依法强制执行，或者申请人民法院强制执行。

（二）变更具体行政行为的行政复议决定，由行政复议机关依法强制执行，或者申请人民法院强制执行。

第十章　税务行政复议和解与调解

第八十六条　对下列行政复议事项，按照自愿、合法的原则，申请人和被申请人在行政复议机关作出行政复议决定以前可以达成和解，行政复议机关也可以调解：

（一）行使自由裁量权作出的具体行政行为，如行政处罚、核定税额、确定应税所得率等。

（二）行政赔偿。

（三）行政奖励。

（四）存在其他合理性问题的具体行政行为。

第八十七条　申请人和被申请人达成和解的，应当向行政复议机构提交书面和解协议。和解内容不损害社会公共利益和他人合法权益的，行政复议机构应当准许。

第八十八条　经行政复议机构准许和解终止行政复议的，申请人不得以同一事实和理由再次申请行政复议。

第八十九条　调解应当符合下列要求：

（一）尊重申请人和被申请人的意愿。

（二）在查明案件事实的基础上进行。

（三）遵循客观、公正和合理原则。

（四）不得损害社会公共利益和他人合法权益。

第九十条 行政复议机关按照下列程序调解：

（一）征得申请人和被申请人同意。

（二）听取申请人和被申请人的意见。

（三）提出调解方案。

（四）达成调解协议。

（五）制作行政复议调解书。

第九十一条 行政复议调解书应当载明行政复议请求、事实、理由和调解结果，并加盖行政复议机关印章。行政复议调解书经双方当事人签字，即具有法律效力。

调解未达成协议，或者行政复议调解书不生效的，行政复议机关应当及时作出行政复议决定。

第九十二条 申请人不履行行政复议调解书的，由被申请人依法强制执行，或者申请人民法院强制执行。

第十一章 税务行政复议指导和监督

第九十三条 各级税务复议机关应当加强对履行行政复议职责的监督。行政复议机构负责对行政复议工作进行系统督促、指导。

第九十四条 各级税务机关应当建立健全行政复议工作责任制，将行政复议工作纳入本单位目标责任制。

第九十五条 各级税务机关应当按照职责权限，通过定期组织检查、抽查等方式，检查下级税务机关的行政复议工作，并及时向有关方面反馈检查结果。

第九十六条 行政复议期间行政复议机关发现被申请人和其他下级税务机关的相关行政行为违法或者需要做好善后工作的，可以制作行政复议意见书。有关机关应当自收到行政复议意见书之日起60日内将纠正相关行政违法行为或者做好善后工作的情况报告行政复议机关。

行政复议期间行政复议机构发现法律、法规和规章实施中带有普遍性的问题，可以制作行政复议建议书，向有关机关提出完善制度和改进行政执法的建议。

第九十七条 省以下各级税务机关应当定期向上一级税务机关提交行政复议、应诉、赔偿统计表和分析报告，及时将重大行政复议决定报上一级行政复议机关备案。

第九十八条 行政复议机构应当按照规定将行政复议案件资料立卷归档。

行政复议案卷应当按照行政复议申请分别装订立卷，一案一卷，统一编号，做到目录清晰、资料齐全、分类规范、装订整齐。

第九十九条 行政复议机构应当定期组织行政复议工作人员业务培训和工作交流，提高行政复议工作人员的专业素质。

第一百条 行政复议机关应当定期总结行政复议工作。对行政复议工作中做出显著成绩的单位和个人，依照有关规定表彰和奖励。

第十二章 附　　则

第一百零一条 行政复议机关、行政复议机关工作人员和被申请人在税务行政复议活动中，违反行政复议法及其实施条例和本规则规定的，应当依法处理。

第一百零二条 外国人、无国籍人、外国组织在中华人民共和国境内向税务机关申请行政复议，适用本规则。

第一百零三条 行政复议机关在行政复议工作中可以使用行政复议专用章。行政复议专用章与行政复议机关印章在行政复议中具有同等效力。

第一百零四条 行政复议期间的计算和行政复议文书的送达，依照民事诉讼法关于期间、送达的规定执行。

本规则关于行政复议期间有关“5日”、“7日”的规定指工作日，不包括法定节假日。

第一百零五条 本规则自2010年4月1日起施行，2004年2月24日国家税务总局公布的《税务行政复议规则（暂行）》（国家税务总局令第8号）同时废止。

国家税务总局关于加强土地增值税征管工作的通知

2010 年 5 月 25 日　国税发〔2010〕53 号

各省、自治区、直辖市和计划单列市地方税务局，西藏、宁夏、青海省（自治区）国家税务局：

为深入贯彻《国务院关于坚决遏制部分城市房价过快上涨的通知》（国发〔2010〕10 号）精神，促进房地产行业健康发展，合理调节房地产开发收益，充分发挥土地增值税调控作用，现就加强土地增值税征收管理工作通知如下：

一、统一思想认识，全面加强土地增值税征管工作

土地增值税是保障收入公平分配、促进房地产市场健康发展的有力工具。各级税务机关要认真贯彻落实国务院通知精神，高度重视土地增值税征管工作，进一步加强土地增值税清算，强化税收调节作用。

各级税务机关要在当地政府支持下，与国土资源、住房建设等有关部门协调配合，进一步加强对土地增值税征收管理工作的组织领导，强化征管手段，配备业务骨干，集中精力加强管理。要组织开展督导检查，推进本地区土地增值税清算工作开展；摸清本地区土地增值税税源状况，健全和完善房地产项目管理制度；完善土地增值税预征和清算制度，科学实施预征，全面组织清算，充分发挥土地增值税的调节作用。

还没有全面组织清算、管理比较松懈的地区，要转变观念、提高认识，将思想统一到国发〔2010〕10 号文件精神上来，坚决、全面、深入地推进本地区土地增值税清算工作，不折不扣地将国发〔2010〕10 号文件精神落到实处。

二、科学合理制定预征率，加强土地增值税预征工作

预征是土地增值税征收管理工作的基础，是实现土地增值税调节功能、保障税收收入均衡入库的重要手段。各级税务机关要全面加强土地增值税的预征工作，把土地增值税预征和房地产项目管理工作结合起来，把土地增值税预征和销售不动产营业税结合起来；把预征率的调整和土地增值税清算的实际税负结合起来；把预征率的调整与房价上涨的情况结合起来，使预征率更加接近实际税负水平，改变目前部分地区存在的预征率偏低，与房价快速上涨不匹配的情况。通过科学、精细的测算，研究预征率调整与房价上涨的挂钩机制。

为了发挥土地增值税在预征阶段的调节作用，各地须对目前的预征率进行调整。除保障性住房外，东部地区省份预征率不得低于2%，中部和东北地区省份不得低于 1.5%，西部地区省份不得低于1%，各地要根据不同类型房地产确定适当的预征率（地区的划分按照国务院有关文件的规定执行）。对尚未预征或暂缓预征的地区，应切实按照税收法律法规开展预征，确保土地增值税在预征阶段及时、充分发挥调节作用。

三、深入贯彻《土地增值税清算管理规程》，提高清算工作水平

土地增值税清算是纳税人应尽的法定义务。组织土地增值税清算工作是实现土地增值税调控功能的关键环节。各级税务机关要克服畏难情绪，切实加强土地增值税清算工作。要按照《土地增值税清算管理规程》的要求，结合本地实际，进一步细化操作办法，完善清算流程，严格审核房地产开发项目的收入和扣除项目，提升清算水平。有条件的地区，要充分发挥中介机构作用，提高清算效率。各地税务师管理中心要配合当地税务机关加强对中介机构的管理，对清算中弄虚作假的中介机构进行严肃惩治。

各级税务机关要全面开展土地增值税清算审核工作。要对已经达到清算条件的项目，全面进行梳理、统计，制定切实可行的工作计划，提出清算进度的具体指标；要加强土地增值税税收法规和政策的宣传辅导，加强纳税服务，要求企业及时依法进行清算，按照《土地增值税清算管理规程》的规定和时限进行申报；对未按照税收法律法规要求及时进行清算的纳税人，要依法进行处罚；对审核中发现重大疑点的，要及时移交税务稽查部门进行稽查；对涉及偷逃土地增值税税款的重大稽查案件要及时向社会公布案件处理情况。

各级税务机关要将全面推进工作和重点清算审核结合起来，按照国发〔2010〕10号文件精神，有针对性地选择3~5个定价过高、涨幅过快的项目，作为重点清算审核对象，以点带面推动本地区清算工作。

各地要在6月底前将本地区的清算工作计划（包括本地区组织企业进行清算的具体措施和年内完成的目标等内容，具体数据见附表）和重点清算项目名单上报税务总局，税务总局将就各地对重点项目的清算情况进行抽查。

四、规范核定征收，堵塞税收征管漏洞

核定征收必须严格依照税收法律法规规定的条件进行，任何单位和个人不得擅自扩大核定征收范围，严禁在清算中出现“以核定为主、一核了之”、“求快图省”的做法。凡擅自将核定征收作为本地区土地增值税清算主要方式的，必须立即纠正。对确需核定征收的，要严格按照税收法律法规的要求，从严、从高确定核定征收率。为了规范核定工作，核定征收率原则上不得低于5%，各省级税务机关要结合本地实际，区分不同房地产类型制定核定征收率。

五、加强督导检查，建立问责机制

各级税务机关要按照国发〔2010〕10号文件关于建立考核问责机制的要求，把土地增值税清算工作列入年度考核内容，对清算工作开展情况和清算质量提出具体要求。要根据《国家税务总局关于进一步开展土地增值税清算工作的通知》（国税函〔2008〕318号）的要求，对清算工作开展情况进行有力的督导检查，积极推动土地增值税清算工作，提高土地增值税征管水平。国家税务总局将继续组织督导检查组，对各地土地增值税贯彻执行情况和清算工作开展情况进行系统深入的督导检查。国家税务总局已经督导检查过的地区，要针对检查中发现的问题，进行认真整改，督导检查组将对整改情况择时择地进行复查。

各省、自治区、直辖市和计划单列市地方税务局要在6月底前将本通知的贯彻落实情况向税务总局上报。

附件：土地增值税清算计划统计表（略）

国家税务总局关于进一步加强高收入者个人所得税征收管理的通知

2010年5月31日　国税发〔2010〕54号

各省、自治区、直辖市和计划单列市地方税务局，西藏、宁夏、青海省（自治区）国家税务局：

近年来，随着我国经济的快速发展，城乡居民收入水平不断提高，个人收入差距扩大的矛盾也日益突出。为强化税收征管，充分发挥税收在收入分配中的调节作用，现就进一步加强高收入者个人所得税征收管理有关问题通知如下：

一、认真做好高收入者应税收入的管理和监控

各地税务机关要继续深入贯彻落实国家税务总局关于加强个人所得税管理的工作思路，夯实高收入者个人所得税征管基础。

（一）摸清本地区高收入者的税源分布状况

各地要认真开展个人所得税税源摸底工作，结合本地区经济总体水平、产业发展趋势和居民收入来源特点，重点监控高收入者相对集中的行业和高收入者相对集中的人群，摸清高收入行业的收入分配规律，掌握高收入人群的主要所得来源，建立高收入者所得来源信息库，完善税收征管机制，有针对性地加强个人所得税征收管理工作。

（二）全面推进全员全额扣缴明细申报管理

1. 要认真贯彻落实税务总局关于推进全员全额扣缴明细申报的部署和要求，并将全员全额扣缴明细申报管理纳入税务机关工作考核体系。税务总局将不定期进行抽查、考评和通报相关情况。

2. 要督促扣缴义务人按照《个人所得税法》第八条、《个人所得税法实施条例》第三十七条和《国家税务总局关于印发〈个人所得税全员全额扣缴申报管理暂行办法〉的通知》（国税发〔2005〕205号）的规定，实行全员全额扣缴申报。

扣缴义务人已经实行全员全额扣缴明细申报的，主管税务机关要促使其提高申报质量，特别是要求其如实申报支付工薪所得以外的其他所得

（如劳务报酬所得等）、非本单位员工的支付信息和未达到费用扣除标准的支付信息。

扣缴义务人未依法实行全员全额扣缴明细申报的，主管税务机关应按照税收征管法有关规定对其进行处罚。

（三）加强年所得12万元以上纳税人自行纳税申报管理

年所得12万元以上纳税人自行纳税申报是纳税人的法定义务，是加强高收入者征管的重要措施。各地税务机关要健全自行纳税申报制度，优化申报流程，将自行纳税申报作为日常征管工作，实行常态化管理。通过对高收入者税源分布状况的掌握、扣缴义务人明细申报信息的审核比对，以及加强与工商、房管、人力资源和社会保障、证券机构等部门的协作和信息共享，进一步促进年所得12万元以上纳税人自行纳税申报。要注重提高自行纳税申报数据质量。采取切实措施，促使纳税人申报其不同形式的所有来源所得，不断提高申报数据的真实性和完整性。对未扣缴税款或扣缴不足的，要督促纳税人补缴税款；纳税人应申报未申报、申报不实少缴税款的，要按照税收征管法相关规定进行处理。

（四）积极推广应用个人所得税信息管理系统

没有推广应用个人所得税信息管理系统和推广面较小的地区，省级税务机关要加大工作力度，按照税务总局工作部署和要求，确保个人所得税管理系统推广到所有实行明细申报的扣缴义务人。已经全面推广应用个人所得税信息管理系统的地区，要按照要求，尽快将个人所得税明细数据向税务总局集中。

二、切实加强高收入者主要所得项目的征收管理

（一）加强财产转让所得征收管理

1. 加强限售股转让所得征收管理。要加强与证券机构的联系，主动掌握本地区上市公司和即将上市公司的股东构成情况，做好限售股转让所得个人所得税征收工作。

2. 加强非上市公司股权转让所得征收管理。要继续加强与工商行政管理部门的合作，探索建立自然人股权变更登记的税收前置措施或以其他方式及时获取股权转让信息。对平价或低价转让的，要按照《国家税务总局关于加强股权转让所得征收个人所得税管理的通知》（国税函〔2009〕285号）的规定，依法核定计税依据。

3. 加强房屋转让所得征收管理。要切实按照《国家税务总局关于个人住房转让所得征收个人所得税有关问题的通知》（国税发〔2006〕108号）、《国家税务总局关于个人转让房屋有关税收征管问题的通知》（国税发〔2007〕33号）等相关文件规定，继续做好房屋转让所得征收个人所得税管理工作。

4. 加强拍卖所得征收管理。主管税务机关应及时了解拍卖相关信息，严格执行《国家税务总局关于加强和规范个人取得拍卖收入征收个人所得税有关问题的通知》（国税发〔2007〕38号）的规定，督促拍卖单位依法扣缴个人所得税。

（二）加强利息、股息、红利所得征收管理

1. 加强股息、红利所得征收管理。重点加强股份有限公司分配股息、红利时的扣缴税款管理，对在境外上市公司分配股息红利，要严格执行现行有关征免个人所得税的规定。加强企业转增注册资本和股本管理，对以未分配利润、盈余公积和除股票溢价发行外的其他资本公积转增注册资本和股本的，要按照“利息、股息、红利所得”项目，依据现行政策规定计征个人所得税。

2. 加强利息所得征收管理。要通过查阅财务报表相关科目、资产盘查等方式，调查自然人、企业及其他组织向自然人借款及支付利息情况，对其利息所得依法计征个人所得税。

3. 加强个人从法人企业列支消费性支出和从投资企业借款的管理。对投资者本人、家庭成员及相关人员的相应所得，要根据《财政部、国家税务总局关于规范个人投资者个人所得税征收管理的通知》（财税〔2003〕158号）规定，依照“利息、股息、红利所得”项目计征个人所得税。

（三）加强规模较大的个人独资企业、合伙企业和个体工商户的生产、经营所得征收管理

1. 加强建账管理。主管税务机关应督促纳税人依照法律、行政法规的规定设置账簿。对不能设置账簿的，应按照税收征管法及其实施细则和《财政部、国家税务总局关于印发〈关于个人独资企业和合伙企业投资者征收个人所得税的规定〉的通知》（财税〔2000〕91号）等有关规定，核定其应税所得率。税务师、会计师、律师、资产评估和房地产估价等鉴证类中介机构不得实行核定征收个人所得税。

2. 加强非法人企业注销登记管理。企业投资者在注销工商登记之前，应向主管税务机关结清有关税务事宜，未纳税所得应依法征收个人所得税。

3. 加强个人消费支出与非法人企业生产经营支出管理。对企业资金用于投资者本人、家庭成员

及其相关人员消费性和财产性支出的部分，应按照《财政部、国家税务总局关于规范个人投资者个人所得税征收管理的通知》（财税〔2003〕158号）等有关规定，依照“个体工商户的生产、经营所得”项目计征个人所得税。

（四）加强劳务报酬所得征收管理和工资、薪金所得比对管理

各地税务机关要与有关部门密切合作，及时获取相关劳务报酬支付信息，切实加强对各类劳务报酬，特别是一些报酬支付较高项目（如演艺、演讲、咨询、理财、专兼职培训等）的个人所得税管理，督促扣缴义务人依法履行扣缴义务。

对高收入行业的企业，要汇总全员全额明细申报数据中工资、薪金所得总额，与企业所得税申报表中工资费用支出总额比对，规范企业如实申报和扣缴个人所得税。

（五）加强外籍个人取得所得的征收管理

要积极与公安出入境管理部门协调配合，掌握外籍人员出入境时间及相关信息，为实施税收管理和离境清税等提供依据；积极与银行及外汇管理部门协调配合，加强对外支付税务证明管理，把住资金转移关口。各级国税局、地税局要密切配合，建立外籍个人管理档案，掌握不同国家外派人员的薪酬标准，重点加强来源于中国境内、由境外机构支付所得的管理。

三、扎实开展高收入者个人所得税纳税评估和专项检查

各地税务机关要将高收入者个人所得税纳税评估作为日常税收管理的重要内容，充分利用全员全额扣缴明细申报数据、自行纳税申报数据和从外部门获取的信息，科学设定评估指标，创新评估方法，建立高收入者纳税评估体系。对纳税评估发现的疑点，要进行跟踪核实、约谈和调查，督促纳税人自行补正申报、补缴税款。发现纳税人有税收违法行为嫌疑的，要及时移交税务稽查部门立案检查。

稽查部门要将高收入者个人所得税检查列入税收专项检查范围，认真部署落实。在检查中，要特别关注高收入者的非劳动所得是否缴纳税款和符合条件的高收入者是否办理自行纳税申报。对逃避纳税、应申报未申报、申报不实等情形，要严格按照税收征管法相关规定进行处理。对典型案例，要通过媒体予以曝光。

四、不断改进纳税服务，引导高收入者依法诚信纳税

各地税务机关在加强高收入者个人所得税征收管理的同时，要切实做好纳税服务工作。要有针对性地对高收入者开展个人所得税法宣传和政策辅导，引导高收入者主动申报、依法纳税，形成诚信纳税的良好氛围；要推进“网上税务局”建设，建立多元化的申报方式，为纳税人包括高收入者提供多渠道、便捷化的申报纳税服务；要积极了解纳税人的涉税诉求，拓展咨询渠道，提高咨询回复质量和效率；要做好为纳税人开具完税证明和纳税人的收入、纳税信息保密管理工作，切实维护纳税人合法权益。

国家税务总局关于贯彻落实《税收规范性文件制定管理办法》的通知

2010年6月1日　国税发〔2010〕55号

各省、自治区、直辖市和计划单列市国家税务局、地方税务局：

《税收规范性文件制定管理办法》（国家税务总局令第20号，以下简称《办法》）已经国家税务总局2009年第2次局务会议审议通过，并将于2010年7月1日开始施行。为做好《办法》贯彻落实工作，现将有关事项通知如下：

一、提高认识，将贯彻落实《办法》列上重要的议事日程

为适应全面建设小康社会的新形势和依法治国的进程，国务院于2004年3月22日发布了《全面推进依法行政实施纲要》（以下简称《纲要》）。《纲要》要求，各级政府及政府各部门要进一步提高制度建设质量，不断推进依法行政。税收规范性文件，是各级税务机关贯彻执行税收法律、法规、

规章的重要手段，是基层税务机关执法的重要依据，在税收执法中发挥着重要的作用。改进和完善税收规范性文件制定管理制度、机制，有利于减少税收规范性文件制定管理的随意性，实现税收执法依据的规范、统一。为贯彻落实《纲要》，提高税务机关制度建设质量，总局于2005年制定出台了《国家税务总局关于印发〈税收规范性文件管理办法（试行）〉的通知》（国税发〔2005〕201号），并于2006年3月1日开始施行。在总结国税发〔2005〕201号文件试行经验的基础上，总局以规章形式制定出台了《办法》。

制定实施《办法》，是税务机关贯彻落实《纲要》的重要举措，对加强和规范税收规范性文件制定管理，改进税收执法，防范执法风险，维护纳税人合法权益，推进税务机关依法行政具有十分重要的意义。各级税务机关要高度重视，将贯彻落实《办法》作为税务机关当前推进依法行政的一项重要工作列上议事日程，以贯彻落实《办法》为契机，全面提升税务机关制度建设质量。要深刻认识到，贯彻落实《办法》是一项全局性工作，领导干部以及办公室、政策法规部门和业务主管部门都要切实负起责任，认真学习，精心部署，采取有效措施，确保《办法》的各项规定落到实处，收到实效。要创造条件，支持政策法规部门开展税收规范性文件合法性审核、备案和清理等工作，尤其要确保人员配置能够适应相关工作需要。

二、加强培训，全面掌握《办法》的立法意图和主要内容

各级税务机关要认真组织学习和培训工作，使广大税务干部能够全面掌握和准确理解《办法》的制定背景、立法意图以及《办法》确立的基本规则、主要程序和技术规范等内容，从源头上提高税收规范性文件起草和审核质量。为便于各地税务机关开展培训和辅导工作，总局正在组织编写《〈税收规范性文件管理办法〉条文释义》（以下简称《释义》），并将于5月中下旬下发各地税务机关。各级税务机关要按照《办法》规定，结合《释义》内容，采取多种形式，广泛开展培训和辅导工作。领导干部要带头学习，发挥表率作用；办公室、政策法规和业务主管部门工作人员作为培训重点，要认真学习《办法》的制度规定，并自觉加以贯彻执行；政策法规部门要在培训、辅导中做好协调和服务工作，注重培养师资力量；教育培训部门要在培训中发挥主渠道作用，在各类业务培训班中增加相应的课程。各级税务机关要深入做好宣传工作，使广大纳税人了解《办法》的精神和实质，充分行使民主权和监督权，在税收规范性文件制定管理过程中积极进言献策，有效实施监督，切实维护自身权益。

三、精心准备，做好《办法》施行前的各项基础性工作

与国税发〔2005〕201号文件及现行做法相比，《办法》在文种文号、发文形式、施行时间等制度机制方面有较大调整和创新。为确保新旧制度顺利衔接和《办法》的有效施行，各级税务机关要精心筹划，做好《办法》施行前的各项准备工作。一是要根据《办法》规定，结合本机关工作实际，制定具体的实施办法和工作规程，细化有关规定，增加可操作性。二是要在《办法》正式施行之前，开展调研，了解情况，发现问题，并及时提出解决问题的方案。在准备工作中，政策法规部门要发挥牵头、协调作用，办公室、电子税务中心等部门要做好配合，确保各项工作扎实开展、有序进行。

四、认真执行，严格遵守《办法》的制度规定

《办法》确立了“权力有限、规则有效、程序制约、管理规范、监督有力”的制度机制，各级税务机关要认真遵守，确保税收规范性文件合法、有效。要重点抓好以下制度的贯彻落实：

（一）公布税收规范性文件，必须使用公告形式。公告没有主送机关和抄送机关，也没有秘密等级和紧急程度，更不需要由基层税务机关层层转发。机关标识为×××国家（地方）税务局公告，套红头。文件字号按局领导签发日期所属年度顺序编排。国家税务总局公告格式详见附件。

内部管理事项与对纳税人有普遍约束力的事项应分别行文。确实难以分别行文的，只要该文件涉及到纳税人的权利义务，就应使用公告形式。

对特定纳税人的特定事项所做的个案答复，可以不采用公告形式，并称批复；但是，需要抄送本辖区的批复，必须以公告形式公布，不得称批复。

（二）制定税收规范性文件，必须经政策法规部门进行合法性审核。业务主管部门起草税收规范性文件，必须送经政策法规部门进行合法性审核。有条件的税务机关，可以在OA办公系统中建立相关机制，即未经政策法规部门进行合法性审核的税收规范性文件，无法向下一环节流转。政策法规部门在开展合法性审核时，要认真负责，严格把关，并注意与起草部门进行沟通协调。要逐步建立政策法规部门提前介入机制，为各业务部门提供优质的法律服务。

（三）遵守《办法》有关施行时间的规定。税收规范性文件应当自公布之日起30日后施行；对公布后不立即施行有碍执行的，可以自公布之日起立即施行或者自公布之日起30日内的任何时日开始施行。制定机关应当认真遵守这一规定，不得滥用特殊情形和特别规定，确保基层税务机关与纳税人在执行和遵从时能有足够的预期。实施机关需要对上级税收规范性文件作出补充规定的，应当单独制定公告，并在上级税收规范性文件生效之前出台，同步施行。

（四）积极开展文件清理。各级税务机关要根据《办法》要求，建立健全税收规范性文件清理工作长效机制，将日常清理与定期清理相结合。尤其要注重日常清理工作，业务主管部门在起草税收规范性文件时，应当明确列举将被该文件废止的文件的名称、文号及条款内容；同时，对重复规定进行归并、整合。对定期清理中发现的问题，制定机关要分别情况给予不同处理，并及时公布清理结果。

（五）认真做好备案审查工作。各级税务机关要按照《纲要》有关“有件必备、有备必查、有错必纠”的要求，认真做好税收规范性文件备案审查工作。制定机关要通过OA办公系统向上一级税务机关报送税收规范性文件和文件目录的电子版。接受备案的税务机关要认真开展审查。在审查过程中，政策法规部门和各业务主管部门要分工协作，密切配合，尤其要倚重业务主管部门的专业特长和资源优势。税收规范性文件备案审查应当来件即审，确因人员短缺等原因无法做到随来随审的，也应当在一定时间内开展集中审查。对发现的问题要予以纠正，对备案审查结果要按年度予以通报。

（六）探索建立有关税收规范性文件管理新机制。各地税务机关要按照《办法》要求，探索建立税收规范性文件后评估工作机制、异议处理机制，为进一步完善税收规范性文件制定管理工作积累经验。

五、强化检查，确保《办法》规定落到实处

各级税务机关要加强领导，明确责任，强化检查，确保《办法》得到有效施行。上级税务机关要加强对下级税务机关贯彻落实《办法》情况的监督检查，一级抓一级，层层抓落实。要将《办法》执行情况作为依法行政考核和税收执法检查的重要内容，对贯彻落实不力、不遵守制定规则和制定程序、违规出台税收规范性文件的税务机关要进行通报批评，必要时，依法依纪追究责任。

各地税务机关在贯彻落实《办法》中遇到情况和问题时，应及时向总局（政策法规司）反映。

附件：国家税务总局公告格式（略）

国家税务总局关于印发《重大税收违法案件督办管理暂行办法》的通知

2010年11月1日　国税发〔2010〕103号

各省、自治区、直辖市和计划单列市国家税务局、地方税务局：

现将《重大税收违法案件督办管理暂行办法》印发给你们，请认真遵照执行。执行中如有问题，请及时报告国家税务总局（稽查局）。

附件：《重大税收违法案件督办管理暂行办法》相关税务文书式样（略）

重大税收违法案件督办管理暂行办法

第一条　为了规范重大税收违法案件督办管理，根据《中华人民共和国税收征收管理法》有关规定，制定本办法。

第二条　上级税务局可以根据税收违法案件性质、涉案数额、复杂程度、查处难度以及社会影响等情况，督办管辖区域内发生的重大税收违法案件。

对跨越多个地区且案情特别复杂的重大税收违

法案件，本级税务局查处确有困难的，可以报请上级税务局督办，并提出具体查处方案及相关建议。

重大税收违法案件具体督办事项由稽查局实施。

第三条　国家税务总局督办的重大税收违法案件主要包括：

（一）国务院等上级机关、上级领导批办的案件；

（二）国家税务总局领导批办的案件；

（三）在全国或者省、自治区、直辖市范围内有重大影响的案件；

（四）税收违法数额特别巨大、情节特别严重的案件；

（五）国家税务总局认为需要督办的其他案件。

省、自治区、直辖市和计划单列市国家税务局、地方税务局督办重大税收违法案件的范围和标准，由本级国家税务局、地方税务局根据本地实际情况分别确定。

第四条　省、自治区、直辖市和计划单列市国家税务局、地方税务局依照国家税务总局规定的范围、标准、时限向国家税务总局报告税收违法案件，国家税务总局根据案情复杂程度和查处工作需要确定督办案件。

省以下重大税收违法案件报告的范围和标准，由省、自治区、直辖市和计划单列市国家税务局、地方税务局根据本地实际情况分别确定。

第五条　对需要督办的重大税收违法案件，督办税务局（以下简称督办机关）所属稽查局填写《重大税收违法案件督办立项审批表》，提出拟办意见。拟办意见主要包括承办案件的税务局（以下简称承办机关）及所属稽查局、承办时限和工作要求等，经督办机关领导审批或者督办机关授权所属稽查局局长审批后，向承办机关发出《重大税收违法案件督办函》，要求承办机关在确定的期限内查证事实，并作出税务处理、处罚决定。

需要多个地区税务机关共同查处的督办案件，督办机关应当明确主办机关和协办机关，或者按照管辖职责确定涉案重点事项查处工作任务。协办机关应当积极协助主办机关查处督办案件，及时查证并提供相关证据材料。对主办机关请求协助查证的事项，协办机关应当及时准确反馈情况，不得敷衍塞责或者懈怠应付。

督办案件同时涉及国家税务局、地方税务局管辖的税收事项，国家税务局、地方税务局分别依照职责查处，并相互通报相关情况；必要时可以联合办案，分别作出税务处理、处罚决定。

第六条　督办案件未经督办机关批准，承办机关不得擅自转给下级税务机关或者其他机关查处。

对因督办案件情况发生变化，不需要继续督办的，督办机关可以撤销督办，并向承办机关发出《重大税收违法案件撤销督办函》。

第七条　承办机关应当在接到督办机关《重大税收违法案件督办函》后7个工作日内按照《税务稽查工作规程》规定立案，在10个工作日内制订具体查处方案，并组织实施检查。

承办机关具体查处方案应当报送督办机关备案；督办机关要求承办机关在实施检查前报告具体查处方案的，承办机关应当按照要求报告，经督办机关同意后实施检查。

督办机关督办前承办机关已经立案的，承办机关不停止实施检查，但应当将具体查处方案及相关情况报告督办机关；督办机关要求调整具体查处方案的，承办机关应当调整。

第八条　承办机关应当按照《重大税收违法案件督办函》要求填写《重大税收违法案件情况报告表》，每30日向督办机关报告一次案件查处进展情况；《重大税收违法案件督办函》有确定报告时限的，按照确定时限报告；案件查处有重大进展或者遇到紧急情形的，应当及时报告；案件查处没有进展或者进展缓慢的，应当说明原因，并明确提出下一步查处工作安排。

对有《税务稽查工作规程》第四十四条规定的中止检查情形或者第七十条规定的中止执行情形的，承办机关应当报请督办机关批准后中止检查或者中止执行。中止期间可以暂不填报《重大税收违法案件情况报告表》；中止检查或者中止执行情形消失后，承办机关应当及时恢复检查或者执行，并依照前款规定填报《重大税收违法案件情况报告表》。

第九条　督办机关应当指导、协调督办案件查处，可以根据工作需要派员前往案发地区督促检查或者参与办案，随时了解案件查处进展情况以及存在问题。

督办机关稽查局应当确定督办案件的主要责任部门和责任人员。主要责任部门应当及时跟踪监控案件查处过程，根据承办机关案件查处进度、处理结果和督促检查情况，向稽查局领导报告督办案件查处进展情况；案情重大或者上级机关、上级领导批办的重要案件，应当及时向督办机关领导报告查处情况。

第十条 承办机关可以就督办案件向相关地区同级税务机关发出《税收违法案件协查函》，提出具体协查要求和回复时限，相关地区同级税务机关应当及时回复协查结果，提供明确的协查结论和相关证据资料。案情重大复杂的，承办机关可以报请督办机关组织协查。

第十一条 承办机关稽查局应当严格依照《税务稽查工作规程》相关规定对督办案件实施检查和审理，并报请承办机关集体审理。

承办机关稽查局应当根据审理认定的结果，拟制《重大税收违法案件拟处理意见报告》，经承办机关领导审核后报送督办机关。

在查处督办案件中，遇有法律、行政法规、规章或者其他规范性文件的疑义问题，承办机关稽查局应当征询同级法规、税政、征管、监察等相关部门意见；相关部门无法确定的，应当依照规定请示上级税务机关或者咨询有权解释的其他机关。

第十二条 《重大税收违法案件拟处理意见报告》应当包括以下主要内容：

（一）案件基本情况；

（二）检查时段和范围；

（三）检查方法和措施；

（四）检查人员查明的事实及相关证据材料；

（五）相关部门和当事人的意见；

（六）审理认定的事实及相关证据材料；

（七）拟税务处理、处罚意见及依据；

（八）其他相关事项说明。

对督办案件定性处理具有关键决定作用的重要证据，应当附报制作证据说明，写明证据目录、名称、内容、证明对象等事项。

第十三条 对承办机关《重大税收违法案件拟处理意见报告》，督办机关应当在接到之日起15日内审查；如有本办法第十一条第三款规定情形的，审查期限可以适当延长。督办机关对承办机关提出的定性处理意见没有表示异议的，承办机关依法作出《税务处理决定书》、《税务行政处罚决定书》、《税务稽查结论》、《不予税务行政处罚决定书》，送达当事人执行。

督办机关审查认为承办机关《重大税收违法案件拟处理意见报告》认定的案件事实不清、证据不足、违反法定程序或者拟税务处理、处罚意见依据错误的，通知承办机关说明情况或者补充检查。

第十四条 对督办案件中涉嫌犯罪的税收违法行为，承办机关填制《涉嫌犯罪案件移送书》，依照规定程序和权限批准后，依法移送司法机关。对移送司法机关的案件，承办机关应当随时关注司法处理进展情况，并及时报告督办机关。

第十五条 承办机关应当在90日内查证督办案件事实并依法作出税务处理、处罚决定；督办机关确定查处期限的，承办机关应当严格按照确定的期限查处；案情复杂确实无法按时查处的，应当在查处期限届满前10日内向督办机关申请延期查处，提出延长查处期限和理由，经批准后延期查处。

第十六条 对承办机关超过规定期限未填报《重大税收违法案件情况报告表》，或者未查处督办案件且未按照规定提出延期查处申请的，督办机关应当向其发出《重大税收违法案件催办函》进行催办，并责令说明情况和理由。

承办机关对督办案件查处不力的，督办机关可以召集承办机关分管稽查的税务局领导或者稽查局局长汇报；必要时督办机关可以直接组织查处。

第十七条 督办案件有下列情形之一的，可以认定为结案：

（一）税收违法事实已经查证清楚，并依法作出《税务处理决定书》、《税务行政处罚决定书》，税款、滞纳金、罚款等税收款项追缴入库，纳税人或者其他当事人在法定期限内没有申请行政复议或者提起行政诉讼的；

（二）查明税收违法事实不存在或者情节轻微，依法作出《税务稽查结论》或者《不予税务行政处罚决定书》，纳税人或者其他当事人在法定期限内没有申请行政复议或者提起行政诉讼的；

（三）纳税人或者其他当事人对税务机关处理、处罚决定或者强制执行措施申请行政复议或者提起行政诉讼，行政复议决定或者人民法院判决、裁定生效并执行完毕的；

（四）符合《税务稽查工作规程》第四十五条规定的终结检查情形的；

（五）符合《税务稽查工作规程》第七十一条规定的终结执行情形的；

（六）法律、行政法规或者国家税务总局规定的其他情形的。

税务机关依照法定职权确实无法查证全部或者部分税收违法行为，但有根据认为其涉嫌犯罪并依法移送司法机关处理的，以司法程序终结为结案。

第十八条 承办机关应当在督办案件结案之日起10个工作日内向督办机关报送《重大税收违法案件结案报告》。

《重大税收违法案件结案报告》应当包括案件来源、案件查处情况、税务处理、处罚决定内容、案件执行情况等内容。督办机关要求附列《税务处理决定书》、《税务行政处罚决定书》、《税务稽查结论》、《不予税务行政处罚决定书》、《执行报告》、税款、滞纳金、罚款等税收款项入库凭证以及案件终结检查、终结执行审批文书等资料复印件的，应当附列。

第十九条　查处督办案件实行工作责任制。承办机关主要领导承担领导责任；承办机关分管稽查的领导承担监管责任；承办机关稽查局局长承担执行责任；稽查局分管案件的领导和具体承办部门负责人以及承办人员按照各自分工职责承担相应的责任。

对督办案件重要线索、证据不及时调查收集，或者故意隐瞒案情，转移、藏匿、毁灭证据，或者因工作懈怠、泄露案情致使相关证据被转移、藏匿、毁灭，或者相关财产被转移、藏匿，或者有其他徇私舞弊、玩忽职守、滥用职权行为，应当承担纪律责任的，依法给予行政处分；涉嫌犯罪的，应当依法移送司法机关处理。

第二十条　承办机关及承办人员和协办机关及协办人员在查处督办案件中成绩突出的，可以给予表彰；承办、协办不力的，给予通报批评。

第二十一条　本办法相关税务文书式样由国家税务总局制定。

第二十二条　本办法从2011年1月1日起执行。2001年7月30日印发的《国家税务总局关于实行重大税收违法案件督办制度的通知》（国税发〔2001〕87号）同时废止。

附件：1. 重大税收违法案件督办立项审批表（略）

2. 重大税收违法案件督办函（略）
3. 重大税收违法案件撤销督办函（略）
4. 重大税收违法案件情况报告表（略）
5. 税收违法案件协查函（略）
6. 重大税收违法案件中止检查申请（略）
7. 重大税收违法案件中止检查批复（略）
8. 重大税收违法案件终结检查申请（略）
9. 重大税收违法案件终结检查批复（略）
10. 重大税收违法案件中止执行申请（略）
11. 重大税收违法案件中止执行批复（略）
12. 重大税收违法案件终结执行申请（略）
13. 重大税收违法案件终结执行批复（略）
14. 重大税收违法案件催办函（略）
15. 重大税收违法案件延期查处申请（略）
16. 重大税收违法案件延期查处批复（略）
17. 重大税收违法案件拟处理意见报告（略）
18. 重大税收违法案件结案报告（略）

各地发文目录

天津市地方税务局

关于印发《天津市地方税务局涉税举报须知》的通知

2010年11月29日　津地税稽〔2010〕16号

关于印发《天津市地方税务局税务稽查案件协查管理暂行办法》的通知

2010年11月27日　津地税稽〔2010〕18号

河北省国家税务局

河北省国家税务局关于印发河北省国家税务局税务稽查案卷管理办法的通知

2010年12月24日　冀国税发〔2010〕176号

河北省地方税务局

全省地税系统稽查工作管理办法（试行）

2010年7月2日　冀地税发〔2010〕31号

山西省地方税务局

山西省地方税务局关于印发改进完善后的《山西省地方税务局分级分类稽查管理办法》的通知

2010年3月2日　晋地税函〔2010〕41号

山西省地方税务局关于加强基金、规费稽查工作的通知

2010年4月20日　晋地税函〔2010〕75号

山东省国家税务局

山东省国家税务局稽查局关于印发《2010年全省国税稽查工作要点》的通知
2010年3月22日　鲁国税稽便函〔2010〕11号

山东省国家税务局稽查局关于《税务稽查组织纳税人自查管理暂行办法（征求意见稿）》的意见和建议
2010年3月31日　鲁国税稽便函〔2010〕12号

山东省国家税务局稽查局关于明确税收专项检查办公室分工及下发医药经销企业检查方案的通知
2010年4月13日　鲁国税稽便函〔2010〕15号

山东省国家税务局稽查局关于印发《山东省国家税务局税务稽查案件取证办法（修订稿）》等8项制度的通知
2010年8月27日　鲁国税稽便函〔2010〕35号

山东省国家税务局关于印发《山东省国税稽查工作流程（修订稿）》的通知
2010年8月30日　鲁国税发〔2010〕140号

山东省国家税务局关于印发《山东省国税系统税务稽查实施规范》的通知
2010年8月30日　鲁国税发〔2010〕141号

山东省国家税务局关于贯彻落实《整治虚假发票“买方市场”工作方案》相关问题的通知
2010年9月26日　鲁国税函〔2010〕334号

山东省地方税务局

山东省地方税务局稽查局关于印发《2010年全省地税稽查工作要点》的通知
2010年2月10日　鲁地税稽函〔2010〕3号

山东省地方税务局稽查局关于调整省级稽查人才库人员的通知
2010年3月9日　鲁地税稽函〔2010〕4号

山东省地方税务局稽查局关于部署2010年全省地税系统稽查调研工作的意见
2010年3月19日　鲁地税稽函〔2010〕6号

山东省地方税务局稽查局关于下发《山东省地税稽查系统2010年度目标管理考核办法》的通知
2010年4月8日　鲁地税稽函〔2010〕7号

内蒙古自治区国家税务局

内蒙古自治区国家税务局关于印发《税务稽查工作管理考评办法（试行）》的通知
2010年4月12日　内国税稽字〔2010〕1号

内蒙古自治区国家税务局关于印发《税务违法案件“一案双查”办法（试行）》的通知
2010年5月26日　内国税发〔2010〕23号

吉林省国家税务局

关于印发《吉林省国家税务局税务稽查人才库管理办法》的通知
2010年7月22日　吉国税发〔2010〕109号

吉林省国家税务局《关于聘任周政等为全省国税稽查人才库人员的通知》
2010年9月17日　吉国税函〔2010〕220号

吉林省国家税务局　吉林省地方税务局税务稽查工作协作
2010年7月20日　吉国税联字〔2010〕5号

吉林省国家税务局大案要案管理办法的通知
2010年8月26日　吉国税发〔2010〕124号

吉林省国家税务局稽查局关于印发《分级分类稽查管理办法（试行）》的通知
2010年7月23日　吉国税稽函〔2010〕65号

上海市国家（地方）税务局

关于印发《2010年税务信息化稽查工作方案》的通知
2010年3月3日　沪国税稽〔2010〕2号

关于印发《2010年上海市税务稽查工作要点》的通知
2010年3月3日　沪国税稽〔2010〕3号

关于开展2010年税收专项检查工作的通知
2010年4月29日　沪国税稽〔2010〕4号

关于深入开展打击发票违法犯罪活动工作的通知
2010年6月2日　沪国税稽〔2010〕5号

江苏省地方税务局

关于印发《江苏省地税局房地产开发企业税收检查工作方案》的通知
2010年5月6日　苏地税发〔2010〕28号

关于进一步做好全省分级分类检查工作的通知
2010年6月28日　苏地税发〔2010〕44号

关于各地入选全国税务稽查人才库及全省税务稽查人才库、专家库人员的通报
2010年3月12日　苏地税函〔2010〕66号

安徽省地方税务局

关于印发安徽省地方税务局稽查工作考核评比暂行办法的通知
2010年10月26日　皖地税函〔2010〕552号

福建省国家税务局

福建省国家税务局关于在办税服务大厅开展宣传打击发票违法犯罪活动的通知
2010年3月31日　闽国税函〔2010〕71号

福建省国家税务局关于印发福建省国家税务局机关部门内控机制建设实施方案

2010年4月26日　闽国税函〔2010〕107号

河南省地方税务局

河南省地方税务局稽查局关于印发2010年全省地税稽查工作要点的通知

2010年2月1日　稽便函〔2010〕1号

河南省地方税务局关于开展2010年税收专项检查工作的通知

2010年4月6日　豫地税发〔2010〕40号

河南省地方税务局稽查局关于开展重点税源企业专项检查的通知

2010年5月31日　稽便函〔2010〕12号

河南省地方税务局稽查局关于成立税务违法案件审理委员会的通知

2010年11月1日　稽便函〔2010〕14号

河南省地方税务局稽查局关于移送涉嫌犯罪案件专项监督活动有关工作的通知

2010年12月14日　稽便函〔2010〕19号

河南省地方税务局稽查局关于开展2010年税务稽查案件复查的通知

2010年9月29日　豫地税稽发〔2010〕1号

河南省地方税务局稽查局关于开展2010年“十大规范典型案例”评选工作的通知

2010年11月2日　豫地税稽发〔2010〕2号

湖北省地方税务局

湖北省地方税务局关于印发《湖北省地方税务稽查查前约谈暂行办法》的通知

2010年4月6日　鄂地税发〔2010〕71号

湖北省地方税务局关于印发《湖北省地方税务稽查工作规范》的通知

2010年12月28日　鄂地税发〔2010〕232号

湖南省地方税务局

湖南省地方税务局印发《湖南省地方税务局分级分类稽查管理办法》

2010年11月29日　湘地税发〔2010〕44号

广西壮族自治区国家税务局

广西壮族自治区国家税务局税务稽查选案管理若干规定

2010年6月2日　桂国税发〔2010〕120号

广西壮族自治区国家税务局税务稽查执行若干规定

2010年6月2日　桂国税发〔2010〕121号

广西壮族自治区国家税务局税务稽查实施若干规定

2010年6月2日　桂国税发〔2010〕122号

广西壮族自治区国家税务局税务稽查审理若干规定

2010年6月2日　桂国税发〔2010〕123号

海南省地方税务局

海南省地方税务局关于印发税务稽查选案等五项工作制度的通知

2010年6月25日　琼地税发〔2010〕89号

海南省地方税务局关于发布海南省地方税务局税收违法行为检举管理暂行办法的公告

2010年12月13日　琼地税公告2010年第4号

贵州省地方税务局

贵州省地方税务局办公室关于换发稽查专用税务检查证的通知

2010年11月9日　黔地税办发〔2010〕71号

贵州省地方税务局稽查局　贵州省国家税务局稽查局关于开展部分重点税源企业税收检查工作的通知

2010年5月27日　黔地税稽便函〔2010〕1号

贵州省国家税务局　贵州省地方税务局关于开展2010年税收专项检查工作的通知

2010年4月7日　黔国税发〔2010〕57号

云南省国家税务局

云南省国家税务局关于印发《云南省国家税务局税务稽查办案专项经费管理实施办法（暂行）》的通知

2010年4月7日　云国税发〔2010〕88号

云南省国家税务局稽查局关于印发《云南省国家税务局稽查系统税务稽查案件档案管理办法（暂行）》的通知

2010年7月7日　云国税稽发〔2010〕15号

云南省地方税务局

云南省预防打击涉税违法犯罪工作警税协作规定

2010年1月19日　云公经〔2010〕12号

云南省地方税务局关于2010年深入开展打击发票违法犯罪工作的通知

2010年3月12日　云地税发〔2010〕59号

云南省地方税务局关于开展2010年税收专项检查工作的通知

2010年4月7日　云地税稽字〔2010〕5号

云南省地方税务局关于印发深入开展打击发票违法犯罪活动工作方案的通知

2010年7月5日　云地税发〔2010〕180号

云南省地方税务局关于开展2010年车船税专项检查工作的通知

2010年7月27日　云地税发〔2010〕202号

关于印发云南省整治虚假发票“买方市场”专项行动工作方案的通知
2010 年 10 月 28 日　云公经〔2010〕241 号
云南省地方税务局关于开展 2010 年车船税重点检查工作通知
2010 年 11 月 16 日　云地税发〔2010〕287 号
云南省地方税务局关于开展整治虚假发票“买方市场”专项行动工作有关问题的通知
2010 年 11 月 17 日　云地税发〔2010〕288 号
云南省地方税务局关于贯彻《云南省关于开展对行政执法机关移送涉嫌犯罪案件专项监督活动的实施方案》的通知
2010 年 11 月 26 日　云地税发〔2010〕295 号

青海省国家税务局

青海省国家税务局关于印发《青海省国家税务局稽查局卷外资料处置暂行规定》的通知
2010 年 5 月 1 日　青国税发〔2010〕83 号
青海省国家税务局关于印发《青海省国家税务局税务稽查案件复审复查实施办法》的通知
2010 年 5 月 10 日　青国税发〔2010〕84 号
青海省国家税务局关于印发《青海省国家税务局税务稽查调查取证办法》的通知
2010 年 5 月 10 日　青国税发〔2010〕85 号
青海省国家税务局关于印发《青海省国家税务局稽查办案规则》的通知
2010 年 5 月 10 日　青国税发〔2010〕86 号
青海省国家税务局关于印发《青海省国家税务局税务稽查管理规则》的通知
2010 年 5 月 10 日　青国税发〔2010〕88 号

青海省地方税务局

青海省地方税务局稽查局关于印发《2010 年全省地税稽查工作要点》
2010 年 2 月 20 日　青地税稽发〔2010〕2 号
青海省地方税务局关于开展 2010 年税收专项检查工作的通知
2010 年 2 月 26 日　青地税发〔2010〕28 号
青海省地方税务局稽查局关于印发《青海省地方税务局稽查系统“岗位大练兵”活动实施意见》
2010 年 2 月 25 日　青地税稽函〔2010〕5 号
青海省地方税务局稽查局关于印发《青海省地方税务局分级分类稽查管理办法》的通知
2010 年 8 月 24 日　青地税稽便函〔2010〕2 号
青海省地方税务局稽查局关于印发《青海省地方税务局稽查人员廉洁自律暂行规定》的通知
2010 年 8 月 24 日　青地税稽便函〔2010〕3 号

新疆维吾尔自治区国家税务局

新疆维吾尔自治区国家税务局关于印发《重大税收违法案件督办办法（试行）》的通知
2010 年 3 月 31 日　新国税发〔2010〕67 号
新疆维吾尔自治区国家税务局关于印发《税务稽查案件复查办法（试行）》的通知
2010 年 4 月 22 日　新国税发〔2010〕81 号

大连市地方税务局

大连市地方税务局关于印发税务稽查工作规程的通知
2010 年 11 月 5 日　大地税发〔2010〕66 号
大连市地方税务局关于印发 2010 年电子税务稽查工作实施方案的通知
2010 年 4 月 7 日　大地税函〔2010〕62 号
大连市地方税务局关于开展 2010 年税收专项检查工作的通知
2010 年 4 月 1 日　大地税函〔2010〕60 号
大连市地方税务局关于下达 2010 年稽查收入计划的通知
2010 年 3 月 24 日　大地税函〔2010〕58 号
大连市地方税务局关于调整市内稽查局稽查范围的通知
2010 年 2 月 22 日　大地税函〔2010〕33 号

青岛市国家税务局

青岛市国家税务局稽查局关于印发《青岛市国家税务局稽查局税务案件集体审理办法》的通知
2010 年 12 月 24 日　青国税稽发〔2010〕58 号
青岛市国家税务局稽查局关于印发《青岛市国家税务局稽查局印章管理规定（试行）》的通知
2010 年 6 月 17 日　青国税稽发〔2010〕27 号
青岛市国家税务局稽查局关于印发《青岛市国家税务局稽查局宣传信息工作考核办法》的通知
2010 年 7 月 6 日　青国税稽发〔2010〕33 号
青岛市国家税务局稽查局关于印发《青岛市国家税务局稽查局税务稽查执行工作实施办法（试行）》的通知
2010 年 12 月 28 日　青国税稽发〔2010〕59 号
青岛市国家税务局稽查局关于印发《青岛市国家税务局稽查局及其内设机构工作职能》的通知
2010 年 6 月 30 日　青国税稽发〔2010〕30 号
青岛市国家税务局稽查局关于印发《青岛市国家税务局稽查局工作规则》的通知
2010 年 10 月 26 日　青国税稽发〔2010〕53 号

青岛市国家税务局稽查局关于印发《青岛市国家税务局稽查局岗位能级管理办法》的通知

2010 年 7 月 7 日　青国税稽发〔2010〕35 号

青岛市国家税务局稽查局关于印发《青岛市国家税务局稽查局 2010 年度中层领导干部职务任期制实施方案（试行)》的通知

2010 年 7 月 7 日　青国税稽发〔2010〕36 号

青岛市国家税务局稽查局关于印发《建立税务稽查执法风险内部控制体系实施方案》的通知

2010 年 6 月 24 日　青国税稽发〔2010〕29 号

青岛市国家税务局稽查局关于印发《〈税务稽查建议书〉使用规定》的通知

2010 年 9 月 28 日　青国税稽函〔2010〕26 号

青岛市国家税务局稽查局办公室关于启用内网“技术支持”模块的通知

2010 年 11 月 25 日　青国税稽办函〔2010〕3 号

青岛市国家税务局关于转发《国家税务局关于加强税务稽查办案专项经费管理的通知》的通知

2010 年 4 月 7 日　青国税函〔2010〕55 号

青岛市国家税务局关于印发《青岛市国税系统税收违法大要案报告制度》的通知

2010 年 7 月 2 日　青国税发〔2010〕120 号

青岛市国家税务局关于印发《青岛市国税系统税收违法案件公告实施办法》的通知

2010 年 7 月 2 日　青国税发〔2010〕119 号

青岛市国家税务局关于规范税务稽查报表等资料报送工作的通知

2010 年 7 月 2 日　青国税函〔2010〕118 号

青岛市国家税务稽查局关于税务稽查数据统计报送要求的通知

2010 年 5 月 24 日　青国税稽函〔2010〕15 号

第七篇

统计资料

2010 年全国税务稽查机构查处税收违法案件情况统计表（1）

单位：万元

按企业类型统计	税务登记总数	检查户数	有问题户数	结案户数	被查户应纳税额	查补总额					入库总额		
						税款	滞纳金	没收违法所得	罚款	合计	合计	其中	
												税款	以前年度查补额
	1	2	3	4	5	6	7	8	9	10	11	12	13
合　计	45301368	235244	220536	218331	101248106	3667575	393477	1492	573558	4636102	4488121	3602970	206693
内资企业	15262565	195759	183679	181674	83361722	3077831	328991	1444	494237	3902503	3788030	3034007	156391
港澳台商投资企业	348523	4274	3841	3795	4345211	204463	21236	5	22141	247845	224013	189312	4952
外商投资企业	562998	6073	5322	5291	11290079	223058	22938	15	22826	268837	269028	223595	18678
外国企业	66696	174	144	143	26902	2782	638		585	4005	3486	2539	305
个体经营	28026828	22015	21173	20966	1165416	67567	11592	28	16281	95468	92900	67362	15888
其他	1033758	6949	6377	6462	1058776	91874	8082		17488	117444	110664	86155	10479

附　列　资　料

立案情况	件数	综合指标	百分率（%）	案件统计分析资料	结案户数	查补税款	项　目	件数	备　注	
上期移案	9203	选案率	93.75	100 万元以下	211906	1507964	纳税人提请听证	128		
本期立案	235244	入库率	96.81	100 万～500 万元	5546	974311	受理行政复议	38		
本期结案	233039	处罚率	15.64	500 万～1000 万元	621	421599	其中：决定撤销或变更	5		
本期存案	11408	偷税处罚率	52.13	1000 万～5000 万元	227	469994	纳税人提起诉讼	20		
		查补总额±%	1.04	5000 万～1 亿元	21	135682	其中：判决撤销或变更			
				1 亿元以上	10	158025	国家赔偿			
				合　计	218331	3667575	国家赔偿金额（万元）		上期查补总额	4588211

2010年全国税务稽查机构查处税收违法案件情况统计表（2）

单位：万元

按违法性质统计	户数	查补税款	滞纳金	没收违法所得	罚款	合计	实际入库额		按税种统计	查补税款	入库税款	按其他稽查成果统计	户数	税款	金额
							合计	其中：税款							
	14	15	16	17	18	19	20	21		22	23		24	25	26
合　计	249330	3667575	393477	1492	573558	4636102	4488121	3602970	合　计	3667575	3602970				
偷税	68343	596548	117619	77	310998	1025242	951540	573722	增值税	1097220	1016984	调减留抵税额	4063	62294	
逃避追缴欠税	169	2960	188		1196	4344	3555	2372	消费税	21726	21744	不予抵扣税款	199	844	
骗取出口退税	10	2661			281	2942	1380	1314	营业税	338790	334418	不予免、抵、退税	10	2353	
抗税	1				1	1	1		企业所得税	1444865	1459630	调整应纳税所得额	9045		757396
编造虚假计税依据	4972	35718	4414		10244	50376	48210	35259	个人所得税	254903	252269	其中：弥补亏损	4164		409053
不进行纳税申报	35206	390824	41554		75921	508299	507354	396355	其他	510071	517925				
发票违法	28847	58920	7055	292	25750	92017	80381	58537							
其他	111782	2579944	222647	1123	149167	2952881	2895700	2535411							

2010 年国家税务局稽查机构查处税收违法案件情况统计表（1）

单位：万元

按企业类型统计	税务登记总数	检查户数	有问题户数	结案户数	被查户应纳税额	查补总额					入库总额		
						税款	滞纳金	没收违法所得	罚款	合计	合计	其中	
												税款	以前年度查补额
	1	2	3	4	5	6	7	8	9	10	11	12	13
合计	20382773	144413	135667	133209	78452612	2281324	255368	581	328515	2865788	2769454	2238234	110593
内资企业	7430654	120656	113320	111189	62769192	1870864	208243	536	279471	2359114	2292480	1844422	88726
港澳台商投资企业	192956	2533	2269	2254	3858350	167567	18212	3	14749	200531	180298	151703	3213
外商投资企业	372774	4329	3811	3790	10593976	192000	20591	15	19380	231986	224953	188616	10847
外国企业	42679	73	59	56	12346	1403	422		388	2213	1952	1341	3
个体经营	12224478	15726	15183	14899	857231	23441	5118	27	8413	36999	41528	28628	4746
其他	119232	1096	1025	1021	361517	26049	2782		6114	34945	28243	23524	3058

附列资料

立案情况	件数	综合指标	百分率（%）	案件统计分析资料	结案户数	查补税款	项目	件数	备注	
上期移案	4775	选案率	93.94	100 万元以下	129903	903213	纳税人提请听证	88		
本期立案	144413	入库率	96.64	100 万～500 万元	2742	574857	受理行政复议	22		
本期结案	141955	处罚率	14.40	500 万～1000 万元	388	268475	其中：决定撤销或变更	5		
本期存案	7233	偷税处罚率	50.89	1000 万～5000 万元	152	313305	纳税人提起诉讼	13		
		查补总额±%	-2.85	5000 万～1 亿元	17	106669	其中：判决撤销或变更			
				1 亿元以上	7	114805	国家赔偿			
				合计	133209	2281324	国家赔偿金额（万元）		上期查补总额	2949793

2010年国家税务局稽查机构查处税收违法案件情况统计表（2）

单位：万元

按违法性质统计	户数	查补税款	滞纳金	没收违法所得	罚款	合计	实际入库额		按税种统计	查补税款	入库税款	按其他稽查成果统计	户数	税款	金额
							合计	其中：税款							
	14	15	16	17	18	19	20	21		22	23		24	25	26
合　计	146044	2281324	255368	581	328515	2865788	2769454	2238234	合　计	2281324	2238234				
偷税	55044	493386	90384	77	251092	834939	765637	468597	增值税	1097220	1016984	调减留抵税额	4063	62294	
逃避追缴欠税	15	861	2		9	872	641	630	消费税	21726	21744	不予抵扣税款	199	844	
骗取出口退税	10	2661			281	2942	1380	1314	营业税	19968	32665	不予免、抵、退税	10	2353	
抗税	1				1	1	1		企业所得税	1089048	1113235	调整应纳税所得额	7275		524687
编造虚假计税依据	2892	28816	2890		3326	35032	34023	28271	个人所得税	21326	19824	其中：弥补亏损	3654		360455
不进行纳税申报	6656	79509	9689		12117	101315	96307	75549	其他	32036	33782				
发票违法	17370	45446	5154	133	18753	69486	61938	47651							
其他	64056	1630645	147249	371	42936	1821201	1809527	1616222							

2010年地方税务局稽查机构查处税收违法案件情况统计表（1）

单位：万元

按企业类型统计	税务登记总数	检查户数	有问题户数	结案户数	被查户应纳税额	查补总额					入库总额		
						税款	滞纳金	没收违法所得	罚款	合计	合计	其中	
												税款	以前年度查补额
	1	2	3	4	5	6	7	8	9	10	11	12	13
合　计	24918595	90831	84869	85122	22795494	1386251	138109	911	245043	1770314	1718667	1364736	96100
内资企业	7831911	75103	70359	70485	20592530	1206967	120748	908	214766	1543389	149550	1189585	67665
港澳台商投资企业	155567	1741	1572	1541	486861	36896	3024	2	7392	47314	43715	37609	1739
外商投资企业	190224	1744	1511	1501	696103	31058	2347		3446	36851	44075	34979	7831
外国企业	24017	101	85	87	14556	1379	216		197	1792	1534	1198	302
个体经营	15802350	6289	5990	6067	308185	44126	6474	1	7868	58469	51372	38734	11142
其　他	914526	5853	5352	5441	697259	65825	5300		11374	82499	82421	62631	7421

附　列　资　料

立案情况	件数	综合指标	百分率（%）	案件统计分析资料	结案户数	查补税款	项　目	件数	备　注	
上期移案	4428	选案率	93.44	100万元以下	82003	604751	纳税人提请听证	40		
本期立案	90831	入库率	97.08	100万～500万元	2804	399454	受理行政复议	16		
本期结案	91084	处罚率	17.68	500万～1000万元	233	153124	其中：决定撤销或变更			
本期存案	4175	偷税处罚率	58.07	1000万～5000万元	75	156689	纳税人提起诉讼	7		
		查补总额±%	8.05	5000万～1亿元	4	29013	其中：判决撤销或变更			
				1亿元以上	3	43220	国家赔偿			
				合　计	85122	1386251	国家赔偿金额（万元）		上期查补总额	1638418

2010年地方税务局稽查机构查处税收违法案件情况统计表（2）

单位：万元

按违法性质统计	户数	查补税款	滞纳金	没收违法所得	罚款	合计	实际入库额		按税种统计	查补税款	入库税款	按其他稽查成果统计	户数	税款	金额
							合计	其中：税款							
	14	15	16	17	18	19	20	21		22	23		24	25	26
合　计	103286	1386251	138109	911	245043	1770314	1718667	1364736	合　计	1386251	1364736				
偷税	13299	103162	27235		59906	190303	185903	105125	增值税			调减留抵税额			
逃避追缴欠税	154	2099	186		1187	3472	2914	1742	消费税			不予抵扣税款			
骗取出口退税									营业税	318822	301753	不予免、抵、退税			
抗税									企业所得税	355817	346395	调整应纳税所得额	1770		232709
编造虚假计税依据	2080	6902	1524		6918	15344	14187	6988	个人所得税	233577	232445	其中：弥补亏损	510		48598
不进行纳税申报	28550	311315	31865		63804	406984	411047	320806	其他	478035	484143				
发票违法	11477	13474	1901	159	6997	22531	18443	10886							
其他	47726	949299	75398	752	106231	1131680	1086173	919189							

2010年全国税务稽查机构行政强制措施及移送司法机关案件情况统计表

单位：万元

按保全措施、强制执行统计	税收保全措施		强制执行措施					其他行政措施				移送司法统计	移送司法机关案件		
	户数	金额	户数	金额合计	税款	滞纳金	罚款	户数	人数	金额	欠缴税款		件数	人数	金额
	1	2	3	4	5	6	7	8	9	10	11		12	13	14
合　计	330	55746	226	10259	7207	2205	847	235	44	7848	11682	本期移送司法机关处理案件	2876		
冻结存款	273	31785										其中：不予立案退回案件	290		
扣押查封财产	32	11979										公安机关提前介入及联合办理案件	538		
扣缴税款			218	9966	7038	2119	809					免予起诉或予以驳回案件	20		
依法拍卖或变卖			8	293	169	86	38					已判决案件	143	254	
责成提供纳税担保	25	11982										判决情况：管　制	14	33	
暂停出口退税								1				判决情况：拘　役	38	60	
收缴或停售发票								143				判决情况：有期徒刑	92	161	
行使代位权、撤销权												判决情况：无期徒刑			
阻止出境								43	44		11682	判决情况：死　刑			
提请人民法院强制执行								48		7848		判决情况：罚　金	117		1408
												判决情况：没收财产	1		20

2010年国家税务局稽查机构行政强制措施及移送司法机关案件情况统计表

单位：万元

按保全措施、强制执行统计	税收保全措施		强制执行措施					其他行政措施				移送司法统计		移送司法机关案件		
	户数	金额	户数	金额合计	税款	滞纳金	罚款	户数	人数	金额	欠缴税款			件数	人数	金额
	1	2	3	4	5	6	7	8	9	10	11			12	13	14
合　计	239	27404	111	3279	2530	495	254	190	43	6190	9382	本期移送司法机关处理案件		2670		
冻结存款	196	22223										其中：不予立案退回案件		249		
扣押查封财产	23	3102										公安机关提前介入及联合办理案件		479		
扣缴税款			105	3111	2416	471	224					免予起诉或予以驳回案件		16		
依法拍卖或变卖			6	168	114	24	30					已判决案件		108	202	
责成提供纳税担保	20	2079										判决情况	管　制	11	30	
暂停出口退税								1					拘　役	16	28	
收缴或停售发票								108					有期徒刑	82	144	
行使代位权、撤销权													无期徒刑			
阻止出境								42	43		9382		死　刑			
提请人民法院强制执行								39		6190			罚　金	109		1301
													没收财产	1		20

2010 年地方税务局稽查机构行政强制措施及移送司法机关案件情况统计表

单位：万元

按保全措施、强制执行统计	税收保全措施		强制执行措施					其他行政措施				移送司法统计		移送司法机关案件		
	户数	金额	户数	金额合计	税款	滞纳金	罚款	户数	人数	金额	欠缴税款			件数	人数	金额
	1	2	3	4	5	6	7	8	9	10	11			12	13	14
合　计	91	28342	115	6980	4677	1710	593	45	1	1658	2300	本期移送司法机关处理案件		206		
冻结存款	77	9562										其中：不予立案退回案件		41		
扣押查封财产	9	8877										公安机关提前介入及联合办理案件		59		
扣缴税款			113	6855	4622	1648	585					免予起诉或予以驳回案件		4		
依法拍卖或变卖			2	125	55	62	8					已判决案件		35	52	
责成提供纳税担保	5	9903										判决情况	管　制	3	3	
暂停出口退税													拘　役	22	32	
收缴或停售发票								35					有期徒刑	10	17	
行使代位权、撤销权													无期徒刑			
阻止出境								1	1		2300		死　刑			
提请人民法院强制执行								9		1658			罚　金	8		107
													没收财产			

2010 年度税务违法举报案件情况统计表

单位：件、万元

项目名称	受理、查处举报案件数		查处结果				执行情况							
	受理件数	查处件数	合计	税款	滞纳金	罚款	合计	入库税款		入库滞纳金		入库罚款		移送案件件数
								金额	比例（%）	金额	比例（%）	金额	比例（%）	
省级	8884	1555	50035.08	35864.08	6340.51	7830.49	44906.86	34137.22	95.18	3339.8	52.67	7429.84	94.88	75
地（市）级	24795	18168	274286.64	197630.11	25376.92	51279.61	199769.48	150152.25	75.98	20902.98	82.37	28714.25	56.00	175
县（区）级	8732	9884	117184.68	80812.33	12291.14	24081.21	101742.37	70709.79	87.50	11530.62	93.81	19501.96	80.98	121
合计	42411	29607	441506.40	314306.52	44008.57	83191.31	346418.71	254999.26	81.13	35773.40	81.29	55646.05	66.89	371

2010 年度举报奖励基金管理情况统计表

单位：件、万元

项目名称	案件情况		应计奖案件税款入库情况			举报奖励发放情况
	查处举报案件数	应计奖案件总件数	合计	应计奖案件入库税款金额	应计奖案件入库罚款金额	
省级	1555	127	3928.54	3467.66	460.88	25.33
地（市）级	18179	2514	49647.32	43804.32	5843.00	256.17
区（县）级	9873	1357	14027.28	10867.88	3159.40	89.58
合计	29607	3998	67603.14	58139.86	9463.28	371.08

2010年度税务违法举报案件分析统计表

单位：万元、件

项目名称	举报人结构						案发地		
	税务干部	被举报企业内部人员		被举报企业同行	其他	合计	中心城市（地区级及以上）	县及县以下	合计
		总数	其中：直接责任人						
受理件数	76	5306	984	3065	33964	42411	25650	16761	42411
查处件数	68	3170	534	1931	24438	29607	17388	12219	29607
滞补罚合计	996.57	93123.38	5824.46	23366.20	324020.25	441506.40	303030.49	138475.91	441506.40

2010年度税务违法举报案件分析统计表

单位：万元、件

所有制	国有企业	集体企业	股份合作企业	联营企业	有限责任公司	股份有限公司	私营企业	港澳台商投资企业	外商投资企业	个体经营	其他企业	合计
受理件数	645	586	362	100	10782	1506	6422	581	588	8498	12341	42411
查处件数	602	489	338	43	10012	1273	5530	475	566	7340	2939	29607
滞补罚合计	31495.95	13286.87	4325.16	1111.59	234281.16	34233.66	55311.39	13508.31	13983.08	16718.82	23250.41	441506.40

2010 年度税务违法举报案件分析统计表

单位：万元、件

行业	农林牧渔	采掘业	制造业	电力、煤气及水的生产和供应	建筑业	地质勘察、水利管理业	交通运输、仓储及邮电通信业	批发和零售贸易、餐饮业	金融保险业	房地产业	社会服务业	卫生体育和社会福利业	教育、文化艺术及广播电影电视业	科学研究和综合技术服务业	国家机关、政党机关和社会团体	其他行业	合计
受理件数	109	601	6207	197	1342	100	1081	10749	280	2358	3677	260	487	256	147	14560	42411
查处件数	103	554	5490	166	1127	95	887	9156	242	1978	3140	211	412	257	127	5662	29607
滞补罚合计	372.98	9322.74	125970.41	5819.03	26341.74	510.35	8350.48	75367.05	14791.72	93194.30	17428.21	702.17	2205.27	1128.73	11074.16	48927.06	441506.40

2010 年度税务违法举报案件分析统计表

单位：件

违法类型	偷税	逃税	骗税	抗税	避税	发票违法	违反税务管理规定	其他	合计
增值税	3295	17	3	1	3	674	94	1104	5191
营业税	1607	257			80	3009	1025	979	6957
消费税	22							14	36
企业所得税	1317	125			56	185	311	558	2552
个人所得税	887	132			44	200	442	668	2373
其他	796	35			9	2101	1299	2586	6826
合计	7924	566	3	1	192	6169	3171	5909	23935

2010 年全国分省增值税抵扣凭证委托协查情况汇总表

按地区代码排序　　　　金额单位：万元

地区名称	委托发出情况					委托收到协查结果情况					委托查处情况			
	协查起数	委托方户次	发票份数	金额	税额	收到发票份数	正常	有问题发票数量	无法核实	选票准确率（%）	补税	罚款	滞纳金	移交司法机关起数
1	2	3	4	5	6	7	8	9	10	11	12	13	14	15
北京市国家税务局稽查局	2518	2565	55521	2294606.02	389568.88	28098	25568	954	1576	3.40	94.22	0.16	8.23	
天津市国家税务局稽查局	480	522	6893	63737.02	10562.33	6043	5183	301	559	4.98	117.69	3.27	13.95	
河北省国家税务局稽查局	268	271	2650	30806.21	5204.92	2536	1083	810	643	31.94	47.65		0.1	
山西省国家税务局稽查局	780	788	10904	517882.69	87487.77	9718	4483	2486	2749	25.58	25.61	0.9		
内蒙古自治区国家税务局稽查局	384	398	11440	170796.47	24943.44	6125	3812	495	1818	8.08				
辽宁省国家税务局稽查局	267	272	10072	126740.85	20921.34	9158	6606	1038	1514	11.33	198.4			
大连市国家税务局稽查局	153	155	1055	8514.41	1388.70	994	936	24	34	2.41				
吉林省国家税务局稽查局	104	109	707	7102.50	1190.47	860	699	63	98	7.33				
黑龙江省国家税务局稽查局	172	182	4295	69453.75	10965.27	4160	2788	868	504	20.87	2.38	1.89	0.75	1
上海市国家税务局稽查局	1467	1557	51284	890540.72	151360.38	50054	18294	19123	12640	38.20	5.78	1.4	0.16	
江苏省国家税务局稽查局	1687	1718	85463	1638941.70	275445.80	92941	72820	14145	5982	15.22	621	134.3	29.65	23
浙江省国家税务局稽查局	801	860	9000	201391.44	33604.09	8617	7259	634	728	7.36	5.19	0.18	0.24	
宁波市国家税务局稽查局	172	209	1230	19889.76	3377.12	1191	460	107	624	8.98	530.67	35.53	15.09	1
安徽省国家税务局稽查局	1256	1302	12756	120693.96	20233.27	12816	5335	6039	1442	47.12	113.15	0.04	0.21	
福建省国家税务局稽查局	974	985	22057	356025.92	60271.96	21241	13721	1697	5823	7.99	6.51			
厦门市国家税务局稽查局	404	446	2931	29601.81	4998.52	2588	2030	104	454	4.02				
江西省国家税务局稽查局	141	147	3087	86840.81	14753.41	2720	1079	1263	378	46.43	48.35	46.68	1.47	
山东省国家税务局稽查局	1756	1781	16205	465464.99	78675.86	19531	14216	2460	2855	12.60	1.74	1.74	0.27	

续表

地区名称	委托发出情况					委托收到协查结果情况					委托查处情况			
	协查起数	委托方户次	发票份数	金额	税额	收到发票份数	正常	有问题发票数量	无法核实	选票准确率（%）	补税	罚款	滞纳金	移交司法机关起数
1	2	3	4	5	6	7	8	9	10	11	12	13	14	15
青岛市国家税务局稽查局	118	120	2455	21606.40	3669.16	2466	1908	226	332	9.16	50.91	12.66	9.63	1
河南省国家税务局稽查局	762	1701	11896	337636.04	57079.27	11048	6092	2041	2915	18.47	722.69	2	10.31	
湖北省国家税务局稽查局	714	718	18806	234256.95	39792.93	18907	12255	1090	5562	5.77	67.76	5.8	1.98	109
湖南省国家税务局稽查局	408	417	3896	67639.61	11431.81	3135	1416	1199	520	38.25	44.95		0.49	3
广东省国家税务局稽查局	2486	2590	99054	1642361.49	278355.99	85820	56731	15383	13706	17.92	525.49	206.36	1.62	6
深圳市国家税务局稽查局	1527	1569	126010	2165577.22	367949.08	32023	25838	3424	2761	10.69	1.45	1.45		
广西壮族自治区国家税务局稽查局	89	93	409	6908.88	1173.70	342	151	16	175	4.68	3.37			
海南省国家税务局稽查局	175	190	7240	97060.23	16473.83	6953	6354	213	386	3.06				
重庆市国家税务局稽查局	155	160	1284	18257.03	3093.84	1015	925	20	70	1.97	14.2	2.5	0.39	
四川省国家税务局稽查局	332	349	8933	283038.35	47976.76	8654	6844	844	966	9.75	727.8	18.87	20.75	
贵州省国家税务局稽查局	43	44	388	6114.15	1031.24	327	96	119	112	36.39				
云南省国家税务局稽查局	601	613	7131	298180.71	50498.51	4029	3016	527	486	13.08				
西藏自治区国家税务局稽查局	136	136	974	7346.40	1232.37	983	928	11	44	1.12				
陕西省国家税务局稽查局	569	583	10006	284671.54	48157.74	5030	2250	1134	1646	22.54	126.72	13.3	2.4	
甘肃省国家税务局稽查局	231	232	1591	22505.04	3698.26	1561	1066	23	472	1.47	29.07	14.53	1.89	
青海省国家税务局稽查局	76	81	839	32375.57	5373.37	853	529	249	75	29.19	824.93	122.08	0.37	2
宁夏回族自治区国家税务局稽查局	197	201	7922	108837.86	17118.65	7927	2967	2920	2040	36.84				
新疆维吾尔自治区国家税务局稽查局	149	157	11229	95261.49	15947.88	11021	3467	6798	756	61.68	702.09	300.63		3
合计	22552	24221	627613	12828665.99	2165007.90	481485	319205	88848	73445	18.45	5659.78	926.28	119.95	149

注：根据《增值税抵扣凭证协查管理办法》(国税发〔2008〕51号）要求，将委托协查信息完整率、受托协查信息完整率、选票准确率作为监控指标，通过协查系统考核。
选票准确率＝协查结果有问题发票份数/收到协查结果发票份数×100%。

2010 年全国分省增值税抵扣凭证受托协查情况汇总表

按地区代码排序　　　　金额单位：万元

地区名称	受托收到情况					逾期未回发票份数	累计回复发票情况						受托查处情况			
	协查起数	受托方户次	发票份数	金额	税额		累计回复发票份数	正常	有问题发票数量	无法核实	有问题发票占全部协查发票比率（%）	累计回复率（%）	补税	罚款	滞纳金	移交司法机关起数
1	2	3	4	5	6	7	8	9	10	11	12	13	14	15	16	17
北京市国家税务局稽查局	2131	5097	54564	1358402.68	229660.86		36220	27964	2056	6200	5.68	100.00	399.99	73.51	94.98	
天津市国家税务局稽查局	1155	2314	17494	274504.48	46452.21		11883	10418	846	619	7.12	100.00	165.98	47.31	36.13	
河北省国家税务局稽查局	1610	3074	22265	416435.84	69101.74		16782	9283	3309	4190	19.72	100.00	2257.75	187.99	21.23	6
山西省国家税务局稽查局	958	1829	12517	307969.97	51355.04		9291	6464	1481	1346	15.94	100.00	212.10	0.43	55.25	
内蒙古自治区国家税务局稽查局	740	1033	11266	211816.12	32942.74		8341	4232	1574	2535	18.87	100.00	1048.21	10.08	117.10	4
辽宁省国家税务局稽查局	923	1944	14112	225574.50	38135.18		9860	8168	1005	687	10.19	100.00	168.13	11.89	9.88	1
大连市国家税务局稽查局	406	581	4723	86965.26	14790.35		3652	3374	205	73	5.61	100.00	202.22	55.53	19.52	7
吉林省国家税务局稽查局	456	697	5099	66634.04	11300.31		3563	2166	331	1066	9.29	100.00	59.31	23.93	4.35	3
黑龙江省国家税务局稽查局	530	908	9063	183875.34	30878.60		6581	4641	654	1286	9.94	100.00	88.90	24.38	5.75	
上海市国家税务局稽查局	2384	7390	62876	1155680.16	196249.25		53965	31814	16918	5309	31.35	100.00	1979.00	484.47	183.39	1
江苏省国家税务局稽查局	2997	8168	59879	1084218.74	184077.21		50071	38279	7267	4525	14.51	100.00	4147.21	2287.71	541.37	190
浙江省国家税务局稽查局	2103	4722	27001	491395.98	81778.99		30100	22705	6047	1348	20.09	100.00	94.24	24.06	44.69	
宁波市国家税务局稽查局	640	928	6934	133261.18	22639.75		6852	4072	2481	299	36.21	100.00	1411.49	261.21	342.56	3
安徽省国家税务局稽查局	995	1786	11462	173267.70	29045.45		10767	6468	3314	985	30.78	100.00	3617.57	103.02	15.58	4
福建省国家税务局稽查局	956	1787	13721	164390.08	27718.92		10709	7846	2475	388	23.11	100.00	200.96	41.08	11.26	2
厦门市国家税务局稽查局	630	882	11333	138671.14	23329.85		7522	4091	2945	486	39.15	100.00				
江西省国家税务局稽查局	692	1047	7698	185690.66	31447.13		6241	3793	1685	763	27.00	100.00	1131.86	29.05	8.04	2

续表

地区名称	受托收到情况					逾期未回发票份数	累计回复发票情况						受托查处情况			
	协查起数	受托方户次	发票份数	金额	税额		累计回复发票份数	正常	有问题发票数量	无法核实	有问题发票占全部协查发票比率（%）	累计回复率（%）	补税	罚款	滞纳金	移交司法机关起数
1	2	3	4	5	6	7	8	9	10	11	12	13	14	15	16	17
山东省国家税务局稽查局	2189	5215	23792	397140.55	66669.87		18196	14414	2153	1629	11.83	100.00	148.06	84.30	18.26	
青岛市国家税务局稽查局	652	1581	9406	108757.69	18468.39		6060	5307	458	295	7.56	100.00	149.48	24.76	12.97	1
河南省国家税务局稽查局	1368	2248	13159	289009.68	48577.64		11583	6121	2563	2899	22.13	100.00	439.10	40.73	35.44	
湖北省国家税务局稽查局	1041	2038	12286	241109.54	40337.62		7677	4986	1596	1095	20.79	100.00	1039.18	418.49	75.92	39
湖南省国家税务局稽查局	880	1470	16116	349286.92	59052.59		10395	4886	2109	3400	20.29	100.00	251.85	10.81	7.75	5
广东省国家税务局稽查局	3056	7893	68009	1495982.78	253698.81		56930	36190	10780	10048	18.94	100.00	2332.98	308.26	69.97	3
深圳市国家税务局稽查局	2388	5295	62467	1534430.61	260994.00		48004	23508	7397	17099	15.41	100.00	3932.41	982.75	224.21	1
广西壮族自治区国家税务局稽查局	485	710	5323	86538.45	14598.78		3971	2296	1070	605	26.95	100.00	334.73	157.87	21.29	
海南省国家税务局稽查局	130	191	1399	26076.83	4152.57		1101	944	84	73	7.63	100.00	8.49	8.49	0.47	
重庆市国家税务局稽查局	448	958	7610	86772.84	14744.51		3631	3214	354	63	9.75	100.00	56.98	29.13	4.11	
四川省国家税务局稽查局	927	1970	12628	255850.53	43423.71		7750	5827	1436	487	18.53	100.00	1257.79	15.23	9.40	17
贵州省国家税务局稽查局	299	540	3233	109109.80	18541.00		1834	1345	438	51	23.88	100.00	43.50	0.10	2.11	
云南省国家税务局稽查局	471	619	4018	106833.91	18048.99		2974	2392	540	42	18.16	100.00	17.20	12.23	1.73	
西藏自治区国家税务局稽查局	25	25	131	3904.03	663.68		127	62	64	1	50.39	100.00				
陕西省国家税务局稽查局	1043	1750	10334	360118.54	61028.73		7753	3888	1389	2476	17.92	100.00	1619.03	176.15	161.37	17
甘肃省国家税务局稽查局	361	499	2897	53743.59	9001.43		2015	1482	313	220	15.53	100.00	82.94	35.49	5.31	
青海省国家税务局稽查局	114	128	1443	30429.25	5170.89		996	495	254	247	25.50	100.00	916.69	10.00		6
宁夏回族自治区国家税务局稽查局	287	381	3043	57137.10	9027.92		2137	1804	106	227	4.96	100.00	638.74	32.28	171.47	
新疆维吾尔自治区国家税务局稽查局	298	554	4700	86912.06	14390.70		3046	1768	1026	252	33.68	100.00	50.47	21.39	1.35	
合　计	36768	78252	614001	12337898.56	2081495.40		478580	316707	88723	73314	18.54	100.00	30504.53	6034.10	2334.19	312

注：根据《增值税抵扣凭证协查管理办法》（国税发〔2008〕51号）要求，受托协查累计按期回复率应达到100%，通过协查系统考核。经国家税务总局稽查局同意延期的，按延长后的期限进行考核。累计回复率＝累计回复发票份数/（累计回复发票份数＋逾期未回复发票份数）×100%。

2005～2010年全国手工录入协查发票数据汇总表

金额单位：万元

项目	2005年				2006年				2007年3～12月				2008年				2009年				2010年			
	发票份数	委托收到协查结果发票份数	委托收到协查结果有问题发票份数	选票准确率(%)	发票份数	委托收到协查结果发票份数	委托收到协查结果有问题发票份数	选票准确率(%)	发票份数	委托收到协查结果发票份数	委托收到协查结果有问题发票份数	选票准确率(%)	发票份数	委托收到协查结果发票份数	委托收到协查结果有问题发票份数	选票准确率(%)	发票份数	委托收到协查结果发票份数	委托收到协查结果有问题发票份数	选票准确率(%)	发票份数	委托收到协查结果发票份数	委托收到协查结果有问题发票份数	选票准确率(%)
1月	18767	22079	9838	44.56	7764	14865	6133	41.26					15653	7208	988	13.71	6348	8153	2790	34.22	8132	17303	3616	20.90
2月	13335	13922	6510	46.76	11522	6370	2625	41.21					7722	10983	1494	13.60	7073	4133	1156	27.97	2773	10163	1476	14.52
3月	27908	22122	10007	45.24	18574	13295	3861	29.04	2574	38	9	23.68	21189	7282	2204	30.27	4922	8434	1727	20.48	7224	4078	1353	33.18
4月	28309	30090	11597	38.54	26737	19801	8246	41.64	9460	5683	1057	18.60	23025	24876	3656	14.70	6692	5276	1145	21.70	23321	10987	2206	20.08
5月	23988	19381	7703	39.75	16009	19929	8078	40.53	10131	7470	740	9.91	24259	22234	3953	17.78	6331	5983	957	16.00	11901	15478	6570	42.45
6月	25149	26434	13409	50.73	27872	24299	11776	48.46	8140	10038	1645	16.39	28247	21016	3715	17.68	8891	7039	800	11.37	24748	18329	8395	45.80
7月	20502	22528	9200	40.84	582	3484	3444	98.85	6558	7598	898	11.82	31530	23574	6869	29.14	15423	12079	2609	21.60	14970	23274	7520	32.31
8月	11481	7021	6307	89.83	42280	35037	15739	44.92	6052	6079	890	14.64	15811	32485	11347	34.93	19154	12846	2301	17.91	14909	14140	4540	32.11
9月	37902	39933	17156	42.96	11863	21137	9478	44.84	12644	8164	1383	16.94	46236	24912	8013	32.17	23172	19990	4851	24.27	77399	26647	6069	22.78
10月	9407	16184	10696	66.09	7330	16995	9459	55.66	8412	10128	2379	23.49	21194	34996	8343	23.84	9595	20189	5573	27.60	81853	45914	4715	10.27
11月	29434	25029	11748	46.94	17105	10815	4386	40.55	7946	8486	1485	17.50	28937	27159	7011	25.81	15355	11950	2333	19.52	161560	112381	24641	21.93
12月	16685	23429	9769	41.70	12137	15520	6385	41.14	5199	8382	1505	17.96	9603	35759	7104	19.87	23622	16902	3030	17.93	193589	177857	17292	9.72
合计	262867	268152	123940	46.22	199775	201547	89610	44.46	77116	72066	11991	16.64	273406	272484	64697	23.74	146578	132974	29272	22.01	622379	476551	88393	18.55

说明：选票准确率＝委托收到协查结果为有问题发票份数/委托收到协查结果发票份数。

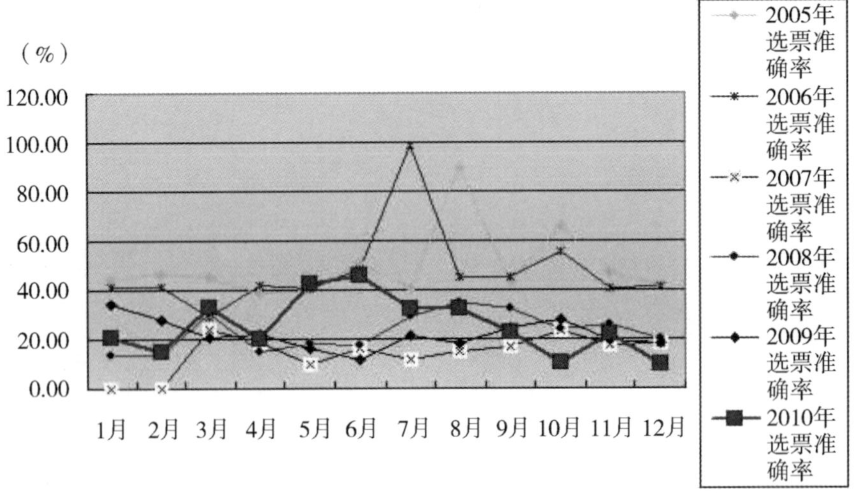

2005～2010 年手工录入协查选票准确率图

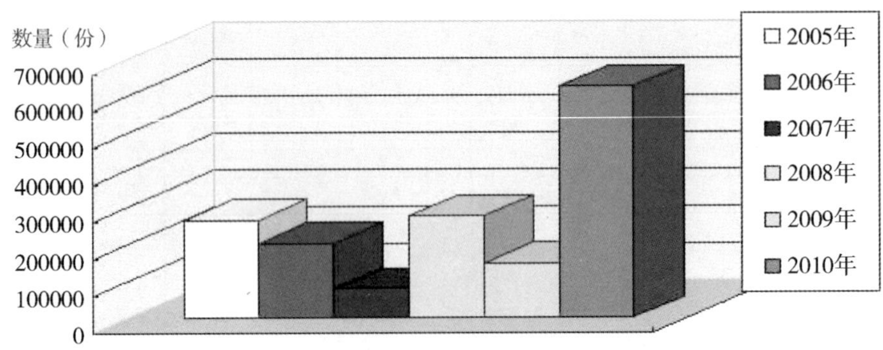

2005～2010 年手工录入委托协查发票量图

2010 年全国增值税抵扣凭证手工录入委托发起及受托回复协查信息完整率情况统计表

统计日期：2011 年 1 月 5 日

		发票信息点														协查函信息点				合　计		
	项目	购方纳税人名称	购方纳税人地址	购方纳税人开户银行	购方纳税人电话	销方纳税人名称	销方纳税人地址	销方纳税人开户银行	销方纳税人银行账号	销方纳税人电话	开票人	货物名称	非空合计	空项合计	发票完整率	协查要求	非空合计	空项合计	协查函信息完整率	非空合计	空项合计	委托协查信息完整率
委托协查	信息数量	616518	609417	609194	598273	620489	615792	612988	608546	612554	600992	561539	6666302	175533	97.43%	21260	21260		100.00%	6687562	175533	97.44%
	具体项目信息完整率	99%	97.98%	96.19%	96.19%	99.76%	99.00%	98.55%	97.84%	98.48%	96.62%	90.28%			96.65%	100%			99.99%			96.67%
		发票信息点														结果单信息点				合　计		
	项目	购方纳税人名称	购方纳税人地址	购方纳税人开户银行	购方纳税人电话	销方纳税人名称	销方纳税人地址	销方纳税人开户银行	销方纳税人银行账号	销方纳税人电话	开票人	货物名称	非空合计	空项合计	发票完整率	协查报告	非空合计	空项合计	结果单信息完整率	非空合计	空项合计	受托协查信息完整率
受托回复	信息数量	395077	393388	393331	387939	395746	393191	392123	389157	391521	387374	376973	4295820	208361	95.37%	36212	36212	4961	87.95%	4332032	213322	95.31%
	具体项目信息完整率	96%	96.07%	94.74%	94.74%	96.65%	96.02%	95.76%	95.04%	95.62%	94.60%	92.06%			94.71%	87.95%			82.08%			94.55%

注：根据《增值税抵扣凭证协查管理办法》（国税发〔2008〕51 号）要求，将委托协查信息完整率、受托协查信息完整率、选票准确率作为监控指标，通过协查系统考核。委托协查具体项目信息完整率＝委托协查具体某一项目已填信息点合计/当期发起委托协查发票数量×100%。受托协查具体项目信息完整率＝受托协查具体某一项目已填信息点合计/当期回复受托协查发票数量×100%。

第八篇

机构和人员

国家税务总局稽查局领导名单

局　　长： 马毅民
副 局 长： 李亚民（3月任河北省国家税务局局长）
副 局 长： 刘建国
副 局 长： 于海春（挂职）
副巡视员： 李国成（援疆）

国家税务总局稽查局内设机构副调研员以上人员名单

综合处
处　长： 张宝江
副处长： 孔向荣
副调研员： 徐丽平

制度处
处　长： 陈居奇
副处长： 陈　杰

系统工作处
处　长： 宋　杰
副处长： 刘　森
调研员： 王若华
副调研员： 马　琪

举报中心（案源管理处）
主　任（处长）： 尹　雁
副主任（副处长）： 李光辉
调研员： 付津华

稽查一处
副处长（主持工作）： 徐　平
副处长： 张达光
副调研员： 郑晓燕

稽查二处
处　长： 沈甫明
副处长： 张小平
调研员： 郭六武　郭大庆
副调研员： 张　茗

稽查三处
处　长： 李亚兵
调研员： 邱　磊（11月退休）　佟国涛
副调研员： 王　磊

稽查四处
处　长： 金　鑫
副处长： 王　军
调研员： 李璆梅　刘小鹃
副调研员： 张运增

稽查五处（协查处）
处　长： 邹秀芹
副处长： 刘征宇
调研员： 白淑芬

2010年各税务稽查局副处级以上干部领导名单

北京市国家税务局稽查局
主管局长： 饶立新
局长： 刘祝轩（2010年7月调离）
高永杰（2010年10月任职）
副局长： 严　纪（2010年10月调离）
王红虎　李云龙
助理调研员： 郝　增　张允安

北京市地方税务局税务稽查处
主管局长： 郝硕博
处长： 杨晓东
副处长： 常春雨　华　方
副调研员： 周燕玲

天津市国家税务局稽查局
主管局长： 郭凤鸣
局长： 张全生
副局长： 王铁玖　金玉发

天津市地方税务局税务稽查处
主管局长： 张家林
处长： 邢汝霖
副处长： 朱　力　李　刚
第一稽查局局长： 郑克为
副局长： 耿　浩
纪检组长： 王治国
调研员： 郭俊杰
副调研员： 王国栋
第二稽查局局长： 虞锡平
副局长： 刘玉文　柴　晶
纪检组长： 张文霞
副调研员： 梅艳萍

河北省国家税务局稽查局
主管领导（纪检组长）： 耿金跃
局长： 郑先海
副局长： 郑炳玉　潘丽华　白铁柱
调研员： 窦希慧　张志伟　陈占奎

河北省地方税务局稽查局
主管领导（副巡视员）： 左晓龙
局长： 田祖荣
副局长： 白景山　张慧霞　姜　伟
陈素杰
调研员： 林　忠　赵金良
副调研员： 董建社　肖延生　马怡宏

山西省国家税务局稽查局
主管领导（总会计师）： 张有乾
局长： 李海鹰
副局长： 易东东　韩建刚
副调研员： 傅国强　王　茜　王丽英

山西省地方税务局稽查局
主管局长： 刘建光
局长： 孟来茂
副局长： 温四香　王少挺
调研员： 薛雷鸣
副调研员： 杨英群　姚晓波

内蒙古自治区国家税务局稽查局
主管领导（纪检组长）： 谢一湖
局长： 卫广江
副局长： 孟令春　张铁林
调研员： 樊远康
副调研员： 温玉祥　乔　利

内蒙古自治区地方税务局稽查局
主管局长： 张　莉
局长： 常恒峰

副局长：韩庆忠
副调研员：潘　英　于长明

辽宁省国家税务局稽查局

主管领导（总经济师）：何　力
局长：黄正吉
副局长：池福贵　贾欣宇　李　丹
调研员：姜万中　谷跃龙
副调研员：关剑秋

辽宁省地方税务局稽查管理处

主管局长：邢恩惠
处长：张　宏
副处长：孙锦秀　泰　春
调研员：刘国权　戴宁生
副调研员：李凤滨

吉林省国家税务局稽查局

主管领导（总会计师）：周柏柯
局长：张运鹏
副局长：张　铭　宫　伟
副调研员：李　平　王春强

吉林省地方税务局稽查局

主管领导（巡视员）：宋有才
局长：李茹宝
副局长：张雅军　魏强　关　平
调研员：张雅军
副调研员：程得一　刘兴伟

黑龙江省国家税务局稽查局

主管领导（总会计师）：佟俊海
局长：韩焕章
副局长：谭昭民　王国伟
副调研员：钟乐群　张凤琴

黑龙江省地方税务局稽查局

主管局长：娄云世（正厅级）
局长：唐岱君
副局长：叶金萍　刘艳君　亢　勇

调研员：赵雪荫
副调研员：蔡可威

上海市国家（地方）税务局稽查处

主管局长：庄晓玖
处长：朱　蕾
副处长：唐林玮
副调研员：杨敏庸

江苏省国家税务局稽查局

主管局长：葛元力
局长：徐志云
副局长：沈金元　张予田　周曙东
调研员：杨鹏飞
副调研员：王　强　董明慧

江苏省地方税务局稽查局

主管局长：顾长虹
局长：李　刚
副局长：王泽雷（正处级）　陈日生
调研员：杨鹤友　王　龙
副调研员：樊　珊

浙江省国家税务局稽查局

主管局长：崔成章
局长：王黎明
调研员：龚　民　夏　伟
副局长：赵灿根　叶建明
副调研员：郦　萍　陈　群

浙江省地方税务局稽查局

主管领导：钱子辉
局长：谢继良
副局长：徐　辉　徐世颖
副调研员：田白薇

安徽省国家税务局稽查局

主管局长：徐光伟
局长：朱祥胜
副局长：王永春

调研员：蔡　友
副调研员：王晴岚

安徽省地方税务局稽查局

主管局长：倪三立
局长：仇应广
总支书记：叶丽雪（调研员）
副局长：李晓文　卢年春　陈明洋
副调研员：谢建君

福建省国家税务局稽查局

主管局长：刘孟全
局长：李增源
副局长：梁建华　李国良
副处级纪检员：林家云
副调研员：蔡　春　孙建榕　高锦芬　游在雄

福建省地方税务局稽查局

主管领导（总经济师）：程立顺
局长：杜红兵
调研员：杨日意　詹卫华　潘福平
副局长：周少艳　肖　珍　林金俤
副调研员：吴敬快

江西省国家税务局稽查局

主管领导（总会计师）：黄中根
局长：徐谷明
副局长：刘少华　帅　克　韩　芳
副调研员：吴新生　蔡正宏　钟国兴

江西省地方税务局稽查局

主管局长：胡　平
局长：富世亨
党支部书记：朱　敏
副局长：雍伟宏　张　力　黄同佐
调研员：徐志军　聂彩辉
副调研员：林建华　王　兵

山东省国家税务局稽查局

主管领导（纪检组长）：孙立德
局长：王胜斌
副局长：唐　锐　刘峰光
调研员：韩建炬
副调研员：王慎纲　高　雷　孙庆利　刘　敏

山东省地方税务局稽查局

主管局长：吕凤强
局长：王发升
副局长：杨义庆　孟宪岭
调研员：高德成　张贤波
副调研员：刘昌建

河南省国家税务局稽查局

主管局长：席七万
局长：李天星
副局长：李　钦　王永钦　叶继海　卢宏丽

河南省地方税务局稽查局

主管局长：李建华
局长：王财兴
副局长：郭诗波　姚慧群　袁　弘
纪检监察员：张兴昌
调研员：李开喜　王汴梁
副调研员：李世彬　李　立　杜运生　张占铎　胡国民

湖北省国家税务局稽查局

主管领导（纪检组长）：李　岩
局长：张有斌
副局长：张　武　王继军
副调研员：夏腊梅

湖北省地方税务局稽查局

主管局长：余　伟
局长：吴　鸿（副厅级）
副巡视员：吴方启（副厅级）

副局长： 杜　平
综合处处长： 陈汉桥
调研员： 刘洪华
副处长： 詹鹏宇　王莉娟
副调研员： 曹进丰
稽查一处处长： 雷　浩
副处长： 马建军　张季超
稽查二处处长： 梁卜华
副处长： 杨　帆　余晓东
审理处副处长： 李建新
副处长： 冯红梅

湖南省国家税务局稽查局

主管局长： 姜　锋
局长： 李　韧
副局长： 端木阳　谭元奎　刘　宇
薛洪发
调研员： 黄　辉
副调研员： 肖重建　徐孟希

湖南省地方税务局稽查局

主管局长： 袁含光
局长： 刘绪东
副局长： 段俊　何小鸣　宁　平
综合处处长： 李科全
审理处处长： 陈树生
稽查一处处长： 黄信伟
稽查二处处长： 朱杰夫
协查处处长： 张　冰
副调研员： 王　昌　李元惠　王小青

广东省国家税务局稽查局

主管领导（总会计师）： 朱江涛
局长： 黄坚儿
副局长： 彭妙群　梁培文　卢伟雄
调研员： 陈继明
副调研员： 陈秋娥　陈　东　袁　涛
黄攸响　朱　虹　谭建成

广东省地方税务局稽查局

主管局长： 宋爱勤
局长： 余振荣
副局长： 黄松宜　龚寿文　范思鑫
欧阳华　林华儿
副调研员： 张　弟　庞信诚

广西壮族自治区国家税务局稽查局

主管局长： 杨　辉
局长： 庞荣胜
副局长： 盛国华　冯绍康　唐颖昭
副调研员： 滕纪丰

广西壮族自治区地方税务局稽查局

主管局长： 赵汉臣
局长： 唐啟壮
副局长： 兰　野　陈钜胜
调研员： 黄德成　王怡菲
副调研员： 潘七昌

海南省国家税务局稽查局

主管局长： 陈如通
局长： 张楼辉
副局长： 安宝林　林　波　吴毓壮

海南省地方税务局稽查局

主管局长： 张俊芳
局长： 符祥光
副局长： 朱进艺　王国强
调研员： 陈文　李光荣　林有炽
副调研员： 王成泉　庄锦明　汪秋慧
吴　梅

重庆市国家税务局稽查局

主管局长： 卢自强
局长： 向垣树
副局长： 雷仕勇（正处长级）　宋　彬
调研员： 江师见
副调研员： 刘继全　刘兴建　王小鲁

重庆市地方税务局稽查处
主管领导（总会计师）：冯邦富
处长：曾洪波
副处长：屈　涛
稽查局局长：张一波
副局长：方　全　任　红　黄　劲

四川省国家税务局稽查局
主管局长：祝培洪
局长：何学信
纪检监察员：唐德友（正处级）
副局长：李亚非
调研员：金施明
副调研员：廖述金　张树新　李德容

四川省地方税务局稽查局
主管局长：车　伟
局长：陈友辉
副局长：姚茗国　贺　忠　白振兴
纪检监察员：施　德
调研员：郭利鸣　徐　勉
副调研员：郭明哲　肖　红　宋　伟

贵州省国家税务局稽查局
主管局长：龙晓耘
局长：周进新
副局长：杨晓峰　顾黔春
副调研员：罗邦国　李贵玉

贵州省地方税务局稽查局
主管局长：李长久
局长：汪丽萍
副局长：谭尚辉　刘桂珍

云南省国家税务局稽查局
主管局长：许赞霖
局长：赵金友
副局长：李庆阳　李明义
副调研员：孙渝兰　王晓龙　刘致志

云南省地方税务局稽查局
主管局长：张红霞
局长：邱继富
副局长：王　涛　孙旭伟
调研员：姜伟泽　吴卫东　梁　耘
副调研员：何　伟

西藏自治区国家（地方）税务局稽查局
主管领导（纪检组长）：群　培
局长：达娃云丹
副局长：曾庆中

陕西省国家税务局稽查局
主管局长：薛建英
局长：李　杰
副局长：张国栋　赵新科　刘黎军

陕西省地方税务局稽查局
主管局长：姚　炬
局长：张甲虎
副局长：刘　群　唐陇利　柴治义

甘肃省国家税务局稽查局
主管局长：梁云才
局长：李　楫
副局长：房全喜　徐长瑛
副调研员：田建浩

甘肃省地方税务局稽查局
主管局长：白继成
局长：蒋建国
副局长：崔　麟　徐　强
调研员：孙宝生　韩　哲　王维荣
副调研员：沈三荣　张　耿　张万长

青海省国家税务局稽查局
主管局长：胡苏华
局长：阮余农
副局长：汤仲才　王玉莲　张晓琴
副调研员：张　键

青海省地方税务局稽查局
主管局长：党明德
局长：孙庆禄
副局长：杨敬秀

宁夏回族自治区国家税务局稽查局
主管局长：任剑英
局长：高万军
副局长：陆生彬　倪永刚　李进来
调研员：赵培春
副调研员：刘向阳

宁夏回族自治区地方税务局稽查局
主管领导（总经济师）：杜学章
局长：王占河
副局长：郝　皓　张维俊　王少元
副调研员：董西平　陈　健

新疆维吾尔自治区国家税务局稽查局
主管领导（总会计师）：李　桓
局长：孙建东
副局长：闫　华　芦文革
调研员：王德锦
副调研员：张　辉

新疆维吾尔自治区地方税务局稽查局
主管局长：李体超
书记：张家存
局长：朱国兴
纪检组长：李中华
副局长：马志忠
调研员：曹明忠
副调研员：迪里夏提

大连市国家税务局稽查局
主管局长：徐成义
局长：宋承彦
副局长：卢秉刚　王志宇
副调研员：曲传清　言　军　王长庆
朱延波

大连市地方税务局稽查处
主管领导（总经济师）：王安栋
处长：于德智
副处长：王宏利　朴福秋

宁波市国家税务局稽查局
主管局长：蒋荣富
局长：孙建敏
副局长：潘新光　余建平
调研员：陶仁兴

宁波市地方税务局稽查局
主管局长：王　晓
局长：徐江元
副局长：赵仁吉　李至峰　马　鸿

厦门市国家税务局稽查局
主管领导：戴黎明
局长：李垂福
副局长：洪清辉　林　翊
副调研员：林　燕　李国成

厦门市地方税务局稽查局
主管领导：张　毅
局长：蔡木卿
副局长：郑　澍　王勤慧
纪检员：李　凯
调研员：许国荣

青岛市国家税务局稽查局
主管领导：于　光
局长：张　青
副局长：郜日元　罗良毅　曹燎鲁
第一稽查局局长：韩　斌
副局长：张充航　任　毅
第二稽查局局长：丁学国
副局长：赵景源　苟校书
第三稽查局局长：刘瑞旭
副局长：徐玉光　张　民
副调研员：张燕琳　马德贵　盖贵生
李　萍

青岛市地方税务局稽查局

主管领导：段家骏

局长：任希巍

副局长：刘崇东（正处级）

纪委书记：薛桂林（正处级）

副局长：马汝奎（正处级）

深圳市国家税务局稽查局

主管领导（总审计师）：李显著

局长：刘建成

副局长：杨小河　郑颂飞　袁　林　叶向阳　陈德胜

副调研员：李东敏

深圳市地方税务局稽查局

主管领导：杨　龙

局长：黄吉林

副局长：李庭旭　陈　宁　于中华

2010 年各省税务局稽查局机构设置情况表（1）

单位：个

单　位	机构设置情况				机构级别设置情况						
	合计	省级	地市级	县级	合计	处级单位		科级单位		股级单位	
						省级	地市级	地市级	县级	地市级	县级
北京市国家税务局稽查局	22	1	21		22	1	22（副处级）				
北京市地方税务局税务稽查处	24	2	22		24	2	22				
天津市国家税务局稽查局	20	2	18		20	1	19				
天津市地方税务局税务稽查处	25	2	23		25	2	23				
河北省国家税务局稽查局	178	1	27	150	178	1	11	16	150		
河北省地方税务局稽查局	198	1	11	186	198	1	11				186
山西省国家税务局稽查局	134	1	11	122	134	1	11		122		
山西省地方税务局稽查局	131	1	11	119	131	1	11	60	119		
内蒙古自治区国家税务局稽查局	127	1	14	112	127	1	14		112		
内蒙古自治区地方税务局稽查局	18	4	14		18	4		14			
辽宁省国家税务局稽查局	80	1	41	38	80	1	13	28			38
辽宁省地方税务局稽查管理处	75	2	33	40	75	2	33		40		
吉林省国家税务局稽查局	56	1	13	42	56	1	12	1	42		
吉林省地方税务局稽查局	48	1	10	37	48	1	10		37		
黑龙江省国家税务局稽查局	152	1	13	138	152	1	13		129		9
黑龙江省地方税务局稽查局	83	1	13	69	83	1	13		69		
上海市国家（地方）税务局稽查处	14	5	9		14	5	9				
江苏省国家税务局稽查局	86	1	15	70		1	17	1	67		

2010 年各省税务局稽查局机构设置情况表（2）

单位：个

单　位	机构设置情况				机构级别设置情况						
	合计	省级	地市级	县级	合计	处级单位		科级单位		股级单位	
						省级	地市级	地市级	县级	地市级	县级
江苏省地方税务局稽查局	90	1	14	75	90	1	1	13	5		70
浙江省国家税务局稽查局	68	1	13	54	68	1	15		52		
浙江省地方税务局稽查局	72	1	11	60	72	2	10		60		
安徽省国家税务局稽查局	98	1	20	77	98	1	17（副处级）	3（正科级）	77（副科级）		
安徽省地方税务局稽查局	92	1	17	74	92	1	17		74		
福建省国家税务局稽查局	96	1	8	87	96	1	8		87		
福建省地方税务局稽查局	84	2	12	70	84	2	8	4	70		
江西省国家税务局稽查局	96	1	11	84	96	1	11		84		
江西省地方税务局稽查局	95	1	12	82	95	1	11	1	82		
山东省国家税务局稽查局	140	1	16	123	140	1	16		108		15
山东省地方税务局稽查局	158	1	16	141	158	1	16		141		
河南省国家税务局稽查局	195	1	18	176	195	1	17	1	173		3
河南省地方税务局稽查局	200	1	21	178	200	1	18	3	178		
湖北省国家税务局稽查局	109	1	18	90	109	1	18		90		
湖北省地方税务局稽查局	89	1	13	75	89	1	13	7		68	
湖南省国家税务局稽查局	124	1	28	95	124	1	14	14	95		
湖南省地方税务局稽查局	117	1	14	102	116			14	68		34

2010 年各省税务局稽查局机构设置情况表（3）

单位：个

单位	机构设置情况				机构级别设置情况							
	合计	省级	地市级	县级	合计	处级单位			科级单位		股级单位	
						省级	地市级	县级	地市级	县级	地市级	县级
广东省国家税务局稽查局	121	1	20	100	121	1	20	5	8	87		
广东省地方税务局稽查局	108	1	25	82	108	1	25			82		
广西壮族自治区国家税务局稽查局	97	1	14	82	97	1	14			82		
广西壮族自治区地方税务局稽查局	98	1	21	76	98	1			21			76
海南省国家税务局稽查局	9	9			9	9						
海南省地方税务局稽查局	6	6			6	6						
重庆市国家税务局稽查局	45	1	44		45	1	21		23			
重庆市地方税务局稽查处	45	1	22	22	45	1	19		3	22		
四川省国家税务局稽查局	179	1	21	157	179	1	26		7	145		
四川省地方税务局稽查局	169	1	24	144	169	1	4		20			144
贵州省国家税务局稽查局	84	1	9	74	84	1	9		4	70		
贵州省地方税务局稽查局	92	1	9	82	92	1			9			82
云南省国家税务局稽查局	138	1	16	121	138	1	16			121		
云南省地方税务局稽查局	147	1	17	129	147	1			17	129		
西藏自治区国家税务局稽查局	8	1	7		8	1			7			
陕西省国家税务局稽查局	119	1	13	105	119	1	13			100		5
陕西省地方税务局稽查局	100	1	11	88	100	2	9		1	88		
青海省国家税务局稽查局	14	1	9	4	14	1	9			4		

2010年各省税务局稽查局机构设置情况表（4）

单位：个

单位	机构设置情况				机构级别设置情况						
	合计	省级	地市级	县级	合计	处级单位		科级单位		股级单位	
						省级	地市级	地市级	县级	地市级	县级
青海省地方税务局稽查局	6	1	5		6	1	5				
甘肃省国家税务局稽查局	93	1	16	76	93	1	16		76		
甘肃省地方税务局稽查局	93	1	15	77	93	1		15	77		
宁夏回族自治区国家税务局稽查局	28	1	6	21	28	1	6		21		
宁夏回族自治区地方税务局稽查局	5	1	4		5	1		4			
新疆维吾尔自治区国家税务局稽查局	45	1	24	20	45	1	18	6	20		
新疆维吾尔自治区地方税务局稽查局	20	1	19		20	1	19				
大连市国家税务局稽查局	5	1	4		5	1	4				
大连市地方税务局稽查处	21	1	16	4	21	1	16	4			
青岛市国家税务局稽查局	10	4	1	5	10	4	1		5		
青岛市地方税务局稽查局	9	1	3	5	9	1	1	2	5		
宁波市国家税务局稽查局	9	2	2	5	9	2		2	5		
宁波市地方税务局稽查局	13	1	7	5	13	1		7	5		
厦门市国家税务局稽查局	7	1	6		7	1		6			
厦门市地方税务局稽查局	5	1	4		5	1		4			
深圳市国家税务局稽查局	8	1	6	1	8	1	6	1			
深圳市地方税务局稽查局	6	1	5		6	1	5				

2010 年各省税务局稽查局人员基本情况表（1）

单位：人

单位	人员配置情况				政治面貌		文化结构			专业资格								年龄结构		
	合计	省级	地市级	县级	党员	团员	研究生	大学本、专科	其他	注册会计师	注册税务师	法律执业资格	资产评估师	物流师	全国计算机等级 一级	二级	三级	35 岁以下	35 至 45 岁	45 岁以上
北京市国家税务局稽查局	1034	30	1004		591	40	47	954	33	13	48	15			661	28	5	124	375	535
北京市地方税务局稽查处	1065	190	875		695	60	49	958	58	10	51	6	3		853	77	24	141	483	441
天津市国家税务局稽查局	755	90	665		365	20	17	725	13	2	14	1			31	46		42	300	413
天津市地方税务局税务稽查处	679	146	533		386	29	14	627	38	17	33	3			3	61	10	123	214	342
河北省国家税务局稽查局	3089	21	982	2086	2188	32	51	2934	104	25	121	9	1	1	238	310	32	499	1212	1378
河北省地方税务局稽查局	2803	30	829	1944	2335	35	57	2430	316	17	153	7	1		161	32	7	517	1100	1186
山西省国家税务局稽查局	1524	17	430	1077	988	36	9	1311	204	5	44	8	1		566	22	62	185	543	796
山西省地方税务局稽查局	1605	19	314	1272	1146	52	18	1364	223	22	86	18	9	9	1474	52	8	286	599	720
内蒙古自治区国家税务局稽查局	1253	16	542	695	677	63	29	1178	46	14	22	4			42	30	19	351	601	301
内蒙古自治区地方税务局稽查局	316	79	237		248	9	19	287	10	4	5	1			4	15	1	73	134	109
辽宁省国家税务局稽查局	2757	24	1703	1030	2060	65	165	2540	52	10	136	6			103	119	28	442	855	1460
辽宁省地方税务局稽查管理处	2107	61	1086	960	1472	40	287	1768	52	33	96	11	4	1	5	35	3	307	789	1011
吉林省国家税务局稽查局	1261	17	744	500	701	21	24	1146	91	10	52	5			10	186		157	541	563
吉林省地方税务局稽查局	1043	58	584	401	626	99	51	954	38	10	45	10			63	41	6	231	453	359
黑龙江省国家税务局稽查局	1530	16	378	1136	999	36	26	1430	74	14	51	2			50	43	43	289	465	776
黑龙江省地方税务局稽查局	1189	15	324	850	820	36	48	1088	37	16	58	13	3		19	91	11	380	408	401
上海市国家（地方）税务局稽查处	1237	659	578		604	73	89	1069	79	32	105	7	5	1	76	31	8	217	383	637
江苏省国家税务局稽查局	2323	20	904	1399	1710	47	52	2192	79	37	267	12	3	1	89	157	12	251	799	1273

2010年各省税务局稽查局人员基本情况表（2）

单位：人

单位	人员配置情况				政治面貌		文化结构			专业资格								年龄结构		
	合计	省级	地市级	县级	党员	团员	研究生	大学本、专科	其他	注册会计师	注册税务师	法律执业资格	资产评估师	物流师	全国计算机等级 一级	二级	三级	35岁以下	35至45岁	45岁以上
江苏省地方税务局稽查局	1661	24	599	1038	1310	37	63	1562	36	16	250	6	4		93	300	11	394	710	557
浙江省国家税务局稽查局	2162	22	799	1341	1354	33	52	1976	134	23	125	7	2		25	395	6	165	871	1126
浙江省地方税务局稽查局	1736	10	539	1187	1194	53	53	1589	94	37	77	8	6		24	26	11	204	667	865
安徽省国家税务局稽查局	2278	13	729	1536	1563	48	123	2032	123	53	167	6			890	281	90	475	1268	535
安徽省地方税务局稽查局	1174	23	384	767	912	11	108	1044	22	40	195	37	2		587	504	8	158	569	447
福建省国家税务局稽查局	1004	20	229	755	734	12	9	930	65	9	34	1	1		568	95	29	111	471	422
福建省地方税务局稽查局	989	81	300	608	719	30	13	927	49	11	42	11	1		643	72	11	204	462	323
江西省国家税务局稽查局	1231	18	470	743	940	12	28	1195	8	23	81	3			180	532	36	98	450	683
江西省地方税务局稽查局	998	22	277	699	707	21	29	935	34	28	88	12			293	626	21	208	538	252
山东省国家税务局稽查局	2583	17	617	1949	2258	39	55	2374	154	25	196	7	1		505	104	69	255	1246	1082
山东省地方税务局稽查局	2495	20	584	1891	2180	64	40	2282	173	38	193	2	2		546	688	424	693	1066	736
河南省国家税务局稽查局	3817	16	1630	2171	2819	88	42	3451	324	13	87	9			89	635	62	563	2064	1190
河南省地方税务局稽查局	2402	25	869	1508	1916	92	34	2133	235	30	96	11	1		157	157	23	658	1030	714
湖北省国家税务局稽查局	3411	13	1172	2226	2920	110	111	3188	112	23	149	24	6	7	109	37	28	802	1656	953
湖北省地方税务局稽查局	1465	28	559	878	1217	25	42	1393	30	8	45	23			164	197	14	249	670	546
湖南省国家税务局稽查局	1909	19	688	1202	1328	37	16	1784	109	18	57	4	1		64	82	29	298	1067	544
湖南省地方税务局稽查局	1285	25	440	820	1006	32	11	1210	64	14	72	22	1		125	259	47	284	524	477
广东省国家税务局稽查局	2339	33	675	1631	1765	71	158	2070	111	19	69	12	1	1	1	34	27	368	1009	962
广东省地方税务局稽查局	2359	47	1277	1035	1828	47	135	2085	139	33	100	20	1	1	181	50	14	422	910	1027

2010 年各省税务局稽查局人员基本情况表（3）

单位：人

单位	人员配置情况				政治面貌		文化结构			专业资格								年龄结构		
	合计	省级	地市级	县级	党员	团员	研究生	大学本、专科	其他	注册会计师	注册税务师	法律执业资格	资产评估师	物流师	全国计算机等级 一级	全国计算机等级 二级	全国计算机等级 三级	35 岁以下	35 至 45 岁	45 岁以上
广西壮族自治区国家税务局稽查局	1382	22	455	905	924	33	34	1327	21	2	26	4	1		53	39	5	214	664	504
广西壮族自治区地方税务局稽查局	1137	11	412	714	716	73	28	1060	49	5	21	3			91	57	60	310	522	305
海南省国家税务局稽查局	117	117			80		18	99		2	5				1	20		56	36	25
海南省地方税务局稽查局	268	268			185	9	12	238	18	1	2					4		40	84	144
重庆市国家税务局稽查局	562	27	535		345	7	22	520	20	7	13	3			12	10	2	48	197	317
重庆市地方税务局稽查处	587	34	340	213	363	17	18	564	5	4	31	3			4	5	30	82	262	243
四川省国家税务局稽查局	2208	21	719	1468	1415	36	64	2008	136	15	133	6			54	218	30	349	939	920
四川省地方税务局稽查局	2170	91	580	1499	1198	32	91	1871	208	23	91	5			51	56	25	447	1212	511
贵州省国家税务局稽查局	773	16	261	496	477	7	34	711	28	3	35	3		1	10	103	8	130	339	304
贵州省地方税务局稽查局	539	7	155	377	324	9	3	504	32	4	18	4		3	64	27	4	129	232	178
云南省国家税务局稽查局	1346	15	311	1020	760	13	22	1234	90		24	1			12	94	8	110	688	548
云南省地方税务局稽查局	1103	6	278	803	668	14	4	1012	87	6	53	1			47	19	6	183	524	396
西藏自治区国家税务局稽查局	81	16	65		57	12	1	77	3						16	6		49	23	9
陕西省国家税务局稽查局	1919	30	799	1090	1173	68	19	1701	199	5	24	1			50	41	5	478	769	672
陕西省地方税务局稽查局	1290	41	402	847	865	38	51	1165	74	5	52	1			500	293	19	296	508	486
青海省国家税务局稽查局	245	13	194	38	151	6	21	216	8		7	2			1	4	1	48	114	83
青海省地方税务局稽查局	116	12	104		78	3	2	111	3		3							17	65	34

2010 年各省税务局稽查局人员基本情况表（4）

单位：人

单位	人员配置情况				政治面貌		文化结构			专业资格								年龄结构		
	合计	省级	地市级	县级	党员	团员	研究生	大学本、专科	其他	注册会计师	注册税务师	法律执业资格	资产评估师	物流师	全国计算机等级			35 岁以下	35 至 45 岁	45 岁以上
															一级	二级	三级			
甘肃省国家税务局稽查局	802	18	277	507	548	12	15	752	35	3	31		1		563	131	14	133	308	361
甘肃省地方税务局稽查局	716	12	239	465	491	20	5	657	50	9	69	1	3		373	189	77	181	342	189
宁夏回族自治区国家税务局稽查局	451	31	268	152	295	18	12	420	19	2	9	3			2	35	4	99	208	144
宁夏回族自治区地方税务局稽查局	179	30	149		117	1	1	171	7	1	8					1	1	29	97	53
新疆维吾尔自治区国家税务局稽查局	715	15	546	154	428	42	29	625	61	12	83	7	1		158	45	4	236	300	179
新疆维吾尔自治区地方税务局稽查局	667	24	643		465	14	18	637	12	9	47				317	164	1	196	343	128
大连市国家税务局稽查局	398	33	365		242	46	34	345	19	8	6	4				1		109	97	192
大连市地方税务局稽查处	473	7	401	65	331	11	58	414	1	6	33	1			5	23	1	61	209	203
青岛市国家税务局稽查局	350	198	31	121	260		10	319	21	3	40	3						23	195	132
青岛市地方税务局稽查局	326	164	47	115	290	3	9	300	17	4	24	1						20	170	136
宁波市国家税务局稽查局	376	144	53	179	244	4	5	359	12		3	1						27	190	159
宁波市地方税务局稽查局	295	72	103	120	206	4	16	269	10	3	8	1				1	4	39	151	105
厦门市国家税务局稽查局	112	48	64		50	7	4	106	2		6	2			8	33		15	54	43
厦门市地方税务局稽查局	85	58	27		43	4	4	80	1	1	6	2	1		80	3		12	55	18
深圳市国家税务局稽查局	342	101	241		200	24	29	305	8	10	15	2	1		63	45	2	111	123	108
深圳市地方税务局稽查局	188	41	147		157	2	38	145	5	10	27	2	1		1	41	1	59	86	43

2010 年税务稽查系统表彰情况

4 月 12 日，国家税务总局发出《国家税务总局关于表彰 2009 年度全国打击发票违法犯罪活动工作成绩突出的单位和个人的决定》(国税发〔2010〕42 号)。《决定》指出：2009 年 1 月以来，各地税务机关按照国家税务总局的统一部署，深入贯彻《国务院办公厅关于印发全国打击发票违法犯罪活动工作方案的通知》(国办发〔2008〕124 号) 精神，精心组织，迅速行动，积极开展部门协作和区域联动，查处了一批重大发票违法犯罪案件，有力地遏制了发票违法犯罪持续泛滥的势头，为维护社会经济秩序作出了积极贡献，打击发票违法犯罪活动工作完成阶段性工作目标。经研究，国家税务总局决定对北京市宣武区国家税务局等 132 个单位和王民等 197 名个人予以通报表彰。

表彰单位

北京市宣武区国家税务局
北京市西城区国家税务局
北京市大兴区地方税务局
北京市海淀区地方税务局
天津市东丽区国家税务局稽查局
天津市武清区地方税务局稽查局
天津市东丽区地方税务局
河北省石家庄市国家税务局稽查局
河北省邯郸市地方税务局稽查局
河北省廊坊市地方税务局稽查局
山西省太原市国家税务局稽查局
山西省晋城市国家税务局稽查局
山西省晋中市地方税务局稽查局
内蒙古自治区赤峰市国家税务局稽查局
内蒙古自治区鄂尔多斯市地方税务局税务稽查分局
辽宁省锦州市国家税务局稽查局
辽宁省阜新市国家税务局稽查局
辽宁省沈阳市地方税务局
辽宁省阜新市地方税务局
吉林省通化市国家税务局稽查局
吉林省长春市地方税务局
黑龙江省哈尔滨市国家税务局稽查局
黑龙江省佳木斯市国家税务局稽查局
黑龙江省鸡西市地方税务局稽查局
黑龙江省绥化市地方税务局稽查局
上海市国家税务局、地方税务局稽查处
上海市闸北区国家税务局、上海市地方税务局闸北区分局
上海市长宁区国家税务局、上海市地方税务局长宁区分局
上海市闵行区国家税务局、上海市地方税务局闵行区分局
上海市金山区国家税务局、上海市地方税务局金山区分局
江苏省扬州市国家税务局稽查局
江苏省南通市国家税务局稽查局
江苏省徐州市国家税务局稽查局
江苏省地方税务局稽查局
江苏省南通市地方税务局稽查局
江苏省盐城市地方税务局稽查局
浙江省国家税务局稽查局
浙江省绍兴市国家税务局稽查局
浙江省温州市国家税务局稽查局
浙江省地方税务局稽查局
浙江省绍兴市地方税务局稽查局
浙江省安吉县地方税务局稽查局
安徽省国家税务局
安徽省合肥市国家税务局
安徽省马鞍山市国家税务局
安徽省阜阳市国家税务局稽查局
安徽省地方税务局稽查局
安徽省合肥市地方税务局稽查局
安徽省阜阳市地方税务局稽查局
安徽省马鞍山市地方税务局稽查局
福建省福州市国家税务局稽查局
福建省南平市国家税务局稽查局
福建省龙岩市地方税务局稽查局
福建省三明市地方税务局稽查局
江西省国家税务局稽查局
江西省南昌市国家税务局稽查局
江西省地方税务局稽查局

江西省吉安市地方税务局稽查局
山东省国家税务局稽查局
山东省济南市国家税务局稽查局
山东省莱芜市国家税务局稽查局
山东省济南市地方税务局稽查局
山东省临沂市地方税务局稽查局
河南省郑州市国家税务局稽查局
河南省周口市国家税务局稽查局
河南省焦作市国家税务局稽查局
河南省濮阳市国家税务局稽查局
河南省地方税务局稽查局
河南省洛阳市地方税务局稽查局
河南省郑州市地方税务局稽查局
湖北省武汉市国家税务局稽查局
湖北省宜昌市国家税务局稽查局
湖北省地方税务局稽查局
湖北省武汉市地方税务局稽查局
湖南省国家税务局稽查局
湖南省娄底市国家税务局稽查局
湖南省娄底市地方税务局稽查局
广东省国家税务局
广东省广州市国家税务局
广东省汕头市国家税务局
广东省佛山市国家税务局
广东省揭阳市国家税务局
广东省地方税务局
广东省广州市地方税务局
广东省普宁市地方税务局
广东省汕头市潮南区地方税务局
广西壮族自治区南宁市国家税务局稽查局
广西壮族自治区玉林市地方税务局稽查局
重庆市渝中区国家税务局
重庆市沙坪坝区国家税务局
重庆市渝中区地方税务局稽查局
重庆市黔江区地方税务局稽查局
四川省成都市国家税务局稽查局
四川省宜宾市国家税务局
四川省遂宁市国家税务局
四川省成都市地方税务局第一稽查局
四川省乐山市地方税务局稽查局
贵州省毕节地区国家税务局稽查局
贵州省黔西南州国家税务局稽查局
贵州省贵阳市云岩区地方税务局稽查局
贵州省毕节地区地方税务局稽查局
云南省昆明市国家税务局稽查局
云南省大理州国家税务局稽查局
云南省保山市国家税务局稽查局
云南省昆明市地方税务局稽查局
云南省曲靖市地方税务局稽查局
陕西省西安市国家税务局稽查局
陕西省榆林市国家税务局稽查局
陕西省地方税务局稽查局
陕西省西安市地方税务局
甘肃省兰州市国家税务局稽查局
甘肃省平凉市国家税务局稽查局
甘肃省武威市国家税务局稽查局
甘肃省酒泉市地方税务局稽查局
甘肃省兰州市地方税务局
青海省西宁市湟源县国家税务局
青海省西宁市地方税务局稽查局
宁夏回族自治区银川市国家税务局稽查局
宁夏回族自治区地方税务局稽查局
新疆维吾尔自治区乌鲁木齐市国家税务局稽查局
新疆维吾尔自治区乌鲁木齐市地方税务局稽查局
大连市国家税务局稽查局
大连经济技术开发区地方税务局
宁波市国家税务局稽查局
宁波市北仑地方税务局稽查局
青岛市国家税务局稽查局
山东省即墨市国家税务局稽查局
青岛市地方税务局稽查局
青岛胶州市地方税务局稽查局
深圳市国家税务局稽查局
深圳市国家税务局稽查局检查一科
深圳市地方税务局稽查局

表彰个人

王　民　北京市丰台区国家税务局稽查局
苏　彬　北京市海淀区国家税务局稽查局
孙婷婷　北京市宣武区国家税务局
但启明　北京市地方税务局稽查处
程　宇　北京市宣武区地方税务局稽查局
付春泽　北京市崇文区地方税务局检查一科
白　静　天津市国家税务局稽查局
张国全　天津市塘沽区国家税务局稽查局
李　刚　天津市地方税务局税务稽查处
刘宝明　天津市北辰区地方税务局
李宗旭　天津市南开区地方税务局

吕晓琳　河北省唐山市国家税务局稽查局
张献春　河北省邯郸市国家税务局稽查局
金　刚　河北省承德市丰宁满族自治县地方税务局稽查局
王继红　河北省邢台市地方税务局稽查局
李光民　河北省石家庄市地方税务局稽查局
赵卫东　山西省国家税务局稽查局
司新文　山西省太原市国家税务局稽查局
张贵喜　山西省长治市国家税务局稽查局
王　艳　山西省地方税务局稽查局
李凤玉　山西省吕梁市地方税务局稽查局
周永军　内蒙古自治区国家税务局稽查局
冯玉武　内蒙古自治区赤峰市国家税务局稽查局
赵洪福　内蒙古自治区地方税务局赤峰地税稽查局
叶　雷　内蒙古自治区呼和浩特市地方税务局税务稽查分局
康福生　辽宁省抚顺市国家税务局稽查局
王　福　辽宁省朝阳市国家税务局稽查局
孟凡崇　辽宁省鞍山市国家税务局稽查局
李凤滨　辽宁省地方税务局
李晨曦　辽宁省营口市地方税务局
贾　宁　辽宁省锦州市地方税务局稽查局
王　宁　吉林省国家税务局稽查局
张大力　吉林省延边州国家税务局稽查局
陈学栋　吉林省延边州地方税务局稽查局
金　华　吉林省辽源市地方税务局稽查局
张　喆　黑龙江省国家税务局稽查局
冯黎光　黑龙江省哈尔滨市国家税务局稽查局
孔祥东　黑龙江省佳木斯市国家税务局稽查局
任志强　黑龙江省佳木斯市地方税务局稽查局
吴紫健　黑龙江省齐齐哈尔市富拉尔基区地方税务局
栗建欣　黑龙江省哈尔滨市地方税务局稽查局
朱　蕾　上海市国家税务局、地方税务局稽查处
张惠兴　上海市闸北区国家税务局、上海市地方税务局闸北区分局
何国祥　上海市闸北区国家税务局、上海市地方税务局闸北区分局
黄树宏　上海市长宁区国家税务局、上海市地方税务局长宁区分局
邹　凌　上海市闵行区国家税务局、上海市地方税务局闵行区分局
樊永强　上海市金山区国家税务局、上海市地方税务局金山区分局
周曙东　江苏省国家税务局稽查局
黄建军　江苏省国家税务局稽查局
曹　阳　江苏省南京市国家税务局稽查局
马建国　江苏省无锡市国家税务局稽查局
沙力奋　江苏省苏州市国家税务局稽查局
倪东升　江苏省苏州市地方税务局稽查局
李　强　江苏省泰州市地方税务局稽查局
王文岚　江苏省南京市地方税务局稽查局
王怡甫　江苏省连云港市地方税务局稽查局
韩莉丽　浙江省国家税务局稽查局
史新国　浙江省杭州市余杭区国家税务局稽查局
鲁新昌　浙江省绍兴市国家税务局稽查局
林岩虎　浙江省苍南县国家税务局稽查局
王义宝　浙江省衢州市国家税务局稽查局
徐　辉　浙江省地方税务局稽查局
徐世颖　浙江省地方税务局稽查局
华维水　浙江省绍兴市地方税务局稽查局
李　军　浙江省安吉县地方税务局稽查局
赵前卫　安徽省国家税务局稽查局
范文武　安徽省巢湖市国家税务局稽查局
汪道龙　安徽省芜湖市国家税务局稽查局
李智武　安徽省黄山市国家税务局稽查局
章建国　安徽省宣城市国家税务局稽查局
俞俊泽　安徽省蚌埠市国家税务局稽查局
卞加林　安徽省地方税务局稽查局
吴　洁　安徽省地方税务局稽查局
麻　磊　安徽省合肥市地方税务局稽查局
潘瑜琨　安徽省芜湖市地方税务局稽查局
江　宁　安徽省宣城市地方税务局稽查局
赵斯仪　福建省国家税务局稽查局
吴忠东　福建省福州市国家税务局稽查局
季建国　福建省南平市国家税务局稽查局
王福明　福建省福州市地方税务局稽查局
卢泽燕　福建省宁德市地方税务局稽查局
张　敏　福建省龙岩市地方税务局稽查局
徐谷明　江西省国家税务局稽查局
王　群　江西省南昌市国家税务局稽查局
黄明勇　江西省新余市地方税务局稽查局
刘友斌　江西省赣州市地方税务局稽查局
滕永胜　山东省国家税务局稽查局
李其勇　山东省济南市国家税务局稽查局
张世春　山东省东营市国家税务局稽查局

王志媛　山东省地方税务局稽查局
陈共恩　山东省日照市地方税务局稽查局
张惠民　山东省滨州市地方税务局稽查局
卢宏丽　河南省国家税务局稽查局
叶继海　河南省国家税务局稽查局
王永生　河南省濮阳市国家税务局稽查局
李　健　河南省焦作市国家税务局稽查局
周　炳　河南省周口市国家税务局稽查局
张志勇　河南省郑州市国家税务局稽查局
王汴梁　河南省地方税务局稽查局
乔保民　河南省焦作市地方税务局
康保增　河南省郑州市管城区地方税务局
陆利祥　河南省平顶山市地方税务局稽查局
吕　蕾　湖北省国家税务局稽查局
张　虹　湖北省武汉市国家税务局稽查局
鲍江平　湖北省武汉市国家税务局第一稽查局
郑　唯　湖北省荆门市地方税务局稽查局
程国强　湖北省襄樊市地方税务局
徐　锋　湖北省孝感市地方税务局稽查局
于　艳　湖南省国家税务局稽查局
柳溢青　湖南省长沙市国家税务局稽查局
卢开美　湖南省常德市地方税务局稽查局
杨志兵　湖南省怀化市地方税务局稽查局
陈继明　广东省国家税务局稽查局
肖学波　广东省国家税务局稽查局
杨敏生　广东省广州市国家税务局稽查局
杨万霞　广东省广州市国家税务局中区稽查局
李榕滨　广东省汕头市国家税务局
杨潜康　广东省佛山市国家税务局稽查局
黄济敏　广东省揭阳市国家税务局稽查局
方　广　广东省地方税务局稽查局
黄运明　广东省广州市地方税务局稽查局
姚诗谋　广东省汕尾市地方税务局稽查局
纪家绵　广东省普宁市地方税务局稽查局
吴广烈　广东省汕头市潮南区地方税务局稽查局
邓华君　广西壮族自治区国家税务局稽查局
李　鸿　广西壮族自治区玉林市国家税务局稽查局
韦海滨　广西壮族自治区地方税务局稽查局
周　锋　广西壮族自治区南宁市地方税务局稽查科
秦　兵　重庆市长寿区国家税务局稽查局
杨树清　重庆市璧山县国家税务局稽查局
罗媛媛　重庆市高新区国家税务局
肖　强　重庆市地方税务局稽查处
邓晓东　重庆市大渡口区地方税务局稽查局
郭双全　重庆市北部新区高新园地方税务局稽查局
吴红渝　四川省国家税务局稽查局
山　川　四川省成都市国家税务局稽查局
刘　敬　四川省宜宾市国家税务局稽查局
李　鹏　四川省遂宁市国家税务局稽查局
李小澎　四川省地方税务局稽查局
普云贵　四川省宜宾市地方税务局稽查局
熊　桄　四川省三台县地方税务局稽查局
钱　春　贵州省六盘水市国家税务局稽查局
谢维邦　贵州省毕节地区国家税务局稽查局
曹　星　贵州省黔西南州国家税务局稽查局
苟平平　贵州省地方税务局稽查局
谭尚辉　贵州省地方税务局稽查局
陈　勇　贵州省贵阳市云岩区地方税务局稽查局
李　翔　云南省昆明市西山区国家税务局稽查局
毛开平　云南省楚雄州国家税务局稽查局
杨继宏　云南省大理州永平县国家税务局稽查局
洪　泉　云南省保山市国家税务局
周正皎　云南省昆明市地方税务局稽查局
杨　帆　云南省昆明市盘龙区地方税务局稽查局
李树平　云南省曲靖市地方税务局稽查局
王天明　陕西省汉中市国家税务局稽查局
孙评文　陕西省渭南市富平县国家税务局稽查局
张建民　陕西省国家税务局稽查局
王　体　陕西省地方税务局稽查局
支　卫　陕西省西安市地方税务局稽查管理处
石建国　陕西省延安市地方税务局稽查局
胡　斌　甘肃省国家税务局稽查局
王　恒　甘肃省兰州市国家税务局稽查局
郑　浩　甘肃省兰州市城关区国家税务局稽查局
张光彪　甘肃省武威市国家税务局稽查局
王昌银　甘肃省平凉市国家税务局稽查局
纪永和　甘肃省兰州市地方税务局稽查局
马正杰　甘肃省临夏州地方税务局稽查局
马维忠　甘肃省酒泉市地方税务局稽查局
段志林　青海省海北州国家税务局稽查局

苏海钧　青海省地方税务局稽查局
陈　磊　宁夏回族自治区国家税务局稽查局
马克己　宁夏回族自治区石嘴山市国家税务局稽查局
彭　元　宁夏回族自治区银川市地方税务局稽查局
张　军　宁夏回族自治区吴忠市地方税务局稽查局
张　辉　新疆维吾尔自治区国家税务局
于雅静　新疆维吾尔自治区乌鲁木齐市国家税务局稽查局
尚　庆　新疆维吾尔自治区地方税务局稽查局
李少敏　新疆维吾尔自治区乌鲁木齐市地方税务局稽查局
马建华　大连市国家税务局稽查局
李海峰　大连市国家税务局稽查局
郭天德　大连市西岗区地方税务局
张　涛　大连市地方税务局第四稽查局
王智波　宁波市国家税务局第三稽查局
黄　健　宁波市国家税务局稽查局
陆文豪　宁波市江东地方税务局稽查局
周荣荣　宁波市镇海地方税务局稽查局
曹燎鲁　青岛市国家税务局稽查局
李春良　青岛市四方区国家税务局税务检查科
赵德良　青岛市国家税务局第二稽查局
孙　军　青岛市地方税务局稽查局
王以理　青岛市地方税务局稽查局
丁仕洲　青岛胶州市地方税务局稽查局
胡　玮　深圳市国家税务局稽查局
巫东亮　深圳市国家税务局稽查局
冯海星　深圳市国家税务局稽查局
颜朝峰　深圳市地方税务局稽查局
李坚定　深圳市地方税务局征管与科技发展处

第九篇

税务稽查文选

“信息管税”在稽查工作中的实践与探索

天津市地方税务局稽查处课题调研组

近年来，国家税务总局明确提出，要把“积极探索实施信息管税，稳步推进税收征管方式变革”作为税务机关的重点工作。“信息管税”即是以税收风险管理为先导，以现代信息技术为依托，解决征纳双方信息不对称问题的税收征管模式。税务机关通过税收分析、纳税评估、税务稽查、税源监控等手段，对涉税信息全面采集、分析、利用，最大限度地实现信息共享，规范纳税人行为，树立税法权威，推进纳税遵从，提升税收管理水平。

税务稽查作为税收征管工作中的重要环节，可以通过“信息管税”实现规范稽查执法，降低执法风险；提高选案精确度，减少检查盲目性；变革检查手段，提高工作效能。

一、“信息管税”在稽查工作中的实践

通过多年信息化建设实践，天津市地方税务局已基本形成了一个以核心税收业务系统为主，纳税评估、纳税服务、统计查询、领导决策等为辅的全方位立体信息系统架构。可以说，“信息管税”思想已贯穿到稽查工作的各个环节。目前，稽查部门所使用的信息系统主要包括：津税系统稽查模块、BO查询系统、纳税评估系统、税收违法检举案件管理系统、“奇星”查账软件系统、发票比对查询系统、税务稽查信息统计系统、稽查与征管互动系统和12366纳税服务系统。各系统贯穿稽查工作各环节，环环相扣，为在稽查工作中实践“信息管税”奠定了坚实基础。

第一，“信息管税”在选案环节的实践

在稽查实践中，努力推动建立多方联动机制，充分利用信息技术手段，广泛搜集企业各类涉税信息，并积极探索数据分析比对方法，有效提高了选案准确率。为强化征管与稽查部门之间的信息互通，堵塞征管漏洞，提高稽查针对性，天津市地方税务局开发了“征管和稽查互动系统”。通过该系统，稽查部门将征管部门传来的日常管理中发现的重大涉税疑点纳入案源管理，检查落实并反馈征管部门，取得了良好效果。该系统的建设为建立现代高效征管模式作出了有益的尝试。在做好内部互动的同时，还积极利用外部信息，拓宽选案渠道，通过与公安、国税、房管局等部门交流信息，及时掌握涉税情报，有效提高了选案准确率。

另外，“纳税评估系统”以各类预设财务指标为基础，建立不同行业的选案模型，对企业经营纳税情况进行分析，重点关注评估指标偏离度较高的企业。同时规范“查前预案评估”程序，做到每案查前必评估，评估有疑点必稽查。

第二，“信息管税”在检查环节的实践

目前采用信息化系统全面管理经营事务的企业越来越多，会计工作也正在逐步脱离纸介质账簿，面对海量企业经营及财会数据，检查工作遇到前所未有的挑战，近年来，积极尝试电子检查在实际工作中的应用。例如，在对某远洋集团天津公司的检查中，检查人员首先理清该企业所用管理系统的前台及后台软件系统分别为SAP系统与Oracle数据库系统。由于SAP系统会根据管理需要自动产生大量的财务底层数据，再加上每年数量巨大的凭证数据，如以传统的稽查方式开展工作，必将陷于海量数据中难以自拔。面对如此之高的技术屏障，通过使用先进的智能信息采集工具，对企业的电子数据进行自动化采集，并根据需要使用查账软件进行账簿分析和数据归集，有效解决了这一问题。

在检查中实践“信息管税”，不仅仅是指利用查账软件对企业电子账簿进行检查，还包括对检查中遇到的疑点、难点，利用各种途径加强信息采集，查清企业涉税问题。检查中的信息采集包括内部信息挖掘和外围信息调查。通过发票领购系统检查发票违法问题，是内部信息挖掘的常见做法。例如，通过征管平台对纳税人发票领购和税款申报进行比对，查找异常信息；通过发票领购系统核对发票开具使用中存在的大头小尾、转借代开、虚开发票等突出问题等，都取得了显著成效，有力打击了发票违法行为。

通过外围调查，取得企业多方面涉税经济信息，从而寻找突破口，同样是实践信息管税的题中

之义。例如，在对一户房地产企业进行检查时，检查人员到财政、土地管理部门了解购买土地原始单位成本价格；到建设部门了解开发项目与建筑成本等信息；到房管部门核实房屋销售数量。通过将第三方信息与企业提供的信息比对，最终发现房管局销售系统显示的房屋销售数量与企业销售台账记载数据不符，为检查打开了突破口，为之后的检查铺平了道路。

二、“信息管税”在稽查工作实践中遇到的问题

尽管稽查部门依托信息技术提供的手段和平台，大力推进“信息管税”，提升了稽查工作科学化、精细化、专业化水平，但从整体上看，“信息管税”在稽查工作中仍于探索阶段，与全面贯彻总局对信息管税的要求还存在一定距离。

一是稽查人员综合素质尚需提高。目前部分稽查人员对“信息管税”重要性认识不足，思想上存在一些误区，认为“信息管税”只是赶潮流、追形势，检查还要靠以前的经验；“信息管税”要求稽查工作都要靠软件完成，稽查干部仅仅会操作软件就行；“信息管税”就是硬件不断升级，软件不断更新，工作领导推动，下级被动接受。这些误区造成一些干部参与意识不强，不能主动学习新知识，适应新形势。

二是数据共享度不高，信息资源利用率低。信息的采集和利用是信息管税的核心，做好信息管税工作，必须发挥涉税信息在税收管理中的核心作用。但由于各级政府、不同部门信息化建设程度不同，缺乏统一规划，使得很多信息管理系统彼此之间缺乏互联互通，形成了一个个“信息孤岛”，给涉税信息的采集与利用带来困难。税务部门内部信息采集不规范，采集标准不一致；信息内容不准确，更新不及时，质量不高；对信息的分析利用不够科学严谨，缺乏高效、规范的分析评估模型。这些问题给稽查工作带来诸多不便。

三是相关法规尚需完善，标准化建设亟待解决。“信息管税”是一项长期的系统工程，涉及很多法律定位和制度建设问题。对企业申报涉税信息的规定，征、管、查的有效互动，与外部门的沟通协调，对电子数据的采集、保管以及证据固定等都需要制度加以保障，需要有针对性的法律、法规加以规范，否则，今后的稽查工作必将面临巨大的执法隐患。

三、稽查工作中实践“信息管税”的建议

提升信息管税水平，需要从人才培养、信息管理、制度建设多个方面着手，不仅需要稽查部门开发信息资源利用空间，还需要各个部门协调配合，共同完善信息管理机制，使之进一步适应当前的税务稽查工作，更好地服务税收事业。

（一）提高稽查人员综合素质，培养复合型人才

信息管税要求稽查人员具备丰富的工作经验，强烈的信息意识和探索精神，敏锐的逻辑思维和判断能力，以及广博的现代科学知识。税务机关要把提高稽查人员的综合素质作为一项重要工作，不但要大力加强教育培训，提升业务能力和信息管税工作水平，而且要逐步优化稽查人员的年龄结构，力争把稽查队伍培养成具有综合素质的团队。一要培训观念。树立在稽查中实践信息管税的理念，克服对信息管税的畏难情绪或者轻视态度，为信息管税在稽查中的应用打下思想基础。二要培训业务。加强对税收法律知识以及税收实务的学习，使其能够熟练掌握并应用各项规章制度，增强依法行政的能力，最大限度地减少税收执法的随意性，切实降低并有效化解税收执法风险。三要培训信息技术。通过强化培训计算机应用水平和各种税收管理软件操作水平，提高稽查人员信息技术水平，从而保证信息管税工作能够有效开展。

（二）加强对涉税信息的采集、管理、利用、共享

加强对涉税信息的采集，在源头上拓展信息数量，提高信息准确性。一方面应加强自身建设，扩大数据采集范围，强化数据审核；另一方面加强对纳税人的税法宣导，强化申报培训，同时积极引入社会中介培训机构，提高纳税申报水平和发票填写质量。将纳税人报送数据的准确性作为信用等级评定的依据，也能够实现从源头上保证信息质量的目的。税务机关应将信息收集的触角延伸至社会各个层面、各个领域。不仅仅需要与国税、海关、银行等部门进行数据共享，更要加强与工商、公安、车管、科委、房管、建委这些管理部门的数据交换，推动构建以经济信息为主、社会信息为辅的综合信息库。

在充分利用纳税评估软件的基础上，努力开发数据分析软件，提高对涉税信息的分析能力。要做

到充分利用所获得信息，提升应用深度，拓展应用广度，就需要研发一套系统数据分析决策系统，使其不但能对内部数据进行完整深入的分析加工，而且还能对从外围获取的涉税信息进行综合鉴别分析，进而为稽查工作提供科学的信息决策。

（三）加快制度建设和标准建设，逐步建立信息管税的制度保障，优化信息管税流程

税务机关内部需要建立高效、优化的信息管税流程，并通过制度加以保障，实现内部的无障碍沟通。这就要求税务机关按照机构扁平化、工作流程化的要求，改革现行的管理模式，优化业务流程，在强化岗位间权力制约和监督的前提下，实现收入分析、纳税评估与税务稽查三者信息共享和互相反馈，提升管理水平。力争实现征收、管理、稽查三个部门能够在统一的平台上办理涉税事宜，做到定期召开沟通协调会制度，做好信息传递、信息共享，推动稽查工作有的放矢，有效打击涉税违法行为。

从更大范围来看，要真正发挥信息管税的功能，需要大力推动建立由政府主导、相关部门协作配合的涉税信息共享制度。在财政、税务、国库、海关、银行等部门之间进行横向联网，建立可靠的部门之间信息交互平台，将各个独立的信息孤岛串连起来，依流程形成完整信息流渠道，在有关单位间形成一整套信息交流合作制度。只有这样才能形成合力，相互配合，避免税务稽查工作陷入孤军作战的状况，为稽查工作创造一个良好的外部环境，进一步提高工作效能。例如，可以通过以身份证号为根本，各部门信息联网，强化个人所得税如实申报的行为，同时达到控制部分长期不申报形成失踪户又重新起照经营的行为。

总之，在税收征管工作形势日益复杂，信息技术日新月异的今天，税务稽查工作落实“信息管税”，既是发挥稽查效能的有力武器，又是稽查部门构建和谐税收征纳关系的可靠保障，必然会在稽查领域带来深刻变革。只有牢固树立信息管税的理念，完善信息管税的各项制度，实现纳税分析、评估、监控、稽查的深层次互动，才能真正实现税收的科学化、精细化、专业化管理。

深入推进“以查促管”的实践与思考

田祖荣

一、“以查促管”中的基本实践与经验

随着河北省地税稽查工作力度加大，稽查部门的地位提高，不少市、县（区）在发挥税务稽查尖刀威慑作用的同时，开始在“以查促管”方面进行有益的探索与实践，逐步建立起稽查征管建议反馈、稽查征管联席会议等一些切实可行的制度，并总结出不少行之有效的经验。这些经验和做法概括起来有以下两个方面：

（一）领导高度重视是实施“以查促管”的基本前提

实践证明，主管领导是否重视“以查促管”工作，是这个地区能否很好地实施“以查促管”的基本前提。例如，承德市局从2007年开始就专门安排一位副局长同时主管征管与稽查部门的工作。这样做既有利于领导全面掌握征、管、查三方面工作的总体情况，更有利于部门间的互相沟通、协调与配合，有利于真正达到“以查促管”的目的。三年来，承德市局稽查局累计向征管单位送达建议书580份，提出合理化建议306条，征管单位据以调整定额127户。廊坊市局2009年专门下发了加强征、管、查三部门工作互动衔接的通知，要求各部门严格落实有关制度，按季对落实情况进行考核监督，并将考核结果列入年终目标考核，从而有力地促进了“以查促管”工作的开展。

（二）建立相关制度是实施“以查促管”的根本保证

相关制度的建立健全是顺利开展“以查促管”工作的根本保证。这方面廊坊市局和沧州市局的做法值得推介：廊坊市局结合工作实践，专门制定了征、管、查三部门资料信息传递制度和联席会议制度，详细规定了各部门互相传递资料的种类、方式、时间以及传递文书的制式，具体明确了征、管、查三部门联席会议的形式、内容、次数。从而保证了各部门之间工作的协调，及“以查促管”

工作的有序开展。廊坊市局稽查局仅2009年就对57起30万元以上案件进行了“一案一析一通报”，并撰写了10余篇综合性建议传递给有关部门，这些建议多数被采纳，发挥了稽查促进征管的作用。沧州市局2009年出台了《“以查促管”协作机制暂行办法》。在《暂行办法》执行过程中，建立征管信息共享机制，在网上搭建“以查促管”互动平台，解决了信息流转不畅的问题；建立征管建议反馈机制，规定稽查部门建议与征管部门答复的具体时限，解决了稽查成果转化不力的问题；建立案件分析联席会议机制，每季度召开征管、稽查、税政、法规等部门的联席会议，解决了部门之间沟通不够的问题；建立稽查系统考核机制，对各单位落实建议情况按季度进行考核，解决了工作落实不到位的问题。《暂行办法》实施以来，沧州市局稽查局共提出各类建议208条，发现征管漏洞182处，传递疑点信息302条，堵漏增收3亿元。经验证明，只有建立全方位的制度保证，才能使“以查促管”工作有章可循，有据可依，有的放矢，取得实效。

二、对“以查促管”中存在问题的思考

（一）对“以查促管”缺乏全面的认识理解

长期以来，一些税务机关对税务稽查性质的认识仅仅停留在惩处和增收职能上，“收入型稽查”思想仍占主导地位。部分基层稽查部门仍然延续过去以完成稽查收入指标为主要任务的工作思路，对“以查促管”的作用认识不足、重视不够。有些稽查部门对案件检查的深度和广度认识还不够，致使提不出征管建议，或虽提出征管建议而质量不高。有的稽查人员对稽查工作的理解仍然还很狭隘，在稽查过程中往往只是就账查账，或只注重对纳税人纳税情况的检查，而忽视对纳税人账簿凭证管理、发票管理、执行会计制度等方面的检查，因而不能深层次掌握纳税人的纳税情况，更不能深入剖析一些涉税违法案件的背景、原因和手段，当然也就不可能提出有效的征管建议。这些认识上的片面和缺失，严重影响着“以查促管”工作的顺利开展。

（二）“以查促管”仍缺少必要的制度保障

目前，还没有制定出全省综合性的“以查促管”工作条例，仍然缺少对建议内容、文书格式、反馈方式和时限、传递程序和途径、落实措施和监控手段等方面的统一规定，使得征、管、查各部门在“以查促管”实施过程中都存在一定的随意性；而且河北省的“以查促管”还只是停留在稽查部门向征管部门提出建议等比较肤浅的层面上，征、管、查部门间的信息交流和良性互动机制还没有真正建立起来，“以查促管”还缺少必要的制度保障。导致的结果，一是部门间的信息沟通不畅。稽查部门很难把握征管的难点和焦点，常常是仅靠报表数据和公民举报确定稽查对象，造成确定稽查案源时针对性不强，时效性较差。二是部门间的交流方式单一。征管建议书往往成为稽查与管理部门之间唯一的交流方式，对稽查中发现偷漏税问题的根源、成因及解决对策不能做到征、管、查几个部门共同分析，深入探讨，造成建议归建议，问题依然是问题，使“以查促管”流于形式。

（三）“以查促管”缺乏有力的监督制约

“以查促管”是贯穿于征收、管理、稽查三个环节的一项全局性工作。但从全省范围看，“以查促管”仍缺少中间环节的协调与监督，尤其是缺少对相关各部门的强有力的制约机制，征、管、查各部门之间仅仅停留在单线互动层面，其结果往往使“以查促管”走了过场。

三、对从大局高度推进“以查促管”的认识

国家税务总局新修订的《税务稽查工作规程》第2条规定：“税务稽查的基本任务，是依法查处税收违法行为，保障税收收入，维护税收秩序，促进依法纳税。”可见，当地税收秩序是否规范、税收违法行为是否减少、纳税人依法纳税意识是否增强、税法遵从度是否提升、税收征收率是否提高，这些都是检验、衡量、评定税务稽查工作是否到位的基本准则。评价稽查工作，不能只看是不是增加了税务稽查的直接查补收入；还要看是不是通过严厉查处各类税收违法行为，震慑涉税违法分子，发挥了税务稽查的尖刀威慑作用；更要看是不是通过税务稽查，分析典型案件，发现征管漏洞，及时总结反馈，发挥“以查促管”职能作用，最终实现税收收入总量的增长，即达到了“以查促收”的目的。为此，各级稽查部门必须要站在大局的高度，加大税务稽查的力度，全面推进“以查促管”。

（一）在“查”上下工夫是“以查促管”的必要手段

一是要把纳税评估和宏观税负分析结果作为选案的重要指标，结合征管部门反馈的纳税异常信息

进行科学选案，确定税收专项检查的项目和专项整治的区域，减少稽查工作的盲目性，提高选案准确率，切实做到有针对性地开展税务稽查。

二是要按照各税、费、票、证统查的要求，既要综合检查被查单位地方各项税费的申报、缴纳情况和完税凭证、发票使用管理情况，还要检查涉及的主管税务机关在税收征管、政策执行方面的情况，以此保证对每一起稽查案件都做到查全、查透，真正实行综合性的审计式稽查。

三是既要查明纳税人少缴、欠缴或偷逃税情况，又要查清纳税人欠缴或偷逃税的原因和手段，还要查明涉及的税收政策方面、纳税义务和代扣代缴义务履行方面以及减免税方面存在的问题，做到每查处一起案件都要明确税企双方各自应承担的责任。

（二）在“促”上做文章是“以查促管”的关键环节

“以查促管”的关键是如何“促”的问题，即如何通过稽查发现征管中存在的管理问题和漏洞，如何以稽查建议的方式促进征管质量的提高。稽查部门即使案件查处的力度再大，但如果不重视案例综合分析，不能提出合理的征管建议，“以查促管”也就无从谈起。因此，稽查部门必须要在全面检查的基础上，加强对案件的总结研究、解剖分析。

一是对30万元以上的大案要案和部分典型案件进行“一案一析一建议”。通过对案件进行“解剖麻雀，由点及面”的分析，一是对检查工作中发现的征管漏洞和薄弱环节，及时形成稽查报告，传递给征管等相关部门，为堵塞税收征管漏洞提供可靠的依据；二是总结出一个阶段、一个行业或一个部门税收违法活动的共性规律，并提出相应的对策和建议，为领导决策提供真实可信的第一手资料。

二是对专项检查和专项整治成果进行定期综合分析，每个专项检查项目结束后，都要对项目中包括的所有被查企业的涉税问题进行汇总、研究、分析，形成行业或税种检查指南。根据行业或者企业的总体经营情况、税收征管现状和存在的问题及原因，对行业征管的薄弱环节、问题易发区域和偷逃税方式及特点，及时进行分析、归纳、总结，并据此提出相应的征管建议。一方面为今后查处同类案件积累经验；另一方面为税源监控、纳税评估提供相应的数据模型。

（三）在“管”上显效果是“以查促管”的目标所在

一是要研究制定符合实际的“以查促管”的具体操作规范，明确操作的程序、内容、步骤、指标，把责、权、利紧密结合在一起，制定相应的工作流程、考核办法、奖惩办法，切实使征、管、查各部门都能做到各负其责，各尽其职。

二是要定期组织召开稽查、征管、税政、税源管理等部门参加的联席会议，建立税务内部互动机制。对有关问题坚持做到征、管、查三部门共同研究分析、沟通协调，尤其是要跟踪联席会议决议的落实情况，确保部门协作成果。

三是要加强内部监督与责任追究，将“以查促管”的执行情况纳入年度目标管理考核范围，严格规定“以查促管”过程中征、管、查各部门的职责，并与行政执法监督和责任追究挂钩，督促稽查及相关职能部门认真执行有关规定。

四是要搭建“四位一体”网络互动平台，提高信息利用水平，实现从稽查建议发起，到领导审批，再到征管部门落实反馈全程网上完成的规范化操作，逐步提高“以查促管”的透明度和稽查成果的综合利用效率。在征管系统中建立管查互动相关模块，整合内网使用系统，实现管查系统信息自动查询与共享。

总之，作为现代税收征管模式的“重中之重”，稽查部门除了要大力加强稽查执法建设，充分发挥尖刀威慑作用外，还要以服从大局为前提，深入推进“以查促管”，全面发挥税务稽查的职能作用。

（作者单位：河北省地方税务局稽查局）

以稽查案例分析为抓手
大力推进“以查促查”、“以查促管”

刘志岩

一、问题反思

（一）税收专项检查针对性不强

2006年前后，辽宁省每年花费大量时间和精力，开展税收专项检查，发现有问题户数仅占20%左右，投入与产出相差太大。这说明原来的工作方法不科学，粗放式管理，没有直接将最可能有问题的那部分纳税人找出来实施重点检查，导致80%的无效劳动。

（二）重点税源企业检查无从下手

对重点税源企业的检查，面对企业海量财务数据与记账凭证，检查人员往往凭借账项基础检查法翻凭证、看账簿，结果凭证翻不全，账簿看不完，造成项目查不全，问题查不透。这说明传统检查方式已经滞后于现代大中型企业发展形势，抱着老方法不放只能使工作陷入被动。

（三）大要案件查办难以有效突破

因查办案件找不到主要证据材料、当事人对税务机关信口胡说、虚开发票案件控制不了主要案犯等情况，致使很多案件半途而废，不法分子逍遥法外。

（四）同一涉税违法问题重复出现

稽查案件没有发挥警醒作用，没能很好地挖掘日常税收征管存在的漏洞和薄弱环节，不能为加强税源管理提供方向和线索，致使同一地区相同或类似的税收违法行为“屡查屡犯”。

从2006年起，辽宁省开展稽查案例分析，以发挥示范效应，达到举一反三的作用，打击税收违法行为，为有针对性地改进税收管理提供支撑。

二、主要做法

（一）建立机构，加强领导

全省各级稽查部门成立以主要领导为组长、分管领导为副组长的稽查案例分析工作领导小组，办公室设在稽查局审理科，并指定专人负责案例分析工作。

建立“一把手”主持的各种形式的“以查促管”案例分析会。省局2006年成立重大涉税案件研究委员会。沈阳市局采取“一把手”参加“听案会”，对稽查案例分析给予有力支持。

（二）建章立制，形成常态

1. 制定案例分析工作制度

全省相继制定实施了稽查案例分析、稽查案例讲评、稽查案例例会等5项相关工作制度，明确了案例分析的目的、类别、形式、内容，为稽查案例分析规范化、常态化开展提供制度保障。稽查案例分析分为专刊（专栏）、例会、年度报告3种形式。省局在“公文处理系统”开设《稽查案例分析》专刊，在《辽宁税务》设置《稽查案例分析》专栏，为稽查案例这一重要执法资源在各稽查机构之间、稽查机构与管理机构之间共享提供信息平台保障。2006年至今已编发49期《稽查案例分析》专刊、专栏信息，并于2010年整理汇编《稽查案例分析》一书由中国税务出版社出版发行；稽查案例分析例会每年不少于2次；省局每年开展一次优秀“稽查案例分析”评选活动。

2. 建立案情分析会议制度

为提高“以案促查”的针对性和及时性，辽宁省建立案情分析会议制度。一是及时总结检查过程中发现的共性问题，指导正在开展的其他同类案件的查处。例如，锦州市局在2009年房地产专项检查中发现1户企业大肆使用假发票虚列成本的违法事实，及时召开案情分析会，对全省房地产开发和建安企业检查起到了指导作用；二是对遇到的难点问题进行分析讨论，研究制定下一步工作方案。例如，在查处沈阳某证券公司时，发现企业存在重大涉税违法事实，企业欲通过资产重组方式转移财产逃避纳税义务，指导检查组及时召开案情分析会，对纳税人8处房产及时采取税收保全措施，保证了查补税款的及时足额入库。5年来，省局召开案情分析会议10余次，各地召开案情分析会议

200余次，促进了检查质量和效率的提高。

3. 建立年度“百佳”案例评选制度

为提高稽查案例分析水平，储备优秀稽查案例信息资源，省局建立年度“百佳”案例评选制度，根据案例的典型性、代表性、检查方法的独特性等设计出一套规范的案例评选标准，并从案例选送、初审、预审、会审等诸多方面规定严密的评选程序。主要评选标准有：是否运用创新性、科学性、实用性的检查方法；是否检查出以往未查出的问题；是否总结出具体的、有价值的案发规律、案件成因；是否揭示违法案件新动向等。外聘评审专家，组织基层互评。按照评选制度规定的标准和程序，省局自2007年起每年都开展全省国税系统“百佳”稽查案例评选活动。4年共评出优秀案例370个、精品案例53个。

（三）强化培训，务求实效

为提高广大稽查干部的案例分析水平，增强通过案例分析实现“以查促查、以查促管”的能力，2006年以来，省局组织了不同规模的案件分析专题培训。一是专题培训。每年组织一次案例分析专题培训，每市10人。二是以案代训。在每年“百佳”案例评选过程中，设置各市互评程序，在互评前每市抽调4人集中培训两天。三是案例巡讲，组织人员到各市巡讲上年“百佳”案例中的十大精品案例。四是外地考察，组织人员出去学习外省市在案例分析方面的好经验、好做法，如2009年组织有关人员到青岛学习医药行业检查典型案例。

（四）考评激励，末位质询

1. “百佳”案例评选与稽查办案专项经费挂钩。为调动积极性，省局制定案例分析与稽查办案专项经费挂钩办法、优秀案例评选结果与案件检查人员、案例分析人员利益挂钩办法。精品案例每件奖励10万元，优秀案例每件奖励3万元。各地再对案件检查人员和案例分析人员进行奖励，提高了各稽查局和广大稽查干部的案例分析热情。

2. 将案例分析能力列入稽查专家评选条件。辽宁省2007年建立首席稽查专家制度，其中专家选聘的重要条件之一就是案例分析能力。并将在第二期首席稽查专家选聘中增设案例分析专家。

3. 实施稽查案例分析末位质询制度。要求各市按季度召开稽查案情动态分析会议，并上报稽查案情分析报告，对达不到要求的末位单位进行质询。

（五）开发软件、提高效能

为提高案例分析信息化水平，在2009年3月立项开发“稽查管理信息系统”时把案例分析作为其中一个重要模块。系统中的案例分析模块以CTAIS系统海量数据为基础，以本省稽查案例和外地稽查案例数据为重点，根据违法类型、检查方法、违法手段、违法环节等稽查案件统计指标，对案例信息进行拆分、补录，通过案例分析模块查询、分析、决策支持、自动打分等功能，强化案例分析应用。

案例分析模块的功能具体包括五个方面：一是预案参考，即通过整合、加工本省以往的以及外省的案例信息资源，为即将实施的同类检查制作预案提供参考建议。二是案例分析。将目前的开会分析方式改为电子分析方式。全省通过此系统可实现对各类稽查问题的即时查询。三是辅助定性，即根据本省以往年度及外省同类案件定性结论为案件定性提供辅助参考。四是征管建议。这个模块与案例分析模块是一个资源的两方面应用。通过征管建议模块实现“以查促管”。稽查部门将定期向征管部门提供系统整合、加工的征管建议。五是个案评价。根据以往案例资源对所有逃税个案的办案质量进行评价，进而为稽查办案专项经费向高质量个案倾斜提供准确依据。

三、工作成效

（一）稽查案例分析提高了稽查能力

1. 重大案件查办实现税警协作的机制化、常态化。2008年出台省级税警协作制度，2010年根据《刑法》涉税条款的变化，与省公安厅、地税局又联合出台了新的税警协作办案制度，进一步细化税警协作条件、组织架构和工作程序。特别将“影响税务机关依法执行公务”涉税治安事项列入协作范畴，这在我国尚属首次。建立税警协作基金。全省先后挂牌成立“税警协作办公室”。

2. 重点税源检查实现了审计型检查方法的科学化、痕迹化、信息化。辽宁省以“税种查全、环节查到、项目查清、问题查透”为目标，以锦州某房地产公司等为样本，探索对大中型企业的有效检查方法，形成审计型检查底稿，应用ECPA软件，发挥底稿的指导、规范、约束、监督作用，实现检查过程的科学化、痕迹化、信息化。2010年11月11日，国家税务总局稽查局下发通报要求各省国地税学习、借鉴辽宁省审计型检查工作底稿办法。2009年，组织78名稽查干部对沈飞集团等15户大企业进行检查，查出4个税种13类共67项涉税问题，用不到3%的稽查人员贡献了32%的查补收入。2010年组织44名稽查干部对鞍钢所属7户企业进行检查，查补税款10亿元左右。2011年，按照国家税务总局部署，开发审计型检查软件，实现审计型检查底稿的电子化。

3. 税收专项检查实现“先评后查”的常规化。受锦州市局“圈定”疑点企业再实施重点检查案例启发，省局将评估程序前置到税收专项检查中，建立分析模型，成立“专项检查评估组”，筛选疑点企业，提高检查针对性。开发应用“稽查管理信息系统”，实现行业内疑点企业的“一键式”筛选。此项工作的选案准确率逐年提升，2007年27%，2008年40%，2009年94%，2010年95%。

（二）稽查案例分析增强了征管水平

4年来，全省按照税源与税收征管状况监控分析一体化要求，制定实施稽查信息反馈、稽查征管联席会议等制度，建立查管互动机制，透视稽查案件，发现问题积极整改。2007年，针对刘翠兰案件暴露出的问题，省局印发了《关于加强废旧物资生产经营企业税收管理的紧急通知》，制定实施10项管理措施。针对金融企业超标准列支利息支出、无合法有效凭证列支费用等问题，制定金融企业所得税扣除项目和年度亏损监管办法。针对建材生产企业销售不记账等问题，制定建材行业“以电核产法”、“以人核产法”、“计件工资反推法”专项评估办法；针对部分纳税人违规开具发票的问题，开发应用“普通发票以票控税管理系统”，实现普通发票开具金额与申报金额的自动对比；针对小型铁矿采选企业的税收流失问题，制定小型铁矿采选企业代开发票管理规定。

（作者单位：辽宁省国家税务局稽查局）

信息技术很给力　税务稽查更有力

朱　蕾

2010年上海市各级税务稽查部门通过各种措施提高税务稽查人员检查信息化管理企业的业务技能。全市税务稽查部门共有100余套查账软件投入使用，对189户信息化管理企业开展税务稽查，采集170余户企业的财务账套数据，近60户企业的业务数据，50余户企业的文档性文件，累计查补税款超过1亿元，加收滞纳金、罚款超过1000万元。信息化管理企业税务稽查户均查补金额62万元左右，是当年全口径稽查户均查补金额的两倍。在一起增值税专用发票案件查处过程中，稽查人员采集本市90余户企业的开票数据26万条，通过解密、分析开票数据，并与金税系统相关数据进行比对分析，充分利用信息技术手段梳理出涉嫌违法发票9600余份，向外省市发出协查；同时锁定本市3户开票企业，涉嫌违法发票8000多份，价税合计超过30亿元，迅即启动警税协作机制，快速抓获犯罪嫌疑人。信息手段的应用大大提高了稽查工作的效率和稽查打击的精准度。

在信息化管理企业税务稽查过程中，部分稽查局还结合自身实际情况进行一些有效探索：成功将信息化管理企业税务稽查与税收分析、税源监控、纳税评估、税务稽查“四位一体”联动机制结合起来，通过联动机制发现涉税疑点；探索通过创建分析模型的方法，进行个性化指标分析寻找涉税疑点；采集企业的业务数据，利用数据库技术进行深入分析，在掌握企业业务数据基础上，实现业务数据与财务数据、申报数据的比对锁定涉税疑点；取得企业电子文档，并运用解密技术成功破解后收集涉税疑点。通过上述种种措施，找到新的检查突破点，信息化稽查的威慑力已充分展现，形成了一批信息化稽查优秀案例。

一、周密部署形成合力

领导重视，重点督办。2010年上海市税务工作会议将“积极推广信息化管理企业税务稽查”作为重点督办项目。在全市稽查工作会议上，市局主要领导强调指出：要树立“信息管税”理念，坚持以信息管理稽查；通过建立科学选案制度，推广查账软件、案例库建设等工作提高稽查信息化水平。《2010年上海市税务稽查工作要点》也要求各稽查局以推广第三方查账软件为切入点，丰富稽查手段，提高稽查威慑力，提高对信息化管理企业的稽查办案能力，有效应对企业利用电子账簿虚假记账、隐匿或销毁电子账簿以及利用互联网和手机通讯等新型支付手段逃避税收。

制订方案，提出要求。研究制定《2010年信息化管理企业税务稽查工作方案》，从总体要求、技术培训、借鉴学习、推广要求、保障措施、总结交流和考核评比等方面进行细化，要求各单位自行选择“奇星”或“中普”查账软件，以查账软件为切入点，选择1～2个税务所作为信息化管理企业税务稽查试点单位，选择合适对象开展信息化管理企业税务稽查工作。明确户数要求，并在年末上报2个案例进行交流评比。该方案成为全市推广的规范性指导文件。

二、人才培养激发活力

内选外派，培养骨干。上海市税务稽查部门制定《2010年信息化管理企业税务稽查培训方案》，通过大范围的信息化稽查骨干培训，提高稽查人员信息化理念和实际操作水平，培养一批稽查精英，建立信息化稽查人才库。稽查部门和人教部门、税务干部学校合作开展了信息化稽查骨干班的培训工作。各稽查局选派年轻优秀的稽查骨干参加培训。市局选派10名同志参加国家税务总局举办的信息化管理企业税务稽查培训。两项培训共计培养50多名信息化稽查骨干人员。

整合资源，全员普及。稽查部门参与人教部门、税务干部学校相关培训工作，在年度专项检查培训班、新转入稽查战线的公务员培训班以及稽查科所长培训班等项目中，均将信息化管理企业税务稽查作为培训主要内容，重点讲解信息化查账理念、方法、技巧，同时结合稽查案例演示。各稽查局也充分利用自身资源，或外聘师资、或组织本局稽查骨干，自行开展信息化稽查培训普及工作。

三、保障服务提供推力

采购软件，打造利器。经过规范的政府采购程序，一方面要求前期已配备查账软件的稽查局先行开展信息化管理企业税务稽查试点工作；另一方面，稽查、财务和征管等部门紧密配合，准备税务稽查软件的商务谈判资料，于2010年6月与软件公司完成商务谈判，7月中旬完成软件采购并下发至各稽查局使用。目前全市共有100余套查账软件投入使用，稳步推进信息化管理企业税务稽查工作。

配置资源，规范操作。上海市税务稽查部门在稽查经费安排上适度向信息化管理企业税务稽查工作倾斜，编制年度单项预算，确保信息化稽查工作所需电脑设备、软件等配置到位。2010年，信息化管理企业税务稽查专用设备推广面已达30%。为加强执法统一性，规避执法风险，上海市税务稽查部门建立信息化管理企业税务稽查操作规范，统一执法文书，从数据采集、软件运用、数据分析、电子证据的固定、资产管理及信息安全管理等方面予以规范，降低执法风险。同时强调信息安全，在稽查过程中保证专机专用、专盘专用，严禁内外网互联，为企业数据保密。

四、因地制宜释放能力

先易后难，合理选择。首先选择规模适中，遵从度较高、税企关系融洽的企业进行练兵，熟悉企业的信息化管理环境，尝试运用各种技术手段采集和分析企业的各类数据。待稽查人员有了一定的信息化稽查经验，再选择一些举报案源、纳税评估移送案源、专项检查案源等案件开展全面信息化稽查。宝山区税务局稽查局初步选择一两家比较规范的上市连锁餐饮企业开展练兵，熟悉了餐饮业的经营模式和信息化管理模式后，对餐饮行业、娱乐行业中涉税疑点较大的23户企业，开展突击执法检查，制订较为翔实的工作方案，明确实地调查、调取数据、现场检查、调取检查年度相关资料等具体工作步骤，通过利用查账软件强大的数据采集功能和涉税分析功能，发现企业业务数据和申报数据之间的较大差异，查补税款1000余万元。

新老结合，优势互补。除了大力培养信息化管理企业税务稽查专业骨干外，在实际工作中，注重稽查人员的组合，实现优势互补。由参加过信息化稽查培训的年轻同志搭配富有检查经验的老同志组成信息化稽查小组，发挥老同志在会计业务、稽查手段上的优势和年轻同志在计算机方面的特长。如松江区税务局稽查局、金山区税务局稽查局，成立信息化管理企业税务稽查工作小组，由稽查局局长任组长，成员由综合科、案件审理科、信息技术科、财务科、检查科、所长以及业务骨干组成，合理调配资源，形成稽查合力。在案件查处过程中，各方紧密配合，各司其职、发挥专长，及时取得涉嫌企业隐匿销售收入、账外经营的证据，充分展现了稽查的打击力和威慑力。

协查布网，警税合作。在案件检查过程中，充分利用国家税务总局V3.1协查系统。例如在一起增值税专用发票案件中，市直属第四稽查局将疑点企业的涉嫌违法发票数据信息2000余条导入协查系统，向对应省市主管税务机关发出协查通知，涉及百余户企业，金额22亿元左右。随后对疑点发票进行分析、筛选、比对，按地区开票量及开票金额，结合网上协查结果抽取了受票方集中城市的16户企业进行分析。对本地涉案开票企业按照"发票走向—货物走向—资金走向—业务联系人"的循线检查思路开展内查外调，固定涉嫌犯罪线索；对外省市的受票企业采取"先简后繁，先易后难，先近后远"的原则，重点选取部分企业赴当地核实实际交易情况，掌握了部分案件细节，证实了相关犯罪嫌疑人之间的联系，剖析案情，形成重大案件疑点分析报告。同时税务稽查人员根据案情需要，提请公安机关介入，必要时立案侦查，税务机关与公安机关密切配合，形成打击合力，确定税警协作成立专案组开展专项行动，奔赴深圳、汕头、西安、无锡等地，成功抓获部分犯罪嫌疑人，阶段性成果显著。

五、取长补短增添动力

交流学习，共同提高。对外邀请审计署驻上海特派办的审计专家，给稽查人员介绍审计人员在信息化审计查账方面的经验；派员外出考察，学习兄弟省市信息化管理企业税务稽查的先进经验。对内加强调研督导，实地走访直属第五稽查局、宝山、浦东、奉贤、崇明、青浦等稽查局，收集各单位推进计划以及工作中遇到的难点，加以研究分析，提出解决方法和措施，帮助稽查局顺利开展工作。组织召开信息化管理企业税务稽查工作推进会，互相学习借鉴、取长补短。

评比考核，汇编案例。市局在年初下达考核内容及指标，从总体组织安排、检查数量和检查质量三方面进行考核：在数量考核方面，全市安排的检查信息化管理企业计划不低于122户；在质量考核方面，要求各稽查局上报两篇案例进行评比。通过案例评比，一方面指引各稽查局按照评比标准，加大信息化管理企业税务稽查的深度；另一方面，挑选出10篇优秀案例，汇编《信息化管理企业税务稽查案例集》，供基层稽查干部学习借鉴。在此项活动中，直属第五稽查局、宝山、松江、奉贤区税务局稽查局被授予优秀组织奖。

（作者单位：上海市国家（地方）税务局稽查处）

另一座尚待挖掘的"露天金矿"

——上市公司资本运作相关收益纳税情况调研

陈日生　何家奎

一、基本情况

2010年6月上旬，江苏省地税局稽查局安排专人选择1户上市公司进行"解剖"研究，6月下旬，在上市公司比较集中的南京、苏州等地再选择10户上市公司，对其资本运作相关收益纳税情况进行调研，为便于分析比较，本次调研仅涉及企业所得税和个人所得税。本次调研涉及11户上市公司发生的35起资本运作，其中交易相对方为自然人的有8起，交易相对方为企业的27起，符合免税条件的重组4起，有争议2起，应税的为29起。35起资本运作涉及交易金额182.05亿元，资产增值98.39亿元，涉及税款20.69亿元，其中已交税款1.44亿元，存在争议的税款金额为9.67亿元，应补税款9.58亿元。

二、上市公司资本运作相关收益的特点

通过调研发现，上市公司资本运作相关收益情况有以下特点：一是交易类型集中。本次调研的11户上市企业发生的35起资本运作主要表现为资产收购和股权收购两种类型，其中资产收购7起，

股权收购28起。二是增值金额巨大。交易金额达到182.05亿元，增值额达到98.39亿元，平均每起交易金额5.20亿元，平均每起交易收益近2.80亿元，平均增值幅度约为53.89%。如本次调研苏宁环球股份有限公司向张桂平、张康黎定向增发涉及金额50.95亿元，资产增值48.36亿元，增值了1862.70%。三是资产增值收益大多归属非上市公司，呈现出明显的非对称性。主要是向上市公司出售资产的单位或个人获取了巨额的增值收益，35起资本运作的交易行为中发生增值的有30起，其中只有6起是上市公司出售的资产发生增值，其余24起都是非上市公司获取增值收益。

三、上市公司资本运作相关收益纳税情况及成因分析

上市公司资本运作相关收益申报纳税数额与其巨额收益明显不成比例，该领域纳税情况不容乐观。本次调研的35起资本运作的交易行为中，符合免税重组条件的有4起，存在纳税争议的2起，应进行纳税申报的为29起。应进行纳税申报的资本运作涉及企业纳税人25户、自然人4人，其中10户企业和1名自然人未申报纳税，占应申报数的37.93%；上述纳税人共获得应税投资收益49.75亿元，应交税款11.02亿元，其中38.64亿元收益未进行纳税申报，占应申报纳税收益的77.67%，未申报税款9.58亿元，占应交税款的86.97%；此外尚有两次资本重组存在纳税争议，涉及交易金额50.95亿元，增值额48.36亿元，税款9.67亿元。

经调研发现上市公司资本运作相关收益税收流失的表现形式比较单一，都体现为不进行税务处理、不进行纳税申报。导致纳税人不依法申报纳税的原因主要有以下方面：

一是存在税收监管盲点。税务机关对此大多不了解，不关注，对资本市场的运作方式和政策不精通。调研发现基层税务机关长期以来对上市公司涉税监管存在迷信心态和畏难情绪，盲目相信上市公司资本运作各方的纳税遵从意识，对上市公司纳税情况监管尤其是对资本收益方面的纳税情况监管存在畏难情绪。

二是纳税人对相关税收政策不了解等原因导致税收遵从度低。调研发现很多企业对国家税务总局关于企业重组的税收政策不了解，在企业重组过程中未能充分考虑税收因素，导致交易方式未达到免税条件而应补交相应税款。在未进行申报的企业纳税人中，有7户纳税人因为非股权支付比例不达标要进行补税，还有1户企业因为未进行免税重组备案申报导致需要补税。

三是地方政府介入导致税款难以征收。如调研涉及的南通和苏州某上市公司，地方政府出于地方利益对上市公司给予特殊照顾，甚至有个别地方在企业“保壳”重组中，以会议纪要的形式要求税务机关暂缓征收。

四是上市公司资本运作相关收益存在税收政策盲区。调研发现部分个人投资者以其持有的非上市公司股权经评估增值后认购上市公司非公开发行的普通股，对此若适用《国家税务总局关于非货币性资产评估增值暂不征收个人所得税的批复》（国税函〔2005〕319号）规定，将导致这部分税款无法征收。根据该文件规定个人投资者非货币资产评估增值取得的所得暂不征收个人所得税，在投资收回、转让或清算股权时如有所得，再按规定征收个人所得税。但个人投资者通过定向增发认购的上市公司普通股再次转让后属于在证券市场上买卖上市公司股票，按照财税〔1998〕61号文件再次转让所得应该免税。如本次调研涉及的苏宁环球股份有限公司向张桂平、张康黎定向增发涉及金额50.95亿元，资产增值48.36亿元，涉及个人所得税9.67亿元。

四、关于加强上市公司资本运作相关收益税收管理的建议

上市公司资本运作相关收益的税收管理亟待加强，各级税务机关若不及时行动可能会导致部分税款永久流失。第一，调研发现部分资本运作交易行为发生时间较早，若不及时追缴将会超过追溯时限；第二，从前期调研的企业来看，有部分未申报纳税的企业已办理注销登记或正准备办理注销手续，若不及时追缴税款，待这部分企业转移收入或注销解散，将加大追缴税款难度；第三，对这部分税款流失，税务机关若加强征管会事半功倍。上市公司发生的重大重组或资产交易通常都会进行公告并详细披露，税务机关只需对公告事项进行研究并与企业纳税申报信息进行比对，即可对这部分税源做到有效监控。

（一）完善税收政策，消除政策盲区

建议国家税务总局明确《国家税务总局关于非货币性资产评估增值暂不征收个人所得税的批

复》（国税函〔2005〕319 号）不适用于个人以非现金资产参与上市公司非公开发行的情形，个人投资者此时需以非公开发行取得的普通股的公允价值或发行价核算投资收益并申报纳税。

（二）进行专项部署，保障税收收入

为维护税法尊严、保障财政收入、构建和谐公平的竞争环境，建议组织针对上市公司资本运作相关收益纳税情况的专项检查。检查范围涵盖资产收购和股权收购，检查重点放在非上市公司的交易方，组织方式为全国联动，由上市公司主管税务机关负责梳理相关交易，由纳税义务人主管税务机关负责税款追缴。

（三）深化部门协作，加强日常监管

由于上市公司资本运作发生频率较高，且数额巨大，税源丰富，税收征管部门应将其列为管理重点，通过采取综合征管措施变监管的“盲点”为监管“重点”。一是建立上市公司资本运作档案，掌握基础信息。二是加强部门协作，多方获取信息。通过强化与工商、证券监管部门的协作，对交易行为实行全程监控。三是加强政策宣传，促进主动申报。

（作者单位：江苏省地方税务局稽查局）

实施“分级分类”稽查的几点思考

王黎明

“分级分类”稽查，是近年来国家税务总局借鉴国外税务稽查经验，并结合我国税务稽查实践而正在积极探索的一种稽查方式。国家税务总局于2006 年提出“合理分类、分级稽查、确定比例”的“分级分类”稽查原则，并于 2007、2008 年在全国范围内开展“分级分类”稽查试点工作；2009 年在新修订的《税务稽查工作规程》中明确提出了在省、自治区、直辖市和计划单列市以下的税务稽查局中实行涉税案件“分级分类”稽查管理的规定；《2010 年全国税务稽查工作要点》中明确要求各地要紧密结合税收违法案件查处、税收专项检查、税收专项整治等相关工作，全面实施“分级分类”稽查办法。

一、“分级分类”稽查的基本含义

“分级分类”稽查，包含“分级”与“分类”两方面含义，是指不同层级的税务稽查局分别负责对不同类别的纳税人实施税务稽查工作的一种税务稽查方式。

所谓“分级”，是指将税务稽查机构根据实现特定稽查工作目标需要而划分为若干层级。目前，在浙江省国税稽查工作实践中，经过不断的改革完善，形成了省、市、县三个层级的稽查机构，负责各自辖区内的税务稽查工作。将不同类别纳税人作为不同层级稽查机构的稽查对象。

所谓“分类”，是指将纳税人按一定标准区分为不同的类别。如何科学合理地确定纳税人的分类标准，是“分级分类”稽查得以顺利推行并取得实效的关键。目前主要有以下分类方法：

一是按照纳税人的生产经营规模、纳税额大小等标准进行分类，将纳税人分为大、中、小型三类企业。

二是按照税收风险高低将纳税人划分不同等级。通过对不同规模、不同行业、不同性质纳税人涉税违法行为发生的概率大小进行综合分析后，将纳税人划分为不同类别。

二、“分级分类”稽查在浙江省国税稽查中的实践与成效

（一）“分级分类”稽查的探索与实践

2000 年初，省国税局根据浙江实际开展重点税源稽查监控工作。2005 年，省局稽查局开始对举报案件实施“下查一级”，初步形成一套工作机制，获得国家税务总局稽查局的肯定。在此基础上，全省各地尝试对税收专项检查实行“分级分类”稽查工作机制，为今后实施真正意义上的“分级分类”稽查积累了一定经验：

一是对涉税举报案件采取“下查一级”的方法。2006 年省局研究下发《浙江省国家税务局涉税举报案件“下查一级”管理暂行办法》，规定：

“凡举报市地局本级管辖的企业，由省局直接组织力量查处；凡举报县市局管辖的企业，由市地局直接组织力量查处”。从而推进涉税违法案件的查处工作，较好地解决了当地人情网、关系网和行政干扰的问题，重复举报、对检查不满意的情况明显地减少。有效地增强了稽查执法的刚性，提高了税务稽查的威慑力。2006～2009年，浙江省共“下查一级”举报案件934件，共查补收入7.70亿元，查处涉案税额在100万元以上大要案79件。其中，省局组织力量对地市一级的146户企业开展直接检查，查补收入达3.80亿元。目前正逐步将“下查一级”拓展到税收专项检查和大要案查处工作中。

二是对重点税源企业由省局统一部署开展检查。为了加强对省、市、县三级重点税源监控力度，2000年初，省局根据浙江实际提出对重点税源开展稽查监控的设想，即省局每年集中选择年纳国税税额在100万元以上的具有行业、地区代表性的骨干企业1000户，作为纳税大户税收调查、检查对象，并将检查企业名单下发给各地各级稽查部门。2002年起又将全省年销售收入在5000万元以上增值税税负偏低企业列入重点稽查监控企业范围。2009年筛选了2008年度纳税额在1000万元以上的税负异常且3年以上未实施税务检查的100户重点税源企业统一部署检查，查补税款1.76亿元。2010年从2009年入库税额总量在全省或市、县属前列的重点税源企业中，筛选出税负异常且长期未实施税务检查的第一批100户企业对其2006～2009年的税款申报和缴纳情况开展自查、辅导自查、重点检查工作，补缴入库税款1.19亿元。

三是对有严重涉税违法企业实施税务稽查重点监控。2001年省局制定并下发《税务稽查重点监控企业管理暂行办法》，国税机关将日常稽查、专项稽查、专案稽查、协查工作中发现的涉税案件及其他违规处罚情况记录在纳税人档案中，并对其进行税收重点监控管理。《办法》规定，纳税人有下列3种情形之一的，一律列入税务稽查重点监控名单，由国税稽查部门以及其他相关国税部门对其实施重点监控管理：(1) 纳税人1年内在日常征管和税务稽查工作中发现有涉税违法违规行为，且受到国税机关两次以上（含两次）行政处罚的；(2) 检查发现有偷税、骗税、抗税行为的，且偷、骗税税额在30万元以上或者偷税税额占当期应纳税额30%以上的；(3) 检查发现有未按规定保管和使用发票行为且情节严重等情况的增值税一般纳税人。自2001年起，省局尝试每年从重点监控企业信息库中筛选若干户符合上述标准的企业组织开展重点稽查监控企业税收专项检查，有效加大了对屡查屡犯的企业的管理和打击力度。

（二）“分级分类”稽查的组织形式

1. “下查一级”。即由检查责任单位直接组织检查人员对下级国税局所辖企业实施检查的一种组织形式。一般适用于专案检查，成立专案检查组，检查组人员要求必须是省、市稽查人才库人员组成，组长由检查实施单位一名副局长担任。省局“下查一级”检查人员从各市稽查局骨干中抽调；各市“下查一级”检查人员一般为市本级稽查局骨干，也有从县级稽查局中抽调的。

2. 交叉检查。即由检查责任单位统一抽调下级稽查局人员，组成若干检查组，对不同地区的案件实施检查的一种“分级分类”检查组织形式。一般适用于专项检查或涉及面较广的重大协查案件。检查时间也较为集中，每年一至两次。

3. 督查。即由案件所在地稽查局实施检查，由上级稽查局派专门人员督促办理的一种“分级分类”检查的组织形式。一般适用于案件性质较为轻微或数量较多的情况。对经检查发现案情复杂、影响较广或检查单位组织不力的情况，可由上级稽查局直接实施“下查一级”。

（三）分类分级稽查的入库方式

1. 上级检查，上级入库。即由上级稽查局组织对案件实施检查，检查所使用文书以上级稽查局名义下达，检查结束后由上级稽查局审理并直接入库。案件在CTAIS中由上级稽查局录入，被检查单位在CTAIS中以临时纳税户形式设立，浙江省台州等经费独立的市级稽查局大都实行此种方式。

2. 上级检查，下级入库。即由上级稽查局组织对案件实施检查，检查所使用文书以上级稽查局名义下达，检查结束后由上级稽查局审理，审结后由被检查单位所在地稽查局入库。案件在CTAIS中由上级稽查局录入，直接入库，税款、罚款、滞纳金自动流转，县级核算。浙江省湖州等个别市级稽查局实施这种方式。

3. 下级检查，下级入库。即由上级稽查局组织对案件实施检查，检查所使用文书以被检查单位所在地稽查局名义下达，检查结束后由上级稽查局审理，审结后由被检查单位所在地稽查局入库。案件在CTAIS中由下级稽查局录入，下级入库。目前，省局稽查局和大部分市级稽查局都采取这种方式。

三、“分级分类”稽查中存在的问题

（一）现有稽查机构模式的力量配备状况与“分级分类”稽查要求难以匹配

就现阶段省、市、县三级稽查机构现状而言，人员与任务呈“金字塔”形（即省级稽查局人员最少，主要负责全省日常稽查工作的管理、协调工作，基本不开展案件查处工作。市、县两级则人员相对较多，承担着繁杂的日常稽查工作）。几年来，省局稽查局更多的是采取从下级稽查局抽调人员组织检查组的形式开展对大型企业的检查，省局稽查局尚未担负“直接检查”任务。如果真正全面实行“分级分类”稽查模式，省、市一级的日常检查工作量必将大幅增加，同时对检查人员的各项素质提出了更高的要求。在机构人员不到位的前提下，短期内可能会引起一系列的工作冲突与紊乱。

（二）“分级分类”稽查工作稽查成本较高

分类稽查对企业的人为分类所带来的跨地域监控检查，将大幅增加稽查工作的成本压力。相对于省、市级稽查局而言，企业分类后，开展日常稽查工作的横跨面将大幅增大，由此将大幅增加稽查成本，这将是一个必然会发生的难题。

（三）现行的税收管理模式与征管脱节

相对于省、市级两级稽查监控企业而言，由于征管上可能分属不同的管理部门，势必增加稽查与征管部门间的日常工作协调的难度。

（四）税务稽查协作的难度增大

“分级分类”稽查的实施打破了既存的行政地域限制，必然也影响到地方上原有同层次相关职能部门之间的日常工作协作关系。从实践运作来看，由于“分级分类”稽查工作能更多地体现税务稽查刚性、强势的一面，现实中与案发地相关职能部门之间的协作互动关系相对而言并不突出。如果因此就忽视部门协作在“分级分类”稽查工作中的重要性认识，随着工作的深入，一些深层次的问题将会由此而生，并给今后的工作带来被动。同时，大要案件的查处，离不开公安、地税等多部门的横向配合。实施“分级分类”稽查后，省、市级稽查局在横向工作协调上，将会面对不同级次的执法部门如何开展协调配合的问题，相比现行的同级执法部门间的横向协调，不同级次执法部门间的协调配合工作难度势必增大。

（五）管理机制不能适应“分级分类”稽查的需要

目前，全省开展“分级分类”稽查的相关工作机制尚未配套建立。2006年初省局曾制定了《浙江省税收专项检查分级分类稽查实施办法（试行）》，专门对全省税收专项检查工作中实行“分级分类”稽查作出了相关规定，但对整个稽查工作实行“分级分类”稽查的配套管理机制并未及时推出。实际工作中，各地也只是参照《浙江省税收专项检查分级分类稽查实施办法》及其他一些文件规定，并结合省局有关要求开展工作。配套机制的长期缺位，制约了全省“分级分类”稽查工作的深入实施。

（六）具体操作程序不够规范统一

目前，各地开展“分级分类”稽查的做法不尽相同，一些做法如果不及时予以规范，将可能会带来今后工作上的被动。主要反映在个别案件的执法主体与案件查处实际操作主体不完全一致问题、查补收入的入库级次问题、税务检查证与税务文书不配套问题等方面。

四、进一步完善“分级分类”稽查的措施和建议

（一）思想认识需进一步提高

随着征管改革和税收信息化建设的推进，提高稽查管理的集约化程度，实行统一的大稽查势在必行。在现有机构框架下，各级稽查机构应按照“突出重点、高效稽查”的原则，从避免各级稽查部门职责交叉和执法权限重叠，避免内外对稽查执法的干扰，避免对纳税人的重复检查，提高税务稽查对完成税收中心任务的保障力度的高度统一对“分级分类”稽查的认识，巩固“分级分类”稽查的理念，为全面推进“分级分类”稽查奠定扎实的基础。

（二）机构设置应进一步匹配

一是针对浙江省税源分布现状，重点充实省、地（市）两级稽查力量，省局稽查局应承担管理和执法两类基本职责，直接查处国家税务总局督办的重大税收违法案件，督办省内税收违法案件查处，按照国家税务总局部署开展全国重点税源企业本省分支机构的检查工作，开展本省重点税源检查；地（市）局稽查局负责实施本地范围的税收专项检查，查处各类税收违法案件，开展本地范围内的重点税源检查。二是充实一级稽查力量，将一级稽查和“分级分类”稽查有机结合，互相渗透，稳步推进“分级分类”稽查管理。三是根据省局稽查局管理

和检查工作实际，将省局稽查局级别调整为副厅级并一律按直属单位管理，以便于在“分级分类”稽查工作中与其他职能部门有效沟通协调。

（三）管理制度需进一步完善

实行“分级分类”稽查方式，必须建立和完善相关的工作制度，并与现行制度相衔接，稳步推进“分级分类”稽查制度建设。通过完善制度，把“分级分类”稽查纳入正常性和长效性稽查工作范畴。

要结合当前税务稽查的工作实际，制定和完善操作性较强的“分级分类”稽查管理办法，规范“分级分类”稽查工作的开展。一是要划清各级稽查局的检查范围和权限，确定相应级次稽查主体。二是要明确“分级分类”稽查对象的标准和类别，即明确重点税源户标准，对重点税源户按一定标准进行分类。但重点税源企业的划分标准不宜全国“一刀切”，可结合各地区、各行业的实际，由各省、市、区自行确定选择重点税源户作为“分级分类”稽查的对象。三是要原则确定“分级分类”稽查的时限。检查的间隔时间不宜太短，一般以3~5年一个周期较为合适。四是要加强“分级分类”稽查工作的计划性，各级稽查机构要在年初确定名单下达，并报上级稽查局备案。五是要提高稽查选案的准确性，综合考虑纳税遵从度、信用等级评定、上级重点督办案件、纳税总额、纳税排名、纳税负担率等因素，并兼顾被查对象中省、市、县纳税人比例确定。六是要规范“分级分类”稽查的工作流程，增强“分级分类”稽查工作的实效性。特别是要具体明确案件审理和稽查执行环节的工作流程。结合当前税务稽查的实际，案件审理可遵循“哪级检查，哪级审理”原则，稽查执行可按属地原则，将查补税款、滞纳金和罚款就地入库。七是要建立和完善涉税案件督办机制。对于稽查分类后属于上级稽查机构监控，但实际开展税务检查工作时，又受地域、成本等多种因素影响较大的企业，建议可以采取由纳税人所在地税务稽查机构具体实施检查，并由上级稽查部门实施案件督办的方式，加强“分级分类”案件的督办功能，这样既能节约稽查成本，又能加强对案件查处的监控力度。

（四）稽查协作需进一步加强

要进一步加强税务稽查的内外部协作机制，加强“分级分类”稽查的力度。一是要加强稽查机构内部选案、实施、审理、执行四个环节的衔接，合理配备人员，科学安排工作任务，提高稽查效率。二是要加强税务机关内部征收管理、法规等部门的紧密合作。相对于稽查系统“分级分类”稽查形式的推行，国家税务总局可探讨税收征管部门同步试行税收征管的“分级分类”管理。如果税收征管和税务稽查步调一致，就能更好地促进“分类分级”稽查工作的深入开展。加强与法规部门的联系，以便及时获取稽查部门所需的税源资料、政策咨询等方面的信息。三是要加强与地税、公安、工商、海关、金融等外部部门的沟通协作，及时获得信息，相互配合，为推进“分级分类”稽查开拓外部执法环境。

通过建立和完善案源移送、情况通报以及配合迅速有力的稽查管理协作体系，形成上下优势互补、相互促进、相互协作的统一整体，促进“分级分类”稽查的顺利开展。

（五）信息资源需进一步共享

信息技术的应用是实施“分级分类”稽查的技术保障，为了充分发挥信息技术的作用，须建立和完善重点税源数据库，告别数据采集整理、对比分析等手工操作，节约人力、物力和财力，提高数据质量和分析功能，提高工作效率。要建立和完善以纳税人为主体的重点税源数据库，搭建反映各种业务情况的综合业务数据分析等“分级分类”稽查信息化管理平台，汇总各行业、各企业的数据，对各行业、各企业不同时期数据进行纵向统计分析，对同行业的企业根据控制指标进行横向对比分析，自动生成疑点清册，及时为“分级分类”稽查管理提供数据信息，提高稽查选案准确性，为实施“分级分类”稽查提供良好的技术保障。同时，要逐步实现与工商、银行、海关、财政、统计等部门的信息共享，使税务稽查采集到的信息充分、及时，从而更好地发挥分析效能。

（六）资源配置需进一步整合

一是优化人力资源配置。要结合轮岗换岗，把德才兼备，能查善管的年轻优秀人才调整选拔到稽查岗位，配强、配足、配优稽查队伍。二是强化“分级分类”稽查考核机制。对“分级分类”稽查工作的组织形式、检查模式、入库方式进行统一规定，对稽查系统开展“分级分类”稽查情况进行量化考核，并在经费上予以保障。三是建立“分级分类”培训机制。按不同级次和培训对象不同的能级、类别要求，分级负责，有层次地展开培训，努力提高稽查人员在财务、法律、计算机技术等各方面的综合执法素质，为新时期的税务稽查工作提供组织保障。省局需承担组织开展针对法律、会计电算化、税收政策的专题性培训，加强稽查干部的税收政策水平、法律素质、查账技能和计算机运用水平；还要加强行业人才的培养，加强与重点税源企业检查和税收专项检查的结合，开展有针对性的培训工作，按不同方向培训各类案件查处的专门人才。四是要加强稽查干部队伍建设。要继续挖掘现有稽查人才优势，激励大多数检查人员出实绩，努力做到使更多的稽查人员在稽查实战中提高自己的技能，顺应“分级分类”稽查工作的现实需要。

（作者单位：浙江省国家税务局稽查局）

税务集约稽查问题研究

肖　磊

一、构建税务稽查集约管理模式的现实背景

（一）国税稽查管理现状促使安徽国税尝试转变稽查工作方式

安徽国税职能的履行受到执法体制、执法环境、执法意识和执法水平的综合影响，存在着不尽完善的地方：

1. 稽查体制制约稽查职能的充分发挥，削弱税务稽查执法刚性。

一是“横向”易受同级税务机关和地方的干扰和牵制；二是“纵向”受行政管辖制约，不利于单向加大稽查执法资源的垂直投入和独立行使税务稽查权。

2. 税务稽查执法环境不同致使稽查执法力度不一，直接影响税收执法的公正。

3. 税收集中度和稽查力量分布之间的配比不均衡，稽查查补收入贡献程度存在差异。

4. 税务稽查职能机构多重设置，检查一线人力不足造成税务稽查执法工作被动。

5. 稽查执法风险观念和风险意识模糊，使得稽查执法人员能力弱化。

（二）从管理学理论上分析，集约化管理是现代组织提高效率与效益的基本取向

集约化管理包含以下要素：

一是以业务流程改革为核心。二是利用信息技术缩小管理时空，增强应变能力。三是机构整合扁平化。集约化目的是实现效益的最大化，对于效益低、设置没有必要且从今后看缺乏发展前景的机构，予以撤销和压缩。四是优化资源配置，提高经营回报。集中管理，业务统一管理，人员在一定层次上统一管理，适当流动，增加员工的紧迫感，调动积极性；统一标准。五是顺应社会经济需求，不断发展业务能力。

二、安徽国税对集约稽查管理的探索

（一）集约稽查管理的实践模式

自2009年始，安徽国税部门积极探索集约稽查模式。其核心是通过机构、业务和资源的集中，减少管理层级，实现稽查管理的扁平化，降低管理成本，实现信息共享、资源共用，发挥稽查资源最大效益。集约稽查除了重视办案设备等硬件的优化外，更重视税务稽查的组织结构、管理理念、用人机制、资源配置、工作流程等软件优化。安徽国税依据国家税务总局稽查规程，在实践的基础上初步探索并提炼出目前稽查体制下的集约管理模型（详见图2－1）。

（二）实行集约稽查后稽查工作呈现的特点（详见图2－2）

1. 重新整合资源，实现优化配置

2009年，安徽省国税局推行集约稽查，共抽调各地检查人员5批116人次，集中对煤炭、电力、金融保险、出口贸易行业开展检查，各市局也在本市范围内统一抽调人员有针对性地开展检查工作。其中芜湖市国税局在全市范围内组织机关业务科室、税源管理部门、稽查部门业务骨干开展专项检查。池州、亳州等地以市级稽查人才库建设为平台，强化人员调度管理，统一配发全市范围内的检查证，同时明确县级稽查局调整人员应征求市级稽查局意见。蚌埠市国税局出台了《稽查局工作人员交流调整办法》，每年从各区（县）选拔1名业务骨干与稽查局人员交流工作岗位，充实稽查队伍。

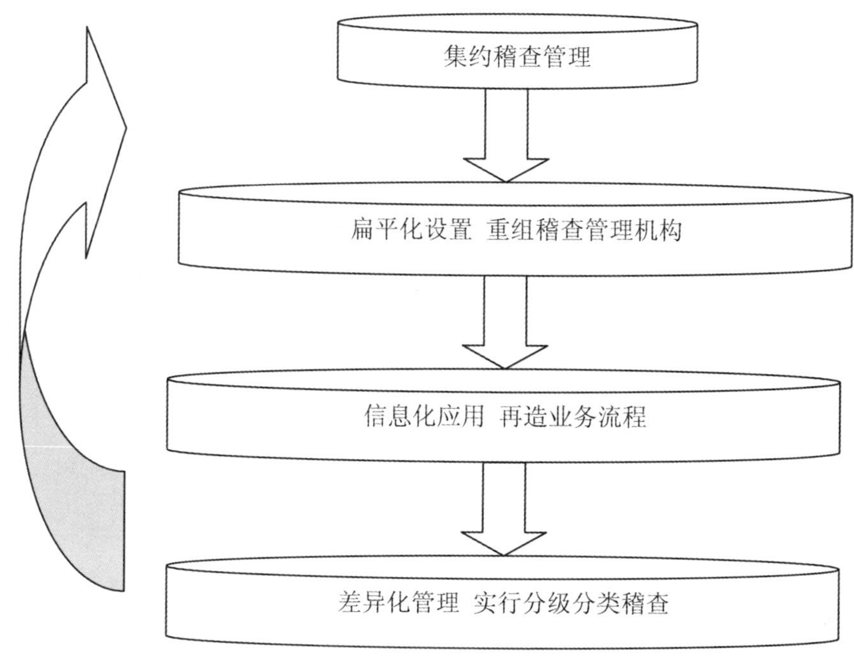

图 2－1　安徽国税税务稽查集约管理模型

2. 管理层级扁平化，相对集中执法

通过稽查执法权的重新设置，建立“人员统一调配，案源统一管理，检查统一实施，案件统一审理”的稽查工作新模式，实现县局稽查业务向市局的集中，市局稽查业务向省局的集中。通过实行“分级分类”稽查，实行全省、全市联动稽查和异地交叉稽查，实行涉税违法案件交叉稽查，健全省局、市局跨区域稽查办案的指挥协调办案机制。

3. 创新检查方式，信息化再造业务流程

安徽国税稽查部门依托 CTAIS 稽查模块数据，实现信息共享、资源共用，加大数据的分析利用，建立案源管理、检查实施、审理执行、领导督办等实际办案进度信息，以实现对稽查案件的流程管理、进度掌控和资源共享。强化对重点税源的监控力度，减少重大税收流失。

4. 统一执法标准，降低成本风险

通过确立上级稽查局对下级稽查局的承办案件指挥权，扩大上级稽查局直接组织办案范围，从稽查工作体制上强化上级稽查局对下级稽查局的执法监督力度。通过实施集中选案、统一审案，提高选案质量，统一政策适用，减少错案发生，统一处理处罚口径，促进执法更加规范，进一步降低稽查执法风险。

（三）推进集约稽查所取得的成效

1. 集约稽查转变工作方式，有效促进稽查查补收入实现新突破

在保持 2008 年人力、物力等稽查资源基本不变的情况下，通过转变工作方式，实施集约稽查，2009 年实现查补收入 14.81 亿元，同比翻了一番，占全省国税收入总量 738 亿元的 2% 以上。在 2010 年全国税务稽查工作会议上，安徽国税部门重点税源检查、税收专项检查、打击发票违法犯罪三项重点工作受到国家税务总局通报表扬。

2. 集约稽查集中优势人力资源、减少层级管理，有效提升稽查工作质效

安徽省国税局稽查局充分发挥“龙头”作用，通过整合稽查资源，减少管理层级，集中全省骨干力量，实现稽查人员在全省范围内统一调度和合理配置，部署项目化稽查，组织开展异地交叉稽查、集中解剖式检查及跨地区大要案件的统一查处，有效缓解了稽查力量不均衡的现状。2009 年以来国税稽查人均查补数、选案准确率与往年同比大幅攀升（详见图 2－3）。

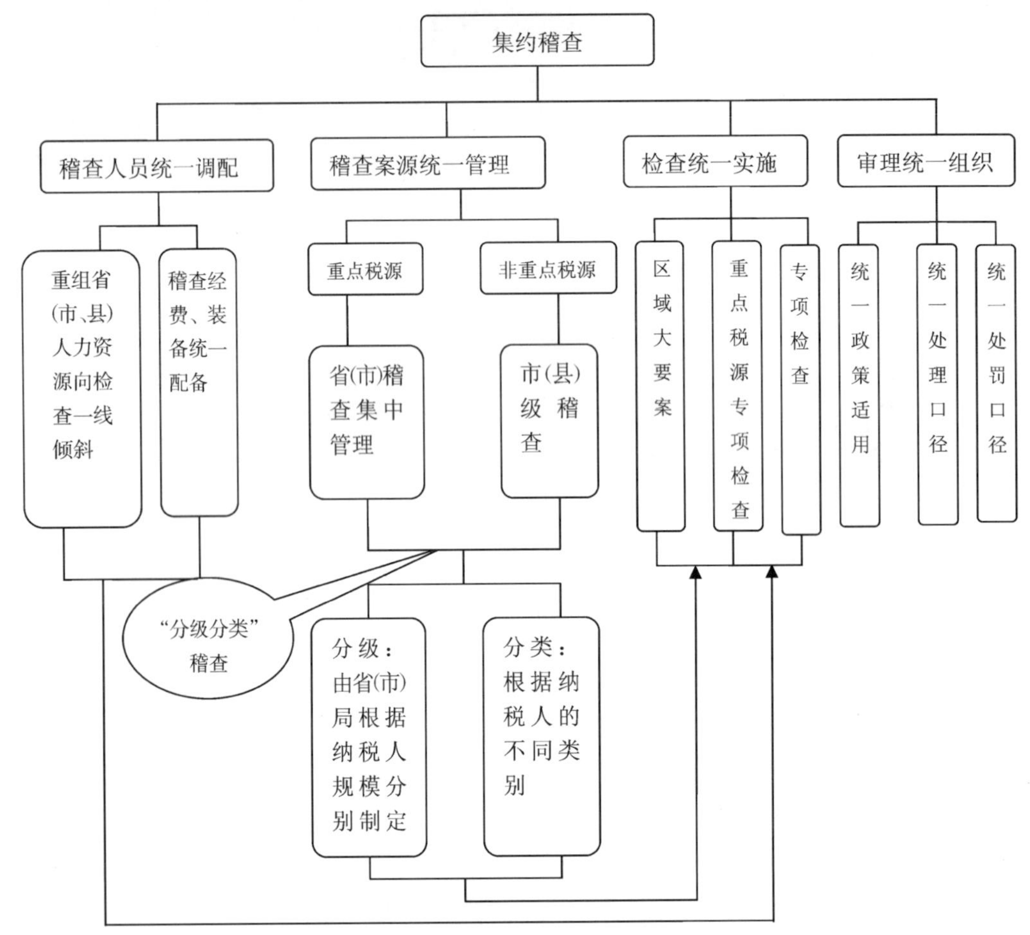

图2－2　安徽国税集约稽查管理流程示意图

3. 集约稽查创新办案方式，实现专业化稽查，有效节约稽查成本

安徽国税在推行集约稽查中，注重研究涉税违法行为的新动向、新规律。一方面对查账技巧进行动态总结和归纳；另一方面进一步加强案例库的建设，推进典型案例的增值利用，制定切实可行的检查预案和办案方法，在查办大要案、专项检查、专项整治中凸显稽查软实力。加强稽查办案经费管理，使经费向工作最得力、成绩最突出、效果最明显、办案最需要的地区倾斜，使资源得到有效利用。

4. 集约稽查持续提高纳税遵从度，有效化解稽查执法风险

一是完善和推广查前告知、查中限时、检查辅导、约谈自查、查后建议、稽查回访等做法，探索稽查执法优质服务的方式和途径，提升纳税遵从度；二是抓好重点环节和重点人员的监督制约，建立和完善执法过错预警和追究机制，把稽查执法风险控制到最低程度。

三、全省集约稽查模式的构建与实现

（一）更新理念：即更新稽查工作理念，把握税务稽查集约管理的本质要求

首先，要了解集约稽查管理的根本要求。就是要按照有利于提高纳税遵从，有利于保证税收中心任务的完成，有利于保护纳税人的合法权益的原则，用发展的眼光思考问题、认识问题和解决问题，从而带动税务稽查工作整体水平的提升①。其

① 资料来源：《国家税务总局情况通报》2009年第6期。

次，要认识到推行集约稽查管理是一项全面、系统的改革。推行集约稽查管理，并不是单纯地撤并机构、调配人员，而是涉及整个税收稽查业务、工作流程、机构职责、人力资源等方方面面的重组优化。第三，要明确推行集约稽查管理的总体思路。

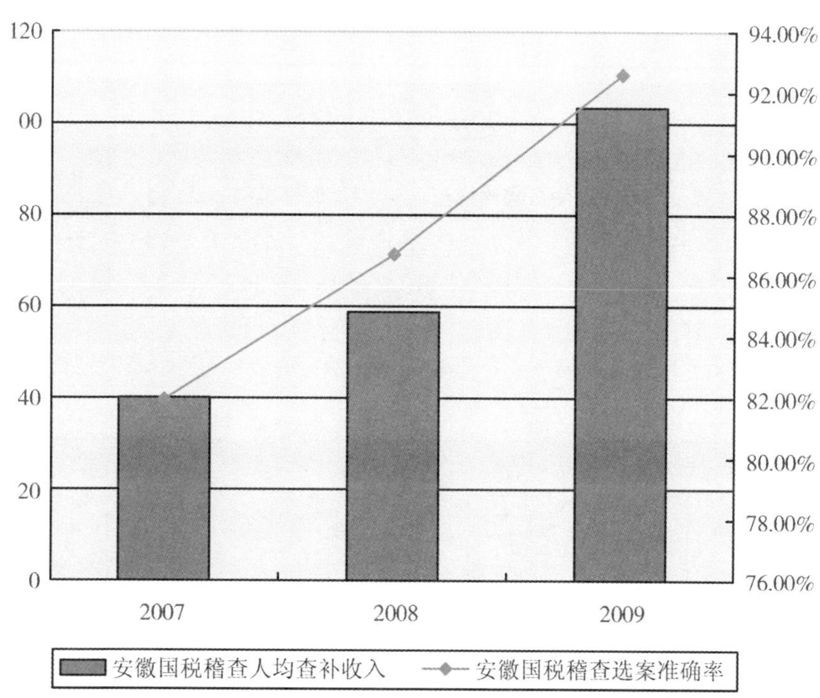

图 2－3　安徽国税 2007～2009 年国税稽查人均查补收入、稽查选案准确率示意图

（二）科学配置：即科学配置扁平化的集约稽查组织，构建“规模加行业”差异化管理的“分级分类”稽查管理体系

根据税务稽查工作的现状，推进“分级分类”稽查的重点：一是根据“分级分类”稽查的工作需要，打破行政区划根据重点税源的分布情况探索建立省一级稽查体制，设置跨区稽查机构，适时调整各级稽查局的人员力量，上收稽查执法权。二是要加大对重点税源和重大税收违法案件由省局稽查局直接组织实施稽查的力度，逐步实现全省省级监控重点税源企业全部直接由省局稽查局组织稽查。县级税务稽查局的稽查工作要向地（市）级税务局所属稽查局集中，县域内的重点税源企业由地（市）级税务局所属稽查局负责稽查，县局撤销稽查局，省、跨市、市级稽查局成为稽查管理实体（详见图 2－4）。三是实行“分级分类”稽查。跨市稽查局既可按行业设置，或按行政区域设置，直接负责本省范围内省级监控重点税源户、外商投资企业、上市公司和重大举报案件的检查。17 个市级稽查局负责本市范围内的除省局直接检查的重点税源企业以外其他户的检查，实施本市范围内的专项检查和查处各类税收违法案件。区分全省重点税源分布、办案任务和纳税户数等情况，借鉴发达国家不断增强税务稽查人员的配置方法，合理优化能够胜任检查任务的跨市和市级稽查人员的人员结构，以此设想稽查人员在专业化的基础上较目前人员配置优化精简 16.3%。

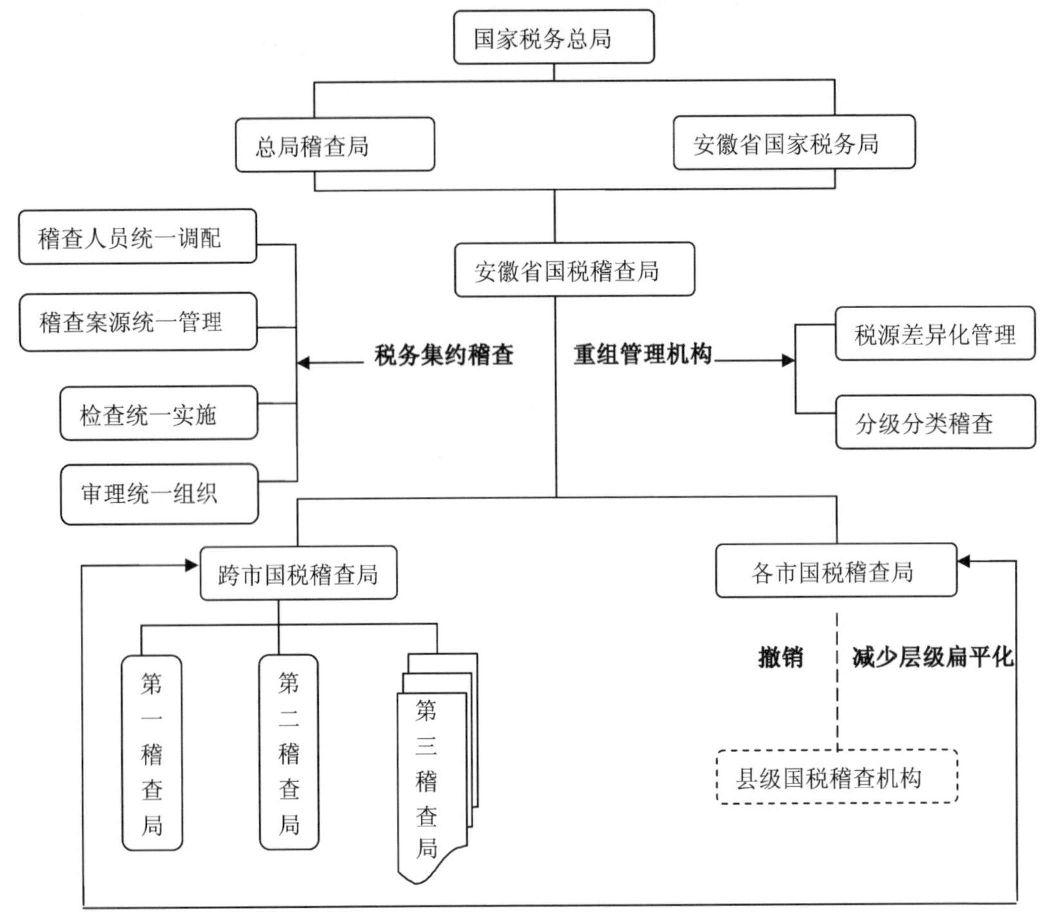

图 2-4　集约稽查重组稽查管理机构后的组织架构示意图
（按税源类别和监控层级划分稽查范围）

（三）信息应用：即加强资源整合，建立以稽查业务工作流程为主导的全省“信息稽查”管理平台

目前安徽国税稽查按照金税三期工程总体目标和要求，构想依托“信息管税”实现“两步走”，充分发挥各类信息数据对税务集约稽查的支持作用：第一步是税务稽查案源管理信息化，通过整合税务稽查举报系统、税务稽查管理信息系统与CTAIS的交叉功能，同时充分利用征管信息和第三方信息开展案源分析工作，提升稽查案源管理信息化应用水平（详见图2-5）；第二步是积极探索集约稽查管理工作流程，通过充分利用现代科技成果，依托信息网络建立全省统一的案情通报、信息传递和稽查运行状态省级集中的稽查监控制度，以此来加强对税收稽查运行状态的宏观和微观监控，特别是强化对稽查任务、稽查环节、稽查案件分布、稽查进度、稽查风险的监控。应用税务稽查执法考核、执法监察等信息系统，对税务稽查工作进行绩效考核和执法监察，用数据说话、以程序为准，避免人工作业条件下税收执法的随意性，提高选案准确率和完善协查机制，及时发现重大税收流失问题，统一配置使用现有的稽查力量，探索集约“信息稽查”管理的科学方法（详见图2-6）。

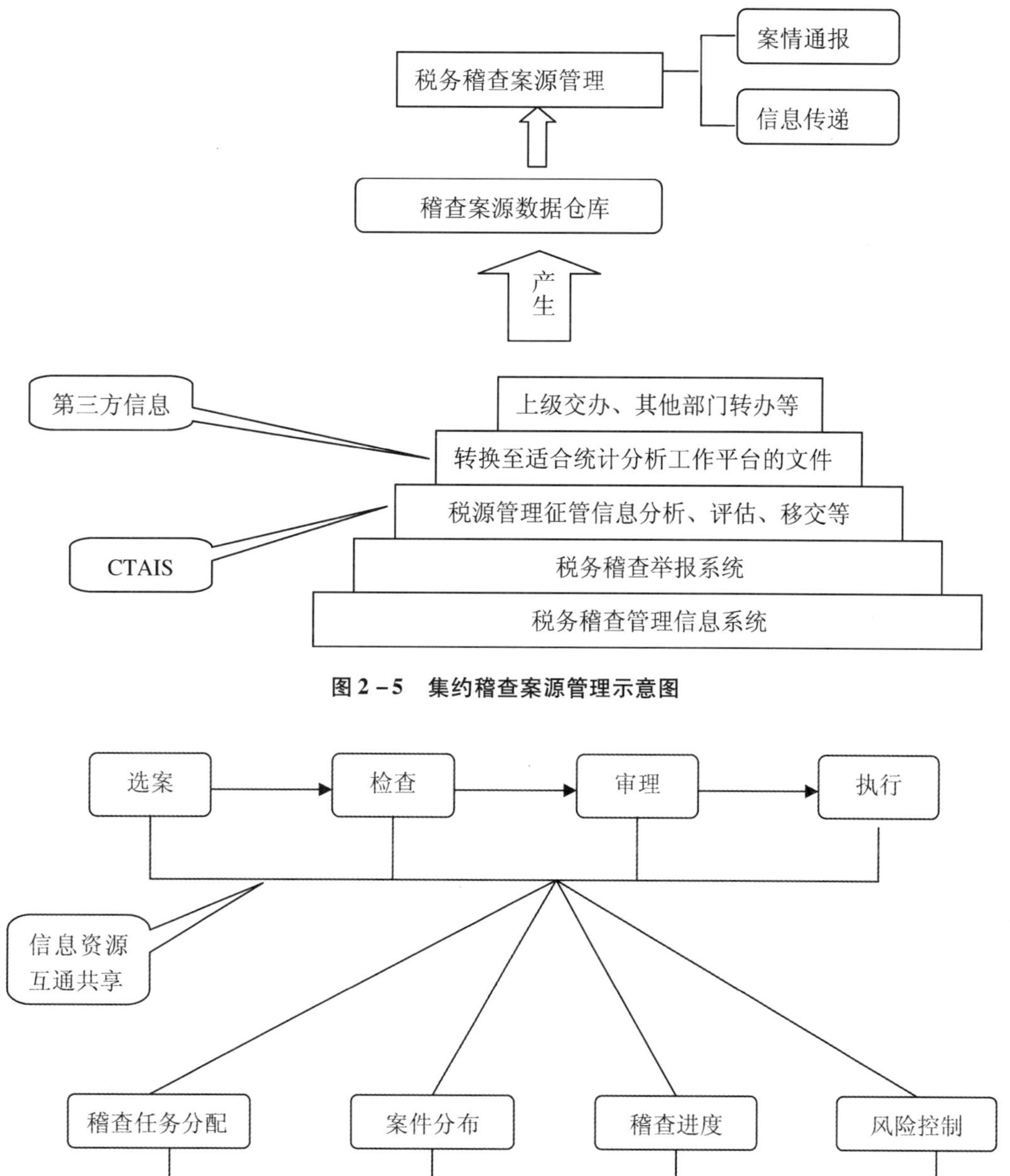

图 2－5　集约稽查案源管理示意图

图 2－6　集约稽查管理信息管理工作流程

（各环节实施流程监控、考核）

（四）风险防范：即严格执法和优化服务相结合，进一步提高纳税遵从度，降低税务稽查执法成本，化解稽查执法风险

税务稽查一方面要通过严格规范执法从根本上杜绝执法风险的产生；另一方面认真分析各项业务工作、环节和岗位可能存在的稽查执法风险点，通过定期轮岗、业务公开等切实可行的应对措施加强内外部监督制约，控制和化解稽查执法风险。做到坚持服务与管理并重，在严格执法和强化管理中优化服务，在优化服务中严格执法和强化管理。按照“执法＋服务＝遵从”的税收遵从理论，牢固树立两个理念：一是树立强化稽查执法是共建和谐税收需要的理念，税务稽查以查处税收违法行为服务于广大守法经营的纳税人，维护公平公正的市场经济

秩序的表现，是税务稽查构建和谐社会的具体实践。二是树立征纳双方法律地位平等的理念，各级稽查局做到规范执法，保护纳税人的合法权益，并主动发现和解决稽查执法在服务纳税人方面存在的问题，将始于纳税人的需求，基于纳税人的满意，终于纳税人的遵从作为搞好税务稽查纳税服务基本目标。

（五）配套措施：即制定推进集约稽查的配套制度，保障集约稽查的顺利实施

1. 强化内控机制建设

建立合理的稽查工作追究考评体系，通过制定各执法岗位工作职责和工作标准及追究实施办法，建立以税收执法责任制为核心的评议考核管理机制，着重强化对执法质量和执法水平的考核，解决制度贯彻、资料报送、情况反馈、问题整改方面的落实问题，有效防止权力滥用行为的发生。

2. 健全集约稽查运行保障机制

安徽国税推行集约稽查，在全省稽查人员统一调配、案源统一管理、检查统一实施、审理统一组织的“四个统一”过程中，需要稽查经费和必要的装备来支撑。因此，必须有相应的税务集约稽查装备经费管理办法，规范实施集约稽查时稽查装备经费的拨付、使用、审计监督和责任追究，为集约稽查提供装备经费保障。

3. 完善专业化的稽查人才培养竞争机制

实现集约稽查，充分发挥稽查职能作用，重在培养和造就一批专业化的税务稽查人才队伍。在全面提高稽查人员的素质的基础上，按税务稽查专业化的要求，充实调整稽查人才库，同时探索能级制管理。可以根据集约稽查工作的需要，明确界定稽查人员所具备的岗位能力，确定不同能级，根据能级高低设定不同档次的能级系数，将能级与福利待遇挂钩，实行以能定级、以级定岗、定期考核、动态化管理的优胜劣汰的竞争机制。

4. 打造“精品化”查处税收违法案件的激励机制

实施省、市稽查联动查办大要案，在此基础上进一步规范重大税收违法案件的查处工作。抓好税收专项检查和整治工作，加大案件查处力度，严格案件管理，及时查清案件，努力提高案件稽查处罚率和查补税款入库率。每年安徽省局将按照统一标准评选出全省十大稽查精品案例，对具体经办单位将给予适当办案经费补助，对具体经办人员适时给予一定的物质和精神奖励。

5. 加强集约稽查信息化平台建设

加强集约稽查信息化平台建设，要健全信息共享机制。信息化的人才和装备并不能保证信息占有者如实提供信息。实际上，检查人员在调查取证中经常遭遇被查对象及有关方面拒绝开放信息系统，从而无法获取电子信息的问题。许多被查对象愿意提供所有纸质资料，但却采用各种借口和加密措施阻止检查人员获取电算化信息，检查人员也无法律依据强制其提供。因此，必须尽快出台针对信息化调查取证的规定，明确有关各方的电子信息开放义务、保密义务和违法责任，同时，税务机关还应做好与工商、海关、外汇管理、金融等相关部门的沟通工作，努力构建双边信息共享机制。

（作者单位：安徽省国家税务局稽查局）

税务稽查执法风险问题探析*

张有斌

税务稽查执法风险，是指在税务稽查执法活动中，由于税务稽查人员可能存在越权、不正当履行职责、或应履行职责而未履行职责，致使税务稽查相对人的合法权益受到侵害或国家利益受到损失，从而应承担法律责任的可能性。税务稽查执法风险是一种责任风险，存在于税务稽查执法活动的全过程。

一、税务稽查执法风险的主要表现形式

（一）执法主体风险。在税务稽查执法实践中，行政机关合法、人员合法、委托合法三个方面都可能发生执法主体错误的风险。

* 本文系2010年9月26日湖北省财税法研究会成立大会暨首届学术年会交流文章。

（二）执法程序风险。如，在进户稽查时，不出示税务检查证和《税务检查通知书》，没有告知相对人有申请稽查人员回避的权利，询问当事人前未向其交代或未交代清楚不如实反映情况和提供有关资料将负什么样的法律责任，调取账簿资料未送达《调取账簿资料通知书》，不填写清单或清单填写不清，引起稽纳双方争议，等等；在税务处理、处罚上，作出税务处理、行政处罚决定，未告知相对人法律救济权利和救济渠道，或诉权告知不详不完整，等等。

（三）执法技能风险。一方面，税收经济活动中新情况、新问题不断涌现，税源管理难以及时跟进到位，致使税务稽查难度不断加大；另一方面，我国现行税制较为复杂，并且具体的税收政策规定变化较为频繁，稽查人员若不注重学习就不能及时掌握新的税收政策法规，不能准确地处理涉税案件。

（四）调查取证风险。由于我国税务稽查部门调查取证的权限还不够宽，查办税案的手段十分有限，很多涉税案件如果没有提请公安机关的提前介入根本无法得到有效查处。因此，在实际调查取证工作中存在着一些不规范，甚至滥用检查权侵犯公民人身权、住宅权问题，从而导致执法风险。

（五）淡化责任风险。一些稽查人员责任意识淡化，在稽查执法过程中未依法为纳税人、扣缴义务人的商业秘密以及个人隐私情况保密；在稽查案件处于应保密阶段时，泄露了案件资料信息，造成纳税人采取销毁证据资料或出逃等行为，等等。少数稽查人员在稽查办案中马虎了事，对于遇到复杂疑难案件时不深挖细查就草草收兵，甚至一纸结论了事，使税务违法案件没有得到及时、深入、全面地查处，从而导致稽查执法行为无效和失职、渎职，甚至受到刑事责任追究的风险。

（六）执法不严风险。一方面是执法不严谨。对法律法规有明确、具体、详细的适用范围、条件、标准、形式的羁束性行政行为适用不严谨。如，有的税务稽查执法文书内容上出现错误，可以直接运用的法律依据没有细化到条、款、项，导致税务执法的准确性大打折扣。另一方面是滥用自由裁量权。运用自由裁量权必须贯彻“过罚相当”和“横向公平”的原则，而不能畸轻畸重。比如，凡偷税行为没有免予只是作减轻处罚的，也就是说必须在50%以上、5倍以下进行裁量。但实际工作中，不少税务稽查人员不分偷税性质恶劣轻重，大多以50%的下限从轻处罚；再如，对取得虚开增值税专用发票行为善、恶意的区分上，不能够严格把关，对应定性为恶意的却定性为善意，等等。这些都会产生稽查执法风险。

（七）腐蚀腐败风险。少数稽查干部经受不住形形色色“糖衣炮弹”的诱惑，就会利用职务上的便利，在稽查执法中违反廉政纪律规定吃、拿、卡、要、占，或者接受由纳税人支付的娱乐消费活动，导致滥用职权、玩忽职守、徇私舞弊，甚至怂恿检查对象掩盖违法事实、帮助纳税人毁灭、伪造证据材料等等，使该处理的不处理、该处罚的不处罚、该移交的案件不移交，必然会受到党纪政纪的严肃追究，还极可能触犯刑律，构成徇私舞弊不征、少征税款罪，帮助毁灭、伪造证据罪等。

（八）信息化稽查风险。主要表现有：一是操作上的风险。指由于稽查人员不能熟练操作或过分依赖计算机，而不能对纳税人财会电算化信息系统的各种疑点线索进行必要的检查或分析所产生的风险。二是数据上的风险。由于纳税单位的财会人员利用会计电算化手段录入时采用虚假、修改、延迟等手段造成虚假涉税数据，而稽查人员并没有发现而产生的潜在风险。三是软件上的风险。既有税务稽查软件在设计开发过程中本身存在着不完善的原因而造成的风险，也有由于税务稽查人员对税务稽查软件的掌握和运用或管理上不完善、不健全而引起的风险。

二、税务稽查执法风险的成因分析

（一）税制不完善的影响

一是税收实体法中很多要素不确定，难以准确把握。二是税收实体法内容滞后，需要通过大量的税收规范性文件进行解释或补充。三是税收程序法有些规定过于原则，不便于操作。四是现行一些税种及政策设计过于复杂和模糊，难以正确执行到位。五是增值税纳税人税收待遇不平等。据测算，一般情况下，工业企业小规模纳税人为6%，一般纳税人在3.5%左右；商业企业小规模纳税人为4%，一般纳税人在1.5%左右。两种纳税人税负差别较大，给小规模纳税人故意偷税造成了诱因，从而无形地增加了税务稽查难度，带来了执法风险。

（二）纳税意识不够强

现阶段，纳税人的纳税意识还不容乐观，特别是国有、集体企业的改制，出现了一大批新型的民营企业。客观上，有些民营企业的财务核算较为混乱、纳税意识还十分淡薄，税务稽查工作的难度相应增大。如，一些纳税人故意不提供相关资料，使得税务稽查人员对稽查资料占有的不够充分，难以取证，存在着相当大的稽查执法风险。

（三）不适应信息化发展形势的影响

当前，越来越多的企业应用信息化手段来管理企业财务，企业财务信息大部分通过电脑进行反映，而这些涉税信息及数据又比手工记账容易修改、删除、隐匿或转移，且无明显的痕迹，从而给税务稽查工作带来了一定的困难，也导致了传统的凭证追踪检查失去了根基，这种税务稽查难度的增大，必然会造成潜在的执法风险。此外，由于电子商务条件下纳税人生产或经营的隐蔽性增强，而应对电子商务的税收征管措施尚未及时立法，致使税务稽查干部无法掌握和了解其具体的生产或经营活动情况。如电子交易“无址化”和“无纸化”使贸易流动化、国际化，税务稽查更显得无能为力。

（四）地方行政干预的影响

各级税务机关属于各级人民政府的组成单位，处于地方各级人民政府行政区域之内，有关房产土地、子女就学、车辆管理等一系列现实生活问题都需地方政府解决，甚至于有些地方税务机关的部分业务经费及执法安全保障都得需要地方政府予以支持和帮助。特别是，在当前一心一意搞建设，集中精力谋发展的经济大环境下，一些地方政府领导大搞招商引资，为企业打招呼、搞协调成为一种自然现象，但其中隐藏的风险却留给了税务稽查部门。

（五）稽查人员素质的影响

现阶段，仍有少数稽查人员的素质不具备适应稽查执法的工作能力要求，以至于不同程度地影响到稽查执法。

三、有效防范和规避税务稽查执法风险的对策

（一）端正执法理念，强化法律意识

一是正确处理好合法行政与合理行政的关系。基于税务机关和纳税人在权利上的不对等性，在税务稽查执法中，必须严格遵循税收法定原则，同时，应当充分尊重纳税人权利，使自由裁量权的行使符合法律本身的目的。此外，税务稽查部门应切实依法履行纳税服务法律义务，寓纳税服务于税务稽查全过程，引导纳税遵从。二是正确处理好过程和结果的关系。重点是解决好稽查执法中存在的重实体轻程序、重结果轻过程带来的风险。三是正确处理好法律真实和客观真实的关系。使稽查执法工作的判断真正建立在合法证据基础之上。

（二）规范执法行为，提高执法质量

一是要强化队伍素质。包括正确的思想观念、端正的工作态度、必要的法律知识、熟练的业务技能和计算机操作技术以及协调能力等。二是完善相关法律制度。最大限度地解决现行税制缺陷和税收政策漏洞。要重视和加强税收立法工作。应当制定《税收基本法》；取消细则和条例，就具体税种或为解决某一方面的税收问题制定单行税法，使其与《税收基本法》共同组成完整统一的税法体系。同时，要逐步降低行政立法比重。废止与现行法律法规相抵触的，或超越职权范围制定的涉税规范性文件，增加全国人大或其常委会制定的税法比重，降低国务院及其主管部门财政部或国家税务总局制定的暂行条例和暂行规定所占比重，增强税收立法的严肃性和稳定性。三是不断提高执法水平。首先，要明确工作分工，科学设置岗位。其次，要规范管理，提高执法质量。四是实行微机监控。充分运用税收信息化成果，实现“三个转变”。即：实现由“人工选案”向“人机结合选案”的转变。实现由“人管事”到“程序管事”的转变。实现由“人找事”向“事找人”的转变。

（三）健全防范机制，强化执法监督

一是实行税务稽查执法风险补救机制。主要体现在两个过程中：第一，具体执法过程中随时纠正偏误。在作出最后决定前可由税务稽查执法之外的法规部门全面、系统地检查全部执法过程，审查执法的主体、程序、内容和形式是否合法，引用法律文件是否有误，执法目的是否正当，其他方面是否还有瑕疵等等。第二，在税务行政复议过程中纠正偏误。一旦发生税务行政复议案件，复议机关必须严肃对待，严格执行税务行政复议制度，充分发挥复议环节的监督职能，及时受理纳税人的复议申请，提高复议质量，对违法行政行为该撤销的要撤销、该变更的要变更，增强税务部门自我纠错能力，维护纳税人合法权益。

二是强化税务稽查执法监督制约机制。强化社会监督。实行稽查告知制和税案公告制等，接受被查对象和广大纳税人的监督，增强执法透明度。加强税务各专业部门的监督。抓好纪检监察部门的监督。执行错案责任追究、执法责任追究制，对办案中的不廉行为进行监督检查和责任追究。

三是完善查管互动机制。促进纳税评估互动。

对纳税评估中发现纳税人涉嫌偷逃骗税嫌疑的，只要收到纳税评估部门制作的《提请税务稽查建议书》，便及时立案查处。检查结果互动。检查结束后，除将查处结果送达被查业户执行外，还将税收征管上存在的问题反馈给主管税务机关。稽查建议互动。对检查中发现的问题，及时向征管部门提出征管建议，以便强化税收控管；同时向被查业户提出整改建议，避免类似问题再次发生。税警联系互动。对已涉嫌构成犯罪案件，按规定及时移送公安部门查处。

四是健全社会综合治税机制。建立以政府领导、税务主管、部门配合、社会参与、司法保障、信息化支撑的协税护税机制和网络，形成预防执法风险的有效屏障。首先，要从法律上进一步明确各级政府各部门的权力、义务和法律责任。其次，稽查部门要依法争取各级党政领导的支持，做好请示汇报、宣传引导、释疑解惑工作，充分发挥他们的组织、协调作用。第三，要加强与公安、审计、工商、银行、检察院等部门的沟通、协调与配合，建立统一规范的联系制度和联席会议制度。要逐步实现税务机关与工商、审计、海关、交通、邮政、电信、出入境管理、质量技术监督、金融等部门的联网互通、信息共享，共同打击涉税违法犯罪。此外，要进一步加强税收宣传，增强全民税收意识。对特定群体（如党政领导、企业法人代表、财会人员）有针对性地开展税法辅导和培训，提高税法遵从水平。

（作者单位：湖北省国家税务局稽查局）

市地一级稽查体制若干问题研究

湖北省地方税务局稽查局课题组

一、市地一级稽查体制的产生渊源及基本内涵

2001年，国家税务总局提出了“以纳税申报和优化服务为基础，以计算机网络为依托，集中征收，重点稽查”的征管模式。同年，国家税务总局发布了《关于改进和规范税务稽查工作的实施意见》，要求全国税务机关积极推进稽查体制改革。以此为契机，全国部分省（市）税务机关在县以上税务机关设立了相对独立的税务稽查专业机构，配备专业化的稽查人员，在本级税务机关和上级稽查机构的共同领导下，按照法律、法规和法定程序规定，独立行使税务稽查职能，这一做法得到了国家税务总局的肯定和推广。

通过十年的改革实践，一级稽查体制的内容逐步完善，形式不断创新，先后产生了三种不同层级的一级稽查体制。

一是县（市）一级稽查体制。即建立省、市、县三级税务稽查机构，在城市的市区和县（市、区）的全域范围内集中设立稽查局，撤销其他部门内设的稽查机构，将其职责统一归并到稽查局。二是市地一级稽查体制。即撤销县级税务机构的稽查局，成立市地局稽查局，或同时成立下辖若干按税源或专业划分的市地稽查局直属稽查分局。三是省级一级稽查体制。即撤销地、市、州、县稽查局，在省域范围内，成立省局稽查局，并分片设置若干省局稽查局直属稽查分局。

“十二五”期间，国家税务总局稽查局拟将推行市地一级稽查体制作为一项重点工作，纳入税务稽查工作“十二五”规划（草案），并明确指出：市地一级稽查模式，就是取消市的区局稽查局和部分县局稽查局，在全市地范围内设立若干市地局直属稽查局统管全市稽查工作的体制模式。其中，按税源分布设立的直属稽查局设置于税源相对较多的县域，该局既担负本县域的稽查工作，又兼顾周边税源相对较少县域的稽查工作。据有关数据显示，截至目前，全国600多个市（地）级税务机关中，已有210个实行了市（地）一级稽查体制，占市（地）税务机关总数的35%。

二、市地一级稽查体制的主要优势

（一）有利于创建公平正义的税收环境

一是有利于在全市地范围内统一选案标准、统一进户检查、统一审理标准、统一处罚尺度、统一

执行力度，减少税务行政执法的随意性，实现市地范围内对同一性质的涉税违法行为作出统一尺度的税务行政处理。二是有利于进一步统筹安排全市地范围内的稽查工作，统一开展税收专项检查的行业、步骤和工作时间，减少多头执法、重复检查的现象，提高整顿规范区域内行业税收征管秩序的效率和质量。三是有利于提高稽查执法层级，进一步排除执法干扰，提高执法刚性，创立更加公平正义的税收征管环境。

（二）有利于提高稽查执法质量

实施市地一级稽查体制后，便于集中统一调配和使用稽查资源，有利于严格按照稽查工作规程，实现稽查四个环节的分离，进而规范稽查工作操作流程，规范执法行为。有利于按照能力专长合理配置稽查干部，按照案件的复杂程度和查处难度调配稽查资源，进一步提高案件查处质量。有利于加强对稽查执法过程的监督，建立稽查工作各个环节相互监督机制，有效防范违规违法行为发生，进一步降低稽查执法风险。

（三）有利于充分发挥稽查职能作用

实施市地一级稽查体制能充分地发挥税务稽查的各项职能作用。一是有利于加强行业税收征管秩序的整顿。实施市地一级稽查体制后，按照行业和区域设置稽查机构，统一负责行业或区域的税收专项检查，实现行业和区域税收稽查的专业化、精细化管理，有利于整顿规范行业和区域税收征管秩序。二是有利于加大对重大涉税违法案件的查处力度。实施市地一级稽查体制后，能够打破原有的行政管理框架，统一调配和使用全市地的稽查力量，集中精兵强将，确保案件查处的准确性和时效性，加大对重大涉税违法案件的查处力度。三是有利于强化重点税源监控。从税源分布情况看，市地重点税源大户基本集中在市地城区，大部分县（市）一般只有一到两个规模企业，而市地级稽查局的稽查力量不足，无法实现对市地重点税源企业的有效监控。实施市地一级稽查体制，将稽查力量集中在市地稽查局，使稽查力量与税源分布相匹配，有利于强化对重点税源企业的监控。

（四）有利于加强稽查队伍建设

一是有利于在较大范围内将一批年富力强、政治素质高、业务能力强，具有开拓创新精神的干部选拔到市地稽查局来，优化稽查队伍结构，提高稽查队伍的整体素质。二是提高稽查管理层次后，提高稽查干部管理水平。三是实施市地一级稽查体制后，行政层次更高，稽查干部晋升的机会渠道更广，工作环境更好，同时通过建立能级管理、工作奖惩等激励措施，有利于进一步提高稽查干部的工作积极性和进取心。

（五）有利于适应征管机构扁平化改革的需要

征管机构扁平化改革即根据征管主流程基本活动单元，依据精简原则，重新整合基层税务机构，降低由于分散管理所带来的高征税成本，实现工作单位从职能式结构向流程式班组转变，实现工作内容从单一化向多样化转变，尽可能地扩大组织机构的管理幅度，减少中间管理层次，最大限度满足纳税人的需要。扁平化是征管机构改革的主要发展方向，稽查体制改革也必须服从这个大的方向。其一，税务稽查是税收征管的最后一个环节，是大征管机构的组成部分，因此必须按照扁平化的要求，适当减少稽查工作管理层次。其二，征管机构扁平化改革后，原有的税务所和税务分局的执法权限上收到县（市）地税局，县（市）地税局内设的税费征管科以县地税局名义作出税务具体行政行为，行使执法权，这样，县级稽查局对内监控的对象是自己的领导机关，形成了一个“下管上”或“下纠上”的矛盾体，在理论上和实践上都不利于稽查职能作用的发挥。其三，实施市地一级稽查体制，稽查机构扁平化后，减少了稽查工作的管理层次，更加有利于稽查工作、稽查资源、稽查干部的集约化管理，有利于全面提高稽查工作质量。

三、市地一级稽查体制模式及其适用范围设计

（一）大集中模式

大集中模式即撤销各县（市、区）税务局稽查局，在市地税务局设置市地稽查局，按行业、区域或稽查工作重点设置稽查科，负责市地的税务稽查工作。其内部机构设置为：办公室，负责党务、行政和后勤保障等工作；监察考评科，负责纪检监察和考核督办等工作；稽查选案科（举报中心），负责稽查选案和受理税务违法举报等工作；稽查科3~5个，按行业或责任区域设立，履行检查职能；审理科，负责案件审理；执行科，负责稽查案件执行；综合业务科，负责数据统计、业务综合等其他业务科室职责以外的工作。

大集中模式的特点是不设稽查分支或派出机构，减少非稽查业务人员，内设机构更加专业化，机构精简，人财物高度集中。其优势是：有利于提高执法层次，增强执法刚性；有利于集约化稽查，

有效利用资源；有利于统一执法尺度，保障执法公平；有利于规范稽查执法行为，提高稽查案件查处质量；有利于加强稽查队伍建设，提升稽查人员素质，提高稽查工作效率。其缺点是：对边远县（市）开展稽查工作不便；稽查与县（市、区）征管部门的信息沟通和工作互动有一定程度的弱化。

此模式适用于具有下列情形的市地：市地无下辖县（市、区）或者下辖县（市、区）数量较少；市地地域较小，辖区各区域之间路途较近；县（市、区）经济总量较小，纳税人总数较少、规模较小。

（二）分片设置稽查分局模式

分片设置稽查分局模式，即市地设稽查局，综合考虑税源分布及环境交通等因素，每3～4个县（市）在经济比较发达的县（市）集中设立一个稽查分局。市地稽查局是市地稽查工作的领导机关，内设办公室、监察考评科、稽查选案科（举报中心）、审理科、执行科、综合业务科，设置4～5个稽查科（负责市地所在地和全市地重点税源企业的稽查工作）。分片设立的稽查分局在市地稽查局的领导下负责该片区县（市）范围的稽查工作，人员、经费由市地稽查局调配，以市地稽查局的名义行使执法权，在片区常驻办公。分片设立的稽查分局，内设2～3个稽查科和执行科。稽查计划由市地稽查局下达，稽查案件由市地稽查局统一审理。

分片设置稽查分局模式的特点是分片设立稽查分支机构，选案权、审理权集中，稽查机构及人员在地域上相对集中。此模式能在一定程度上发挥大集中稽查模式的优势，也可在一定程度上克服较边远县（市）稽查不便利，但后勤保障难度加大。

这种模式适用于具有下列情形的市地：市地地域较大，下辖县（市、区）数量较多，各县（市）距市地中心路途较远；下辖县域经济发展不平衡，经济总量差别较大。

（三）县（市）派驻稽查科模式

县（市）派驻稽查科模式，即市地设稽查局，对各县（市）派驻稽查科。市地稽查局设办公室、监察考评科、稽查选案科（举报中心）、城区稽查科3～5个、驻县（市）稽查科若干（级别为正科级）、审理科、执行科、综合业务科。城区稽查科负责中心城区和较大规模的其他县（市、区）纳税人的稽查；驻县（市）稽查科在县（市）办公，按照“分级分类”稽查管理原则负责对各县（市）其他纳税人实施稽查。

县（市）派驻稽查科模式的特点是选案权和审理权集中，稽查机构及人员派驻各县（市）。此模式便利了县（市、区）的稽查工作，增强了与县（市、区）征管部门的协调配合，可在一定程度上发挥大集中模式的主要优势，但机构比较庞大，后勤保障难度较大。

此模式适用于具有下列情形的市地：市地地域大，各县（市）距市地中心路途较远；下辖县（市、区）域经济发展较好，经济总量较大。

四、市地一级稽查体制推行的困难与问题

（一）对市地一级稽查体制的认识问题

从目前情况看，对推行市地一级稽查体制的思想阻力主要来自于县（市）地税局，其主要理由是，既然县（市）地税局是一个全职能税务机关，就应该具有税收征管的全部职能和权利，而税收稽查是税收征管的最后也是最重要的一环，是最具威慑力和强制力的征管手段，实行市级一级稽查体制后，县级地税局的稽查职能上收，在一定程度上削弱税收征管的威慑力和强制力，从而对日常税收征管工作产生影响。

（二）稽查与征管职能的划分问题

一些地方实施市地一级稽查体制后，由于对稽查与征管的职能作用认识不清，出现了稽查与征管职能划分不清的问题。有的县（市）税务局稽查执法权被取消后，为了加强本区域的税收征管，不报经市地稽查局同意，自行组织开展行业专项检查，由征管部门直接对以前年度纳税人的税收申报缴纳情况进行检查，导致征管部门与稽查部门的职能发生重叠；有的市地在稽查部门的稽查力量得到增强后，赋予稽查部门稽查职能以外的征管职责，既增加了稽查部门的工作负担，又打乱了稽查与征管的职责界线；有的市地稽查局按区域设置稽查机构，稽查力量分布与经济发展不相匹配，对税源较小的县（市）稽查力度不够，对县（市）突发案件的稽查缺乏快速反应能力，稽查职能缺位，导致县（市、区）地税局的意见很大。

（三）征、管、查之间的协调配合问题

主要反映在一是征管部门与稽查部门之间纳税信息和稽查处理结果传递不及时，不完整，给稽查选案和检查实施带来一定困难，不利于征管部门进一步提高征管质量；二是县（市）局认为稽查工作不属于自己的管辖范围，对稽查工作配合不积

极，不主动，严重制约了稽查职能作用的发挥；三是征管部门对稽查部门作出的稽查建议落实不力或流于形式的应付，对征管部门和征管人员的责任追究不到位，使稽查职能的拓展效应发挥不够。

（四）机构编制和人员配备问题

一是机构编制问题。从地税系统的机构编制管理情况看，由于实行省以下垂直管理，县以上地税系统行政编制由各省地方税务局商省编办，报经省编委批准；基层税务征收单位的增设、撤并、更名和升格，均由各省地税局商省编办审批。实行市地级一级稽查体制后，原县（市）级稽查局的编制将要调整到市地级稽查局，这样就面临机构编制和人员的划转问题，即减少县（市）人员编制，相应增加市（州）人员编制。二是稽查干部的配备问题。由于有的地方在实施市地一级稽查体制改革时，没有按照“逢进必考、择优录取”的原则，按照实际稽查工作需要的合理比例配置稽查干部，导致稽查干部人数不足，一人多岗，再加之稽查干部的业务素质和工作能力参差不齐，专业化、精细化、信息化稽查的人才紧缺，不能适应改革后市地稽查局的工作面更宽、工作质量要求更高、工作任务更加繁重等要求，不能充分发挥市地一级稽查体制的优势作用。

（五）稽查经费和装备问题

市地一级稽查体制是一种集约型管理体制，这种体制改革到位后，市地稽查局将从县（市）稽查局选调一部分人员，这就涉及市地稽查局办公场所、办公设施、稽查经费、稽查装备需要增加和调整。根据现行“分级负担”的经费制度，原县（市）级稽查局人员调整充实到市地级稽查局后，如果人头经费不能随之转移，依然留在县级地税局，这就给市级稽查局经费带来一定压力。同时，干部调动后家属就业、子女就学和住房等，也是较难解决的现实问题。

五、推行市地一级稽查体制的几点建议

（一）加强引导，形成建立市地一级稽查体制的共识

一是重视市地一级稽查体制的建设工作，把它作为建立新的大征管格局的重点工作，加强调研和可行性研究，并选好试点，分步实施，逐步全面推行。二是加强改革的宣传力度。重点加强对县（市、区）局领导班子的思想宣传，讲清市地一级稽查体制的重要意义，统一对市地一级稽查体制的认识，让全员支持改革、参与改革。三是加强对改革工作的督导、指导，及时纠正改革中的偏差，解决改革中遇到的困难。

（二）因地制宜，科学设置市地稽查机构

建立市地一级稽查体制总的原则应该是：模式上不搞“一刀切”，时间上不搞“齐步走”。在市地一级稽查体制运行模式的设置上应因地制宜，按照市地的不同情况科学设置不同的运行模式和内部机构。在改革时间上不能急功近利，应先在条件比较成熟的地方进行改革试点，然后逐步推开，避免走回头路和弯路，确保体制改革稳步推进。

（三）科学界定，明确稽查部门的工作职责

一是稽查部门专司偷税、逃避追缴欠税、骗税、抗税案件的查处，征管部门一般只负责征管环节不涉及纳税人立案检查的日常管理性检查。二是稽查局负责对纳税人、扣缴义务人上一年度及以前年度履行纳税义务情况进行检查，征管部门负责对纳税人、扣缴义务人当年履行纳税义务情况进行日常检查。三是稽查局负责各类举报案件、上级交办案件和协查案件的查处，组织实施各类专项检查，征管部门协助、参与各项专项检查。四是稽查局按照选案、检查、审理和执行“四分离”模式开展检查，征管部门一般采用审查、核查、调查、询问、确认或实地检查的方式开展检查。

（四）健全机制，促进征、管、查良性互动

一是要建立征管部门和稽查之间的工作协调机制。市地税务局应成立税收征管和税务稽查协调工作领导小组，定期召开征、管、查联席会议。征管部门和稽查部门相互通报当期税费征管、税务稽查工作存在的问题，分析原因，研究措施，解决问题，达成共识。二是要建立征管部门与税务稽查之间的信息传递机制。建立征管与稽查信息传递的具体机制和办法，利用信息化平台和渠道，对纳税人、扣缴义务人缴纳的税费征管情况和税费稽查情况进行情报交换、信息查询和资料传递，实现信息资源共享。三是建立征管部门与稽查部门之间的工作配合机制。各征管单位在管理过程中发现案源，应及时向稽查局提供，对稽查实施、执行等工作应积极配合，对稽查建议和整改措施应积极落实。稽查部门对征管部门提供的案源要及时组织查处，检查后要及时向征管部门反馈检查结果，提出稽查建议和整改措施。四是要建立税收征管和税务稽查之间的相互监督机制。各征管部门和稽查部门在工作中发现征管人员或稽查人员有违纪问题的，应立即

向纪检监察部门反映。市地税务局要加大对稽查部门不及时办案、征管部门不落实整改措施等征、管、查各部门工作配合不力现象的责任追究力度。

（五）合理配置，强化稽查组织建设

一是要加强市地稽查局领导班子建设。建议市地稽查局领导班子要尽量配备政治素质高、业务素质精、工作水平高的同志。二是要调整充实稽查干部队伍。要坚持“逢进必考、择优录用”的原则，调整充实稽查干部，保证稽查干部的数量和质量，确保能高质量的完成稽查工作任务。三是要完善稽查干部的激励机制。包括稽查干部进出机制、晋升机制、交流机制和能级管理机制，激发稽查干部的荣誉感，激励稽查干部的工作积极性。

（六）加大投入，确保稽查工作的装备保障

一是要规范税务稽查专项经费渠道。税务稽查专项经费应纳入税务局部门预算管理，确保稽查业务工作高效运转。二是要加强稽查局的经费投入，着力改善办公条件。比如设置专门的全程电子监控的调阅账簿检查工作室，根据工作需要保障稽查用车。三是要加大稽查信息化建设力度。加大对稽查部门的信息化设备投入，开发推广稽查管理软件和稽查查账软件，提高稽查管理和稽查执法的信息化水平。四是要进一步解除稽查干部的后顾之忧，对从县（市）区局新调进市地稽查人员的家属就业、子女就学、住房等问题，采取措施，尽量帮助解决。

（课题组组长：余　伟
课题组副组长：吴　鸿　吴方启
执　笔　人：陈汉桥　李永江
谭立行　邝雪梅
郑世平　桂文智）

税务稽查务必加强效能建设

刘绪东*

效能是检验机关工作作风的重要标准，也是推动地税稽查工作科学发展的关键环节。税务稽查部门要牢牢抓住机关效能建设工作主线，围绕“强化效能建设，优化稽查发展”主题，坚持高起点谋划，高标准施行，高要求推进，做实机关效能建设与税务稽查工作的结合文章，全面推进税务稽查工作科学发展。

一、深化认识，准确把握工作要求

要把效能建设视为一份使命。税务稽查工作效能高低直接关系到国家税收法令、政策的贯彻落实，关系到税务部门的稽查执法形象。税务稽查部门要切实增强使命感，争当机关效能建设的排头兵，服务服从于“转方式、调结构、抓改革、强基础、惠民生”和富民强省的工作大局，为发展聚财，为创先聚力，助推全省“四化两型”建设。

要让效能建设成为一剂良方。应该看到，税务稽查工作与科学发展比有差距，与上级要求比有不足，与纳税人期望比有欠缺，这些差距、不足都是和机关效能建设息息相关的内容。机关效能建设不单纯是一项工作任务，还是税务稽查部门进一步规范权责、改进作风、提高绩效的一剂良方，要认真找准不足，对症下药，推动工作。

要把效能建设作为一种促进。机关效能建设不是孤立的，它与税务稽查的日常工作紧密相连，渗透、贯穿于税务稽查执法的各个层面和环节。因此，不能就效能抓效能，要切实做好结合文章，与税务稽查各项工作融汇贯通，坚持同部署、同实施、同考核，做到机关效能建设与抓好稽查工作“两不误、两促进”，以突出业绩检验机关效能建设的成效。

二、突出重点，稳步推进工作开展

从制度流程入手，进一步规范权力运行。规范权力运行制度是建设廉洁、高效和法治政府的关键性举措。一要规范好权力运行制度。认真查找税务

* 刘绪东，男，中国社科院研究生院在职研究生毕业，高级会计师，中国注册会计师、注册税务师。现任湖南省地方税务稽查局局长（副厅职）、湖南省国际税收研究会常务理事、中国注册会计师协会（CICPA）会员。

稽查执法权力运行过程中的监管漏洞和制度缺陷，排查廉政风险点，研究制定有效规范、制约监督稽查执法权力运行的办法和措施，完善有针对性、制约性、实效性的运行制度，维护运行制度的严肃性和权威性。二要设定好权力运行流程。对税务稽查执法权力进行全面清理，掌握权力运行的关键岗位和重点环节，对税务稽查涉及的权力按岗位、按流程进行逐项梳理，制定标准的办事程序，包括法律依据、岗位间流转程序、监督、反馈机制等情况，将权力运行转向数据电子化、流程标准化、信息公开化。

从电子政务入手，进一步推进政务公开。要充分利用现代信息技术，加快电子政务建设，对内借助系统信息网络，强化税务稽查信息化功能，提高税务稽查电子政务工作水平；对外建设各种面向社会的信息载体、信息平台和服务窗口，扩大信息容量，全面公开税务稽查政策法规、执法程序、工作纪律以及服务方式、信息、责任等，推行网上办事、网上监督，强化与纳税人的互动。畅通互联网、电话传真、邮寄函件等涉税违法犯罪举报渠道，定期通报案件查办情况，及时、完整地公开涉税事项。

从执法行为入手，进一步优化经济环境。规范税务稽查执法行为是依法治税的重要组成部分。一要理顺内部职能。各级稽查部门要建立稽查选案、检查、审理、执行分工制约、精细有序的工作机制，确保税务稽查各个环节权限合法、流转顺畅、制约有力、协调统一。二要规范税务检查行为。依照法定权限和程序行使税务检查权，实施执法准入，严格执行税务检查计划制、查前告知制，实行税务稽查归口管理，杜绝多头、重复检查，严格工作时限，做到快进快出，按时查结，及时反馈。三要规范执法裁量权。量化自由裁量空间，保持税务稽查行政处理、处罚的统一性和标准性，力求过罚相当，为广大纳税人营造一个同环境、同待遇、同服务的税收环境。

从绩效考核入手，进一步推进机关效能建设。绩效考核是税务稽查提升工作绩效、挖掘干部潜能、推进效能建设的重要手段和保证。一要制定科学的绩效体系。科学确定目标任务，坚持实事求是、定性和定量相结合的原则，研究制定一套科学系统、责任量化、操作性强的税务稽查绩效考核办法，因事定岗，因岗定责，因责定效，因效定绩。二要严格考评奖惩。通过组织考评、民主评议和明察暗访等多种方式，对稽查人员绩效进行科学的考核评估，及时发现存在的问题并加以改进，充分发挥绩效评估的导向作用和激励约束作用，推进税务稽查部门的效能建设。

三、强化措施，着力彰显工作成效

一要营造效能氛围。抓教育是效能建设的基础。税务稽查部门要加强宗旨观、发展观、服务观、法制观教育，把广大稽查干部的头脑武装好，把执政为民的理念树立好，把效能建设的各项要求化作自发行为，自觉提高业务水平，提升服务能力，提升工作质效，形成人人讲效能、处处抓效能、事事创效能的良好局面。要充分借助新闻媒体的作用，捕捉亮点，对准焦点，及时反馈效能建设工作的典型经验、先进事迹，营造有声有色的舆论氛围。

二要建立健全机制。坚持以规范化为目标，全面推行岗位责任制、服务承诺制、限时办结制、首问责任制等制度。要把政务公开作为各级税务稽查部门规范执法的基本制度，健全完善税收执法责任追究、质量评议、行政效能考核等效能建设责任考评体系，提高制度的执行力，达到以制度管人管事，促进机关效能建设深入持续开展的目的。

三要优化税收服务。树立稽查执法主体与稽查对象之间法律地位平等、公正文明执法的理念，规范统一执法尺度，积极受理纳税人合理诉求，保障纳税人的合法权益。要树立“查”是为了“不查”的税务稽查工作理念，为纳税人提供个性化的服务，实行查后回访，帮助纳税人规范财务管理，规避税收风险，同时把自查作为稽查首要环节，把稽查约谈作为定案必经程序，对主动自查自纠的纳税人从轻、减轻处罚。通过优质的税务稽查服务提高纳税人纳税遵从度。

四要主动接受监督。健全监督机制，综合运用内部监督、社会监督等形式，开展随机督查、专项督查和明察暗访，促进稽查工作效能。加大日常监督力度，开展经常性的稽查回访，虚心听取纳税人的意见，自觉接受全社会的监督。创新监督手段，发挥新形势下网络监督的作用，开展“网络评廉”，解决税务稽查执法环节、廉洁自律环节等一些深层次问题，让税务稽查部门机关效能建设成效得到组织的认同和纳税人的好评。

（作者单位：湖南省地方税务局稽查局）

实施稽查扁平化管理新模式的探索与体会

庞荣胜

一、背景与思路

扁平化管理是指在管理过程中，尽可能地减少管理层级，增大管理幅度，最大限度地提高管理效率。扁平化管理具有上下级之间传递信息快捷、准确，指挥有效，执行力强；管理层级少，行政管理成本低，人员精简，责任明晰，管理效能高等特点。

广西国税系统共有稽查机构97个，其中，地级市稽查局14个，跨区设置的稽查局7个，县级稽查局75个。稽查人员总数为1388人，其中检查岗位的稽查人员568人，占比为40%。县（市）稽查局稽查人员685人，占全区稽查人员总人数的49%，稽查资源配置呈“正三角”结构。全区共有纳税户502795户，其中企业100178户，75%以上的税源集中在市以及周边区域，税源分布呈“倒三角”结构。从以上数据可以看出，一线检查人员力量不足、税源分布“倒三角”结构与稽查资源配置“正三角”结构不相匹配问题，是广西国税稽查面临的现实问题。

2010年以来，根据国家税务总局的部署和要求，广西国税系统引入扁平化管理理念，实施稽查扁平化管理新模式。其主要思路是：将县（市）局稽查选案和审理环节的工作，由市局稽查局选案和审理部门统一组织实施，并通过开展异地交叉检查和分级执行工作，以整合稽查资源，提高稽查工作质量和效率。

二、主要做法

基于以上思路，在梧州市全市和河池市三个县试行了“统一选案、交叉检查、集中审理、分级执行”的扁平化管理新模式，主要做法是：

（一）统一选案

由市局稽查局综合选案科在全市范围内统一确定稽查对象，直接下达稽查任务。县级稽查局不再设立选案部门，取消选案岗，原有选案人员充实到检查岗位。在选案工作中，建立市、县两级案源分析联动机制，各县（市）局国税局税源管理部门在日常税收管理过程中发现存在疑点的企业，及时反馈市局稽查局，由市局稽查局选案科统一安排检查。

（二）交叉检查

根据工作需要，从市、县两级稽查部门抽调检查人员组成检查组，由市局稽查局统一指挥，开展全市交叉检查工作，每年拟开展3～4次，检查期限一般为1～3个月。交叉检查的人员调配有四种方式：一是县（市）局之间互为交叉进行交叉检查。二是市稽查局对各县（市）纳税人进行检查。三是县（市）局稽查人员对市区纳税人进行检查。四是从市稽查局和县（市）局抽调若干检查人员，组成若干检查组，对全市的纳税人进行检查。

在检查过程中，市国税局领导督促跟踪检查工作进度，定期听取稽查部门工作情况汇报，研究、协调解决案件检查遇到的难题。市稽查局采取“划片管理、责任到人，分工包案、挂牌督办，定期汇报、巡回督导”的办法抓好税收专项检查和案件查处工作，为交叉检查工作的顺利开展提供组织保障。

（三）集中审理

全市稽查案件全部由市局案件审理部门集中审理，各县级稽查局不再单独设立审理岗位，原有审理人员转入检查岗位。建立审理提前介入机制，遇到复杂案情时，由检查组提出申请，审理人员可通过电话、电子邮件等方式与检查人员沟通，并在取证思路上提出建议，遇到重大或疑难问题，到检查一线现场指导调查取证。

（四）分级执行

市局稽查局负责执行地市本级的案件，各县（市）局稽查局负责执行本县（市）的案件，分级执行，分别入库。在执行案件过程中，加强与公检法等部门的协作，及时采取税收保全、税收强制执行和申请人民法院强制执行等措施，确保国家税款及时足额入库。

三、工作成效

（一）稽查效能明显提高

一是查补收入明显增加。以试点单位为例，梧州市2010年共查补入库3618万元，同比增长48%，增收1174万元，占年度查补入库目标的136%，其中，全市4个县稽查局查补入库1094.61万元，同比增长64.09%，增收427.54万元。河池市2010年共查补4229万元，同比增长78%，增收1847万元，实施扁平化管理的三个县查补收入403万元，与2009年同期相比增加210万元，增长52.1%。

二是稽查核心指标完成情况较好。选案准确率指标方面，梧州市2010年对126户企业进行检查，查实有问题户数125户，选案准确率达到99%；河池市稽查局对试点的3个县集中选案，共下达检查任务22户，查实有问题户数22户，选案准确率为100%。入库率指标，梧州市为127%，河池市为100.8%，均比2009年同期有新的提高。梧州、河池两市的结案率均达到100%，新增积案均为零。

（二）稽查资源配置得到优化

实行扁平化管理，把县（市）选案、审理工作统一集中到市局稽查局后，可以把县稽查局现有选案、审理人员充实到检查环节，提高一线检查人员数量和比例，从而集中优势兵力办大案、抓整治，提高稽查的效能。如梧州检查岗位的人数增加了22人，河池3个县检查岗位增加了5人。同时人均检查户数增加，如梧州市，全市人均检查户数5.49件（含自查），比2009年同期人均检查户数增加2.41件；河池实行扁平化管理的3个县稽查人员共15人，2010年人均检查1.47户，是全市人均检查0.69户的1.13倍。

（三）稽查执法风险得到有效控制

在稽查扁平化管理新模式下，稽查的“四分离”突破了在一个稽查局内的“四分离”，实现了上下级稽查局之间的“四分离”，这是对现行稽查运行体制的改革和创新。实行统一选案，避免了随意检查和多头重复检查；通过集中审理，全市统一处罚处理尺度和标准，公平、公正处理案件，避免在不同的纳税人间厚此薄彼、畸轻畸重，减少纳税争议；将选案和审理两个环节集中到市局稽查局，并通过交叉检查，减少了地方行政干预和其他执法阻碍，降低了稽查执法风险。

（四）稽查指挥体系建设得到加强

通过实施“统一选案、交叉检查、集中审理、分级执行”的扁平化管理新模式，保证了上级稽查局对税务检查和查办案件的指挥权，逐步建立起“上下一体、信息畅通、反应灵敏、指挥有力”的稽查办案指挥体系，强化了对稽查案件的督查和督办，提高了案件查办的质量和效率。

四、工作体会

（一）领导重视是关键

推行税务稽查扁平化管理新模式，是对原有管理体制的一种改革，涉及面较广，牵涉人员较多，需要当地国税局党组的统一指挥和领导，需要相关县（市）国税局的理解和支持。梧州、河池两市的稽查扁平化管理新模式得以顺利推行，与两市国税局党组的大力支持和配合密不可分。

（二）大胆创新是动力

稽查扁平化管理模式没有现成的做法可供借鉴，需要勇于探索，大胆创新，积极实践。通过这一创新模式的推行，深度解决了困扰广西国税稽查面临的一系列问题，提高了稽查工作整体水平。

（三）工作制度是保证

推行稽查扁平化管理创新，必须制定相应的工作制度和管理办法，明确相关的工作要求、工作标准和工作流程，以保证稽查执法行为的统一和规范，确保扁平化管理的整体推进和效果。

（四）协调配合是保障

一是各县（市、区）国税局必须大力支持与配合，为市局稽查局提供案源信息。二是各级稽查局后勤部门要为稽查四环节的顺利衔接，提供车辆、食宿等后勤保障。三是市、县两级要及时收集、分析稽查新模式遇到的问题，为领导决策提供参考，使稽查新模式得以顺利推行。

（五）信息化建设是平台

当前，广西自行开发了稽查选案软件，实现了人机结合选案，提高了选案的针对性和准确性，为统一选案创造了良好的条件；全区推广使用了查账软件，提高了检查的效率；试点单位加大了科技投入，稽查信息化力量不断加强，为扁平化管理提供了技术保障，如梧州市国税局自行开发了综合信息化管理系统，获全区国税科技成果特等奖，为扁平化管理提供了信息支持平台。

（六）队伍素质是根本

实行统一选案和统一审理，以及组织异地交叉检查，对相关岗位人员的素质提出了更高的要求。因此，必须配优、配强选案、检查、审理等环节的人员，特别是部门的负责人，唯有如此才能担当起“统一选案、交叉检查、集中审理”的重任。

虽然广西国税系统稽查扁平化管理创新工作开展总体情况良好，正按照预期目标有序推进，但也要认识到，推行这一模式还存在着一些问题，如抽调人员较多、时间较长、人员思想波动大，检查和审理因不在同一局内而管理难度较大等。如何整合资源，合理调配稽查力量，提高稽查人员积极性，需要在实践中逐步研究解决。

（作者单位：广西壮族自治区国家税务局稽查局）

改革创新　积极探索
建立省级稽查管理体制

——海南省地方税务局稽查体制改革主要做法和成效

海南省地方税务局稽查局

海南省地方税务局从2009年初开始着手，在全国地税系统率先实行省级稽查集中管理机构改革工作，报经省政府批准后，新稽查体制于2009年12月底正式挂牌运行。

一、稽查改革主要做法

一是加强省局稽查局、撤并市（县）稽查局，稽查机构从20个整合为6个。将省局稽查局干部编制从20名增至35名，内设机构在原有基础上增加1个检查科和选案科；撤销全省19个市（县）地税局稽查局，按大片区设置省地税局第一至第五稽查局，分别驻点海口、三亚、儋州、琼海、东方等市，负责辖区内的稽查工作。5个直属稽查局的综合、审理、执行部门在该局驻点所在地集中办公，并在所管辖的每个市（县）驻一个检查科，负责该市（县）区域的稽查检查工作。这既便于与当地市（县）地税局沟通协调，又可减少稽查成本。

二是提升直属稽查局规格，人、财、物统由省地税局直接管理，稽查资源重新优化整合。5个直属稽查局均升格为副处级，人、财、物统一由省地税局直接管理，所有经费纳入省级预算。直属稽查局领导干部岗位和省局稽查局空缺领导岗位采取竞争上岗任用，检查、审理等主要业务骨干获得整合加强。稽查业务工作直接受省局稽查局系统领导管理。

三是上收稽查选案权，强化案源系统管理。稽查选案原则上统一由省局稽查局负责。各直属稽查局有选案建议权，但须报省局稽查局批准；各直属稽查局对举报、转办、交办案件可以立案检查，但须向省局稽查局报备。

四是在直属稽查局设立党组和纪检组，加强对稽查队伍管理和党风廉政建设。

二、新稽查体制的优越性

海南省地税局推行省一级稽查体制改革，实行省级分片设立稽查局的体制，是一种新的尝试和探索。这项改革的优越性在于：

一是有利于克服行政干扰，确保依法稽查。利益关系是各种执法干扰产生的根源，在新体制下，全省稽查资源统一由省地税局直接管理，各直属稽查局与属地管理脱钩，从根本上实现了征管和稽查的分离，强化了内部制约。既有利于稽查部门增强对所辖地区征管工作的监督，充分发挥“以查促管”的作用；又较大限度地减少了地方行政干预，为依法稽查提供了体制保障。

二是有利于稽查资源充分利用，提高稽查质效。稽查改革前，一个市（县）地税局内设一个稽查局，稽查局间的资源难以统一调配，经济发达地区和落后地区长期存在稽查工作忙闲不均、资源浪费的问题。在新体制下，稽查机构由20个整合精简为6个，并全部由省地税局直接管理，优化了资源配置，现实了集约化、扁平化管理（大片区内或全省内稽查力量均可统一调配），稽查质量和效益得到了最大化保证。

三是有利于加大执法刚性，增强稽查威慑力。在新体制下，重点企业、重点税源、重点地区专项稽查和大案要案都由省稽查局统一部署、各稽查局分别组织实施，日常检查和举报的案件主要由直属稽查局负责，既符合国家税务总局关于稽查工作要加快实现“分类分级稽查”和“重大案件和大型企业稽查”由省一级稽查局负责的要求，又保证了稽查的广度，便于形成打击涉税违法行为的整体合力。特别是各直属稽查局的行政级别升格，执法层次得到提高，稽查刚性和震慑力明显增强。

四是有利于统一执法尺度，规范执法行为。改革前，稽查工作属地化管理，各市（县）稽查局在选案、检查、审理、执行等环节的工作程序、标准和适用税收法规政策上，存在宽严把握不一从而导致执法不公的情况。在新体制下，选案权相对集中在省稽查局，为从全省角度准确科学制订稽查计划和选取稽查对象提供较好的制度保障；省稽查局对直属稽查局业务直接领导管理，便于在全省范围内同一尺度规范稽查执法行为，保证稽查执法的公正公平。

三、稽查改革的成效

一是省局更加重视和支持稽查，系统管理更加顺畅。省局直管后，省局党组、省局领导更加重视和支持稽查工作，稽查业务、队伍和党风廉政建设、行政管理和后勤保障以及稽查信息化建设等，全部直接纳入省局全局工作日程，一揽子统筹解决，系统管理更加直接和顺畅。特别是省局党组在全省地税系统内组织竞岗和选任，及时配好配强稽查部门的领导干部和业务骨干，为稽查事业的健康发展提供了组织保障。

二是行政干扰明显减少，查办大要案取得突破性进展。稽查办案的人基本上还是原来的人，但全省地税稽查部门充分发挥体制优势，通过统一调配办案力量，变“巴掌”式打击为“拳头”式打击态势，使查办大案要案的能力得到明显增强，突破的大案要案明显增多。2009 年查结 100 万元以上案件 8 件，查补税款 1.13 亿元；2010 年查办 100 万元以上案件 22 件，预计查补税款近 4 亿元。原先有的市（县）稽查局一年稽查办案查补收入不到 10 万元，现在驻该市（县）检查科也能查办 100 万元以上重大案件。特别是一些以前因各种原因不能查、不好查的重点企业，在新稽查体制下得到了顺利的查办突破，社会效应很好。国家税务总局稽查局统一部署并由海南地税稽查部门主办的海南龙湾港集团专案能顺利突破，新稽查体制的优势是个很重要的因素。通过查办大案要案，较好地发挥了税务稽查的威慑力，为规范税收秩序（尤其是房地产行业的税收秩序），挽回国家损失，作出了积极的贡献。

三是征管稽查良性互动，以查促管促收工作获得实质性的进展。海南省地税稽查部门新体制运行以来，一方面积极发挥职能优势，在加大办案力度的同时，与市（县）地税局联手开展税收专项检查，实现以查促收。2010 年全省地税稽查查办案件和组织企业自查查补税款均比上年大幅增长，入库总额 4.06 亿元，同比增长 55%。另一方面，结合案件查处和税收专项检查，分析税收违法特点规律和手段方式、税收政策缺陷、税收征管漏洞，提出一些可行性意见和建议，促进征收管理。初步统计，全省稽查部门 2010 年提稽查建议 12 条，基本上均被采纳。如省稽查局在复审海南炼化公司税案时，发现洋浦开发区各单位均未按规定代扣代缴公积金超标部分个人所得税这一区域性问题，及时建议省局下文纠正，每年可为国家挽回几百万元的损失；第五稽查局会同东方市地税局在检查东方市一些“小产权”住房税收情况时，发现一些房地产商借私人合作建房规避税收导致税收流失，及时建议该市政府给予纠正，直接为国家挽回 1000 多万元税款损失。

四是稽查选案趋向科学，审理质量明显提高。新的体制下，一方面将稽查选案权上收省局，由省稽查局从全省全局的角度实施选案，确保了选案工作的公正性、科学性和准确性，从案件的源头把好关。另一方面，对稽查重要案件严格实行三审审理制度，即达到一定数量标准的案件，5 个直属稽查局一审后报省稽查局复审（二审），达到重大案件标准的案件，省稽查局复审后再由省局重大案审委员会审理（三审），把好案件的最后一关。2010 年省稽查局下达 5 批共 101 户企业的选案任务，预计选案准确率达 95% 以上。

五是稽查信息化建设正式启动，运用现代化手段办案实现零的突破。省稽查局以省地税局信息化大集中为契机，推进稽查管理信息化。稽查管理软件已开始上线测试，稽查干部第一轮计算机全员培训已经完成，“信息管税”理念逐步树立，特别是开始使用税务稽查查账软件对龙湾港集团、南方航空公司、雅居乐房地产公司等一些现代化管理的重点企业实施检查，取得事半功倍的效果。为运用信息化实施稽查内部规范管理和对外选案、深度检查，提高现代化稽查办案能力，开了好头，奠定了基础。

六是稽查部门领导职数大幅增加，人才培养与成长空间明显加大。改革后，全系统稽查部门处科级领导职数 114 名，占总编制的 41%，比改革前增加 66 名。截至目前，已配备处科级干部 126 名（含非领导 27 名），占总编制的 45%，比改革前增加 78 名。特别是目前仍处“职务等人”（即有职位但没有符合任职条件的人选）良好状态。新稽查体制形成了长效的激励机制，一方面大幅度地增加稽查领导职数，较好地解决了稽查干部职务待遇偏低问题，增强了广大稽查干部的工作积极性和创造性；另一方面检查地域的扩大与人力资源的集中，稽查视野的扩大和实践层次的提高，为稽查人才的培养与工作提升提供了更大的空间。

治理发票违法犯罪的实践与思考*

向垣树 罗媛媛

一、发票违法犯罪的成因

（一）发票的经济后果

对开票人而言，发票的经济后果是将经营收入这一重要的企业会计信息，转换为涉税资料并在时间和金额上加以固定，作为国家征税的重要依据。对受票人而言，是购买商品和劳务的凭证，记账和进行会计核算，列支成本费用、抵扣税款的依据。从交易双方关系来看，围绕发票是否如实开具形成相互制约，有利于进一步明确双方的权利义务关系，维护各自的合法权益。从监管者角度看，是鼓励市场主体共同参与协税护税的载体和税源监控的重要手段，发票所提供的信息是税务机关征税的主要依据。

（二）市场主体的利益驱动

发票所具有的经济后果使所谓“富余发票”成为开票人和受票人共同谋利的手段。由于现金交易大量存在，以及并非从事生产、经营活动的个人在购买商品和服务时通常不需要发票等原因，付款人不索取发票的情形比较普遍，这样就导致开票人开票金额小于实际经营收入。

购买和使用假发票比上述虚开、代开发票更加简便易行，成本低廉，进而形成利用假发票非法牟利的示范效应。

发票的这种经济后果，使制售、购买和使用假发票具有强大利益驱动。我国发票防伪技术较低，不法分子只要购置了较好的印制设备，就可以开机印刷，获得高额的利润回报。

（三）监督制约不力

全国税务系统普遍推行“以票控税”的做法，把发票作为管理的重要工具，认为强化对发票本身的管理，即可监控税款足额入库。合法真实的发票用量与税款缴纳呈正相关关系，发票开具量越大，税款缴纳越多，反之亦然。但对于数量巨大的普通发票的开票信息，税务机关还难以全面、及时、准确地采集并实施有效稽核，虚开、代开和使用假发票被查出的概率较小，被查出以后处罚力度较轻，助长了不法分子的侥幸心理。

纳税人法制观念淡薄、消费者依法维权意识较差，经济活动交易双方都会把税收看成应该尽量规避的成本，自觉履行监督义务协税护税意识不强，交易双方共谋虚开发票、使用假发票或放弃索取发票换取经济利益的现象普遍存在。经济活动交易双方在发票开具和接受过程中的相互监督机制未能有效形成。

二、发票违法犯罪的治理及效果

按照全国统一部署，重庆市成立了打击发票违法犯罪活动工作协调小组，统一协调和部署全市打击发票违法犯罪活动工作。协调小组办公室设在市国税局，负责日常事务并协调全市 17 个成员单位和各区、县的重大联合行动。

* 本文原载于国家税务总局税收科学研究所主编的《税收研究资料》2011 年第 1 期。

（一）积极构建综合治理体系

协调小组办公室建立了比较完善的工作制度，通过大量工作促进了各部门信息分享、分工负责、协调配合的良性互动机制初步建立。

国税、地税部门按照分管行业负责对重点行业和企业的检查，依法查处虚假发票的使用者。财政、审计、监察等部门负责行政事业单位财务收支和发票使用情况的监督检查，规范各行政事业单位发票使用，要求财务人员严格履行检查审批手续，坚决杜绝假发票流入和非法代开发票行为。审计部门负责将发票使用情况纳入审计监督范围，发现问题应提前介入、依法审计、严肃追究有关单位和部门负责人的责任。信息管理部门加强与公安机关的合作与沟通，利用技术手段，采取切实可行的措施，建立严密的发票违法信息管控制度，打击违法短信群发器、违法网站等传播媒介。新闻媒体负责打击发票违法犯罪的宣传报道，营造良好的舆论氛围。

2009 年以来，协调小组办公室重点抓好了国税、地税、公安部门的协调配合。制定了国税、地税、公安部门加强协作的文件，建立了案件线索移交制度、联席会议制度、大要案联合办案制度等工作机制，加强了对发票违法信息线索的收集和移交，共同负责严打制售假发票窝点，封堵发票违法犯罪活动的源头，并采取有力措施防范新的犯罪团伙和制假窝点形成。

（二）加大对发票使用的监管力度

严格审查发票领购人资格，不符合领购条件的只能由税务机关代开发票，并按规定征收税款；严格限额配售发票，根据用票人的实际经营情况核定每月用票数量及版本，并严格执行“验旧供新”。保持严厉打击虚开、代开增值税专用发票行为的高压态势，大力压缩虚开、代开发票的开票空间。

（三）强化使用虚假发票的风险和成本意识

针对接受虚开、代开发票和使用假发票问题，整治虚假发票“买方市场”，强化使用虚假发票的风险和成本意识。对使用虚假发票的企业不允许税前扣除、抵扣税款和财务报销，同时由征管部门降低纳税信用等级，对涉嫌违法犯罪的依法移送公安机关处理。2009 年以来，按照国家税务总局部署，市国税局、地税局联合制定了切实可行的工作方案，将企业发票使用情况作为行业税收专项检查、区域税收专项整治、重点税源检查、专案检查的必查项目，通过发票违法线索，拓宽稽查案源，实现以查促管，以管助查的良性互动，提高了税务稽查效果。例如在“聚奎运输公司案”、“4·21”案等重大案件检查中，按照“查账必查票，查案必查票”的要求，对发现的虚假发票受票企业深挖线索，依法查处，挽回国家税款损失 4000 余万元。

（四）严厉打击制售假发票犯罪团伙

加大对“卖方市场”的打击力度，严厉打击制售假发票犯罪团伙，震慑违法犯罪分子。全市国税、地税、公安部门以破大案、打团伙、端窝点为主攻方向，破获一批大要案件。同时，对车站、码头、商场、部分专业市场等重点区域和餐饮娱乐等重点行业开展集中清查，加大对街面发票违法犯罪活动的整治力度。尤其是 2010 年以来，针对部分地区工作进展不平衡、部门协作不到位等问题，抽调国税、地税、公安部门业务骨干组成联合督导组进行实地督导，在打击制售假发票团伙、捣毁犯罪窝点、缴获作案设备等方面取得历史性突破，缴获的假发票超过 800 万份，比以前年度缴获的总和还多，严厉打击和震慑了制售假发票违法犯罪分子。

（五）引导社会监督机制的建立

开展税收宣传，引导社会公众拒绝使用虚假发票，维护自身合法权益，营造共同维护市场经济秩序的社会环境。

全市国税、地税、公安部门通过组织假发票集中销毁行动、发票鉴伪现场会、曝光典型案例、在电视台播放发票公益广告、发票知识宣传进社区等形式，多渠道宣传发票相关知识，提高纳税人依法取得、使用、保管、缴销发票意识，降低和避免涉税风险，警示使用虚假发票的危害性和法律后果。同时，制定奖励办法，鼓励消费者索取发票，建立方便的发票查询系统，有效保护纳税人合法权益，调动群众举报发票违法犯罪活动的积极性，培育社会公众的协税护税意识。

三、建立治理发票违法犯罪长效机制的进一步思考

（一）树立全面服务理念

税务机关不仅应通过打击发票违法犯罪活动发现征管漏洞，挽回税款流失，也应关注违法行为本身。发票违法犯罪行为，有时并不具有直接的偷税后果，但为不法分子利用发票偷逃税款提供了便利，动摇了“以票控税”的基础。从长远来看，这些行为不但扰乱税收秩序，造成正常税源枯竭，而且会破坏公平、透明这一基本的市场规则，败坏社会风气，危害税收和经济发展。税务机关在发现

这类问题时，应按照《税收征管法》立法宗旨要求，针对其违法行为性质和特点，依法查处，对发票违法犯罪行为进行全面治理，服务经济和社会发展。

（二）强化纳税评估的税源监控作用

税务机关应利用各种信息化手段强化纳税评估的税源监控作用，建立发票使用分析评估机制，将发票使用情况纳入纳税人信用体系当中，作为纳税评估的一项重要参数指标，提高征管的质量和效率。

“以票控税”理念一定程度导致了税收征管对发票的过度依赖。对查账征收企业，强调依据开具的发票金额来确定收入和利润，而忽略对不开具发票或者开具假发票的管理和监督；对“双定户”，由于存在大量收入不开票的情况，税务机关根据发票核定营业额普遍偏低。

纳税评估则强调通过逻辑分析和比较分析，根据纳税人生产经营状况，主要产品能耗、物耗与产出的关系，税收管理员日常管理中所掌握的情况和积累的经验，对纳税人生产经营与纳税申报之间的关系进行逻辑审核，并将采集的纳税人涉税信息与根据同行业平均数据、纳税人历史数据预先设定的预警值和其他相关经济指标进行横向和纵向比较，寻找纳税疑点。对查账征收纳税人应加强实地调查，充分掌握其生产经营情况，努力提高纳税评估的分析能力，定期分析纳税人的纳税情况与其生产经营的相关度，避免单纯依赖发票进行征税的简单办法。对定期定额纳税人，应通过有效的纳税评估提高定额管理水平，使定额标准与纳税人的实际生产经营情况相当，并加强对用票人的发票用量、税款缴纳情况管理。显然，纳税评估比“以票控税”更能实现对税源的科学管理。

（三）进一步加强普通发票管理

一是简并普通发票票种。把票种类型确定为以“电脑版发票、税控机发票、定额发票”为主的发票体系。

二是推行税控装置和电子发票，构建普通发票管理信息化系统。推广使用税控装置，通过税控密码器生成的防伪码来保证开票数据的真实性和准确性，构建覆盖全国、信息资源共享、国地税统一、功能完备、安全规范的全国综合发票管理信息化系统。在条件成熟时，向社会开放普通发票查询核对功能。同时，研究推广电子发票。

三是逐步取消手工填开式复写发票。手工填开式复写发票最大的弊端就是难以遏制“头大尾小”现象，并且难以核查，即使实施专项（专案）检查，难度大、成本高，也是治标不治本。

四是研究出台全国性的有奖发票管理办法，完善普通发票即开即奖、发票抽奖、奖励经费管理，提高索取发票的收益，加大对发票使用的社会监督力度。

（四）完善制度建设

一是调整交通运输费用增值税进项税抵扣比率。按照现行增值税政策，企业发生的相关运输费用的7%可作进项抵扣，相应的交通运输业营业税及附加只有3.3%，企业通过虚开运输发票可以获得3.7%的非法收益。因此，将运输费用抵扣率降为3.3%，有利于降低利用运输发票的套利行为。

二是提高普通发票违法犯罪的处罚和适用刑期标准。目前对普通发票违法犯罪的处罚存在标准低，自由裁量空间大，法律条文不严密，定罪量刑畸轻畸重等问题。如《刑法》对普通发票犯罪的立案或定罪仅从发票份数的多少来考虑，对数量少但次数多、金额大的违法犯罪处罚标准偏轻；对发票非法交易中的“买方”缺乏强有力的制裁措施，即便被税务机关查处，依照《发票管理办法》最多处以1万元的罚款。

三是呼吁将打击发票违法犯罪活动工作纳入全国综治办工作范畴。建议成立由综治办牵头的综合治理机构，建立打击发票违法犯罪活动工作考核机制和责任追究制度，对发票违法犯罪进行综合治理。

参考文献：

[1]《全国发票管理暂行办法》财税字〔1986〕262号（已失效）。

[2]《中华人民共和国发票管理办法》。

（作者单位：重庆市国家税务局稽查局）

税务稽查成果运用初探

陈友辉

一、税务稽查成果的含义

税务机关通过对纳税人、扣缴义务人和行政相对人的税务活动进行执法检查过程中得出的结论，发现的问题，归纳的方法和提出的征管建议等结果即税务稽查成果。包括个案的结论、专项检查和专项整治的结果、税务稽查工作统计表的内容以及稽查的方式方法等。

正确理解和把握税务稽查成果的内涵，认真做好税务稽查成果的转化和运用工作，规范税收执法行为，提高税务稽查工作业务水平；震慑税收违法行为，构建和谐有序的治税环境；促进税收征管工作，提高科学化、精细化稽查管理水平；维护公平公正的市场经济秩序等具有重要意义。

二、稽查成果运用过程中存在的主要问题

（一）对税务稽查成果分析和研究不够

稽查案件在出具结案报告和执行完毕后，未能及时总结检查中的偷漏税问题、检查中使用的方式和方法，税收管理中存在的薄弱环节等；形成的案例分析报告、专题分析报告和稽查建议书，未对加强征管和完善制度提出意见和建议等，以至于稽查成果没有得到很好地运用和转化。

（二）稽查成果缺乏有效交流和分享

一是在稽查局内部各岗位之间缺乏交流。日常工作中，检查环节大多只是就案查案，将案件移交到审理部门就告完结，审理部门按照税收法律法规作出税务处理决定和处罚决定，移交到执行部门，执行部门把税款和罚款追缴入库即告工作终结。各岗位之间没有把本环节、本岗位的稽查工作经验进行交流与传递，以供借鉴，促进工作。二是各地区之间、上级稽查部门与下级稽查部门之间缺乏交流。相互之间交流也就更少，更谈不上稽查成果在相互之间的交流与分享。上级稽查局组织下级部门进行稽查成果交流和分享也相对较少。平常也就是开布置工作会议较多，交流会较少。

（三）稽查成果传递渠道不畅通

一是稽查局作出的处理处罚决定在征管部门不能很好地落实。二是稽查部门提出的稽查建议不能得到采纳。这也是制度不健全所造成的。三是稽查局在检查过程中一些好的经验和方法，对政策的把握和理解、掌握不能传递给征管部门，不利于征管部门改进工作，促进税收健康发展。

（四）稽查成果的跟踪监督不到位

企业在收到税务处理决定书后，往往只是补缴了税款，并未作相应的账务调整，征管部门未督促，稽查局也未跟踪监督企业做好账务调整，致使有些涉税问题一犯再犯，造成稽查成果未得到更好地巩固。

三、税务稽查成果运用的途径

（一）以案件查处为抓手，治理税收环境

一是结合案件抓规范。结合典型案例分析，以稽查建议、稽查分析报告或稽查意见反馈书等方式，真正把如何解决好案件所反映的相关实质性的问题和完善查后征收管理的合理化建议，依照税收法律法规的具体要求，逐条逐项，分别及时地向税务机关内部及被查纳税人提出规范管理的意见和措施，并面对面地帮助被查纳税人建立健全查后涉税会计核算，规范纳税人在经营期间的地方各税申报管理。

二是结合案件抓督促。坚持内部督促与外部督促相结合的原则，一方面督促税务管理机关内部各环节要多从检查所发现问题的不同角度去思考，建立起规范管理的措施和办法，加强和细化对涉税方面问题的管理与防范。另一方面，通过稽查回访、约谈等方式，在向纳税人及时宣传税收政策的同时，督促纳税人树立依法按章纳税理念，确保纳税人在查后经营过程中能够正确核算和申报地方各税。此外，对于案件可能涉及其他单位或其他方面的涉税问题，在督促被查纳税人自查自纠、限期改正、按期补缴税费罚款的同时，有必要对案件可能

涉及的其他问题，从外围进一步开展好更深入细致的协查或延伸稽查。

三是结合案件抓税源。在确保查补税费罚款及时全额执行入库的同时，要善于从那些有问题案件查处的过程中，有侧重地掌握和了解纳税人生产经营的真实状况，账簿、凭证及财务处理的可信度，广泛搜集和整理与纳税相关的信息资料，并与纳税管理环节的纳税评估相联系，总结和梳理出税务管理过程中可能存在的薄弱环节和新生税源的发生地带，反馈与税源相关的稽查信息，及时告知管理环节，在日常征收管理中相应采取科学合理的税收监管调控措施，健全查后征管，不断培养、巩固和扩大新生地方税税基。

四是结合案件抓宣传。尤其是典型性案例，有针对性地进行税收政策宣传辅导。同时对外采取不同形式，通过不同的媒体，拓展税收违法案件公告的范围，提高公告的比例，及时有效地开展好以案释法教育。

五是结合案件抓管理。定期将所查补的各类案件进行系统归纳、分析和总结，坚持日常稽查与调研同步的原则，有针对性的分类和分行业制订行业检查指南。此外，应与管理分局及相关部门，定期开展案情通报和信息沟通，重点围绕阶段性所反映出的“个案”与“普案”的案情特点，开展探讨，定期确立选案和管理的“预警”对象，共同寻求规范管理的措施和办法，有效防控类似问题的再发生。

（二）运用稽查成果打击违法犯罪

全省地税稽查系统将建筑安装、交通运输、餐饮服务等行业作为发票专项治理重点行业，把纳税人违法购买假发票和非法制售、非法代开发票作为治理重点。通过制订专项行动工作方案，加大宣传力度，通过专项整治行动，加强对企业使用发票、开具、取得发票的审核力度，通过对典型案例的查处及宣传，加大对发票违法的打击力度。2009 年，某县地税局稽查局成功破获的“3・12”特大发票制假案，收缴假发票 9788 份，其中空白假发票 9536 份，税收通用完税证 11 份。假发票涉及 13 省（市、县），涉及发票种类 13 种。涉案人员均已被追究刑事责任。该县稽查系统通过认真总结此案中运用的稽查工作方式和方法，总结发票违法犯罪活动的一般规律；针对打击过程中发现的问题，及时调整发票打假工作长期部署，做到有的放矢，让假发票无藏身之地；就本案进行多种形式的宣传，让群众了解和认识假发票对社会的危害，教育和督促广大消费者主动索取发票；宣传辨别发票真伪的方法。

（三）科学分析稽查成果，规范重点税源

科学的稽查成果分析方法，必须“跳出稽查看案件”，把具体案件放到提高地税工作效能、规范市场经济秩序的框架下，进行全面解剖、深刻分析。要分析案件违法性质和作案手段，更应深入研究出现问题的原因。对一个具体的涉税违法问题，应全面分析其产生的原因：是因为日常管理粗疏，还是因为政策理解有偏差；是企业内部管理问题，还是行政监管缺失；是因为税务监控力度不够，还是因为与其他执法部门间业务衔接存在缺口。根据分析结果，客观负责地写出整改建议。同时，还应注意对稽查成果分析资料的积累和整理，对建安、房地产等重点行业和营业税、企业所得税、个人所得税重点税种建立成果分析档案，通过案件积累探索建立案件分析规范、数学分析模型，以不断拓展和丰富稽查成果分析方法，提高改进意见建议的科学性和可操作性。

（四）运用稽查成果促进优化税收政策

2000 年，某市稽查局在查处某改制水泥厂时发现特殊的资本列支问题：李某以 800 万元收购该水泥厂，未支付现款，而以该水泥厂资产为抵押。贷款 800 万元支付给原水泥厂破产清算组贷款利息在税前列支。原水泥厂资产以评估价格 3000 万元入账并折旧。发现此情况后，稽查局立即向税政部门反映，提出处理方案。税政部门在调研后发现类似情况在改制企业中普遍存在，立即向上级部门报告，市地税局税政部门专程调研并抽查案件，之后出台了相关文件，对该地区同类情况明确了相关政策，相对较为宏观的税收政策在征管实践中得到具体落实。

为最大限度地发挥税务稽查的职能，运用稽查成果的方法和手段如案件公告、案例分析、工作访谈等值得进一步探索实施。一要对专项检查、专案检查进行专题分析，对改进征管、完善制度等提出意见和建议，促进税收管理水平不断提高。二要针对稽查中发现的税收政策漏洞和缺陷，积极向税收立法机关、政策制定机关建言献策。三要从稽查的角度加强经济税收关联分析、产业结构深度分析、区域发展对比分析等，在促进经济又好又快发展上当好地方党政领导的参谋。

（五）运用稽查成果促进稽查征管互动

稽查方法、工作技巧等成果，可以通过系统内的业务管理得到推广实施，落实到具体的稽查工作之中。但对于需要跨部门、跨单位解决的问题，则需要建立和谐畅通的成果传送渠道。实际工作中，应“内外有别”，以实现稽查成果的及时传递。对税务系统内部，可按照“领导协调、制度保障，互帮互促、共同进步”的原则实现稽查成果传递。稽查部门对检查发现的问题和改进建议，应及时向征收、管理、税政、发票等部门通报情况，并会同有关部门按工作程序向领导汇报，在领导的主持下开展下一步的工作。把征、管、查业务联席会等制度落到实处，使各部门间的业务通报工作制度化。对税务系统以外的部门，应按照“积极主动，依法履责”的原则开展工作。把职责范围内的工作做扎实，通过规范的传递办法，按法定程序把发现的问题和线索及时传递。

四、科学运用稽查成果应做的几项工作

（一）稽查成果服务于税收工作，以查促收

税务稽查成果不仅仅是案件的查处数量和收入规模，而更重要的应当体现在通过查处各类税收违法案件，整顿税收秩序，优化税收环境，提高纳税遵从，确保国家各项税收法律法规的执行和落实。

（二）提升稽查质量和效率，以查促查

1. 开展案件交流讲评。经常开展稽查部门内部的案件交流讲评会，各检查组选择典型的案件，在会上进行介绍查前方案、发现疑点、寻找突破、取得证据和检查方法等，将一组的检查经验转变成整个稽查部门的工作思路。

2. 召开行业检查通报。在行业专项检查过程中，根据工作进度，不定期地召开行业检查通报会，各组对发现的疑点和查到的问题进行通报，对该企业的生产工艺、原料来源、销售渠道、动力耗费等相关信息进行比对，防止出现检查盲点。

3. 坚持优秀案例评选。一方面检查人员通过撰写案例分析，对检查过的某个案件进行再一次梳理分析，为以后的检查积累经验。另一方面，通过某一案例分析，可以看出这户企业的问题是如何被发现，如何被证实，从中吸取他人的检查经验。

4. 编写税务稽查指南。利用检查取得的成果，编写税务稽查指南，分行业、分税种写明检查重点和发案规律，指导以后的检查工作。

（三）完善征管与稽查良性互动，以查促管

1. 加强沟通和协作。征管与稽查通过查前了解、查中沟通、查后反馈共同管住税源。

2. 加强监督和检查。稽查局以征管建议书的形式汇总到征管科（处），将发现的典型问题和建议一一罗列，由征管科（处）指导进行整改。相关职能部门应加强对一线征管单位的督促和检查，对一些问题较多的单位要进行严格考核，达到查处一个行业规范一个行业的目的。

3. 积极思考、献计献策。稽查局如果查出被查单位有严重的涉税问题，要主动反映，形成书面材料以建议或者探讨的形式向上级局反映，为领导的正确决策提供依据。

（四）提高纳税遵从，以查促纳

1. 进行税法宣传，可按变动内容、固定内容、特殊内容分类，对固定内容在办税厅、多种媒体向社会宣传；对变动内容采取在办税窗口及时公告、区分对象举办培训、报刊网络开设专栏、宣传册发放等形式长效动态宣传；对特殊内容在调查了解纳税人特殊需求及日常申报纳税暴露的个性问题，适时开展有针对性的个别辅导。充分利用、发挥互联网的作用，加快税务公共门户网站建设。

2. 开展自查辅导。稽查局通过查案掌握不同类型、不同行业企业涉税问题所在，在查前发放预警通知书的同时，发放自查重点指示，提醒在自查过程中应注意的重点，辅导纳税人做好自查自纠工作。对重点行业和重点企业，也可采用上门辅导的方式，接受纳税人的咨询，指导自查。

3. 实施查后督促调账。税务稽查机关在发放稽查处理决定书的同时，应发出《调账通知书》，督促企业进行调账，并将调整账户的情况反馈回检查部门。

4. 推行行业专项预警。检查过程中注意收集企业的生产工艺、原料来源、销售渠道、动力耗费等相关信息，如查出的问题在行业带有普遍性，整理出涉税问题重点，推行行业专项预警，对该行业内相类似的企业发出预警通知，责令对照自查，扩大稽查成果。

（作者单位：四川省地方税务局稽查局）

创新工作方法　提高检查质量*

贵州省贵阳市地方税务局稽查局

一、主要做法

贵阳市以“七个三”立体检查工作模式，启动全市房地产行业税收专项检查工作。

（一）三阶段分步骤实施检查

在检查工作开展前，拟定《关于开展2010年贵阳市房地产开发业税收检查的通告》，成立由贵阳市国税局、地税局主要领导任组长的联合检查领导小组，明确房地产行业税收专项检查工作分自查动员、重点检查、总结表彰三个阶段组织实施。

在自查动员阶段，分为动员自查和开展自查两个阶段组织实施。在动员自查阶段，一是将应由房地产企业填列的自查表、自查报告制作成电子文档，在互联网地税网站上公布，以方便纳税人查阅下载；二是将房地产企业经营中涉税政策法规，报表填列的相关要求，纳税人自查提纲提示等在互联网上公布，以方便纳税人学习对照；三是广而告之，将此次税收检查的通告，在地税网站上公布，同时利用各区（县）局征收大厅显示屏滚动播放，向纳税人宣传此次税收专项检查内容；四是由贵阳市地税局牵头，将全市房地产开发企业分成三个批次，并将纳税人划分成南区、北区和县（市）三部分，组织纳税人召开税法宣传动员会、税收政策答疑会、税收自查动员会。在开展自查阶段，首先，要求贵阳市地税稽查局主要领导亲自参加自查动员会，除在自查动员会上作具体工作布置外，还要现场解答参会纳税人有关检查问题及涉税政策的质询；其次，要求到会的房地产开发企业签到，并领取自查通知书，以此规范税务机关组织纳税人自查的行为；最后，要求房地产开发企业在填报给税务机关的自查表和自查报告上注明：“自查表或报告由我单位提供，自查表或报告所反映的数据或报告内容完整真实，无虚假隐瞒”的申明，以此约束纳税人的自查行为。

在重点检查阶段，确定由贵阳市地税稽查局集中选户原则，避免地方保护主义、避重就轻不选重点企业的情况发生，并结合纳税人自查情况、各区（县）局征管信息系统数据、外部相关部门信息等因素，按不低于2%的比例，确定重点检查对象。

为保证重点检查成果落到实处，在重点检查后案件的审理执行工作上，采取评审执行工作措施。明确重点检查的房地产企业在检查结束后，全部集中到贵阳市地税稽查局进行案件的初审理，在市地税稽查局初步审理结束后，再将案件移交各相应区（县）局复审并限期执行。通过此举，统一了检查处理尺度和案卷管理，规范了税收政策执行标准，防止了地方保护和稽查人员不廉行为的发生。

在检查工作结束后，对检查工作进行专门总结，从中发现问题与不足，归纳一些好的做法，表彰检查工作中表现突出的先进个人和集体。

（二）三环节联合实施检查

三环节联合实施检查，是指国、地税共同对房地产开发产业链的上、中、下游三个环节实施既分工又协作，以相互传递检查信息为手段的联合检查方式。在实施房地产开发企业税收专项检查前，由贵阳市国、地两税务机关主要负责人共同商定，通过检查，掌握和了解房地产行业上、下游产业链经营特点，确定国、地两家税务机关后期检查方式和工作重心。在检查工作分工上，明确市国税稽查局除组织对自身征管的部分房地产开发企业所得税检查外，重点针对构成房屋土建成本的“采、买”环节，即房开业的上游实施检查。市地税稽查局则重点针对房地产开发时土地取得、房地产建设、房地产销售和管理这三个环节即房开业的中、下游实施检查。

市国税局对房地产行业的上游环节进行检查时，要求房地产开发企业提供原材料成本及采买合

* 该文为2011年全国税务稽查工作会议经验交流材料，入选国家税务总局稽查局《2011年全国税务稽查工作经验交流汇编》。

同、检查期内开发项目、建安施工企业资料及施工成本等方面情况，对其企业所得税检查时，有重点地核查房地产开发企业的“采、买”事项。国税局通过对上游的检查，自查查补税款、滞纳金9540万元，重点检查查补税款、滞纳金、罚款1788万元。

市地税局实施对房开企业中、下游环节检查工作时，在自查动员阶段，一是要求纳税人全面自查地方各税缴纳情况，二是要求纳税人如实提供自查期内其开发项目取得方式，支付拆迁或征地补偿情况，占地面积、开发面积及销售房屋套数等资料。在实施重点检查阶段，要求检查人员在检查结束后提交的稽查报告中，将被查房开企业开发项目数、土地取得方式、占用土地面积、开发及销售房屋面积或套数，和检查中发现被查企业“采、买”环节重大疑问等事项作为重点反映内容。在对相关信息收集、梳理后，对后期工作安排，采取直接检查，或反馈给征管部门的方式，对房地产开发企业中、下游存在问题进行处理。通过对中、下游的检查，自查查补税款、滞纳金17969万元，重点检查查补税款、滞纳金、罚款3827万元。

通过对房地产行业上、中、下游产业链检查，既掌握了房地产企业开发项目时发生的建材、钢材、商品混凝土、建筑用机具、中央空调、电梯等供货商缴纳增值税情况，也能有效地防止和堵塞房地产开发企业虚增成本、拱抬房价、偷逃税款等违法行为。

（三）三方式传递检查信息

即通过集中召集纳税人开会动员，征收大厅显示屏滚动播放和内外网公布检查信息等方式，向广大纳税户宣传税务机关将组织开展对房地产开发企业实施检查的信息。通过广泛的宣传，既快速地将税务机关开展专项检查的相关信息向社会和广大纳税人传达，又确保检查政策落到实处，降低了征纳双方的成本。

（四）三批次组织自查和重点检查

为避免以往开展行业检查覆盖面和自查深度不够的问题，我们将1013户正常经营房地产企业分成三批（其中：第一批504户；第二批363户；第三批146户），以集中召开动员会方式进行自查动员。在重点检查工作布置上，也将重点检查户分三个批次组织实施。通过三批次组织纳税人自查，最大限度地解决了检查户多，税务检查人员少和长期以来税务机关开展行业专项检查不深不透的问题。

（五）三“回头”实施查缺补漏

所谓三“回头”查缺补漏，是指在专项检查中由贵阳市地税稽查局组织专门人员，对此次清户环节、自查环节和重点检查环节存在问题或疑点的地方进行“回头”清查，从而达到有效堵塞各种漏洞的目的。

清户环节“回头”。在清理纳税户时，针对一些非正常失踪企业，由贵阳市地税稽查局组织各区（县）稽查人员，对所属地“失踪”的房地产开发企业进行逐户“回头”清理，明确贵阳市正常经营的房地产开发企业1013户。通过对纳税人税务登记清理，发现有50户企业税务登记办证地与项目开发地不一致，在税务登记办证地长期不申报纳税，检查组及时将这一问题反馈给征管部门，从而达到“以查促管”的目的。

自查环节“回头”。在对一些纳税人填报自查报表和当期申报数据进行审核比对后发现，有相当一部分房地产开发企业，为了逃避自查补税后需要加收滞纳金的法律责任，利用自查阶段每月正常申报纳税期这一“有利时机”，将自查补税并入其当期正常申报数据向税务机关申报，从而达到逃避缴纳滞纳金的目的。通过自查环节“回头”，加收滞纳金21.05万元，对逃避缴纳滞纳金的企业进行了有效清理。

重点检查环节“回头”。针对一些企业在税金列支上使用假税票和所谓“多缴”营业税等问题，要求检查人员以项目检查为抓手，对已缴税、“多缴”税进行逐笔核对回头清查，通过对纳税人账面单据与征收数据比对，清查出一些纳税人存在虚假申报或虚报“多缴”税的违法问题，清查出“多缴”税款108.52万元。

（六）三步骤实施重点检查

为规范重点检查工作，排除区域保护因素干扰，将重点检查工作分解为集中选户、组织检查和评审执行三个步骤实施。

集中选户是指由贵阳市地税稽查局将组织自查的全市房地产开发企业名单集中到市稽查局，由市稽查局结合市信息系统数据资源、各区（县）局征管信息、相关外部信息及纳税人自查情况集中确定检查重点。

组织检查是指市稽查局统一调配全市稽查力量，采取直接检查、交叉检查、指定检查的方式组织实施检查工作。在实施检查时，将对开展检查的相关事项、应查内容和项目等，采取列项方式提出明确要求。

评审执行是指由贵阳市地税稽查局对本次重点检查中采取直接检查和交叉检查方式的企业进行集中审理，并由检查人员督促被查企业在规定的时间，将查补税款、滞纳金和罚款缴纳入库。

通过重点检查三步骤组织实施，不仅有效地防止了区域保护因素干扰问题，打破区（县）税务机关检查区域限制问题，还统一了处理和执行政策的尺度，规范了检查人员检查行为，促进了各区（县、市）检查人员对全市房地产开发企业征收管理状况的把握和了解。

（七）三重查模式组织检查

所谓三重查模式，是指为保障本次重点检查工作顺利开展，最大限度降低税务行政执法风险，在开展工作时，采取直接检查、交叉检查、指定检查三种模式。重点检查实施时，按“三统一”原则布置：检查人员由市局统一调配，检查事项由市局统一明确，检查审理由市局统一组织实施。

指定检查是指由贵阳市地税稽查局指定被查企业，所属税务机关自行组织力量，按照市局检查规定和要求实施重点检查工作。

直接检查是指由贵阳市地税稽查局出稽查文书并直接派人实施的检查。

交叉检查是指由贵阳市地税稽查局统一组织，由被查企业征管税务机关出具稽查文书，由贵阳市地税稽查局明确检查人员实施的检查。交叉检查原则上不由被查企业所属税务稽查局检查。

二、检查取得的成果

2010 年贵阳市地税稽查局共组织 1013 户房地产开发企业进行自查，233 户企业自查有问题。自查结束后，按不低于 2% 比例，从征管户中有重点地选取了 29 户房地产开发企业进行重点检查。共查补收入 2.18 亿元，占全省房地产专项检查查补收入的 39.9%，其中：自查阶段查补收入 1.8 亿元；重点检查阶段查补收入 0.38 亿元。

三、工作体会

（一）抓细节，专项检查工作要提前谋划

自查工作开始前，贵阳市地税局联合市国税局共同发布税收检查通告，成立由贵阳市国税、地税主要负责人任组长的联合检查领导小组，制定严密的检查工作步骤，明确分自查动员、重点检查、总结整改三个阶段组织实施。做好宣传动员准备工作，及时将房开企业自查需要的自查通告、自查提纲、相关税收政策等资料在政务公开网站上公布，强调自查的工作要求，确保房开企业认真对待并规范地开展税收自查。

（二）抓结合，专项检查中必须将税收自查与重点检查结合起来

开展税收专项检查工作必须坚持将税收自查与重点检查有机结合起来，税收自查是重点检查的辅助措施，重点检查是确保税收自查质量的保障，两者各有侧重，不可偏废。稽查部门必须紧紧把握住税收自查工作的导向，要以实施重点检查抓住税收自查的主导权，不能给企业“自行自查、放任自流”的信号和假象，不能以降低和弱化稽查威慑力为代价来促进税收自查的开展。

（三）抓机制，要建立健全横向配合密切、纵向上下贯通的税收工作机制

贵阳市地税局与市国税局采取“联合进驻、各税统查”的方式开展整治工作。根据部门职能分工，结合房地产行业产业链的特点，国税部门重点检查产业链的上游环节，即重点检查构成房地产土建成本的“采、买”环节；地税部门重点检查中、下游产业链环节，即重点检查房地产企业土地取得、房地产建设、房地产销售和管理等关键环节。通过加强部门分工协作，提高了税收检查工作的质量和效率，确保税收整治工作扎实稳步推进。

稽查查账软件效能研究

——云南省国家税务局稽查局2010年度稽查科研课题组

一、效能研究的理论基础

效能就是税务稽查部门综合运用稽查资源实现稽查职能效果的程度，其外延包含：时间性，完成一项稽查任务所耗用的时间；成本性，完成一项稽查任务所需的人、财、物力；社会性，稽查工作对纳税人及社会的影响程度。① 影响效能提高的主要因素有五个方面：一是法律规定与现实脱节，法定授权不到位；二是稽查体制不完善，制度体系不完整；三是税务稽查信息化支撑不够，与税务稽查工作要求不相适应；四是人员素质参差不齐，缺少专家型、复合型人才；五是稽查工作方式、方法缺乏创新，难以实现突破。

稽查查账软件作为稽查手段之一，其作用发挥好坏关系到稽查职能作用的发挥，对提高稽查效能有着明显的作用。影响查账软件效能发挥的因素有：一是查账软件使用的法律环境，包括税收法律法规和其他相关法律规范如电子签名法等；二是稽查业务流程环境；三是查账软件的智能程度，包括软件的适应性、问题处理的准确性和操作的简便性；四是稽查人员的素质，包括税收政策水平、财务会计处理、计算机操作技能等，以达到人机结合充分发挥软件的智能作用。

二、企业管理信息化给税务稽查工作带来了新的挑战

（一）电子数据缺乏可靠性，稽查线索难以发现、求证

在传统的手工会计核算中，各种会计信息的载体以纸张为主，会计凭证、账簿、报表中记录的会计数据具有易于辨认、追溯、不易随意修改等特点。稽查人员可以通过这些看得见的书面线索，检查证、账、表之间所反映的数据的真实性、合法性和准确性。企业实行信息化管理后，出现了光盘、U盘、移动硬盘等新的存储介质，这些存储介质上的会计信息极易遭受计算机病毒的破坏和人为的调整、销毁，且不留痕迹；电源故障、操作失误、数据处理错误和网络传输错误也会造成电子数据失真或数据丢失；另外，信息化管理使企业会计和财务的业务处理方法和处理程序发生了很大变化。令稽查人员难以直观地看到其处理过程和修改、删除等痕迹，难以发现传统手工会计处理模式下的可稽查特征及线索，给稽查线索的求证带来了很大的困难。

（二）企业内部会计控制的削弱，加大了稽查工作的技术难度

在传统的手工会计核算中，一项经济业务从申请、授权到执行、制证、复核、记账等环节要分解到不同部门、不同人员来办理和保存，以求达到有效的内部控制的目的。而信息化管理企业的突出特点是会计数据处理的自动化、集中化、高速化，会计信息数据流程路径缩短，同时，目前的信息管理系统又普遍未充分考虑这方面的监控功能，削弱了企业内部财务控制，因此给数据安全带来了一定的威胁。另外，手工会计核算模式中，业务处理环节分散于多个部门、多个员工，上一个环节的差错往往可以在下个环节被发现和纠正。因此，一般情况下差错重复发生的可能性不大，发生重大差错的可能性也不大。信息管理系统运行的高速性、程序运行的重复性，使得数据录入一旦发生错误，往往就会在短时间内产生“多米诺骨牌”效应，造成多种数据文件、账簿及整个系统的会计数据“连环”失真，并且可能使系统出现反复性差错。信息管理系统检查功能缺位，内部会计控制弱化，会计数据的准确性大打折扣，导致稽查工作难以顺利展开。

（三）软件本身设计缺陷，挑战稽查工作的广度和深度

① 席七万：《提高税务稽查效能的对策和建议》，《税务研究》2010年第8期。

目前市场上有数百种企业信息管理系统软件，有些企业还使用自己开发的软件，各软件的水平参差不齐。一些企业使用的软件在安全性与保密性上存在诸多问题，对操作人、操作时间和操作内容没有具体记录，出现问题不便于追究责任；数据库缺少必要的加密措施，可以轻易地从外部打开修改；还有一些商业软件为了占领市场，为用户提供修改以前年度账目、设置多个“账套”等功能；企业管理信息系统软件的更新换代，使历史数据难以提取。在企业信息管理系统中，由于计算机是按照选择的功能和预先设置的程序运行的，如果软件程序中存在问题，必然导致系统产生的会计信息失真，而且税务检查人员是很难发现的。因此，稽查人员不仅要对数据资料进行审核，更重要的是要对企业信息管理系统本身的功能和正确性进行审核，包括系统的内部控制的检查、系统的安全检查、系统的合法性检查、系统的操作规范性检查。

综上所述，税务稽查机关及其人员应与时俱进、大胆创新稽查工作手段，充分发挥税务稽查的职能作用，不断适应企业管理信息化的要求，掌握相关电脑信息技术，将现代电子计算机技术运用到稽查工作中，借助行之有效的电子稽查技术，不断提高稽查工作的质效。

三、电子稽查技术推广运用的可行性分析

为应对企业信息化管理的迅猛发展，全国各地从2000年开始陆续尝试开发运用电子稽查技术，主要分为两大类：数据解析型、辅助工具型。数据解析型，即由稽查人员编写数据库查询、统计等语句，从企业信息管理系统的数据库中筛选出稽查所需要的涉税电子资料；辅助工具型，即税务机关利用社会资源，选择运用适当的第三方辅助工具软件(通常以“查账软件”为代表)，协助检查人员获取纳税人的电子涉税数据，并辅助完成大量的查询、统计、分析等工作，但第三方辅助工具软件本身并不能代替检查人员的工作。

（一）辅助工具型较之数据解析型对硬件、软件的要求更低

在数据解析型模式下，如果企业不提供备份数据，则需要稽查干部自己备份。大型企业会计信息数据量大，数据库备份基本需要大容量存储空间，如果遇到几百G甚至TB级数据量的企业，一般存储设备的存储空间远远不够；在实际分析过程中，又将面临为恢复及分析数据库搭建专业环境的问题。搭建数据环境需要准备相应版本的数据库系统软件，特别是大型的企业由于数据量庞大，还需要准备硬件环境，这就需要一笔购买软件和硬件的费用支出，同时还要请专业的人员来安装和配置。数据解析型针对不同的会计核算软件、企业管理信息系统购置不同的软硬件、重新搭建适合的数据环境，此种模式所配备的软硬件缺乏通用性，无法形成规模效应，相对成本较高。

在辅助工具型模式下，操作主要分两步走：一是采集数据；二是统计分析数据。在采集环节，需要配备安装使用查账软件数据采集系统及一般的移动存储设备；在数据统计分析环节，需要配备查账软件配套硬件设备——加密狗（硬件加密锁）及安装有查账系统软件的计算机。辅助工具型对软硬件要求相对较低，一方面，数据采集系统、查账系统软件安装操作简单，无须专业人员，税务稽查人员通过一定的培训和练习就可以掌握；另一方面，一种查账软件就基本可以应对各种会计核算软件、企业管理信息系统，更宜于普及推广。

（二）辅助工具型较之数据解析型使用门槛低

在数据解析型模式下，必须熟练掌握数据库应用。据不完全统计，目前有一千余种软件应用于纳税人企业管理中，使用的数据库种类繁多，税务机关内部只有极少数电子信息技术专业人员可驾驭，而且每个人只能掌握其中的几种数据库，无法全部攻关。并且现场备份技术要求高，风险较大。若因操作失误影响企业的正常工作和生产，轻则导致纳税人对税务机关产生不信任和抵触心理，重则要承担一定的法律责任。

在辅助工具型模式下，利用专业的计算机或软件公司完成对上千种数据库的解析，专业计算机或软件公司将稽查所需要的电子涉税数据以某种固定格式提供给稽查人员，从而简化稽查人员在前期获取数据的难度。一旦稽查人员通过第三方辅助工具软件的协助，形成统一的阅账平台，稽查人员仅需对该辅助工具加以熟悉应用，就可以很轻松地开展检查工作了。辅助工具型模式下，由专业团队配合稽查人员，降低稽查技术的门槛，让更多的基层稽查人员不再畏惧信息化管理企业的稽查工作。

（三）辅助工具型较之数据解析型使用效率更高

在数据解析型模式下，运用数据库结构分析比较复杂。因为每种会计核算软件、企业管理信息系统都有自己的数据存储和管理方式。对于大型数据

库，往往一个库由数以万计的表组成，每张表由数十甚至上百上千的字段组成，这么庞大的数据量不管是备份、恢复还是查询都需要专门的工具软件和硬件环境，短时间内想要完成对数据库的解析工作，几乎不现实。因此，运用数据解析型效率较低。

在辅助工具型模式下，利用查账软件穿透式阅账方法，只需在阅账平台中点击几下鼠标，就可实现在总账、明细账、凭证不同界面之间的转换，避免翻阅大量纸质资料，节约时间；利用其筛选、排序、业务查询等功能，全面完成对涉税数据的初步分析，并且可迅速检索到检查人员需要查看的相关账务处理和凭证；利用行业分析和模型分析功能，从不同角度分析比对相关涉税信息，克服以往检查人员仅凭个人习惯和经验进行查账的不足，并且能够协助检查人员快速发现疑点信息等。可见，辅助工具型对加大稽查深度、提高稽查工作质效具有十分明显的效果。

目前阶段，结合云南省国税稽查各方面具体情况来看，辅助工具型较之数据解析型具有投入经济成本更低、操作更简单、使用效率更高的优点，因此，以查账软件为代表的辅助工具型电子查账技术在今后一段时期更适宜在云南省国税稽查推广使用。

当然，以查账软件为代表的辅助工具型也存在一些缺点和不足，尤其是无法保证100%数据采集成功率，特别是遇到异地服务器、特殊行业、国外大型ERP等情况。所以有必要把数据解析型发展为辅助工具型的补充形式，专门解决运用查账软件等辅助工具无法采集数据的问题，备份企业数据库，由专业人员进行解析。让辅助工具型、数据解析型二者形成互补，有效解决涉税电子数据采集问题。另外，数据解析型可以为培养既掌握电子信息技术，又懂财会税收知识的复合型、专家型人才打造良好的平台。这部分专家型人才在以后电子稽查技术的发展中必将发挥出重大的作用，并且可以逐步优化国税稽查的干部队伍结构。

四、稽查查账软件发挥的效能作用

（一）云南省国税稽查查账软件推广运用情况

云南国税稽查2001年3月，开发云南省稽查管理信息系统，2002年6月在楚雄市稽查局试点运行，10月在全省14个地州市所在地国税稽查局推广运用。稽查管理信息系统具有业务流程管理、统计运算、分析判断、辅助查账功能。

2007年，云南国税稽查借助第三方软件开展稽查工作。经过对多种电算化查账软件进行评估试用，确定选用无锡版电算化查账软件，于2007年10月在全省进行推广。2009年，省国税稽查局共对304户电算化核算企业的电子账套进行数据采集，成功271户，不成功33户，采集成功率达到89.14%。对采集成功271户企业使用查账软件进行电子查账，已查结252户，有问题户数为171户，筛选出疑点数406个，实现查补总额4177.01万元，其中查补税款2756.09万元、滞纳金827.3万元、罚款593.62万元。

1. 逐步增配查账软件设备，为查账软件的推广运用提供有力的硬件支持。截至2010年7月31日，省国税稽查检查岗位人员1013名，全省共配备查账软件设备加密狗353支，平均每3名检查人员拥有1支加密狗。

2. 明确软件的使用范围，加大运用力度。云南省国税稽查局制定并下发的《云南省国家税务局稽查局税务稽查查账软件推广运用方案（试行）》中，要求全省凡专项检查和“分级分类”稽查中使用电算化财务软件的纳税人，原则上100%使用电算化查账软件进行检查；其他情况应用率应达到全年检查户数中使用电算化财务软件纳税人的30%。

3. 开展各种形式的培训，提升稽查人员的电子查账技能。挑选对查账软件有丰富运用经验的稽查干部进行经验交流，在实训中学员以“偷税”与“反偷税”两个不同的角色，对用友、金蝶等十余种财务软件进行反复博弈实训，使学员充分了解利用计算机舞弊进行偷税的各种常见手段，提高了查账的应变能力。通过培训，全省国税稽查检查人员熟悉、精通企业电子财务数据取数和应用查账软件的占25%，基本掌握的占70%，仍无法掌握使用的占5%。

4. 不断攻克数据采集难关，提升数据采集成功率。与公司技术人员紧密配合，先后解决了市面上甲骨文、金沙、管家婆（物流）、保会通等财务软件的数据接口问题，大大提高了电子数据采集成功率。

5. 加强内部管理，规范查账软件应用。省局稽查局制定下发《云南省国家税务局稽查局税务稽查查账软件推广运用方案（试行）》，从电子数据采集的前期准备、使用文书、流程、对已采集数据的保密及归还整个过程进行全面规范，确保电子数据采集严格遵循原始、真实、准确的原则，始终坚持方便纳税人和经济性原则。方案明确、规范了应用查账软件对电算化记账企业进行选案、取证、查账的程序和方法。明确了对储存企业电子涉税财务数据资料载体的保管规范。增强了检查工作的可操作性，保护了纳税人的合法权益，规避了稽查执法人员的执法风险，实现信息化建设与业务规范的互相促进、协调发展。

（二）推广运用稽查查账软件体现出的效能作用

1. 树立良好执法形象，提高纳税人税法遵从度。启用查账软件进行查账，检查人员利用软件的各种功能，对记账凭证进行全面检查，然后再有针对性地去核对纸质材料，克服以往对企业作抽样检查的不足，从而加大稽查深度，提高稽查准确度，凸显了信息化稽查的威慑作用，提高了纳税人的税法遵从度。同时，降低稽查部门和企业的成本，实现双赢，为国税稽查树立了良好的执法形象。

2. 提高稽查效率，降低稽查成本。由于查账软件配备了“数据采集系统”，能将数百种常见财务软件或者 ERP 转换成同一种格式，在统一的阅账中心上进行查看、统计等工作，这样既能免去检查人员对原始单据的大量翻阅工作，又能快速对数据进行归类、统计，还能节约检查干部学习各种财务软件的时间。

一是方便对一项业务来龙去脉的追查；二是快速归集相似可疑问题；三是有的放矢进行账务及发票的检查；四是强大的分析评估功能为检查提供更多的检查思路；五是 ERP 分析与账务处理相互验证；六是查账软件的应用简化了查账的操作程序，发挥了团队合作的优势。

3. 拓宽稽查思路，丰富稽查手段和技能。采用固定模型查账和灵活的自定义模型查账的方法，对采集成功的电子财务数据，运用查账软件统计分析的功能，多角度、多方位创新检查方法进行分析。

4. 切实保护纳税人的合法权益，有效降低检查人员执法风险。运用查账软件对涉税数据资料进行采集、拷贝和加密管理，对使用电子数据的人员进行身份验证，并有使用记录。避免了保管纳税人纸质资料的风险，加强了对纳税人信息的保密工作，出现问题时，能快速找出相关责任人员，明确了职责，内部管理机制进一步完善。

五、稽查查账软件应用面临的问题和挑战

（一）与查账软件应用的相关法律法规缺失，加大稽查人员执法风险

目前的法制建设与企业信息技术的广泛运用以及税务稽查工作的需要还有一定的距离。一是规程的法律位阶偏低，对纳税人的约束力远远不够。若纳税人申请听证、提起行政复议、行政诉讼，税务机关将处于被动的局面，加大了税务稽查人员的执法风险。二是对纳税人义务和应承担责任的规定不足，在纳税人不配合的情况下，稽查人员仍然缺乏有效的手段去应对。三是对有关电子数据作为稽查证据所涉及的电子证据完整性、规范性、安全性以及证据使用、储存、保管、归还以及保密规定等方面仍缺乏具体操作规范。四是涉税电子数据在大多数情况下，只能作为辅助证据资料使用，法律效力较低。只有在电子数据与其他证据相一致，共同指向同一事实，才可以认定为证据而具有法律效力，涉税电子数据在取证后必须进行固定和转化。五是《电子签名法》的适用环境还很不成熟，其在税务稽查方面的应用更缺乏具体的操作指南。

（二）会计核算软件千差万别，企业电子信息数据难以采集

2009 年，云南省国税稽查局运用查账软件查账的户数中有 10.86% 无法进行数据采集。主要有以下几种情况：

1. 企业使用网络版财务软件其服务器在外地的，无法进行采集。特别是跨省设置服务器的，虽然可以要求企业将数据打包传输到查账软件公司解密，但一来一往中检查实施时间被耽误，而且无法保证数据信息的完整性和准确性。

2. 国外软件和企业自行开发的财务软件不能采集。由于目前使用的查账软件主要适用于国内一些主流财务软件，如金蝶、用友、浪潮等，对企业自行开发财务软件及国外软件无法采集电子数据。

（三）软件功能不够完善，制约稽查工作质效提升

1. 查账软件与现行的税收征管软件（CTAIS）无接口，致使双方数据无法共享，并且在查账软件中形成的稽查结果，还需要在 CTAIS 中再处理，造成重复工作。

2. 标准科目设置不够齐全，科目对应依赖人工转换，造成数据分析结果不可靠。

3. 查账软件分析显示的疑点问题提示较为粗泛。查账软件自动分析评估出的疑点，经过大量的时间进行核实后，确认的疑点问题占疑点提示的比例较小，造成此功能模块的效率较低。

4. 查账软件比对分析模型运用效果欠佳。查账软件系统缺乏详细的应用说明指导，不便于在全省比较大的范围内进行推广运用。另外，查账软件程序设计人员对财务会计知识以及税收政策的变化情况不是十分熟悉，限制了分析模型更新和完善的速度和深度；与此同时，税务机关绝大部分检查人员还不能够掌握建立模型的相关操作，致使优秀案例资源无法得到有效整合，制约了分析模型在检查过程中发挥的作用。

（四）稽查人员素质亟待提高，队伍建设尚待加强

一方面，查账软件应用水平不高，查账软件所提供的功能未充分发挥作用。大多数检查人员的操作还处在初级阶段，只会使用账目、凭证检查模块做一些简单操作，不能完全胜任从系统分析、数据提取和转换到分析模型的建立和运用等工作。另一方面，稽查人员业务素质参差不齐。查账水平还停留在就账查账阶段，稽查过程中往往依靠过去的经验和习惯，稽查手段缺乏创新，稽查思维模式亟须转变，检查工作很难做到查深、查透。

六、进一步推进稽查查账软件应用的建议

（一）完善相关法律法规，使推广运用稽查查账软件“有法可依”

1. 提升会计核算软件规范性，推行通用数据接口。建议有关政府部门参照国际惯例，尽快制定会计核算软件规范和数据接口的国家标准，实现从不同版本会计核算软件直接取得数据，将不同格式的数据转换成同一格式，保证会计信息的透明、畅通、准确，给税务机关查账留有数据接口和必要的工作空间，提高数据采集的成功率和准确率。①

2. 提高立法级次，完善与稽查查账软件相关的法律法规。一是修改完善《税务稽查工作规程》，并提升其法律级次。二是明确税务稽查人员对企业电子资料的下载、使用、储存、保管和保密等方面的权利和义务，区分责任；明确纳税人应对税务稽查人员运用查账软件进行查账给予积极协助和配合等义务，对拒不履行义务的纳税人应有可操作的处罚措施和强制执行措施，从而规范税企双方的权利和义务。三是规范电子证据收集与固定的权限和程序，加强电子取证工作的合法性、严谨性、科学性，有效规避税务稽查人员的执法风险，避免行政诉讼中出现举证不力、证据不充分或法律程序不到位等现象的产生。四是规范电子记录的保存。五是提高电子证据的法律效力。六是要求安装跟踪日志软件，弥补《电子签名法》相关规定的不足。税务机关应被法律授权有权在纳税人的计算机上安装跟踪日志软件，纳税人不得拒绝或加以破坏，否则将被处以罚款。

（二）优化稽查查账软件功能设置，提高软件的科学性和智能化程度

1. 整合数据资源，实现信息高效共享。一是扩展财务电子信息采集，通过采集企业原始财务账册信息，经过标准化整理后，由系统自动或半自动生成可进行分析、检测的财务账册信息以及资产负债表、利润表和申报表，为后续的比对、分析提供必要的支持。二是扩展税收征收管理信息采集，对现有征收管理信息系统中的申报数据和税款征收数据进行采集，然后与采集得到的企业财务电子信息中的相应内容进行比对，以验证各方的数据是否匹配，从而发现企业是否存在需要补缴税款的情况。三是扩展有关部门信息的采集。对内，加强税收分析、纳税评估、税源控管和税务稽查四个方面的信息共享；对外，加强与工商、海关、外汇、银行、电力、供水等部门的信息交流，扩大信息采集面，实现信息资源最广泛、最大限度的扩展和共享。

2. 实现数据增值应用，完善行业指标分析功能。利用查账软件提供数据增值利用工具进行各种统计分析，以自动生成相关行业数据，自动修正查账软件中的相关参数，提升行业指标分析的针对性和准确性，提高确认为问题的疑点的比例。同时，补充完善相关行业的会计科目，避免出现个别行业企业无法实现科目对应的现象，为数据分析提供更加完整和准确的基础信息。

3. 全面打造综合分析平台，充分发挥经验模型分析作用。完善经验模型，整合企业的财务数

① 软件规范，是指对软件的基本功能、数据输入输出和处理、数据库结构、运行环境等的规范性要求。所谓通用数据接口，就是要求各种商品化通用软件和定制开发的软件，必须有一个统一数据结构、统一输入输出要求，相互之间可以实现数据交换和共享。

据、物流数据和征管数据，对财务指标、账户、报表、凭证、业务、成本等对象提供比较全面的分析方法，积累整理历年来的优秀案例及会计财务分析经验、稽查经验、计算机技术，将平时已查案件自动或半自动生成案例库，用以指导类似企业检查或案例学习，以实现经验共享。

（三）科技加管理，提升查账软件的运用质效

1. 完善组织机构保障。由省局稽查局成立查账软件运用技术组，其下设综合小组、数据采集小组和电子查账小组，对推广运用查账软件工作进行深入研究和专业化实施，总结经验、强化稽查查账软件的运用和相关业务指导。各州、市稽查局也成立相应查账软件运用技术组，以利于统筹协调，上下形成合力。同时，伴随着各级稽查局查账软件运用技术组的成立，培养和锻炼一大批熟悉、精通企业涉税电子财务数据采集和应用查账软件的稽查骨干，促进国税稽查队伍进一步向“高、精、专”的目标发展，形成一支相对固定、具有一定专业技术能力的稽查执法队伍。

2. 建立健全推广运用查账软件的配套管理制度。在不断理顺稽查局内部岗位职责的基础上，设计一套科学、系统、规范的推广运用查账软件的工作制度与方法，从完善运用查账软件工作的流程入手，制定从硬件设备配置、管理到软件升级、应用方面，从涉税电子数据采集、保管、保密、归还程序及管理方法到数据采集文书、电子数据存储介质规范，从对电算化核算企业的选案到对电算化核算企业的取证规范等各环节、各层次的制度体系，确保制度之间的有效衔接，为查账软件的深入应用奠定基础。

3. 加强软硬件科学配置。一方面，按照目前查账软件设备配备的情况，做好相关硬件的计划配置。到“十二五”末基本实现全省稽查检查人员每2人配备1支加密狗的目标，基本满足稽查工作的硬件配备需要。同时，配备相关电子数据固定的硬件设施（硬盘拷贝机、硬盘虚拟机、数据恢复等）。另一方面，加快软硬件更新升级，有效应对企业会计核算软件的更新换代，不断适应税务稽查工作的发展需要。

4. 细化业务流程，促进查账软件运用的专业化发展。全面梳理稽查查账软件业务流程，细化各个环节的职责和要求，将查账软件业务流程划分为：数据采集、数据分析、数据集中、数据维护等环节，相应按职责要求形成横向和纵向业务分工，横向分工就是在运用一线业务流程形成数据采集与数据分析的分工，在每一个稽查局组成2～3个数据采集组，数据采集组由计算机专业人员构成，专门负责对企业电子涉税信息的采集；组成若干数据分析（检查）组，由既懂财务会计又懂税收政策的人员构成，负责对数据采集组采集来被查企业的涉税电子信息进行分析检查，从中发现企业涉税问题并依据税收法律法规进行处理。纵向分工就在查账软件运用一线业务分工的基础上，在省局形成数据集中和数据维护，组成专门人员负责对全省集中的数据信息进行维护，逐步形成行业平均指标分析和行业共性问题案例库，以提高查结案件信息的增值再利用。

（四）大力培养复合型人才，提升稽查干部执法水平

一是引进和培养计算机专业人才和查账能手，组成查账软件运用技术组，集中进行技术攻关和技术支持。在软件运用、推广、维护上实现突破，形成稽查队伍的专家型人才。结合云南省国税稽查机构和分级分类稽查工作情况，在现阶段，可考虑在州（市）级稽查局培养充实2～4名计算机专业人员、6～10名精通财务会计和税收政策法规的查账能手。二是有针对性地开展多元化培训，更新一线稽查人员知识结构，使广大稽查人员熟练掌握计算机基本操作、会计核算软件和查账软件的操作和使用，及时调取被查对象的电子账证资料开展检查，对查账软件进行基本的参数设置和日常维护，并把信息技术应用能力和税务稽查工作紧密结合起来，做到既有较高的信息技术水平又有扎实的税务稽查水平，有效运用查账软件开展稽查工作。三是加强部门内外的相互交流。不定期组织运用查账软件经验交流，分析、总结运用查账软件的成功案例和有效手段；加强与有关部门的信息交换，关注企业会计电算化发展的新动向，及时掌握不同行业企业会计电算化发展的新方向和新特点，以适应形势变化，并不断调整稽查工作的应对措施。四是引入“能级管理”的观念，遵循“以能为本，岗能结合，竞争择优，按能上岗，双向选择，组织择优”的原则，“以价值体现价值，用财富回报财富”，激发干部爱岗敬业、争强当先的热情和活力。

参考文献：

[1] 税务稽查业务手册编写组：《信息化管理企业税务稽查实务》，白山出版社。
[2]《税务稽查查账系统使用手册》。
[3] 李民、王志敬：《涉税电子证据的法律分析和

运用》，《中国税务稽查——厉风》2010 年第二辑。
[4] 刘芹：《电子数据取证在税务稽查中的运用》，《中国税务稽查——厉风》2009 年第四辑。
[5] 张勇、吴晓红、王孝辉：《纳税人利用会计核算软件避税的对策》，《中国税务》2010 年第5 期。
[6] 李国华：《税务检查如何适应会计电算化》，《中国税官论税制改革》2009 年。
[7] 席七万：《提高税务稽查效能的对策和建议》，《税务研究》2010 年第 8 期。

关于对陕西省成品油经销企业税务检查和管理的探讨

张国栋　李国华

一、成品油经销企业经营管理现状

国务院相关政策规定：国家对成品油经营实行许可制度，经营成品油的单位须依照相关规定取得经商务部、省商务厅核发《成品油经营批准证书》，并凭成品油经营证书向工商行政管理部门申请登记注册手续；成品油批发企业由商务部审批，加油站由省商务厅审批；加油站建设须符合消防、环保要求，并按照加油站规划建设要求进行建设；加油站成品油零售经营中应当使用燃油加油机等计量器具，并保证计量器具和成品油零售数量的准确，守法经营，诚信服务。

陕西省目前经批准具有成品油批发、仓储资格的经销企业共计 48 户，其中中石油所属 14 户，中石化所属 5 户。这 48 户批发经销企业从成品油生产企业进货后负责向全省所有加油站销售供给成品油。全省成品油生产企业共计 5 户，这 48 户经销企业属于成品油流通领域的中间环节。目前全省已经税务登记的成品油零售纳税人，主要属于加油站性质，共计 1663 户，由于一些加油站合并纳税，不办理税务登记，不具有独立纳税人资格，所以这 1663 户零售单位拥有加油站合计 3006 个，主要分为中石油陕西销售分公司所属加油站、中石化销售有限公司西北陕西分公司所属加油站及其他加油站。其中：中石油陕西销售分公司所属加油站 946 个，中石化销售有限公司西北陕西分公司所属加油站 72 个，其他社会加油站 1998 个。加油站行业经营范围包括销售汽油、柴油、煤油、润滑油（以下简称成品油）及其他货物，负责向最终消费者销售。

中石油陕西销售分公司、中石化销售有限公司西北陕西分公司所属加油站实行“计划、配置、销售、财务”四统一的营销模式。中石油陕西销售分公司对内不对外，不向其他社会加油站销售油品，其他社会加油站主要从中石化集团公司、延炼集团公司等所属成品油批发经销企业购进成品油。

中石油陕西销售分公司、中石化销售有限公司西北陕西分公司所属加油站，市场交易价格依照国家发改委公布调整的价格进行交易，交易价格变化幅度较小；其他社会加油站销售价格参照中石油、中石化所属加油站市场零售价格确定，但其价格相对偏低。

中石油陕西销售分公司增值税管理实行总、分公司属地管理，各分公司依照销售收入按照预征率就地预缴，总公司按月结算，年终统一清算分配、缴纳的办法；中石化销售有限公司西北陕西分公司增值税管理实行总、分公司属地管理，各分公司依照销售收入按照预征率就地预缴，总公司按月结算，向主管税务机关申报纳税的办法。其他社会加油站按照增值税一般纳税人管理，就地缴纳增值税。

二、存在的涉税问题及检查方法

成品油流通领域大致可以分为生产、批发和零售三个环节，生产环节主要是国营性质，相对规范，涉税问题主要在批发和零售环节。

（一）批发环节

1. 业务流程

批发环节涉及这 48 户成品油批发、仓储企业。批发企业从生产企业购进或总公司调配油品，生产企业基本属于国营性质，相对规范，生产企业在销售时开具专用发票基本真实，所以对批发企业的检查重点应当侧重于滞留票和隐瞒收入方面。通过调研了解到批发企业的业务基本流程如下：

批发企业每年初向延炼、延长、西石化等生产企业报进货计划，一般向生产企业购货时都是先款后货，货款很大一部分是现金结算，每月底生产企业一次汇总将发票开给批发企业。批发企业拥有自己的油库、油罐。批发企业一般在主要进货厂家设有办事处，办事处主要负责将所进油品发往企业的油库、油罐入库，再由油库发给客户，或者将所购油品直接发往客户，不实际入油库、油罐。成品油入库有严格的管理措施，化验员化验油标号，进出门过磅，库管员验收，库管主任每天测量油库存量等。批发企业对油品销售出库具有严格的内控制度，采取成品油配置单进行内控，以单管油，配置单由销售部和各办事处开具，配置单的管理就像税务局的发票管理一样，有严格的领、用、存登记制度，配置单含有购油单位名称、纳税人登记号、油品名称、皮重、净重、提油车号、司机姓名、执行价格的内容，一式五联，要求一车一单，严格开具，油车过磅后要附上过磅单，最后将财务联连同过磅单送到财务部门下设的业务处室，该业务处室负责全公司真实的销售出库的统计、核算。业务处室将最终整理处理好的单据送给财务部门进行账面核算处理。批发企业销售给客户油品时，所售油品客户能确定时，配置单直接填写客户名称，并收取货款；当客户收到油品后填写收油证明和配置单客户联到公司开具增值税专用发票或普通发票。当售油时不能确定的客户，按油罐车号先开配置单，当客户把油品送至加油站以后，客户拿着加油站的收油证明到公司开具发票，由于在业务最初发生时是按车号开具的配置单，这时就需要更换原来的车号配置单，重新开具收油单位的配置单。客户拿新的配置单来公司开具发票。客户不索取发票时，企业依据配置单作无票收入进行申报。对批发企业下设的自己的加油站的油品调配操作和销售流程一样，只是不涉及货款和开票问题。

2. 涉税问题及检查方法

（1）滞留票问题

检查时通过稽核系统查询企业是否存在滞留票的问题。有针对性地对产生的滞留票进行核查，核查产生滞留票的原因，核实滞留票涉及的货物是否入库，是否在账面反映，从物流、资金流核实交易是否真实，如交易真实却未在账面反映，企业很可能“体外循环”隐瞒收入。

（2）发票开具问题

一是由于消费者对购买商品不索取发票，无形造成了税收征管上的漏洞。二是许多业户不按规定逐笔开票，利用消费者不需要发票的客观事实，不按日进行汇总开票，而是在月终汇总开票，在汇总过程中又存在“张冠李戴”现象，涉嫌虚开专用发票。比如批发企业更换油罐车号配置单重新开具新的配置单开具发票时，检查人员就很难知道当初拉油的车罐和来索取发票的单位是否真正是一个单位，更无法控制受票方税收是否流失，虚抵进项。

（3）隐瞒收入问题

个别纳税人对回罐油、自用油、代储油、检测用油等扣除项目没有按规定程序报主管国税机关审核，存在违规冲抵销售收入的现象。有些从小炼油厂、土炼油厂、私人炼油厂购油不索取发票，进行机外售油不开具发票。有的业户在一般纳税人认定建账初期故意将库存存货在账面上销减，作为日后增值税一般纳税人核算时的调节剂。更有少数业户采取“体外循环”方法，进销都不入账，税务机关很难查实。检查时可从企业财务上的库存和真实库存存在差异的突破口入手；另外一个突破的方法是从成品油配置单入手。

（4）进项方面问题

有些企业为自行调节应纳税额，平时购油时不索取发票，月末算出应纳税额，然后以应纳税额为依据到供货单位补开发票，自行调控进项税额，从而在申报时体现不出应纳的税款。或者非法收购取得他人增值税专用发票作为自己的抵扣发票，对非正常损失成品油不作进项税额转出。可以从资金流、物流、盘库方面着手进行检查核实上述问题。

（5）调和油问题

成品油是被国家施以重点管理的危险化学品，当前，国家对成品油的生产、流通、储运等环节都有明确的管理规定和具体的严格限制。目前，陕西境内一般只有90#、93#、97#汽油。成品油的生产销售国家实行的是许可证制度，有些企业为了追逐利润，对购进的低标号汽油进行调制后变成高标号汽油进行销售。一般模式是将90#汽油经过勾兑搅拌调制成93#及97#车用汽油。

国家对成品油消费税实行在生产环节从量定额一次征收。成品油经销企业用购进的低标号汽油调制成高标号油品进行销售实质上已经具有了再生产的性质。这样做，不仅违反了国家对成品油管理的相关政策，而且偷逃了国家的大量消费税。

检查时主要从库存商品明细账入手，如果企业存在大量的油品不同品种之间的调整，如：90#油品调整减少，93#油品调整增加。说明企业可能存在自行调和油现象，再通过询问、现场勘察等手段进一步落实。

（二）加油站零售环节

1. 增值税方面存在的问题

（1）部分加油站财务核算不规范，财务信息失真。在购销活动中采取现金交易、购销不入账等手段，少报、瞒报销售收入，以规避增值税。

（2）税控加油机利用率低，未充分发挥税控监管作用。纳税人自行设定加油税控机的参数，致使税控机无法反映真实的销售情况。一些小加油站通过改变税控加油机“芯片”的加油记录，使加出去的油在“芯片”上没有记录。或者设置加油站后台电脑管理系统控制，改变加油机参数，停电和敲击电脑键盘可以复原，既可偷油也可以偷税。

（3）个别加油站通过非正常渠道取得虚开增值税专用发票和货物运输发票，虚增库存，虚假申报抵扣进项税额。

（4）销售不通过税控装置，机外加油，导致税控申报卡销售数量失实。

（5）个别加油站对购进货物取得的增值税专用发票不认证、不抵扣，不申报销售，“体外循环”，偷税问题较为严重。

（6）违反发票管理办法，未按规定开具发票。由于在实际经营过程中会出现一些客户不要发票的现象，因此企业在月底集中用普通发票冲抵销售数量时，就通过压低单价的形式少计收入。或者将加油站便利店销售的商品、礼品开具为油品给客户，有的甚至给没发生业务但需要发票的客户需开发票收取提成或手续费，赚取非法利润。

（7）由于加油站的库存装置计量受技术条件的限制，给税务机关核实加油站库存数量带来一定难度。

（8）招待用油或者企业自用油未作销售，非正常损耗油品未作进项转出。

（9）有些加油站对回罐油、代储油、检测用油等扣除项目没有按规定程序报主管税务机关审核，存在冲抵销售收入的现象。

（10）部分加油站赠送货物等视同销售行为不计提销项税额；发生非正常损失、用于非应税项目等未作进项税转出。

2. 检查方法

（1）查前需掌握了解的情况

了解被查企业的性质，是国有、私营、股份制还是其他类型企业。了解被查企业的财务制度和会计核算方式。了解被查企业的财务制度和会计核算方式。成品油批发企业及零售企业需提供有效期内符合《成品油市场管理办法》要求的成品油供油协议；被查企业为销售产品而签订的各种合同。查阅其检查期间的各种财务报表及纳税资料、具有合法资质的审计部门出具的上年度成品油购进、销售情况审计报告或报表，并进行初步分析。企业的开户银行及账号，具体办税人员，并提供银行对账单。

（2）检查中应采取的具体对策

税务部门应重点检查社会加油站加油机税控装置和税控加油机的使用情况，包括能否正常使用、能否正常记录和读取数据并报送加油数据；加油站能否严格按照税务机关的规定建立健全相关的财务会计制度等；加油站有无擅自改动税控装置和税控加油机，以及利用加油机作弊偷逃税款的行为。

对一般规模较小的开发企业，可采用审阅法、核对法等常规检查方法，将被查企业的账表、账账、账证以及证证进行核对，从而找出疑点，发现问题；对某些加油站可采取实地库存盘存法，到现场观察其售油、收款、记录的实际操作，取得原始的一手资料，最后再同企业账面记载金额和纳税申报表申报情况进行核对，检查其有无收入不入账的问题，有无拖延税款缴纳时间的问题；将“应付账款”、“预收账款”、“其他应付款”、“其他应收款”等往来明细账与记账凭证、原始凭证、销售合同等核对，查看有无长期挂往来账款，而不申报缴纳税款；取得被查企业的银行对账单，将其银行存款与往来明细账核对，检查有没有异常收入或成本直接冲减出收入的问题；用比较分析法对会计报表项目、纳税申报表项目进行分析性复核，分析其毛利率、销售费用率、销售税金率等财务比率是否正常，通过比较分析，为进一步检查提供方向和线索；用外调法从其进货源头调查取证，查看其是否存在销售方已经销售，而购货方没有入账，“体外循环”，隐瞒收入的现象；对已经查实未及时申报缴纳税款的行为，应视其情节分别处理，对非主观故意而是由于对税法学习理解不够造成少申报缴纳税款的要加强纳税辅导，对主观故意弄虚作假进行偷税的行为要进行严厉打击，按《税收征管法》及相关法律的规定予以重罚，只有这样才能净化成品油零售行业的纳税环境。

三、征管建议

（一）健全制度，落实责任，制定统一、规范

的管理办法

制定加油站行业税收征收管理办法，并下发统一的流转文书，明确规范的操作流程，包括税控加油机的安装与维修，税控装置的初始化，报税信息卡的数据读取与接收，纳税申报及附报资料的报送，自用油、代储油、倒罐油、检测用油的认定与扣除办法，征收方式的界定，纳税评估及税务检查的实施，加油站的违章处理等，对行业管理责任人员虚假登记税源变化、虚假铅封或擅自启封加油机、虚假审批倒罐油和自测用油的行为，也要制定具体的考核追究办法。

（二）加强税控信息化管理

加强加油机税控装置的各项管理工作，定期检查，确保税控装置的安装、运行和初始化都达到100%，尽快对现有陈旧的加油机税控装置进行升级，提高科技含量，防止人为改动信息，尽快采取在油罐进口处安装税控装置等措施，对进出油数量进行正确计量。税务机关应通过“人机结合”的方式将加油站申报纳税数据与IC卡抄录的数据进行比对（卡、表比对按国家税务总局有关规定执行）。比对相符的，按规定申报纳税；比对不符的，要及时查找原因，并及时移交税源管理部门和稽查部门处理。

（三）加强源泉控制

把生产、批发成品油单位的销售信息数据库与购油单位储油罐进油口监控装置的数据库统一，做到成品油批发信息与成品油零售单位进油信息相比对，成品油零售单位销售信息与进油信息相比对，实现对成品油购、存、销各环节信息比对的税收监控链条，进一步规范成品油流通市场。

（四）加强加油站日销售台账管理

在加油站增值税管理办法的第十一条中规定，属于财务核算不健全的加油站，未全部安装税控加油机（包括未安装）或税控加油机运行不正常的加油站，主管税务机关应要求其严格执行台账制度，并按月报送《成品油购销存数量明细表》。主管税务机关按月对其成品油库存数量进行盘点，定期联合有关执法部门对其进行检查。

（五）加强日常监控，定期开展评估检查

一是加强对成品油零售企业的巡查管理，定期抄取销售的库存数量信息。二是加强对税控装置和发票使用的监督，加强成品油零售企业的资金流、货物流的监控，从而监控成品油的应税销售额。三是对照行业税负等参数，对巡查中发现异常的，及时纳入评估。同时建议将目前的按月评估方法，改为按年评估或检查，上级机关将成品油批发企业的销售信息（报税信息）汇集后下发各区（县）级税务机关，由区（县）级税务机关统计统一组织专项评估或检查，一方面减少评估工作量，另一方面做到有的放矢，使评估更有实效性。四是通过测算油深核实库存。在掌握加油站库存数的计量方法和库存数量的基础上，通过对加油罐逐一进行编号，并录入各油罐的基本信息（比如存放的地点，油罐的固定长度、内半径等）、在测量油罐的油深后，就能自动计算出油罐中剩余油品的体积，进而核实出库存。五是加强监管。按照规定加油站在油品倒库或检测机具时，应有2名税务人员在场监督，设立加油站油品倒库和机具检测书面报批制度，并在此前提下对税务管理人员加强责任心教育，认识到环节监督是保障税收管理的重要工作。六是加强对加油站现金交易管理，对交易金额超过5000元的销售业务，要求纳税人必须通过银行结算，以利于审核交易的真实性和准确性。

（六）加强增值税专用发票和普通发票的管理

一是加强增值税专用发票存根联滞留信息的协查，在“金税工程三期”对相关业务进行拓展以前，建议上级税务机关按销售区域定期下发成品油批发企业的成品油报税信息，实现批发企业和零售企业信息的实时比对。二是增值税专用发票必须逐笔开具，交易真实。特别是对油罐车必须实行单车开具专用发票制度，严禁汇总开具。三是对加油站开具普通发票全部实行机打票。

（七）建议实行“实耗法”抵扣税款

即按当月销项税额抵扣当月销售数量的进项税额计算。加油站作为一般纳税人享受进项税额抵扣，有的加油站采用多进货少销售的方法，使当月甚至以后的好几个月都没法产生税款。为保证税款均衡、足额入库，防止加油站突然停业或破产导致实际已经产生的增值税款流失，建议每月按“实耗法”抵扣税款。

（八）加强部门协作，齐抓共管

税务机关应加强与能源、技术监督、公安消防、工商、金融等部门的协作配合，形成联合管理的日常机制；配合技术监督和计量部门，借鉴“中石化”的成功经验尽快开发、应用成品油零售业实时监控管理系统，提高管理效能。

（作者单位：陕西省国家税务局稽查局）

建设专业化税务稽查队伍
构建税务稽查长效机制

郝　皓

一、着力建设学习型税务稽查队伍，构筑税务稽查长效机制的坚实基础

（一）把握先进理念，建设乐于学习的学习型税务稽查队伍

学习是税务稽查工作发展的需要。当今时代，学习不单单是每个人的个体行为，也关系着税收事业和稽查工作的发展。税务人员整体素质的提升，信息管税手段的创新，适应经济社会进步能力的增强，直接影响作用于税收职能作用的发挥。

（二）搭建广阔平台，建设善于学习的学习型税务稽查队伍

学习型的税务稽查，其实不能是具有或形成固定模式的“型”或“式”，而是要成为学习的习惯和氛围，是学习的能力，深度解放思想，深层学习实践，深化税务文化。学习型税务稽查强调的是激发团队互动学习，培养创新思维，整合每个人的知识、经验和信息，形成促进工作能力、工作效率和工作质量提高的动力。

（三）完善激励体制，建设勤于学习的学习型税务稽查队伍

建设学习型税务稽查要优化学习环境，建立完善激励机制。拥有客观公正的激励机制，并不折不扣地执行落实，将有效地调动稽查人员和稽查部门的积极性，激发学习潜能，形成乐观执着、进取向上的学习局面。

（四）坚持联系实际，建设学以致用的学习型税务稽查队伍

学习型税务稽查要突出学习重点，在学习中真正做到学有所成、学有所得、学有所为、学用结合；学习型税务稽查更要重视研究问题，也就是面对复杂多变的经济社会环境，面对手段日益翻新的涉税违法活动，要在学习思考的基础上提出问题、探讨问题、钻研问题、解决问题，从而使稽查业务理论水平得到提高，稽查工作效能得到提升，维护和规范税收秩序的能力得到加强。

二、着力建设法治型税务稽查队伍，构筑税务稽查长效机制的内涵灵魂

税务稽查工作是税收征管工作的最后一道防线，最能体现税务机关对违反税收法律、法规的纳税人实施制约、惩戒的威慑力。同时，税务稽查在执法过程中发挥“以查促管”的职能作用，对税收征管的其他方面和环节也形成极大的影响。

（一）依法稽查是税务稽查工作的根本原则

税务稽查人员特别是稽查部门的领导干部要牢固树立“心中有法、思必及法、言必合法、行必循法”的思想，提高依法稽查的意识，推行依法稽查，贯彻落实国家税收法律、法规、政策，通过整顿和规范税收秩序，严厉打击各种涉税违法犯罪活动，保护纳税人的合法权益，提高社会纳税遵从度。

（二）规范执法是税务稽查工作的基本要求

稽查执法中坚持以事实为根据、以法律为准绳的原则，严格按照法定的职能、权限、程序和手续履行税务稽查职能，才能增强执法能力，实现职能目标。

（三）严格执法是税务稽查工作的纪律保证

稽查人员在对税收违法行为的执法中要坚持原则，铁面无私，严格执法，使税务稽查真正成为税务违法行为无法逾越的屏障。

三、着力建设服务型税务稽查队伍，构筑税务稽查长效机制的核心理念

纳税服务是税务机关为纳税人提供的公共服务，是建立在“征纳双方法律地位平等、公正执法是最佳服务和纳税人正当需求应当给予满足”的核心理念基础上的。税务稽查也是税务机关公共服务的重要组成部分，纳税服务应融于税务稽查工

作各个方面，共创社会主义和谐税收。

（一）端正税务稽查服务理念

税务稽查在执法的同时为纳税人提供优质高效的办税、法律、咨询服务，降低纳税人的办税成本，提高纳税人对税法的遵从度，而且能够帮助企业规范管理、加强内控核算、提高社会公信度、依法办企业。另外，税务稽查在对纳税人检查的同时，能够发现征管措施或其他纳税服务不到位、欠缺的问题，通过“一案双查”制度和稽查建议制度等进行及时移交和反馈，保障纳税人的正当利益不受侵害，维护纳税人的合法权益。

（二）充分发挥税务稽查服务功能

坚持“时时处处人人事事”的原则，将服务职责作为稽查工作整体岗责的组成部分。从稽查工作的各环节精确分工，明确每个环节、每个岗位的工作职能和服务标准，统一服务流程、细化操作规范、实行考核监督、服务过错追究等。

税务稽查部门要探索实践系统审计性检查，纳税风险提示等新型稽查工作模式，整合纳税人的个性化信息，针对不同的纳税服务需求，在实施稽查中动态地予以体现，为纳税人提供个性化服务。

（三）开拓创新税务稽查服务工作

要坚持以纳税人为中心，将“始于纳税人需求，终于纳税人满意”的纳税服务理念融入到稽查工作的思路和实践中，充分尊重纳税人的权益，提供纳税人真正需要的纳税服务，解决纳税人的问题，公平公正执法，工作重点从“如何发现纳税人偷逃税行为”，转变为“如何帮助纳税人依法纳税”，将稽查工作由被动变为主动，使税务稽查工作在营造良好税收秩序，引导纳税遵从方面发挥新的更加重要的作用。

四、着力建设科技型税务稽查队伍，构筑税务稽查长效机制的支撑平台

（一）提高信息化水平是税务稽查事业发展的战略抉择

提高稽查工作效能，借助先进的信息化科技进行变革，对内建立与征管其他环节紧密衔接的管查互动机制和顺畅的稽查管理工作流程；对外形成可以广泛收集案源信息、实行专业化分析比对，稽查预警等信息系统和实施过程提取疑点的辅助工具等系列工作软件，真正铺就一条稽查工作信息化建设快速发展的“高速路”。

（二）提高信息化水平是规范稽查执法行为的有力保障

一方面，利用信息化技术，对稽查工作各业务环节、工作节点层层予以实时监控和制约，特别是在综合征管软件上线运行后，稽查模块能够将选案、实施、审理、执行等稽查执法各环节的信息纳入系统管理，及时掌握稽查工作的进度，严格规范每一项执法行为，增强稽查执法的规范性。

另一方面，结合信息化管理，能够使稽查执法行为在阳光下运行，如依据占有的信息建立选案模型，通过对选案指标进行分析、对比，从中发现异常，发出警报，列出稽查重点；通过无线网络技术，利用便携式计算机设备，在稽查现场直接访问和查询，进行现场办公，运用稽查软件和规范化工作底稿，迅速获得稽查所需要的稽查对象涉税数据，通过现代化手段对稽查证据进行现场扫描、照（摄）像和对库存进行现场盘点等，确保税务稽查案件查办公开、公正、公平。

（三）提高信息化水平是稽查实践信息管税的必由之路

运用信息化稽查手段，打击各类税收违法行为，整顿和规范税收秩序，引导纳税人提高税收遵从度，是税务稽查实践“信息管税”的重中之重。税务稽查部门要以规范执法、强化监督、提高效能为目的，充分发挥各类稽查软件的功能，做到人机结合、人机互补，提升信息化应用水平。

五、着力建设创新型税务稽查队伍，构筑税务稽查长效机制的发展动力

（一）不断创新税务稽查发展理念

一是要创新服务经济社会大局的发展理念。在确立稽查工作思路和工作重点时，要“跳出稽查看稽查”，坚持以科学发展观为指导，站在经济社会发展全局的高度研究和分析税务稽查工作，创新思路，履行职能，打击各类涉税违法行为，营造和谐税收环境。二是要创新保障税收中心工作的发展理念。征、管、查是税收工作重要的三个环节，属同一个问题的三个方面。税务稽查要树立全局观念，围绕税收中心工作和重点任务，重视与征管部门的协作互动，创新“以查促管”、“以查促收”的手段措施。三是要创新提高社会纳税遵从度的发展理念。在当前我国诚信纳税基础还比较薄弱的情况下，还需要税务稽查的执法给予一定的社会和经济压力，减少税收流失。税务稽查就是要通过创新理念实现提高纳税人的税收遵从度的终极目标。

（二）不断创新税务稽查管理机制

根据税收征管改革发展的进程，完善税务稽查岗责体系，配置稽查资源，优化岗位职责，使税务稽查内部各岗位之间分工明确、各司其职、相互衔接、相互制约。同时，合理界定税务稽查与征管、税政、法规等部门之间的业务衔接，建立税收分析、纳税评估、征收管理、税务稽查“四位一体”的良性互动机制，优化业务流程，确保征、管、查各部门之间的职能设置相互协调、相互配合。在实现稽查信息与征管信息共享的基础上，建立国、地税稽查部门之间的信息共享，并以此为依托，建立与公安、财政、海关、审计、国土、房管等相关部门之间的信息共享平台和情报交换机制，形成打击涉税违法行为的天罗地网。要创新稽查方法，积极探索“延伸稽查”、“关联稽查”、“解剖式稽查”、“审计式稽查”等新形势下的稽查方法，力求查深查透，整顿税收秩序，理顺征纳关系。

（三）不断创新税务稽查人才培养机制

要形成科学的培训体系，有计划性地开展分层次、多领域、高质量的教育培训，有针对性地培养复合型和专业型的税务稽查人才。重视稽查全员培训，广泛开展岗位练兵和创先争优活动，实行稽查人员限期轮岗制，通过岗位变换，全面锻炼，激活人员队伍，使稽查队伍的整体素质不断提高。加强稽查人才库建设，建立人才库补充、更新动态管理制度，适时优化人才库成员结构，健全人才库人员调配、使用、培养、激励机制，充分发挥稽查人才的骨干作用。融入税务文化建设，不断增强稽查队伍的凝聚力、向心力、战斗力，打造一支政治过硬、业务熟练、纪律严明、作风优良、公正廉洁的稽查队伍。

六、着力建设廉洁型税务稽查队伍，构筑税务稽查长效机制的保障体系

廉洁从政是公务员的基本职业规范，是税务稽查人员的起码要求，建立健全教育、制度、监督并重的惩治和预防腐败体系，是税务稽查事业的生命保障线。

（一）廉政教育日常化，筑牢思想防线

加强对稽查人员的廉政教育和执法风险防范教育，开展遵纪守法教育和风险点防范管理，运用正面典型示范教育、反面典型警示教育，算好政治、经济、家庭、名誉、健康“五笔账”，增强稽查人员的法律意识、道德修养、风险防范意识，牢固树立正确的人生观、价值观、权力观、地位观，筑牢思想道德防线，提高拒腐防变的自觉性。

（二）廉政制度规范化，制约执法行为

按照《税务稽查工作规程》的流程建立起结构合理、配置科学、程序严格、制约有效的选案、实施、审理、执行四环节稽查工作运行机制。在选案环节、审理环节实行集体选案定案，集体会审制度，让所有人员“有权又没权”——“有权”就是有发言权、建议权，“没权”就是没有单独决定的权力，根据各自职责行使其所需的权力，而不是滥用权力，杜绝“想查谁就查谁”、“想罚多少就罚多少”的执法风险和不廉行为。

制度是打造廉洁型稽查的重要保障。只有将制度落到实处，纪律才能令行禁止，工作才能政令畅通，稽查队伍才有执行力。

（三）廉政监督全面化，确保监管到位

逐步建立经常性的、全过程的、全方位的内、外部监督机制，才能确保权力正确运用，确保政策落实、执法公正，才能实现从严治队、拒腐防变。

对内要在落实《税务稽查工作规程》的基础上，针对稽查选案、检查、审理和执行四个环节的业务流程、操作程序、办案权限、质量标准、执法责任等有关规定，进一步研究细化，建立和完善各项监督制约机制，尤其是对检查实施环节，要结合税种、行业的稽查必查点制度，推行科学完善的《稽查工作底稿规范》，使稽查工作的每一个环节、每一个步骤都有章可循，既保证了稽查人员正确行使执法权，又防止了稽查人员滥用职权，保证了稽查权力的依法、规范、有序运作。同时，加大案件复查力度，强化对执法权力的制衡，防止不廉行为的发生。

对外要向社会、向纳税人公开税务稽查部门执法的有关规定、程序，认真落实进点公示、廉政“回执卡”、领导明察暗访等制度措施，设立举报信箱和电话，畅通纳税人诉求通道，接受被查单位和社会的公开监督。

七、着力建设效能型税务稽查队伍，构筑税务稽查长效机制的提升路径

稽查效能建设是优化稽查资源配置、规范执法权责、改进工作作风、提高工作绩效的系统综合工程，贯穿在税务稽查执法的各个层面和环节，为建立税务稽查长效机制发挥重要作用。

（一）巩固“一级稽查”工作模式，提升稽查

效能

近年来的工作实践证明，“一级稽查”工作模式和“分级分类”稽查方式符合税务稽查特有的职能作用和工作特点，能够有效整合稽查部门资源配置，合理统筹安排日常检查、专项检查、专案稽查，相对集中稽查力量开展稽查工作，有利于加大执法力度，统一公平执法尺度，规范执法行为，排除外部干扰，独立开展稽查执法，增强稽查刚性和震慑力，提高了稽查工作的整体效能。在“一级稽查”体制下，更好地实现“分级分类”稽查，对重点企业、重点税源、重点地区专项稽查和重要案件工作统一部署和行动，加大执法力度，形成打击涉税违法行为的整体合力。在巩固深化“一级稽查”成果的基础上，善于总结和积累实行一级稽查体制的经验，妥善处理实行“一级稽查”体制出现的问题，完善一级稽查体制模式，提高稽查效能。

（二）强化落实执法责任制，推动效能建设

各级税务机关的“一把手”要对执法过错责任追究工作负总责，分管领导具体负责，领导班子内部在此问题上要形成共识，齐抓共管，形成既分工明确，各司其责，又密切配合，良性互动，才能形成合力，落实到位。

针对稽查实施环节存在工作难以量化、影响因素多和成果变数大等客观情况，积极试行和推广首查责任制。提高对审理工作的认识，重视审理工作，把审理工作作为提升整个税务稽查工作质量和促进提高稽查执法水平的关键，增强审理工作对检查的指导和监督，对重大、疑难案件实行集体审理制度；在一级稽查基础上，突破地域观念，实行异地交叉复查；由内审督查和法规部门实行对稽查案件的定期或个案的执法监督，及时发现和规范稽查存在的问题；由监察部门对稽查案件进行定时或不定时的回访，开通社会举报电话，监督稽查各环节，落实执法责任追究制度。

对执法过错行为应严格追究过错责任，确保执法责任制落到实处。实行过错责任追究并不是为了处理某个单位或某个人，不应以追究过错人责任为最终目的，重在纠正错误，监督执法，因此，要明确责任划分标准，区分不同性质的过错责任，应注重对执法过错行为查找原因，积极整改、归纳、加强信息的反馈，达到追究一人，提醒教育一片的效果，进一步提升税务稽查的执法效能。

（三）完善工作绩效考评机制，公正评价稽查效能

衡量税务稽查职能作用发挥的重要标准就是稽查效能的高低，实行效能考评是提高稽查效能的重要抓手。一是要建立科学的考评体系，从质和量两个方面反映稽查工作成效。质的指标应成为依法办案程度的衡量标准，量的指标应成为办案面、办案成果的衡量标准。考评的主要内容和重点要正确把握考核指标权重，引导稽查人员自觉追求高质高效；强化稽查业务素质指标，提高稽查人员执法水平。二是要多采取操作简便、抗主观性强的考评方法，考评结果公开公示，让群众评议和监督，还应当适当引入“第三方”评估，开展专家评估和公众满意度调查，实现社会对税务稽查的参与权、监督权和评价权。逐步建立效能考评电子系统，对稽查效能进行实时、动态考评，使考评工作实现过程监督和信息化、现代化。三是对考评结果进行分析、稽核，确保结论的客观性与准确性，提升考评的权威性。要倡导考评程序公开，注重目标管理和考评结果的转化，要通过绩效考评体系，使稽查人员通过努力工作取得的业绩得到充分认可，在遵循渐进原则的前提下，把考评结果应用，与提薪、奖金、评优评先、晋升等挂起钩来，作为加强管理、科学激励的手段，以此推动绩效考评的逐步完善。

（作者单位：宁夏回族自治区地方税务局稽查局）

税务稽查长效机制若干理论与实践问题研究*

青岛市国家税务局稽查局课题组

一、制度与机制的区别：税务稽查长效机制内涵的界定

税务稽查长效机制是指税务稽查机关从事稽查工作的工作方式，该工作方式随着时间、条件的变化而不断丰富、发展和完善。其特征有：第一，客观性，以反映客观稽查规律的税务稽查制度体系为依托；第二，动态完善性，所依托的税务稽查制度体系随着客观稽查实际的变化而不断得到修正、充实、完善；第三，实践性，所依托的税务稽查制度体系必须一如既往地得到有效贯彻。

二、税务稽查长效机制的客观性分析

1. 税务稽查长效机制的客观法律基础

税务稽查局是行政执法机关，不仅其执法主体资格由税收法律法规赋予，其职权也来源于税收法律法规的具体界定。《中华人民共和国税收征收管理法》（以下简称《税收征管法》）第11条规定：税务机关负责征收、管理、稽查、行政复议的人员的职责应当明确，并相互分离、相互制约。《中华人民共和国税收征收管理法实施细则》（以下简称《税收征管法实施细则》）第9条规定：税收征管法第14条所称按照国务院规定设立的并向社会公告的税务机构，是指省以下税务局的稽查局。稽查局专司偷税、逃避追缴欠税、骗税、抗税案件的查处。国家税务总局应当明确划分税务局和稽查局的职责，避免职责交叉。国家税务总局以国税发〔2009〕157号文下发的《税务稽查工作规程》第1条规定：为了保障税收法律、行政法规的贯彻实施，规范税务稽查工作，强化监督制约机制，根据《税收征管法》、《税收征管法实施细则》等有关规定，制定本规程。第2条规定：税务稽查的基本任务，是依法查处税收违法行为，保障税收收入，维护税收秩序，促进依法纳税。税务稽查由税务局稽查局依法实施。稽查局主要职责，是依法对纳税人、扣缴义务人和其他涉税当事人履行纳税义务、扣缴义务情况及涉税事项进行检查处理，以及围绕检查处理开展的其他相关工作。稽查局具体职责由国家税务总局依照《税收征管法》、《税收征管法实施细则》有关规定确定。税务稽查长效机制作为税务稽查局落实自身职责的具体方式，必然以上述税收法律、法规、规章等规范性文件的有关规定为其客观法律基础。离开了上述有关规范性条文的具体规定，税务稽查长效机制便失去其存在与发展的合法性。

出于规范税务工作运转体制和避免税收执法风险的考虑，应由国家税务总局以规章形式对稽查局和管理局的职责范围进行统一、具体的界定。提升《税务稽查工作规程》的法律级次，报请国务院制定《税务稽查条例》。

2. 税务稽查长效机制的客观现实基础

其一，税务稽查总是立足于一定的税收征管水平基础之上的。我国现阶段的税收征管水平较低，在纳税人方面，具体表现为造假账现象屡禁不绝，纳税人纳税遵从度较低，经营者依法纳税意识不强，办税人员业务素质不高等。在税务机关内部，主要表现为税务稽查局与管理局之间的信息共享和互换有待进一步加强，管理局对稽查结果的重视程度有待提高等。

针对上述问题，应从以下方面入手加以解决：一是加强纳税服务工作，完善纳税人信誉等级评定制度，将纳税人信誉等级评定与相应的征管方式、稽查方式等密切结合起来，与纳税人社会荣誉、社会地位的获得密切结合起来，在全社会形成提高纳税人纳税遵从度的合力，逐步减少以至杜绝造假账现象，增强经营者依法纳税意识，不断提高办税人

* 该文获得青岛市国税系统2009~2010年度优秀税收科研成果一等奖。

员业务素质。二是进一步完善税务稽查局与管理局之间的信息共享和互换机制，通过定期不定期的稽查局和管理局联席会议、必要的工作考核等方式，疏通双方的沟通渠道，加强工作协调，形成稽查与征管互相帮助、互相促进的良好工作体制。

其二，税务稽查总是与外部执法环境相联系而存在的。具体说来，稽查工作需要取得工商、银行、公安等各部门的支持和协助，通过掌握企业全面真实的共享信息进行高效的稽查。在实际工作中能查询利用的共享信息还远远不够，稽查协税护税网络体系尚未真正实现，直接影响了税务稽查工作的深入开展。具体表现在以下几个方面：

1. 对在检查过程中失踪的企业又以原法人代表名义重新注册新企业继续偷税的现象监控力度不够，这体现出税务与工商部门间信息沟通不畅的弊端。

2. 由于法定稽查手段不足，稽查人员在遇到一些重大案件、突发案件时，必须取得公安等部门的大力协助，通过联合办案等形式共同打击重大恶性涉税案件。目前，我们在联合办案方面仍然存在一些问题，如公安部门未能及时介入案件或者未能有效介入案件。

3. 稽查人员在查询和检查纳税人银行资料时，由于未规定银行协助办理的期限，稽查人员往往需要等很长时间才能取得银行提供的资料，大大影响了稽查的效率；同时，在对欠税企业采取强制措施等方面，银行等部门的协助力度也有待进一步提高。

因此，应致力于提高社会力量协税护税水平，夯实税务稽查长效机制的客观现实基础。一是通过行政法规、规章以及其他规范性文件的形式，将《税收征管法》关于有关机关对于税务机关的协助义务加以细化，形成具有较强操作性的条文规定。在此基础上，构筑税务稽查局与工商、公安等部门的信息交互平台和工作协助平台，做到全面掌握企业信息，为开展高效稽查准备条件。二是借修改《税收征管法》之机，赋予税务稽查局在纳税人生产经营场所的搜查权、强行取证权等必要的稽查手段。三是增强税法的可操作性，对某些条文予以必要的细化。比如明确规定银行等单位协助办理税务事项的期限，以树立税务稽查权威，提高稽查工作效率。

其三，税务稽查总是作为一定时期的税务稽查而存在。其机构设置、人员数量与质量等方面必然体现该时期的特点。机构设置方面，目前税务稽查机构分四级设立：国家、省（自治区、直辖市）、市（州、地区）、县（区、市、旗），国家税务局、地方税务局均按四级分别设立稽查局。国、地税稽查机构之间以及国税局、地税局内部上下级稽查机构之间的计划不一致和各自独立执法，造成重复检查和多头检查，加重企业负担，而且信息互不沟通，浪费稽查资源，降低工作效率，增加了税收成本。人员数量与质量方面，数量上，税务稽查人员的比例存在两个不合理：一是税务稽查人员占全部税务人员的比例不合理，远远不能满足稽查工作的实际需要。二是税务稽查一线人员占全部税务稽查人员的比例不合理，一个较低的比例，必然导致一线人员不足，影响稽查局职能作用的充分发挥。质量上，税务稽查队伍在一定程度上存在“一高两差”现象。“一高”是整体年龄偏高，不少机关人均年龄在45岁以上，队伍老化严重；“两差”一是业务素质差，一些税务稽查人员没有养成更新知识的习惯，没有抓紧税收政策、法规的学习，知识老化，不能适应稽查工作的需要；二是廉洁勤政意识差，少数税务稽查人员中存在以权谋私、消极怠工等不良现象。

因此在机构设置方面，从长远来看，建议考虑国、地税稽查机构合并，建立全国统一、垂直领导的税务稽查管理体制；从近期来看，则是要合理设置国、地税稽查局以及稽查局内设机构，强化管理，为有效发挥税务稽查职能作用提供组织保障。当前要做好两项工作：一是大力推行一级稽查，在市（地）全部城区、直辖市的区和县（市）的全域集中设立稽查局进行一级稽查，在大城市或者城区较大、交通不便的城市，市稽查局可以适当设立少数分支机构或者派出机构。通过一级稽查，上收稽查执法权，统一执法标准和处罚尺度，提高稽查工作质量；二是合理设置税务稽查局的内设机构。目前，根据国家税务总局规定，省、计划单列市、副省级市、地级市国家税务局稽查局内设机构一般不超过6个，分别为办公室（或综合科）、综合选案科、检查科、审理科、执行科、举报中心，这种按照稽查工作四个环节设置内设机构的做法基本符合稽查专业化的思路，但是不太适应一级稽查后地市级稽查人员急剧增加的形势，人事、教育、监察等部门的缺失一定程度上导致稽查部门重业务、轻管理，妨碍了稽查职能的有效发挥，因此，建议增设人事教育科、监察科等承担内部行政管理和监督的部门。

在稽查人员的数量和质量方面。一是要稳定稽查人员数量。为保证稽查任务的完成，必须配备相应数量的稽查人员，在当前乃至今后一段时期内应保持稽查人员的较高比例，以占税务人员的20% ~30%为宜。同时，特别应注意保持稽查一线人员的较高比例，以占稽查人员的 80% ~90% 为宜。二是提高稽查人员执法水平。要加强对稽查人员的关心培养，从工作、生活、学习等方面提供及时帮助和支持，鼓励稽查人员争先创优、参加各种专业资格考试，对于优秀稽查人员要设法发挥其工作能动性、主动性、创造性。要建立顺畅的职务晋升机制，靠制度留住人、靠制度培养人，造就一支相对稳定、执法水平相对较高的稽查队伍。近年来税收政策调整频繁，法律法规修改也比较频繁，除经常开展集中性的规模化培训外，要建立鼓励稽查人员自学制度，同时向公安机关、外地稽查部门学习取证方法，学习法律适用技巧，案件查办技巧，不断提高执法水平。三是实行稽查执法人员能级管理制度，将稽查人员的待遇与其执法水平挂钩，建立与执法能力相适应的薪酬体制。

三、税务稽查长效机制的动态性分析

税务稽查长效机制的动态性主要体现在：其要受制于国家税务总局等上级税务机关在不同时期对于稽查工作重心的转变和工作要求的转换。从国家税务总局近两年的工作思路看：2008 年（解学智全国稽查会讲话）以及 2009 年（董树奎全国稽查会讲话），归纳起来基本都是“以整顿和规范税收秩序为目标，以查处税收违法案件和打击税收违法行为为重点或中心，以组织税收专项检查和区域税收专项整治为主要手段”开展税务稽查工作。同时，国家税务总局稽查局马毅民局长在 2010 年稽查会中提到：今年稽查工作要坚持“两手都要抓”，一手抓整顿规范税收秩序，一手抓稽查查补收入。并明确了考核税务稽查工作的具体要求：一是各地稽查查补收入应高于工商税收总额的 1%；二是选案准确率要达到 80% 以上；三是查补入库率要稳定在 90% 以上。结合上述内容可以看出，打击涉税违法行为并确保一定的查补收入是国家税务总局领导对稽查工作的基本要求。

这些原则性要求具体落实到基层国税稽查部门就转变为其主管税务局对稽查局制定了什么样的年度工作任务（即考核指标），稽查局就会围绕指标的完成部署年度工作。稽查局首先要考虑的是完成考核指标任务，其次才是如何开展稽查工作，如制定的稽查考核指标变化频繁或者某项指标过重，必然会对其工作职责的落实产生影响，工作职责的不确定性，必然对工作职责及工作重点内容产生影响，从而对长效机制建设以及所涉及的稽查工作长效机制的连续性产生影响，以至于稽查长效机制必须不断进行动态调整以适应上级部门各该时期的工作要求。

作为一个机制，随着客观环境的变化适时进行调整无疑是必要的，这正是机制具有生命力的外在表现。比如说，国家税务总局如果以日常税收征管现状或纳税遵从度为依据来确定稽查职责，那么，如果整个社会的纳税遵从度较高，税务稽查的主要职责应是对有涉税问题企业的重点打击，也就是说侧重于“打击型稽查”作用，打击和震慑涉税违法行为并由此形成维护良好税收秩序的氛围，这样才能最大限度地体现稽查工作职责和成效。相应地，税务稽查长效机制就应围绕“打击性稽查”的工作要求进行设计和运作。而在日常税收征管现状或纳税遵从度不十分理想的客观条件下，税务稽查查一户、补一户、罚一户，税务稽查就无所谓重点打击，查了谁就如同对谁进行了税收管理，税务稽查必然会成为堵塞税收漏洞、增加税收收入的手段之一。相应地，税务稽查长效机制就应围绕“收入性稽查”的工作要求进行设计和运作。然而，税务稽查长效机制作为一个“长效机制”，如果进行过于频繁的或者幅度过大的调整，无疑对于工作惯例的养成和工作经验的积累没有好处，反而会降低税务稽查工作的效率，影响税务稽查工作的质量。

四、税务稽查长效机制的实践性分析

如前所述，税务稽查长效机制的实践性，是指其所依托的税务稽查制度体系必须一如既往地得到有效贯彻。一定时期，由于各种主观客观因素的制约，机制与制度可能存在不尽符合之处。但是从长期来看，机制不应与制度形成根本性的脱节。机制的形成，有赖于在实际工作中对制度长期不懈地坚持和贯彻。在此，需要抓住三点：

一是及时转变思想，树立“执法服务”的稽查工作意识，逐步建立“执法服务型”税务稽查长效机制。近年来，国家税务总局对税务稽查工作提出了由“收入主导型”向“执法服务型”转变的要求，因此税务稽查部门应逐步完成思想转变。

二是狠抓考核，力促制度落实，使得制度和机制得到最大限度的契合。

其一，重点加强稽查执法过程监控，对选案、检查、审理、执行四个环节制定详细的监督方案，建立执法监督内控机制，尤其是对检查人员，要探索实行廉政承诺制度，每个稽查人员都要签订廉政承诺书，加强自律。加强廉政文化建设，要编印廉政纪律手册、制作案头廉政警示语、电脑桌面廉政警示图。要深化回访制度，提高回访比例，改进回访形式，进一步发挥回访制度的作用。

其二，加大复查力度，要实行稽查复查与法规复查相结合、案卷复查与实地复查相结合、年度定期复查与个案随机复查相结合的方式，对已审结案件加强复查力度，发现稽查四个环节的薄弱环节，提高稽查工作质量。

其三，强化执法责任制，全面推行执法管理信息系统，严格过错申辩调整管理。要建立一整套行之有效的执法责任追究制度，明确执法责任，对违反税收政策的行为追究责任，对执法中违纪和腐败现象要严肃处理。要根据责任追究的监督机制，建立通报、评议、奖惩等制度，使责任追究有章可循，有据可查。

三是重视风险分析工作，将减少以致避免税务稽查风险的发生作为建立税务稽查长效机制的着眼点和根本目的。以下，以税务审理环节风险分析及其防范为例，阐述税务稽查长效机制的建立与完善问题。

首先，我们进行审理环节风险分析。

1. 证据审查方面

证据对于稽查工作具有非常重要的作用，总体而言，稽查工作获取的证据应满足客观性、合法性、充分性和关联性的要求。审理环节对于证据的审查，主要围绕证据的四个属性展开。目前，审理环节主要存在以下问题：

（1）不重视审查证据的客观性

缺乏客观性的证据是站不住脚的证据，有的定案证据仅仅是纳税人的主观陈述，一旦出现复议或者诉讼，很容易被推翻，从而导致执法风险。

（2）不重视审查证据的合法性

证据不合法分为取证主体不合法、取证程序不合法、证据形式不合法等，这就需要审理人员不应只是审查证据是否能够证明相应的法律事实，而且还应进一步追究证据的来源，并且仔细审查证据的形式。否则，就容易导致执法风险。

（3）不重视审查证据的充分性

证据的充分性不足，是引发行政复议或者诉讼的主要原因之一。如有的法律事实有三个证明点，检查人员只取得了其中两个，如果审理人员审查不严格，则极有可能漏掉重要的证明点，导致所取得的证据不具有充分性，进而形成执法风险。

（4）不重视审查证据的关联性

证据和所要证明的法律事实之间必须具备关联性。实践中，有的检查人员没有对所取得的证据作出认真的核对、理顺，从而使得证据和所要证明的法律事实之间缺乏关联性，如果审理人员再不注意严格把关，则会形成执法风险。

2. 确定法源方面

（1）有的规范性文件本身存在不完善之处

如《中华人民共和国企业所得税法》第 8 条规定：企业实际发生的与取得收入有关的、合理的支出，包括成本、费用、税金、损失和其他支出，准予在计算应纳税所得额时扣除。第 10 条规定：在计算应纳税所得额时，与取得收入无关的其他支出不得扣除。《中华人民共和国企业所得税法实施条例》第 27 条规定：企业所得税法第 8 条所称有关的支出，是指与取得收入直接相关的支出。这样，就出现了一个问题，企业实际发生的与取得收入间接相关的支出，是否允许扣除？从法律、法规条文理解，将“间接相关”等同于“无关”了，但法律、法规却没有明示这一点。而且，直接相关或者间接相关，在实践中的判断很难做到精准。因此，审理人员在审理纳税人费用支出时，就必然要同时承担职业判断风险和法源不健全风险。

（2）有的审理人员的政治、业务素质不高

为已经确定的法律事实定性，如同法官断案，是一个“找法”的过程。这个过程中，审理人员的政治、业务素质起着至关重要的作用。如果审理人员政治、业务素质不高，缺乏公正执法意识、掌握政策不全面，就可能找错或者用错法源，适用错误的法律、法规条文，导致案件定性不准，从而发生执法风险。更为严重的，审理人员还有可能面临刑事责任风险，如：涉嫌税务犯罪案件未能移送；违反“一事不二罚”原则等。

3. 自由裁量权行使方面

审理环节的自由裁量权主要体现在罚款倍数的确定方面。有的审理人员在行使自由裁量权时，考虑了不应考虑的因素，如人情、个人好恶等，而未能按照情节的轻重适用“比例处罚”原则，往往对相同情节、相同事实的违法行为适用了不同的处罚倍数，造成显失公平的处罚，从而导致执法风险。

4. 执法程序方面

（1）期限问题

审理人员未依照法律、法规或者其他规范性文件有关期限的规定履行职责造成的风险。包括：逾期未审结案件或逾期审结案件；应该听证而未组织听证；未按规定时间送达听证通知；未按规定时间举行听证；在有关告知义务期限届满前作出处罚。

（2）主体适格问题

包括违反法律规定的职责分离原则，由非本案审理人员审理案件；违反法律规定的职责分离原则和“当事人不得自任法官”原则，由案件检查人员担任听证主持人等。此外，审理人员未依法回避也会造成主体适格风险。

（3）保密问题

在审理案件的过程中，未按规定为纳税人、扣缴义务人、检举人保守商业秘密和个人隐私导致的诉讼风险。

（4）随意增减程序问题

执法程序是由法律、法规事先预定的，是包括审理人员在内的执法人员必须严格遵循的行为规范，不得随意增减既定的执法程序环节，否则就会带来不利的法律后果。如：在作出处罚决定之前忽略告知环节，未能履行法定告知义务，从而导致税务行政处罚行为无效。

然后，我们提出应对审理环节风险的对策。

1. 证据审查方面

（1）加强对审理人员相关法律知识的培训

应组织对审理人员的证据审核专题法律知识培训，采取单位组织（如邀请法学专家、法院审判人员授课等）与个人自学相结合的形式，尽快提高审理人员的证据审核水平。特别是应加强对新增审理人员的证据审核岗位技能培训，有计划地采取以老带新、以干代训等形式使其尽快适应审理工作的需要。

（2）在审理意见中加入证据审核意见。对证据是否满足客观性、合法性、充分性和关联性的要求分别作出具体评价。

2. 确定法源方面

（1）加强政策法规反馈工作。落实政策法规反馈工作责任制，要求检查人员和审理人员分别在自身职责范围内履行政策法规反馈义务，对现行政策法规中存在的谬误和疏漏，按照相关的政策法规反馈工作程序，及时反馈给有关部门予以处理；审理部门应加强对检查部门反馈意见的审查，确保上报市局反馈意见的质量。

（2）树立并培养审理人员“一个指导、两个意识、三个能力”。有效提高审理人员政治、业务素质。即：以科学发展为指导，牢固树立勤政意识、廉政意识，培养政策法规学习能力、政策法规识别能力、政策法规选择能力，最大限度满足审理工作需要。

3. 自由裁量权行使方面

一是实行自由裁量权逐级递减管理制。即对税法规定的自由裁量权力，按照逐层减弱的原则，根据税务机关从高到低的层级顺序，对其自由裁量权作出逐级增多的限制性规定，解决基层自由裁量权过大的问题。二是设立严格的自由裁量权运作程序。每一项行政行为的做出，应严格遵循提出初步意见、复核、审批等若干步骤，通过解决信息不对称问题来达到监控目的。同时进一步完善集体审议制度，以集体智慧减少以至杜绝个人意志偏差。通过程序的严格设置，规范自由裁量权行使，达到以程序公正保障实体公正的目的。三是建立岗权责三统一的执法体制。准确划分各层级、各岗位的职责范围、权限大小，使每一个层级、每一个岗位的执法人员在行使自由裁量权的同时承担一定的责任，受到执法责任制的规范与制约，从而从制度上确保该权力的正确行使。

4. 执法程序方面

（1）期限风险的避免

一是设置主动提醒标识。在审理人员进行相关环节操作时，如果涉及法定期限问题，则自动弹出信息框，提醒审理人员加以注意。二是设置强制提醒程序。如果审理人员未能注意到或者有意忽视期限问题，没有对系统设置的期限提问作出回应，则系统会拒绝其进行下一步操作。

（2）主体适格风险的避免

为防止出现违反法律规定的职责分离原则，由非审理人员审理案件的情况，一是应该实行审理人员口令分配制度，每个审理人员领取一个操作密码，除了系统管理员外，该密码只有审理人员自己知道，并且定期予以更换。二是应该在审理人员之间设置操作隔断，每个审理人员只能看到并且操作自己负责审理的案件。

为防止出现违反法律规定的职责分离原则和“当事人不得自任法官”原则，由案件检查人员担任听证主持人，以及审理人员未依法回避等情况，应该由审理人员在接受案件听证和审理任务之前，填写有关问卷，并履行审批程序。

（3）保密风险的避免

一是加强对审理人员保密教育，使其认识到为纳税人、扣缴义务人、检举人保守商业秘密和个人隐私是法定义务，违反了就要承担法律责任。二是应该在审理人员之间设置操作隔断，每个审理人员只能看到并且操作自己负责审理的案件，一旦出现泄密问题，便于分清责任。

（4）随意增减程序风险的避免

一是通过审理人员操作系统的设置，使得各程序之间形成顺序递进的逻辑关系，前一个程序未得到执行，则不能进入下一个程序；二是如果存在机内控制不了的程序，则应通过增设内部监督程序加以人工监控；三是加大执法责任制监督力度，对随意增减程序造成工作失误的予以严肃处理。

（课题组成员：于　光　张　青
徐玉光　郭永刚
刘海生　隋　晓
张　彬　赵圣伟
谭　伟）